A FRESCO

MÉLANGES OFFERTS AU PROFESSEUR
ETIENNE DARBELLAY

A FRESCO

MÉLANGES OFFERTS AU PROFESSEUR ETIENNE DARBELLAY

Brenno Boccadoro & Georges Starobinski
Editeurs

Peter Lang
Bern · Berlin · Bruxelles · Frankfurt am Main · New York · Oxford · Wien

Information bibliographique publiée par «Die Deutsche Nationalbibliothek»
«Die Deutsche Nationalbibliothek» répertorie cette publication dans la «Deutsche Nationalbibliografie»; les données bibliographiques détaillées sont disponibles sur Internet sous ‹http://dnb.d-nb.de›.

Nous exprimons notre plus vive reconnaissance aux personnes et institutions suivantes, dont les généreuses contributions ont permis la publication de cet ouvrage :

Monsieur Guy Demole
Unité de Musicologie: Université de Genève, Faculté des lettres
Société Suisse de Musicologie
Société Suisse de Musicologie, Section romande

ISBN 978-3-0343-1397-1 br. ISBN 978-3-0352-0221-2 eBook

Hochfeldstrasse 32, CH-3012 Berne, Suisse
info@peterlang.com, www.peterlang.com

Imprimé en Suisse

Table des matières

III. Instruments et interprètes

IV. Esthétique, perception, théorie des affects

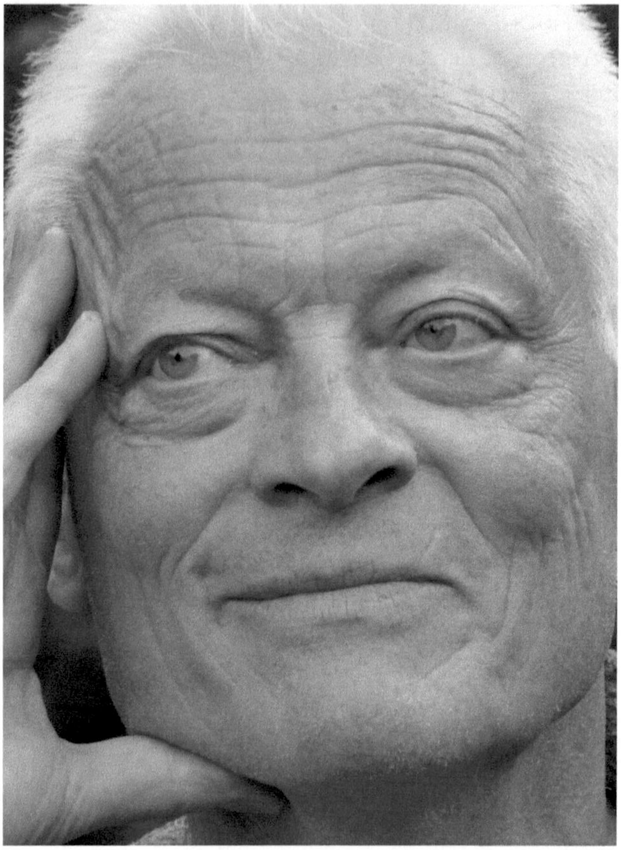

Remerciements

Tous nos remerciements vont aux chercheurs, collaborateurs et amis du professeur Etienne Darbellay: M. Yves Fournier, Mme Constance Frei, Mme Marie-Christine Gianola Darbellay, M. Laurent Pugin et Mme Nancy Rieben pour leur engagement sans faille dans ce projet, la grande disponibilité dont ils ont fait preuve dans l'élaboration de cet ouvrage, par leur précision et leur sérieux dans les travaux de relecture des différents textes et d'harmonisation des bibliographies, la résolution des problèmes informatiques et les relations avec les différents auteurs, sans parler des conseils et suggestions fort pertinents dont ils n'ont pas été avares.

Nous souhaiterions enfin manifester également notre gratitude au professeur Frédéric Elsig pour l'aide qu'il nous a apportée dans des questions pratiques touchant à la publication ainsi qu'à Mme Helen Stubbs Pugin pour nous avoir fait bénéficier de sa connaissances de la langue anglaise.

Préludes (non mesurés)

1. Invention à deux voix

A fresco? Notre titre mérite quelques mots d'éclaircissement. Les historiens d'art le savent, le terme désigne une technique de peinture murale qui exige de l'artiste qu'il travaille avec célérité afin que l'enduit sur lequel il pose son pinceau soit encore humide. Les couleurs appliquées «dans le frais» de cet *intonaco*, pénétreront en profondeur et dureront plus longtemps. Elan du geste, longévité du résultat: on peut y voir métaphoriquement un idéal généralisable au travail du chercheur. Mais notre titre renvoie d'abord, par abréviation, au compositeur auquel Etienne Darbellay a consacré la plus grande partie de ses recherches depuis sa thèse de 1971: à Frescobaldi. Musique et peinture réunies en un jeu de mot, voilà qui devrait plaire à Darbellay, auquel ces deux arts sont aussi nécessaires l'un que l'autre. Il nous pardonnera le diminutif familier par lequel son compositeur de prédilection est ici évoqué: l'humour est son affaire; dans son enseignement comme dans les échanges personnels, les traits d'esprit ont toujours rendu sa pensée vivante et rapide comme des couleurs jetées avec adresse sur une paroi encore humide.

Les quatre parties dont se compose notre hommage reflètent bien les orientations des recherches d'Etienne Darbellay: Girolamo Frescobaldi, l'édition musicale, l'histoire des instruments et de l'interprétation, et enfin les questions d'esthétique. Ces orientations sont étroitement reliées entre elles. De Frescobaldi, dont Darbellay a réalisé des éditions critiques qui font autorité, on passe naturellement à la philologie musicale et ses interrogations constamment renouvelées; les éditions critiques sont à leur tour indissociables des questions organologiques et de l'histoire de l'interprétation. Parmi les aspects relevant de l'*Aufführungspraxis*, la question du tempo a toujours occupé une place centrale dans les réflexions de Darbellay; et il en a médité les conséquences sur la perception de la musique dans son déroulement temporel. Sa pensée circule librement entre la pratique musicale et l'esthétique. Quelques mots suffiront à lier la gerbe que nous offrons ici à notre ami, et à montrer combien elle reflète ses goûts.

Tout a commencé par Frescobaldi. Le placer en tête de notre ouvrage allait de soi, tout comme de donner en premier lieu la parole à Luigi Ferdinando Tagliavini. On commencera par lire son beau texte liminaire, où il retrace ses liens avec un disciple qui n'a pas tardé à devenir un pair en matière de philologie musicale. Convaincu que cette discipline constitue le socle le plus solide d'une formation musicologique, Etienne Darbellay a eu le souci d'offrir régulièrement des cours consacrés aux techniques d'édition. Nombreux sont les étudiants qui furent séduits par ce domaine et choisirent d'en faire à leur tour une spécialité. Une véritable école philologique en a résulté, d'où sont issues plusieurs thèses. Le présent ouvrage en porte les traces, puisque pas moins de cinq des contributions que l'on y trouvera sont dues à des doctorants «darbellaysiens».

L'organologie et l'histoire de l'interprétation, on l'a dit, font nécessairement partie, de manière plus ou moins explicite, de toute édition critique. C'est l'occasion de rappeler ici que Darbellay est lui-même un amateur de beaux instruments. Sa collection personnelle, autant que celle de ses tableaux, ravit ses nombreux hôtes. Pour le répertoire baroque, on passe d'un clavecin italien à un français, pour la musique plus récente, d'un Pleyel du milieu du 19e siècle (légué il y a quelques années à un musée genevois) à un Bechstein du début du 20e. Etienne Darbellay fait vivre ses instruments et cultive dans l'intimité la musique de chambre, avec une prédilection marquée pour Beethoven. De Beethoven, il fut aussi beaucoup question dans son enseignement, en particulier pour en commenter les spécificités liées à la perception du temps musical.

L'épistémologie musicale est un des centres d'intérêt les plus anciens et constants de Darbellay. Il s'est manifesté non seulement dans le cadre de son enseignement à l'Université de Genève, mais également à l'occasion de colloques et séminaires dont il fut l'hôte ou l'organisateur. On se bornera à mentionner les séminaires spécialisés à l'Ecole Normale Supérieure de Paris consacrés successivement à «Temporalité et analyse musicale» (1991-92) puis à «La forme et le sens en musique» (1996), et le colloque scientifique interdisciplinaire qu'il a organisé en 1995 à Genève sur «Le temps et la Forme: une épistémologie de la connaissance musicale», d'où sont issus des actes[1]. Ce livre constitue un magistral aboutissement, mais non un

1 *Le temps et la forme. Pour une épistémologie de la connaissance musicale*, textes présentés et publiés par E. Darbellay, Genève, Droz, 1998 (Recherches et rencontres. Publication de la Faculté des Lettres de Genève 10).

point final. Darbellay ne cessa de développer avec bonheur ses idées et intuitions en la matière au sein de l'Université, lors de ses «cours du vendredi» aussi bien que dans des discussions enthousiastes avec ses collègues. Ces dernières peuvent sembler marginales en regard des accomplissements éditoriaux que nous avons mentionnés. Tel n'est pas le cas. C'est en rencontrant personnellement Darbellay que l'on prend toute la mesure de sa pensée.

* * *

Qu'ils soient spéculatifs ou «mécaniques», les arts ont droit de cité dans le Parnasse d'Etienne Darbellay. Sa formation philosophique, comme sa perspicacité et sa sensibilité lui épargnent tout cloisonnement entre traditions et disciplines. Et ce, pour une raison bien simple. Qu'il s'agisse de définir les critères les plus pertinents pour accéder aux œuvres ou de cerner la pensée créatrice du compositeur au travers des stratégies de la notation, il a toujours été guidé par la conviction profonde que le critique, comme l'éditeur, avait pour tâche première de dévoiler les opérations de l'esprit humain qui, dans un acte réflexif, se reflète dans la forme et les signes comme dans un miroir. Selon Darbellay, toute grande musique est spéculative, au sens étymologique de *speculum*, car l'harmonie de l'âme s'exprime dans le corps et dans tout ce qu'il fait. La musicologie a donc été pour Etienne Darbellay une histoire de l'esprit incarné dans les œuvres d'art. C'est pourquoi il n'a porté que peu d'intérêt à l'histoire de la musique dès lors qu'elle se limitait à l'articulation épisodique des temps et des lieux du passé, ou à l'amalgame entre un catalogue d'œuvres et une biographie

Science humaine, la musicologie d'Etienne Darbellay conjugue art et science, philologie et critique d'art, à travers l'action médiatrice de l'esprit comme faculté intermédiaire entre les sens et l'intellect. Qu'il s'agisse de l'identification des mains à l'œuvre dans les manuscrits ou de la *divinatio* concernant l'attribution des œuvres, l'édition musicale engage les mêmes facultés que la lecture d'une partition ou d'une image; la différenciation de l'outillage interprétatif est à la mesure de l'objet dont il doit rendre compte. C'est ici l'occasion de rappeler que «critique» vient de *krinein* – séparer, «juger», «trancher», – et que ce mot n'est qu'une des déclinaisons de l'idée de segmentation présente dans la racine indo-européenne *ker*, qui donne *cerno* , discerner, *kairos*, temps critique, «crise». Que l'on puisse parler de critique d'art comme d'édition critique implique que le sens ou la valeur expressive d'une œuvre est le fruit d'une *crase* et d'une *concordia discors* harmonieusement discordante d'éléments noués par l'artiste en un *point critique*, à la fois un et multiple, placé, tel l'araignée dans sa toile, au centre d'une trame complexe de forces antagonistes. Dès lors, la matière que le regard tranchant du critique sépare en pièces détachées pour la livrer à la logique binaire du discours est un *mixte,* certes source de plaisir esthétique, mais aussi opaque et réfractaire à l'analyse, du point de vue conceptuel, que les images livrées à l'intellect par les sens. Car l'image mentale de l'œuvre qui se forme dans l'espace intermédiaire entre les sens et l'intellect est une nébuleuse qui refuse de se livrer à la connaissance logique tant qu'un outillage optique ad hoc ne parvient à convertir ses vapeurs dans les lignes sans corps, simples et mesurables, d'un prisme cristallin. D'où la nécessité d'une faculté intermédiaire reliant les sens aux puissances cognitives supérieures, comme la *discretio*, antécédent du bon goût si cher à la critique d'art du *Cinquecento.* Face à la réalité complexe du langage artistique, la raison se perd, victime de sa logique binaire, mais la *discretio* sert encore de boussole. Cette faculté triomphe dans la théorie moderne du génie et dans certaines des plus grandes œuvres de l'histoire de la musique occidentale. C'est son esprit subtil qui souffle parmi les interstices de la syntaxe de la musique de clavier du XVIe et du XVIIe siècle, à jouer «avec discrétion» et avec un royal mépris de la mesure. Et l'on n'est évidemment pas étonné de la retrouver à l'ordre du jour dans les recherches de Darbellay sur le «stile fantastico»[2] et la mesure rythmoïde, issue de la *prosa soluta*, du style de Frescobaldi[3].

Par ailleurs, dans la mesure où le flair du philologue opère dans la *medietas* entre la *ratio* et les sens, c'est aussi à la subtilité de cette faculté que l'on attribuera la renommée internationale et la signification historique des éditions frescobaldiennes de Darbellay, des *Toccate d'intavolatura*

2 «Stile fantastico, passi, affetti: des imprese musicali? Le temps comme interprète de l'espace et la forme comme histoire» in *FIORI MUSICOLOGICI. Studi in onore di Luigi Ferdinando Tagliavini nella ricorrenza del suo LXX compleanno raccolti da François Seydoux con la collaborazione di Giuliano Castellani e Axel Leuthold*, Bologne, Pàtron Editore, 2001, pp. 175-217.

3 «‹Mesure› et démesure du tempo dans le stile fantastico frescobaldien» in *Le mouvement en musique à l'époque baroque* [Actes du Colloque de Metz], Metz, Editions Serpenoise, 1996, pp. 198-208.

di cembalo e organo (1977-)[4] au *Primo libro di Canzoni per ogni sorte di strumenti* (2001)[5], en passant par les études désormais incontournables sur les manuscrits Chigi.[6] Reconnue par les plus grands spécialistes, de la Péninsule aux milieux universitaires d'outre-Atlantique, la réputation de ces travaux, n'est plus à faire; l'un des grands mérites d'Etienne Darbellay est d'avoir fait de Genève un centre de renommée internationale sur l'œuvre de Frescobaldi.

Les mêmes qualités se retrouvent dans ses travaux sur l'épistémologie de la connaissance musicale. Là aussi, son esprit conjugue et harmonise, pour «réconcilier la forme et le temps», la vue et l'ouïe, le «devenir indéterminé de la matière qui brouille tout» [7] et la forme qui lui résiste: «Chaque instant qui passe entraîne avec lui une irréversible détermination, active simultanément à plusieurs niveaux de la durée, et qui produit un sens indépendant de tout recours à l'ensemble du système de relations qu'il aura formé, à l'échéance ultime de l'œuvre. Et de ce fait c'est dans l'art de faire émerger ce qu'elle est, comme événement, que réside l'essence de la musique. Toutes ses relations sont au service d'une forme qui a le présent pour détermination et finalité»[8].

Enfin, les études interdisciplinaires portant sur la musique et la peinture, qui rapprochent les sonates de Scarlatti et les fresques de Tiepolo, ou s'attardent sur les œuvres du Titien, «le plus grand peintre de l'histoire»,

4 Frescobaldi, Girolamo, *Il primo libro di Toccate d'intavolatura di cembalo e organo (1615-37)*, a cura di Etienne Darbellay, Milan, Suvini Zerboni, 1977 (Monumenti musicali italiani IV). Frescobaldi, Girolamo, *Opere complete; II; Il secondo libro di Toccate d'intavolatura di cembalo e organo (1627-37)*, a cura di Etienne Darbellay, Milan, Suvini Zerboni, 1979 (Monumenti musicali italiani V). Frescobaldi, Girolamo, *Opere complete; III, Il primo libro di Capricci fatti sopra diversi soggetti et arie (1624)*, a cura di Etienne Darbellay, Milan, Suvini Zerboni, 1984. (Monumenti musicali italiani; VIII). Frescobaldi, Girolamo, *Le Toccate e i Capricci di Frescobaldi: Genesi delle edizioni e apparato critico*, Milan, Suvini Zerboni, 1985 (Monumenti musicali italiani, suppl. ai vol. IV, V, VIII).

5 Frescobaldi, Girolamo, *Il primo libro di Canzoni per ogni sorte di strumenti (1628-1635)*, a cura di Etienne Darbellay, Milan, Suvini Zerboni, 2001 (Monumenti musicali italiani; 22), 2 vol.

6 «I manoscritti Chigi Q.IV.24 e Q.VIII.205/206 come fonti frescobaldiane: criteri filologici di autenticità» in *Girolamo Frescobaldi nel IV centenario della nascita*, a cura di S. Durante e D. Fabris, Firenze, Olschki, 1986, pp. 107-123.

7 Darbellay, Etienne, *Le temps et la forme, op. cit.*, pp. 15-16.

8 Darbellay, Etienne, *Le temps et la forme, op. cit.*, pp. 16-17.

ne cherchent pas à reprendre les questions de synesthésie, récurrentes depuis Agrippa de Nettesheim, ou encore les utopies holistiques qui ponctuent l'histoire de la pensée moderne en réaction à la révolution scientifique du XVIIe siècle, mais visent plutôt à éclairer les implications ultimes des choix opérés par les artistes. En témoigne sa lecture de l'une des Vénus du Titien:

> [...] si l'on en croit la lecture qu'en fait Erwin Panofsky, le musicien qui est à gauche de la belle Vénus étendue sur son sofa n'est plus un organiste mais un luthiste, par conséquent un musicien qui peut, tout en jouant, contempler Vénus, objet de son admiration; c'est le tribut payé par la musique à la beauté visuelle. Mais Vénus est aussi entourée d'attributs appartenant au musicien: une partition à ses pieds, elle tient une flûte dans ses mains, manifestant par là qu'elle est à la fois reine du monde visible et du monde sonore.[9]

Musicien dans l'âme et collectionneur de tableaux, Darbellay aspire, lui aussi, à concilier le monde visible et le monde sonore, en vertu d'une compétence de polygraphe excellant dans ces deux «champs», et d'une perspicacité conciliant sa sensibilité d'interprète et son extrême lucidité. Il serait vain de décider si chez lui la saisie visuelle qui perçoit les formes en un seul instant domine l'intelligence musicale qui analyse et dispose les idées dans leur déroulement temporel. Le temps et la forme, le devenir et l'espace, la musique et la peinture sont les données nécessaires à l'essor de sa pensée. *A fresco.*

Georges Starobinski & Brenno Boccadoro

9 *Ibid.*, p. 15.

2. Un motif de réminiscence

Je venais d'être nommé à la chaire de musicologie de l'Université de Fribourg, en 1965, lorsque je fis connaissance d'Etienne Darbellay, alors âgé de dix-neuf ans. Il était sur le point de couronner brillamment ses études secondaires et de compléter ses études pianistiques en vue de la virtuosité, qu'il obtint en 1968. J'eus bientôt l'impression de voir revivre en lui mes expériences parallèles de musicien et de chercheur.

Je devais sa connaissance non seulement au fait que son père, Jean Darbellay, était l'un de mes collègues à l'Université de Fribourg, où il était professeur à la Faculté de Droit, mais surtout à l'amitié unissant à la famille Darbellay un autre cher collègue, Enrico Castellani, professeur de philologie romane à la même université. Grâce à lui, j'entrai moi aussi dans le cercle des amis de famille.

Dans la deuxième année de mon enseignement à Fribourg, Etienne suivait déjà mes cours de musicologie. Je ne pouvais alors imaginer que ce jeune pianiste, passionné de la littérature de son instrument et concertiste apprécié, tomberait amoureux de Frescobaldi. A ce maître, il a voulu consacrer sa thèse de doctorat, la première élaborée à Fribourg sous ma direction.

Dès mon adolescence, Frescobaldi était au centre de mes intérêts; mais je dois à Etienne la découverte d'aspects qui m'étaient inconnus. Au fur et à mesure que je suivais ses recherches, nos rapports entre maître et élève se transformèrent de plus en plus en une sorte d'union collégiale ou même de complicité.

Par son doctorat, Etienne concluait ses études universitaires et descendait dans l'arène internationale de la musicologie. Sa dissertation prit, en effet, forme définitive dans l'édition critique des deux livres de *Toccate*, auxquels s'ajouta celui des *Capricci*, dans le cadre de l'édition complète des œuvres frescobaldiennes, qui avait commencé à être publiée au début des années soixante. Depuis, on doit à Etienne une activité constante, irremplaçable, dans le comité de rédaction de cette entreprise prestigieuse.

C'était passionnant de suivre ce travail, où mon rôle initial de directeur de thèse se transformait en celui de confrère. Etienne m'a appris que la recherche du musicologue peut devenir une enquête de «détective». C'est dans un climat de découvertes continuelles qu'eurent lieu la reconstruction de la genèse de l'*Aggiunta* que Frescobaldi ajouta en 1637 a ses *Toccat*e, ainsi que celle, complexe et difficile, des *Capricci;* Etienne en fit connaître la création tourmentée grâce à l'étude minutieuse de la première édition de 1624, bien avant que le processus créateur de l'œuvre ne fût révélé de manière explicite par la publication en 1991 seulement de la correspondance qu'entretinrent entre 1621 et 1625 Francesco Toscani et Francesco Nigetti. Lorsque le «témoin» me fut passé, les rôles se sont intervertis, Etienne devenant mon précieux conseiller pour l'édition des *Fiori musicali.*

Douze ans après la conclusion de mon enseignement universitaire, je vois la carrière universitaire du disciple dont je fus le «Doktorvater» arriver elle aussi à son terme. Mais je sais que son activité continuera à être féconde.

Luigi Ferdinando Tagliavini

Reminiscenza

Avevo appena iniziato il mio insegnamento alla cattedra di musicologia dell'università di Friburgo, che mi fu affidata nel 1965, quando conobbi il diciannovenne Etienne, nel quale vedevo riflettersi e ripetersi, in certo modo, le mie esperienze parallele di musicista e di studioso. Si apprestava allora a concludere brillantemente gli studi per il baccalaureato ed altrettanto brillantemente seguiva gli studi pianistici in vista della virtuosità, che avrebbe conseguito nel 1968. Dovevo la sua conoscenza non solo al fatto che suo padre Jean era mio collega alla facoltà di diritto dell'università friburghese, ma soprattutto grazie all'amicizia che univa un altro caro collega, Enrico Castellani, professore di filologia romanza, alla famiglia Darbellay, nella quale fui da lui introdotto poco dopo il mio arrivo a Friburgo.

Già al mio secondo anno d'insegnamento lo ebbi alla mia scuola di musicologia. Non potevo certo, all'inizio, immaginare che questo giovane pianista, appassionato cultore della letteratura del suo strumento e già affermatosi come concertista, si sarebbe innamorato di Frescobaldi. E a Frescobaldi ha voluto dedicare la sua tesi di dottorato, la prima da me diretta a Friburgo. Sin dall'adolescenza Frescobaldi era al centro dei miei interessi di musicista e di studioso, ma Etienne me ne ha fatto scoprire aspetti sconosciuti. A mano a mano che seguivo il suo lavoro, ho visto i nostri rapporti tra maestro e allievo trasformarsi in una sorta di fratellanza o addirittura di complicità.

Il dottorato di Etienne ha costituito il suggello dei suoi studi universitari e al tempo stesso la scesa in campo sul terreno internazionale della musicologia. La sua dissertazione ha assunto infatti forma definitiva nell'edizione critica dei due libri di *Toccate*, a cui doveva aggiungersi quello dei *Capricci*, nel quadro dell edizione completa delle opere frescobaldiane che aveva preso il varo all'inizio degli anni Settanta. Da allora Etienne svolge una costante, insostituibile attività nell'ambito del comitato editoriale di questa ambiziosa impresa.

Una delle esperienze più stimolanti mi è stata offerta dal seguire il lavoro di Etienne per quest'edizione, che si collegava intimamente a quello svolto per il dottorato, ma a cui ho assistito non più in veste di maestro, ma di confratello. Da Etienne ho appreso che la ricerca del musicologo può trasformarsi in quella di «detective», assumendo addirittura toni di indagine poliziesca. In un clima di continue scoperte e sorprese è avvenuta la ricostruzione dell'avventurosa genesi dell'*Aggiunta* apparsa nel 1637 in concomitzanza all'ultima edizione delle *Toccate* frescobaldiane, e così pure di quella complessa e sofferta dei *Capricci*, «sofferenza» che a Etienne è stata rivelata da un acuto studio dell'edizione originale, prima ancora che lo fosse esplicitamente dalla presa di conoscenza del carteggio scambiato tra il 1621 e il 1625 tra Francesco Toscani e Francesco Nigetti, carteggio reso noto solo nel 1991.

Allorchè il «testimone» è passato a me con l'affidamento dell'edizione dei *Fiori musicali* – apparsi nel 2010 dopo anni di lavoro – i ruoli si sono invertiti: qui Etienne è stato il mio preziosissimo consigliere.

Dopo dodici anni dal termine del mio insegnamento universitario, vedo ora anche la parabola dell'insegnamento del discepolo di cui sono «Doktorvater» giunta alla conclusione. Ma so che la sua attività continuerà feconda.

Luigi Ferdinando Tagliavini

I. Frescobaldi: Interprétation, influences, diffusion

Luigi Ferdinando Tagliavini

Organo e cembalo nell'opera di Girolamo Frescobaldi

Sin dai primordi della musica tastieristica, di quella italiana in particolare, ci troviamo di fronte a brani suonabili «con ogni sorta di strumenti da tasto». La destinazione esclusiva all'organo di una parte di essi è dovuta non a caratteristiche idiomatiche, ma alla destinazione liturgica. È quanto constatiamo in quella che possiamo considerare come la più antica fonte italiana, il quattrocentesco Codice di Faenza,[1] ove non v'è sostanziale differenza di scrittura (a parte l'impiego di «canti fermi») tra i brani di destinazione liturgica e quelli di carattere profano, basati su composizioni vocali trecentesche italiane e francesi. Queste ultime sono evidentemente suonabili su ogni tipo di strumento: l'organo, in particolare il piccolo organo da camera o il portativo, il clavicordo e il clavicembalo, che era in quell'epoca un nuovo arrivato.[2]

Il primo brano a noi noto la cui stessa scrittura sembra rivelare una precisa destinazione è contenuto in un manoscritto risalente alla prima metà del XVI secolo, L'*Intabulatura d'organo de canzon et de motteti di Ms^r^ Pietro Francese*,[3]

1 Faenza, Biblioteca Comunale, Cod. 117.

2 Una testimonianza del 1397 attribuisce l'invenzione del clavicembalo a Hermann Poll, alias Magister Armanus di Vienna. Si tratta di una lettera di raccomandazione di questo personaggio scritta in quell'anno dal giurista padovano Giovanni Libertucci, che lo qualifica «ingeniosus multum ac inventor unius instrumenti, quod nominat clavicembalum». Cfr. Strohm, Reinhard, «Die private Kunst und das öffentliche Schicksal von Hermann Poll, dem Erfinder des Cembalo» in *Musica Privata – Die Rolle der Musik im Privatleben – Festschrift für Walter Salmen zum 65. Geburtstag*, hrsg. von Monika Fink, Reiner Gstrein und Günter Mössmer, Innsbruck, Helbling 1991, pp. 53-66, e Mischiati, Oscar, «Una precoce testimonianza del termine ‹clavicembalo›» in *Musicus Perfectus – Studi in onore di L. F. Tagliavini «prattico e speculativo» nella ricorrenza del LXV compleanno*, raccolti da Pio Pellizzari, Bologna, Pàtron, 1995, pp. 23-27.

3 Ms. 9437 della Bayerische Staatsbibliothek di Monaco di Baviera, pubblicato da Göllner, Marie Luise, *Eine neue Quelle zur italienischen Orgelmusik des Cinquecento*, Tutzing, Schneider, 1982 (*Münchner Editionen zur Musikgeschichte*, Band 3). Cfr. Tagliavini, Luigi Ferdinando, «Note sull'uso del pedale nella prassi organo-cembalistica italiana» in *Livro de Homenagem a Macario Santiago Kastner*, Lisboa, Fundação C. Gulbenkian, 1992, pp. 185-194.

personaggio verosimilmente identificabile in quel Pier Francese che tra il 1529 e il 1562 fu organista della basilica di San Petronio di Bologna. Il breve brano, quarto della raccolta, privo di titolo e di carattere preludiante, reca l'indicazione «col pedal quelle che sono più basse» riferito a note raddoppianti il basso all'ottava inferiore. Anche se forse già in quell'epoca era iniziato l'uso, poi divenuto frequente in Italia, di applicare una piccola pedaliera a strumenti della famiglia del clavicembalo, si tratta qui quasi certamente del pedale dell'organo.

Il frequente esclusivo riferimento all'organo figurante in gran parte dei titoli delle intavolature italiane cinquecentesche e del primo Seicento non deve essere considerato come limitativo salvo, ancora una volta, per le raccolte o per i singoli brani d'uso liturgico. La più antica intavolatura italiana a stampa è costituita dalle *Frottole intabulate da sonare organi* pubblicata a Roma nel 1517 da Andrea Antico. Il titolo, apparentemente specifico, sembra essere contraddetto dal frontespizio stesso dell'opera, che mostra un suonatore al cembalo.

Ciò vale pure, ad esempio, per l'*Intabulatura d'organo* di Giaques Buus (Venezia 1549) e per i vari libri *d'intavolatura d'organo* di Claudio Merulo pubblicati a Venezia, in parte postumi, tra il 1567 e il 1611. Proprio lo studio di queste opere – in particolare certamente del primo libro di *Canzoni* apparse nel 1592 – viene raccomandato nel 1595 dall'allievo di Merulo, Girolamo Diruta, per imparare a suonare «con politezza e leggiadria» gli strumenti a penna.[4]

Talora la destinazione dell'intavolatura o quella della partitura (il cui primo esempio è offerto a Napoli da Rocco Rodio nel 1575) non è specificata, altre volte le opere sono dichiarate composte «per ogni sorta di strumenti da tasto», come i *Ricercari* di Andrea Gabrieli del 1595 e 1596 o i due libri di *Canzoni alla francese per sonar sopra istrumenti da tasti* dello stesso autore apparsi nel 1605. Nel 1603 Giovanni Maria Trabaci pubblica a Napoli il suo *Primo libro* in partitura contenente *Musica da sonarsi sopra qualsivoglia stromento, ma più proportionevolmente ne gli Organi, e ne i Cimbali* e nel 1612 il bolognese Adriano Banchieri dà alle stampe a Venezia la sua *Partitura moderna armonia di canzoni alla francese* [...] *per suonare con facilità tutte le parti nell'Organo, ò Clavicimbalo*. Il *Secondo*

4 Diruta, Girolamo, *Il Transilvano – Dialogo sopra il vero modo di sonar organi, et instromenti da penna* [Parte prima], Venezia, Vincenti, 1593, cc. 5^v-6^r: *Modo di sonar musicalmente nell'istrumenti da penna.*

libro di Trabaci apparso a Napoli nel 1615 non reca nel titolo alcuna esplicita indicazione di strumento, ma il suo contenuto ci presenta brani liturgici, dunque organistici, quali i *Cento versi sopra li otto finali ecclesiastici per rispondere in tutti i Divini Officji*, una *Toccata & Ricercar sopra il cimbalo cromatico* (lo strumento a diciannove tasti per ottava[5] a cui già nel 1609 Ascanio Maione aveva destinato due toccate[6]), oltre ad alcuni brani *per l'Arpa* quali la *Toccata seconda & ligature*, due delle *Partite artificiose sopra il Tenor di Zefiro* e l'elaborazione del madrigale di Arcadelt *Ancidetemi*, infine una composizione per vari strumenti (la *Canzon Francesa a quattro per concerto di violini o viole ad arco*). I *Ricercari* a quattro voci in partitura di Nicolò Corradini, il cui unico esemplare conosciuto è privo del frontespizio, databili 1615, sono detti in una fonte manoscritta seicentesca «per clavacino».[7] Ricordiamo infine che da sonare *nel clavicembalo et altri stromenti* sono le *Correnti alla francese* pubblicate a Venezia nel 1635 da Martino Pesenti e le *Correnti alla francese, gagliarde e balletti* dello stesso autore apparse sempre a Venezia nel 1639, queste ultime dette pure *da cantarsi a voce sola.*

Talora anche musica pubblicata in parti separate è detta suonabile su strumenti da tasto, oltre che cantata ed eseguita «con ogni sorta di strumenti». Apre la serie nel 1540 la *Musica nova accommodata per cantar et sonare sopra organi et altri strumenti* pubblicata a Venezia, seguita nel 1547 dai *Ricercari* di Buus *da cantare, & sonare d'organo & altri stromenti* anch'essi apparsi a Venezia.

Nel 1551 inizia a Venezia la pubblicazione di musica di danza destinata esplicitamente a strumenti a corde e a tastiera. E' di quest'anno la raccolta di diversi autori *Intabulatura nova di varie sorte de balli da sonare per arpicordi, clavicembali, spinette, et manachordi.* Sono specificatamente indicati, come si vede, i vari tipi di «strumenti penna», oltre al «manacordo», termine con cui si indicava lo strumento oggi detto clavicordo, che ebbe in Italia una fioritura piuttosto breve. Del termine *clavicordo* v'è un'isolata

5 Cfr. tra l'altro Van Der Meer, John Henry, e Tagliavini, Luigi Ferdinando, *Collezione Tagliavini – Catalogo degli strumenti musicali*, vol. I, Bologna, Bononia University Press, 2008, pp. 121-122.

6 Maione, Ascanio, *Secondo Libro di diversi Capricci per sonare*, Napoli, Gargano, 1609: *Toccata quarta per il cimbalo cromatico* e *Toccata 5ª per il cimbalo cromatico.*

7 Tagliavini, Luigi Ferdinando, «Un musicista cremonese dimenticato – Ritornano alla luce i Ricercari a quattro voci di Nicolò Corradini» in *Collectanea Historiae Musicae* II, Firenze, Olschki, 1956, pp. 413-431.

attestazione nel *Partito de ricercari & canzoni alla francese* di Giovan Paolo Cima apparso a Milano presso Filippo Lomazzo nel 1606, contenente *in ultimo una breve regola per imparare a far prattica di suonare* [...] *con il modo d'accordare il clavicordo per ogni ordine*, ove tuttavia clavicordo (al pari dello spagnolo «clavicordio») è usato quale sinonimo di clavicembalo. Per la musica di danza viene varie volte esplicitamente preferito l'«arpicordo», termine con cui si designava normalmente in Italia uno strumento analogo al nordico virginale;[8] lo si constata nelle *Intavolature di balli d'arpicordo* di Marco Facoli e di Giovanni Maria Radino apparse a Venezia rispettivamente nel 1588 e nel 1592 e in quella pubblicata sempre a Venezia nel 1621 da Giovanni Picchi.

Passando al tema specifico che ci siamo proposti, osserveremo anzitutto che delle opere strumentali a stampa di Girolamo Frescobaldi[9] sono apparse in parti separate solo le *Canzoni* pubblicate a Roma nel 1628 e, in versione parziale e divergente, a Venezia nel 1634, oltre alle tre canzoni incluse nelle *Canzoni da sonare* di diversi autori stampate a Venezia nel 1608. Si tratta di opere a più strumenti. Ma va sottolineato che le *Canzoni* del 1628 sono state pubblicate nello stesso anno a Roma in partitura, con varianti nell'ordine e nel numero, a cura di Bartolomeo Grassi che, nella sua presentazione «alli studiosi dell'opera» rileva che l'uso della partitura permette ad ognuno di «accomodarvi sopra qualsivoglia sorte di strumento» e di suonare le composizioni «in compagnia, e solo», quindi anche su un unico strumento atto all'esecuzione a più voci. Salvo i due libri di *Toccate* apparsi a Roma in prima edizione rispettivamente nel 1615 e nel 1627 e l'*Aggiunta* all'ultima edizione del *Primo Libro* data alla luce nella stessa

8 Cfr. Van Der Meer e Tagliavini, op. cit., vol. I, pp. 92-93. Ma talora il termine viene impiegato per indicare genericamente strumenti a tastiera a corde pizzicate; è quanto si legge, tra l'altro nel *Discorso intorno alle opere di M. Gioseffo Zarlino* di Vincenzo Galilei, Firenze, Marescotti, 1589, p. 127.

9 Le opere strumentali di Frescobaldi sono pubblicate in otto dei dodici volumi sinora apparsi dell'edizione critica dell'opera omnia frescobaldiana nel quadro dei *Monumenti Musicali Italiani* editi a cura della Società Italiana di Musicologia e pubblicati a Milano presso le Edizioni Suvini Zerboni: II, III, IV e Supplemento ai tre volumi (*Genesi delle edizioni e apparato critico*) = *Il Primo* e *Il Secondo Libro di Toccate*; *Capricci* a cura di Etienne Darbellay (1977, 1979, 1984, 1988), VI = *Fantasie* a cura di Alda Bellasich (1995), VIII 1, 2 = *Il Primo Libro delle Canzoni* a cura di Etienne Darbellay (2002), IX = *Ricercari e Canzoni francesi* a cura di Gustav Leonhardt (2004), X = *Canzoni alla francese in partitura* a cura di Etienne Darbellay (2006), XII = *Fiori Musicali* a cura di Luigi Ferdinando Tagliavini (2010).

città nel 1637, pubblicati in intavolatura e stampati con il procedimento dell'incisione curata da Nicolò Borbone, tutti gli altri sono stati pubblicati in partitura; si tratta delle *Fantasie a quattro* (Milano 1608), dei *Recercari et Canzoni Franzese* (Roma 1615, ristampati nel 1618), dei *Capricci* (nell'edizione romana del 1624 e in quelle veneziane del 1626, 1628 e 1642, le ultime tre assieme ai *Ricercari e Canzon Francesi*), dei *Fiori Musicali* (Venezia 1635) e delle *Canzoni alla francese* uscite postume a Venezia nel 1645. Di tutti questi libri solo i *Fiori Musicali* sono destinati a uno specifico strumento, vale a dire all'organo. Gli altri sono intesi particolarmente per strumenti a tastiera in genere, se pure la partitura permetteva, secondo la citata affermazione di Grassi, di suonare «in compagnia» con «qualsivoglia sorte di strumento». Nella dedica a Francesco Borghese delle sue *Fantasie* Frescobaldi testimonia di averne fatto udire molte «nel suono de tasti». Nei suoi avvertimenti «a gli studiosi dell'opera» premessi ai *Capricci* Frescobaldi deplora «che da molti sia dismessa la prattica di detto studio della partitura», alludendo evidentemente ai suonatori di strumento a tastiera, più avvezzi alla lettura dell'intavolatura; egli afferma poi che «conviene in alcune durezze fermarsi con arpeggiarle», suggerendo un procedimento tipico dell'esecuzione sugli «strumenti da penna». Prendendo in considerazione ora i libri stampati in intavolatura, può colpire che le prime tre edizioni del primo libro di *Toccate e Partite* (1615, 1615 e [1616]) rechino nel frontespizio la semplice indicazione *d'intavolatura di cimbalo* e che solo nelle due successive edizioni (1628 e 1637) la dicitura appaia ampliata in *d'intavolatura di cimbalo et organo.* Riscontriamo quindi l'inverso di quanto si legge nei titoli delle intavolature di Merulo, ove, come s'è visto, figura la sola destinazione *organo*. Analogamente, anche l'indicazione frescobaldiana non va considerata come limitativa, tanto più che l'aggiunta del termine *organo* appare già nell'edizione del 1628, quindi prima che nell'*Aggiunta* annessa all'edizione del 1637 sia incluso un brano tipicamente organistico quale il *Capriccio pastorale.* Ciononostante, un esame del contenuto e della scrittura musicale induce a concludere che la maggior parte dei brani di questo primo libro sia stata proprio pensata espressamente per il *cimbalo*, cioè per il clavicembalo e gli «strumenti a penna», e proprio all'esecuzione su questo genere di strumenti che è dedicato il terzo punto degli Avvertimenti *Al Lettore* nella loro seconda versione (apparsa nella seconda edizione e nelle successive), ove si raccomanda di suonare gli inizi delle toccate «arpeggiando» (consiglio già presente nella prima versione, premessa alla primissima edizione) e di sciogliere le «legature» battendo assieme le note «per non lasciar voto l'istromento».[10] Concepite per «strumenti a penna» sono, a nostro giudizio, le quattro partite sopra «arie» popolari (la *Romanesca*, la *Monica*, *Ruggero* e *Folia* [in realtà *Fedele*]) e le quattro correnti. Alle dodici toccate sembra addirsi la destinazione «per cembalo od organo», anche se le ultime due presentano tratti tipici della scrittura organistica. Nella *Toccata undecima* si notino anzitutto le lunghe note di «pedale» che caratterizzano le prime otto grandi «caselle» (e che sono tuttavia «sciolte», cioè non tenute, di casella in casella, per non precluderne l'esecuzione al cembalo). Ma colpiscono soprattutto alcuni «affetti» che annunciano quelli che, nel *Secondo libro*, impregneranno la *Terza* e la *Quarta Toccata*, entrambe *da sonarsi all'Elevazione*; alludiamo in particolare alle figurazioni delle caselle 28-29 e alle ascese e discese cromatiche che la concludono, in modo del tutto analogo a quelle con cui terminano le due citate toccate del secondo libro, simboleggiando, in brani che devono «imitare i duri ed aspri tormenti della Passione»,[11] la morte e la resurrezione. Nella *Toccata duodecima*, ultima del primo libro, si presta particolarmente all'organo la scrittura coerentemente polifonica e in parte imitativa, così come le lunghe note di pedale (alle caselle 3-37 e 56-59, anche qui tuttavia sempre interrotte di casella in casella, evidentemente per consentire parimenti l'esecuzione al cembalo). Delle altre toccate, tutte particolarmente consone alle peculiarità sonore del cembalo, sei o sette possono certo essere «accomodate» anche all'organo. Nella *Toccata Seconda* l'assenza di legatura tra le note formanti ritardo alle caselle 1-2 e 11 non va ascritta, a nostro parere, a negligenza dell'incisore, ma realizza graficamente il già citato suggerimento degli avvertimenti frescobaldiani di «battere insieme» al cembalo le note «in alcune legature ovvero durezze [...] per non lasciar voto l'istromento», ma tali note potranno essere legate con buon effetto all'organo; e l'inverso può valere per la catena di «legature» alla casella 24, efficace all'organo ma con possibile resa al clavicembalo sciogliendo le legature. Nella *Toccata Quinta* le sonorità organistiche si addicono bene all'esordio imitativo, a mo' di ricercare a

10 Cfr. Tagliavini, Luigi Ferdinando, «L'arte di ‹non lasciar vuoto lo strumento› – Appunti sulla prassi cembalista italiana del Cinque – e Seicento» in *Rivista Italiana di Musicologia* X, 1975, pp. 360-376, e XI, 1976, p. 167; versione inglese riveduta «The art of ‹not leaving the instrument empty› – Comments on Italian harpsichord Music» in *Early Music* XI, 1983, pp. 299-308.

11 Diruta, Girolamo, *Seconda Parte del Transilvano*, Venezia, Vincenti, 1609: *Libro IV – Discorso sopra il concertar li registri d'organo.*

due soggetti, e altrettanto bene possono essere rese all'organo le «durezze e legature» che caratterizzano gli esordi della *Toccata Sesta, Settima* e *Ottava*, così pure la catena di «legature» alle caselle 5-6 della stessa *Settima* ed infine vari passi polifonico-imitativi della *Toccata nona*, in particolare la lunga sezione alle caselle 29-43. Nelle altre toccate la libertà di scrittura, come pure la varietà ed estrosità degli «effetti» e degli «affetti» possono essere messe particolarmente in valore al clavicembalo, a cui sembrano in primo luogo destinate. Nella *Toccata Quarta*, alla fine della casella 19 si nota un'anomalia polifonica, la «durezza» non risolta tra il Si♭ del basso e il La della voce intermedia, non avvertibile o quasi al cembalo ma poco accettabile all'organo.

Nel *Secondo Libro di Toccate* la destinazione all'organo di varie composizioni diviene esplicita. Essa è evidentemente esclusiva nei brani liturgici quali i quattro *Inni*, i tre *Magnificat* e le due *Toccate*, la *Terza* e la *Quarta, da sonarsi all'Elevazione.* «Per l'organo» sono esplicitamente dette la *Toccata Quinta* e la *Sesta*, scritte *sopra i pedali.* Ma la specificazione *sopra i pedali e senza* rivela che l'autore non vuole precluderne l'esecuzione su strumenti privi di pedaliera, quali piccoli positivi e strumenti della famiglia del clavicembalo. Eseguibili sia all'organo sia al cembalo possono essere considerate le sei *Canzoni* e alcune *Toccate*, quali la *Prima*, la *Seconda* e in particolare l'*Ottava di durezze e legature*. Le altre *Toccate*, la *Settima*, l'impervia *Nona*, la *Decima* e l'*Undecima* hanno una scrittura più consona al clavicembalo, al pari del madrigale «passaggiato» *Ancidetemi pur.* E ciò vale anche per le *Partite* (*Aria detta Balletto* e *Aria detta la Frescobalda, Partite sopra Ciaccona* e *Partite sopra Passacagli*, le ultime due presenti solo nella prima edizione del 1627), come pure per le cinque *Gagliarde* e le sei *Correnti*, anche se l'esecuzione di danze all'organo, soprattutto al piccolo organo da camera, non va esclusa. La sola netta esclusione sembra doversi fare per la seconda e la terza corrente, cioè per la coppia *Corrente Seconda* e *Corrente 2ª alio modo*, quest'ultima vero e proprio «double» della precedente il cui stile «spezzato» si rivela squisitamente cembalistico.[12]

Nell'*Aggiunta* annessa all'edizione del 1637 del *Primo Libro di Toccate* un brano, il *Capriccio pastorale*, caratterizzato da lunghe note di pedale, è esclusivamente organistico, mentre il *Capriccio sopra il soggetto scritto sopra l'Aria di Ruggero* (*Fra' Iacopino*) è certo possibile su ogni sorta di strumento

12 Cfr. Tagliavini, Luigi Ferdinando, «L'arte di ‹non lasciar vuoto lo strumento›», *op. cit.*, pp. 376-377 della versione italiana e pp. 305-306 di quella inglese.

da tasto. Tutti gli altri brani, tra cui primeggiano le monumentali *Cento Partite sopra Passacagli*, sono squisitamente cembalistici e, a causa del loro ampio ambito tonale, richiedono uno strumento dotato di tre coppie di tasti spezzati (Sol♯/La♭, Mi♭/Re♯ e Do♯/Re♭) o, a nostro avviso più verosimilmente, accordato con quel temperamento equabile di cui Frescobaldi s'era fatto partigiano o comunque con un temperamento evoluto rispetto al consueto mesotonico, sistemi d'accordatura che allora si evitava d'applicare all'organo.[13]

Le postume *Canzoni alla francese in partitura* del 1645 non recano esplicita destinazione, ma sono certo primariamente pensate per ogni sorta di strumenti a tastiera, anche se il clavicembalo sembra lo strumento più appropriato.[14]

Un'attenzione particolare meritano gli ultimi tre brani delle *Canzoni alla francese* pubblicate in partitura nel 1628 a cura di Bartolomeo Grassi: la *Toccata per spinettina e violino*, la *Toccata per spinettina sola ovver liuto* e la *Canzona per spinettina sola detta la Vittoria*. Viene qui eccezionalmente specificato il tipo di strumento da tasto (in un caso prescritto in alternativa al liuto), ma il termine adottato può dare adito a dubbi. Normalmente il termine *spinettina* si riferisce ad un piccolo strumento all'ottava, ma un esame della scrittura induce a ritenere che la tessitura di 8 piedi sia preferibile a quella di 4 piedi; ci sembra risultare più naturale in tal modo il dialogo col violino (si veda in particolare il passo imitativo alle caselle 32-33 della *Toccata per spinettina e violino*). Ciò che interessa qui particolarmente è la parte di basso continuo che correda i tre brani, affidabile ad uno strumento ad arco e certo anche ad uno strumento polifonico realizzante le armonie. Nella *Toccata per spinettina sola ovver liuto* il basso continuo è costituito da lunghe note tenute (Re alle cas. 1-7, La alle cas. 8-14, Fa alle cas. 15-19, Sol alle cas. 20-26, Re alle cas. 27-31, Sol conclusivo alla cas. 32), procedimento analogo a quello delle due grandi *Toccate per l'organo sopra i pedali* del *Secondo Libro*. Affidando all'organo queste note e sovrapponendovi le giuste armonie avremmo un'esecuzione che rispecchia la testimonianza di André Maugars il quale ha ascoltato nel 1639 le musiche quaresimali al Crocifisso di Roma, rilevando che negli interludi strumentali

13 Cfr. Tagliavini, Luigi Ferdinando, Prefazione alla citata edizione critica dei *Fiori musicali*, pp. XIII-XIV.

14 Propensione espressa anche da Etienne Darbellay nell'Introduzione alla citata edizione critica da lui curata, p. VII.

Frescobaldi faceva scaturire mille invenzioni dal suo clavicembalo, mentre «l'orgue tenait toujours ferme».[15]

Ci soffermeremo solo brevemente sulle fonti manoscritte, dato che sono ancora in corso studi, ricerche, verifiche sull'autenticità delle attribuzioni, in vista di un'edizione critica nel quadro delle opere complete di Frescobaldi.[16]

Prendiamo in considerazione anzitutto le nove toccate conservate nel primo volume dell'intavolatura tedesca facente parte della raccolta Foà-Giordano della Biblioteca Nazionale di Torino,[17] la cui autenticità sembra non dover essere messa in dubbio. L'ultima è di esplicita destinazione organistica, si tratta della *Toccata per l'Organo col contrabasso ovvero pedale* basata su lunghe note di pedale analogamente, sia pure in forma più ridotta, alle *Toccate Quinta* e *Sesta* del *Secondo Libro.* Si noti che il termine *contrabasso* non si riferisce verosimilmente a un registro indipendente di pedale, allora piuttosto raro in Italia, ma piuttosto alla tessitura grave delle note azionate dal pedale (tessitura della «contro-ottava» nei grandi organi di sedici piedi). La precedente ottava *Toccata* rivela per contro tratti squisitamente clavicembalistici, quali le figurazioni di arpeggio esplicitamente notate all'inizio. Destinata al cembalo sembra pure la settima *Toccata* che presenta alla casella 14 la singolare ostinata ripetizione (ben sette volte consecutive) di una «durezza» (il bicordo Si♭/Do alla mano destra) alla

15 Maugars, André, *Réponse faite à un curieux sur le sentiments de la musique en Italie escrite à Rome le premier octobre 1639*, Paris, s. n. t. (c. 1640), pp. 12-13; edizione moderne a cura di E. Thoinan [Ernest Roquet], Paris, Claudin, 1865, pp. 30-31. L'assieme di organo e clavicembalo è testimoniato nell'ampio manoscritto Q.VIII.205-206, ove alla c. 18^{r-v} figura, in forma di basso continuo scritto dalla mano dell'allievo di Frescobaldi Leonardo Castellani, un *Ballo a 3 organo e cembalo.* Cfr. Jeanneret, Christine, *L'œuvre en filigrane – Une étude philologique des manuscrits de musique pour clavier à Rome au XVIIe siècle*, Firenze, Olschki, 2009 (*Historiae Musicae Cultores* CXVI), pp. 328-373: 333. Quanto alla *Toccata* e alla *Canzona «La Vittoria» per spinettina sola*, si tratta quasi certamente in un «binomio» che Bartolomeo Grassi ha arbitrariamente scisso in due brani separati; la prima inizia infatti in re e termina il Sol mentre la seconda compie il percorso tonale inverso.

16 Lo studio e la preparazione dell'edizione sono in corso a cura di Etienne Darbellay.

17 Su questa fonte resta ancora fondamentale la descrizione dettagliata di Mischiati, Oscar, «L'intavolatura d'organo tedesca della Biblioteca Nazionale di Torino – Catalogo ragionato» in *L'Organo* IV, 1963, pp. 1-154. Le nove toccate sono state pubblicate per la prima volta a cura di Sandro Dalla Libera: Frescobaldi, Girolamo, *Nove toccate inedite*, Brescia, Paideia e Kassel Bärenreiter, 1962 (*Monumenti di Musica Italiana*, Sez. I, Vol. II).

maniera dei liutisti napoletani che, secondo la testimonianza di Alessandro Piccinini, «alle durezze ribattono più volte quell'istessa dissonanza hor piano & hor forte, e quanto più è dissonante, tanto più la ribattono».[18] E' chiaro che l'alternanza di piano e forte non è traducibile in termini né organistici né cembalistici, ma sembra pure chiaro che il passo frescobaldiano può essere reso più efficacemente al cembalo che all'organo. Strumento ideale, permettente l'effetto dinamico descritto da Piccinini, sarebbe il «manicordo», cioè il clavicordo, ma non abbiamo esplicite testimonianze del suo impiego da parte di Frescobaldi. Quanto alle prime sei toccate, esse possono essere ritenute eseguibili su ogni tipo di strumento a tastiera.

Sono di notevole interesse i *Fioretti del Frescobaldi*, manoscritto conservato a Londra[19] redatto da una mano attribuita all'allievo e fedele collaboratore del maestro ferrarese Nicolò Borboni. La paternità frescobaldiana, per quanto oggetto di controversie, ne è stata recentemente difesa con convincenti argomentazioni.[20] Si tratta di undici *Canzoni* seguite da una *Toccata*, tutte notate in intavolatura. Sono del tutto singolari le brevi introduzioni delle canzoni, costituite da sole note di basso, con prevalenza di valori lunghi (semibrevi e minime), certo basi per libere improvvisazioni. Le due indicazioni *Arpeggiate* (*Canzona Quinta*, caselle 17-19, *Canzona Sesta*, caselle 23-25) suggeriscono una preferibile destinazione al clavicembalo. Merita attenzione la catena discendente di crome ripetute a quattro a quattro, ogni gruppo corredato di arco di legatura, vera e propria stilizzazione di «tremolo con l'arco» alle caselle 61-64 della *Canzona Sesta*.

Tra i manoscritti chigiani della Biblioteca Vaticana contenenti opere attribuite a Frescobaldi rivestono particolare interesse i Mss. Chigi Q.IV.24

18 Piccinini, Alessandro, *Intavolatura di Liuto et di chitarrone Libro Primo*, Bologna, Moscatelli, 1623: *A gli studiosi*, cap. III: *Del suonare piano, e forte.*

19 Londra, British Library, Ms. Add. 40080. Decrizione dettagliata e commento in Jeanneret, *op. cit.*, pp. 136-162. Edizione a cura di Andrea Marcon e Armin Gaus: Frescobaldi, Girolamo, *Fioretti del Frescobaldi*, Zimmern ob Rottweil, Ed. Gaus, 1994. Un'edizione a cura di Etienne Darbellay è in attesa di pubblicazione.

20 Cfr. Jeanneret, *ibid.*, dove viene emessa l'ipotesi che il copista, quasi certamente Borbone, si sia basato su una fonte in partitura e dove viene suggerita, *come terminus post quem*, il 1635. Christine Jeanneret pensa pure di identificare nella mano dello stesso Frescobaldi le annotazioni di nomi di persona sull'ultimo foglio di guardia. Sostenitore della paternità frescobaldiana è pure Etienne Darbellay, nonostante i dubbi espressi nel 2006 nella sua introduzione alle *Canzoni alla francese in partitura*, nota 13.

e Q.IV.25, dovuti alle mani di due allievi e collaboratori di Frescobaldi, rispettivamente di Leonardo Castellani e del già citato Nicolò Borbone[21]. L'autenticità delle composizioni contenute in entrambi (salvo quelle del primo presentanti importanti concordanze con brani frescobaldiani conosciuti e le tre recanti l'attribuzione a [Pierre] de la Barre anch'esse nel primo) è stata e continua ad essere oggetto di dubbi e discussioni. Ciò malgrado il fatto incontrovertibile che una pagina del secondo manoscritto contenga proprio un autografo frescobaldiano.[22]

Delle composizioni senza concordanze del Ms. Chigi Q.IV.24, alcune sono prettamente organistiche: una *Toccata sopra i pedali* in Sol[23] seguita da una *Fuga* all'inizio della raccolta, una *Toccata per l'Elevazione* pure in sol incompleta, due inni (*Ave maris stella* e *Iste confessor*) un *Kyrie degli Apostoli* seguito da un *Christe*; vi sono poi due *Toccate*, in re, in la e in sol[24] e vari brani polifonici, eseguibili su ogni sorta di strumenti a tastiera: quattro *Recercari* rispettivamente in sol, in re, in la, e in mi, quattro *Canzoni* rispettivamente in re, in sol, in la e in sol; l'ultima reca l'indicazione *Canzona di Fr.* e si concatena ad una *Fuga di Fr.* Le altre composizioni sono partite (*Ruggero*) e danze, opere dunque prevalentemente cembalistiche.

Il Ms. Chigi Q.IV.25 contiene alcuni brani esplicitamente organistici, tre Toccate *per organo con pedali* in re, ognuna connessa a una *Canzona che segue alla Toccata* e una *Toccata per organo* in Sol. La raccolta inizia con

21 Al primo manoscritto è dedicato il saggio di Darbellay, Etienne, «Le manuscrit Chigi Q.IV.4 de la Biblioteca Apostolica Vaticana comme source frescobaldienne: Nouveaux critères d'authenticité» in *L'Organo* XLII, 2010, pp. 65-85, già apparso in versione inglese «The Manuscript Chigi Q.IV.24 of the Biblioteca Apostolica Vaticana 23 as Frescobaldian Source: New Criteria for Authenticity» in *Fiori Musicali – Liber amicorum Alexander Silbiger Edited by* Claire Fontijn *with* Susan Parisi, Sterling Heights, Michigan, Harmonie Park Press, 2010 (*Detroit Monographs in Musicology – Studies in Music*, No. 55), pp. 23-37. Entrambi sono descritti e commentati da Jeanneret, *op. cit.*, pp. 274-303.

22 Cfr. Jeanneret, *op. cit.*, pp. 289, 297-298. Nel suo citato studio Etienne Darbellay non esita a riconoscere la paternità frescobaldiana di tutto il contenuto di questo manoscritto, ad esclusione evidentemente dei brani attribuiti a La Barre (e probabilmente dell'ultima *Toccata* recante, come si vedrà, il nome poco leggibile e dubbio di *Giovanbatta*).

23 Indichiamo con iniziale maiuscola le note finali dei modi maggiori, con minuscole quelle dei modi minori.

24 All'inizio dell'ultima v'è una scritta poco leggibile perché raschiata *Giovanbatta*, che potrebbe forse indurre ad attribuire la composizione a Giovanni Battista Ferrini.

Partite sopra l'aria di Fiorenza in Sol, che consideriamo di preferibile destinazione cembalistica, e contiene vari brani per strumenti da tasto senza specifica destinazione: *Capriccio* in sol, *Capriccio fatto sopra il cucchù* in Sol, *Toccata* in Sol, *Canzona* in re, *Recercare* in Sol, *Recercare cromatico* in Sol incompiuto e per ultimo, dopo tre pagine vuote, tre grandi *Toccate,* in Do, in Fa e in do, il cui stile e la cui struttura, in cui si avvicendano episodi toccatistici e imitativi, hanno indotto addirittura ad un'attribuzione a Froberger.[25] Siamo stati sempre e rimaniamo del parere che si tratti verosimilmente di opere dell'ultimo Frescobaldi piuttosto che di straordinarie produzioni della cerchia dei suoi allievi, Froberger compreso, e del suo discepolo e collaboratore Nicolò Borboni, da cui sono state accuratamente copiate. Nella *Toccata 3ª* sembra proseguire con logica continuità l'ampliamento del quadro tonale già assai allargato nell'*Aggiunta* del 1637. In questa, come s'è visto, l'ambito tonale si spinge nella direzione dei bemolli sino al Re♭, nell'ultima toccata del manoscritto chigiano esso è ampliato d'una quinta, sino al Sol♭. Ciò corrobora l'esclusiva destinazione di questa eccezionale toccata al clavicembalo, il solo strumento in cui l'accordatura è flessibile, sia nel senso dell'adozione di un temperamento «evoluto», sia in quello di un adeguamento dell'accordatura all'armatura adottata.

Abstract

From its begining keyboard music was mostly conceived, with the exception of liturgical organ works, «for every kind of keyboard instruments».

But often idiomatic features can be identified, allowing recognize the exclusive or preferable attribution of single pieces or of entire collections either to the organ or to instruments of the harpsichord family. Especially suited for the last ones are dances, some of them explicitly written for the «arpicordo», an instrument similar to the northern virginal.

25 L'ipotesi è stata espressa da Gustav Leonhardt. Cfr. tra l'altro Annibaldi, Claudio, «Ancora sulle Messe attribuite a Frescobaldi: Proposta di un profittevole scambio» in *G. Frescobaldi nel IV centenario della nascita – Atti del convegno internazionale di studi (Ferrara, 9-14 settembre 1983)*, a cura di Sergio Durante e Dinko Fabris, Firenze, Olschki, 1986 (*Quaderni della Rivista Italiana di Musicologia,* 10), pp. 125-150: 130-132 e Tagliavini, Luigi Ferdinando – Mischiati, Oscar – Annibaldi, Claudio, interventi nella *Discussione* sulla relazione di Annibaldi, *ibid.*, pp. 151-152.

Among the instrumental works of Frescobaldi, only the three *Canzonas* appeared 1608 in a Venetian collection and his Book of *Canzonas* published by Robletti and by Vincenti both in 1628 were printed in separate part-books for being played by instrumental ensemble. The other works were edited in open score, excepting the two books of *Toccatas* (first appeared respectively in 1615 and 1627) and the supplement (*Aggiunta*) to the first book (published in 1637) which are notated in two-staves tablature and printed by means of the engraving technique. The compositions in open score are playable on every kind of keyboard instruments, with exception of the *Fiori musicali* (1635), a liturgical organ work. Some of the pieces written in tablature are explicitly or clearly written for organ, like those of liturgical destination and the two toccatas «per l'organo sopra I pedali», the 5th and the 6th of the second book, as well as the *Capriccio pastorale* to be found in the *Aggiunta*, also based on long pedal points. Nevertheless, the specification that the organ toccatas of the second book could be both played also «without pedals» (*con i pedali e senza*) reveals that Frescobaldi didn't want to preclude their performance on instruments without pedals, like positives and instruments of the harpsichord family. The only specific indications of an instrument of this type are to be found in the titles of three pieces included in the *Canzoni alla francese* edited in open score in 1628 by Bartolomeo Grassi: *Toccata per spinettina e violino*, *Toccata per spinettina sola ovver liuto* and *Canzona per spinettina sola detta la Vittoria*, where the term «spinettina», normally used for a 4-foot instrument is probably referred here to an 8-foot «arpicordo». These three compositions are provided by a thorough bass that in the second one consists of long pedal points, like in the *Toccate sopra I pedali*, and suggest an association of harpsichord and organ in the manner described in 1639 by André Maugars.

Among the compositions attributed to Frescobaldi and preserved in manuscript sources, like those in the German tablature in the National Library of Turin and in some Chigi manuscript of the Vatican Library, especially in the Mss. Q.IV.24 and Q.IV 25 we find organ toccatas and pieces chiefly intended for harpsichord, like the sixth and eight toccatas of the Turin tablature and the three toccatas placed at the end of the Ms. Chigi Q.IV.25. Although doubts have been expressed about Frescobaldi's paternity of the three last mentioned compositions, they seem to reflect the last stage of the evolution of his style and of his efforts to enlarge the tonal compass. In the *Aggiunta* of 1635 the descending circle of fifths reaches the D flat, while in the last toccata of the Chigi manuscripts it is extended down a step more to the G flat. That must not induce to think of a destination to an instrument with several split keys, but likely of an enlarged temperament, praised by Frescobaldi and easily realizable on the harpsichord, but still avoided on the organ.

Dinko Fabris

Frescobaldi et les Napolitains: une nouvelle source

Willy Apel fut le premier à mettre en évidence dans une étude publiée dans la revue «The Musical Quarterly» en 1938 sous le titre *Neapolitan Links between Cabezon and Frescobaldi*, l'importance des compositeurs pour clavier du Royaume de Naples actifs à l'époque de Frescobaldi. Les «liens» qu'il indique ne sont autres que le format notationnel de la partition dont il relève que l'usage plutôt rare était typique tant des espagnols (dans la forme de la partition en tablature) que des napolitains et qu'il ne sera repris que plus tard par Frescobaldi.[1] En meme temps il souligne l'importance de la recherche dans l'étude d'une «hitherto neglected epoch of keyboard music, whose only representatives yet known to us, Giovanni Maria Trabaci and Ascanio Mayone – both working in Naples around 1600 –, are interesting for various reasons, but chiefly because their activity shows unequivocally here the roots of Frescobaldi's style are to be sought, and where, in a large part, he acquired those characteristic style-elements that so suddenly and surprisingly emerged in him».[2]

Cette vision d'Apel transparaît également dans son article sur l'«Ecole de Clavier» en Italie du sud,[3] intégralement repris dans son ouvrage capital: *Geschichte der Orgel- und Klaviermusik bis 1700*, qui a influencé des générations de musicologues et musiciens.[4] A la différence de son premier article, Apel ajoute à ses publications suivantes, aux côtés de Trabaci et Mayone, pratiquement toutes les sources de clavier d'Italie méridionale

1 Apel, Willy, «Neapolitan Links between Cabezon and Frescobaldi» in *The Musical Quarterly*, 24, 1938, pp. 419-437.

2 *Ibid.*, p. 420.

3 Appel, Willy, «Die süditalienische Clavierschule des 17. Jahrhunderts» in *Acta Musicologica*, 34, 1962, pp. 126-141.

4 Appel, Willy, *Geschichte der Orgel- und Klaviermusik bis 1700*, Kassel, Bärenreiter, 1967.

aujourd'hui connues, depuis Valente et Rodio jusqu'à Salvatore, Del Buono, Storace et Strozzi.[5]

A la suite de son premier article deux spécialistes emboîtent le pas à Apel et se lancent dans l'étude des relations entre les Napolitains et Frescobaldi. Le premier, Joseph Albert Burns, publie en 1953 sa thèse sous le titre *Neapolitan Keyboard Music from Valente to Frescobaldi*, dont un extrait sur le «Keyboard Primitive» Valente paraît en 1959 dans le *Journal of American Musicological Society*.[6]

Le second, Santiago Macario Kastner, fait paraître en 1958 une édition de *Rocco Rodio. Cinque ricercate una fantasia*, dont la préface s'inscrit dans la droite ligne de la pensée d'Apel: «There is a group of musicians belonging to Southern Italy who between 1550 and 1650, and chefly at Naples, displayed in the field of keyboard music a continuous creative activity... noteworthy contributions to an art which reached its greatest splendour in the lofty figure of Gerolamo Frescobaldi...».[7] La découverte des Napolitains était ainsi engagée et dans les deux décennies suivantes, apparaissent les éditions modernes de compositeurs tels que Trabaci, Mayone, Salvatore, Strozzi ainsi que de bien d'autres.[8] De nouvelles

5 La littérature sur ces compositeurs s'est énormément développée après les années '50 avec la publication de nombreuses thèses de doctorat américaines et de quelques éditions modernes, à coté des investigations d'archive à Naples effectuées surtout par Ulisse Prota-Giurleo: «Aggiunte ai ‹Documenti per la storia dell'arte a Napoli›» in *Il Fuidoro*, II, 1955, pp. 273-279; «G.M. Trabaci e gli organisti della R. Cappella di Palazzo di Napoli» in *L'organo*, I, 1960, pp. 185-196; «Organari napoletani del XVII e XVIII secolo» in *L'organo*, II, 1961, pp. 109-126; «Due campioni della scuola musicale napoletana del XVII secolo» in *L'organo*, III, 1962, pp. 118-121.

6 Burns, Joseph A., *Neapolitan Keyboard Music from Valente to Frescobaldi*, PhD diss., Harvard University, 1953; *Id.*, «Antonio Valente, Neapolitan Keyboard Primitive» in *Journal of the American Musicological Society*, 12, 1959, pp. 133-143.

7 *Rocco Rodio. Cinque ricercate. Una fantasia*, a cura di Macario Santiago Kastner, Padova, Zanibon, 1958, p. 4. Quelques années plus tard Kastner a publié une édition moderne du *Second livre* d'Ascanio Mayone, avec Préface, dans la collection «Orgue et Liturgie», n. 63, 1964, Editions Musicales de la Schola Cantorum de Paris.

8 *Giovanni Maria Trabaci. Composizioni per organo e cembalo*, a cura di Oscar Mischiati, vol. I e II (seuls publiés), Brescia-Kassel, Paideia-Bärenreiter, 1964-1969; *Giovanni Salvatore. Collected Keyboard Works*, ed. by Barton Hudson, Corpus of Early Keyboard Music [= CEKM], 3, 1964; *Bernardo Storace. Selva di varie compositioni d'intavolatura per cimbalo ed organo*, ed. Burton Hudson, CEKM, 7, 1965; *Gregorio Strozzi. Capricci da sonare cembali et organi (1687)*, ed. Burton Hudson, CEKM, 11, 1967; *Neapolitan Keyboard Composers (ca. 1600)*, ed. by Roland Jackson, CEKM, 24, 1967; *Ascanio*

études sur les origines du style de Frescobaldi voient également le jour, notamment celles de Barton Hudson et Roland Jackson.[9] Toutefois, dans les études postérieures à celles d'Apel et malgré l'admiration soulevée par la découverte de l'immense qualité de la musique pour clavier des compositeurs napolitains, les chercheurs se cantonnent à la mise en évidence des ressemblances d'esprit ou de format notationnel de la partition, personne n'étant à même de produire des documents permettant d'établir avec certitude un lien entre Frescobaldi et les napolitains.[10]

La thèse d'Apel est discutée pour la première fois par le musicologue américain Anthony Newcomb à l'occasion de son intervention au colloque Frescobaldi de Madison en 1983[11]. Selon Newcomb, la source des premières expériences de Frescobaldi dans le domaine du contrepoint instrumental serait à rechercher non pas dans la tradition de l'Italie du sud mais dans celle toute différente de l'«école Ferraraise-Mantouane», dominée par des compositeurs d'origine flamande, comme principalement Giaches Brumel, prédécesseur de Luzzasco Luzzaschi, le maitre de Frescobaldi. Newcomb fonde son hypothèse sur l'étude du cycle des ricercars anonymes du manuscrit Bourdeney – une partition exceptionnelle produite dans le

Mayone. Diversi Capricci per sonare. Libro I (Napoli 1603), a cura di Christopher Stembridge, Padova, Zanibon, 1981; *Ascanio Mayone. Diversi Capricci per sonare. Libro II (Napoli 1609)*, a cura di Christopher Stembridge, Padova, Zanibon, 1984. La plupart des éditions des Napolitains ont été publiées en facsimilés par les éditions SPES de Florence dans les mêmes décennies.

9 Hudson, Barton, «Notes on Gregorio Strozzi and his *Capricci*» in *Journal of the American Musicological Society*, 20, 1967, pp. 209-221; Jackson, Roland, *The Keyboard Music of G.M. Trabaci*, PhD diss., University of California at Berkeley, 1964; *Id.*, «The *Inganni* and the Keyboard Music of Giovan Maria Trabaci» in *Journal of the American Musicological Society*, 21, 1968, pp. 204-208; *Id.*, «On Frescobaldi's Chromaticism and its Background» in *The Musical Quarterly*, 57, 1971, pp. 255-269.

10 Frederick Hammond, dans son article «Girolamo Frescobaldi and the hypothesis of Neapolitan Influences» (in *La musica a Napoli durante il Seicento*, atti del convegno di Napoli 1985, a cura di Domenico Antonio D'Alessandro e Agostino Ziino, Roma, Torre d'Orfeo, 1987, pp. 217-236), donne un résumé très précis des éléments considérés par Apel comme communs à Frescobaldi et aux Napolitains, avec les citations des passages ou le musicologue affirme cette équivalence.

11 Newcomb, Anthony, «The Anonymous Ricercars of the Bourdeney Codex» in *Frescobaldi Studies*, ed. Alexander Silbiger, Durham, Duke University, 1987, pp. 97-123. Avec des nouveaux éléments, aussi: *Id.*, «Frescobaldi's Toccatas and their stylistic ancestry» in *Proceedings of the Royal Musical Association*, 111, 1984-85, pp. 28-44.

cercle de la cour de Parme aux alentour de 1580 – qu'il attribue à Brumel.[12] L'analyse des ricercars Bourdenay ainsi que d'autres collections conduisent Newcomb et son élève James Ladewig[13] à proposer un ordre chronologique différent des influences croisées, duquel il ressort que le style de Frescobaldi plongerait ses racines dans une tradition nordique plus ancienne tandis que les napolitains n'auraient eu accès que plus tardivement à cette même tradition par l'entremise des contacts du prince Gesualdo avec Luzzaschi à la cour de Ferrare en 1594.

Dans sa communication au Colloque *La musica a Napoli durante il Seicento* à Naples en 1985, Frederick Hammond, après avoir exposé avec beaucoup de clarté et de finesse les positions d'Apel et de Newcomb, invite toutefois dans sa conclusion à rejeter une quelconque influence extérieure sur les débuts de Frescobaldi et, par là même, à se détourner de la «Neapolitan hypothesis» pour ne considérer le musicien que dans sa grandeur intrinsèque.[14] D'autres conférenciers demeurent cependant fidèles, sur un plan analytique, à l'hypothèse d'Apel. Ainsi, Wolfgang Witzenmann[15] examine-t-il les relations entre Trabaci et Frescobaldi tandis que Klaus Fisher analyse la structure des ricercars chez Trabaci et Mayone.[16] Par ailleurs, c'est lors du même congrès que le nom du napolitain Scipione Stella est cité pour la première fois grâce au travail de Patrizio Barbieri.[17] Le débat international s'enrichit quelques années

12 Paris, Bibliothèque Nationale de France, Rés Vma ms. 851. Voir: *The Ricercars of the Bourdeney Codex: Giaches Brumel [?], Fabrizio Dentice, Anonymous.*, ed. Anthony Newcomb, Middlleton, Wisc., A/R Editions, 1991 (Recent Researches in the Music of the Renaissance, 89).

13 Voir Ladewig, James, *Frescobaldi's* Recercari et canzoni franzese *(1615). A Study of the Contrapuntal Keyboard Idiom in Ferrrara, Naples, and Rome*, PhD diss., University of California at Berkeley, 1978; et l'article «The Use of Open Score as a solo Keyboard Notation in Italy ca. 1530-1714» in *Essays in Honor of John F. Ohl: a compendium of American Musicology*, ed. Enrique Alberto Arias, Chicago, Northwestern University Press, 2001, pp. 75-91, qui reprend les éléments de sa thèse.

14 Hammond, *op. cit.*

15 Witzenmann, Wolfgang, «Rapporti fra la musica strumentale di Trabaci e quella di Frescobaldi» in *La musica a Napoli durante il Seicento*, pp. 237-251.

16 Fischer, Klaus, «La posizione di Ascanio Mayone e Giovanni Maria Trabaci nello sviluppo del ricercare» in *La musica a Napoli durante il Seicento*, pp. 253-283.

17 Barbieri, Patrizio, «La *Sambuca Lyncea* di Fabio Colonna e il *Tricembalo* di Scipione Stella. Con notizie sugli strumenti enarmonici del Domenichino» in *La musica a Napoli durante il Seicento*, pp. 167-216.

plus tard du remarquable travail de Robert Judd qui aborde dans une nouvelle perspective les relations des formats notationnels pour la musique de clavier entre l'Espagne et l'Italie, ce qui le conduit à considérer la question de la partition utilisée par les Napolitains puis par Frescobaldi.[18]

En 1992, lors du colloque de Madrid de la Société Internationale de Musicologie, j'ai essayé de démontrer que les ricercars anonymes du Manuscrit Bourdeney pouvaient être attribués à Fabrizio Dentice en lieu et place de Giaches Brumel comme proposé par Newcomb.[19] En effet, si l'on accepte le principe que les ricercars les plus longs et les plus remarquables composés avant la génération de Luzzaschi et de Frescobaldi – et précisément ceux du Manuscrit Bourdeney – l'ont été par un napolitain et non par un musicien d'Europe du Nord, la théorie de Newcomb nécessite alors d'être reconsidérée, pour le moins en ce qui touche au ricercar et au format notationnel de la partition. Naples retrouvait ainsi la place que lui avait assignée Apel et ses successeurs. Je ne vais pas maintenant reprendre ici la question du format notationnel mais je vais plutôt tenter de mettre en évidence le lien direct permettant d'unir Frescobaldi aux Napolitains dans le contexte précis des débuts du séjour de l'organiste ferrarais à Rome après 1604.

18 Judd, Robert Floyd, *The use of notational formats at the keyboard: a study of printed sources of keyboard music in Spain and Italy c. 1500-1700, selected manuscript sources including music by Claudio Merulo, and contemporary writings concerning notations*, PhD diss., University of Oxford, 1988. Le même auteur a publié des éditions modernes d'œuvres de clavecin antérieures à Frescobaldi, notamment pour le CEKM et «Garland Series of Italian Instrumental Music».

19 Fabris, Dinko, «Il ruolo di Napoli nella tradizione del ricercare in partitura: una sconosciuta raccolta di Fabrizio Dentice del 1567?» in *Revista de musicologia*, XVI/6, 1993, pp. 3293-3367, actes du Colloque de la Société Internationale de Musicologie de Madrid, 1992.

Frescobaldi et les Bentivoglio

Les premiers mécènes de Frescobaldi ont été les nobles frères ferrarais Guido et Enzo Bentivoglio.[20] J'ai documenté dans mon livre *Mecenati e Musici* (1999) le projet du Marquis Enzo Bentivoglio qui avait souhaité se présenter, pour son entrée officielle à Rome en tant qu'ambassadeur de Ferrare, comme l'héritier du monde sonore du Duc Alfonse II et reprendre le rôle de celui-ci en se faisant accompagner de trois dames chanteuses et instrumentistes (pour évoquer les «dame di Ferrara»), du luthiste Alessandro Piccinnini (qui avait été au service du duc) ainsi que de l'organiste Frescobaldi qui reprenait ici le rôle qui avait été celui de son maitre Luzzaschi. Dans un article pour le Colloque Frescobaldi de Ferrare (1983) j'avais déjà souligné le rôle de la harpiste napolitaine Lucrezia Urbani qui bien qu'élève de Frescobaldi dans la maison romaine d'Enzo Bentivoglio était déjà professionnelle car elle avait joué la difficile partie de harpe dans l'*Orfeo* de Monteverdi à Mantoue. Lucrezia aurait pu aisément faciliter à Frescobaldi la connaissance du style et du répertoire des Napolitains. Ce n'est par ailleurs pas un hasard si l'autre enseignant de la maison Bentivoglio, le luthiste Piccinini, rappelle dans son livre de luth publié en 1623 certaines particularités du style d'exécution (performance practice) des Napolitains comme la répétition des dissonances («come s'usa à Napoli»). Frederick Hammond a examiné cette possibilité mais n'en a pas conclus à une influence possible de la harpiste napolitaine sur Frescobaldi. Je suis persuadé au contraire qu'à Rome, outre Lucrezia, Frescobaldi a dû avoir de nombreuses occasions d'entrer en contact avec la musique du sud de l'Italie par l'intermédiaire des virtuoses actifs dans la ville, comme par exemple les musiciens napolitains qui circulaient entre la maison Bentivoglio et le palais du Cardinal Montalto.

20 Sur les Bentivoglio et la musique (y compris Frescobaldi) voir Hammond, Frederick, *Girolamo Frescobaldi*, Cambridge, Mass., Harvard University Press, 1983 (nouvelle édition augmentée en préparation); Fabris, Dinko, «Frescobaldi e la musica in casa Bentivoglio» in *Girolamo Frescobaldi nel IV centenario della nascita*, a cura di Sergio Durante e Dinko Fabris, Firenze, Olschki, 1986, pp. 63-85; *Id.*, *Mecenati e musici. Documenti sul patronato artistico dei Bentivoglio di Ferrara nell'epoca di Monteverdi (1585-1645)*, Lucca, Lim, 1999.

Le cardinal Montalto

Dans le jeu diplomatique du *patronage* des arts à Rome entre les 16e et 17e siècles, Alessandro Peretti, cardinal de Montalto, a joué le rôle de protecteur de la musique à tous les niveaux.[21] Les napolitains s'inscrivent de manière notable dans le cadre de ces activités: on peut ajouter aux noms de Dentice et Stella, dont je parlerai par la suite, celui d'Ippolita Recupita et de son mari le claveciniste Cesare Marotta, du claveciniste Domenico Visconti, époux de la harpiste Lucrezia Urbani ainsi que de nombreux autres chanteurs et instrumentistes. Vincenzo Giustiniani, dans son petit traité manuscrit sur la musique de 1628, nous apprend que la mode du chant «à la napolitaine» avait conquis Rome autour de 1575 et les spécialistes considèrent aujourd'hui que le style de chant monodique orné que Caccini présente comme une invention florentine et personnelle, serait en fait le produit de cette mode napolitaine à Rome, siège de formation de Caccini.[22] Le système de *patronage* instauré par Montalto est basé sur des cercles concentriques qui lui permettent de recourir à une série d'autres mécènes, «clients» nobles ou bourgeois, sous son ingénieuse direction. Ce système permet le développement d'une activité assez conséquente et continuelle même avec un budget modeste. Le marquis Bentivoglio y superpose à son tour son propre système de mécénat en offrant gratuitement aux plus importants cardinaux romains (Montalto en premier) de jeunes musiciens instruits dans sa maison par des enseignants prestigieux, en échange de «faveurs» (*clientele*). Le nom de Frescobaldi parcourt toute cette chaine de relations et figure souvent dans les manuscrits musicaux associés à Montalto.

Je voudrais maintenant ajouter aux sources musicales indiquées par John Hill dans son livre sur le système de *patronage* de la musique du Cardinal Montalto (1997), une nouvelle source retrouvée dans une collection privée à Brindisi.

21 Voir Hill, John W., *Roman monody, cantata and opera in the circles around cardinal Montalto*, Oxford, Clarendon Press, 1997, 2 vol.

22 Giustiniani, Vincenzo, *Discorso sopra la musica* (Ms. daté de 1628 dans la Biblioteca Apostolica Vaticana à Rome, copie contemporaine dans l'Archivio di Stato di Lucca), éd. moderne dans la collection *Discorsi sulle arti e mestieri*, a cura di Anna Banti, Florence, Sansoni, 1981, pp. 17-36.

Le manuscrit Prontera 1 (collection privée à Brindisi)

J'ai mentionné pour la première fois à Dublin en 2000 la découverte de cette source dans une communication sur l'état des connaissances des sources italiennes manuscrites pour clavier qui n'a jamais été publiée. J'y ai donné une liste de 20 nouveaux manuscrits qui doublaient alors le répertoire examiné par Alexandre Silbiger dans son catalogue de 1980[23] et notamment annoncé l'existence dans la collection privée de Cosimo Prontera à Brindisi de deux manuscrits du début du XVIIe siècle que j'avais dénommé «Prontera 1» et «Prontera 2». L'histoire des ces manuscrits, achetés chez des bouquinistes à Lecce, est relatée avec une description sommaire des sources dans la thèse de Christine Jeanneret.[24]

Le Prontera 2 est une source du début du XVIIe siècle en partition, très intéressante mais totalement anonyme, qui offre une série organisée de *Versetti* destinés à une utilisation pratique à l'église par un organiste napolitain de l'époque de Trabaci (le seul auteur avec lequel on a trouvé au moins une concordance).

Nous allons considérer ici le manuscrit Prontera 1 parce qu'on y relève le nom de Frescobaldi associé à deux des musiciens napolitains en relation avec Montalto: Scipione Stella et Scipione Dentice.

23 Le catalogue de référence pour ce répertoire est toujours: Silbiger, Alexander, *Italian manuscript sources of 17th century keyboard music*, Ann Arbor, Mi, UMI, 1980. J'ai présenté une liste d'ajouts (20 sources inconnues à Silbiger) dans une conférence: *Checklist of Italian manuscript sources of 17th century keyboard music. Additions to Silbiger 1980* (Biennial Conference of Baroque Music, Dublin 16 July 2000), que j'ai proposée en français dans un séminaire à l'Université de Genève organisé par Etienne Darbellay en 2001. Récemment a paru le travail de Christine Jeanneret, *L'œuvre en filigrane. Une étude philologique des manuscrits de musique pour clavier à Rome au XVIIe siècle*, Florence, Olschki, 2009 (thèse doctorale présentée à l'Université de Genève en 2005 qui a mis à jour la liste des sources italiennes pour clavier du XVIIe siècle).

24 Jeanneret, *op. cit.*, pp. 109-117 (est retenue la dénomination «Prontera 1» et «Prontera 2»). Je dois remercier Mr. Prontera, un claveciniste et chercheur qui a été mon étudiant, pour m'avoir autorisé et facilité l'étude de ses manuscrits et pour avoir gravé à mon intention en édition moderne les morceaux musicaux que j'utilise ici.

Table 1. Liste des auteurs contenus dans le ms. Prontera 1.

Main A (premier possesseur du volume): 1 Padre Geronimo (?): *Paginina* [*Paganina en re*] 1 Giovanni Picchi: *Pass'e mezzo in A la mi re* (unicum) 2 Girolamo Frescobaldi: *Romanesca del Frescobaldi* (*Toccate Libro I*, 1615 = *Romanesca*) et *Corrente del Frescobaldi* (unicum) 6 Giovanni Paolo Cima: (5) *Corrente* et (1) *Pass'e mezzo* (unica)
Main B (Carlo Galoppio, Naples?): 1 Scipione Dentice: *Sinphonia Dentice* (unicum) 1 Scipione Stella: *Bassa fiamenga di Scipione Stella* (unicum) 3 Girolamo Frescobaldi: 3 *Corrente* non attribuées (*Toccate Libro I, 1615 = Corrente seconda, corrente terza, corrente quarta*)

Selon Christine Jeanneret, l'origine du manuscrit Prontera 1 «semble mystérieuse puisqu'il présente des indices conflictuels»: certains des aspects notationnels ainsi que de contenu sont typiques du nord de l'Italie, d'autres du sud (il s'agit d'une tablature et non d'une partition, mais dans un format vertical inusuel et les auteurs du nord – tels que Cima et Picchi –, s'opposent aux napolitains Stella et Dentice, Frescobaldi étant au milieu).[25] Mais il n'est pas nécessaire de formuler l'hypothèse d'un passage d'un propriétaire du nord aux mains du méridional Carlo Galoppio pour justifier ces conflits. Il suffit de considérer Rome comme lieu géographique possible de rédaction de la source dans un milieu précis, celui de l'entourage du Cardinal Montalto, où étaient actifs simultanément des musiciens comme Frescobaldi, Stella et Dentice. Et puisque, contrairement à Frescobaldi, ces deux derniers compositeurs napolitains n'ont pas eu droit jusqu'à ici à des études spécifiques, il serait utile de mentionner brièvement ce que nous connaissons de chacun d'eux.

Scipione Stella, le claveciniste napolitain préféré de Gesualdo, était pratiquement inconnu avant les travaux de Keith Larson (1985),[26] Patrizio

25 *Ibid.*, p. 115.

26 Larson, Keith A., *The unaccompanied madrigal in Naples from 1536 to 1645*, PhD thesis, Cambridge, Mass., Harvard University, 1985; *Id.*, «Stella, Scipione» in *The New Grove dictionary of music and musicians*, Second revised edition, London, Macmillan, 2001, vol. 24, pp. 346-347.

Barbieri (1987 et 1991)[27] et ceux plus récents de Domenico Antonio D'Alessandro (2007-2008),[28] dont proviennent principalement les informations qui suivent. Stella est né à Naples vers 1558-59, comme indiqué dans l'enregistrement de son décès qui eut lieu le 20 mai 1622. Il appartient à une famille aisée et obtient comme première charge le poste d'organiste à l'Annunziata, l'une des institutions musicales la plus prestigieuse de Naples, avec un salaire symbolique car son père gagnait beaucoup plus en vendant du vin à la même institution. Il est ensuite engagé comme organiste avec un vrai salaire et la charge de compositeur et d'aide du maitre de chapelle Camillo Lambardi. Stella sera ainsi le protagoniste de la musique à l'Annunziata jusqu'à l'arrivé du fameux Jean de Macque en tant que deuxième organiste. Dès lors, ils deviennent les animateurs d'un cénacle musical prodigieux, car dès ce moment se tissent des liens très fort entre l'Annunziata, la chapelle royale du vice-roi, et les maisons des plus importants princes napolitains, et plus particulièrement avec la cour des Gesualdo. Les autres personnes de ce groupe de virtuoses qui sont tous en contact les uns avec les autres incluent Rocco Rodio, Ippolito Tartaglino, Giovanni Maria Trabaci, Ascanio Mayone, Scipione Dentice etc.

Stella avait déjà effectué au moins un séjour à Rome avant d'entrer à la cour de Carlo Gesualdo en 1593 (juste avant le deuxième mariage du compositeur qui eut lieu en 1594 à Ferrare, où Stella accompagnait son prince avec les autres musiciens). Sa carrière, après son retour à Naples, en passant par Rome, s'éloigne de la prison dorée de la maison du prince da Venosa dans le château de Gesualdo, où demeuraient les autres musiciens de la cour. On sait que par la suite il a séjourné à Rome avant d'entrer dans le monastère théatin de San Paolo Maggiore à Naples en janvier 1598, sous le nom de Padre Pietro Paolo. Il accède à la prêtrise en 1605 et se dédie à la composition de musique sacrée, exactement comme son mécène Gesualdo au cours des mêmes années.

27 Barbieri, Patrizio, «La ‹Sambuca Lincea› di Fabio Colonna e il ‹Tricembalo› di Scipione Stella. Con notizie sugli strumenti enarmonici del Domenichino» in *La musica a Napoli durante il Seicento*, 1987, pp. 415-454 (réédition dans la Préface à l'édition critique de Scipione Stella, *Inni a cinque voci* (Napoli 1610), a cura di Flavio Colusso e Domenico Antonio D'Alessandro, Lucca, LIM, 2007, pp. LV-LXXVII).

28 D'Alessandro, Domenico Antonio, «Giovanni de Macque e i musici della Real Cappella napoletana. Nuovi documenti precisazioni biografiche e una fonte musicale ritrovata» in *La musica del principe. Studi e prospettive per Carlo Gesualdo*, a cura di Luisa Curinga, Lucca, LIM, 2008, pp. 21-156; *Id.*, Préface à l'édition critique des *Inni* de Stella, 2007, pp. XI-XLIV.

Stella n'était pas un compositeur et un virtuose de clavier comme les autres. Pour Gesualdo il était le seul dans son entourage qui pouvait se comparer au mythique maitre ferrarais Luzzaschi.[29] Scipione Stella faisait donc partie de l'entourage du prince de Venosa, Carlo Gesualdo, lors de son voyage à Ferrare en 1594. A cette occasion, il fait la connaissance du célèbre Luzzasco Luzzaschi, maitre de Frescobaldi et seul capable de jour l'*archicembalo* de Vicentino. Stella est chargé à Ferrare de l'édition des deux premiers livres de madrigaux composés par son prince, une responsabilité très symbolique dans le climat de compétition qui allait s'établir avec les madrigaux imprimés en même temps par Luzzaschi. Il semble logique de retrouver Stella associé aux expériences de musique chromatique et enharmonique ainsi qu'à l'invention des instruments capables de jouer cette musique qui se déroulent à Naples dans les années suivantes. C'est à cette époque que doit remonter l'idée de Stella de se faire construire un instrument semblable à celui de Vicentino, avec le ton divisé en quatre parties, comme un *cembalo enarmonico*. Grâce aux études de Patrizio Barbieri on connait bien maintenant la querelle qui a opposé Stella au théoricien napolitain Fabio Colonna de l'Académie des Lincei qui publie en 1618 son traité *La Sambuca Lyncea* dans lequel il prétend avoir développé le projet de Stella jusqu'à la création d'un nouvel instrument, le *pentecontachordon* ou *sambuca* qui avait une division du ton en cinq au lieu de quatre. Barbieri, dans son introduction à l'édition en facsimilé du traité a édité et commenté les annotations polémiques autographes de Stella ajoutées avant 1622 à un exemplaire de la *Sambuca Lyncea* conservé à la Bibliothèque du Congrès de Washington.[30]

Cette histoire du plagiat de Stella par Colonna est aussi mentionnée dans une source primaire pour l'histoire de la musique napolitaine de cette époque, le *Journal de Voyage* écrit à Naples en 1632 par le français Jean-Jacques Bouchard.[31] On ne doute pas aujourd'hui de l'invention de la

29 «Questa sera [il Principe Gesualdo] ha fatto cercar un cembalo per farmi sentir Scipione Stella, et sonarvi egli stesso co la chitarra della quale fa grandissima stima, ma in tutta Argenta non s'è potuto trovare [...]», lettre d'Alfonso Fontantelli au Duc de Ferrara Alfonso II, le 18 février 1594 (voir: Newcomb, Anthony, «Carlo Gesualdo and a Musical Correspondance of 1594» in *The Musical Quarterly*, LIV, 1968, p. 414).

30 Barbieri, Patrizio, introduction à l'édition facsimilé de Fabio Colonna, *La Sambuca Lyncea*, Lucca, Lim, 1991.

31 Bouchard, Jean-Jacques, *Journal II: Voyage dans le Royaume de Naples* (1632), éd. Emanuele Kanceff, Istituto per la storia del viaggio, Turin, 1977.

sambuca par Stella, qui était alors le seul napolitain capable de jouer cet instrument comme l'était Luzzaschi à Ferrare. Il ne faut néanmoins pas oublier qu'il y avait à Naples une formidable tradition pour la composition d'un répertoire pour claviers *chromatiques* et même *enharmoniques*, comme en témoignent les imprimés de Trabaci et Mayone. La lettre du peintre Domenichino où il est dit que les joueurs d'instruments chromatiques et enharmoniques avaient disparu à Naples à la moitié des années 1630 pose une date limite pour cette tradition, même s'il y aura encore dans les années suivantes des personnalités actives comme Giovanni Salvatore et Gregorio Strozzi.[32]

Cependant, mis à part les citations et annotations dans *La Sambuca Lyncea* de Fabio Colonna, les compositions instrumentales de Stella qui nous sont parvenues aujourd'hui ne laissent apparaître aucun intérêt pour l'expérimentation des claviers chromatiques et enharmoniques:

Table 2. Compositions pour instruments de Scipione Stella

Londres, Brit. Libr. MS Add.30491: (Ms. de Luigi Rossi, Naples avant 1620, partition pour clavier) 1. *Partite sopra la Romanesca* (première(s) pièce(s) du recueil) 2. *Prima Canzon* 3. *Seconda breve Canzon* Remarques: contiens d'autres auteurs napolitains tels que Gesualdo, Macque, Trabaci, Rinaldo, Fillimarino, etc. Edition à de Roland Jackson *Neapolitan Keyboard Composers circa 1600*, Rome, American Institute of Musicology, 1967 et facsimilé Garland ed.par Alexander Silbiger.
Naples, Cons. MS 4.6.3 (Gagliardes en 4 parties séparées et musique religieuse, daté: 1629) 4. *Gagliarda Prima* 5. *Gagliarda Seconda* 6. *Gagliarda Terza*

32 Lettre du peintre bolonais Domenico Zampieri dit «Domenichino» envoyée de Naples en 1638 à Francesco Albani à Bologne, cité dans Fabris, Dinko, «L'arpa napoletana. Simbolismo estetico-sonoro di uno strumento musicale del primo Seicento» in *Modernità e coscienza estetica*, a cura di F. Fanizza, Napoli, Tempi moderni 1986, pp. 211-262: 243 (l'article donne référence aux dernières compositions pour instruments expérimentaux à Naples pendant le XVIIe siècle).

7. *Gagliarda Quarta*
Remarques: contient deux compositions sacrées de Stella: *Pange, lingua* et *O quam suavis.* Autres auteurs napolitains: Gesualdo, Macque, Trabaci, Sabino, Della Marra, Arpa (Marquis de Arpajo?).
Inédites: ne figurant pas dans l'édition de Roland Jackson *A Neapolitan Festa a Ballo (Naples, Conservatorio di Musica «San Pietro a Majella», Mss. 4.6.3)*, Madison, Wi, A-R Editions, 1978.

Brindisi, Ms. Prontera 1
8. *Bassa Fiamenga del Stella*
Remarque: inédit.

On peut également juger de la renommée de virtuosité de Stella par les variations sur *Io mi son Giovinetta* publiées en 1609 par Ascanio Mayone, qui apparaissent comme une espèce de défi entre le luth de Domenico Montella, la harpe du même Mayone et le clavier de Stella qui conclut la pièce.[33] La pièce du ms. Prontera 1, intitulée *Bassa Fiamenga del Stella* (une simple formule pour variations restée inachevée), s'ajoute donc au petit corpus pour clavier de ce virtuose.

L'autre compositeur napolitain du Prontera 1 est Scipione Dentice, membre d'une illustre famille napolitaine, bien que de petite noblesse (chevalier de *seggio*).[34]

33 Publié dans Ascanio *Mayone, Diversi Capricci per sonare. Libro II (Napoli 1609)*, ed Christopher Stembridge, Padova, Zanibon, 1984.

34 Cerreto, Scipione, *Della prattica musica vocale, et strumentale*, Napoli, Carlino, 1601, p. 155; Prota-Giurleo, Ulisse, «La musica a Napoli nel Seicento (dal Gesualdo allo Scarlatti)» in *Samnium*, I/4, 1928, pp. 67-90: 73-75; Wood Martin, Lynn, «Scipione Dentice: a neapolitan contemporary of Gesualdo» in *Studi musicali*, X/2, 1981, pp. 217-239; Larson, *op. cit.*, pp. 562-563; *Id.*, «Dentice, Scipione», in *The New Grove Dictionnary of Music and Musicians*, second revised edition, 2001, 7, p. 221; D'Alessandro, Preface à Stella, *Inni a cinque voci*, 2007, p. LIV; *Id.*, «Giovanni de Macque e i musici della Real Cappella napoletana», 2008, pp. 8, 13, 15, 27, 32-35, 37, 41-42, 44, 47, 49, 50, 76, 91, 99, 102, 145.

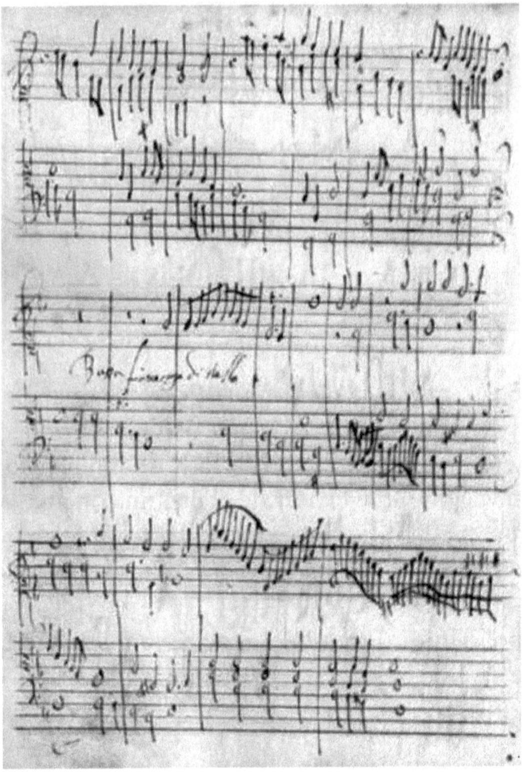

Fig. 1. *Bassa Fiamenga del Stella*, Ms. Prontera 1, c. 71v.

Scipione Dentice, surnommé par Scipione Cerreto en 1601 «Scipione Dentice del Cimbalo», est né à Naples en 1560. Il est apparenté à Fabrizio Dentice le plus grand virtuose de luth de son époque. Tout comme Stella, Dentice a terminé son existence dans un couvent, celui de la Congrégation de l'Oratoire (pères Philippins) à Naples, où il est entré en 1621, y a été ordonné prêtre en 1624 et y est décédé en Avril 1635. Il est sans doute probable qu'à côté des rares compositions imprimées qui nous sont parvenues aujourd'hui il existe d'autres compositions manuscrites restées anonymes dans la très riche collection musicale de l'Oratoire de Naples.[35]

35 L'Archivio Musicale della Congregazione dell'Oratorio des pères «Girolamini» (les pères philippins de Naples) est toujours fermé après le tremblement de terre de Naples de 1980. Le catalogue publié par Salvatore di Giacomo (*Catalogo... Oratorio dei Filippini di Napoli*, Parma, Freshing, 1918) est loin d'être complet.

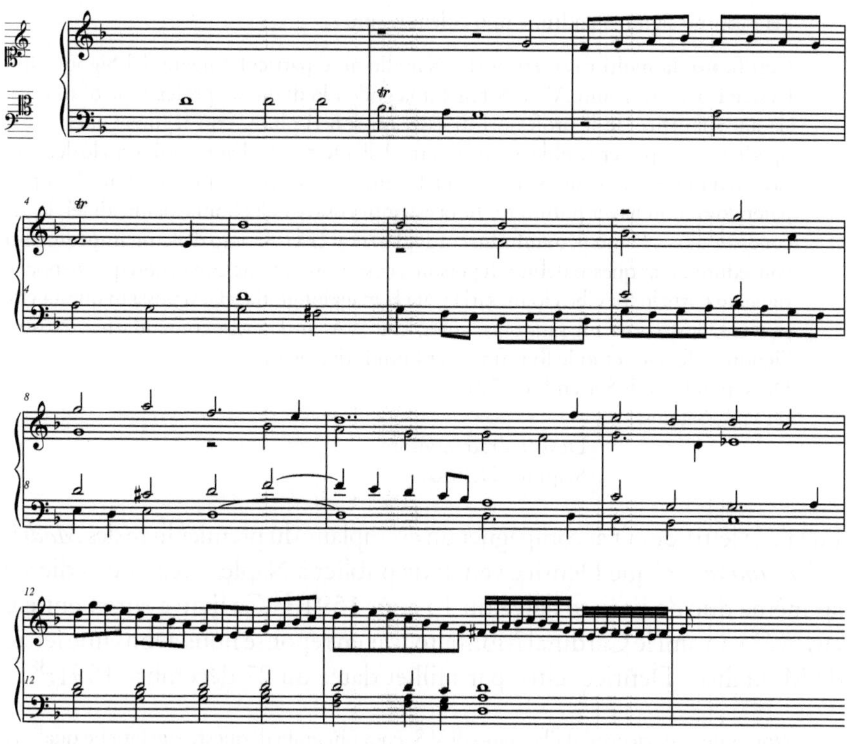

Ex. Mus. 1. *Bassa Fiamenga del Stella* (transcription en notation moderne).

La seule biographie de Dentice qui existe, publiée par Lynn Wood Martin dans son article de 1981, est loin d'être complète et irréprochable (même la date de décès y est fausse). Les lettres de Dentice publiées par John Hill apportent une contribution très importante sur son activité à Rome au service direct du Cardinal Montalto, en 1587 déjà, alors que le cardinal n'avait que 17 ans et le compositeur 27.[36]

Une autre lettre de Dentice, conservée aux Archives d'Etat de Modène, envoyée en 1591, témoigne qu'il était en contact avec le Duc de Ferrare bien avant le voyage de Gesualdo de 1594, comme semble le suggérer la phrase: «affetto, ch' alcuni anni sono le dedicai»:

36 Voir Hill, *op. cit.*, I, pp. 301-ss.

Serenissimo signor e padrone mio colendissimo

Certificato da molti cavalieri nostri Napolitani, e particolarmente dal Signor Don Cesare Davalos, quanto V. A. Serenissima godendo di questa professione di musica, sia anco fautrice de li professori di essa, mi son risoluto, con regunar queste mie operine, e con preservarglile, scoprir parte dell'affetto, ch'alcuni anni sono le dedicai. Accetti dunque Serenissimo Signore più l'animo perfetto, che l'imperfettione de l'opra; parendomi non haver potuto fin hora asseguir cosa, ov'ella bontà alcuna di lei degna conoscer possa. Sento però infinito cordoglio, non essermi stato d'alcuni impedimenti conceduto di far questo debito di persona, così prontamente come, con queste poche righe, in parte lo fò. Che ciò mi saria stata la maggior gratia, che si possi in questa vita ricevere, così come mi sarà ogni volta, che V. A. si degnerà comandarme. Nostro Signore la feliciti, et io le fò infinite, et humili riverenze.
Di Napoli li 14 di Settembre 1591
Di V. A. Serenissima
Devotissimo servitore
Scipione Dentice

En fait, la lettre devait accompagner un exemplaire du premier livre des *Madrigali a cinque voci* que Dentice venait de publier à Naples avec une dédicace au même duc de Ferrare datée du 15 août 1591.[37] Ce livre a surement été envoyé à son ami le Cardinal Montalto, car en réponse nous avons une lettre de Montalto à Dentice, citée par Hill et datée du 27 décembre 1591:[38]

Non potessero ricever' dalla mano di V.S. cosa più grata di queste sue fatiche quali ha voluto farmi parte.

Montalto, plus jeune que Dentice, utilise des formules de familiarités inusuelles à cette époque: il se désigne dans ses lettres de 1587 «come fratello». Il est probable que Montalto a été élève de clavecin de Dentice. Plus tard, toujours dans l'esprit de son système circulaire de *patronage*, Montalto obtient pour Dentice une place au service du Cardinal de Perugia, Antonio Maria Galli, mais avec la réserve de pouvoir recourir au musicien pour son propre compte. Dentice exprime sa gratitude en dédicaçant à Montalto son premier livre de *Mottetti* (1594) et à Margherita della Somaglia, belle-sœur du Montalto, son premier livre de *Madrigal* (1596)[39]

37 Emil Vogel, Alfred Einstein, François Lesure, Claudio Sartori, *Bibliografia della musica profana vocale stampata in Italia*, Pomezia-Geneve, Staderini-Minkoff, 1977 [*Nuovo Vogel*], vol. I, n. 807, pp. 526-527.

38 Hill, *ibid.*.

39 *Di Scipione Dentice il secondo libro de Madrigali à cinque voci. Novamente composto, & dato in luce,* Venetia, Angelo Gardano, 1596 (*Nuovo Vogel*, I, n. 808, pp. 527-528).

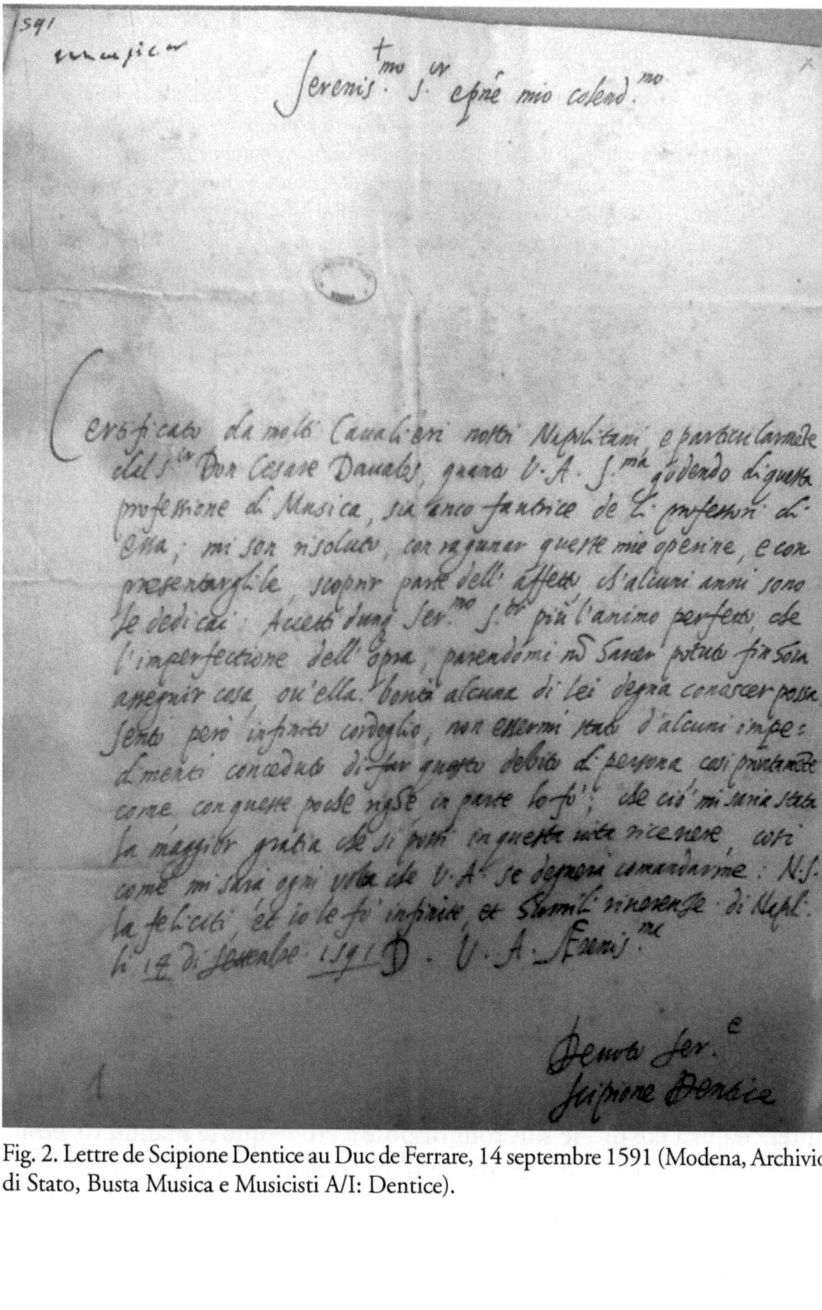

Fig. 2. Lettre de Scipione Dentice au Duc de Ferrare, 14 septembre 1591 (Modena, Archivio di Stato, Busta Musica e Musicisti A/I: Dentice).

Alla Illustrissima et eccellentissima Sig. Patrona osservandissima
La Sig. D. Margherita Somaglia Peretti

Dovendo io dedicarme per quel servitore à Vostra Eccellenza, che sono à l'Eccellentissimo Signor D. Michele suo Consorte, mi è parso accompagnare questo officio con presentarle alcuni miei Madrigali novamente composti, come picciol segno de l'interna devotione, e quasi picciol tributo del grande acquisto fatto di questa mia servità con lei. Supplico dunque V. Eccel. a gradire la buona voluntà, & anco che essi si lascino vedere in publico honorati dal Illustrissimo suo nome. Mentro io con ogni affetto le fò riverenza. Di Venetia il di primo genaro 1596
Di V. Eccell.

Obligato Servitore
Scipione Dentice.

La dédicace ajoute une petite information à la biographie de Dentice qui était donc à Venise au début du 1596 pour y suivre la publication de son livre. Il est également intéressant pour notre propos de retrouver associé dans la maison de Montalto avant 1593 les deux napolitains du manuscrit Prontera 1. C'est dans la préface du premier livre de *Madrigali* de l'espagnol napolitain Sebastiano Raval (1593) que l'on trouve une liste des virtuoses qui se réunissaient lors des soirées musicales au palais de Montalto, parmis lesquels figurent le Chevalier du Luth, Luca Marenzio et bien sur Scipione Stella et Scipione Dentice:[40]

A D. Michele Montalto, Marchese de Incisa, Prencipe Romano, Grande di Napoli per la Maestà Catholica.
[...] Et per mostrare io alcun minimo segno del gran obligo all'Illustriss. Et Reverendiss. Cardinal Mont'alto suo fratello, et a V. Ecc. [...] questi madrigali, quali certissimo impensatamente portai a Roma, venendo da Urbino, et trovandimi al presente in sevigio dell'Alteza Sereniss. Del Duca mio Signore si degnò V. Ecc. nel Palazzo udirli alcuni Contraponti, et altre habilità, che all'improviso fece innanzi del Sig. Cavaliere del Liuto universal nel Mondo, del Sig. Scipion Dentici rarissimo nel Cimbalo, il Sig. Luca Marenzio divino Compositore, et il mio Sig. Stella virtuosissimo in differenti Virtù, co i quali et altri Gentilhuomini dell'Illustriss. Suo fratello e di V. Ecc. indiferenti volte cantassimo di queste [....] Roma 10 maggio 1593.

Après ce qui a été dit, je suis tout disposé à croire que le manuscrit Prontera 1, bien que résultant en partie d'un cours de musique pour enfant,

40 *Il primo libro de madrigali a cinque voci, composti per il sig. Sebastiano Raval gentil'huomo spagnuolo dell'Ordine di ubidientia di S. Gio. Battista, gierosolimitano*. Venezia, Vincenti, 1593 (*Nuovo Vogel*, II, n. 2323, p. 1435).

peut être associé aux cercles musicaux de Montalto et permet une association directe entre la musique de Frescobaldi et les deux éminents napolitains.

La pièce de Dentice dans le Prontera 1 est intitulée *Sinphonia*, une définition utilisé à Naples pour designer des pièces instrumentales à ouvrante les festins à danser («festa a ballo») comme les *Delitie di Posillipo* en 1620 (Voir *Sinfonia antica*):

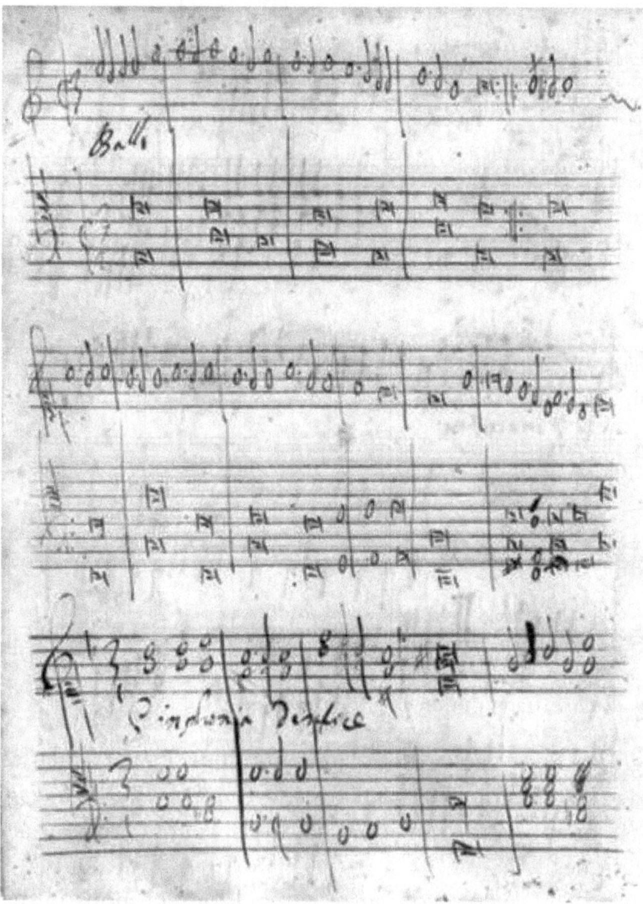

Fig. 3. *Sinphonia Dentice* Ms. Prontera 1 f. 47v.

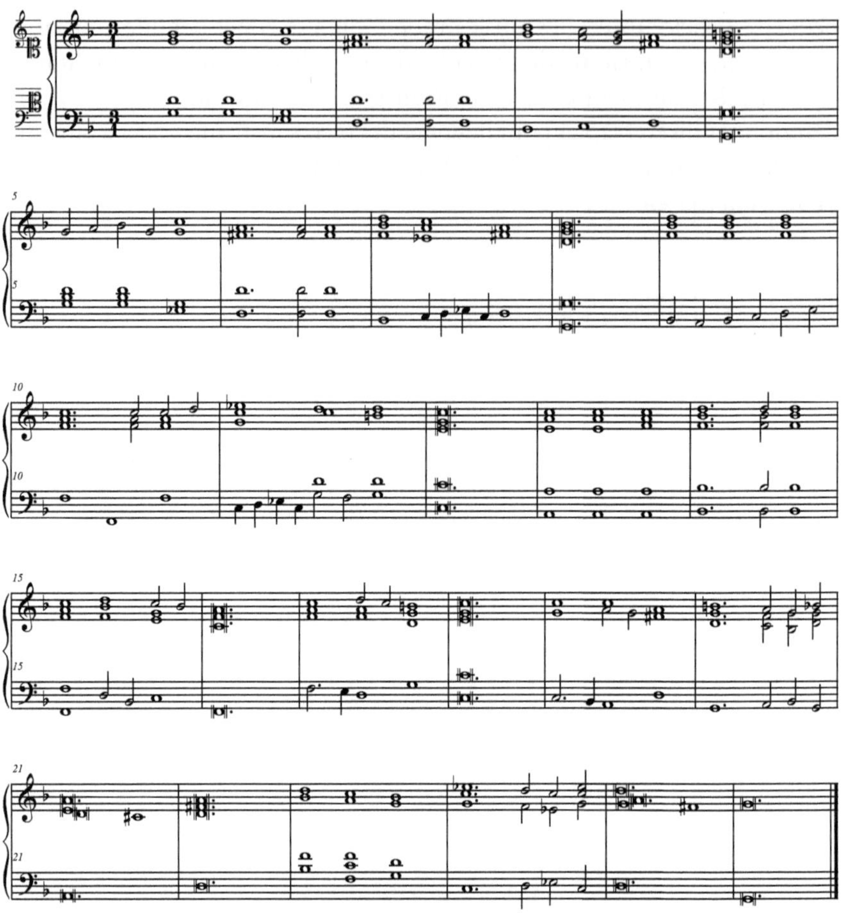

Ex. Mus. 2. *Sinphonia Dentice* (transcription en notation moderne).

Mais en fait il s'agit ici d'une gagliarda «à la napolitaine». La particularité de cette pièce est la remarquable similarité avec la *Gagliarda del Principe*, seule dance connue attribuée au prince Gesualdo da Venosa (voir les atmosphères chromatiques).

John Hill, qui ne pouvait pas connaître le ms. Prontera, nous informait en 1997 que «Dentice is known to us exlusively as a composer of vocal music».[41] Cette affirmation entre bien sur en contradiction avec l'éloge de Stella virtuose de clavier fait par Scipione Cerreto en 1601. En réalité,

41 Hill, *op. cit.*, I, p. 39.

à coté du morceau Prontera, nous retrouvons une deuxième pièce de clavier de Scipione Dentice dans un manuscrit romain, le Vatican Chigi Q.IV.4 avec le titre: *Bassa Ballo del dentice alla lombarda*, titre curieusement similaire à la *Bassa fiamenga* de Stella dans le Prontera 1.

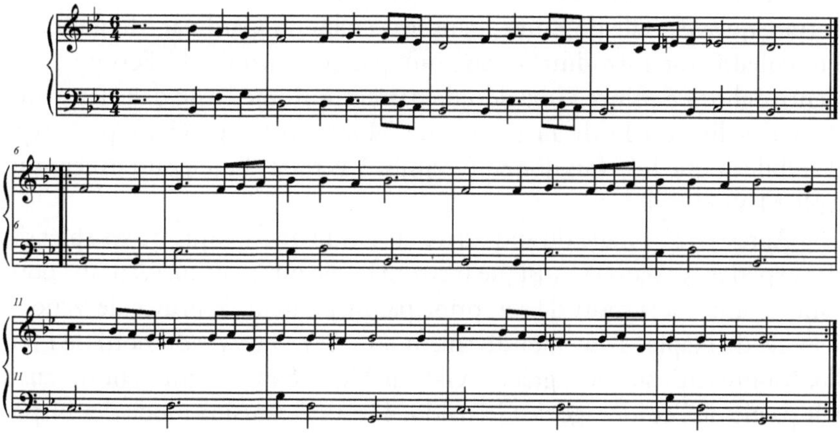

Ex. Mus. 3 *Ballo del Dentice alla lombarda* (Ms. Rome, Biblioteca Apostolica Vaticana, Chigi Q.IV.4, f. 123).

Encore une fois il s'agit d'une série de variations pour improvisation, insérée à la conclusion d'un recueil de compositions exclusivement vocales. Le ms. Chigi Q.IV.4 n'a pas fait l'objet d'études spécifiques, bien qu'il s'agisse d'une partition très intéressante: 62 compositions vocales, profanes et sacrées, copiées pour finalité d'étude ou d'exécution pratique, à charge d'un musicien à notre avis napolitain, car sur le dernier feuillet il a inséré une ligne de musique avec l'indication «Sonata del Colascione alias La Tiorba del Saccone».[42]

42 Le colascione était nommé à Naples «Tiorba a taccone»: sur cet instrument typiquement napolitain voir Fedele De Palma, *O re de li stromiente*, Nardò, Besa, 2009. En relation avec les sources pour clavier composées à l'imitation du colascione pendant l'époque de Frescobaldi, voir Silbiger, Alexander, «*Imitations of the colascione* in 17th Century keyboard music» in *Galpin Society Journal*, XXXII, 1980, pp. 92-97.

En conclusion, de nombreux liens que j'ai été ici contraint de tracer trop rapidement unissent les trois villes de notre histoire, Naples-Ferrare-Rome. L'admiration de Gesualdo pour Luzzaschi et son voyage musical de 1594 en illustrent les points les plus spectaculaires mais ils ne sont pas les seuls. Stella et Dentice établissent des relations autonomes tant avec la cour de Ferrare qu'avec celle de Rome, dans les cercles du Cardinal Montalto, ou Frescobaldi est introduit à son tour par le marquis de Ferrare Enzo Bentivoglio. Le prince Gesualdo de passage à Rome laisse dans les mains du Chevalier du Luth au service de Montalto un précieux prototype d'archiluth que lui avait donné Piccinini à Ferrare. Et je pourrais ici multiplier les exemples.

Apres 1625 l'Italie du sud arrive au terme de l'époque de ses splendides expériences dans la musique instrumentale qui avait survécu une douzaine d'année à la mort de son principal inspirateur, le prince de Venosa. La ville de Naples s'ouvre tardivement au *stile concertato* du nord de l'Italie, Monteverdi surtout, grâce à Giovan Maria Sabino, qui avait lui aussi fait partie de l'entourage de Gesualdo. Terminée aussi la mode des Napolitains à Rome. Après les derniers succès des napolitains Luigi Rossi et Oratio Michi dall'Arpa, on ne trouvera guère que des relations littéraires très tardives telles que le parallèle entre Frescobaldi et Giovanni Salvatore dans la célèbre lettre de Antimo Liberati en 1685.[43] Encore en connexion avec Salvatore, mais dans un contexte pédagogique, on trouve 2 pièces intitulées *Canzona del Frescobaldi* dans le manuscrit pour clavier de Donato Cimmino (Naples, Conservatoire, M.S. 73) daté de 1675.[44] Les 2 pièces sont tirées des *Fiori musicali*,[45] mais, ironiquement, transposées du format original de la partition à la tablature italienne sur deux portées: la tradition napolitaine de la mise en partition était déjà un souvenir du passé.

43 *Lettera scritta in risposta ad una del sig. Ovidio Persapegi: che gli fa istanza di voler vedere, ed' esaminare i componimenti di musica fatti dalli cinque concorrenti nel concorso per il posto di maestro di cappella della Metropolitana di Milano, fatto sotto il dì 18. agosto 1684* [...], Rome, Mascardi, 1685.

44 Voir description dans Silbiger, Alexander, *Italian manuscript sources of 17th century keyboard music*, 1980, pp. 109-110.

45 Frescobaldi, Girolamo, *Fiori musicali di diverse composizioni Toccate, Kyrie, Canzoni, Capricci e Recercari in partitura a quattro* (1635), edizione critica a cura di Luigi Ferdinando Tagliavini, Milano, Suvini Zerboni, 2010 («Monumenti musicali italiani», Girolamo Frescobaldi, Opere complete, vol. 12).

Abstract / Résumé

After the pivotal article by Willy Apel *Neapolitan Links between Cabezon and Frescobaldi*, published in «The Musical Quarterly» in 1938, in the following half-century scholars never doubt about the influence on Frescobaldi by keyboard composers from the southern Italy, such as Rodio, Trabaci, Maione, Salvatore etc. In 1983 Anthony Newcomb proposed a new vision totally different from Apel: Frescobaldi was the product of a longue established Flemish-ferrarese tradition, coming to a climax with his master Luzzasco Luzzaschi. In the following decades, scholars have reject the proposal by Apel, following Newcomb in considering the Neapolitans influenced by Frescobaldi.

Since 1992 I opposed to the new vision of Newcomb the existence of important Neapolitan sources parallele to the Flemish-ferrarese, that can re-establish Apel's point. In the present essay, after examining all the surviving documents testifying direct contacts between Frescobaldi and Neapolitan musicians, there is a description of a less-known source, an Italian keyboard tablature in a private collection in Brindisi. The manuscript «Prontera 1» contains not only music copied from Frescobaldi prints but also unknown pieces of two Neapolitan composers, Scipione Stella and Scipione Dentice, considered among the best virtuoso players of harpsichord in Naples. Comparing the careers of both composers we can find an important point of contact in Rome with the same circles where Frescobaldi was active, and where presumably the manuscript «Prontera 1» was conceived and in part used. This discussion would add new elements to the question of the mutual influences between the Neapolitans and Frescobaldi, rendering its correct place to the old hypothesis by Apel.

A la suite de la publication du célèbre article de Willy Apel *Neapolitan Links between Cabezon and Frescobaldi* dans la revue «The Musical Quarterly» en 1938, les musicologues, pendant le demi-siècle suivant, n'ont jamais remis en question l'idée de l'influence qu'avaient pu avoir sur Frescobaldi les compositeurs de musique pour clavier du Royaume de Naples actifs au début du 17eme siècle (Rodio, Trabaci, Maione, Salvatore etc.). Cependant, en 1983, Anthony Newcomb propose une vision radicalement opposée à celle d'Apel. Il considère en effet Frescobaldi comme étant l'héritier d'une tradition flamande-ferrarraise au travers de son maitre Luzzaschi qui aurait été lui-même influencé par les Napolitains. Les spécialistes de la question abandonnent alors l'hypothèse d'Apel.

Après un examen des divers témoignages qui pourraient attester des contacts directs entre Frescobaldi et les musiciens de Naples, l'attention se porte sur une nouvelle source provenant d'un manuscrit pour clavier d'une collection privée à Brindisi dans le sud de l'Italie. Il s'agit du manuscrit dit *Prontera 1* qui contient, outre des morceaux de Frescobaldi, au moins deux pièces de Scipione Stella et de Scipione Dentice, qui sont deux des plus importants virtuoses napolitains de clavier mais qui sont presque inconnus en tant que compositeurs de musique instrumentale. La reconstitution de leurs carrières révèle qu'ils entretenaient des contacts avec les cercles romains fréquentés par Frescobaldi, ce qui conforte l'hypothèse de contacts réciproques entre le Ferrarais et les Napolitains, sinon une influence unilatérale.

Abstract / Résumé

Arnaldo Morelli

Un amico di Frescobaldi: Lelio Guidiccioni, uomo di lettere, connoisseur d'arte e di musica

Le innumerevoli dedicatorie che aprono i libri di musica dell'età barocca, caratterizzate da uno stile aulico e ampolloso, e intessute di *loci* e figure della retorica barocca, convenzionali o ingegnosi che siano, ci spingono spesso a interrogarci su chi ne fosse realmente l'autore. Dubitiamo, infatti, che la preparazione letteraria di molti musicisti – che pure le firmavano – fosse sufficiente a permettere loro di redigere scritti di tal genere, specie poi quando fossero in latino. Poche ma significative testimonianze confermano questa congettura: alle già note dedicatorie scritte dai letterati Filippo Paruta e Alessandro Guarini, rispettivamente per il perduto XII libro di madrigali di Antonio Il Verso e per il *Sesto libro de' madrigali a cinque voci* (1596) di Luzzasco Luzzaschi,[1] possiamo ora aggiungerne una, la prima in lingua latina, che ci consente di illuminare i rapporti intercorsi fra un letterato e un famoso musicista del Seicento.

1 Bianconi, Lorenzo, «Il Cinquecento e il Seicento» in *Letteratura italiana*, vol. VI *Teatro, musica e tradizione dei classici*, p. 320, note 4 e 5. Oltre ai casi già segnalati in questo saggio, Lorenzo Bianconi – che ringrazio vivamente e che si unisce qui allo scrivente nell'omaggio al collega Étienne Darbellay – mi segnala generosamente anche altre lettere dedicatorie scritte da Angelo Grillo per i *Mottetti et madrigali cavati dalle poesie sacre* (Venezia, 1614) di Serafino Patta, per la raccolta *Sacra musica* di Serafino Cantone (1607/1608), e per la raccolta *Pietosi affetti* (Venezia, 1598) curata da Giacomo Vincenti (cfr. Durante, Elio e Martellotti, Anna, *Don Angelo Grillo osb alias Livio Celiano, poeta per musica del secolo decimosesto*, Firenze, SPES, 1989, pp. 463, 455, 445-446); come pure da Michelangelo Buonarroti il Giovane per *Il primo libro delle musiche* (Firenze, 1618) di Francesca Caccini (cfr. Zayas, Rodrigo de, «Firenze, Ferrara e una donna» in *Schifanoia*, no. 5, 1988, pp. 27, 30, nota 28, e Cole, Janie, *A muse of music in early Baroque Florence. The poetry of Michelangelo Buonarroti il Giovane*, Firenze, Olschki, 2007, pp. 121-122); e infine da Tommaso Stigliani per lo sconosciuto musicista Aurelio Belloni; cfr. Stigliani, Tommaso, *Lettere*, Roma, Domenico Manelfi, 1651, pp. 328-332.

Dalle carte di Lelio Guidiccioni (Lucca, 1582-Roma, 1643), in mezzo a lettere, poesie e altri componimenti di circostanza, è emersa infatti la dedicatoria di un libro di mottetti, rivolta al cardinale Scipione Borghese, che questo letterato aveva scritto per conto di un celebre musicista, che, come lui, si era stabilito a Roma e vi aveva fatto fortuna nella prima metà del Seicento.

Così recita il testo ritrovato:[2]

Ill*ustrissi*mo et rev*erendissi*mo Scipioni card*ina*li Burghesio, vaticanae basilicae archipresbytero, Hyeronimus Frescobaldus f.
Sacras modulationes ad ecclesiae concentum, et usum pietatis a me nuper expressa vulgo editurus, non vulgaris patrocinio indigeba*m* car*dina*lis ampliss*ime*, im*mo* verius quaesituro illis lucem non alius mi[hi] se se obtulit splendor, qua*m* tua*m* amplitudinis clientela. Ergo ut vel isto nomine mihi reru*m*q*ue* mearum tenuitati consulerem ipse fortuna exiguus, et psaltes iamdiu Vaticanus, musici porro laboris iugitur amantiss*im*us, opus meum nulli alij inscribere debui qua*m* tibi; qui et magnitudine inter principes ro*manos* praecellis, et templi praesul es vaticani et liberaliu*m* artiu*m* (musices olim tu quidem in primis) liberaliss*im*us propagator. Jam, quod mihi praestandum erat, id exequor ut oculis, ut aurib*us* tuis, mea subiiciantur obsequia tantae quoad possu*m* altitudinis consonantia. Tu, quae sunt partes humanitatis tuae munere libenter accepto delectari te sines, illudq*ue* in me tuendo perficies, ut qui potentia, et gratia praeluces singulis benign*itat*e praeluceas universis. Vale.

L'attento lettore avrà riconosciuto in queste parole la dedica rivolta al cardinale Scipione Borghese che Girolamo Frescobaldi appose nel suo *Liber secundus sacrarum modulationum singulis, binis, ternis, quaternisque vocibus* (Roma, Andrea Fei, 1627).[3] Sembra improbabile che Frescobaldi avesse

2 Città del Vaticano, Biblioteca Apostolica Vaticana [d'ora in avanti BAV], Barb. lat. 2958, c. 86r. Nello stesso volume (cc. 25r-26v) compare un'altra dedica in latino, presumibilmente rivolta al cardinale Antonio Barberini, di una raccolta di musica sacra del fiorentino Filippo Vitali, datata «Romae xiiij kal. Jun. MDCXXXVI», quasi certamente gli *Hymni Urbani VIII pont. max. iussu editi, in musicos modos ad templorum usum digesti*, Roma, Tipografia della Rev. Camera Apostolica, 1636. Tuttavia la stampa di quest'opera apparve con una dedica diversa e più breve, datata «Romae xiij kal. Novemb. MDCXXXVI»; cfr. Franchi, Saverio, *Annali della stampa musicale romana dei secoli XVI-XVIII*, in collaborazione con Orietta Sartori, vol. I/1, Roma, Ibimus, 2006, pp. 734-737. Quasi superfluo precisare che anche Vitali, allora cantore pontificio, faceva parte dell'entourage del cardinale Antonio Barberini.

3 La dedica che compare nel manoscritto Barb. lat. 2958 corrisponde esattamente a quella che è presente nell'edizione stampata, fatta eccezione per la data, «Calen. Junij MDCXXVII», evidentemente aggiunta al momento di andare in stampa.

scritto o in qualche misura collaborato egli stesso alla stesura di questo testo, redatto oltretutto in un fluente latino; tanto più se pensiamo che un suo detrattore, Giovan Battista Doni, ne aveva messo a nudo proprio l'insipienza letteraria, insinuando che il musicista ferrarese doveva sovente ricorrere alla propria moglie, perché gli spiegasse il significato di alcune poesie da mettere in musica.[4] Diversamente da tutte le altre opere che diede alle stampe, nel caso delle *Sacrae modulationes* Frescobaldi aveva preferito usare il latino – sia per il titolo sia, di conseguenza, per la dedicatoria –, stante il contenuto sacro e più ancora l'altissimo rango del dedicatario, cardinale della curia romana e, come evidenziato nel frontespizio, arciprete della basilica vaticana, istituzione da cui il musicista – come è noto – dipendeva, ricoprendovi il posto di organista fin dal 1608. Il compositore era perciò ricorso a un *ghost writer* di comprovata esperienza, soprattutto come autore di testi latini, quale Lelio Guidiccioni, scegliendolo opportunamente fra i servitori della personalità che intendeva omaggiare, vale a dire il cardinale Scipione Borghese.

Il contatto fra il letterato e il musicista – come vedremo – non fu però occasionale: alcuni significativi elementi lasciano infatti pensare a una frequentazione se non addirittura a una vera e propria amicizia fra i due personaggi che si trovarono a operare negli stessi anni, praticando per circa un quarantennio quegli stessi ambienti intellettuali che ruotavano intorno alle più eminenti personalità della corte romana.

Guidiccioni – proprio come Étienne Darbellay – manifestò un particolare interesse sia per le arti figurative, sia per la musica, coltivando, tra l'altro, personali rapporti con due dei maggiori artisti del suo tempo: Gian Lorenzo Bernini e Girolamo Frescobaldi.

Lelio Guidiccioni nacque a Lucca nel 1582 da una famiglia altolocata – fra i suoi membri cardinali, prelati, diplomatici, e anche letterati, come Giovanni (1500-1541) e Laura (1550-1597) –, e verso il 1596 si trasferì a Roma per studiarvi nel Seminario romano. Nella città papale si stabilì e

4 Lo si apprende da una lettera di Giovan Battista Doni a Marin Mersenne, citata da Bianconi, *Il Cinquecento e il Seicento*, *op. cit.*, p. 320, il cui contenuto fu poi ripreso dallo stesso Doni nel *De praestantia musicae veteris*, Firenze, Massa, 1647, p. 41, citato da Barbieri, Patrizio, «Il temperamento equabile nel periodo frescobaldiano» in *Girolamo Frescobaldi nel IV centenario della nascita*, a cura di Durante, Sergio e Fabris, Dinko, Firenze, Olschki, 1986, p. 389, n. 4.

visse, come prelato e uomo di corte, per il resto dei suoi giorni.[5] Già dai primi anni del Seicento Guidiccioni entrò nella cerchia di artisti e letterati orbitante intorno all'allora emergente cardinale Scipione Borghese, nipote di papa Paolo V. Ottenuti alcuni benefici ecclesiatici, Guidiccioni poté dedicarsi all'attività letteraria, divenendo membro di famose accademie, prima fra tutte quella degli Umoristi, e letterato di spicco nella cerchia dei Borghese, tanto che alla morte di Paolo V fu coinvolto dal cardinale Borghese nella celebrazione delle solenni esequie del pontefice; venne infatti incaricato di scrivere l'orazione funebre che fu pronunciata davanti al catafalco progettato da Gian Lorenzo Bernini, artista che – come vedremo – fu con lui in stretti rapporti. Il letterato lucchese rimase quale «fedel servitore» del cardinale Borghese, anche quando questi, dopo la morte dello zio papa, vide ridimensionati il suo ruolo e la sua influenza nella corte pontificia. Fu soltanto dopo la morte del porporato, nel 1633, che Guidiccioni seguì la strada già percorsa da altri artisti e intellettuali prima di lui, quali, per esempio, Bernini o Frescobaldi, passando dall'entourage dei Borghese a quello dei Barberini, nuovi ‹padroni› di Roma. In questo rinnovato contesto, Guidiccioni divenne uno dei letterati di prima linea nel propagandare le imprese artistiche del pontificato di Urbano VIII. In occasione del compimento del baldacchino berniniano, posto sull'altare della confessione nella basilica vaticana, compose e pubblicò il dotto carme latino *Ara maxima vaticana a summo pontefice Urbano VIII magnificentissime instructa* (1633), in cui esalta le relazioni fra Roma antica e moderna, lanciandosi in paralleli fra l'età augustea e quella barberiniana, fra il tempio di Salomone e la basilica del *princeps apostolorum*.[6] A questi fecero seguito altri componimenti quale la raccolta di poesie latine *Delibatio mellis barberini* (1639) e l'*Adlocutio capitolina* (1640), orazione pronunciata per l'inaugurazione della statua di Urbano VIII, scolpita da Bernini, che i conservatori capitolini avevano fatto erigere in Campidoglio.

5 Per un buon profilo biografico cfr. la voce redatta da Di Monte, Michele, «Guidiccioni, Lelio» in *Dizionario biografico degli italiani*, vol. LXI, Roma, Istituto della Enciclopedia Italiana, 2003, pp. 330-334. Circa l'anno del trasferimento nella città papale, in una lettera del 5 agosto 1632, diretta probabilmente al cardinale Borghese, Guidiccioni afferma di trovarsi da «36 anni in Roma»; BAV, *Barb. lat.* 3879, cc. 88-89.

6 Si veda l'introduzione a Lelio Guidiccioni, *Latin poems, Rome 1633 and 1639*, ed. with English translation and comment by John Kevin Newman and Francis Stickney Newman, Hildesheim, Weidmann, 1992, in particolare il primo capitolo: *Pope Urban VIII as the new Augustus.*

Guidiccioni morì a Roma il 7 luglio 1643, a qualche mese di distanza da Frescobaldi, e venne sepolto per sua volontà in San Gregorio al Celio, una chiesa particolarmente cara al cardinale Borghese che vi deteneva il titolo di abate e l'aveva fatta restaurare pochi anni prima. Nella chiesa esiste tuttora il sepolcro di Guidiccioni, singolarmente ornato da una clessidra con ai lati due pile di libri, che riutilizza nella parte superiore degli elementi marmorei di un precedente sepolcro del primo Cinquecento, destinato – secondo quanto asseriscono taluni studiosi – a Imperia de Paris, una cortigiana amante di Agostino Chigi.[7]

Se il nome di Guidiccioni non è del tutto ignoto alla letteratura, se non altro perché curò un volgarizzamento dell'*Eneide* di Virgilio e fu anche uno dei migliori poeti in latino del suo tempo,[8] ben più noto è alla storia dell'arte, in quanto già tra i contemporanei godette di buona reputazione come appassionato collezionista di opere d'arte.[9] Come narra Giovanni Vittorio Rossi – meglio noto con lo pseudonimo grecizzante di Giano Nicio Eritreo – nel medaglione biografico che gli dedicò all'interno della sua *Pinacotheca altera* (Colonia, 1645), quando, nel 1628, il granduca di Toscana Ferdinando II de' Medici con il fratello Carlo furono in visita privata a Roma, a lui fu assegnato il compito di accompagnare gli ospiti nella villa Pinciana per illustrare loro la quadreria lì raccolta dal cardinale Scipione Borghese, sebbene, dice ancora il biografo, non avesse pienamente soddisfatto le aspettative degli illustri visitatori.[10] Già all'epoca – come ricorda l'Eritreo – il prelato lucchese era animato da una brama di collezionare quadri («incredibili tabularum studio ac cupiditate»), e destinava all'acquisto di dipinti, sculture e oggetti d'arte cospicue somme di denaro.[11] Nel 1638, a conclusione di una rassegna delle pitture conservate nelle chiese e nei palazzi di Roma, lo storico dell'arte Gaspare Celio ricordava

7 Sulla figura di questa cortigiana ‹onesta›, resa celebre dalle *Novelle* di Matteo Bandello, si veda Moncallero, Giuseppe Lorenzo, *Imperia de Paris nella Roma del Cinquecento e i suoi cantori funebri*, Roma, Palombi, 1962.

8 Cfr. l'introduzione di Newman – Newman a Lelio Guidiccioni, *Latin poems*, *op. cit.*

9 Spezzaferro, Luigi, «Le collezioni di «alcuni gentilhuomini particolari» e il mercato: appunti su Lelio Guidiccioni e Francesco Angeloni» in *Poussin et Rome. Actes du colloque à l'Academie de France à Rome et à la Bibliotheca Hertziana, 16-18 novembre 1994*, sous la direction de Olivier Bonfait, Christoph Luitpold Frommel, Michel Hochmann et Sebastian Schulze, Paris, Réunion des Musées nationaux, 1996, pp. 241-255.

10 Ianus Nicius Erythreus [= Giovan Vittorio de Rossi], *Pinacotheca altera*, Colonia, 1645, pp. 127-130.

11 Erythreus, *Pinacotheca altera*, *op. cit.*, p. 128.

che «vi sono gentil'huomini particolari c'hanno cose molto curiose e degnie d'esser viste e lodate, fra i quali il signor abbate Lelio Guidiccioni».[12] E nello stesso anno, nel *Ritratto di Roma moderna*, Pompilio Totti menzionava la «dottissima libraria e bellissimi quadri» che il prelato lucchese conservava nella sua casa in piazza di Spagna.[13] Conscio del valore sia artistico sia economico della sua collezione, nel testamento Guidiccioni raccomandò agli eredi di «havere i debiti riguardi al valor de' quadri e pigliarne cognitione sufficiente, venendo la maggior parte da nobilissime gallerie de' prencipi, raccolti con lungo tempo, con patienza e spesa notabile per honesto trattenimento, e per peculio della Madonna, che però non posso distrargli». Il letterato, infatti, per devozione verso la Vergine, aveva destinato gran parte dei suoi beni allo scopo di ornare tutti gli altari dedicati alla Madonna in Roma, oltre che a dotare di rendite alcune istituzioni pie. Al cardinale Antonio Barberini, ultimo suo protettore, lasciava poi «il quadro grande del Bassan giovane col rapto delle Sabine, compagno di quello del Diluvio», due dipinti che puntualmente ritroviamo negli inventari barberiniani del 1644 e del 1671.[14]

Gli interessi di Guidiccioni non furono rivolti soltanto al collezionismo ma anche – come precisava l'Eritreo – allo studio dell'arte. Possedeva infatti un'infinità di stampe e disegni di celebri pittori, fra i quali la preziosa raccolta denominata «il libro dell'Arti di Annibale Carracciolo [sic]»,[15] nonché opere a stampa come le «Vite de pittori del Vasaro».[16] Ancor più

12 Celio, Gaspare, *Memoria delli nomi dell'artefici delle pitture che sono in alcune chiese, facciate, e palazzi di Roma*, Napoli, S. Bonino, 1638, ed. facsimile a cura di Emma Zocca, Milano, Electa, 1967, p. 143.

13 Totti, Pompilio, *Ritratto di Roma moderna*, Roma, V. Mascardi, 1638, p. 336.

14 Corradini, Sandro, «Volontà testamentarie del lucchese Lelio Guidiccioni, letterato e collezionista» in *Studi sul barocco romano. Scritti in onore di Maurizio Fagiolo dell'Arco*, Milano, Skira, 2004, pp. 57-67.

15 Roma, Archivio di Stato [d'ora in avanti ASR], 30 Not. Capitolini, uff. 30, notaio Antonius Lucatellus, vol. 164, c. 530r-v. *Additio ad testamentum Romae die 12 Junij 1643*. Nell'inventario dei beni, redatto il 14 luglio 1643, l'opera è descritta come «Un libro con sopra di carta pecora fettuccie … di fogli n° 78 con li disegni rappresentanti l'Arti»; cfr. ASR, 30 Not. Capitolini, uff. 30, notaio Antonius Lucatellus, vol. 164, c. 590v. Si noti che l'opera fu data alle stampe solo qualche anno dopo, a cura di Giovanni Antonio Massani, con il titolo di *Diverse figure al numero di ottanta disegnate di penna nell'hore di ricreatione da Annibale Carracci, intagliate in rame e cavate dagli originali da Simone Guilino parigino per utile di tutti li virtuosi et intendenti della professione della pittura e del disegno*, Roma, L. Grignani, 1646.

16 ASR, 30 Not. Capitolini, uff. 30, notaio Antonius Lucatellus, vol. 164, c. 604r.

probante dei suoi interessi per l'arte fu il rapporto intellettuale che intrattenne con Bernini, il quale, fra l'altro, proprio grazie alla mediazione del letterato, realizzò due busti del cardinale Borghese, finemente commentati ed esaltati insieme a quello di Urbano VIII in una memorabile lettera del lucchese al celebre artista del 4 giugno 1633.[17] Guidiccioni e Bernini compaiono poi come interlocutori in un dialogo scritto dal letterato in cui da diverse posizioni dibattono sui problemi estetici del rapporto fra antico e moderno, fra «esigenze di novità e ossequio della tradizione».[18] Alcuni sonetti apparsi nelle sue *Rime* (1637), come quelli *Al gran pittore Annibale Carraccio, sopra un Apollo del medesimo, Al Cavalier Giuseppe d'Arpino sopra alcune sue pitture spirituali* e *Al Cavalier Celio che dipinse la Natività del Signore*, e anche alcuni altri dedicati ad altri soggetti denotano la sua poetica, mostrandocelo «come una delle personalità più interessanti nella elaborazione delle posizioni classiciste».[19]

Anche se la poesia e più ancora le arti figurative sembrano avere attirato le maggiori attenzioni intellettuali di Guidiccioni, la musica non rimase, tuttavia, estranea ai suoi interessi, come sembrano dimostrare alcuni dei suoi testi poetici e letterari, fra i quali un poco noto *Discorso sopra la musica* di carattere conservatore ma non polemico.[20] È probabile che il celebre

17 BAV, *Barb. lat.*, 2958, cc. 202-207; cfr. D'Onofrio, Cesare, *Roma vista da Roma*, Roma, Liber, 1967, pp. 246-247, 292-293, 377-388. I busti, che si conservano tuttora nella Galleria Borghese, demarcano una svolta stilistica nella produzione berniniana verso il cosiddetto ‹ritratto parlante›, denotato dalla posa casuale, dall'espressione spontanea e, in questo caso, dalla bocca aperta in un dialogo immaginario. Il biografo Filippo Baldinucci (1682) racconta che, terminato il primo busto del cardinale, Bernini notò un'imperfezione nel marmo, che dava l'impressione di una crepa, tuttora visibile, sulla fronte. Lo scultore realizzò quindi una replica del busto in un paio di settimane. Sulle tre opere cfr. Schütze, Sebastian, «Busto di Urbano VIII» in *Bernini scultore. La nascita del barocco in casa Borghese*, a cura di Anna Coliva e Sebastian Schütze, Roma, De Luca, 1998, pp. 242-251, e Coliva, Anna, «Due busti del cardinale Scipione Borghese» in *Ibid.*, pp. 276-289.

18 Di Monte, «Guidiccioni, Lelio», *op. cit.*, p. 331.

19 Spezzaferro, «Le collezioni di «alcuni gentilhuomini particolari», *op. cit.*, p. 251.

20 Esso è conservato in BAV, Barb. lat. 3879, cc. 28-41v, una silloge manoscritta contenente abbozzi autografi e belle copie, con annotazioni dell'autore, di discorsi, lezioni, dialoghi ed epistole su vari argomenti. Mentre questo articolo era in corso di pubblicazione, grazie a una puntuale segnalazione di Lorenzo Bianconi – che ringrazio ancora una volta per il generoso aiuto –, ho appreso che il *Discorso sopra la musica* di Guidiccioni è stato commentato e pubblicato, con traduzione inglese a fronte, nella recentissima monografia di Dell'Antonio, Andrew, *Listening as spiritual practice in early modern Italy*, Berkeley, University of California Press, 2011, pp. 95-120, 135-155.

saggio in forma di lettera *Della musica dell'età nostra che non è punto inferiore, anzi è migliore di quella dell'età passata* (1640) indirizzata da Pietro Della Valle proprio a Guidiccioni, possa essere considerato come una risposta al suo *Discorso*.[21] Infatti, nell'esordio della lettera rivolta all'amico letterato, Della Valle ne lascia trasparire i gusti musicali piuttosto attardati:[22]

> L'altra sera disse V*ostra* S*ignoria* [*id est* Lelio Guidiccioni] che la musica da cinquanta anni in qua aveva perduto assai, e che hoggidì non c'erano valent'huomini di questa professione simili a quelli dell'età passata.

Nel corso della lettera sembra, tuttavia, di capire che la posizione di Guidiccioni sulla musica del suo tempo non fosse poi così radicalmente conservatrice, dal momento che concedeva almeno che «questa eccellenza de' moderni [fosse] solo nelle monodie e nello stile recitativo»;[23] ma, pur esaltando la grande stagione del madrigale polifonico cinque-seicentesco, il letterato doveva ammettere di essere stato visto «liquefarsi, per così dire, di dolcezza sentendo cantare alcuni di quei versi di Virgilio», messi in musica dal contemporaneo Domenico Mazzocchi, come ricordava lo stesso Della Valle.[24]

Qualche sua idea sulla musica Guidiccioni ebbe però modo di farla trapelare fra le righe del già citato *Discorso sopra la musica*, una sorta di lezione accademica perlopiù intessuta con le tradizionali concezioni musicali dell'antichità classica e cristiana – aristotelica, platonica, pitagorica, biblica, patristica. Il conservatorismo di Guidiccioni – ben lontano, per esempio, da quello estremo di un Giorgio Mazzaferro *alias* Nicolò Farfaro, personaggio anch'egli in contatto con Della Valle e il nostro letterato[25] –

21 I due protagonisti del dialogo dovevano essere legati da profonda amicizia: nel 1637, infatti, Guidiccioni era riuscito a ottenere la grazia del papa per Della Valle, fuggito da Roma e rifugiatosi a Gaeta, perché reo di aver ucciso un servitore di casa Barberini; cfr. Barbieri, Patrizio, «Pietro Della Valle: the Esthèr oratorio (1639) and other experiments in the «stylus metabolicus». With new documents on triharmonic instruments» in *Recercare*, XIX, 2007, pp. 73-124: 86, 93.

22 Della Valle, Pietro, «Della musica dell'età nostra che non è punto inferiore, anzi è migliore di quella dell'età passata. Al sig. Lelio Guidiccioni. Discorso» in Doni, Giovan Battista, *Trattati di musica*, a cura di Anton Francesco Gori, Firenze, Stamperia imperiale, 1763; le citazioni sono tratte dall'edizione moderna in Solerti, Angelo, *Le origini del melodramma*, Torino, Bocca, 1903, pp. 148-179: 148.

23 Della Valle, «Della musica dell'età nostra», *op. cit.*, p. 154.

24 *Ibid.*, p. 170.

25 Ziino, Agostino, «Contese letterarie» tra Pietro Della Valle e Nicolò Farfaro sulla musica antica e moderna» in *Nuova rivista musicale italiana*, III, 1969, pp. 101-120.

lo porta a ritenere che soltanto con la prassi polifonica l'età moderna avesse superato il valore gli antichi:[26]

> Ma qual mai s'usa in terra di più pomposo costume, né che più illustri la vera religione, et saglia più grata al divino conspetto, che in magnifico et ricco tempio da cento maestre voci con grave et dolce et vaga maniera concordemente cantarsi le glorie del sommo Dio? Di questo pregio va Roma altiera; di questo si honora la nostra religione sopra l'uso di tutte l'antiche o moderne superstitioni. In questo solo, sì com'io penso, noi contrastiamo più francamente ch'in altro, a quei secoli da' quali siamo in tante nobili arti sopravanzati.

Se dunque la polifonia sacra sopravanza le «nobili arti» dell'antichità ed è essa stessa un «pregio» della Chiesa romana, in questo contesto non possono non spiccare la figura del Palestrina e la leggenda che vede il compositore prenestino evitare la messa al bando del canto figurato dalla liturgia cattolica nel corso del concilio di Trento, che Guidiccioni è fra i primi a raccogliere e a divulgare.

> Et quando i tridentini decreti erano già scritti per doversi vietar nelle chiese il canto figurato, colpa di coloro che l'abusavano, ben apparve qual forza avesse negli animi di quei padri la musica che inviata là dal famoso per cui Palestrina è famosa, et usata in quel giorno istesso che soprastava il divieto, rapì gli affetti, cambiò le me*n*ti, et mutò i voleri, per modo che gli accenti cantati cancellarono le scritte leggi; le note d'aria, come più stabili, annullarono quelle degli inchiostri, et più non si parlò del decreto perché sempre s'havesse a usare il canto, e tal silentio fu [palesamento] della pe*r*petuatione dell'eccl*esi*astiche note.

In forma più letteraria il mito palestriniano venne ancora ripreso da Guidiccioni in una dotta epistola latina diretta al vescovo di Vaison Joseph-Marie Suarès, che la includerà, quasi un ventennio più tardi, nel suo libro *Praenestes antiquae*:[27]

26 BAV, Barb. lat. 3879, c. 39r-v.

27 BAV, Barb. lat. 2958, c. 21 e c. 64, copia con correzioni autografe, datata «17 Kal. Febr. 1637». L'epistola apparve postuma nel volume di Suarès, Joseph-Marie, *Praenestes antiquae libri duo*, Roma, A. Bernabò, 1655, p. 285, come rimando a un passaggio dedicato ai figli illustri della cittadina laziale, fra i quali Giovanni Pierluigi Palestrina, con la premessa: «Insero hic epistolam quam olim ad me scripserat Laelius Guidiccionus vir inl*ustrissimus* ad poesin & rhetoricen ambidexter, inque viride senecta fidus Musarum cultor». Il testo è lievemente modificato in alcuni dettagli e accorciato dell'ultimo periodo, ma con la precisazione della data: «Haec ille Romae XVII Kalend. Februar. anno sal. MDCXXXVII»; *Ibid.*, p. 269. La lettera venne citata da Baini, Giuseppe, *Memorie storico-critiche della vita e delle opere di Giovanni Pierluigi da Palestrina*, Roma, Società Tipografica, 1828, vol. I, pp. 190-191, che ne diede anche la traduzione italiana.

Ita res habet uti dicebamus, vir quocunq*ue* nomine praestantiss*im*e tridentini patres conveniunt decreto prohibituri sacris aedibus concentus articulatos, moti, credo, tam multis tam varie explicatis imminutis concentis? Vocum impressionibus quae plus nimio traducebantur ad rem divinam. Diem decernendo dixerant quae die inter sacra adhibentur notae idcirco transmissae a Jo: Aloysio Praenestino carpensis legati iussu contra deliberantis et partes musicas substinentis. Hac pij patris industria, casta et castigata magistri lex ad suavem excitata concentum unanimis cantorum alacritas, et contentio, nobis cantando restituit rem. Auditis enim dulcibus conquisitiss*im*ae et aequalibus armoniae sonis, statim sententiae in contrarium mutantur, decretum resciditur, res musica coalescit in Praenestino semine per chr*isti*anum orbem mirifice propagatur [...].

Ma le riserve di Guidiccioni verso la musica moderna sembrano avere origine più che dalla musica monodica in sé, da un mutamento di prassi, che si riverberebbe perfino nell'esecuzione della polifonia a cappella. Lo stesso Della Valle riferisce infatti dell'opinione di Guidiccioni, secondo cui «in cappella [papale] si cantava assai meglio più anni sono che si fa adesso».[28] Dunque non sono tanto i nuovi stili compositivi a disturbare il letterato lucchese, quanto un certo modo di cantare, che gli fa rimpiangere un «Ludovico falsetto», cantante in auge qualche decennio prima, il quale, secondo la critica descrizione fattane da Della Valle:[29]

avendo dolcissima voce di falsetto, ma non sapendo molto dell'arte, non usava mai né passaggi né altre gratie nel cantare, che solo un bel mettere di voce e un finir con gratia quelle sue note lunghe che per la dolcezza della sua voce piacevano assai.

Guidiccioni, tipico rappresentante di un barocco che potremmo definire ‹moderato› o ‹classicista› – coerentemente alle posizioni sostenute tanto in ambito poetico che in quello artistico[30] –, non nega tuttavia che con l'esercizio musicale e perfino con il canto si possa conseguire la virtù. In apertura del suo *Discorso sopra la musica* sostiene infatti che:[31]

Troppo austero et ristretto a' rigorosi termini filosofici fu chi riprese poco anzi la lode data a un ecc.^{te} [cancellato: musico] cantore con titolo di virtuoso. Noi, per non ci lasciar distogliere dal proposito con cui fu cominciata a lodar la musica, dicciamo che niuna cosa è tra noi più bella che la virtù, la quale per tanto, ovunque si trovi genera amore in sin dove l'odio regna [...].

28 Della Valle, «Della musica dell'età nostra», *op. cit.*, p. 173.
29 *Ibid.*, p. 161.
30 Si veda la lettera al Bernini e il dialogo con lo stesso artista ricordati poc'anzi.
31 BAV, Barb. lat. 3879, c. 28r.

La virtù che le arti ricercano come fine sta nel mediare fra gli estremi, come chiarisce il letterato in un'acuta metafora esemplificativa del *Discorso sopra la musica*, che rinvia a un ideale sonoro tendente ad addensare le parti estreme verso un ambito tenorile:[32]

> Tutte le virtù fanno et accrescono al mondo armonia, non solo per risultanza de' loro effetti, ma anche per il modo di produrli, che, consistendo nella proportionata distanza fra gli estremi, fanno la parte di mezzo, adeguano potenza et obietto, aggiustano eccesso et defetto, et con dolce, equabile et continuato tenore (voce appunto che più commove et unisce, perché è più naturale et ha più dell'humano, il che è manifesto nella viola tra gli instrumenti, che sopra ogni paragone intenerisce et violenta) arricchiscono il mondo del loro concento.

L'affermazione di Guidiccioni non sembra riferirsi a un ideale astratto ma aderisce perfettamente a un ben preciso gusto allora in voga nella cerchia del cardinale Francesco Barberini, alla cui corte, nel corso degli anni Trenta, era vivissimo l'interesse verso musiche e prassi in controtendenza con le mode dominanti: lo mostrano gli acquisti di raccolte di madrigali polifonici di autori ormai classici di fine Cinquecento-primo Seicento – Monte, Nenna, Fontanelli, Monteverdi, Gesualdo, Nanino, Macque, Gagliano –; il *revival* madrigalistico che emerge dalla produzione di musicisti della cerchia barberiniana, quali Domenico Mazzocchi e Michelangelo Rossi; e il recupero di una prassi ormai datata come quella del *consort* di viole da gamba, impiegato sia per brani strumentali sia come supporto di brani vocali.[33]

Alcuni passaggi della lettera-saggio di Della Valle ci forniscono preziosi elementi sulla sensibilità e la competenza musicale di Guidiccioni, menzionando i nomi di alcuni musicisti, le cui esibizioni il letterato aveva avuto modo di ascoltare e delle quali, a quanto pare, aveva un vivo ricordo. Oltre al già citato «Lodovico falsetto», raffinato interprete di villanelle, che Guidiccioni lodava per certe sue note lunghe a lui gradite «assai più che tutti i passaggi de' moderni»,[34] in altri passi cogliamo ancora riferi-

32 BAV, Barb. lat. 3879, c. 39r.

33 Hammond, Frederick, *Music and spectacle in Baroque Rome. Barberini patronage under Urban VIII*, New Haven, Yale University Press, 1994, pp. 104-106. Cfr. anche Kirnbauer, Martin, «‹Wherein the most complete harmony was heard›. The viola da gamba in chromatic and enharmonic music in seventeenth-century Rome» in *The Italian viola da gamba. Proceedings of the international symposium … (Magnano 29 April-1 May 2000)*, ed. by Susan Orlando, Solignac – Torino, Edition Ensemble Baroque de Limoges – Manzoni, 2002, pp. 34-51.

34 Della Valle, «Della musica dell'età nostra», *op. cit.*, p. 161.

menti agli «organi toccati con tanta maestrìa da quei valentuomini» che «senza dubbio dovevano rapir le genti», e a virtuosi di altri strumenti, come «Claudio da Correggio in Parma, Lucciasco in Ferrara, Annibale Padovano, Andrea e Giovanni Gabrieli in Venetia, Giovanni Macque in Napoli, il Cavalier del leuto in Roma». È sorprendente come a distanza di oltre trent'anni il letterato lucchese ricordasse «Lucciasco, che non sapeva fare un trillo e che sonasse così rusticamente solo di arte la più fine sottigliezza de' suoi contrappunti, senza alcun ornamento di leggiadria»;[35] e che «tanto tempo fa si sentì andare una volta [...] quasi in eccesso di mente in sentire sonare in Parma il Correggio», vale a dire Claudio Merulo.[36] Della Valle, tuttavia, rammentava all'amico letterato come le esibizioni di musicisti del momento l'avessero appassionato non meno di quelle di molti anni prima. Abbiamo già menzionato i madrigali di Domenico Mazzocchi sui versi virgiliani, così ricordati da Della Valle:[37]

> Ho anche inteso – se ne ricordi, per gratia – che un'altra volta pochi anni sono [Vostra Signoria] fu veduta liquefarsi, per così dire, di dolcezza sentendo cantare alcuni di quei versi di Virgilio, che fra le opere del maggior fratello dei Mazzocchi si vedono con leggiadria messi in musica.

Troviamo poi un esplicito riferimento al «mostro degli organisti», massimo virtuoso di clavicembalo e organo del tempo, anche apprezzato da Guidiccioni, vale a dire Frescobaldi:[38]

35 *Ibid.*, p. 157.

36 *Ibid.*, p. 170. La testimonianza è avvalorata dal fatto che al celebre organista Claudio Merulo Guidiccioni dedicò il sonetto *In morte del Correggio organista*, «Dunque, Correggio, i tuoi scorti accenti non vinser d'empia morte il fero orgoglio», apparso nelle sue *Rime*, p. 122.

37 Della Valle, «Della musica dell'età nostra», *op. cit.*, p. 170.

38 Della Valle, «Della musica dell'età nostra», *op. cit.*, p. 158. L'«Ercole in San Pietro» cui fa riferimento Della Valle non può essere Ercole Pasquini, dal momento che questi non poteva essere considerato un organista in auge nel 1640, essendo sparito di circolazione verso il 1608 e appartenendo alla generazione dei Merulo e dei Gabrieli, tanto che già nel 1593 era definito dall'architetto Giovan Battista Aleotti, suo amico, «un buon vecchio»; cfr. Shindle, W. Richard, «The vocal works of Ercole Pasquini» in *Frescobaldi studies*, ed. by Alexander Silbiger, Durham, NC, Duke University Press, 1987, pp. 124-136: 126. Si tratta, a mio avviso, di un'espressione metaforica con cui viene esaltato Frescobaldi sotto il nome mitologico di Ercole. La frase va dunque riletta in questo modo: «Non ci è stato di gran fama un Ercole in San Pietro ovvero un Frescobaldi, che oggi vive?».

> Ma se l'età passata ebbe valentuomini che *Vostra Signoria* dice in questa parte, pure l'età nostra ne ha avuti. Non ci è stato di gran fama un Ercole in San Pietro? Un Frescobaldi, che oggi vive, il quale V.S. pure confessa che già lo faceva stupire e bene commovere?

Il passo di Della Valle conferma dunque che Guidiccioni doveva avere ascoltato più di una volta Frescobaldi, probabilmente anche in casa propria, rimanendone affascinato. E non per caso, il nome di Frescobaldi con quello di altri musicisti emerge infatti da un documento di carattere personale, un'aggiunta al testamento stesa poco prima della sua morte, in cui Guidiccioni elenca i propri strumenti, associandone il ricordo ai nomi di alcune persone che verosimilmente li avevano suonati:[39]

> [...] Lo spinettino di un palmo che Giorgio portò sempre addosso, il liuto che Giovan Francesco suonò a tutte le feste per 35 anni, l'arpicordo chiamato dal Frescobaldi la Gioia conviene riconoscerli [...].

Come si vede, i tre strumenti non sono elencati soltanto per il loro valore venale, che pure il testatore chiede di far stimare da competenti («conviene riconoscerli»), ma anche per il valore affettivo che volle attribuire ad essi, legandoli al ricordo di persone che potevano aver condiviso con lui «tutte le feste» o altri momenti di «honesto trattenimento». È il caso probabilmente del Giovan Francesco, citato nel documento, identificabile quasi certamente con Giovan Francesco Brissio, un apprezzato liutista, all'epoca probabilmente già scomparso, che, come Guidiccioni, fu nello stretto entourage del cardinale Scipione Borghese, e suonò in «tutte le feste per 35 anni» il liuto elencato nella postilla al testamento.[40] Così, dunque, il soprannome

39 BAV, Barb. lat. 4909 (copia del testamento di Lelio Guidiccioni), cc. 13-18: 16v-17r; cit. da Corradini, *Volontà testamentarie del lucchese Lelio Guidiccioni*, p. 65. Corradini trascrive «chiamato del Frescobaldi ...»; tuttavia, grazie alla rilettura del documento originale, ho potuto correggere la frase con la più significativa espressione «chiamato dal Frescobaldi ...».

40 Giovan Francesco Brissio, più noto ai suoi tempi come «Giovan Francesco del liuto», nacque a Roma nel 1567 ca.; nel 1577 era fanciullo cantore nella cappella Giulia, e poi contralto nel 1580-81 nella stessa cappella. Fu contralto a San Luigi dei Francesi nel 1596-97, e nel dicembre 1608 subentrò a Giovanni Maria Nanino come maestro di questa cappella, rimanendovi in carica fino al giugno 1616. Nel 1611 aveva preso parte all'esecuzione del *Carro di fedeltà d'Amore* di Della Valle; cfr. Della Valle, «Della musica dell'età nostra», *op. cit.*, p. 158. Su incarico del cardinale Borghese si occupò di dirigere le musiche per la festa patronale delle chiese di San Rocco e di San Crisogono negli anni 1614-1617; cfr. Lionnet, Jean, *La musique à Saint-Louis des Français de Rome au XVII siècle*, Venezia, Fondazione Levi, 1985, vol. I, pp. 12-13, 39; *Id.*, «The Borghese family

«la Gioia» attribuito da Frescobaldi all'«arpicordo» di Guidiccioni, su cui evidentemente doveva aver suonato, conferma l'esistenza di un diretto rapporto tra i due, mostrando perfino una certa familiarità del musicista con il letterato. Non sorprende, dunque, che il nome di Frescobaldi riemerga ancora una volta dall'inventario dei beni di Guidiccioni: in una stanza al secondo piano della sua casa si conservava infatti «un ritratto del Frescobaldi organista con una mano, in tela da testa, con un filetto di cornice negra», accanto ad altri ritratti di prelati di casa Guidiccioni, di alcuni cardinali, come Montalto e Pallotta, del padre generale dei gesuiti Ottavio Acquaviva, e «un ritratto de Cifera [sic] organista, in tela da vesta, con la testa sola, con un filetto di cornice negra».[41] La stessa collocazione del ritratto di Frescobaldi rende dunque più che verosimile l'ipotesi degli stretti rapporti intercorsi fra il musicista e il letterato lucchese: il quadro, infatti, era conservato in una parte della casa che potremmo definire intima, accanto ai ritratti dei familiari più importanti, diversamente dalla quadreria ospitata al primo piano, separata dal resto dei beni e degli oggetti preziosi, e dai ritratti dei cardinali padroni e protettori di Guidiccioni, che facevano bella mostra di sé nella sala della casa. A tutta prima, una serie di elementi potrebbero far pensare che Guidiccioni coltivasse un reale interesse verso la pratica musicale: l'amicizia con Frescobaldi, e forse anche con il liutista Brissio e l'«organista» Cifra, il valore anche affettivo conferito ai suoi strumenti musicali,[42] e pure i «dieci libretti di varie musiche», un libro descritto come «Frescobaldi partitura della musicha» e «cinque libretti di intavolature di sonare m*ano* scritte», che compaiono nell'inventario della sua «libraria».[43] Ma la modesta

and music during the first half of the seventeenth century» in *Music & letters*, LXXIV, 1993, p. 522, e la scheda dello stesso Lionnet nel database del Centre de Musique Baroque de Versailles alla pagina: http://philidor.cmbv.fr/nom/1863.

41 ASR, 30 Not. Capitolini, uff. 30, notaio Antonius Lucatellus, vol. 164, c. 594v. È molto probabile che l'altro «organista» ritratto sia da identificare con Antonio Cifra (ca. 1584-1629), noto compositore e maestro di cappella a Roma e a Loreto.

42 «Un cimbalo grande», «una spinetta», verosimilmente l'arpicordo soprannominato da Frescobaldi «la Gioia», e «un leuto», forse quello appartenuto a Brissio; cfr. ASR, 30 Not. Capitolini, uff. 30, notaio Antonius Lucatellus, vol. 164, cc. 557, 591v, 593v.

43 ASR, 30 Not. Capitolini, uff. 30, notaio Antonius Lucatellus, vol. 164, c. 610r. Il termine «Partitura» compare nei frontespizi di quattro opere stampate di Frescobaldi: *Recercari et canzoni franzese fatte sopra diversi oblighi* [...], Roma, Bartolomeo Zannetti, 1615; *Il primo libro di capricci fatti sopra diversi soggetti et arie* [...], Roma, Luca Antonio Soldi, 1624; *Fiori musicali di diverse composizioni*, Venezia, Alessandro Vincenzi, 1634; e *In partitura. Il primo libro delle canzoni a una, due, tre e quattro voci* [...], Roma, Paolo Masotti, 1628. È probabile che il libro posseduto da Guidiccioni

consistenza e la natura stessa di questi pochi volumi di musica portano a ritenere che fossero entrati a far parte della libraria di Guidiccioni non tanto per essere adoperati nei momenti d'ozio dell'anziano prelato, ma come pezzi da collezione, alla stregua delle stampe e dei disegni degli artisti. Viene fatto di pensare che fra queste «intavolature di sonare m*ano* scritte» ve ne fossero alcune autografe di un qualche musicista famoso, come, per esempio, Frescobaldi, che per il raffinato *connoisseur* avrebbero potuto costituire un ideale *pendant* con i disegni del «libro dell'Arti» di Carracci, allora inediti.[44]

Speso l'ultimo decennio della sua esistenza al servizio del cardinale Antonio Barberini, che «dalla servitù borghesiana» aveva scelto soltanto lui, pur «debile per natura e stanco per accidente», fra i servitori del defunto cardinale Borghese,[45] Guidiccioni mise a disposizione della corte barberiniana il suo talento letterario, non soltanto per cantare le imprese che Bernini conduceva su impulso di papa Urbano VIII, ma anche per partecipare, insieme ai letterati più in vista, alla silloge degli *Applausi poetici alle glorie della signora Leonora Baroni* (Bracciano, 1639), dove si celebrano tanto le virtù canore che quelle morali della celebre cantante.

Altri omaggi poetici indirizzati a cantanti si ritrovano pure nelle sue *Rime*: il primo *Per la signora Agata N. in tenera età molto virtuosa*, probabilmente una giovanissima cantante, come si evince dai versi; il secondo *Sopra il canto d'un virtuoso*, in cui l'autore esalta i poteri della vocalità umana capace di superare la natura.[46]

Un simile omaggio verso un altro virtuoso della corte del cardinale Antonio Barberini possiamo forse cogliere nel manoscritto di cantate, ironicamente intitolato *Stracciafoglio. Perdimento di tempo per sfuggir l'ozio*, compilato per proprio uso da Marcantonio Pasqualini, un cantante al servizio del cardinale Antonio Barberini: fra le numerose composizioni su versi di poeti, come Giovanni Lotti e Sebastiano Baldini, e gentiluomini,

sia da identificare con quest'ultima opera, il cui titolo inizia appunto con la parola «Partitura»; inoltre, potrebbe non essere casuale che il curatore Bartolomeo Grassi, allievo di Frescobaldi, era lucchese come Guidiccioni.

44 Claudio Annibaldi ha da tempo dimostrato come l'accessione e la conservazione di particolari manoscritti in alcune biblioteche romane fosse determinata da intenti di collezionismo e non di pratica musicale; cfr. Annibaldi, Claudio, «Musical autographs of Frescobaldi and his entourage in Roman sources» in *Journal of the American Musicological Society*, XLIII, 1990, pp. 393-425, in particolare pp. 419-421.

45 Guidiccioni, Lelio, *Rime*, Roma, M. Manelfi, 1637, dedica «Al magnanimo suo signore l'eminentiss. sig. cardinal Antonio Barberino».

46 Guidiccioni, *Rime*, *op. cit.*, pp. 79-82, 112-113.

come Lelio Orsini, Nicolò Foresta e Marzio Orsini, se ne trova anche una su versi di Lelio Guidiccioni, *Il celeste arator semina a pena l'alte campagne sue*, un sonetto per soprano e basso continuo. Il carattere morale della poesia ben si addice al clima austero che nell'ambiente barberiniano spesso ammanta le espressioni anche più sensuali dell'arte, sia figurativa sia musicale. In questo contesto torna in mente l'esordio del già ricordato *Discorso sopra la musica* del letterato lucchese, nato appunto per controbattere qualcuno che «troppo austero et ristretto a' rigorosi termini filosofici [...] riprese poco anzi la lode data a un eccellente cantore [cancellato: musico] con titolo di virtuoso».[47] Le idee di Guidiccioni sembrano fare da *pendant* all'eloquenza muta di un celebre ritratto di Pasqualini, eseguito da Andrea Sacchi: al di là dei possibili significati che possono esservi letti, è evidente che l'opera vuole in qualche misura nobilitare l'arte del giovane cantante castrato allora al servizio di un cardinale nipote del pontefice regnante, difendendola da chi la considerasse quale puro allettamento dei sensi, e mostrarla invece quale sommo esercizio della virtù, come si comprende dalla presenza del fauno Marsia, sconfitto e legato sullo sfondo, e dal dio Apollo che, in primo piano, incorona con l'alloro il cantante.[48]

L'arte e la musica, accomunate da analoghe finalità, finiscono talvolta per incrociare i loro percorsi storici. Non sempre, però, i loro destini passano dai piani alti della società: anche il «ceto mediocre» – per usare una precisa definizione di Giulio Mancini, medico, *connoisseur* e critico d'arte del tempo[49] – contribuì alla nascita e alla definizione di un gusto estetico, tanto in campo artistico che in quello musicale, come mostra il caso di un appassionato *connoisseur* quale fu Lelio Guidiccioni.

47 BAV, Barb. lat. 3879, c. 28r.

48 Sul ritratto cfr. almeno Sutherland Harris, Ann, *Andrea Sacchi. Complete edition of paintings*, Oxford, Phaidon, 1977, pp. 82-84; Christensen, Keith, «Marc'Antonio Pasqualini crowned by Apollo» in *Notable acquisitions, 1981-1982. The Metropolitan Museum of Art*, New York, Metropolitan Museum of Art, 1982, pp. 40-41; Ford, Terence, «Andrea Sacchi's Apollo crowning the singer Marc'Antonio Pasqualini» in *Early music*, XII, 1984, pp. 79-84, e Guidobaldi, Nicoletta, «Ancora sul ritratto di Marc'Antonio Pasqualini in veste di pastore» in *Francesco Buti tra Roma e Parigi: diplomazia, poesia, teatro, atti del convegno di studi (Parma 12-15 dicembre 2007)*, a cura di Francesco Luisi, Roma, Torre d'Orfeo, 2009, pp. 365-380.

49 Sulla figura di Mancini si vedano i fondamentali studi di Michele Maccherini, fra i quali mi limito a ricordare il recente «*Ritratto di Giulio Mancini*» in *Bernini dai Borghese ai Barberini. La cultura a Roma intorno agli anni Venti, atti del convegno (Roma, 17-19 febbraio 1999)*, a cura di Olivier Bonfait e Anna Coliva, Roma, De Luca, 2004, pp. 45-57.

Abstract

This contribution moves from the finding of the dedication to Cardinal Scipione Borghese of Frescobaldi's *Liber secundus sacrarum modulationum* (Rome, 1627) among the autograph manuscripts of Lelio Guidiccioni (Lucca, 1582 – Rome, 1643), a prelate and a man of letters, who evidently wrote this text on behalf of the composer.

Guidiccioni – as Etienne Darbellay – was very interested both in art and in music. He gathered a small but precious collection of paintings and drawings, which was viewed as noteworthy already in his own time by some art historians. Further, our findings show that Guidiccioni cultivated a friendly relationship with Girolamo Frescobaldi, who lived in Rome for over forty years, just as Guidiccioni did.

The biographies of Guidiccioni and Frescobaldi reveal that they were associated with the same entourages of major papal families: first the Borghese, later the Barberini. The relationship between Frescobaldi and Guidiccioni was not an occasional one, however, since the composer's name even occurs in the testament of the latter: in it, he mentioned «the spinet named by Frescobaldi the Joy» («l'arpicordo chiamato dal Frescobaldi la Gioia»); further, the inventory of Guidiccioni's goods lists a portrait of Frescobaldi, placed beside the ones of his ancestors and some cardinals.

Guidiccioni's interest in music is confirmed by some of his literary and poetic works, particularly his unpublished *Discorso sopra la musica,* which was conservative in character. It is likely that Pietro Della Valle's brief treatise *Della musica dell'età nostra che non è punto inferiore, anzi è migliore di quella dell'età passata,* which was dedicated just to Guidiccioni, can be regarded as a response to the latter's *Discorso.*

Claudio Bacciagaluppi – Luigi Collarile

«Tutte le opere del Girolamo Frescovaldi» 1647: Roma – Lucerna, solo andata

Il 12 gennaio 1647 Hans Rudolf Pfyffer, tenente delle guardie svizzere in servizio presso la sede vaticana, scrive da Roma a suo cugino Alexander Pfyffer a Lucerna, annunciandogli di aver acquistato *tutte le opere del Girolamo Frescobaldi* (Figura 1a-b).[1]

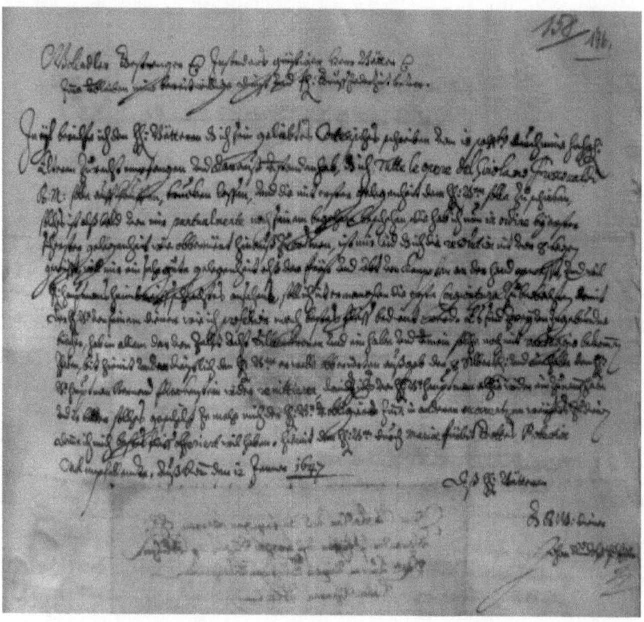

Figura 1a. La lettera di Hans Rudolf Pfyffer al cugino Alexander Pfyffer (CH-La, KU 512, litt. W, c. 158*r*)

1 In questo studio sono impiegate le seguenti sigle: A-Wgm Wien (Österreich), Archiv der Gesellschaft der Musikfreunde; CH-E Einsiedeln (Schweiz), Bibliothek des Benediktiner Klosters; CH-La Luzern (Schweiz), Staatsarchiv; CH-Lz Luzern (Schweiz), Zentralbibliothek. CH-La, KU 512, *littera* W (t. 22), cc. 158 *r-v* (*olim* 176): 158*r*. Il documento è trascritto per esteso in Appendice (Documento 1).

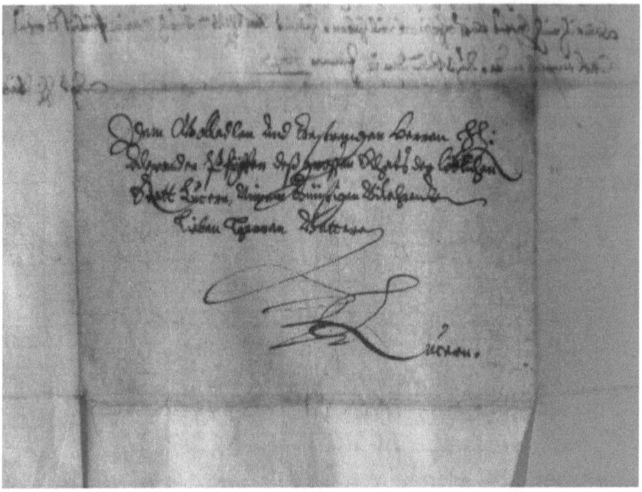

Figura 1b. La lettera di Hans Rudolf Pfyffer al cugino Alexander Pfyffer (CH-La, KU 512, litt. W, c. 158*v*)

1. Una lettera da Roma

Hans Rudolf Pfyffer nasce a Lucerna nel 1611, all'interno di un'importante famiglia della città.[2] Molto giovane, viene inviato a Roma dal padre, Jakob Pfyffer, nella prospettiva di una carriera all'interno della guardia svizzera. A ventun anni diventa ufficiale; a ventitré, ottiene il grado di tenente (*Leutnant*). Nel 1637, nella chiesa romana di S. Maria della Pietà al camposanto teutonico (all'epoca, chiesa della nazione svizzera), sposa Maria Agnes von Grüt, di Rheinau. Dal matrimonio nascono sette figli, cinque dei quali raggiungono l'età adulta. Quando nel 1640 muore il capitano (*Hauptmann*) della guardia Nikolaus Fleckenstein, Pfyffer aspira a ottenere il comando del contingente svizzero in servizio presso il Vaticano. Gli viene preferito, però, il più anziano Jost Fleckenstein (1588-1652), fratello del defunto comandante, in quegli anni governatore (*Schultheiss*)

2 Sulle vicende biografiche si rinvia a: Krieg, Paul, «Hans Rudolf Pfyffer von Altishofen, Hauptmann der Päpstlichen Schweizergarde 1652-1657» in *Innerschweizerisches Jahrbuch für Heimatkunde* 17-18, 1953-1954, pp. 65-79.

di Lucerna. Pfyffer viene nominato capitano della guardia svizzera vaticana nel 1652, dopo la scomparsa di Fleckenstein. Egli è ricordato come un ufficiale intraprendente, ambizioso e – si mormora – attento al proprio vantaggio economico. Tra le sue attività, fin dagli anni Quaranta, è da sottolineare il numero impressionante di reliquie, emerse all'epoca da campagne di scavo nelle catacombe di epoca romana, di cui egli cura la traslazione verso chiese e conventi della Confederazione Elvetica.[3] Nel 1653, da poco nominato comandante, Pfyffer ottiene l'utilizzo della chiesa di S. Pellegrino, più ampia di S. Maria della Pietà, per le cerimonie religiose e la sepoltura delle guardie svizzere. Qui vengono deposte le sue spoglie, dopo essersi spento a Roma il 6 dicembre 1657.

Poco si sa di Alexander Pfyffer. Doppo aver servito nell'esercito come ufficiale di stanza in Piemonte, nel 1633 diventa membro del Gran Consiglio della città di Lucerna. Nel 1658 entra nel Piccolo Consiglio. Muore a Lucerna nel 1664. Sono queste le informazioni trasmesse nel libro di famiglia dei Pfyffer, dove viene descritto come appassionato cavaliere e buon cacciatore.[4] Nulla, però, indica una sua particolare inclinazione musicale. Dalla lettera che Hans Rudolf scrive al cugino il 12 gennaio del 1647, si apprende che il 10 dicembre 1646 Alexander gli aveva fatto pervenire attraverso i genitori la richiesta di procurare e inviare a Lucerna alla prima occasione «Tutte le opere del Girolamo Frescovaldi B*eatae* M*emoriae*». Il viaggio di questa prima lettera da Lucerna a Roma dura circa tre settimane, attraversando in battello il lago dei quattro cantoni, e proseguendo oltre il Gottardo e il Monte Ceneri fino a Lugano, di nuovo in battello fino a Capolago, e poi via Milano, Bologna, gli Appennini (Firenzuola) e Firenze fino a Viterbo; quindi, finalmente giunge a Roma, nei primi giorni dell'anno nuovo.[5] Meno di otto giorni più tardi – secondo quanto scrive lo stesso Pfyffer – il negozio è concluso. Per quanto riguarda la spedizione verso la Confederazione, Pfyffer si rammarica di non aver ricevuto prima la richiesta, poiché si era presentata una buona occasione per inviare il plico con

3 *Cfr.* Achermann, Hansjakob, *Die Katakombenheiligen und ihre Translationen in der schweizerischen Quart des Bistums Konstanz*, Beiträge zur Geschichte Nidwaldens 38, Stans, Historischer Verein Nidwalden, 1979, pp. 27-29 e 30-31.

4 *Kurtze Beschreibung deß Ursprungs undt Ersten Herkommens der Edlen Pfyfferen... A.o 1705*, CH-La, PA 15/1, pp. 36-37. *Cfr.* Messmer, Kurt e Hoppe, Peter, *Luzerner Patriziat: sozial- und wirtschaftsgeschichtliche Studien zur Entstehung und Entwicklung im 16. und 17. Jahrhundert*, Luzern, Rex-Verlag, 1976, p. 476.

5 Achermann, *Die Katakombenheiligen*, p. 42.

sicurezza oltre le Alpi. Si trovava infatti a Roma l'abate del monastero di Kempten, il benedettino Roman Giel von Gielsberg.[6] Non sembra potersi realizzare a breve una licenza del capitano Jost Fleckenstein – che evidentemente rappresenta un altro tramite ideale per un'eventuale spedizione verso Lucerna.[7] Non sappiamo quindi quale mezzo Hans Rudolf Pfyffer abbia scelto per inviare al cugino le edizioni di opere di Frescobaldi appena acquistate: due volumi non rilegati, i cui costi il tenente raccomanda, chiudendo la missiva, che gli vengano rimborsati tempestivamente attraverso il capitano Bernard Fleckenstein a Lucerna, un parente del comandante Jost.[8]

2. La famiglia Pfyffer di Lucerna e il monastero cistercense di St. Urban

Tra la fine del Quattrocento e la metà del Cinquecento, si assiste alla spettacolare ascesa dei Pfyffer a Lucerna. Dopo aver ottenuto la cittadinanza nel 1483, Hans Pfyffer – primo importante antenato della famiglia – viene insignito nel 1514 di un seggio nel Piccolo Consiglio della città. Il potere economico e diplomatico di suo nipote Ludwig (1524-1594), grazie alle cangianti alleanze da lui orchestrate con la Francia, la Savoia e la Spagna, è tale da procurargli il soprannome di ‹re degli Svizzeri›. Alla fine del Cinquecento, le dinastie nobiliari della Svizzera cattolica si concentrano sempre più sull'attività mercenaria. I Pfyffer, come altri esponenti delle più importanti famiglie lucernesi, chiamate a ricoprire le maggiori cariche politiche cittadine, forniscono ufficiali per i contingenti militari in servizio all'estero – in Vaticano, a Torino e altrove. È interessante osservare come queste cariche rappresentino spesso un titolo ricoperto

6 *Handbuch der bayerischen Geschichte*, vol. 3, tomo 2, München: Beck, 2001, pp. 311-317.

7 Jost Fleckenstein lo stesso giorno 12 gennaio 1647 scrive del resto allo scultesso di Lucerna, chiedendo una lettera di intercessione presso la corte romana in modo da ottenere una licenza; CH-La, Akt 13/920 (1).

8 Sui Fleckenstein si vedano Krieg, Paul e Stampfli, Reto, *Die Schweizergarde in Rom*, Zürich, Orell Füssli, 2006, pp. 152-161, e Messmer/Hoppe, *Luzerner Patriziat*, pp. 482-483.

per varie generazioni da membri della stessa famiglia.[9] Hans Rudolf raggiunge la posizione di capitano della guardia svizzera a Roma nel 1652: con una sola interruzione, questa carica rimane appannaggio della famiglia Pfyffer fino al 1847.[10]

La lettera spedita da Hans Rudolf al cugino Alexander nel gennaio del 1647 è stata rintracciata all'interno del voluminoso epistolario del monastero cistercense di St. Urban, oggi conservato presso l'archivio di stato di Lucerna (Svizzera). Come e perché una lettera tra due membri laici della famiglia Pfyffer è finita nel fondo di un monastero cistercense? Mercenari e magistrati cittadini, i Pfyffer avevano certamente frequenti rapporti con le autorità ecclesiastiche. Hans Rudolf, come ricordato, si profila come uno dei principali protagonisti del mercato delle reliquie verso i monasteri svizzeri.[11] Egli ha contatti personali con il monastero di St. Urban tra il 1648 e il 1651, quando si impegna in una missione diplomatica presso le suore cistercensi di Eschenbach e Rathausen, che rifiutavano di accetare un gesuita come confessore.[12] Nessun rapporto è documentato, però, tra Alexander Pfyffer e il monastero cistercense. In realtà, è assai probabile che la lettera sia arrivata in monastero insieme alle edizioni musicali di Frescobaldi comperate da Hans Rudolf a Roma nel gennaio del 1647 su richiesta del cugino.

3. «Tutte le opere del Girolamo Frescovaldi» a St. Urban

Nella lettera che accompagna la spedizione di *tutte le opere del Girolamo Frescobaldi* al cugino Alexander, Hans Rudolf Pfyffer dichiara di aver comperato due edizioni non rilegate, acquistate al prezzo di otto ducatoni (*Silberkronen*) e mezzo: cosa che considera peraltro un buon

9 Messmer/Hoppe, *Luzerner Patriziat*, pp. 77-93, 381-390.

10 Achermann, *Die Katakombenheiligen*, pp. 42-43; Krieg/Stampfli, *Die Schweizergarde*, p. 212.

11 Ai cistercensi di St. Urban, però, la prima reliquia romana arriva soltanto nel 1687: *cfr.* Achermann, *Die Katakombenheiligen*, pp. 45-46.

12 Krieg, «Hans Rudolf Pfyffer von Altishofen», p. 67. Parte della corrispondenza relativa si trova in CH-La, KU 1940 e KU 1959.

affare.[13] Il documento non fornisce altri dettagli utili a individuare i due volumi. È però possibile tentare l'identificazione dei due libri attraverso un esame del fondo librario storico del monastero di St. Urban. Nel 1661 viene redatto il catalogo della biblioteca del monastero: *Bibliotheca S. Urbani*. Nel XVIII capitolo viene fornita una lista dei *libri musicales*.[14] Il riferimento ai volumi musicali può essere considerato un segno del grande prestigio che la musica godeva all'interno del monastero.[15] La presenza di una sezione dedicata a questo genere di libri all'interno di un catalogo di biblioteca dell'epoca è, infatti, da considerarsi piuttosto eccezionale. Non sorprende, quindi, che la sezione musicale sia scomparsa nel successivo (pur dettagliatissimo) catalogo redatto nel 1752:[16] in quanto spesso conservate in luoghi altri rispetto alla biblioteca – frequentemente, sulla tribuna dell'organo principale –, le fonti musicali non venivano considerate parte del fondo librario. Proprio sulla tribuna del celebre organo Bossard della chiesa del monastero, Wilhelm Jerger ritroverà negli anni Cinquanta del secolo passato i resti della collezione musicale della residenza cistercense: trasferita in epoca recente presso la biblioteca centrale di Lucerna, questa raccolta non comprende oggi alcun titolo seicentesco.[17]

13 Un ducatone equivaleva alla metà del Seicento a 33 1/3 bazzi di Lucerna, e a 1 1/4 talleri imperiali; Körner, Martin, Furrer, Norbert, Bartlome, Niklaus *et al.*, *Währungen und Sortenkurse in der Schweiz, 1600-1799*, Lausanne, Editions du Zèbre, 2001, pp. 196, 486, 191. Non possiamo valutare l'obbiettività del giudizio espresso da Pfyffer in merito al costo dei volumi, non disponendo di termini di confronto adeguati né in relazione alla moneta in uso a Roma, né in merito al prezzo di mercato delle stampe musicali romane dell'epoca.

14 CH-Lz, Pp Msc 11.4, pp. 611-645; alle pp. 779-786, è fornito anche un indice dei nomi. L'inventario musicale è stato studiato da Jerger, Wilhelm, «Ein Musikinventar aus dem Jahre 1661 im Katalog von St. Urban» in *Die Musikforschung* 9, 1956, pp. 274-281. In un recente progetto di ricerca dell'Università di Fribourg (Svizzera), diretto da Luca Zoppelli e finanziato dal Fondo nazionale svizzero per la ricerca scientifica, l'inventario è stato digitalizzato, ritrascritto e pubblicato all'interno di una serie di pubblicazioni *online* realizzata in collaborazione con l'ufficio svizzero del RISM: <http://inventories.rism-ch.org/>.

15 Sulla vita musicale all'interno del monastero di St. Urban, si vedano: Jerger, Wilhelm, «Die Musikpflege»; Ruckstuhl, Dieter, «Von Cantoren, Capellmeistern und frömbden Musicanten: Musik im Kloster St. Urban, 1740-1848», in *Heimatkunde des Wiggertals* 51, 1993, pp. 9-57.

16 CH-Lz, Pp Msc 108 fol.

17 Jerger, Wilhelm, «Die Musikpflege in der ehemaligen Zisterzienserabtei St. Urban: mit Katalog neu aufgefundener Musikdrucke des 18. Jahrhunderts», in *Die Musikforschung* 7, 1954, pp. 386-396. Sul destino delle fonti seicentesche *vide infra*.

L'inventario del 1661 rappresenta una fonte preziosa per ricostruire il fondo musicale antico del monastero. In esso, i libri sono elencati in ordine alfabetico per autore. Il nome di Girolamo Frescobaldi compare su due diverse pagine, alla lettera ‹G›. A p. 624 si legge: «Girolami Frescobaldi Cantiones 1. 2. / 3. et 4. Vocum. Partes 5. in 4$^{ta.}$ Vene- / tijs 1634.». Il riferimento è a un esemplare delle *Canzoni da sonare a una due tre, et quattro... Libro primo*, stampate nel 1634 nell'officina veneziana di Alessandro Vincenti.[18] Due pagine dopo, il nome di Frescobaldi compare altre cinque volte, non più tra le edizioni in libri-parte in quarto, ma tra quelle *in folio* (Figura 2):[19]

Figura 2. Catalogo della biblioteca del monastero di St. Urban: le edizioni frescobaldiane *in folio* (CH-Lz, Pp Msc 11.4, p. 626).

18 *Cfr.* RISM A/I, F/FF 1870. Si rinvia anche al recente *Frescobaldi Thematic Catalogue Online* (FTCO): <http://frescobaldi.music.duke.edu>

19 CH-Lz, Pp Msc 11.4, p. 626.

Di Girolamo Frescobaldi Organista in S. Pe- / tro di Roma lib. 1. in fol. Romae 1637
Toccate d'Intavolutura [!] di Cimbala [!] et / Organo *etc.* in fol. Eiusde*m* Auth*oris*
Il secundo libro di Toccate – Canzone, Ver- / si d'Hinni Magnificat *etc.* in fol. Romae 1637 / in fol. Eiusde*m* Authoris
Il primo libro di Capricci Canzon Francese / e Recercari *etc.* in fol. Eiusd. Auth.
Fiori Musicali di diverse compositioni Toccate [etc.] / in fol. Eiusde*m* Authoris.

Nel 1661, all'interno del fondo musicale del monastero di St. Urban, erano quindi presenti: almeno un esemplare dell'edizione pubblicata a Roma nel 1637 rispettivamente del *Primo libro di toccate* e del *Secondo libro di toccate*;[20] un esemplare di una delle due edizioni *in folio* del *Primo libro di capricci, canzon francese e ricercari... in partitura*, entrambe prodotte a Venezia presso Vincenti rispettivamente nel 1626 e nel 1642;[21] infine, uno dei *Fiori musicali*, stampati nel 1635 presso la medesima officina veneziana.[22]

La duplice entrata relativa all'edizione del primo libro delle *Toccate* pone un interrogativo: è possibile che nel fondo del monastero vi fossero due esemplari di una medesima edizione? Se non un refuso, ci si potrebbe chiedere se l'annotazione «Di Girolamo Frescobaldi Organista» non possa identificare nell'inventario il possibile titolo di un volume miscellaneo il cui spoglio sarebbe riportato immediatamente di seguito: esso comprenderebbe il primo libro delle *Toccate*, il secondo libro delle *Toccate,* il primo libro dei *Capricci* e i *Fiori musicali.*

Scorrendo l'inventario delle fonti musicali è possibile stabilire, come in almeno altri due casi il monastero possedesse due esemplari di una medesima edizione italiana: è il caso della ristampa apparsa nel 1623 de *Il secondo libro de motteti a due, tre et quattro voci* di Alessandro Grandi;[23] e de *Gli Alleluia in contrapunto sopra il canto fermo* di Michelangelo Serra, apparsi nel 1628.[24] In entrambi i casi (oltre che di edizioni uscite dall'officina veneziana di Alessandro Vincenti – sintomatiche della vasta diffusione conosciuta dalla produzione editoriale di questa bottega prima del 1630) si tratta di titoli rilegati all'interno di volumi miscellanei. I duplicati potrebbero essere quindi l'effetto dell'arrivo di raccolte comprendenti più edizioni già rilegate, alcune delle quali già presenti nel fondo del monastero.

20 *Cfr.* rispettivamente RISM A/I, F/FF 1867 e F/FF 1859.
21 *Cfr.* RISM A/I, F 1863 o 1865.
22 *Cfr.* RISM A/I, F 1871.
23 CH-Lz, Pp Msc 11.4, p. 626; *cfr.* RISM A/I, G 3425.
24 CH-Lz, Pp Msc 11.4, p. 643; *cfr.* RISM A/I, S 2831.

In duplice copia, ma non rilegate in miscellanee, ci sono poi anche tre stampe non italiane: il *Compendium musicae latino-germanicum* di Adam Gumpelzhaimer (Augsburg 1625);[25] i *Psalmi Vespertini omnes* di Johann Stadlmayr (Innsbruck 1640);[26] e la miscellanea *Siren coelestis centum harmoniarum...* (München 1622).[27] È plausibile quindi che il monastero potesse possedere due esemplari del *Primo libro di toccate* di Frescobaldi: se non proprio della medesima edizione (quella del 1637), di due edizioni affini – cosa in ogni caso sintomatica dell'importanza riconosciuta alla produzione musicale del celebre compositore, in assoluto il più presente all'interno del fondo musicale del monastero.[28]

La data di redazione dell'inventario permette di stabilire che le cinque edizioni fossero a disposizione dei monaci di St. Urban nel 1661. Attraverso alcuni riscontri documentari è possibile precisare meglio quando alcuni dei volumi sarebbero arrivati. Il 12 giugno 1649, Joseph Grammatt, priore dell'abbazia dei canonici regolari premonstratensi di Bellelay (Canton Berna), scrive al priore di St. Urban, Alberich Graff, richiedendo in prestito un'edizione frescobaldiana: «scripsi PP. Edmundo et Baptista pro aliquot selectionibus toccatis, partibus et hymni phantasiis vermiculatis, ad nos... transmittendis et brevi fidelissimè remittendis».[29] Appena cinque giorni più tardi Graff risponde alla richiesta nel modo seguente: «currente calamo descripsi nonnulla... cum onere restitutionis tamen, de qua null*us* dubito, libens lubens petita participo, quib*us* adiunxi meos aliquos conatus,... ac cu*m* illis alteris Musicis Hieronymi Frescobaldi Phantasijs remittendos, nam neutri*us*, alterum exemplar apud me manet».[30] Oltre a quanto richiesto, Graff invia liberalmente a Grammatt alcune proprie composizioni, raccomandando – cortese ma preoccupato – la restituzione di entrambe le raccolte. Il titolo chiesto in prestito da Joseph Grammatt è con ogni probabilità il *Secondo libro di toccate, canzone, versi d'hinni, Magnificat, ga-*

25 CH-Lz, Pp Msc 11.4, p. 611; *cfr.* RISM A/I, G 5123 (= B/I, B/I, 1625[13]).

26 CH-Lz, Pp Msc 11.4, pp. 632-633; *cfr.* RISM A/I, S 4298.

27 CH-Lz, Pp Msc 11.4, p. 624; *cfr.* RISM B/I, 1622[3].

28 Nell'inventario, la data di stampa del secondo esemplare non è esplicitato. La citazione del titolo e il formato sono compatibili anche con l'edizione apparsa a Roma nel 1627 (*cfr.* RISM A/I, F 1858).

29 CH-La, KU 512, *littera* F (t. 6), cc. 419-422. La lettera è trascritta per esteso in appendice (Documento 2).

30 CH-La, KU 512, *littera* K (t. 10), c. 414. La lettera è trascritta per esteso in appendice (Documento 3).

gliarde, correnti, et altre partite d'intavolatura di cimbalo et organo di Frescobaldi. Si tratta di uno dei volumi giunti poco tempo prima da Roma per il tramite dei Pfyffer?

Quando i due volumi di composizioni di Frescobaldi, acquistati a Roma da Hans Rudolf Pfyffer, siano arrivati a St. Urban, non è dato di sapere.[31] La lettera appena citata di padre Joseph Grammatt dimostra però che nell'estate del 1649 il monastero cistercense fosse in possesso di un esemplare del *Secondo libro di toccate* di Frescobaldi: quello, con ogni probabilità, registrato poi nell'inventario del 1661. La richiesta di Grammatt è esplicita e puntuale: il suo obiettivo è di avere accesso a quella raccolta del famoso compositore romano, a lui evidentemente ancora sconosciuta. A questo punto, ci si deve chiedere perché – nell'estate del 1649 – egli non abbia richiesto anche altre raccolte frescobaldiane. Nel caso del *Primo libro di toccate*, è possibile che la raccolta – apparsa a stampa nel 1615, poi più volte ristampata fino al 1637 – fosse già nota a Grammatt, il quale potrebbe aver avuto accesso già prima del 1649 ad almeno uno dei due esemplari in possesso del monastero nel 1661. Lo stesso ragionamento si potrebbe fare anche per il *Primo libro di capricci, canzon francese e ricercari… in partitura* e per i *Fiori musicali*. In questo caso, però, la completa mancanza di elementi atti a stabilire quando gli esemplari in possesso del monastero siano giunti a St. Urban, non permette di escludere che essi possano essere arrivati anche dopo il 1649.

Va sottolineato il fatto, però, che sia le edizioni *in folio* del *Primo libro di capricci, canzon francese e ricercari… in partitura* sia i *Fiori musicali* sono raccolte prodotte presso l'officina veneziana di Alessandro Vincenti. Nella prospettiva dei due volumi spediti da Hans Rudolf Pfyffer nel 1647 al cugino Alexander a Lucerna, occorre chiedersi se il fatto che siano stati acquistati a Roma non rappresenti un indizio per ritenere che si tratti di esemplari di edizioni prodotte *in loco*, piuttosto che edizioni stampate a Venezia.

Nonostante la crisi che colpisce la produzione editoriale veneziana dopo il 1630, Vincenti può contare ancora fino a metà del Seicento su una buona rete di distribuzione. Non è invece sicuramente il caso di Niccolò Borbone, incisore delle lastre di rame servite per produrre entrambi i *Libri*

31 Con ogni probabilità, la lettera di Hans Rudolf Pfyffer al cugino Alexander, del gennaio 1649, è stata spedita a St. Urban insieme alle due edizioni di Frescobaldi. Si spiegherebbe in questo modo perché il documento oggi è conservato all'interno della corrispondenza del monastero.

di toccate di Frescobaldi. Come Arnaldo Morelli ha messo in luce, essi sono il frutto di una stretta collaborazione personale tra lo stampatore e il compositore – principale committente e finanziatore dell'operazione.[32] A Borbone spetta il compito di allestire i volumi: la loro commercializzazione è curata invece di persona e in via esclusiva dallo stesso Frescobaldi.[33] Non essendo conservato il testamento del compositore, non è possibile oggi stabilire che fine abbiano fatto dopo la sua morte le lastre di rame servite per allestire i due *Libri di toccate* o gli eventuali esemplari stampati, rimasti invenduti. Quel che è certo è che se, prima della morte di Frescobaldi le modalità di diffusione di queste edizioni dovevano essere assai limitate, dopo la scomparsa del compositore è probabile che sia divenuto ancora più complesso e soprattutto costoso procurarsi un esemplare dei suoi due *Libri di toccate*. L'unica loro attestazione in un catalogo di vendita ufficiale riguarda l'indice dei libri disponibili presso la libreria di Federico Franzini a Roma, allestito nel 1676.[34] Sintomatico del valore commerciale di queste edizioni è quanto afferma Lodovico Fuga, dal 1682 *maestro di contrappunto* dei cantori della Cappella Ducale di S. Marco a Venezia, a proposito dell'esemplare del *Secondo libro di toccate* in suo possesso: «Si trova nei miei libri il secondo libro di Gerolamo Frescobaldi, d'intavolatura stampato in Roma, stampa di rame in foglio, so esser assai costato a mio padre [...]».[35] Se i due volumi acquistati da Hans Rudolf Pfyffer nel gennaio del 1647 sono i due libri di toccate di Frescobaldi, è comprensibile la soddisfazione da lui manifestata per non averli pagati eccessivamente.

32 *Cfr.* Morelli, Arnaldo, «Nuovi documenti frescobaldiani: i contratti per l'edizione del primo libro di Toccate» in *Studi musicali* 17, 1988, pp. 255-265.

33 *Cfr.* Giacomelli, Gabriele, «Fortuna dell'opera frescobaldiana in Toscana attraverso il carteggio di Francesco Nigetti (1618-1657)» in *L'Organo* 25-26, 1987-1988, pp. 97-112, da cui emerge anche il ruolo attivo svolto da Frescobaldi nella distribuzione nel contesto romano anche delle proprie edizioni fatte stampare a Venezia.

34 *Cfr.* Mischiati, Oscar, *Indici, cataloghi e avvisi degli editori e librai musicali italiani dal 1591 al 1798*, Studi e testi per la storia della musica 2, Firenze, Olschki, 1984, p. 252 (cat. XII: n. 155); l'indice è stato ricostruito da Mischiati sulla base delle informazioni bibliografiche fornite dalla *Notitia de Contrapuntisti e de Compositori di Musica* di Giuseppe Ottavio Pitoni: *cfr. ivi*, pp. 24-25.

35 La citazione è tratta dal testamento di Lodovico Fuga (1643-1722), redatto il 12 maggio 1721; cit. da Vio, Gastone, «Un maestro di musica a Venezia: Lodovico Fuga (1643-1722)» in *Antonio Vivaldi. Teatro musicale cultura e società*, a cura di Lorenzo Bianconi e Giovanni Morelli, Firenze, Olschki, 1982, p. 562.

4. Da St. Urban a Einsiedeln?

Il fondo musicale del monastero di St. Urban – almeno nella forma descritta nell'inventario del 1661 – è andato perduto. È probabile che un ruolo decisivo in questo senso abbia avuto la chiusura del monastero, decretata nell'aprile del 1848.[36] Nell'inventario redatto il successivo 16 agosto 1848, non vengono menzionate edizioni musicali seicentesche.[37] È possibile, però, che le edizioni musicali più antiche, sebbene non più conservate nel fondo musicale, non fossero ancora andate disperse. Il 26 ottobre 1848, pochi mesi dopo la chiusura del monastero, l'ultimo priore di St. Urban – padre Konrad Maria (Franz Joseph Aloys) Effinger (1800-1881) – trova rifugio presso il monastero benedettino di Einsiedeln.[38] Da una notizia di padre Gall Morel (1803-1872), all'epoca responsabile del fondo bibliotecario del monastero, si apprende che l'ospite cistercense sia giunto ad Einsiedeln portando con sé diversi libri.[39] Nella nota non sono riportati purtroppo i titoli dei volumi che egli avrebbe depositato nel fondo, al suo arrivo. È possibile che tra essi possa aver trovato posto anche qualche edizione musicale?

All'interno del fondo musicale del monastero benedettino di Einsiedeln è oggi conservato un prezioso volume, rilegato in pergamena, che contiene un esemplare dei due *Libri di toccate* di Girolamo Frescobaldi.[40] In ambo i casi, si tratta dell'edizione stampata a Roma nel 1637.[41] Sul frontespizio di entrambe le edizioni si legge la nota di possesso: «Ex libris Montomoli»; solo su quello del *Primo libro* l'annotazione è però corretta con una secon-

36 Hörsch, Waltraud, «Sankt Urban» in *Historisches Lexikon der Schweiz*, versione 21.1.2011, <http://www.hls-dhs-dss.ch/textes/d/D12146.php>.

37 CH-La, AKT 39/59A:4.

38 *Cfr.* Henggeler, Rudolf, *Professbuch der fürstlichen Benediktinerabtei unserer lieben Frau zu Einsiedeln*, Einsiedeln, Selbstverlag des Stifts, [1933], *sub voce*; online: <www.klosterarchiv.ch> (consultato il 26.4.2011). Siamo riconoscenti a p. Lukas Helg (Kloster Einsiedeln) per questa segnalazione.

39 Gall Morel OSB, *Zur Geschichte der Stiftsbibliothek von Einsiedeln*, manoscritto CH-E GM 18, p. 172: ringraziamo l'attuale responsabile della biblioteca del monastero di Einsiedeln, p. Odo Lang OSB, per questa preziosa segnalazione.

40 CH-E Mw 12; *cfr.* Lukas Helg OSB, *Die Drucke vor 1800 in der Musikbibliothek des Klosters Einsiedeln*, Einsiedeln, Kloster, 1999, p. 30.

41 RISM A/I F 1867.

da nota di possesso: «Ex libris Toci [?]» (Fig. 3): indice del fatto che le due edizioni siano state rilegate insieme con ogni probabilità prima di passare di mano dal primo al secondo proprietario.

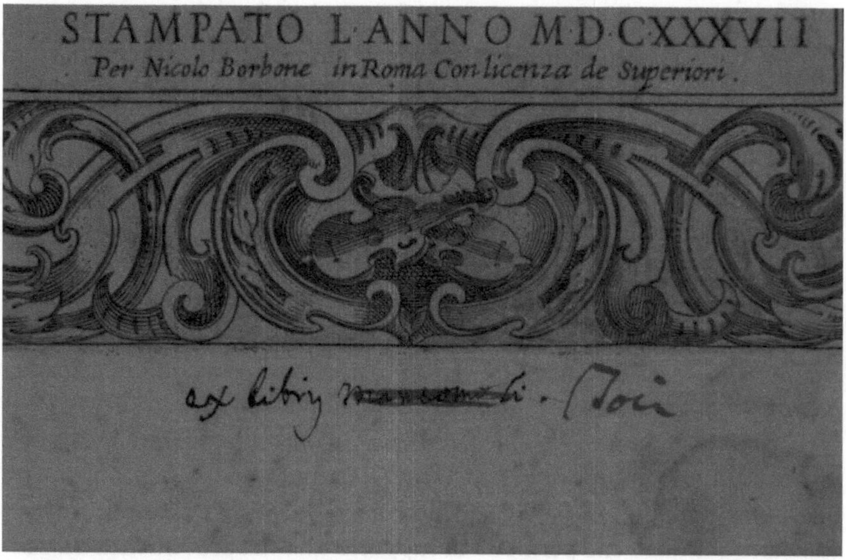

Figura 3. Girolamo Frescobaldi, *Toccate d'intavolatura... Libro primo* (Roma 1637) – particolare del frontespizio dell'esemplare conservato presso il monastero di Einsiedeln (CH-E Mw 12).

Quando e come questo volume sia giunto ad Einsiedeln, non è possibile stabilirlo con sicurezza. Di certo, esso si trova nel fondo del monastero il 30 agosto 1856, quando viene consultato dal giovane Johannes Brahms (di passaggio per Einsiedeln, durante il suo soggiorno in Svizzera in compagnia di Clara Schumann), che ne ricopia di suo pugno alcune parti.[42]

42 A-Wgm, A 13o, cc. [25*r*-26*v*]; a c. 25*r* si legge: «Toccate d'intavolatura / di Cemb. et Org. / Partite div: etc. / di Girola Frescobaldi / Libro I° / Roma M.D.C.XXXVII / Toccata Duodecima / (Kloster-Bibliothek / Einsiedeln)». Per uno spoglio del convoluto di materiali autografi di Brahms, nel quale sono conservate le due carte citate, si rinvia Kern, Edith, «Brahms et la musique ancienne» in *Revue de musicologie* 21/2, 1942, pp. 13-20. Riguardo alla visita di Brahms al monastero di Einsiedeln, nell'ambito del suo viaggio in Svizzera, *cfr.* Kalbeck, Max, *Johannes Brahms*, 4 voll., 4a ediz., Berlin, Deutsche Brahms-Gesellschaft, 1921, vol. 1, p. 286: durante il soggiorno in Svizzera, Clara Schumann è accompagnata da due suoi figli – Ludwig e Ferdinand – e dalla sorella di Johannes Brahms, Elise.

Questa visita fissa un importante *terminus ante quem*, prima del quale collocare l'arrivo del volume contenente i due *Libri di Toccate* ad Einsiedeln. Dal momento che esso non compare nel catalogo del fondo musicale avviato da padre Gall Morel tra il 1835 e il 1836,[43] è assai probabile che il volume sia giunto in monastero tra il 1836 e il 1856.

La finestra temporale individuata è compatibile con l'arrivo ad Einsiedeln del priore di St. Urban. Nessun indizio formale permette però di attestare una provenienza dal fondo del monastero cistercense, chiuso nella primavera del 1848. Confrontando l'inventario di St. Urban redatto nel 1661 con i titoli oggi presenti nel fondo musicale del monastero di Einsiedeln, oltre ai due libri di toccate di Frescobaldi, è possibile notare due altre concordanze: una prima relativa al *Compendium musicae* di Adam Gumpelzhaimer (1559-1625), in una oggi sconosciuta edizione pubblicata ad Augsburg nel 1611;[44] una seconda, in relazione al *Praegustus musicus seu cantiones a voce sola cum duobus violinis necessariis, et reliquis instrumentis ad libitum* di Fidel Molitor (1627-1685), stampato a Konstanz nel 1659.[45] Nel primo caso, non è possibile fare alcun riscontro, in quanto il volume è andato disperso in epoca recente.[46] Nel secondo, sull'unico libro-parte oggi conservato ad Einsiedeln (quello del *Violone*) non è possibile rintracciare alcun indizio che permetta di supporre una sua provenienza dal monastero di St. Urban.[47] Che quindi nell'autunno del 1848, il priore di St. Urban possa essere giunto ad Einsiedeln portando con sé anche dei volumi musicali, non trova per ora alcuna conferma.

Quella di St. Urban non è però l'unica provenienza possibile per il volume contenente i due *Libri di toccate* di Frescobaldi. A partire dal 1824, il monastero di Einsiedeln amplia in maniera considerevole il proprio fondo librario incamerando diverse biblioteche provenienti da monasteri soppressi e acquistando materiali di diversa natura sul mercato antiquario internazionale. È in particolare il settore musicale a conoscere i maggiori benefici di

43 CH-E ML 11 (bella copia, per generi) e ML 23 (brutta copia, alfabetico).

44 Nessuna occorrenza in RISM.

45 RISM A/I M 2952.

46 L'esemplare conservato presso il monastero di Einsiedel era individuato dalla segnatura CH-E ML 1187: *cfr*. L. Helg OSB, *op. cit.*, p. 32.

47 Il libro-parte è individuato dalla segnatura CH-E 555,10: *cfr*. L. Helg OSB, *op. cit.*, p. 64.

questa operazione.[48] Osservando gli *ex-libris* annotati sugli esemplari dei due *Libri di toccate* oggi conservati nel fondo del monastero, è possibile supporre che essi siano il frutto di un acquisto sul mercato antiquario italiano. Un'acquisizione considerata in ogni caso assai importante – oltre che per il valore artistico dell'opera, forse anche per il prezzo pagato: cosa che spiegherebbe il motivo di mostrarlo tra i pezzi pregiati della biblioteca a un ospite illustre come Johannes Brahms, durante la sua visita nell'estate del 1856.

5. Conclusioni

Quali siano stati i motivi che abbiano spinto Alexander Pfyffer a ordinare a suo cugino Hans Rudolf di acquistare a Roma *tutte le opere di Frescobaldi* e perché questi volumi siano poi finiti nel fondo del monastero cistercense di St. Urban, sono tutte domande a cui non è possibile per ora rispondere in maniera compiuta. Le scarne notizie relative alla cronaca familiare dei Pfyffer non fanno riferimento a particolari interessi musicali coltivati dai due membri dell'importante famiglia lucernese.[49] È possibile che l'ordine di acquisto dei volumi sia stato concepito in funzione di un pregiato omaggio per il monastero (dovuto, ad esempio, per ottemperare a un voto o per sdebitarsi di un favore ricevuto). Non va però affatto esclusa la possibilità che l'operazione possa essere il frutto di commissione specifica da parte dei monaci: essi avrebbero fatto richiesta di ottenere alcune edizioni del celebre Frescobaldi, altrimenti difficili da intercettare sul mercato librario (come, in particolare, i due *Libri di toccate*), approfittando dei rapporti tra la famiglia Pfyffer e la corte papale.

L'interesse per le opere di Frescobaldi appare emblematico della grande fortuna che la produzione musicale del compositore ha conosciuto Oltralpe fin da metà Seicento: una fortuna, in realtà, assai duratura, se si considera l'importanza assegnata ai due *Libri di toccate* acquisiti a inizio

48 *Cfr.* Lukas Helg OSB, *Die neue Musikbibliothek des Klosters Einsiedeln*, Einsiedeln, Kloster, 1999, p. 12. Riguardo ai contatti tra i benedettini di Einsiedeln e l'ambiente librario milanese, si rinvia a Collarile, Luigi, «Bellinzona, 1675-1852. Circolazione e recezioni di musica italiana nei monasteri benedettini della Svizzera interna» in *Schweizer Jahrbuch für Musikwissenschaft* 30, 2010, pp. 117-162.

49 CH-La, PA 15/1, pp. 36-37 (per Alexander Pfyffer) e 156-157 (per Hans Rudolf Pfyffer).

Ottocento dai benedettini di Einsiedeln. Recenti indagini, volte a fare luce sulla storia di alcuni manoscritti seicenteschi di musica per tastiera confezionati in territorio elvetico, hanno evidenziato la diffusione di sue composizioni all'interno del repertorio in uso presso conventi e monasteri della Confederazione.[50] Si tratta per lo più di *excerpta* di brani originali, sezioni estrapolate e copiate ‹a proprio uso e consumo› a partire da una fonte a stampa o da una precedente redazione manoscritta: emblematici delle ‹modalità di consumo› del repertorio da parte dei diversi copisti – i primi esecutori di tali elaborazioni.

Questi manoscritti – così come le lettere citate in precedenza, relative allo scambio di un'edizione frescobaldiana tra il monastero di St. Urban e quello di Bellelay[51] – offrono preziose testimonianze in merito alle possibilità e alle modalità di circolazione di libri, manoscritti e materiali di varia natura, che alimentano la vita musicale dell'epoca. Si tratta, infatti, di scambi frequenti, per intensità e rapidità, fondati spesso su una serie di rapporti personali: una sottile rete di relazioni incrociate, nelle quali entrano in gioco vicende e vicissitudini di persone e istituzioni, lungo gli assi tracciati dai loro spostamenti o dalle evoluzioni storiche dei contesti in cui operano.

Nel caso specifico, relativo al trasferimento di due edizioni di Girolamo Frescobaldi da Roma a Lucerna e di qui al monastero di St. Urban, quello

50 Particolarmente meritorie sono in questo senso le ricerche condotte da François Seydoux (Université de Fribourg). Si segnalano qui, in particolare, in quanto indagini relative a fonti che trasmettono composizioni frescobaldiane: *Id.*, «Un'altra fonte seicentesca di musica per tastiera viene alla luce in terra elvetica», in *L'Organo* 32, 1998-1999, pp. 3-40, relativo al manoscritto Ms. P-96/1 conservato presso lo Staatsarchiv ad Altdorf (Canton Uri), proveniente dal convento francescano di Solothurn; e *Id.*, «Quellen italienischer Orgelmusik des 17. Jahrhunderts auf Schweizer Boden, in: «Arte organaria italiana e germanica tra Rinascimento e Barocco» in *Atti di convegno: Trento-Smarano, 3-5 settembre 2004*, a cura di Massimiliano Guido, Trento, Giunta della Provincia Autonoma di Trento, 2007, pp. 49-73, nel quale è fornita un'analisi della storia e del contenuto di due altre importanti manoscritti seicenteschi, legate a due conventi benedettini femminili: il manoscritto A 1 (Ms. 5751) conservato presso il monastero di St. Johann a Müstair (Canton Grigioni) e il manoscritto Anon. 115 (Ms. 7028) conservato presso il monastero di St. Andreas di Sarnen (Canton Obvaldo).

51 Uno studio specifico della documentazione relativa al monastero cistercense di St. Urban è attualmente in corso, a cura degli scriventi, nell'ambito del progetto di ricerca *Printed Sacred Music in Europe, 1500-1800: Switzerland and the Alpine Region as Crossroads of Production, Circulation and Reception of Catholic Music*, diretto dal prof. Luca Zoppelli (Université de Fribourg) e finanziato dal Fondo nazionale svizzero per la ricerca scientifica.

che colpisce è soprattutto il modo in cui ciò avviene. Alexander Pfyffer e suo cugino Hans Rudolf non hanno nulla a che fare con il commercio librario. Il primo è membro dell'aristocrazia lucernese, stabilmente inserito nel governo cantonale; il secondo, è un alto ufficiale della Guardia Svizzera di stanza a Roma, presso lo Stato Pontificio. Si tratta di un caso eccezionale, dovuto a una particolare occasione o alle specifiche difficoltà legate al reperimento delle edizioni frescobaldiane? Probabilmente no. Nella lettera al cugino, Hans Rudolf Pfyffer fa esplicito riferimento al fatto che i due volumi da lui acquistati avrebbero potuti essere affidati anche all'abate del monastero di Kempten o al comandante in persona del reggimento svizzero, qualora avesse previsto di rientrare a Lucerna per un periodo di riposo. Se questo genere di incombenze non rappresentano un'eccezione, che ruolo hanno in un processo di *transfer* culturale che – si può a questo punto supporre – possa andare anche ben al di là della spedizione di qualche libro? A seguire, ci si potrebbe chiedere che ruolo abbiano svolto relazioni diplomatiche come quelle che legano tradizionalmente e storicamente la città affacciata sul Lago dei Quattro Cantoni alla corte papale, nella ricezione privilegiata della produzione musicale romana, nell'ambito di un fenomeno di ricezione culturale certamente più vasto, nel quale anche la connotazione confessionale gioca un ruolo senz'altro non secondario. Se, infatti, non c'è dubbio che la circolazione di edizioni a stampa svolga una funzione di primaria importanza nella diffusione e nella ricezione di repertori musicali italiani a nord delle Alpi, quali siano i canali di cui i monasteri si siano serviti per ottenere questo genere di fonti rappresenta uno straordinario campo d'indagine, sintomatico di complessi fenomeni di *trasfer* culturale, spesso ancora da mettere in luce.

Abstract

Hans Rudolf Pfyffer, lieutenant of the Swiss guards serving the Vatican, wrote in January 1647 to his cousin in Lucerne (Switzerland), and announced that he had bought for him two prints of music by Girolamo Frescobaldi. The two volumes later entered the collection of the Cistercian monastery of St Urban (Canton of Lucerne), as the local 1661 music inventory testifies. This exemplary case is taken as a staring-point for some considerations about the context and the means through which two music editions of the celebrated composer crossed the Alps to become part of the musical repertoire of an important Swiss monastic centre.

Appendice

Documento 1

CH-La, KU 512, *littera* W (t. 22), cc. 158r–v (*olim* 176). Johann Rudolf Pfyffer da Roma ad Alexander Pfyffer a Lucerna, 12 gennaio 1647.

[158*r*]
Wolledler Gestrenger *etcaetera* Insonders günstiger Herr Vätter *etcaetera*
Im*me* V*er*bleiben mine bereitwillige dienst und f*rendlichen* Gruss jederzeit bevor.
In eÿl berichte ich den H. Vätteren d*aß* ich sein geliebtes Cortesisches schreiben vom 10 pass*at*o durch meine hochg*eliebten* Elteren zurecht empfangen und darauß v*er*standen hab, d*aß* ich Tutte le opere del Girolamo Frescovaldi B*eatae* M*emoriae* solle auff khauffen, trucken [!] lassen, und die mit ersten gelegenheit dem H. V*etter*en solle zu schicken, solches ist alß bald von mir puntualmente nach seinem begehren beschehen, die hab ich nun in ordine bÿ erster sicherster gelegenheit wie obberüert hinauß zu ordtnen, ist mir leid d*aß* ich die resolution nit vor 8. tage*n* gewüsst, wil mir ein sehr gute gelegenheit alß das fürst und Abt von Kempten an der hand gewesst, und wil H. hauptmans heimbreiss [?] schlechtes ansehen, soll ich nit ermanglen die erste Congiontura zu beobachte*n* damit den H. V*etter*n von seinem diener wie ich profession mach bestes fleiss*es* bedient wird. Es sind zweÿ uningebunden bücher, hab in allem darvon zallt Acht Silberkronen und ein halbe und v*er*mein solche noch mit vantaggio bekom*men* zhaben, bit hiermit und dienstlich den H. V*etter*en er welle obberüerten außgab der 8 Silberk*ronen* und ein halbe dem H. V*etter*n hauptman Bernard Fleckenstein wider remittieren, da… [?] ichs von H. V*etter*n hauptman alhie wider einzunem*en* habe und ie balder solches geschiht zu mehr mich der H. V*etter*n v*er*obligiert Im*me* in anderen occorentzen weÿters zu diene*n* dem*me* ich mich bestes fliss*es* offeriert wil haben. hiermit den H. V*etter*en durch Mariae fürbit Gottes Protection Wol empfellendte, Auß Rom*m* den 12 Jenner 1647

deß H. Vätteren
G… [?] B*ereit* W*illiger* diener
Johan Rudolff Pfÿffer

[158*v*]
Dem Wolledlen und Gestrengen Herren H. Alexander Pfÿffer deß grossen Rhats der löblichen Statt Lucern, Minem Günstigen Vilehrendt*en* lieben Herren Vettere*n*
Lucern.

Documento 2

CH-La, KU 512, *littera* F (t. 6), cc. 419-422
Padre Joseph Grammatt del monastero di Bellelay a Padre Albericus Graff del monastero di St. Urban, 12 giugno 1649

[419]
Jesus Maria Joseph
Adm*odum* R*everen*de P. Prior
Diu patienter expectatam R*everen*tiae V*est*rae commodè scribendi, et eidem de Prioris dignitate vel serò gratulandi occasionem opportunè nactus, vellem, si fieri posset; totum animi mei fundum literis istis ita apertè p*er*dere, quò gratitudo mea, beneficiorumq*ue* vestrorum iugis in me memoria, et caracter indelebilis lectori penitus innotesceret. Gratulor officio et honori, sed compatior oneri, quod D*omi*nus Patronus n*oste*r R*everen*dissimu*s* Praelatus vester dum adhuc prior esset, par esse dicebat holocausto pro peccato: Hircus [?] inquiebat, pro peccato est p*ri*or in conventu. Agnoscat mihi R*everen*tia V*est*ra, experior quotidie solennis huius apophtegmatis calamitosa veritatem. Et quia nihil ita relevat miserum fatum, solitosq*ue* labores, q*uam*m*o*do musica, scripsi PP. Edmundo et Baptista pro aliquot selectionibus toccatis, partibus[1] et hymni phantasiis vermiculatis, ad nos per p*rae*sentium baiulam (defuncti quondam Praelati n*ost*ri neptem, quam R*everen*tiae V*est*rae commendo) ad nos transmittendis et brevi fidelissimè remittendis. Rogo R*everen*tiam V*est*ram ut pro me apud p*rae*fatos PP. et P. Godefridum Nisner super hoc negotiat*ur*. Valeat, et munusculu*m* istud, S. Syndonem Bisantinam aequi boniq*ue* g*ra*tulat. Insup*er* R*everen*dissimu*m* Praelatum V*est*rum, RR.PP. Bernardum, Amandum, Benedictum, Modestum, Nivardum, Candidum, || [420] Malachium, F. Joseph et c. nomine meo, meumq*ue* Conf*rat*rum o*mniu*m humiliter et frate*rn*e salutare n*on* gravet*ur*. Bellelagiae 12 Junij 1649.
R*everen*tiae V*est*rae Servus
F. Josephu*s* Grammatt
Prior indignus

[422]
Adm*odum* in Chr*ist*o Patri P. Alberico Graff, Mon*aste*rij S. Urbanj Sacri Ordinis Cistert. Priori Vigilantissimo Patrono suo plurimùm observando.
Ad S. Urbanu*m*

1 *Original*: patribus.

Documento 3

CH-La, KU 512, *littera* K (t. 10), c. 414
[padre Albericus Graff] dal monastero di St. Urban a [padre Joseph Grammatt del monastero di Bellelay], 17 giugno 1649

[414]
Salute*m*, preces et obsequia paratissima. Multu*m* R*everende* Relig*iosissi*me P*ater* Prior. Successivis horis currente calamo descripsi nonnulla, quae cu*m* Archi-Organedo meo non solu*m* mea si quae sint, sed insuper meipsum debeam, cum onere restitutionis tamen, de qua nullu*m* dubito, libens lubens petita participo, q*ui*bus adiunxi meos aliquos conatus, Discipulus Mag*istr*o corrigendos, ac cu*m* illis alteris Musicis Hieronymi Frescobaldi Phantasijs remittendos, na*m* neutriu*s*, alteru*m* exemplar apud me manet. Salutationu*m* com*m*issaru*m* munia fideliter implebo, ubi per otiu*m*, quod p*er* studiu*m* theologicu*m*, cui nunc insudandu*m* p*er*exiguu*m* dat*ur* (mihi licuerit). Interim ac si ia*m* imperata fecissem, sic nil dubitaris, eoru*m* no*min*e gratias refero m*axim*as, ac me R. P. V*est*rae sacris Sacrificijs humiliter com*m*endo. Raptim. Ex S*ancto* Urb*ano*
17. Jun. 1649.

ALEXANDER SILBIGER

Four Centuries of Frescobaldi Reception: How His Music Made Its Way Through the World from His Time to Ours

Frescobaldi's fame seems to have started with a bang and never quite fizzled out. According to one report, a crowd of over 30,000 attended his 1608 St. Peter's debut,[1] which gives rise to visions of mobs of screaming teenagers filling the church and cardinals in purple robes dancing ciacconas in the aisles while handsome young Girolamo with his wavy locks pounded the organ keys. Alas, that report has now been discredited.[2] Late in the next century, Charles Burney felt the need to bolster Handel's reputation as composer of organ fugues by asserting superiority not only to his contemporary, J. S. Bach, but also to his evidently far from forgotten Italian predecessor.[3] Eighteenth-century German writers Fuhrmann and Mattheson displayed a similar anxiety towards this formidable musical ancestor when making claims for the pre-eminence of Bach or Handel as keyboard players.[4]

1 Libanori, Antonio, *Ferrara d'oro inbrunito*, Ferrara, Maresti, 1665, cited in Hammond, Frederick, *Girolamo Frescobaldi*, trans. Roberto Pagano, Palermo, L'Epos, 2002, p. 74.

2 Hammond, s.v. «Frescobaldi, Girolamo Alessandro» in *The New Grove Dictionary of Music and Musicians*, 2nd ed. (2001), vol. 9, p. 240.

3 «It is my belief that in his full, masterly, and excellent *organ-fugues* upon the most natural and pleasing subjects, he [Handel] has surpassed Frescobaldi, and even Sebastian Bach and others of his countrymen, the most renowned for abilities in this difficult and elaborate species of composition ...,» as quoted in David, Hans T. and Mendel, Arthur, eds., *The Bach Reader: A Life of Johann Sebastian Bach in Letters and Documents*, rev. Wolf, Christoph, New York, W. W. Norton, 1998, p. 402.

4 «I thought the Italian Frescobaldi had polished off the art of keyboard playing all by himself, and Carissimi was a most valued and cherished organist. But if one were to put the two Italians with their art on one side of the scales and the German [Johann Sebastian] Bach on the other, the latter would far outweigh them, and they would be lifted straight up into the air,» Martin Heinrich Fuhrmann (1729), as quoted in David and Mendel, *The Bach Reader*, p. 325; and «Finally, concerning the best-known and greatest masters of the organ, it may be said in general that Germany produces

However, I will base my argument regarding Frescobaldi's early and enduring reputation not on dubious reports and gratuitous comparisons, but on the path followed by his music in its journey between then and now, as evidenced by the recently launched *Frescobaldi Thematic Catalogue Online*.[5] The *FTCO* is a web-based, relational database of works, sources, editions, and literature, with open access.[6]

We shall begin with the dissemination of Frescobaldi's music in his own time, that is, with the sources that can be dated more or less to the first half of the seventeenth century. Just about half of the approximately seventy sources from this period are in the form of printed publications – a notable contrast with colleagues like Byrd, Sweelinck, Froberger, or Louis Couperin, of whom little or no keyboard works were published during their lifetimes. Frescobaldi personally saw six collections of his keyboard music through the press – some in several revised or expanded editions. In terms of securing a long afterlife for his music, these publications proved a smart investment of time and money, since they would continue to play a major role in the transmission of his music. A large number of copies survive of some of these editions. For instance, after nearly four centuries as many as forty-five copies of the *Primo libro di toccate* and forty-one copies of the *Secondo libro* are still to be found in libraries and private collections throughout the world, suggesting they were widely distributed. However, these statistics do not tell us whether they were actively used, or just slumbered in court and monastery libraries. For a measure of the continuing interest in their musical contents we must turn to the numerous manuscript copies of individual pieces or entire publications produced from the early seventeenth century onwards.

Although many of these manuscript versions are identical or nearly identical to the printed versions, there are cases in which the texts show significant musical differences. In earlier studies on the Frescobaldi manu-

---

the most famous organists. The fame of Frescobaldi and Pasquini in former times spread from Rome across the Alps … [but] no one could easily surpass Handel in organ playing, unless it be Bach in Leipzig; for which reason these two must stand at the head of the list, out of their alphabetical order,» Johann Mattheson (1739), as quoted in *ibid.*, pp. 330-331.

5 In this article, the FTCO catalogue, or «F» numbers, will be provided in references to compositions attributed to Frescobaldi, and sources will be cited using the short titles from that catalogue. Full titles of those sources are provided in the Appendix.

6 <http://frescobaldi.music.duke.edu/>.

script sources it often was taken for granted that those differences were merely the result of the kind of editorial interference that copyists tended to introduce almost as a matter of course. I myself had, in fact, made that assumption in my early studies on the Frescobaldi manuscripts copies, including those in the Fondo Chigi of the Vatican Library.[7] However, after the scribal analysis of Claudio Annibaldi revealed that that many of the Chigi manuscripts had been copied by musicians associated with Frescobaldi as students and assistants, and that he himself contributed to them, Etienne Darbellay made a strong and generally persuasive case that the manuscript versions in all likelihood were not copied from the prints, but represent preliminary versions of the published works.[8] This conclusion he showed often to be supported by the nature of the differences between the manuscript and printed versions. In the works for which this is the case we can no longer assume that those manuscript copies post-date their publication. On the contrary, there is a likely possibility (although not an inevitable conclusion) that those manuscript copies predate the printed versions, thus reversing the previously assumed chronology.

Whether other manuscript versions that show significant departures from the printed ones also represent alternate versions deriving from the composer, would need to be determined in each individual case. In practice this will often prove difficult, when not impossible. Most promising situations are those in which a clear path can be traced between the manuscript and the composer (such as the identity of the copyists in the case of the Chigi manuscripts). Conversely, the remoter in time and place a manuscript is from the composer, the smaller the likelihood of a connection between the two not mediated by a published copy. Further indication that a version stemmed from one of the publications rather than from an independent source might be the type of variants found in the manuscript: do they appear to be copying errors, simplifications of difficult passages, or adaptations to the taste of a later generation? To a varying degree the judgment

7 See, for instance, Silbiger, Alexander, *Italian Manuscript Sources of 17th Century Keyboard Music*, Studies in Musicology, Ann Arbor, UMI Research Press, 1980, pp. 49-56, 75-77, and 116-134.

8 See Darbellay, Etienne «Les habitudes de Frescobaldi compositeur révélées par l'étude des sources manuscrites pour clavier et par ses pratiques de publication» in *Arte organaria e musica per organo nell'età moderna. L'Umbria nel quadro europeo, Atti del Convegno internazionale*, ed. E. Bellini, Perugia, Deputazione di Storia Patria per l'Umbria, 2008, pp. 253-268, among many other writings.

will be subjective, and unavoidably, the attitude of those making the assessment of whether the composer had a hand in a deviant manuscript version will come into play: are they true believers or skeptics?

What about the many manuscript works that carry Frescobaldi's name but do not appear in any of his publications? According to one of his students Frescobaldi produced «an infinite number of other volumes» that remained unpublished because of the effort and expense of having them printed,[9] and almost from the beginning there seems to have been a keen interest in collecting or copying such unpublished Frescobaldi works. In most cases we don't know where those pieces came from, but one would like to think that at least some of them derived from those many unpublished «other volumes.»

Another group of works whose potential significance has only recently begun to be realized are pieces that appear in their sources without attribution, but for which the identity of the scribe, either Frescobaldi or one of his assistants, has led some scholars to believe that Frescobaldi was the likely composer. By far the largest collection of such works is found in the Fondo Chigi of the Vatican Library. For some of the pieces in the hands of his assistants there is uncertainty or disagreement about whether they are copies of their own compositions or of works of their master. In the former case we should also allow the possibility that those works might have been corrected or revised by the master, and cooperative scenarios, such as partite sets to which both master and pupils contributed variations are also imaginable.[10] Perhaps the best we can do for such works is to attribute them to the «school of Frescobaldi,» leaving the identification of their actual composer(s) open. Nevertheless, Etienne Darbellay and Christine Jeanneret expressed confidence in Frescobaldi's authorship of many of the works in the Chigi collection and in other manuscripts in which his handwriting had been identified,[11] and on the basis of the case they present, 130 of such

9 Bartolomeo Grassi, in the Afterword, «Alli studiosi» to *Canzoni* (Masotti, 1628), p. 151.

10 As is the case with a set of variations on the Pavan Hispanica, with individual variations attributed to Jan Pieterszoon Sweelinck and to his one-time pupil Samuel Scheidt.

11 See, for example, Darbellay, Etienne, «The Manuscript Chigi Q.IV.24 of the Biblioteca Apostolica Vaticana as Frescobaldian Source: New Criteria for Authenticity» in *Fiori Musicali: Liber Amicorum Alexander Silbiger*, eds. Fontijn, Claire Anne and Parisi, Susan Helen, Detroit Monographs in Musicology / Studies in Music, Sterling Heights, Harmonie Park Press, 2010, pp. 23-37; and Jeanneret, Christine, *L'œuvre en filigrane: Une étude philologique des mauscrits de musique pour clavier à Rome au XVIIe Siècle*, Historiae Musicae Cultores 116, Florence, Olschki, 2009.

anonymous manuscript pieces, most of them not previously considered as works by Frescobaldi, were added to the FTCO database.

Returning to a census of the early manuscript copies of Frescobaldi's published pieces, we encounter a surprising number of these in sources originating far from Rome, including north of the Alps, as can be seen in Table 1a. Most of those sources also include unpublished works ascribed to him, as well as works of earlier masters, such as Sweelinck, Erbach, Hassler, and Merulo. The oldest sources contain copies from Frescobaldi's first keyboard publication, the *Primo Libro delle Fantasie* of 1608, but not yet from the publications that appeared from 1615 onwards, suggesting that his fame was already spreading abroad prior to that date. This receives further support from the presence of excerpts from seven of the fantasies (nos 1, 2, 3, 6, 8, 9, and 10) in the treatise *Architectonice musices universalis* by Wolfgang Schönsleder published by Wilhelm Eder in Ingolstadt in 1631 – the earliest examples of Frescobaldi's music to appear in print north of the Alps (see the Source entry in FTCO).

The popularity of the *Fantasie* was soon to be replaced, by that of the *Recercari et canzoni* and *Toccate e partite d'intavolatura* collections of 1615 and 1616, and one rarely meets the fantasies again in later sources.[12] Table 1b shows some manuscripts from the1620s and 1630s, which include copies from his later publications, although not yet from the soon to become popular 1637 supplement to the *Primo libro di toccata* (the «Aggiunta»).

Table 1: Frescobaldi works in selected early manuscripts.

1a.

MS	Date[a]	Unpubl. works[b]	*Fantasie* (1608)	*Canzoni* (1608)	*Recercari* (1615)	*Toccate I* (1615)
Krakow 40316	1609[c]	3	4[d]			
Vienna XIV/714	1624-		4	1		
Munich 1581	1617-	10	1		8	1

a Dates for the manuscripts are estimates, and apply only to the segment including the Frescobaldi pieces. A date followed by a dash represents the earliest plausible date.
b Works attributed to Frescobaldi in the source, but not included in any of the early publications.
c Smith, David J., private communication; see also n. 13.
d Four *Fantasie* are listed in the index, but one is missing due to a page that was torn out; see n. 14.

12 The only post-1650 copies of the *Fantasie* known to me are Berlin L121, a copy of the entire publication in the hand of Bernardo Pasquini; and Paris 965, an partial copy in the hand of Agostino Bonaventura Coletti, organist at St. Mark's in Venice from 1669 until his death in 1714.

1b.

MS	Date	Unpubl. works	*Toccate I* (1616)	*Capricci* (1626)	*Toccate II* (1627)	*Fiori* (1635)
Ravenna 545	1627-	5	3	2	3	
Turin$_{1,3,6,9,10,14,15,16}$[e]	1637-40	11	27	22	26	36
Prontera 1	1620-	2	3		2	1

e Subscripts refer to volumes. Date range based on copying dates in the manuscripts.

Probably the oldest of these Northern manuscripts is Krakow 40316, which before WWII had resided in Berlin in the Deutsche Staatsbibliothek (where it carried the signature Musikhandschrift 40316), but which originated in Brussels around 1610.[13] It contains three fantasias from the 1608 *Fantasie*;[14] but since during the years 1607-08 Frescobaldi spent some time in Flanders, it could well be that those pieces were not copied from this publication but stem from his Brussels sojourn. In addition to the fantasias, the manuscript contains three other pieces attributed to Frescobaldi. Two of these have a tenuous relation to later printed works: a set of variations on la Monica and a fugue on the cuckoo motive. In both cases the pieces are distinctly different, but show suggestive echoes; see Fig. 1, 2, and 3.

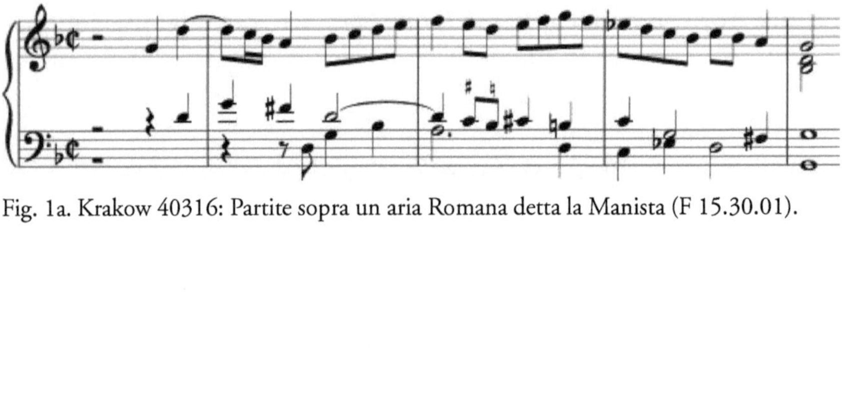

Fig. 1a. Krakow 40316: Partite sopra un aria Romana detta la Manista (F 15.30.01).

13 See Smith, David «Early Seventeenth-Century Keyboard Culture at the Court of the Archdukes in Brussels: The Manuscript Kraków, Biblioteca Jagiellónska, Mus. MS 40316» in *Revue Belge de Musicologie / Belgisch Tijdschrift voor Muziekwetenschap* 83, 2009, pp. 67-98.

14 F 6.07, 6.08, and 6.09. F 6.10 is also listed in a Table of Contents, but the page that included it is missing.

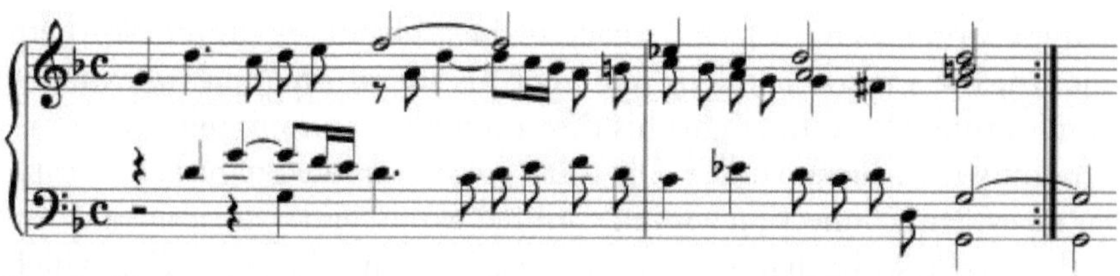

Fig. 1b. *Toccate I* (1615): Partite sopra la Monica, Settima parte (F 2.14.07).

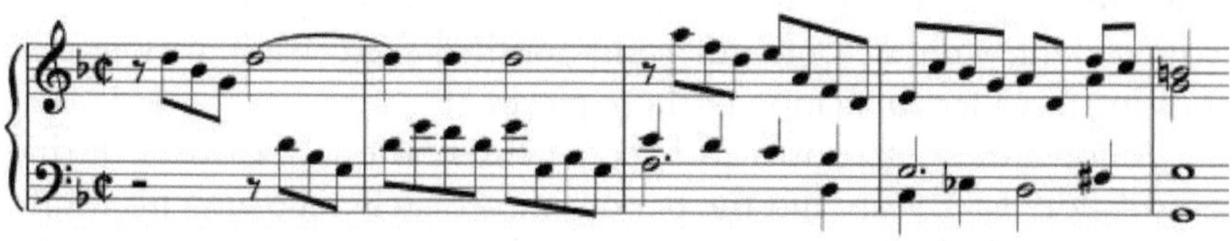

Fig. 2a. Krakow 40316: Partite sopra un aria Romana detta la Manista [4 p.] (F 15.30.04).

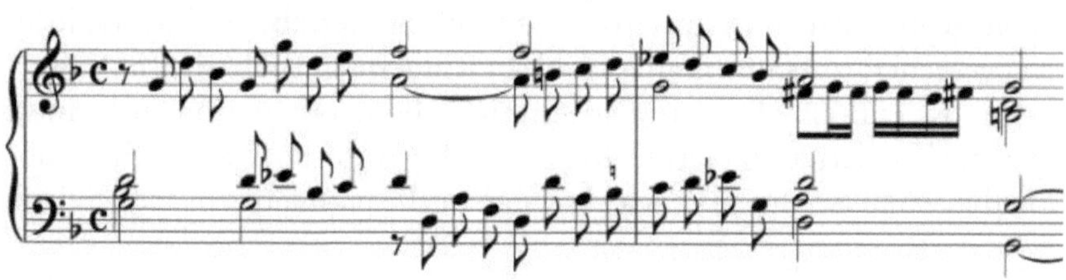

Fig. 2b. *Toccate I* (1615): Partite sopra la Monica, Sesta parte (F 2.14.06).

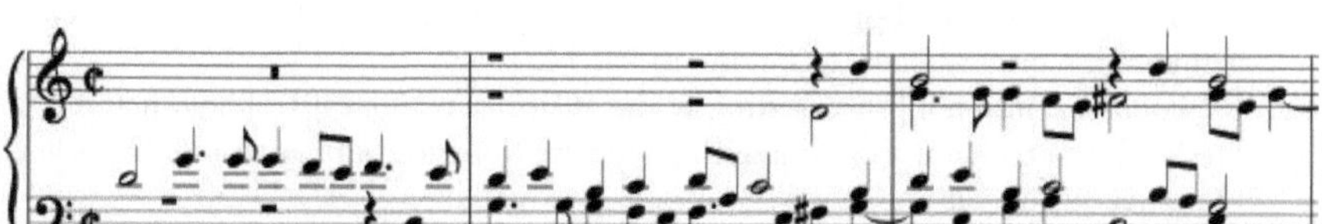

Fig. 3a. Krakow 40316: Gironimo Frescobaldi sopra'l Gu Gu (F 15.42c).

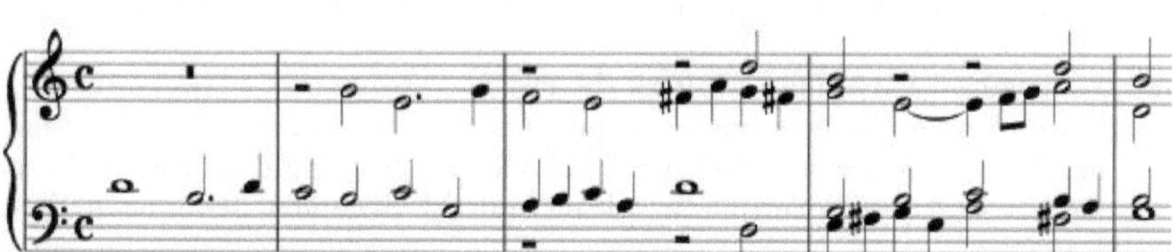

Fig. 3b. *Capricci* (1624): Capriccio sopra il Chucho (F 3.04).

If these works were in fact a legacy of Frescobaldi's youthful Northern sojourn, the variations might represent his initial experiments with the Monica tune,[15] and the fugue his first attempt to enliven imitative counterpoint with a cuckoo call.[16] The third piece attributed to him, a toccata, has no evident connection with the printed works, and stylistically is closer to the pre-Frescobaldian toccatas of Sweelinck and the Gabrielli's, which could mean either that it represents an early compositional phase of the master, or that it was misattributed.[17] Incidentally, the cuckoo canzona, or «Fuga sopra Gu Gu» also appears in a few other early German manuscripts, along with as some other unpublished Frescobaldi attributions, pointing to wider circulation of those pieces.[18]

Among the first works to become international favorites during Frescobaldi's later years and the period immediately following his death, were some of the little keyboard dances at the end of *Toccate I* (1616). The *Corrente prima* (F 2.17) shows up not only in a number of German and Italian keyboard manuscripts from the 1640s or thereabouts, but also in an arrangement for instrumental ensemble by Kindermann published in 1640,[19] and, most curious of all, as a strumming chord progression in Spanish alphabet (or letter) tablature for guitar by Antonio Carbonchi, published in 1643 (see Fig. 4)[20] – a clear sign of the popularity of the original!

15 Frescobaldi's earliest published setting of the song «Madre, non mi far monaca» was the «Parte sopra lamonica» (F 2.37) in the first edition of the *Toccate e partite d'intavolatura* (Rome, Borboni, 1615). For his many other settings in a variety of genres and scorings, see *FTCO*, notes to F 2.14.

16 Frescobaldi's only published setting is the «Capriccio sopra il Cucho» in *Capricci* (1624), but for other manuscript settings, see the Notes to F 4.03, and also, Darbellay, «Le papa du coucou».

17 Willi Apel comments that it «unmistakably follows the intonations and toccatas of the Venetian school,» noting that it closely resembles a toccata by Paolo Quagliati included in Diruta's *Il Transilvano* (1593) (in *The History of Keyboard Music to 1700*, translated and revised by Tischler, Hans, Bloomington, Indiana University Press, 1972, p. 482).

18 Berlin 40615 and Munich 1581; see also Fig. 3.

19 Johann Erasmus Kindermann, «Couranta» (scored for two treble viols or flutes and one [figured] bass viol [2 Diskant violen oder 2 Flöten und einer Bass viol]), in *Deliciae studiosorum*, Nuremberg, Johann Friderich Sartorium, 1640, no. 44 (see F 19.04H).

20 Carbonchi, Antonio, «Corrente del Frescobaldi» in *Le dodici chitarre spostate*, Florence, Francesco Sabatini, 1643, p. 46 (see F 19.03H).

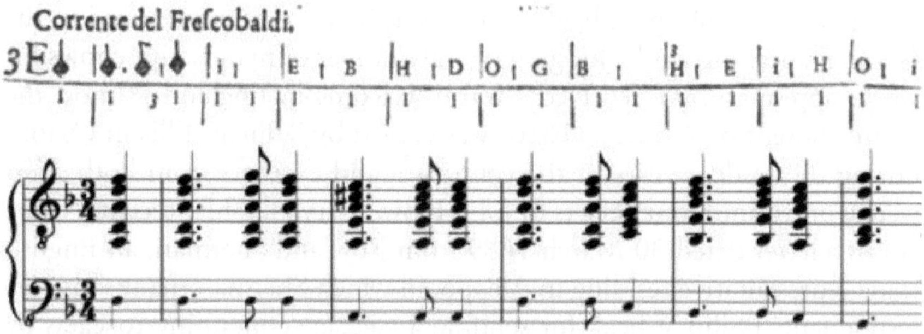

Fig. 4a. Carbonchi (1634), Corrente del Frescobaldi, (F 19.03H). Spanish *alfabeto* guitar tablature and transcription (implied bass line is editorial).

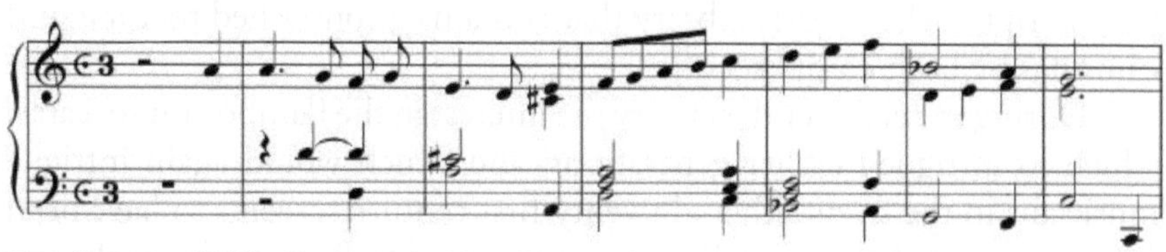

Fig. 4b. Frescobaldi, *Toccate* I, Corrente prima (F 2.17)

Some dances in *Toccate II* (1627), such as the *Gagliarda prima* (F 3.27), also enjoyed an international reception early on.[21] However, not long after the publication of the final, 1637 editions of the two books of toccatas, with the supplement containing his latest works, pieces of all types from those volumes were included in manuscripts. Following in popularity to the toccata books were works from *Capricci* (1626), and the *Fiori musicali* (1635). As noted earlier, the *Fantasie* never gained much traction,[22] and neither did the collection of keyboard *Canzoni* published posthumously in Venice.[23] Incidentally, none of the considerable amount of published sacred and secular vocal music, and almost none of the instrumental ensemble music – a total of 161 pieces – survives in manuscript copies. This suggests that interest in this part of Frescobaldi's creative output did not even begin to rival that in his published keyboard *œuvre,* even if the latter (with 171 distinct compositions) is of comparable magnitude.[24]

21 Copies in Nuremberg 33748-V, Ravenna 545, and Turin15.
22 See n. 8, above.
23 The only known manuscript copies of pieces in his publication are found in the early eighteenth-century sources Garofalo and Verona MCXXIX; some copies also appear in *Spiridion* (1670-1677).
24 Including the posthumous *Canzoni* (1645).

The spread of Frescobaldi's music was by no means restricted to the German-speaking lands. Judging by the number of manuscript copies his works appear to have received a warm welcome in England. Almost the entire content of *Toccate I* (1616) was copied by William Ellis in Oxford during the middle years of the century,[25] and excerpts from both *Libri* were worked into four versets of John Blow.[26] Bryan White recently came across a letter dated 30 March 1689 from Rowland Sherman, an English trade representative residing in Aleppo, in which Sherman thanks his correspondent, Philip Wheak for sending a package containing toccatas by Frescobaldi,[27] and in another letter Wheak mentions owning toccatas by Bernardo Pasquini.[28] Interestingly, there is a seventeenth-century English manuscript in the British Library that contains unpublished toccatas and canzonas by both composers.[29]

During the eighteenth century the interest in the flamboyant toccatas, which so intrigued earlier generations, and which would again intrigue musicians in the twentieth and twenty-first centuries, seems to have been temporarily on the wane.[30] For ears accustomed to Buxtehude, Bach, and beyond, their style was too remote. As Burney stated in his *General History of Music*: «These pieces being embellished with the fashionable divisions and graces of the times, have suffered more by age than the *ricercari*, which

25 Oxford 1113.

26 F 19.10H, 19.11H, 19.12H, and 19.13H.

27 «Letter of 30 March 1689 from Rowland Sherman, Aleppo (Syria) to Philip Wheak, London: «Towards the end of last month there came to my hand with a caravan from Alexandretta a parcel addressed to me. I couldn't imagine what it was going to be, not having received a single line to tell me who was sending it or where it came from. But when I opened it and saw toccatas by Frescobaldi, I was convinced that such a favour could not come from anyone other than my dear Phillip, whose kindest of temperaments never lets him forget his friends at whatever distance ...» as translated in White, Bryan, «‹Brothers of the String›: Henry Purcell and the Letter-book of Rowland Sherman» in *Music & Letters* 93/1, 2012, pp. 519–581.

28 Letter of 26 June / 6 July 1690 from Rowland Sherman, Aleppo (Syria) to Philip Wheak, London, in White, *op. cit.*

29 London, add. 36661. The manuscript includes the toccatas F 15.52, 15.53, and 15. 55, and the canzonas F 15.52 and 15.54.

30 Although such compositions, as well as those in the variation genres, continued to exert their influence through intermediary keyboard repertories, such as those of Froberger, Georg Muffat, and Buxtehude; see Riedel, Friedrich, «The Influence and Tradition of Frescobaldi's Works in the Transalpine Countries,» in *Frescobaldi Studies*, Silbiger, Alexander, ed., Durham, Duke University Press, 1987, pp. 218–232.

have all the simplicity of vocal fugues in the church style.»[31] Those «vocal fugues in the church style,» that is, Frescobaldi's ricercars and capriccios, evidently continued to be textbook examples for the study of counterpoint, and are found in numerous eighteenth-century manuscripts, in particular from Germany and Austria.[32] For example, originating within the circle of former students of Johann Sebastian Bach and his son Carl Philip Emanuel are several copies of Frescobaldi's «16 Ricercari,» that is, the ten ricercars from the *Recercari* (1615) and the six ricercars from the *Fiori musicali* (1625).[33] Another curious collection, surviving in two copies, is the «39 Ricercari di Frescobaldi,»[34] which includes not only seven ricercars and four capriccios from Frescobaldi's *Capricci* (1626),[35] and a ricercar attributed elsewhere to Froberger,[36] but also seven ricercars for two voices and nineteen for three voices,[37] for which the attribution appears very questionable, as will be evident from a few examples (see Fig. 5).

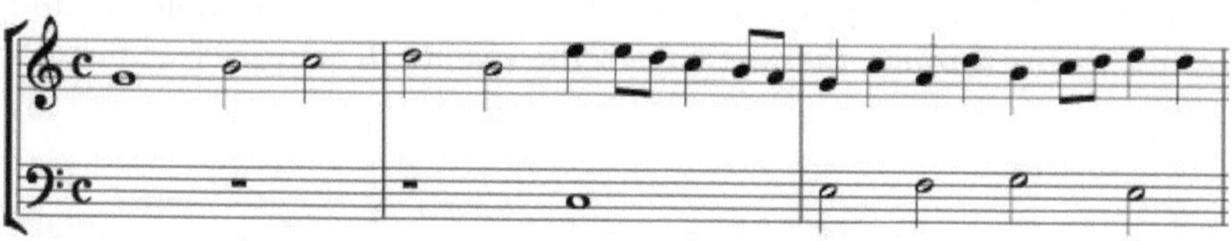

Fig. 5a. Brussels II.3908: Ricercar No. 6 a due (F 16.28).

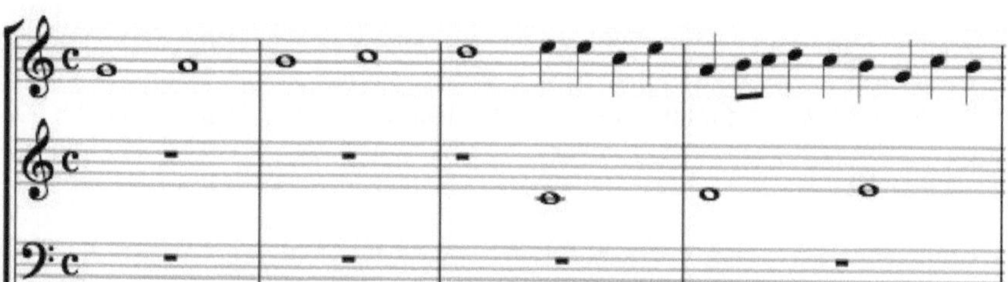

Fig. 5b. Brussels II.3908: Ricercar No. 9 a tre (F 16.31).

31 Burney, Charles, *A General History of Music, from the Earliest Ages to the Present Period (London, 1789),* New York, Harcourt, Brace, and Co., 1935, t. 2, p. 424.
32 Riedel, *op. cit.*
33 Berlin 6615, Berlin 30142, Berlin SA 3266, and Berlin AmB 459. Berlin 30142 contains, in addition, contrapuntal compositions by Froberger and J. Krieger.
34 Brussels II.3908, a mid-eighteenth-century manuscript from Berlin, and Berlin 6612, an early nineteenth-century copy of the Brussels manuscript.
35 F 4.01, 4.06, 4.11, 9.03 to 9.08.
36 Adler XIV.
37 F 16.23 to 16.49.

One might have thought the beginning of the nineteenth century would form a dark age, if not a nadir in Frescobaldi reception history. However, a new chapter of that history opens in 1802 with the publication of the second volume of Muzio Clementi's *Practical Harmony.*[38] Throughout the eighteenth century no music of Frescobaldi had appeared in print, except for a couple of examples in music history and theory texts: seven measures from a ricercar (F 9.08) in *Marpurg's Abhandlung der Fuge*[39] and an entire canzona (F 3.15) in Hawkins *General History.*[40] Clementi published eight complete works of Frescobaldi, along with works of other – not quite as old – «eminent» masters.[41] Four of the Frescobaldi pieces are from the *Secondo libro di toccate*, and one is from the *Primo libro*,[42] but the remaining three pieces, entitled «Fuga 1, 2, and 3,»[43] are not to be found in the canon of Frescobaldi publications, nor in any other earlier publication. The second fugue, in G minor, became one of Frescobaldi's most beloved keyboard compositions, and showed up in many anthologies and arrangements through the first half of the twentieth century (see Fig. 6).

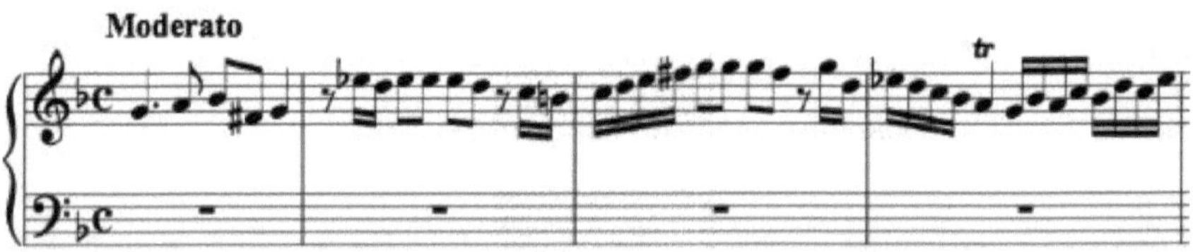

Fig. 6. *Practical Harmony* (1802): «Frescobaldi» [Gottlieb Muffat], Fuga II (18.07S).

38 Muzio Clementi. *Clementi's Selection of Practical Harmony, for the Organ or Pianoforte; Containing Voluntaries, Fugues, Canons & other Ingenious Pieces By the most Eminent Composers* ... vol. 2, London, Clementi et al., [1802].

39 Marpurg, Friedrich Wilhelm, *Abhandlung von der Fuge nach den Grundsätzen und Exempeln der besten deutschen und ausländischen Meister,* Berlin, Haude & Spener, 1753-54, Tab. 47, fig. 3.

40 Hawkins, John, *A General History of the Science and Practice of Music*, 5 vols., London, T. Payne & Son, 1776, Bk. 14, Ch. 130.

41 The other «eminent masters» included are Albrechtsberger, C. P. E. Bach, J. S. Bach, Eberlin, Handel, Padre Martini, Mozart, and Alessandro and Domenico Scarlatti.

42 F 2.17. 3.08, 3.14, 3.15, and 3.16.

43 F 18.06S, 18.07S, 18.08S.

However, with the growing stylistic awareness of the modern age, people began to realize that there is no way this classically constructed fugue could have been written in the early seventeenth century, and eventually Susan Wollenberg identified the three fugues as unpublished canzonas by Gottlieb Muffat.[44] Where Clementi found them and how Frescobaldi's name became attached is a mystery that remains to be solved.

Clementi's was the first of several publications including a selection of Frescobaldi's keyboard works to appear during the course of the nineteenth century, and continuing through the twentieth, although the production of hand-written copies by no means ceased. Most of these publications were based on the popular collections printed between 1615 and 1637, with an occasional rare exception: in 1838 a set of thirteen short works were published in Berlin, edited by Franz Commer, that had not shown up in any earlier sources.[45] As is the case with almost all post-seventeenth-century Frescobaldi attributions, their connection with Frescobaldi is highly dubious, and they rarely have been reprinted.[46] A year later, in 1839, the Austrian scholar and collector Aloys Fuchs compiled the first known thematic catalogue of Frescobaldi's keyboard works, which included only the contents of the principal printed collections.[47] During the following year, in 1840, Trautwein in Berlin published a Frescobaldi ricercar (F 9.09) scored for string quartet.[48]

The nineteenth-century editions were generally pretty straightforward, lacking interpretative editorial interventions. Fig. 14 shows an excerpt (F 4.04) from the *Capricci* (1624) in a Dutch edition from 1873 (see Fig. 7).[49]

44 Wollenberg, Susan, «A Note on Three Fugues Attributed to Frescobaldi» in *Musical Times* 116, 1975, pp. 133-135.

45 F 16.10 to 16.22, in Commer, Franz, *Sammlung der besten Meisterwerke des 17. und 18. Jahrhunderts für die Orgel*, Berlin, Bote & Bock, 1838, pp. 63-67.

46 See F16.10 to 16.22.

47 Berlin K556; see reproduction at <http://frescobaldi.music.duke.edu/about.php>.

48 *Auswahl vorzüglicher Musik-Werke in gebundener Schreibart von Meistern alter und neuer Zeit*, No. 2, Berlin, T. Trautwein, 1840.

49 Frescobaldi, Girolamo, *Vijf Capricen, Vier Canzonen en Acht Ricercaren uit Il primo libro di Capricci, Canzon francese e Recercari*, ed. Litzau, Johannes Barend, Rotterdam, G. Alsbach, 1873.

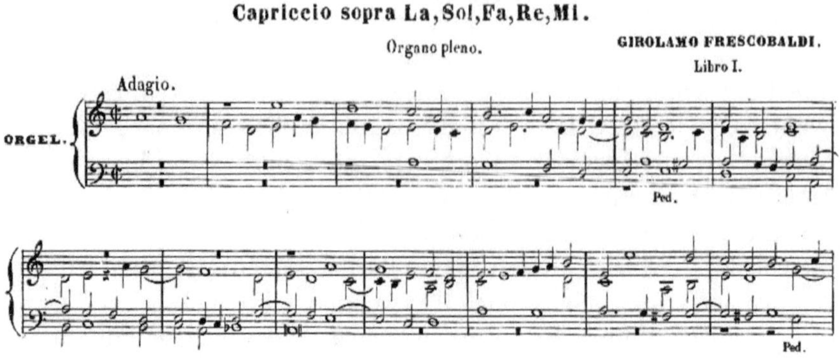

Fig. 7. *Vijf Capricen…*, ed. Litzau (Amsterdam, 1873): Frescobaldi, Capriccio sopra La, Sol, Fa, Re, Mi (F 4.04).

Note the editorial tempo marking, no doubt provoked by the preponderance of long note values and the severe contrapuntal style. But in the twentieth century, editors started coming to the aid of the presumably clueless performer with the addition of dynamics, slurs, registration suggestions, and whatever else was thought to be necessary to make the music presentable. Today we may scorn such editorial interference, but we must also recognize that it was a sign that these works were now regarded as suitable for performance, rather than merely useful for the study of counterpoint or history.

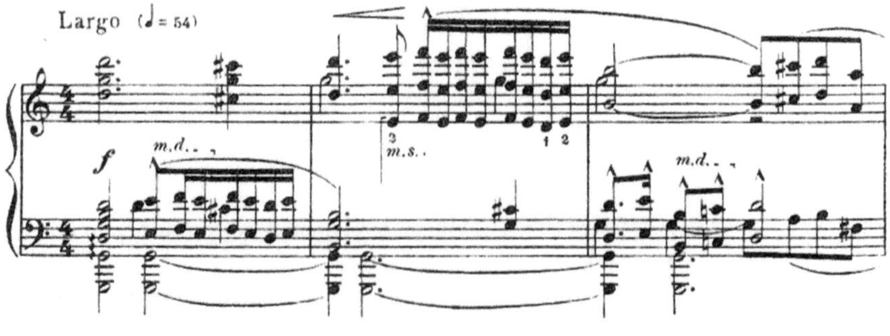

Fig. 8a. Frescobaldi, Toccata (in G major), transcr. Béla Bartók (New York: Carl Fisher, 1930).

50 Frescobaldi, Girolamo, *Toccata (in G major),* transcribed [for modern piano] by Béla Bartók, New York, Carl Fischer, 1930.

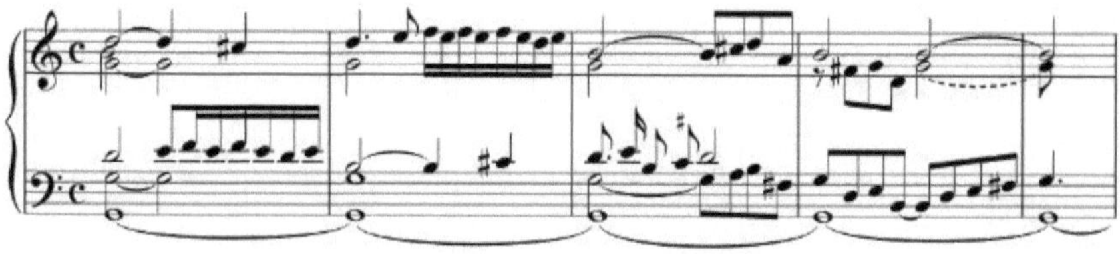

Fig. 8b. *Toccate II* (1627): Toccata quinta sopra il pedali per l'organo, e senza (F 3.05).

I shall provide two somewhat extreme examples, each by a prominent twentieth-century composer. The first is an edition by Béla Bartók of *Toccata sesta* from the *Toccate II* (1627); see Fig. 8.[50] In his preface Bartók assures us that nothing of the original text has been changed except for the addition of interpretive markings and octave doublings or triplings – presumably in imitation of the octave coupling used on a harpsichord or organ. Bartók adds that he had hoped to include the original, unedited text, but this proved impractical (probably meaning that the publisher, Carl Fisher considered it too expensive and unnecessary). A second, more drastic arrangement we owe to Ottorino Respighi, who reworked a brief and gentle passacaglia from the 1637 of the *Primo libro di toccate* (F 2.28) into a monumental piano composition, ready to rival Bach's famous organ Passacaglia BWV 582 (see Fig. 9).[51] Here we are no longer dealing with an edition, but with a new virtuoso piano piece by Respighi based on Frescobaldi's work.

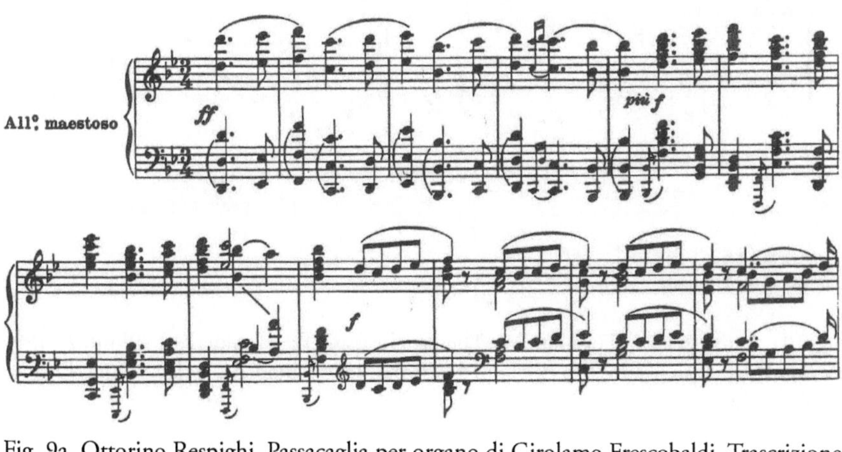

Fig. 9a. Ottorino Respighi, Passacaglia per organo di Girolamo Frescobaldi, Trascrizione libera per Pianoforte (Milan: Ricordi, 1918).

51 Respighi, Ottorino, *Passacaglia per organo di Girolamo Frescobaldi.* Transcrizione libera per pianoforte Milan, Ricordi, 1918.

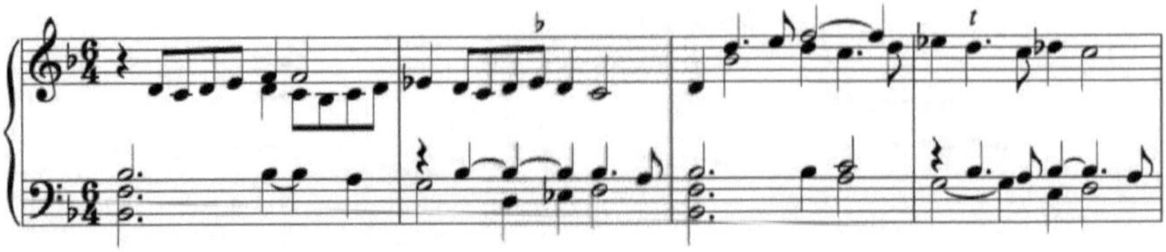

Fig. 9b. *Toccate I* (1637): Passacagli (F 2.28).

Respighi's Passacaglia belongs to another branch of the reception history, a modern example of a practice that also goes back to Frescobaldi's own time: drawing upon elements from another, usually earlier composer's music to create a new composition. It can involve the adaptation of an entire composition or a fragment or merely a theme, as in the following example, again from our presumed Dark Age: a fantasia-fugue on a theme of Frescobaldi published in 1803 by Beethoven's contemporary Anton Reicha (see Fig. 10).[52] The theme derives from the «wedge ricercar» in the *Fiori musicali* (F 12.29), which in the later twentieth century would receive such masterful treatment by György Ligeti.[53] The ponderous chords at the beginning serve as a reminder that Reicha was the teacher of a later idol of the keyboard, Franz Liszt.

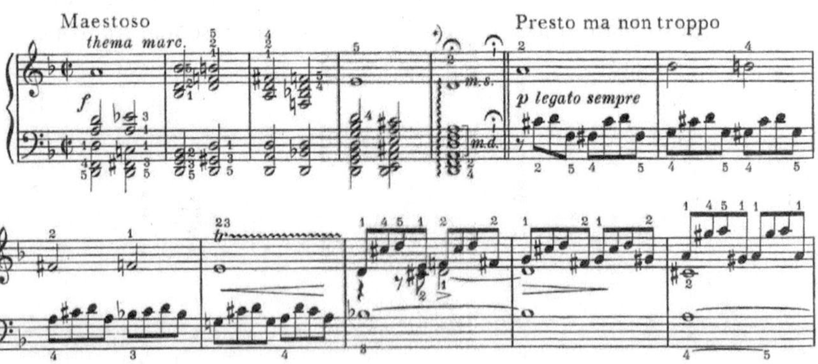

Fig. 10a. Anton Reicha, «Fuga-fantasia; Thema: Girolamo Frescobaldi [F12.29],» in *Trente – six fugues pour le pianoforte*, Op. 36, No.14 (Vienna, 1805), mod. ed. by Jan Sykora (Prague: Orbis, 1952), 28.

52 Reicha, Anton, «Fuga-fantasia; Thema: Girolamo Frescobaldi» in *Trente-six fugues pour le pianoforte*, Op. 36, No. 14, Vienna, 1803.

53 Ligeti, György, *Musica ricercata per pianoforte*, Mainz, Schott, 1953, No. XI (Omaggio a Frescobaldi).

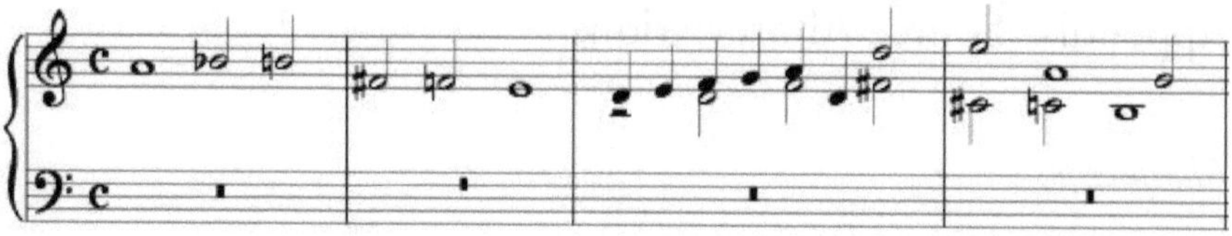

Fig. 10b. *Fiori musicali* (1635): Recercar cromaticho post il Credo (F 12.29).

I hope to have made my case that in Frescobaldi's reception history there really was no Dark Age. There was no point during the four centuries between his time and ours that someone was not copying, publishing, adapting, or arranging Frescobaldi – and hence presumably studying, if not performing his music. Will this continue to be true for the next four centuries?

Abstract

The new Frescobaldi Thematic Catalogue Online (FTCO), a comprehensive annotated catalogue and bibliographic database of Frescobaldi's works, has made it easier to trace the course traveled by his music from the early seventeenth century to our own time. The catalogue lists over 800 compositions that have been associated with Frescobaldi – a far greater number than had been hitherto reported – along with their sources, editions, and literature.

Frescobaldi's early recognition in Italy has been amply recorded, but some of his works, both published and unpublished, made their way to Northern Europe surprisingly early in his career. The pieces enjoying early popularity were not necessarily those most revered today. They include, for example, some of his little keyboard dances, which turned up in German amateur music books, and of which arrangements were published for Spanish guitar and for instrumental ensemble. Later in the century toccatas and canzonas became the more sought after genres, particularly in Germany and England. A further shift took place in eighteenth-century Germany where collections of ricercars and capriccios were widely circulated and seem to have served as textbook models for the study of counterpoint.

Beginning in the early years of the nineteenth century Frescobaldi's keyboard works occasionally began to appear in printed collections, at first in fairly straightforward versions. The number of such collections expands significantly during the later years of that century and the earlier years of the following, sometimes accompanied by an appreciative amount of interpretive editing. At the same time noted composers were finding inspiration in his music and adapting themes or entire works for their own compositions – a phenomenon that can be traced from Beethoven's contemporary, Anton Reicha to the late-twentieth-century Györgi Ligeti. In short, even if for many years Frescobaldi's works were rarely heard in public, they were never forgotten. There seems to have been no time from his age to to ours when someone wasn't publishing, copying, or reworking his music.

Appendix: Source Abbreviations

Manuscripts

Berlin 6612: *D-Bsb* Mus. Ms. 6612
Berlin 6615: *D-Bsb* Mus. Ms. 6615
Berlin 30142: *D-Bsb* Mus. Ms. 30142
Berlin 40615: *D-Bsb* Mus. Ms. 40615
Berlin AmB 459: *D-Bsb* Mus. Ms. Amalienbibliothek 459
Berlin K556: *D-Bsb* Mus. Ms. K556
Berlin L121: *D-Bsb* Ms. Landsberg 121:
Berlin SA 3266: *D-Bsb* SA 3266
Brussels II.3908: *B-Br* Ms II 3908 Mus Fétis 2005
Krakow 40316: *PL-Kj* Mus. ms. 40316 [formerly *D-Bsb*, Mus. ms. 40316]
London, add. 36661: *D-Bsb* Add. Ms. 36661
Munich 1581: *D-Mbs* Mus. Ms. 1581
Oxford 1113: *GB-Och* Ms. 1113
Prontera 1: *I-BRI* private collection (Cosimo Prontera), Prontera 1
Ravenna 545: *I-RAc* Classense, 545
Turin: Turin *I-Tn* Raccolte Foà 1 to 8 and Giordano 1 to 6
Vienna XIV/714: *A-Wm* Musikarchiv XIV, 714

Prints

Canzoni (1645): Girolamo Frescobaldi, *Canzoni alla francese in partitura ... Libro quarto* (Venice: Alessandro Vincenti, 1645)

Canzoni (Masotti, 1628): Girolamo Frescobaldi, *In partitura, il primo libro delle canzoni a una, due, tre, e quattro voci ...*, ed. Bartolomeo Grassi. (Rome: Paolo Masotti, 1628)

Capricci (1624): Girolamo Frescobaldi, *Il primo libro di capricci ...* (Rome: Luca Antonio Doldi, 1624)

Capricci (1626): Girolamo Frescobaldi, *Il primo libro di capricci, canzon francese, e recercari ...* (Venice: Alessandro Vincenti, 1626)

Fiori musicali (1635): Girolamo Frescobaldi, *Fiori musicali ...* (Venice: Alessandro Vincenti, 1635)

Recercari (1615): Girolamo Frescobaldi, *Recercari, et canzoni franzese fatte sopra diversi oblighi in partitura* (Rome: Bartolomeo Zannetti, 1615)

Toccate I (1615): Girolamo Frescobaldi, *Toccate e partite d'intavolatura ...* (Rome: Borboni, 1615)

Toccate I (1616): Girolamo Frescobaldi, *Toccate e partite d'intavolatura ...* (Rome: Borboni, 1616)

Toccate II (1627): Girolamo Frescobaldi, *Il secondo libro di toccate ...* (Rome: Borboni, 1627)

Toccate I (1637): Girolamo Frescobaldi, *Toccate d'intavolatura ...* (Rome: Borboni, 1637)

II. Notation et édition

Adriano Giardina

Les mensurations et les proportions dans l'œuvre imprimée de Tomás Luis de Victoria: état des lieux, problèmes et quelques réponses

La seule édition achevée des œuvres complètes de Tomás Luis de Victoria reste celle de Felipe Pedrell[1]. Mais, elle ne conserve pas les signes de mensuration et de mensuration/proportion[2] présents dans les sources[3]. Il est ainsi peu aisé d'en prendre connaissance. Par ailleurs, aucune étude n'a été réalisée à ce jour sur leur interprétation chez le compositeur espagnol. La compréhension des rapports de tempo, censés être indiqués par ces signes, est bien entendu importante pour l'exécution de sa musique, mais elle l'est également pour l'appréciation de son style.

Si aucune étude sur la question n'existe chez Victoria[4], la littérature s'est occupée des mensurations et des proportions durant la seconde moitié

1 Victoria Abulensis, Thomae Ludovici, *Opera omnia*, 8 vol., éd. Felipe Pedrell, Leipzig, Breitkopf und Härtel, 1902-13. R: Ridgewood (NJ), Gregg Press, 4 vol., 1966.

2 Nous utilisons ce terme par commodité pour designer tous les signes qui introduisent les parties «ternaires» de l'œuvre de Victoria, indépendamment de leur nature exacte.

3 Hirschl, Walter, *The Styles of Victoria and Palestrina. A Comparative Study, with Special Reference to Dissonance Treatment*, Master's thesis, University of California, 1933, p. 105, a déjà constaté que Pedrell transcrit de façon incorrecte les mètres «ternaires».

4 Il faut toutefois signaler la parution récente d'un article de Martin Han qui traite de la question. Je n'ai malheureusement pas pu en tenir compte ici, mais les conclusions auxquelles j'aboutis vont dans le même sens, malgré la différence d'approche. Je remercie Monsieur Han de m'avoir transmis son texte avant sa publication. Voir Han, Martin, «Victoria as Self-Editor: Changing Musical Texts and Their Implications» in *Estudios. Tomás Luis de Victoria. Studies*, éd. Javier Suarez-Pajarez et Marcel del Sol, Madrid, ICCMU, coll. «Música Hispana Textos. Estudios», 18, 2013, pp. 277-306.

du XVIe siècle de façon générique[5], sans compter une recherche ponctuelle sur Peter Philips[6]. Les travaux se basent évidemment sur un examen des traités et sur les signes présents dans les sources musicales. Malheureusement, la lecture croisée de ce matériel n'a pas abouti (pour le moment?) à une vision cohérente de l'utilisation et du sens des signes chez les compositeurs.

Aussi, dans le présent article nous allons d'abord dresser un panorama complet des signes de mensuration et de mensuration/proportion présents dans l'œuvre imprimée de Victoria, de sorte que le lecteur pourra se faire une idée de la question en les mettant en relation avec l'édition de Pedrell par exemple. Nous verrons ensuite que ces signes, dans leurs relations réciproques et en lien avec la musique, sont, comme pour beaucoup de compositeurs de la période, difficilement interprétables en un système transparent et cohérent. Nous contournerons enfin le problème des signes de mensuration/proportion en nous basant sur une catégorisation en deux types d'écriture distincts des passages musicaux concernés. Cette typologie nous permettra de mieux circonscrire le problème, qui concrètement consistera à déterminer si les parties «ternaires» des pièces sont des *sesquialtera*, des *tripla*, ou autre.

Si nous nous limitons au corpus des quinze éditions publiées du vivant de Victoria, c'est que l'essentiel de son œuvre s'y trouve. En outre, le compositeur a très probablement été impliqué personnellement dans la réalisation de onze d'entre-elles. Les informations bibliographiques concernant ces dernières ainsi que les abréviations que nous utiliserons tout au long de ce texte figurent dans le tableau I.

5 Les travaux les plus récents sont les suivants: Bowers, Roger, «Proportional notation» in *The New Grove Dictionary of Music and Musicians*, vol. 21, éd. Stanley Sadie, Londres, Macmillan, 2e éd., 2001, pp. 606-637; Busse Berger, Anna Maria, *Mensuration and Proportion Signs. Origins and Evolution*, Oxford, Clarendon Press, 1993; DeFord, Ruth I., «Tempo Relationships between Duple and Triple Time in the Sixteenth Century» in *Early Music History*, 14, 1995, pp. 1-51; «Sabaino, Daniele, Ancora sul dilemma «tripla o sesquialtera» nel repertorio sacro tardo-rinascimentale. Nuove osservazioni tra ecdotica, semiografia e prassi esecutiva» in *Problemi e metodi della filologia musicale: Tre tavole rotonde*, éd. Stefano Campagnolo, Lucques, Musica/Realtà-LIM, 2000, pp. 69-83; Wolf, Uwe, *Notation und Aufführungspraxis. Studien zum Wandel von Notenschrift und Notenbild in italienischen Musikdrucken der Jahre 1571-1630*, Kassel, Merseburger, 1992, vol. 1.

6 Pike, Lionel, «The Performance of Triplet Rhythms in Peter Philips' Vocal Music» in *The Consort*, 28, 1972, pp. 88-105.

Tableau I. Editions dues à l'initiative de Victoria.

Abréviations[7]	*Informations bibliographiques*
1572	Thomae Ludovici de Victoria Abulensis, *Motecta que partim quaternis partim quinis alia senis alia octonis vocibus concinuntur*, Venise, Filios Antonii Gardani, 1572, [RISM V1421].
1576	Thomae Ludovici de Victoria Abulensis, *Liber primus qui missas psalmos magnificat ad Virginem Dei Matrem salutationes alia que complectitur*, Venise, Angelus Gardanus, 1576, [RISM V1427].
1581a	Thomae Ludovici a Victoria Abulensis, *Hymni totius anni secundum sanctae romanae ecclesiae consuetudinem qui quattuor concinuntur vocibus una cum quattuor psalmis pro praecipuis festivitatibus qui octo vocibus modulantur*, Rome, Franciscus Zanettus, 1581, [RISM V1428].
1581b	Thomae Ludovici a Victoria Abulensis, *Cantica B. Virginis vulgo magnificat quatuor vocibus una cum quatuor antiphonis beata Virginis per annum quaequidem partim quinis partim octonis vocibus concinuntur*, Rome, Franciscus Zanettus, 1581, [RISM V1430].
1583a	Thomae Ludovici a Victoria Abulensis, *Missarum libri duo quae partim quaternis partim quinis partim senis concinuntur vocibus*, Rome, Alexandrus Gardanus, 1583, [RISM V1431].
1583b	Thomae Ludovici de Victoria Abulensis, *Motecta que partim quaternis partim quinis alia senis alia octonis alia duodenis vocibus concinuntur quae quidem nunc vero melius excussa et alia quam plurima adiuncta noviter sunt impressa*, Rome, Alexandrus Gardanus, 1583, [RISM V1422].
1585a	Thomae Ludovici de Victoria Abulensis, *Officium hebdomadae sanctae*, Rome, Alexandrus Gardanus, 1585, [RISM V1432].
1585b	Thomae Ludovici a Victoria Abulensis, *Motecta festorum totius anni cum communi sanctorum quae partim senis partim quinis partim quaternis alia octonis vocibus concinuntur*, Rome, Alexandrus Gardanus, 1585, [RISM V1433].
1592	Thomae Ludovici de Victoria Abulensis, *Missae quattuor quinque sex et octo vocibus concinendae una cum antiphonis asperges et vidi aquam totius anni liber secundus*, Rome, Franciscus Coattinus, 1592, [RISM V1434].
1600a	Thomae Ludovici de Victoria Abulensis, *Missae magnificat motecta psalmi et alia quam plurima quae partim octonis alia nonis alia duodenis vocibus concinentur*, Madrid, Ioannes Flandrus, 1600, [RISM V1435].
1605	Thomae Ludovici de Victoria Abulensis, *Officium defunctorum sex vocibus in obitu et obsequiis sacrae Imperatricis nunc primum in lucem aeditum*, Madrid, Ioannes Flandrus, 1605, [RISM V1436].

7 Ces abréviations correspondent à celles du RISM et de Cramer, Eugene Casjen, *Tomás Luis de Victoria. A Guide to Research*, New York, Londres, Garland, coll. «Garland Composer Resource Manuals», 43, 1998.

Les informations bibliographiques des quatre éditions restantes sont reportées dans le tableau II:

Tableau II. Editions non dues à l'initiative de Victoria.

Abréviations	*Informations bibliographiques*
1589a	Thomae Ludovici de Victoria Abulensis, *Motecta quae partim quaternis partim quinis alia senis alia octonis alia duodenis vocibus concinuntur quae quidem nunc vero melius excussa et alia quam plurima adiuncta noviter sunt impressa*, Milan, Franciscus et haeredes Simonis Tini, 1589, [RISM V1423].
1589b	Thomae Ludovici a Victoria Abulensis, *Cantiones sacrae musici suavissimi quatuor quinque sex octo et duodecim vocumnumquam ante hac in Germania excussae*, Dilingen, Ioannes Mayer, 1589, [RISM V1424].
1600b	Ludovico de Victoria Abulensi, *Hymni totius anni iuxta ritum sanctae romanae ecclesiae nuper in lucem editi cum quattuor vocibus*, Venise, Iacobus Vincentius, 1600, [RISM V1429].
1603	Thomae Ludovici de Victoria Abulensis, *Motecta que partim quaternis partim quinis alia senis alia octonis alia duodenis vocibus in omnibus solemnitatibus per totum annum concinuntur noviter recognita et impressa*, Venise, Angelus Gardanus, 1603, [RISM V1425].

Ces éditions ne résultent très probablement pas de l'impulsion de Victoria pour plusieurs raisons. Le compositeur a pour habitude de publier ses recueils dans son pays de résidence. Or dès 1586 au plus tard, il vit à Madrid. Le livre de messe romain de 1592 constitue une exception, mais pour préparer sa publication, le musicien s'est rendu lui-même sur place. Par ailleurs, aucun de ces recueils ne comporte de dédicace originale et les motets de Dillingen ainsi que les hymnes contiennent des dédicaces des imprimeurs. En ce qui concerne le contenu, les trois éditions des motets sont identiques à 1583b, sauf la suppression du *Salve Regina* à 5 (PH107) en 1603. Il en va de même des hymnes de 1600, dont l'édition reproduit 1581a, en laissant toutefois de côté *Petrus beatus* à 4 (PH071) et les quatre psaumes qui la concluaient.

Nous avons écartés les sources manuscrites, parce qu'il manque une étude d'ensemble permettant d'avoir les idées claires sur les contours exacts du corpus et sur sa nature.

Le catalogue des œuvres imprimées de Victoria, dressé par Eugene Casjen Cramer, recense 181 pièces[8]. Comme on le sait, le compositeur a régulièrement réédité ses pièces, ainsi beaucoup d'entre-elles, 71, apparaissent dans au moins deux publications initiées sous son impulsion. Sur les 181 pièces, 57 comportent une ou plusieurs parties régies par un signe de mensuration/proportion autre que ce que nous pouvons appeler la mensuration de référence, c'est-à-dire opérante pour la plus grande partie de la pièce et le plus souvent indiquée à son début. Le nombre total de parties concernées est, lui, de 117 et dans tous ces passages toutes les voix passent sous le même signe de mensuration/proportion. Nous sommes donc essentiellement en présence du cas 3 de la typologie de Zarlino; quelques cas 1 sont également à signaler[9]. Il n'est ainsi pas possible de recourir à la verticalisation des voix pour empoigner la question.

Les signes de mensuration et de mensuration/proportion

La recension complète des signes de mensuration et de mensuration/proportion est reportée en annexe sous forme de tableau[10]. Les abréviations

8 Voir Cramer, *op. cit.*, pp. 31-42. Une erreur s'est toutefois glissée sous le n° PH175, qui renvoie à un second *Ave maris stella* (versets impairs) à 4 du compositeur, après celui de 1581a, qui aurait été publié dans 1600a. L'édition de Pedrell comporte bien cette pièce, transcrite dans le volume 5 de l'*Opera omnia*, *op. cit.*, pp. 100-3, sous le n° XXXIII, et prévu *In festis Beatae Mariae Virginis*. Mais, 1600a ne fait que reproduire les versets 1 (plain-chant) et 2 (polyphonie) de la pièce homonyme de 1581a (publiée par Pedrell dans le même volume en pp. 47-50 sous le n° XV). Voir mon article «Who wrote the Second *Ave maris stella* of Tomás Luis de Victoria?» in *Estudios. Tomás Luis de Victoria. Studies*, *op. cit.*, pp. 115-126. Nous ne prenons pas en compte la pièce dans la suite de ce texte.

9 «*[...] et cotali cifre [les chiffres* $\frac{3}{2}$ *après le signe de mensuration] nominavano della Sesquialtera; et forse non senza ragione: percioche si possono considerare in quattro manière; Prima, quando sono poste nel principio di tutte le parti della Cantilena [...]; Terza, quando sono poste nel mezo della cantilena in ciascuna parte [...].*» Zarlino, Gioseffo, *Istitutioni harmoniche*, 3e partie, chapitre 49, 1573.

10 Nous avons consultés les exemplaires suivants des différentes éditions: 1572: Münster, Diözesanbibliothek (Santini-Bibliothek); 1576: Rome, Biblioteca Apostolica Vaticana, Cappella Sistina; 1581a: Bologne, Civico Museo Bibliografico Musicale; 1581b: Rome, Biblioteca Apostolica Vaticana, Cappella Sistina; 1583a: Bologne, Civico Museo Bibliografico Musicale; 1583b: Rome, Archivio di San Giovanni in Laterano; 1585a:

des quatre éditions non dues à l'initiative de Victoria apparaissent en italiques pour faciliter la lecture. La première colonne du tableau comporte la numérotation des œuvres de Victoria effectuée par Cramer. La deuxième indique les titres des pièces. Le cas échéant, les fragments de texte entre guillemets reproduits sous les titres permettent d'identifier les parties des pièces sous proportion dans l'ordre de leur apparition. Les quelques cas d'œuvres qui débutent par une section sous proportion s'identifient par une concordance entre leur titre et la première section entre guillemets. Les quinze colonnes suivantes recensent, en regard des titres, les mensurations de référence. Nous l'avons vu, on les trouve la plupart du temps au début des œuvres, au début des parties ou des mouvements des pièces qui en comportent plusieurs et après les sections sous proportion s'il y a lieu. Quelques cas de mensurations différenciées entre les mouvements ou les versets des pièces nécessitent une présentation plus détaillée. En regard des fragments textuels entre guillemets figurent les signes de mensuration/proportion qui régissent leur mise en musique. La dernière colonne comporte la classification en deux groupes distincts des passages sous proportion effectuée par nos soins sur la base de leur écriture.

Le tableau III synthétise les diverses situations des éditions.

Tableau III. Synthèse des mensurations et mensurations/proportions dans les éditions.

Editions	*Mensurations*	*Mensurations/proportions*
1572	¢	Φ $\frac{3}{2}$ sauf 1 Φ 3
1576	¢ sauf le Gloria de la *Missa De Beata Maria* à 5 (PH036) u	¢ 3 (même dans le Gloria de la *Missa De Beata Maria*) sauf 1 ¢ 3 et 1 chiffre 3 seul
1581a	¢ sauf *Christe redemptor* à 4 (PH074) C	Φ $\frac{3}{2}$ sauf 2 chiffres 3 seul

Rome, Biblioteca Apostolica Vaticana, R. G. Musica Str. 25; 1585b: Rome, Biblioteca Apostolica Vaticana, R. G. Musica Str. 24; 1589a: Bologne, Civico Museo Bibliografico Musicale; 1589b: Bruxelles, Bibliothèque royale Albert Ier; 1592: Rome, Biblioteca Apostolica Vaticana, Cappella Sistina; 1600a: Londres, The British Library (partie de CII, Chœur I et partie d'orgue: Florence, Biblioteca Nazionale Centrale); 1600b: Bologne, Civico Museo Bibliografico Musicale; 1603: Augsbourg, Staats- und Stadtbibliothek; 1605: Rome, Biblioteca Apostolica Vaticana, Cappella Giulia.

1581b	¢ sauf *Ave regina coelorum* à 5 (PH017), *Regina coeli* à 5 (PH018), *Alma redemptoris mater* à 5 (PH019) et *Regina coeli* à 8 (PH052) C	En ¢: 2 Φ $\frac{3}{2}$, 2 Φ 3, 1 chiffre 3 seul En C: 3 Φ 3, les trois fois dans *Regina coeli* à 8 (PH052)
1583a	¢ sauf le Gloria de la *Missa De Beata Maria* à 5 (PH036) C	Φ 3 sauf les passages sous proportion de la *Missa O quam gloriosum* à 4 (PH101) et de la *Missa Surge propera* à 5 (PH102) Φ $\frac{3}{2}$
1583b	Majorité des pièces C sauf 16 ¢	Φ $\frac{3}{2}$ sauf 1 chiffre 3 seul (mensuration de référence ¢)
1585a	Grande majorité des pièces ¢ (dont tous les Répons de Ténèbres sauf un et toutes les Lamentations de Jérémie) sauf 5 C	Chiffre 3 seul (aussi bien pièces ¢ que C)
1585b	Majorité de pièces C sauf 12 ¢	En C: 3 Φ 3, 1 Φ $\frac{3}{2}$, 1 chiffre 3 seul En ¢: 4 Φ $\frac{3}{2}$, 1 chiffre 3 seul
1589a	Tout identique à 1583b	
1589b	¢	¢ 3
1592	6 pièces C, 5 ¢	Φ $\frac{3}{2}$ (*Missa O magnum mysterium* à 4 (PH156) 3 passages sous proportion dans des mouvements C et 1 dans un mouvement ¢)
1600a	16 pièces C, 13 ¢ *Magnificat primi toni* à 8 (PH170): 5 versets en ¢ et 5 en C (4 en ¢ et 6 en C si le *Et misericordia* à 3 (PH177) est chanté) *Magnificat sexti toni* à 12 (PH172) ¢, mais C après «Fecit potentiam» et pour Esurientes	En C: 17 chiffre 3 seul, 7 Φ $\frac{3}{2}$, 6 Φ 3, 5 ¢ 3 En ¢: 13 Φ $\frac{3}{2}$, 2 Φ 3 Les 3 versets entièrement sous proportion du *Magnificat primi toni* Φ 3 Les 3 versets entièrement sous proportion du *Magnificat sexti toni* ¢ 3 Passages sous proportion de la partie d'orgue soit ¢ 3, soit chiffre 3 seul
1600b	Tout identique à 1581a	
1603	Tout identique à 1583b	
1605	¢ sauf *Taedet animam* à 4 (PH181) C	Aucune proportion

Cette situation n'est pas sans poser toute une série de problèmes, tant au niveau de la logique interne de quelques-unes des éditions, qu'à celui de la réédition des pièces. On ne raisonne ici que sur la base des éditions dont Victoria est certainement l'initiateur.

Commençons par la question des mensurations de référence. Lorsque le musicien publie pour la première fois, en 1572, ¢ est devenu une mensuration indépendante depuis environ cinquante ans et la norme pour la musique sacrée. Les valeurs rythmiques pertinentes dans ce contexte sont la brève, la semibrève et la minime. Un tactus à la brève est le plus souvent associé à ce système, tactus plus lent que celui à la semibrève mais non relié à ce dernier de façon proportionnelle. La musique profane, elle, emploie plutôt C et ses valeurs rythmiques pertinentes sont plus étendues, puisqu'elles vont de la brève à la semiminime. Dès 1560 les choses changent. Le tactus à la semibrève devient le plus courant à la fois pour C et ¢, mais la différenciation de tempo semble perdurer (sous cette battue ¢ est plus rapide que C). Le choix entre les deux tactus dépend des coutumes locales, de la formation et de la préférence des exécutants, ainsi que du genre et de l'écriture des pièces, argumente Ruth DeFord[11]. Parallèlement se dessine, d'après Uwe Wolf, une tendance à passer progressivement de l'usage majoritaire de ¢ à celui de C en Italie durant le dernier tiers du siècle. Plus précisément, entre 1571 et 1580 seules 5% environ des publications utilisent uniquement C comme signe de mensuration, chiffre qui passe à près de 80% pour la décennie 1621-1630[12]. Malgré tout, le lien entre genre, valeurs rythmiques et tempo (donc maintenant paradoxalement mensuration) reste pertinent malgré cette évolution, malgré l'interpénétration des idiomes sacrés et profanes et malgré un probable ralentissement général du tempo. En revanche, DeFord plaide plutôt pour une confusion progressive entre les mensurations durant cette période: «The distinction between the two signs [C et ¢] became increasingly blurred towards the end of the century as the breve *tactus* and meaningful metrical organisation on the breve level declined»[13]. La différenciation de tempo semble perdurer jusqu'au début du XVIIe siècle, dans la mesure où Praetorius en rend compte en désignant ¢ comme *tactus celerior* et u comme *tactus tardior*[14].

11 Voir DeFord, Ruth, *op. cit.*, pp. 2-4.
12 Voir Wolf, Uwe, *op. cit.*, p. 22.
13 DeFord, Ruth, *op. cit.*, p. 4.
14 *Syntagma musicum III*, 2e partie, chapitre 7, 1619.

Revenons à Victoria. Ses recueils utilisent bien les deux signes et reflètent l'évolution décrite: on passe de l'emploi unique de ¢ en 1572, à une grande majorité de ¢ dans les recueils immédiatement suivants, puis, soit à une répartition à peu près équilibrée des deux signes (1592 et 1600a), soit à une majorité de C (1583b et 1585b). Les publications de 1585a et de 1605 s'écartent de cette tendance générale, dans la mesure où la première des deux emploie essentiellement ¢ et la seconde entièrement ce même signe sauf une pièce.

Mais, peut-on lier cette évolution vers C à une transformation de l'écriture musicale du compositeur? Il existe effectivement une coïncidence entre l'utilisation de ce signe et une prosodie et un rythme harmonique plus rapides, ainsi que la présence de valeurs rythmiques plus brèves dans quelques pièces ou mouvements. *Nigra sum sed formosa* à 6 (PH049), la première pièce de Victoria à comporter des parties *a note nere*, est bien en C. Le Crucifixus de la *Missa Salve regina* à 8 (PH161), en C, contraste avec le reste de la messe, en ¢, qui présente un déroulement polyphonique «normal». De même, dans le *Magnificat sexti toni* à 12 (PH172), C est réservé aux parties qui offrent le rythme déclamatoire le plus rapide (l'écriture est quasiment en *note nere* dans l'Esurientes). Et la *Missa Pro victoria* à 9 (PH166), bien connue pour sa déclamation souvent rapide, est bien en C. Enfin, les pièces ou mouvements en ¢ ne présentent jamais de tels traits. On rencontre également une autre opposition tributaire d'une logique similaire: l'Et incarnatus est de la *Missa Ave regina coelorum* à 8 (PH099) est en ¢ et son rythme harmonique ralentit par rapport au reste de l'œuvre, en C.

Malheureusement, les choses ne sont pas aussi limpides pour d'autres pièces. Ainsi, le Répons de Ténèbres *Judas mercator* à 4 (PH117) est le seul de sa série en C, sans que cette mensuration trouve une justification dans l'écriture musicale. Le Gloria de la *Missa Alma redemptoris* à 8 (PH164) présente bien des traits d'écriture «rapide» et est en C, mais le Kyrie de la même messe, écrit dans la même mensuration, n'en comporte pas. Les parties *a note nere* du *Magnificat primi toni* à 8 (PH170) sont bien toutes en C, mais la mensuration apparaît également dans des passages musicaux qui n'en sont pas. Par ailleurs, la seule partie en C de la *Missa Laetatus sum* à 12 (PH173), le Crucifixus, ne présente en rien une écriture différente du reste de l'œuvre.

Un problème supplémentaire s'ajoute à celui-ci. Si l'on observe les pièces dans leurs éditions successives, elles changent de mensuration pour beaucoup d'entre elles. La modification la plus frappante concerne les motets de 1572, tous en ¢, qui passent en C dans leur réédition de 1583b. *Nigra sum sed formosa* à 6 est particulier à cet égard également. Le motet est en C dans toutes ses éditions, et ce dès sa première parution en 1576.

Relevons encore que deux pièces particulières sont en C. Il s'agit de *Miserere mei Deus* à 4 (PH123) et de *Taedet animam meam* à 4 (PH181), qui déploient une écriture déclamatoire proche du faux-bourdon. *Taedet animam meam* est précisément l'exception que nous avons relevé plus haut à propos de 1605. Ainsi, une logique dans l'utilisation des signes se manifeste ponctuellement dans cette édition: les pièces à déroulement polyphonique «normal» sont en ¢, l'œuvre dont l'écriture se rapproche de celle du «faux-bourdon» est en u. L'omniprésence, devenue anachronique, de ¢ s'explique ici également par la destination liturgique particulière du recueil, à savoir la liturgie funèbre. La raison de la présence majoritaire du signe dans 1585a est similaire: la publication est réservée à la Semaine Sainte.

En résumé, il apparaît que l'on peut corréler l'utilisation des signes ¢ et C avec des écritures musicales différenciées, mais sans que cela ne constitue un système cohérent[15]. Et le passage progressif à C semble au moins tout autant être tributaire de l'évolution générale de la notation. L'utilisation de cette mensuration pour les pièces imitant le faux-bourdon semble, elle, délibérée et significative. Au niveau des éditions elles-mêmes, seules celles de 1572 et 1605 sont complètement conséquentes et transparentes dans leur utilisation des signes de mensurations.

Les signes de mensuration/proportion rencontrés sont Φ $^{3}_{2}$, Φ 3, ¢ 3 et 3[16]. Ici également, il est difficile de saisir leur sens et leur relation réciproque dans le cadre logique de la notation proportionnelle strictement comprise.

Le signe Φ $^{3}_{2}$ est utilisé a priori pour signifier une *sesquialtera maggiore*, c'est-à-dire une *sesquialtera* de trois semibrèves pour deux semibrèves dans un tactus ¢. La démonstration est facile à réaliser via les traités. Nous choi-

15 Wolf, Uwe, *op. cit.*, pp. 37-38, relativise encore plus la situation: «*Bei der überwiegenden Anzahl der Drucke mit beiden Mensurzeichen [¢ et C] (beide Mensurzeichen wurden immerhin in rund 40% der Drucke aus den Jahren 1581-1600 benutzt) lässt sich kein äusserer oder formaler Grund hierfür feststellen*».

16 Trois signes supplémentaires apparaissent sporadiquement, ¢ $^{3}_{2}$, C 3 et Φ, qui sont très probablement des erreurs dans ce contexte. Ils sont cependant systématiquement signalés dans les notes de bas de page du tableau général annexé.

sissons le tardif Zacconi pour montrer la permanence théorique de ce lien. Examinons d'abord les deux premiers exemples de la Seconde partie de la *Prattica di musica* (1622), Chapitre 38 du Troisième livre:

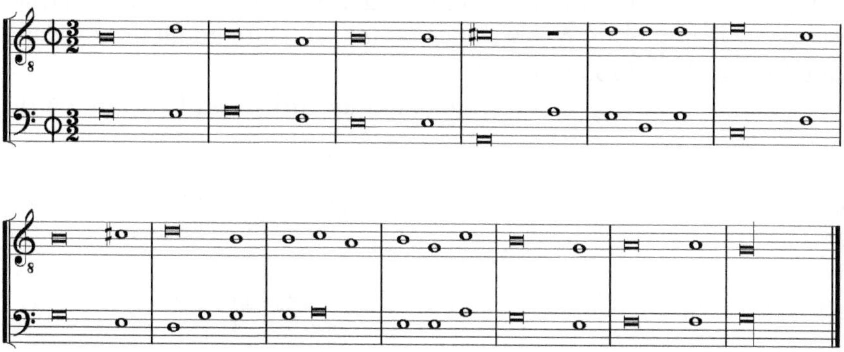

Exemple musical 1. Lodovico Zacconi, *Prattica di musica II*, Livre III, Chapitre 38, premier exemple.

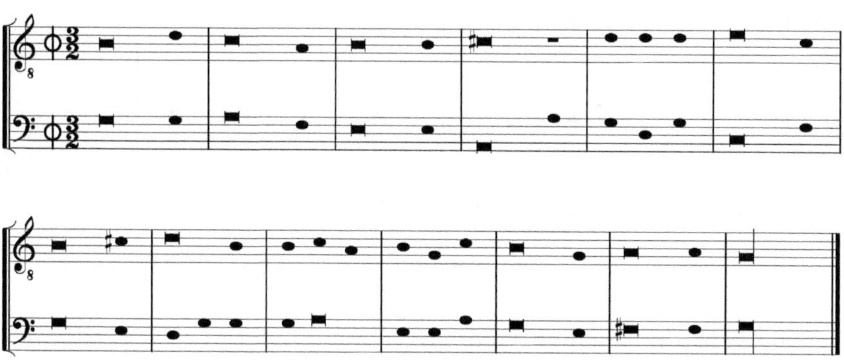

Exemple musical 2. Lodovico Zacconi, *Prattica di musica II*, Livre III, Chapitre 38, deuxième exemple.

En fait, le théoricien propose ici deux versions du même exemple de ce qu'il appelle la «*Proportion maggior perfetta*». Mais, la version colorée présente une notation plus simple pour un résultat sonore identique, à témoin le commentaire que Zacconi ajoute à ses exemples: «Dimodo che per voler cantar bene una di queste simil Proportioni [les *Proportioni maggior perfette*], bisogna ridursi a mente tutte quelle regole che già son state dette [...] parlandosi del Tempo perfetto; perche quelle regole servano à quella maniera di canto, et à qual si voglia inequal Proportione di tatto: Ma quando si vuole quest'obligo fuggire, et non esser soggetto, ò sottoporr'altri alla consideratione della figure perfette divise et alterate, s'oscurano tutte le figure et cosi tutte divengano imperfette: Il modo di formarle è facile; perche pigliando l'istesso superiore essempio et oscurandolo se ne veder à riuscire la sudetta Proportione»[17].

Passons à un troisième exemple, qui appartient au Chapitre 64 du même livre:

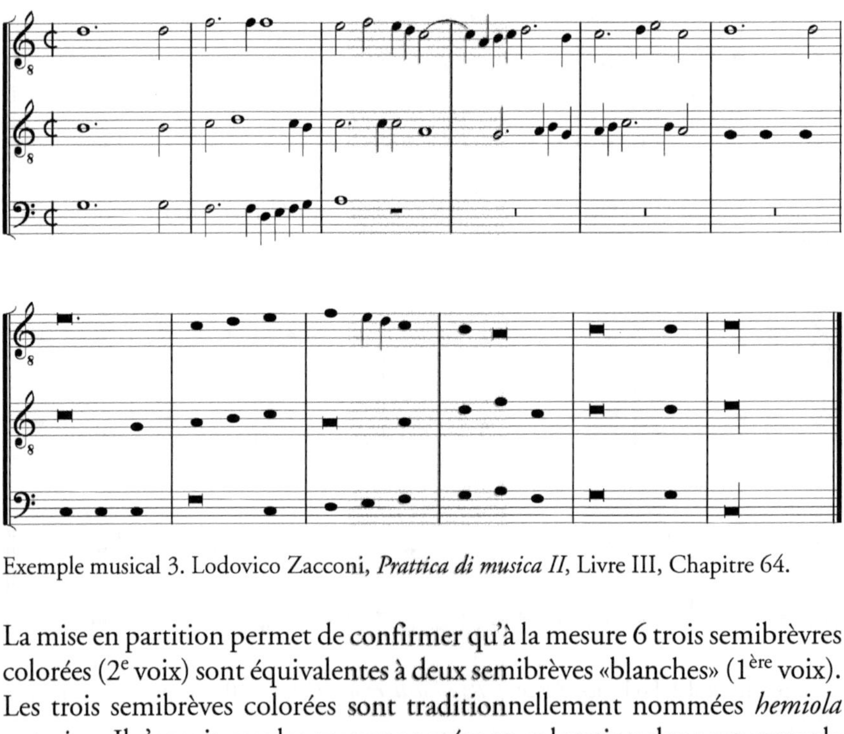

Exemple musical 3. Lodovico Zacconi, *Prattica di musica II*, Livre III, Chapitre 64.

La mise en partition permet de confirmer qu'à la mesure 6 trois semibrèvres colorées (2e voix) sont équivalentes à deux semibrèves «blanches» (1ère voix). Les trois semibrèves colorées sont traditionnellement nommées *hemiola maggiore*. Il s'ensuit que les mesures notées en coloration dans cet exemple pourraient tout aussi bien être consignées grâce à la *Proportion maggior perfetta* en notation blanche. La mise en relation de ces exemples musicaux et arguments conduit à valider l'utilisation de Φ $^{3}_{2}$, présent comme signe de mensuration dans les deux premiers exemples, pour signifier la *sesquialtera maggiore*. Mais nous le verrons plus bas, ce lien est devenu tout théorique durant le dernier tiers du XVIe siècle.

17 *Prattica di musica. Seconda parte*, Livre III, Chapitre 38, 1622.

Passons à ⌽3. Ce signe est-il à comprendre comme ⌽ $\frac{3}{2}$? Dans l'édition de Victoria de 1572 le premier «alleluia» de *O regem coeli* (PH013) est régi par ⌽3, alors que le second, strictement identique[18], est sous ⌽ $\frac{3}{2}$. On rencontre également la situation où ⌽ $\frac{3}{2}$ est utilisé dans une première édition puis ⌽3 dans une réédition, comme par exemple dans l'*Ave Maria* à 8 (PH033) en 1572 et 1576 (le contraire se produit aussi). Mais, peut-on extrapoler sur cette base lorsque ⌽3 apparaît de façon isolée, ainsi que cela arrive par exemple dans la *Missa Ave maris* stella à 4 (PH034)?

Durant la seconde moitié du XVIe siècle, le chiffre 3 seul indique a priori plutôt la *tripla*[19]. Et d'après Roger Bowers, Giovanni Gabrieli l'a utilisé de façon idiosyncrasique pour indiquer cette proportion[20]. Mais, chez Victoria, des confusions apparaissent en lien avec ce signe. Par exemple, le passage sous proportion de *Super flumina Babylonis* à 8 (PH053) est précédé du chiffre 3 seul dans 1576 et du signe ⌽ $\frac{3}{2}$ dans 1583b. Inversement, ⌽3 est remplacé par le chiffre 3 seul dans le passage sous proportion «Ita filii» de *Nisi dominus* à 8 (PH051), parue en 1576, dans la réédition de la pièce de 1581a. Il est ainsi impossible de comprendre ces signes comme constituant un système d'opposition biunivoque pour désigner la *sesquialtera* et la *tripla*.

Dans 1576 on ne rencontre le signe ¢ 3 qu'à une seule reprise, dans le premier Hosanna de la *Missa De Beata Maria* à 5 (PH036), de façon cohérente avec l'utilisation de la notation noire pour tout le mouvement, seul cas de la publication. En revanche, dans 1600a, l'autre édition parmi celles retenues dans laquelle on rencontre ce signe, il apparaît de façon problématique en lien avec des brèves blanches parfaites. Or bien évidemment, le demi-cercle est sensé indiquer l'imperfection.

De toute manière, dans ce cadre de compréhension, le sens des signes de mensuration/proportion change en fonction des mensurations de référence, ¢ ou C. Et même si nous ne rencontrions qu'un seul signe introduisant les passages sous proportion, le problème resterait entier. Les éditions de 1572 et 1583b de *O magnum mysterium* à 4 (PH005) emploient toutes deux ⌽ $\frac{3}{2}$ pour le passage sous proportion, mais indiquent ¢ et C respectivement comme mensuration de référence. Une situation similaire se produit au sein d'une même édition pour des pièces différentes: dans 1583b,

18 La pièce est un motet-répons et les «alleluia» figurent dans la partie reprise (B de AB – CB).
19 Voir DeFord, Ruth, *op. cit.*, p. 5.
20 Voir Bowers, Roger, *op. cit.*, p. 429.

Domine, non sum dignus à 4 (PH105) comporte un passage sous ⌽ $\frac{3}{2}$ par rapport à ¢, tandis que les *Litaniae* à 8 (PH110) en contiennent un sous le même signe mais en lien avec C.

Nous l'avons vu, les signes de mensuration sont plutôt à interpréter comme des indications de tempo durant la seconde moitié du XVIe siècle. C'est également en relativisant l'importance de la logique proportionnelle qu'on peut le mieux rendre compte de la question des parties «ternaires» durant cette période, comme l'ont montré les études récentes et déjà citées de Uwe Wolf et Ruth DeFord[21].

Mais, un principe semble perdurer durant tout le siècle: les unités ternaires de la *sesquialtera*, l'*hemiola* ou la *tripla* ne doivent pas déborder la limite d'un tactus. Et en rapport avec le passage au tactus à la semibrève en ¢, il devient de plus en plus courant d'interpréter la *sesquialtera* et l'*hemiola maggiore* comme des *tripla* de facto: «There is abundant evidence in practical as well as theoretical sources that major *sesquialtera* was often understood in relation to the semibreve rather than the breve *tactus* of ¢»[22], selon les termes de DeFord. En effet, il est pratiquement très difficile d'exécuter une «vraie» *sesquialtera* sous un tactus à la semibrève, car la proportion doit être pensée comme une sorte de *sesquitertia* (trois semibrèves contre quatre minines).

De plus, si la «vraie» *sesquialtera* reste toujours possible, il apparaît également que le tempo des passages ternaires n'est pas toujours relié de façon proportionnelle aux parties binaires au sein d'une même pièce: «Ternary passages do not fall neatly into two categories, one suggesting a *sesquialtera* relation to ¢ and the other a triple relationship, but often seem to require a tempo somewhere between these extremes»[23], selon DeFord. L'auteur argumente principalement sur la base de la complainte des théoriciens, qui insistent a contrario sur l'unicité du tactus dans une pièce[24]. Wolf insiste également sur ce point: «Die Verwendung eines Dreiertaktes mit losgelöstem, selbständigem Tempo ist dennoch im späteren 16. und frühen 17. Jahr-

21 Voir la note 4.

22 DeFord, Ruth, *op. cit.*, p. 16. Ou dans la formulation de Busse Berger, Anna Maria, *op. cit.*, p. 224: «*If the beat remained on the semibreve [au lieu de la brève] the result would be triple than sesquialtera proportion. This transfer of the beat could very well be the source of the constant confusion between tripla and sesquialtera porportion*».

23 DeFord, Ruth, *op. cit.*, p. 27. En pp. 39-49, cet auteur traite de la *dupla*, une troisième solution proportionnelle, intermédiaire en quelque sorte.

24 *Ibid.*, pp. 27-29. D'autres arguments sont proposés aux pages suivantes.

hundert die häufigste Form [...]»[25]. De sorte que, en dernier ressort, les signes de mensuration/proportion ne se bornent plus qu'à être des indicateurs de la transition vers un passage «ternaire». On comprend dès lors beaucoup mieux la raison de la multiplication des signes chez Victoria, dans la mesure où ils sont en quelque sorte devenus interchangeables.

Notons encore que malgré l'«accélération» générale de l'exécution des parties sous proportion, leur notation, dans le répertoire sacré tout au moins, reste la plupart du temps traditionnelle, en valeurs longues (trois semibrèves pour une brève parfaite), et ce jusqu'à la fin du XVIe siècle[26]. Victoria ne fait pas exception.

Nous pourrions en rester à cette notable relativisation, mais l'examen des passages sous proportion eux-mêmes du compositeur espagnol nous permet de préciser les choses.

Proportions et écriture

Dans *Duo seraphim* à 4 (PH104), motet publié une première fois dans 1583b, un passage sous proportion apparaît en lien avec l'unité textuelle «Et hi tres unum sunt» (voir l'exemple musical 4).

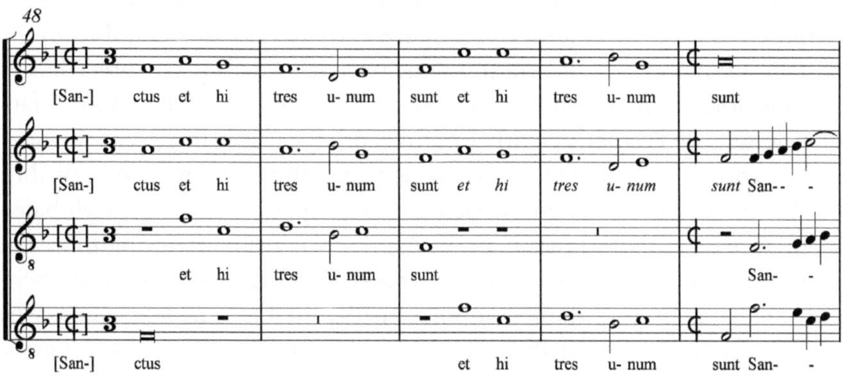

Exemple musical 4 – *Duo seraphim* (PH104), mes. 48-52[27]

25 Wolf, Uwe, *op. cit.*, p. 91.
26 *Ibid.*, p. 88.
27 Transcription effectuée par nos soins sur la base de 1583b.

Tableau IV. Synthèse des types d'écriture des passages sous proportion.

	Ecriture de type 1: plus lent que tripla	*Ecriture de type 2: tripla*
Valeur rythmique pertinente	Semibrève	Semibrève
Patterns rythmiques	– brève, semibrève – semibrève, brève – semibrève pointée, 3 minimes – semibrève, 4 minimes – 4 minimes, semibrève – 6 minimes	– brève, semibrève – semibrève, brève – 3 semibrèves – semibrève pointée, minime, semibrève – semibrève, semibrève pointée, minime – semibrève, 2 minimes semibrève – 2 minimes, 2 semibrèves
Ecriture	Pas strictement homophonique, présence d'éléments imitatifs, voire écriture véritablement imitative	Strictement homophonique
Harmonie	Retards	Entièrement consonant

Il s'agit ici bien entendu d'un figuralisme qui évoque la Trinité, qu'il faut lire littéralement, au premier degré: «trois sont un»[28]. La valeur rythmique de base est ici la semibrève et la proportion peut se comprendre indépendamment de la mensuration de référence et du tempo: trois semibrèves du passage «ternaire» durent autant qu'une semibrève de la partie précédente. Il s'agit donc bien évidemment d'une *tripla*. Le figuralisme va tout à fait dans le sens de l'esthétique du compositeur, dans laquelle le sens musical se construit à l'avant-plan sonore et se veut immédiatement perceptible par l'auditeur via un ensemble de codes régis par ce qu'on peut globalement appeler la rhétorique. Dans ce contexte, la primauté du nombre en tant qu'organisateur sous-jacent de la musique a disparu. Le nombre perdure, mais au travers d'une proportion identifiable sans le recours à la partition. Et pour que l'artifice fonctionne, les interprètes sont «contraints» de respecter strictement, ou en tous cas «plus ou moins», la proportion.

28 Pour une analyse du texte et de la musique de la pièce, voir Filippi, Daniele V., *Tomás Luis de Victoria*, Palerme, L'Epos, 2008, pp. 64-66.

Ce passage présente des traits d'écriture caractéristiques, qui réapparaissent dans d'autres parties sous proportion de l'œuvre de Victoria. Nous synthétisons ces traits dans la troisième colonne du tableau IV. En outre, les parties concernées sont identifiées grâce au chiffre 2 dans la dernière colonne du tableau général annexé.

Les passages sous proportion ne comportant pas ces traits d'écriture en présentent d'autres tout aussi identifiables, à savoir essentiellement des valeurs rythmiques plus brèves et une homophonie moins stricte, voire des imitations[29]. Ces caractéristiques sont à leur tour récapitulées dans la deuxième colonne du tableau IV et les passages concernés sont signalés par le chiffre 1 dans le tableau général. Se dessine ainsi une typologie binaire des parties sous proportion[30]. La section sous proportion de *O magnum mysterium* à 4 (PH005), la première chronologiquement dans l'œuvre du compositeur, est un cas représentatif de ce type d'écriture. Nous la reproduisons dans l'exemple musical 5.

Intuitivement, cette partie sous proportion, plus complexe que celle de *Duo seraphim*, requiert un tempo distinct et plus lent. Burmeister (*Musica autoschédiastikè*, 1601) recommande d'ailleurs aux interprètes de ralentir le tempo lorsque l'écriture musicale est innervée de valeurs rythmiques brèves[31].

29 DeFord, Ruth, *op. cit.*, pp. 36-41, différencie de façon similaire quelques parties sous proportion empruntées à l'œuvre de Lassus.

30 Des cas ambigus se sont évidemment présentés lors du classement. Nous avons opté pour une approche restrictive en ce qui concerne l'écriture 2. En d'autres termes, si un seul élément qui caractérise l'écriture 1 apparaît dans un passage, nous l'avons classé sous ce type. En effet, cet élément, quel qu'il soit, a une incidence sur le tempo, à savoir un ralentissement.

31 «*Quae utraque [depressio et elevatio] quum tactum constituunt, cura et diligentia adhibenda, ut Isodimeris mensura, cantum plurimis coloratis notis non scatentem, non nimis protracta, nec quoque nimium properans demetiatur: Contextum verò coloratarum notarum protractione evidenti.*» «Puisque ces deux éléments [un frapper et un lever] constituent le tactus, soin et diligence devront être employés à faire en sorte que la mesure Isodimère mesure la ligne de chant, lorsqu'elle n'est pas hérissée de notes colorées, sans trop de hâte ou de retenue, avec en revanche une claire retenue lorsque le texte comporte des notes colorées.» Burmeister, Joachim, *Musica Poetica (1606) augmentée des plus excellentes remarques tirées de Hypomnematum Musicae Poeticae (1599) et de Musica Autoschédiastikè*, introduction, traduction, notes et lexique par Agathe Sueur et Pascal Dubreuil, Wawre, Mardaga, 2007, pp. 290-291. Les auteurs modernes ont déjà commenté cette remarque du théoricien. Voir DeFord, Ruth, *op. cit.*, p. 34.

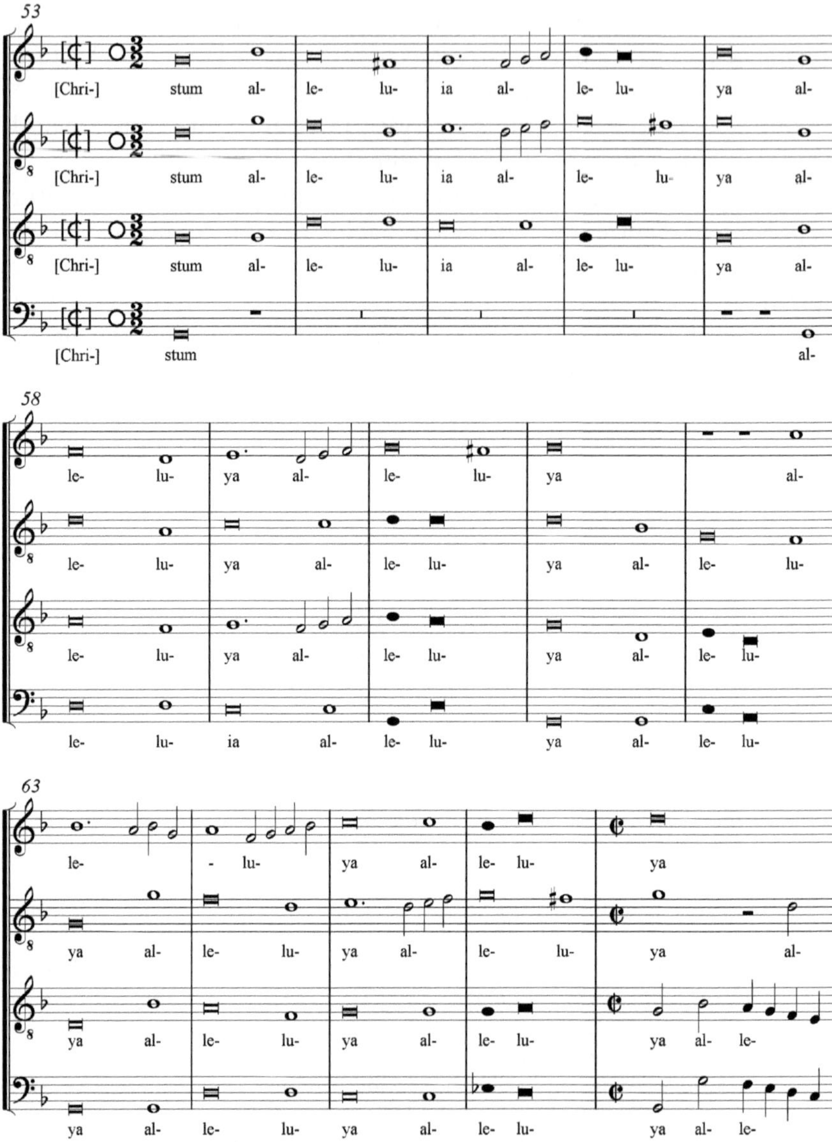

Exemple musical 5. *O magnum mysterium* (PH005), mes. 53-67[32].

32 Transcription effectuée par nos soins sur la base de 1572. Mes. 56-7, partie de *cantus:* sont colorés uniquement, et de façon erronée, le *sib* et le *sol* de la mes. 57, corrigés sur la base de la pratique courante qui se dégage de la source.

Par ailleurs, un critère supplémentaire entre en jeu ici, celui de la *gravitas*, requise non seulement lors de la composition d'œuvres sacrées, mais également dans leur exécution. En effet, il serait esthétiquement déplacé de chanter une partie sous proportion très travaillée dans un tempo par trop rapide, qui briserait le déroulement majestueux et calme de la polyphonie. Le contexte liturgique peut aussi influer: plus la fête célébrée est importante dans le calendrier, plus les tempos devront être modérés.

Au bout du compte, il apparaît que l'écriture musicale elle-même, indépendamment des signes de mensuration/proportion, est déterminante pour décider de la «nature» des parties «ternaires». Les passages que nous avons définis comme appartenant au type d'écriture 2 peuvent être compris comme des *tripla*. Les passages du type d'écriture 1, eux, sont plus lents. Ils peuvent être appréhendés et exécutés soit en dehors de la logique proportionnelle, soit comme des *sesquialtera* stricte (trois semibrèves du «ternaire» pour deux du «binaire»), quel que soit le tactus et le tempo de référence choisis. Ici, *tripla* et *sesquialtera* sont donc à comprendre comme des limites «rapide» et «lente» respectivement.

Le système proportionnel subsiste ainsi partiellement chez Victoria, même s'il est largement réinterprété. En outre, quels que soient les tempos adoptés, les passages sous proportion sont immédiatement identifiés par l'auditeur comme s'inscrivant dans la tradition de la *sesquialtera maggiore* ou dans celle, nouvelle, de la *tripla* grâce à leur écriture, donc comme «parties proportionnelles» indépendamment de la relation avec ce qui précède et/ou ce qui suit et du tempo contingent.

Reste une question: peut-on corréler chez Victoria la présence de la *tripla*, proportion plus «moderne», avec l'évolution de son style vers l'idiome baroque qui se manifeste essentiellement dans son recueil mélangé de 1600[33]? De fait et à l'échelle de toute la production du compositeur, la grande majorité des passages sous proportion relèvent du type d'écriture 1 (104 cas contre 14 de type d'écriture 2), le plus lent des deux. Ce déséquilibre est bien sûr à relier à notre approche restrictive de la *tripla*, mais pas uniquement. Victoria continue à privilégier la «*sesquialtera maggiore*», surtout pour les passages d'une certaine longueur, car elle sied à la *gravitas* exigée par l'*ars perfecta*. Le recueil de 1600 ne fait pas exception, dans la

33 Cette évolution est soulignée entre autre par Zywietz, Michael, «Victoria, Tomás Luis de» in *Die Musik in Geschichte und Gegenwart*, Personenteil 16, éd. Ludwig Finscher, Kassel et al., Bärenreiter, Metzler, 2e éd., 2006, colonnes 1545-1546.

mesure où il comporte 33 passages sous proportion de type 1 contre seulement 2 de type 2. En revanche, le nombre de passages sous proportion est substantiellement plus élevé: 35 pour 14 pièces nouvellement publiées, contre par exemple 17 pour 20 pièces en 1576, pour prendre une publication de même nature[34]. Cet accroissement est sans aucun doute un trait important de l'évolution stylistique du compositeur.

Abstract / Résumé

Mensuration and proportion signs found in the eleven editions of Victoria's music which were completed thanks to his initiative don't form a coherent and transparent system. We see a gradual shift from majority of ¢ in the first publications with a majority of C or a balance between the two signs in the following ones. This mutation does not correlate one-to-one with a change of musical writing, although such a change towards a faster prosody and the use a shorter rhythmic may be observed in some works. Rather, it reflects the general development of notation. Similarly, signs of proportions, ⌽ $\frac{3}{2}$, ⌽ 3, ¢ 3 and 3, appear to be interchangeable and henceforth have the sole function to introduce the «ternary» parts of pieces.

However, musical writing of parts in proportion is differentiated. A typology distinguishes those that can be treated as *tripla* and those whose performance must be slower because of their denser melodic and rhythmic activity. The tempo of the latter can vary between the « real » *sesquialtera* or an intermediary between the two proportions.

In the appendix, a complete table lists mensuration and proportion signs found in the composer's printed work.

Les signes de mensuration et de proportion présents dans les onze éditions de la musique de Victoria qui sont dues à son initiative ne constituent pas un système cohérent et transparent. On assiste au passage progressif d'une majorité de ¢ dans les premières publications à une majorité de C ou un équilibre entre les deux signes dans les suivantes. Cette mutation n'est pas corrélée de façon biunivoque à une évolution de l'écriture musicale, bien présente dans quelques œuvres, qui va dans le sens d'une prosodie plus rapide et de l'utilisation de valeurs rythmiques plus brèves. Elle reflète plutôt l'évolution générale de la notation. De même, les signes de proportions, ⌽ $\frac{3}{2}$, ⌽ 3, ¢ 3 et 3, apparaissent comme

34 Stevenson, Robert M., «Tomás Luis de Victoria (ca. 1548-1611): Unique Spanish Genius» in *Inter-American Music Review*, 12/1, 1991, p. 37, a déjà mentionné cette multiplication pour les messes du musicien. Wolf, Uwe, *op. cit.*, p. 89, relève à son tour une augmentation générale du nombre des passages ternaires dans les publications italiennes au début du XVIIe siècle.

interchangeables et possèdent désormais la seule fonction d'introduire les passages «ternaires» des pièces.

Toutefois, l'écriture musicale des parties sous proportion est différenciée. Une typologie classe celles qui peuvent être assimilés à des *tripla* et celles dont l'exécution doit être plus lente à cause de leur activité mélodico-rythmique plus dense. Le tempo de ces dernières peut osciller entre la «vraie» *sesquialtera* ou un intermédiaire entre les deux proportions.

En annexe, un tableau général répertorie les signes de mensuration et de proportion présents dans l'œuvre imprimée du compositeur.

Annexe. Tableau général des signes de mensuaration et de mensuration/proportion

N°	Titres et textes des passages sous proportion	1572	1576	1581a	1581b	1583a	1583b	1585a	1585b	*1589a*	*1589b*	1592	1600a	*1600b*	*1603*	1605	Type écri-ture
PH001	*O quam gloriosum* à 4	¢					C		C	C	¢				C		
PH002	*Doctor bonus* à 4	¢					C		C	C	¢				C		
PH003	*Quam pulchri sunt* à 4	¢					C			C	¢				C		
PH004	*O decus apostolicum* à 4	¢					C			C	¢				C		
PH005	*O magnum mysterium* à 4 «Alleluia»	¢ Φ^{3}_{2}					C Φ^{3}_{2}			C Φ^{3}_{2}	¢ ¢ 3				C Φ^{3}_{2}		 1
PH006	*Magi viderunt stellam* à 4	¢					C		C	C	¢				C		
PH007	*Senex puerum portabat* à 4	¢					C			C	¢				C		
PH008	*Sancta Maria* à 4	¢					C			C	¢				C		
PH009	*Ne timeas Maria* à 4	¢					C			C	¢[1]				C		
PH010	*Pueri hebraeorum* à 4	¢					C	C		C	¢				C		
PH011	*Vere languores* à 4	¢					C	C		C	¢				C		
PH012	*O vos omnes* à 4	¢					C			C	¢				C		
PH013	*O regem coeli / Natus est nobis* à 4 «Alleluia» (Prima pars) «Alleluia» (Secunda pars)	¢ Φ 3 Φ^{3}_{2}					C Φ^{3}_{2} Φ^{3}_{2}			C Φ^{3}_{2} Φ^{3}_{2}	¢[2] ¢ 3 ¢ 3				C Φ^{3}_{2} Φ^{3}_{2}		 1 1
PH014	*O sacrum convivium/ Mens impletur gratia*à 4	¢					C		C	C	¢				C		
PH015	*Ascendens Christus / Ascendit Deus* à 5	¢					C		C	C	¢[3]				C		
PH016	*Dum complerentur / Dum ergo essent* à 5	¢					C		C	C	¢				C		
PH017	*Ave regina coelorum / Gaude gloriosa* à 5	¢	¢		C		C			C	¢				C		

1 T: C.
2 T, après les deux passages sous proportion: C.
3 C, le signe de mensuration manque au début de la Secunda pars. T, début de la pièce: C.

N°	Titres et textes des passages sous proportion	1572	1576	1581a	1581b	1583a	1583b	1585a	1585b	*1589a*	*1589b*	1592	1600a	*1600b*	*1603*	1605	Type écri-ture
PH018	*Regina coeli / Resurrexit* à 5	¢	¢		C		C			C	¢				C		
PH019	*Alma redemptoris mater / Tu quae genuisti* à 5	¢	¢		C		C			C	¢				C		
PH020	*Ecce Dominus veniet / Ecce aparebit Dominus* à 5	¢					C		C	C	¢				C		
PH021	*Cum beatus Ignatius / Ignis crux* à 5	¢					C			C	¢				C		
PH022	*Descendit angelus / Ne timeas* à 5	¢					C		C	C	¢				C		
PH023	*Gaude Maria virgo* à 5	¢					C		C	C	¢				C		
PH024	*Quem vidistis, pastores / Dicite quidnam vidistis* à 6	¢					C		C	C	¢				C		
	«Collaudantes Dominum» (Prima pars)	Φ $\frac{3}{2}$					Φ $\frac{3}{2}$		Φ 3	Φ $\frac{3}{2}$	¢ 3				Φ $\frac{3}{2}$		1
	«Collaudantes Dominum» (Secunda pars)	Φ $\frac{3}{2}$					Φ $\frac{3}{2}$		Φ 3	Φ $\frac{3}{2}$	¢ 3				Φ $\frac{3}{2}$		1
PH025	*Vadam et circuibo / Qualis est dilectus* à 6	¢					C			C	¢				C		
PH026	*Tu es Petrus / Quodcumque ligaveris* à 6	¢					C		C[4]	C	¢				C		
PH027	*Vidi speciosam / Quae est ista* à 6	¢	¢				C		C	C	¢				C		
PH028	*Benedicta sit sancta Trinitas* à 6	¢					C		C	C	¢				C		
PH029	*O sacrum convivium* à 6	¢	¢				C		C	C	¢				C		
PH030	*Surrexit pastor bonus* à 6	¢					C		C	C	¢				C		
PH031	*Congratulamini mihi* à 6	¢					C		C	C	¢[5]				C		
PH032[6]	*Salve regina / Ad te suspiramus / Et Jesum / O clemens* à 6	¢	¢				C			C	¢[7]				C		

4 Pas de Secunda pars.
5 TII, le signe de mensuration manque.
6 Cramer note par erreur huit voix pour cette pièce, ce qui par cascade en entraîne une série autour des autres *Salve Regina* du compositeur. Voir également la note 16.
7 C, le signe de mensuration manque au début de la pièce.

N°	Titres et textes des passages sous proportion	1572	1576	1581a	1581b	1583a	1583b	1585a	1585b	*1589a*	*1589b*	1592	1600a	*1600b*	*1603*	1605	Type écri-ture
PH033	*Ave Maria* à 8	¢	¢				C		C	C	¢		C[8]		C		
	«Ora pro nobis peccatoribus»	Φ $\frac{3}{2}$	Φ 3				Φ $\frac{3}{2}$		Φ $\frac{3}{2}$	Φ $\frac{3}{2}$	¢ 3		Φ $\frac{3}{2}$[9]		Φ $\frac{3}{2}$		1
PH034	*Missa Ave maris stella* à 4		¢			¢											
	«Cum sancto Spiritu»		Φ 3			Φ 3											2
	«Hosanna in excelsis / Ave, maris stella, Dei Mater alma, Atque semper virgo Felix coeli porta» [Hosanna I]		Φ 3			Φ 3											1
PH035	*Missa Simile est regnum* à 4		¢			¢											
	«Cum sancto Spiritu»		Φ 3			Φ 3											1
	«Et resurrexit»		Φ 3			Φ 3											2
	«Hosanna in excelsis» [Hosanna I][10]		Φ 3			Φ 3											1
PH036	*Missa De Beata Maria* à 5		¢			¢[11]											
	Gloria		C			C											
	«Qui sedes ad dexteram Patris, miserere nobis»		Φ 3			Φ 3											1
	«Cum sancto Spiritu»		Φ 3														1
	«Hosanna in excelsis» [Hosanna I][12]		¢ 3														1
PH037	*Missa Gaudeamus* à 6		¢			¢											
	«Cum sancto Spiritu»		Φ 3			Φ 3											1
PH038	*Missa Dum complerentur* à 6		¢			¢[13]											
	«Hosanna in excelsis» [Hosanna II]		Φ 3			Φ 3											1

8 Partie d'orgue: les signes de mensuration et de mensuration/proportion ne sont pas systématiquement présents à toutes les voix (pas nécessaire car mise en partition).
9 Partie d'orgue: ¢ 3.
10 Pas de Hosanna II dans 1583a.
11 C, le signe de mensuration manque pour le Kyrie II.
12 Cet Hosanna ne figure pas dans 1583a.
13 C, le signe de mensuration manque pour le Kyrie I.

N°	Titres et textes des passages sous proportion	1572	1576	1581a	1581b	1583a	1583b	1585a	1585b	*1589a*	*1589b*	1592	1600a	*1600b*	*1603*	1605	Type écri-ture
PH039	*Ave maris stella* [versets pairs] à 4		¢	¢										¢			
PH040	*Magnificat primi toni* (Anima mea) à 4 « Gloria Patri, et Filio, et Spiritui sancto »		¢ Φ 3		¢ Φ $\frac{3}{2}$												 1
PH041	*Magnificat primi toni* (Et exultavit) à 4		¢		¢												
PH042	*Magnificat quarti toni* (Anima mea) à 4		¢		¢												
PH043	*Magnificat quarti toni* (Et exultavit) à 4		¢		¢												
PH044	*Magnificat octavi toni* (Anima mea) à 4		¢		¢												
PH045	*Magnificat octavi toni* (Et exultavit) à 4		¢		¢												
PH046	*Salve regina / Ad te suspiramus / Et Jesum / O pia* à 5		¢		¢												
PH048	*Ardens est cor meum* à 6		¢				¢		¢	¢	¢[14]				¢		
PH049	*Nigra sum sed formosa* à 6		C				C		C	C	¢				C		
PH050	*O Domine Jesu Christe* à 6		¢				¢	¢	¢	¢	¢				¢		
PH051	*Nisi Dominus* à 8 «Ita filii» «Gloria Patri, et Filio, et Spiritui sancto»		¢ Φ 3 Φ 3	¢ 3 Φ $\frac{3}{2}$			¢ Φ $\frac{3}{2}$ Φ $\frac{3}{2}$			¢ Φ $\frac{3}{2}$ Φ $\frac{3}{2}$	¢ ¢ 3 ¢ 3		¢[15] Φ $\frac{3}{2}$ Φ $\frac{3}{2}$[16]		¢ Φ $\frac{3}{2}$ Φ $\frac{3}{2}$		 2 1
PH051 bis[17]	*Salve regina / Vita dulcedo / Ad te clamamus / Ad te suspiramus / Eia ergo / Et Jesum / O Clemens* à 8		¢		¢		¢			¢	¢		¢		¢		

14 T: C.
15 Partie d'orgue, «Vanum est vobis», le signe de mensuration manque.
16 Partie d'orgue: ¢ 3.
17 C'est nous qui attribuons cette numérotation.

N°	Titres et textes des passages sous proportion	1572	1576	1581a	1581b	1583a	1583b	1585a	1585b	*1589a*	*1589b*	1592	1600a	*1600b*	*1603*	1605	Type écri-ture
PH052	*Regina coeli / Resurexit* à 8		¢		C		C			C	¢[18]		C		C[19]		
	«Alleluia» (Prima pars)		Φ 3		Φ 3		Φ 3/2			Φ 3/2	¢ 3		Φ 3/2[20]		Φ 3/2		1
	«Resurrexit sicut dixit»		Φ 3		Φ 3		Φ 3/2			Φ 3/2	¢ 3		Φ 3/2[21]		Φ 3/2		1
	«Alleluia» (Secunda pars)		Φ 3		Φ 3		Φ 3/2			Φ 3/2[22]	¢ 3		Φ 3/2[23]		Φ 3/2		1
PH053	*Super flumina Babylonis* à 8		¢				¢		C	¢[24]	¢		¢[25]		¢		
	«De canticis Sion»		3				Φ 3/2			Φ 3/2[26]	¢ 3		Φ 3/2		Φ 3/2		1
	«De canticis Sion» (variante 1585b)								Φ 3								1
PH054	*Conditor alme* à 4			¢										¢			
PH055	*Christe redemptor* à 4			¢										¢			
PH056	*Salvete flores* à 4			¢										¢			
PH057	*Hostis Herodes* à 4			¢										¢			
PH058	*Lucis creator* à 4			¢										¢			
PH059	*Ad preces* à 4			¢										¢			
PH060	*Vexilla regis* à 4			¢										¢			
PH061	*Ad coenam* à 4			¢										¢			
	«Gloria tibi, Domine, Qui surrexisti a mortuis, Cum Patre et Sancot Spiritu, In sempiterna saecula»			Φ 3/2										Φ 3/2[27]			1

18 BII, le signe de mensuration manque au début de la pièce.
19 CIII, [Chorus II], début de la Secunda pars: ¢.
20 Partie d'orgue: ¢ 3.
21 TII, Chorus II: Φ 3. Partie d'orgue: ¢ 3.
22 C et AII: Φ 3.
23 Partie d'orgue: ¢ 3.
24 T, «Quomodo cantabimus»: C.
25 Partie d'orgue, «Quia illic»: C.
26 TII: Φ 3.
27 T: Φ.

N°	Titres et textes des passages sous proportion	1572	1576	1581a	1581b	1583a	1583b	1585a	1585b	*1589a*	*1589b*	1592	1600a	*1600b*	*1603*	1605	Type écri-ture
PH062	*Jesu nostra* à 4			¢										¢			
PH063	*Veni Creator* à 4			¢									¢	¢			
PH064	*O lux beata* à 4			¢										¢			
PH065	*Pange Lingua* [romain] à 4 «Genitori, genitoque, Laus et jubilatio, Salus, honor, virtus quoque, Sic et benedictio: Procedenti ab utroque, Compar sit laudatio»			¢ $\Phi\frac{3}{2}$										¢ $\Phi\frac{3}{2}$			1
PH066	*Quodcumque vinclis* à 4			¢										¢			
PH067	*Doctor egregie* à 4			¢										¢			
PH068	*Ut queant laxis* à 4			¢										¢			
PH069	*Aurea luce* à 4			¢										¢			
PH070	*Lauda mater* à 4			¢										¢			
PH071	*Petrus beatus* à 4			¢													
PH072	*Quicumque Christum* à 4			¢										¢			
PH073	*Tibi Christe* à 4 «Gloria Patri melodis, Personemus vocibus: Gloriam Christo canamus, Gloriam Paraclitus, Qui trinus, et unus Deus, Extat ante saecula»			¢ $\Phi\frac{3}{2}$										¢ $\Phi\frac{3}{2}$			1
PH074	*Christe redemptor* à 4			C										C			
PH075	*Exultet coelum* à 4			¢										¢			
PH076	*Tristes erant* à 4 «Gloria tibi Domine, Qui surrexisti a mortuis, Cum Patre et Sancto Spiritu In sempiterna saecula»			¢ $\Phi\frac{3}{2}$										¢ $\Phi\frac{3}{2}$			1
PH077	*Deus tuorum* à 4			¢										¢			
PH078	*Sanctorum meritis* à 4			¢										¢			
PH079	*Rex gloriose* à 4			¢										¢			
PH080	*Iste confessor* à 4			¢										¢			

N°	Titres et textes des passages sous proportion	1572	1576	1581a	1581b	1583a	1583b	1585a	1585b	*1589a*	*1589b*	1592	1600a	*1600b*	*1603*	1605	Type écri-ture
PH081	*Jesu corona* à 4			¢										¢			
PH082	*Huius obtentu* à 4			¢										¢			
PH083	*Urbs beata* à 4			¢										¢			
PH084	*Pange Lingua, more hispano* à 4 «Laus et jubilatio, Salus, honor, virtus quoque Sit et benedictio: Procedenti ab utroque Compar sit laudatio»			¢ Φ $\frac{3}{2}$									¢	¢ Φ $\frac{3}{2}$			1
PH085	*Dixit Dominus* à 8 «Gloria patri et Filio, et Spiritui sancto»			¢ Φ $\frac{3}{2}$			¢ Φ $\frac{3}{2}$			¢ Φ $\frac{3}{2}$	¢ ¢ 3		¢ Φ $\frac{3}{2}$[28]		¢ Φ $\frac{3}{2}$		1
PH086	*Laudate pueri Dominum* à 8 «Gloria Patri et Filio, et Spiritui Sancto»			¢ 3			¢ Φ $\frac{3}{2}$			¢ Φ $\frac{3}{2}$[31]	¢[29] ¢ 3		¢[30] Φ $\frac{3}{2}$[32]		¢ Φ $\frac{3}{2}$		1
PH087	*Laudate Dominum omnes gentes* à 8 «Gloria Patri, et Filio, et Spiritui sancto»			¢ Φ $\frac{3}{2}$			¢ Φ $\frac{3}{2}$			¢[33] Φ $\frac{3}{2}$[35]	¢ ¢ 3		¢[34] Φ $\frac{3}{2}$[36]		¢ Φ $\frac{3}{2}$		1
PH088	*Magnificat secundi toni* (Anima mea) à 4				¢												
PH089	*Magnificat secundi toni* (Et exultavit) à 4				¢												
PH090	*Magnificat tertii toni* (Anima mea) à 4				¢												

28 TII, Chorus II: Φ 3. Partie d'orgue: ¢ 3.
29 CII, début de la pièce: C.
30 TII, Chorus II, début de «Suscitans a terra»: C.
31 C: Φ 3.
32 Partie d'orgue: ¢ 3.
33 B, début de la pièce: C.
34 CII, Chorus II, début de la pièce: C.
35 A: Φ 3.
36 Partie d'orgue: ¢ 3.

N°	Titres et textes des passages sous proportion	1572	1576	1581a	1581b	1583a	1583b	1585a	1585b	*1589a*	*1589b*	1592	1600a	*1600b*	*1603*	1605	Type écri-ture
PH091	*Magnificat tertii toni* (Et exultavit) à 4				¢												
PH092	*Magnificat quinti toni* (Anima mea) à 4				¢												
PH093	*Magnificat quinti toni* (Et exultavit) à 4				¢												
PH094	*Magnificat sexti toni* (Anima mea) à 4				¢												
PH095	*Magnificat sexti toni* (Et exultavit) à 4				¢												
PH096	*Magnificat septimi toni* (Anima mea) à 4				¢												
	«Suscepit Israel puerum suum recordatus misericordiae suae»				Φ 3												1
PH097	*Magnificat septimi toni* (Et exultavit) à 4				¢												
	«Sicut locutus est»				Φ 3												1
PH098	*Alma redemptoris mater / Tu quae genuisti* à 8				¢		¢			¢[37]	¢		¢		¢[38]		
PH099	*Ave regina coelorum / Gaude gloriosa* à 8				¢		¢			¢[39]	¢		¢		¢[40]		
	«Gaude gloriosa»				Φ 3/2		Φ 3/2			Φ 3/2[41]	¢ 3		Φ 3/2[42]		Φ 3/2		1
	«Et pro nobis»				3		Φ 3/2			Φ 3/2[43]	¢ 3		Φ 3/2[44]		Φ 3/2		2
PH100	*Missa Quam pulchri sunt* à 4					¢											
	«Hosanna in excelsis»					Φ 3											1

37 C, début de la Secunda pars: C.
38 CII, Chorus II, Prima pars: C.
39 TII, après «Gaude gloriosa»: C.
40 A, [Chorus I], après «et pro nobis»: C.
41 CII, T et TII: Φ 3.
42 Partie d'orgue: ¢ 3.
43 C, CII, TII et BII: Φ 3.
44 Partie d'orgue: ¢ 3.

N°	Titres et textes des passages sous proportion	1572	1576	1581a	1581b	1583a	1583b	1585a	1585b	*1589a*	*1589b*	1592	1600a	*1600b*	*1603*	1605	Type écri-ture
PH101	*Missa O quam gloriosum* à 4					¢											
	«Et incarnatus est. De Spiritu Sancto ex Maria Virgine. Et homo factus est»					Φ $\frac{3}{2}$											1
	«Hosanna in excelsis»					Φ $\frac{3}{2}$											1
PH102	*Missa Surge propera* à 5					¢											
	«Cum Sancto Spiritu»					Φ $\frac{3}{2}$											1
	«Pleni sunt coeli et terra gloria tua Hosanna in excelsis» [Hosanna I]					Φ $\frac{3}{2}$											1
	«Hosanna in excelsis» [Hosanna II]					Φ $\frac{3}{2}$											1
PH103	*Missa pro defunctis* à 4					¢[45]						¢					
PH104	*Duo seraphim / Tres sunt* à 4						¢		¢	¢	¢				¢		
	«Et hi tres unum sunt»						3		3	3	¢ 3[46]				3		2
PH105	*Domine, non sum dignus / Miserere mei* à 4						¢[47]			¢[48]	¢				¢[49]		
	«Et sanabitur anima mea»						Φ $\frac{3}{2}$			Φ $\frac{3}{2}$	¢ 3				Φ $\frac{3}{2}$		1
PH106	*O lux et decus Hispaniae* à 5						¢		¢	¢	¢				¢		
PH107	*Salve regina / Et Jesum* à 5						¢			¢[50]	¢				¢		
	«Advocata nostra, illos tuos misericordes oculos»						Φ $\frac{3}{2}$			Φ $\frac{3}{2}$	¢ 3				Φ $\frac{3}{2}$		1
PH108	*Tantum ergo* à 5						¢	¢	¢	¢[51]	¢				¢		
PH109	*Trahe me post te* à 6						¢		¢	¢[52]	¢				¢[53]		

45 A, le signe de mensuration manque pour l'Agnus Dei I. B, le signe de mensuration manque pour le premier Kyrie suivant le Libera me.
46 T: 3.
47 A, secunda pars: C.
48 *Ibid.*
49 *Ibid.*
50 T et B, début de la pièce: C.
51 CII: C.
52 AII: C.
53 B: C.

N°	Titres et textes des passages sous proportion	1572	1576	1581a	1581b	1583a	1583b	1585a	1585b	*1589a*	*1589b*	1592	1600a	*1600b*	*1603*	1605	Type écri-ture
PH110	*Litaniae* à 8						C			C[54]	¢		C[55]		C		
	«Causa nostrae letitiae, ora pro nobis, stella matutina, ora pro nobis, salus infirmorum, ora pro nobis»						Φ $\frac{3}{2}$			Φ $\frac{3}{2}$	¢ 3		Φ $\frac{3}{2}$[56]		Φ $\frac{3}{2}$[57]		1
PH111	*Laetatus sum* à 12						C			C	¢[58]		C		C		
	«Laetatus sum in his, quae dicta sunt mihi: in domum Domini ibimus»						Φ $\frac{3}{2}$			Φ $\frac{3}{2}$	¢ 3		Φ $\frac{3}{2}$[59]		Φ $\frac{3}{2}$		1
	«Gloria Patri, et Filio et Spiritui Sancto»						Φ $\frac{3}{2}$			Φ $\frac{3}{2}$[60]	¢ 3		Φ $\frac{3}{2}$[61]		Φ $\frac{3}{2}$		1
PH112	*Passio secundum Matthaeum* à 4							C[62]									
	«Barabbam»							3									1
	«Crucifigatur» [Première occurrence]							3									1
	«Crucifigatur» [Deuxième occurrence]							3									1
PH113	*[Lamentations de Jérémie] Feria V, Lectio prima* à 4							¢[63]									
PH114	*[Lamentations de Jérémie] Feria V, Lectio secunda* à 4							¢[64]									
PH115	*[Lamentations de Jérémie] Feria V, Lectio tertia* à 4							¢[65]									
PH116	*Responsorium: Amicus meus* à 4							¢[66]									

54 A, «Agnus Dei» et AII, début de la pièce: ¢.
55 Partie d'orgue, «Agnus Dei», le signe de mensuration manque.
56 Partie d'orgue: 3.
57 C, Chorus I: Φ 3.
58 TII, «Illuc enim ascenderunt»: C.
59 Partie d'orgue: ¢ 3.
60 BII: Φ 3.
61 Partie d'orgue, la dernière page de l'édition n'apparaît pas sur le microfilm que nous avons consulté, nous pourrions vraisemblablement y lire: ¢ 3.
62 Le signe de mensuration n'apparaît que lors de la première intervention, ceci à chacune des voix.
63 Le signe de mensuration n'apparaît que lors de la première intervention, ceci à chacune des voix, sauf T, «Jerusalem», où il est réintroduit.
64 Le signe de mensuration n'apparaît que lors de la première intervention, ceci à chacune des voix, sauf CII, «Jerusalem», où il est réintroduit.
65 Le signe de mensuration n'apparaît que lors de la première intervention, ceci à chacune des voix, sauf A, «Caph» et AII, «Jerusalem», où il est réintroduit.
66 Le signe de mensuration n'apparaît que lors de la première intervention, ceci à chacune des voix.

N°	Titres et textes des passages sous proportion	1572	1576	1581a	1581b	1583a	1583b	1585a	1585b	*1589a*	*1589b*	1592	1600a	*1600b*	*1603*	1605	Type écri-ture
PH117	*Responsorium: Judas mercator* à 4							C[67]									
PH118	*Responsorium: Unus ex discipulis* à 4							¢[68]									
PH119	*Responsorium: Eram quasi agnus* à 4							¢[69]									
PH120	*Responsorium: Una hora* à 4							¢[70]									
PH121	*Responsorium: Seniores populi* à 4							¢[71]									
PH122	*Benedictus Dominus Deus* à 4 «Sicut erat in principio, et nunc, et semper, et in saecula saeculorum. Amen»							¢[72] 3									1
PH123	*Miserere mei Deus* à 4							C									
PH124	*[Lamentations de Jérémie] Feria VI, Lectio prima* à 4							¢[73]									
PH125	*[Lamentations de Jérémie] Feria VI, Lectio secunda* à 4							¢[74]									
PH126	*[Lamentations de Jérémie] Feria VI, Lectio tertia* à 4							¢[75]									
PH127	*Responsorium: Tamquam ad latronem* à 4							¢[76]									
PH128	*Responsorium: Tenebrae factae sunt* à 4							¢[77]									
PH129	*Responsorium: Animam meam* à 4							¢[78]									

67 *Ibid.*
68 *Ibid.*
69 *Ibid.*
70 *Ibid.*
71 Le signe de mensuration n'apparaît que lors de la première intervention, ceci à chacune des voix, sauf C, «Ut Jesum», où il est réintroduit.
72 Le signe de mensuration n'apparaît que lors de la première intervention, ceci à chacune des voix.
73 Le signe de mensuration n'apparaît que lors de la première intervention, ceci à chacune des voix, sauf AII, «Jerusalem», où il est réintroduit.
74 Le signe de mensuration n'apparaît que lors de la première intervention, ceci à chacune des voix, sauf B, «Jerusalem» à 5, où il est réintroduit.
75 Le signe de mensuration n'apparaît que lors de la première intervention, ceci à chacune des voix, sauf CII, «Jerusalem», où il est réintroduit.
76 Le signe de mensuration n'apparaît que lors de la première intervention, ceci à chacune des voix.
77 *Ibid.*
78 *Ibid.*

N°	Titres et textes des passages sous proportion	1572	1576	1581a	1581b	1583a	1583b	1585a	1585b	*1589a*	*1589b*	1592	1600a	*1600b*	*1603*	1605	Type écri-ture
PH130	*Responsorium: Tradiderunt me* à 4							¢[79]									
PH131	*Responsorium: Jesum tradidit* à 4							¢[80]									
PH132	*Responsorium: Calligaverunt oculi mei* à 4							¢[81]									
PH133	*Passio secundum Ioannem* à 4 «Non hunc, sed Barabbam» «Crucifige eum» «Tolle, tolle, crucifige eum»							¢[82] 3 3 3									 1 1 1
PH134	*Improperia: Popule meus* à 4							¢[83]									
PH135	*[Lamentations de Jérémie] Sabbato Sancto, Lectio prima* à 4							¢[84]									
PH136	*[Lamentations de Jérémie] Sabbato Sancto, Lectio secunda* à 4							¢[85]									
PH137	*[Lamentations de Jérémie] Sabbato Sancto, Lectio tertia* à 4							¢[86]									
PH138	*Responsorium: Recessit pastor* à 4							¢[87]									
PH139	*Responsorium: O vos omnes* à 4							¢[88]									
PH140	*Responsorium: Ecce quomodo* à 4							¢[89]									
PH141	*Responsorium: Astiterunt reges* à 4							¢[90]									
PH142	*Responsorium: Aestimatus sum* à 4							¢[91]									

79 *Ibid.*
80 *Ibid.*
81 *Ibid.*
82 *Ibid.*
83 *Ibid.*
84 Le signe de mensuration n'apparaît que lors de la première intervention, ceci à chacune des voix, sauf CII et TII, «Jerusalem», où il est réintroduit.
85 Le signe de mensuration n'apparaît que lors de la première intervention, ceci à chacune des voix, sauf B, «Jerusalem» à 5, où il est réintroduit.
86 Le signe de mensuration n'apparaît que lors de la première intervention, ceci à chacune des voix, sauf toutes les voix, «Jerusalem» à 8 et CCIIATTII, «Jerusalem» à 6, où il est réintroduit.
87 Le signe de mensuration n'apparaît que lors de la première intervention, ceci à chacune des voix.
88 *Ibid.*
89 *Ibid.*
90 *Ibid.*
91 *Ibid.*

N°	Titres et textes des passages sous proportion	1572	1576	1581a	1581b	1583a	1583b	1585a	1585b	*1589a*	*1589b*	1592	1600a	*1600b*	*1603*	1605	Type écri-ture
PH143	*Responsorium: Sepulto Domino* à 4							¢[92]									
PH144	*Vexilla regis, more hispano* à 4							¢									
PH145	*Resplenduit facies ejus* à 5								C								
PH146	*Estote fortes* à 4 «Alleluia»								¢ Φ $\frac{3}{2}$								 1
PH147	*Iste sanctus* à 4								¢								
PH148	*Gaudent in coelis* à 4 «Exultant sine fine»								¢ Φ $\frac{3}{2}$								 2
PH149	*Ecce sacerdos* à 4								C								
PH150	*Hic vir despiciens mundum* à 4 «Divitias coelo condidit» [Première occurrence] «Divitias coelo condidit» [Deuxième occurrence]								¢ Φ $\frac{3}{2}$ Φ $\frac{3}{2}$								 1 1
PH151	*Veni sponsa Christi* à 4								¢								
PH152	*O quam metuendus est* à 4								¢								
PH153	*Lauda Sion* à 8 «Bone Pastor, panis vere, Jesu nostri miserere: tu nos pasce, nos tuere tu nos bona fac videre»								C 3				C 3[93]				 1
PH154	*Asperges me Domine* à 4											C[94]	C[95]				
PH155	*Vidi aquam* à 4											C	C[96]				
PH156	*Missa O magnum mysterium* à 4 Kyrie et Gloria «Cum sancto Spiritu»											C ¢[97] Φ $\frac{3}{2}$					 2

92 *Ibid.*
93 AI, Chorus I: C [sic !]. Partie d'orgue: ¢ 3.
94 C et T, «Secundum magnam misericordiam tuam» et «Sicut erat in principio», les signes de mensurations manquent.
95 C et T, «Secundam magnam» et «Sicut erat in principio», les signes de mensurations manquent.
96 T, «Quoniam in saeculum», le signe de mensuration manque.
97 B, Kyrie I, A, Kyrie II: C.

N°	Titres et textes des passages sous proportion	1572	1576	1581a	1581b	1583a	1583b	1585a	1585b	*1589a*	*1589b*	1592	1600a	*1600b*	*1603*	1605	Type écri-ture
	«Per quem omnia facta sunt»											Φ $\frac{3}{2}$					2
	«Et resurrexit tertia die»											Φ $\frac{3}{2}$					1
	«Et vitam venturi soeculi»											Φ $\frac{3}{2}$					1
	«Hosanna in excelsis»											Φ $\frac{3}{2}$					1
PH157	*Missa Quarti toni* à 4											C [98]					
	«Cum sancto Spiritu»											Φ $\frac{3}{2}$					2
	«Et incarnatus est de Spiritu sancto ex Maria Virgine: et homo factus est»											Φ $\frac{3}{2}$					1
	«Et resurrexit»											Φ $\frac{3}{2}$					1
	«Hosanna in excelsis»											Φ $\frac{3}{2}$					1
PH158	*Missa Trahe me post te* à 5											C					
	«Et resurrexit tertia die»											Φ $\frac{3}{2}$ [99]					1
	«Cum gloria judicare vivos»											Φ $\frac{3}{2}$ [100]					2
	«Hosanna in excelsis»											Φ $\frac{3}{2}$ [101]					1
PH159	*Missa Ascendens Christus* à 5											¢					
	«Hosanna in excelsis»											Φ $\frac{3}{2}$					1
PH160	*Missa Vidi speciosam* à 6											C [102]					
	«Domine Deus, Agnus Dei, Filius Patris»											Φ $\frac{3}{2}$					1
	«Quoniam tu solus sanctus. Tu solus Dominus»											Φ $\frac{3}{2}$					1
	«Et expecto»											Φ $\frac{3}{2}$					2
	«Gloria tua. Hosanna in excelsis»											Φ $\frac{3}{2}$					1

98 C, Kyrie II et T, Kyrie I, les signes de mensuration manquent.

99 T: ¢ $\frac{3}{2}$.

100 *Ibid.*

101 *Ibid.*

102 TII, le signe de mensuration manque au début du Gloria.

N°	Titres et textes des passages sous proportion	1572	1576	1581a	1581b	1583a	1583b	1585a	1585b	*1589a*	*1589b*	1592	1600a	*1600b*	*1603*	1605	Type écri-ture
PH161	*Missa Salve regina* à 8											¢	¢ [103]				
	Crucifixus											C	C [104]				
	«Laudamus te. Benedicimus te. Adoramus te. Glorificamus te»											ϕ $\frac{3}{2}$	ϕ $\frac{3}{2}$ [105]				1
	«In gloria Dei Patris, Amen»											ϕ $\frac{3}{2}$	ϕ $\frac{3}{2}$ [106]				1
	«Et iterum venturus est»											ϕ $\frac{3}{2}$	ϕ $\frac{3}{2}$ [107]				1
	«Qui ex Patre Filioque procedit. Qui cum Patre, et Filio»											ϕ $\frac{3}{2}$	ϕ $\frac{3}{2}$ [108]				1
	«Confiteor unum baptisma»											ϕ $\frac{3}{2}$	ϕ $\frac{3}{2}$ [109]				2
PH162	*Responsorium: Peccantem me* à 4											¢ [110]					
PH163	*Responsorium: Credo quod redemptor* à 5											¢ [111]					
PH164	*Missa Alma redemptoris* à 8												C [112]				
	«Cum sancto Spiritu»												ϕ 3 [113]				1
PH165	*Missa Ave regina* à 8												C [114]				
	Et incarnatus est												¢				
	«Laudamus te. Benedicimus te. Adoramus te»												3 [115]				1
	«In gloria Dei Patris. Amen»												3 [116]				1
	«Hosanna in excelsis» [Hosanna concluant le Sanctus proprement dit]												3				1

103 CII, Chorus II, Kyrie I: C.
104 CII, Chorus II, début du Crucifixus: ¢.
105 Partie d'orgue: ¢ 3.
106 TII, Chorus II: ¢. Partie d'orgue: 3.
107 Partie d'orgue: 3.
108 Partie d'orgue: 3.
109 Partie d'orgue: 3.
110 Le signe de mensuration n'apparaît qu'au début de la pièce, ceci à chacune des voix, de même qu'à T, «Kyrie eleison».
111 Le signe de mensuration n'apparaît qu'au début de la pièce, ceci à chacune des voix.
112 Partie d'orgue, les signes de mensuration manquent au début de «Et in spiritum» et au début de l'Agnus Dei.
113 BI, Chorus I: ϕ. Partie d'orgue: 3.
114 AII, Chorus II, «Qui tollis peccata mundi»: ¢. TII, Chorus II, Benedictus: ¢.
115 Partie d'orgue: ¢ 3.
116 Partie d'orgue: ¢ 3.

N°	Titres et textes des passages sous proportion	1572	1576	1581a	1581b	1583a	1583b	1585a	1585b	*1589a*	*1589b*	1592	1600a	*1600b*	*1603*	1605	Type écri-ture
PH166	*Missa Pro victoria* à 9												C[117]				
	«Christe eleison»												¢ 3				1
	«Cum Sancto Spiritu»												3				1
	«In gloria Dei Patris, Amen» [Première occurrence]												3				1
	«In gloria Dei Patris, Amen» [Deuxième occurrence]												3				1
	«Patrem omnipotentem, factorem coeli et terrae, visibilium omnium»												¢ 3[118]				1
	«Et resurrexit tertia die, secundum Scripturas»												3				1
	«Qui ex Patre Filioque procedit. Qui cum Patre, et Filio simul adoratur, et conglorificatur: qui locutus est per Prophetas. Et unam Sanctam Catholicam et Apostolicam Ecclesiam. Confiteor unum baptisma in remissionem peccatorum»												3				1
	«Et vitam venturi saeculi. Amen» [Première occurrence]												3				1
	«Et vitam venturi saeculi. Amen» [Deuxième occurrence]												3				1
	«Sacnctus» [Première occurrence]												¢ 3[119]				1
	«Sanctus» [Deuxième occurrence]												3				1

117 BI, Chorus I, le signe de mensuration manque au début du «Crucifixus» et après «Qui ex Patre».
118 CII, Chorus II: C 3.
119 AII, Chorus II, TI, Chorus I, BII, Chorus II: C 3.

N°	Titres et textes des passages sous proportion	1572	1576	1581a	1581b	1583a	1583b	1585a	1585b	*1589a*	*1589b*	1592	1600a	*1600b*	*1603*	1605	Type écri-ture
	«Hosanna in excelsis» [Hosanna concluant le Sanctus proprement dit]												3				1
	«Hosanna in excelsis» [Hosanna concluant le Benedictus]												ϕ 3 [120]				1
PH167	*Victimae Paschali laudes* à 8												C				
	«Dic nobis Maria, quid vidisti in via?»												ϕ 3 [121]				2
	«Et gloriam vidi resurgentis»												3				1
	«Scimus Christum surrexisse a mortuis Vere: tu nobis victor Rex miserere. Alleluia»												ϕ 3 [122]				1
PH168	*Veni sancte spiritus* à 8												C [123]				
	«Consolator optime, Dulcis hospes animae, Dulce refrigerium. O lux beatissima, Reple cordis intima Tuorum fidelium»												3				1
PH169	*O Ildephonse* à 8												C [124]				
	«Alleluia»												3				2
PH170	*Magnificat primi toni* à 8: Anima mea, Qui fecit mihi magnam, Et misericordia, Suscepit Israel et après «Gloria Patri»												₵ [125]				

120 Partie d'orgue: 3.
121 CI, Chorus I: C 3. CII, Chorus I, AI, Chorus I, partie d'orgue: ₵ 3.
122 CI, Chorus I, AI, Chorus I: C 3. CII, Chorus I, partie d'orgue: ₵ 3.
123 CII, Chorus II, TII, Chorus II, BII, Chorus II, début de la pièce: ₵.
124 CI, Chorus I, AI, Chorus I, BI, Chorus I, début de la pièce: ₵.
125 Partie d'orgue, «Et misericordia», le signe de mensuration manque.

N°	Titres et textes des passages sous proportion	1572	1576	1581a	1581b	1583a	1583b	1585a	1585b	*1589a*	*1589b*	1592	1600a	*1600b*	*1603*	1605	Type écri-ture
	Et exultavit, Quia respexit, après «Fecit potentiam», Esurientes et après «Sicut locutus est»												C[126]				
	«Fecit potentiam in brachio suo»												ɸ 3[127]				1
	«Deposuit potentes de sede et exaltavit humiles»												ɸ 3				1
	«Sicut locutus est ad patres nostros Abraham»												ɸ 3[128]				1
	«Gloria Patri et Filio et spiritui sancto»												ɸ 3[129]				1
PH171	*Ecce nunc benedicite* à 8												C[130]				
	«Gloria Patri, et Filio et Spiritui Sancto»												ɸ 3[131]				1
PH172	*Magnificat sexti toni* à 12												¢				
	Après «Fecit potentiam» et Esurientes												C				
	«Quia fecit mihi magna qui potens est et sanctum nomen ejus»												¢ 3				1
	«Fecit potentiam»												¢ 3[132]				1
	«Sicut locutus est ad patres nostros, Abraham et semini ejus in saecula»												¢ 3				1
	«Gloria Patri et Filio et spiritui sancto»												¢ 3[133]				1

126 CI, Chorus I, «Esurientes» et après «Sicut locutus est»: ¢. Partie d'orgue, «Esurientes», le signe de mensuration manque.
127 BII, Chorus II, partie d'orgue: ¢ 3.
128 BI, Chorus I, partie d'orgue: ¢ 3.
129 AII, Chorus II: ɸ. Partie d'orgue: ¢ 3.
130 CII, Chorus II, TII, Chorus II, BII, Chorus II, début de la pièce: ¢.
131 Partie d'orgue: ¢ 3.
132 CII, Chorus II: 3.
133 TIII, Chorus III: 3.

N°	Titres et textes des passages sous proportion	1572	1576	1581a	1581b	1583a	1583b	1585a	1585b	*1589a*	*1589b*	1592	1600a	*1600b*	*1603*	1605	Type écri-ture
PH173	*Missa Laetatus sum* à 12 Crucifixus «Et resurrexit tertia die» «Cum gloria judicare vivos»												¢[134] C Φ 3 Φ 3				 1 1
PH174	*Te deum laudamus* à 4												C[135]				
PH 175[136]	*Ave maris stella* [versets impairs] à 4												–				
PH176	*Nunc dimittis* à 4 «Et gloriam plebis tuae Israel» «Sicut erat in principio, et nunc, et semper, et in saecula saeculorum. Amen»												C[137] 3 Φ 3				 1 1
PH177	*Et misericordia* à 3 (pour le *Magnificat primi toni* à 8 PH170)												C				
PH178	*Missa Pro defunctis* à 6															¢[138]	
PH179	*Responsorium: Libera me* à 6															¢[139]	
PH180	*Versa est in luctum* à 6															¢	
PH181	*Lectio II: Taedet animam* à 4															C	

134 CII, Chorus II, le signe de mensuration manque pour l'Hosanna qui suit le Benedictus. CIII, Chorus II, «Qui tollis peccata mundi», le signe de mensuration manque. TI, Chorus I, le signe de mensuration manque au début du Credo. TIII, Chorus III, le signe de mensuration manque pour l'Hosanna qui suit le Benedictus. BII, Chorus II, «Et incarnatus est», le signe de mensuration manque.

135 Le signe de mensurations n'apparaît qu'au début de la pièce, ceci à chacune des voix.

136 Pièce non prise en compte, voir la note 7.

137 C, A et B, le signe de mensuration manque au début de «Lumen ad revelationem».

138 A, les signes de mensurations manquent pour l'Agnus Dei II et la Communio.

139 C, «Requiem aeternam»: C [¢ mal imprimé ?]; l'indication de mensuration manque pour le Kyrie eleison II. CII, les signes de mensuration manquent pour les Kyrie I et II. A: «Dies illa dies irae»: C [¢ mal imprimé ?]. B, le signe de mensuration manque pour le Kyrie II.

Yves Fournier

La notation des *gagliarde* vers 1600

Il y a un siècle, Bertrand Russell et Alfred North Whitehead publiaient une somme en trois volumes qui marquerait de son empreinte la pensée du XXe siècle. Les *Principia Mathematica* incarnent la tentative de fonder les mathématiques sur une logique axiomatique, comme le furent les *Éléments* d'Euclide pour la géométrie classique. Moins de deux décennies plus tard, cette formidable forteresse de logique s'effondra, sous l'assaut d'un jeune mathématicien, Kurt Gödel. En effet, son célèbre théorème d'incomplétude, publié en 1931 dans un article intitulé «Des propositions formellement indécidables dans les *Principia Mathematica* et autres systèmes apparentés», prédit l'existence de propositions vraies, mais non démontrables, à l'intérieur de toutes formulations axiomatiques consistantes. Si les exemples similaires abondent au sein des sciences dites dures, les autres disciplines ne sont évidemment pas à l'abri d'une telle situation. En musique, le système de gestion des durées utilisé à la Renaissance présente dès sa naissance, durant l'*Ars nova*, toutes les caractéristiques d'une construction logique. Basée sur quelques principes simples, la notation mensuraliste est une méthode de codification de l'information élaborée dans un but précis: permettre la synchronisation des voix dans le contrepoint de l'*Ars perfecta*. Bien que les fondements du système soient peu nombreux (double division des valeurs, proportions, *tactus*), ils permettent malgré tout de noter *de facto* une multitude de formules musicales, du moment que celles-ci s'inscrivent dans le paradigme qui a présidé à l'élaboration du système. En résumé, le système, basé sur quelques «axiomes», fonctionne parfaitement, s'il est utilisé pour ce pourquoi il a été conçu. Pareillement, la géométrie euclidienne remplissait à merveille son rôle, du moment qu'elle évoluait dans l'échelle qu'elle décrit: l'échelle humaine. En dehors de celle-ci, soit dans l'infiniment petit ou l'excessivement grand, le système n'est plus consistant: il aboutit à des contradictions. De même en musique, la codification d'intentions musicales étrangères à ce qui deviendra le *stile osservato* met en lumière les limites de la notation mensuraliste. Les limites existent de façon latente à l'intérieur du système lui-même, comme l'a montré Gödel pour les mathématiques. Elles sont nombreuses: problème des équivalences[1], équivocité du signe **3**, signification du ₵[2]. Ces divers aspects ont été abondamment discutés par les musicologues. Nous avons donc choisi de nous concentrer sur un cas particulier: le choix du *tempo* dans la gaillarde.

Fixer par écrit une gaillarde, ou d'ailleurs toute autre danse ternaire rapide, relève bien souvent de la gageure. La danse nécessite *ipso facto* un séquençage périodique, autrement dit un mètre régulier, qui définit *a priori* le type de danse en question. Le rythme, ou du moins son incarnation dans un moule métrique immuable, devient ainsi la caractéristique première et fondatrice pour identifier une danse, supplantant bien souvent l'aspect mélodique. Or le système mensuraliste, qui synchronise un contrepoint non-accentué, n'est pas optimal pour codifier une telle singularité. Nous nous trouvons en quelque sorte face à une exaptation musicale[3], c'est-à-dire l'utilisation de fonctions à une autre fin que celles prévues à l'origine. De la volonté et de la nécessité de noter cette musique de danse naîtront des déviances et des usages sibyllins[4].

1 A titre d'exemple, nous mentionnerons uniquement l'ambigüité de la prolation parfaite. Tinctoris préconise l'égalité de minime (C𝅗𝅥 = ☉𝅗𝅥), Ramos de Pareia l'égalité de brève.

2 Voir Busse Berger, Anna Maria, «The myth of diminutio per tertiam partem» in *The Journal of Musicology*, vol. 8, no. 3 (été 1990), pp. 398-426. Et aussi Wegman, Rob C., «Different Strokes for Different Folks? On tempo and Diminution in fifteenth Century Music» in *The Journal of the American Musicological Society*, vol. 53, no. 3 (automne 2000), pp. 461-505.

3 Le lecteur peu familier des théories néo-darwiniennes, et en particulier des écrits de Stephen Jay Gould, nous pardonnera sans doute cette métaphore.

4 Notre passion pour le fonctionnement du système mensuraliste s'est développée au contact d'Etienne Darbellay, dans ses cours puis lors de conversations. Cet ascendant se retrouve inévitablement dans la formulation des idées présentées ici. Subsidiairement, l'utilisation de métaphores scientifiques tente, maladroitement, de rappeler cette façon unique d'éclairer un problème par des parallèles inattendus.

Origine et premières notations

Il est toujours difficile de définir avec certitude le *terminus post quem* d'un terme. L'historiographie traditionnelle[5] fixait la première occurrence du mot «gaillarde» dans l'*Orlando innamorato* de Matteo Maria Bojardo, écrit entre 1480 et 1490. Or les vers en question (*canto LXII*) ont été ajoutés dans l'adaptation qu'en a fait Francesco Berni vers 1530. En conséquence, la mention la plus ancienne du terme «gaillarde» connue à ce jour date de la toute fin du XVe siècle[6]. Les premières notations musicales des gaillardes sont à chercher dans les *saltarelli*, étant entendu que les deux termes sont interchangeables à l'origine. Lawrence Henry Moe relève vingt-cinq cas de concordances où des pièces de luth s'intitulent indistinctement *saltarello* ou *gagliarda*[7]. Le répertoire italien entretient l'équivocité jusqu'en 1546 encore, où Antonio Rotta nomme une de ses pièces *Saltarel cioè gagliarda*[8]. Dès 1508 – date des premières tablatures pour luth de *balli* – la notation d'une danse ternaire se décline de différentes façons. Nonobstant une certaine confusion liée à la diversité des signes, l'exécution de ces pièces n'est pas si problématique qu'il y paraît. En effet, même si une interprétation strictement mensuraliste est impossible[9], l'exécutant se base avant tout sur le caractère propre de la danse qu'il doit restituer pour choisir son *tempo*. Une parfaite translation lie ainsi une gaillarde et sa réalisation chorégraphique (contrairement, nous le verrons, à ce qui se passe à la fin du

5 Notamment Moe, Lawrence Henry, *Dance music in printed italian lute tablatures from 1507 to 1611*, thèse de doctorat, Harvard University, 1956, p. 53.

6 Concernant l'adaptation de Berni et la première mention du terme, voir l'introduction de Barbara Sparti dans Compasso, Lutio, *Ballo della Gagliarda*, *facsimile* de l'édition de 1560, Fa-gisis Musik- und Tanzedition, Freiburg, 1995.

7 Moe, Lawrence Henry, *op. cit.*, p. 46.

8 Rotta, Antonio, *Intabolatura de lauto, libro primo*, Venezia, 1546 (reproduction en *facsimile* Editions Minkoff, Genève, 1982), f. 19v. De nombreux témoignages plus tardifs abondent en ce sens. Voir Morley, Thomas, *A plaine and easie introduction to praticall musicke, set downe in forme of a dialogue*, London, Peter Short, 1597: «The Italians make their galliards (wich they tearm *Salta relly*) plain [...]», p. 207. Ou encore Praetorius, Michael, *Syntagma musicum, vol. 3*, *facsimile* de l'édition Wolfenbüttel de 1619 [éd. Arno Forchert], Kassel, 2001: «Die Italiäner nennens in gemein Saltarelli», p. 26.

9 Une telle interprétation imposerait à l'exécutant des *tempi* irréalisables et contraires au sens musical.

XVIe siècle et au début du XVIIe siècle). Quelques traités du XVIe siècle conservent les traces de ces réalisations. Thoinot Arbeau (pseudonyme de Jean Tabourot) définit la gaillarde comme un tourdion dansé en l'air[10]. Troisième partie de la basse-danse, qui suit directement le «retour», le tourdion se danse toutefois plus rapidement que la gaillarde[11]: «L'air du tourdion & l'air d'une gaillarde sont de mesmes, & ny a difference sinon que le tourdion se dance bas & par terre d'une mesure legiere & concitee: Et la gaillarde se dance hault d'une mesure plus lente et pesante.» L'unité de base de celle-ci, le *tempo di gagliarda*, compte six minimes; l'élément caractérisant est la cadence, c'est-à-dire le saut et la posture respectivement sur la cinquième et sixième minime. D'autres pas peuvent se substituer aux grèves des quatre premières minimes (pied croisé, entretaille, ruade, pieds joints, ...). Par contre, la cadence ne varie pas. Arbeau donne une tablature (*tab. 1*) pour les pas de la gaillarde:

3	𝅗𝅥	𝅗𝅥	𝅗𝅥	𝅗𝅥	𝅗𝅥	𝅗𝅥
	Grève	Grève	Grève	Grève	Saut	Posture

Tableau 1. *Tablature des cinq pas de la gaillarde (Arbeau).*

La cinquième minime est souvent omise, ce qui donne 𝅗𝅥 𝅗𝅥 𝅗𝅥 | 𝅗𝅥 𝄼 𝅗𝅥 ou encore 𝅗𝅥 𝅗𝅥 𝅗𝅥 | 𝅗𝅥. ♩ 𝅗𝅥. Toutefois le schéma type est toujours le même, et porte le nom de *cinque passi* en Italie[12]. Nous en trouvons une trace au XVIIe siècle encore, où Pesenti utilise l'expression *gagliarda di cinque passi* dans le titre de son recueil de 1638[13]. Deux mesures de musique corres-

10 «Le tourdion n'est autre chose qu'une gaillarde par terre», Arbeau, Thoinot, *Orchésographie, métode, et théorie en forme de discours et tablature pour apprendre à dancer,* Langres, Jehan des Preyz, 1596 (reproduction en *facsimile* Editions Minkoff, Genève, 1972), f. 28v.

11 *Ibid.* , f. 49v .

12 Pour une définition italienne des *cinque passi,* voir Caroso, Fabritio da Sermoneta, *Il ballarino*, Venezia, Francesco Zileti, 1581, regola XXX, f. 11r. Nous signalons au passage deux sources italiennes qui traitent de la *gagliarda:* Compasso, Lutio, *Ballo della Gagliarda, facsimile* de l'édition de 1560, introduction par Barbara Sparti, Fagisis Musik- und Tanzedition, Freiburg, 1995. Negri, Cesare, *Le gratie d'amore*, Milan, P. Ponti & G.B. Piccaglia, 1602.

13 Pesenti, Martino, *Madrigali a due, tre, quattro, cinque e sei voci, alcuni concertati con violini con alcune canzonette a 3. e 4. et un ballo sopra la gagliarda di cinque passi con il suo basso continuo. Op. 9 Libro IV,* Venezia, A. Vincenti, 1638. Merci à Constance Frei qui nous a signalé ce recueil.

pondent ainsi à une mesure (*tempo*) de danse. Face à la nécessité d'écrire une telle musique, les compositeurs, confrontés aux limitations du système mensuraliste, ont utilisé indifféremment plusieurs techniques. La tablature de Dalza[14], nous l'avons dit, contient des *saltarelli* notés de diverses façons: C**3** 𝅗𝅥𝅗𝅥𝅗𝅥 (avec ou sans la proportion *tripla*, signifiée chez Petrucci par la présence d'une petite boucle au sommet des hampes); ¢ ou C**3** avec barrage en binaire (𝅗𝅥 | 𝅗𝅥 𝅗𝅥 | ...); et finalement pour une seule occurrence[15]: O 𝅗𝅥 𝅗𝅥 𝅗𝅥. Derrière ces divergences de notation se cache un but commun: signifier un mètre ternaire rapide. En France, l'imprimeur Attaingant recourt aux mêmes artifices dans ses tablatures pour clavier. Son recueil de 1531, *Quatorze gaillardes, neuf pavanes, sept branles et deux basses dances*[16], compte seize (*sic*) gaillardes, notées ¢**3** ♪♪♪ ou parfois **3** ♪♪♪. L'utilisation des blanches crochées n'est pas révélatrice de la notation des gaillardes, mais bien plutôt d'une particularité due à la technique typographique attaingnante[17]. Autre élément présent chez Dalza et qui se retrouve dans les tablatures pour clavier, le barrage binaire n'est qu'une façon parmi d'autres de signifier une vitesse d'exécution rapide, tout en excluant le sens moderne métrique qu'il a pris par la suite. Ainsi, en 1551, Antonio Gardane publie un recueil dont toutes les gaillardes sont notées en *tempus diminutum* (¢) avec un barrage à la brève binaire[18] (*fig. 1*). Or, derrière une apparence trompeuse se cache bel et bien une musique ternaire, dissimulée par une «tablaturisation» qui réduit ou résout toute la musique au signe ¢[19] (*fig. 2*).

14 Dalza, Joan Ambrosio, *Intabulatura de Lauto, libro quatro*, Venezia, O. Petrucci, 1508 (reproduction en *facsimile* Editions Minkoff, Genève, 1980).

15 Dalza, *op. cit.*, ff. 25^{v}-26^{v}.

16 Attaingnant, Pierre (éd.), *Quatorze gaillardes, neuf pavanes, sept branles et deux basses dances, le tout reduict de musique en la tabulature du jeu dorgues espinettes manicodrions*, Paris, 1531 (reproduction en *facsimile* Editions J.M. Fuzeau, Courlay, 1996, présentation Marcel Degrutère).

17 Voir également la *Tablature pour le jeu Dorgues, Espinettes et Manicordions sur le plain chant de Cunctipotens et Kyrie fons.*, 1531, qui utilise des notes crochées dans des œuvres sacrées.

18 Gardane, Antonio, *Intabolatura nova di varie sorte de balli da sonare, libro primo*, Venezia, 1551 (reproduction en *facsimile* Edition Forni, Bologna, 1971).

19 La technique des *resolutiones* se trouvent notamment chez Agricola, Martin, *Musica Figuralis Deudsch*, Wittenberg, Georg Rhau, 1532, et plus tard de façon quasi-systématique chez Heyden, Sebald, *De arte canendi*, Nürnberg, Johann Petreius, 1540.

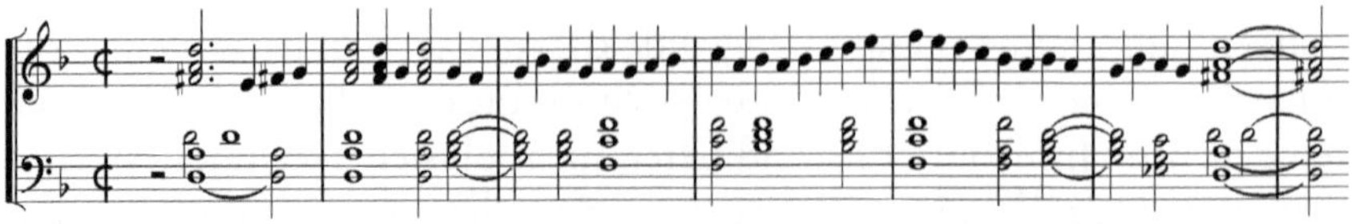

Figure 1. *Gardane, gaillarde en tempus diminutum.*

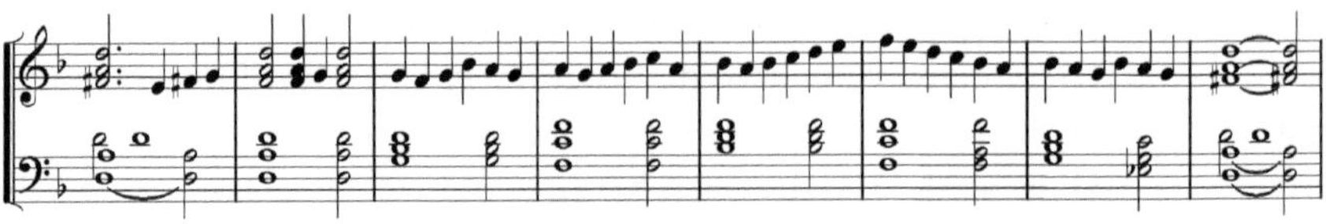

Figure 2. *Gardane, gaillarde en barrage ternaire.*

Si les premières tablatures pour luth contiennent encore quelques signes mensuralistes (Spinacino, Dalza, Bossinensis), elles n'en comportent que rarement, voire plus du tout, par la suite. L'échelle de valeur tend aussi à se standardiser. Les *cinque passi* couvrent la durée de six minimes, dans la plupart des cas divisées en deux mesures musicales.

Dans la deuxième moitié du XVIe siècle, la gaillarde se répand à travers l'Europe occidentale ainsi qu'en Angleterre[20]. Au cours de cette période, la gaillarde se transforme peu à peu pour prendre la forme d'une série de variations chorégraphiques, généralement à un seul danseur. Les traités de la fin du XVIe siècle contiennent d'ailleurs des informations principalement sur ces variations – ou *mutanze* – plutôt que sur les pas «standards». En 1560, Lutio Compasso inaugure la mutation de ce nouveau style de danse, avec une description de 165 *mutanze*[21]. Bien plus éprouvante que le tourdion, la gaillarde demande un effort physique considérable de la part du danseur[22], et pourrait exiger un tempo légèrement plus lent, conséquence de la

20 Au XVIIe siècle, la gaillarde s'étend à toute l'Europe. On en trouve des traces en Transylvanie, dans le *Codex caioni*, f. 57 (reproduction en *facsimile* Musicalia Danubiana, vol. 14, MTA Zenetudomanyi Intezet, 1994).

21 Compasso, Lutio, *op. cit.* Lutii Prospero liste, quant à lui, 35 variations (*Opera bellissima nella quale si contengono molte partite, et passeggi di gagliarda con la quale ciascuno in breve tempo potrà facilmente imparare di ballare*, Perugia, Pietro Paolo Orlando, 1589).

22 Arena: «Mais voici qu'il vient d'arriver une danse nouvelle et fort belle, la gaillarde, qui nous fait suer à grosses gouttes. Elle nous met hors d'haleine, la ribaude; à moi, elle me casse les jambes. Mais je ne saurais dire combien cela me fait rire de voir les gens démener ainsi leurs pieds; on dirait des coqs qui se plument en se battant, ou des chats et des chiens qui cherchent à se griffer. On dirait souvent qu'ils vont tomber par

virtuosité toujours plus grande des *mutanze*. Si la gaillarde dansée se modifie avant la fin du XVIe siècle, il y a peu d'indices qui confirment un tel phénomène dans la musique[23]. Les signes de mensuration les plus fréquents se restreignent aux C**3** ou **3** seul[24]. Les mêmes signes se retrouvent dans les manuscrits musicaux, notamment dans Florence 138 (Ms. Magl.XIX.138) et dans Bologna 360 (Ms. AA/360). La proportion *sesquialtera* seule (**3/2** 𝅗𝅥𝅗𝅥𝅗𝅥) apparaît dans UCLA 51/1 (Los Angeles Ms. 51/1) et dans Chigi 26 (Ms. Chigi Q.IV.26)[25]. De cette diversité des usages se dégage une évidence: les compositeurs recourent avec une certaine désinvolture à un système inadéquat qu'ils ne comprennent au mieux que partiellement.

Gagliarda napoletana

Face à un tel salmigondis de notations, les compositeurs de l'école napolitaine se démarquent par une orthodoxie d'écriture peu commune. Il appert de l'examen des imprimés napolitains qu'une certaine congruence entre la pratique musicale et les écrits théoriques contemporains se fait jour. En effet, dès le début du XVIIe siècle, les traités nous renseignent sur la coexistence de deux *tactus* différents, selon l'échelle de valeur utilisée[26]

terre en dansant, avec toutes ces voltiges. Donc, quand tu voudras danser la gaillarde, n'attrape pas de mauvais coup, mon grand garçon, je t'en prie: ton honorable mère ne fait plus d'enfants; à toi de veiller sur toi-même.» Arena, Antonius, *Ad suos compagnones studiantes* [XVIe s.], traduction de Yvon Guilcher, Atelier de la danse populaire, Le Mans, 1990, p. 103 (c. 1575-1585).

23 Toutefois, il est clair que le *tempo* de la gaillarde ralentit au cours du XVIIe siècle. En 1676, Mace écrit: «Galliards […] are perform'd in a slow, and large triple-time; and (commonly) grave, and sober.» Mace, Thomas, *Musick's monument*, London, T. Ratcliffe & N. Thompson, 1676, p. 129. En Italie, Giovanni Battista Vitali confirme cette pratique en apposant le terme *Largo* à ses gaillardes (op. 3, 1674).

24 Des exemples de notation **3** 𝅗𝅥𝅗𝅥𝅗𝅥 se trouvent dans Phalèse, Pierre (éd.), *Theatrum musicum longe amplissimum*, Louvain, 1571 (reproduction en *facsimile* Editions Minkoff, Genève, 2002, introduction de Henri Vanhulst). Cabezon note sa *Differencias sobre la Gallarda Milanesa* avec C**3** 𝅗𝅥𝅗𝅥𝅗𝅥: Cabezón, Antonio de, *Obras de musica para tecla arpa y vihuela*, Madrid, Francisco Sanchez, 1578, f. 188r.

25 UCLA: ff. 6r-7r, 12r-12v. Chigi: ff. 14r-14v.

26 La langue allemande propose le terme *Notenbild*, utilisé ci-après.

et le style d'écriture (style motet ou madrigal). La multiplication des petites valeurs dans les madrigaux rend impossible toute exécution fidèle à l'ancien *tactus* de la Renaissance. Les modernes, et, d'après Pietro Cerone, les musiciens napolitains en particulier, ont recours à une échelle «noire», qui favorise les petites valeurs, en opposition à une échelle «blanche»[27]. Ce glissement de l'échelle active vers les petites valeurs implique l'utilisation d'un *tactus* très lent[28] , ce que corroborent les recommandations de Giovanni Maria Trabaci quant à l'exécution d'*Ancidetemi pur*[29]: «Questo madrigale particolarmente si sonerà in Battuta larga». La différenciation du *tempo* par le choix du *Notenbild*, préconisée par Michael Prætorius notamment, trouve aussi une confirmation dans le recueil de Trabaci. En effet, les douze *ricercari* sont notés en ¢ avec l'échelle «renaissance» en référence au style sévère de ces compositions[30]. Par ailleurs, sur la centaine de *versi* que compte le recueil, les sept qui sont écrits en ¢ comportent la mention «in battuta stretta», alors qu'aucune annotation n'accompagne les *versi* en *tempus non diminutum*[31]. Dans son deuxième livre de *capriccii*, Ascanio Mayone opère avec la même distinction: les trois *ricercari* en ¢ sont tous basés sur une *res prius facta*[32], les autres recourant à un *Notenbild* noir ainsi qu'au signe C (*canzone, toccata, partita*). Si la notation des pièces binaires obéit à une certaine cohérence (signes de mensuration et *Notenbild*), qu'en est-il des pièces ternaires? Comme nous l'avons dit plus haut, de nombreux compositeurs se contentent du signe **3**. Les autres compositeurs, moins avares de signes, prennent bien souvent de telles libertés avec

27 Cerone: «Verdad es que algunos modernos (y en particular los Musicos Napolitanos) en lugar de poner en obra las quatro figuras Breve, Semibreve, Minima y Semiminima, con palabras: ponen la Semibreve, Minima, Semiminima y Corchea Y para cantarlas bien, alargan de tal manera el Compas, que passara comodameute un carro con sus bueyes.» Cerone, Pietro, *El melopeo y maestro*, Napoli, Juan Bautista Gargano y Lucrecio Nucci, 1613, p. 692.

28 Michael Prætorius parle de *tactus celerior* et de *tactus tardior* dans la troisième partie de son *Syntagma musicum.*

29 Trabaci, Giovanni Maria, *Il secondo libro de Ricercate, & altri varij Capricci*, Napoli, Carlino, 1615.

30 Seul le neuvième *ricercar* arbore un C, mais il s'agit à n'en pas douter d'une erreur de l'imprimeur.

31 L'imprimeur a oublié l'indication *in battuta stretta* dans le *verso undecimo, sesto tono*, p. 69.

32 A savoir *recercar sopra Ave Maris Stella, recercar sopra il canto fermo di Costantio Festa* et *recercar sopra il canto fermo di Costantio Festa, & per sonar all'Arpa.*

le système mensuraliste que l'application stricte des règles aboutit à des contradictions, tant les déviances sont légion. Une erreur répandue, et justement décriée par les théoriciens, est la confusion des échelles de valeur utilisées lors d'une *sesquialtera*. Le ¢**3/2** demande une échelle de brève-semibrève (𝅜 𝅝 | 𝅝𝅝𝅝), le C**3/2** de semibrève-minime (𝅝𝅗𝅥 | 𝅗𝅥 𝅗𝅥 𝅗𝅥)[33]. Si ces pratiques déviantes sont répandues au nord de l'Italie, elles le sont beaucoup moins dans le sud, en particulier à Naples, comme nous l'avons dit précédemment. Scipione Cerreto, théoricien napolitain, dresse une liste des différents signes indiquant un mètre ternaire; ceux-ci définissent essentiellement deux échelles distinctes: la division ternaire de la brève ou de la semibrève. Dans un cas, trois signes caractérisent le même schéma de division. S'agit-il alors d'une simple surjection, qui amènerait une redondance inutile au sein du système, ou faut-il y voir la marque d'un raisonnement plus subtil? Le cinquième *avertimento* de Cerreto permet de lever l'ambigüité: si la division métrique demeure identique, les signes, quant à eux, indiquent s'il y a lieu d'appliquer les règles d'imperfections et d'altérations[34]. Ainsi la division de la semibrève en trois minimes se signale de trois manières différentes: ⊙**3/2**, C⋅**3/2**, ou C**3/2**. Seule la dernière combinaison exclut l'application de toutes règles mensuralistes (*tab. 2*).

33 Cerreto: «Il settimo Avertimento è, che il Compositore non deve scrivere nella sua Cantilena una proportione Sesquialtera di figure di Minime sotto il circolo, ò semicircolo corrotto quando intende mandare tre Minime per una Battuta, ò vero per contrario scrivere la detta proportione Sesquialtera di figure di Semibrevi sotto il circolo, & semicircolo senza corrottione quando intende mandare tre Semibrevi per una Battuta, percioche sotto il circolo, & semicircolo non corrotto si canta la Semibreve per Battuta. Si che nella Sesquialtera appresso il circolo, & semicircolo corrotto, deve il Compositore tale Cantilena scrivere con figure di Brevi, ò di Semibrevi, ò vero insieme di Brevi, & Semibrevi, ò vero cõ le Minime che vadano gradate, & si la Sesquialtera sarà segnata sotto il circolo, & semicircolo non corrotto, deve il Compositore scrivere detta sua Cantilena con figure di Semibrevi, ò di Minime, ò vero insieme di Semibrevi, & Minime. Ma acciò il studente si n'aveda di simili errori mostrarò il modo come si devono scrivere le figure in detti circoli, & semicircoli corrotti, e non corrotti» Cerreto, Scipione, *Della prattica musica vocale et strumentale*, Naples, Carlino, 1601, p. 263.

34 Cerreto: «Sotto questi segni, & proportioni le Notule non consequiscono ne perfettione, ne alteratione: C, ¢, **3/2**, **3/1**. Sotto questi segni con le proportioni, & senza le Notule possono consequire perfettione, & alteratione. O, ⦶, ⊙, C⋅, **3/2**, **3/1**». *Ibid.*, pp. 260-261.

Avec alt./imp.		Sans alt./imp.
⊙ **3/2** Ͼ **3/2**	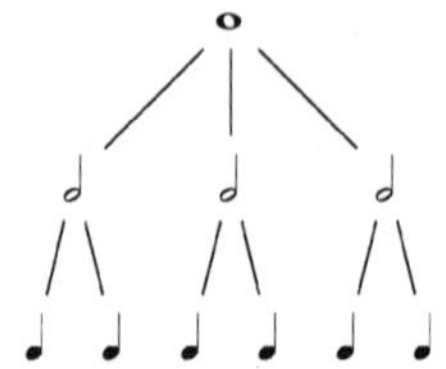	C **3/2**
○ **3/1** ⌽ **3/2**	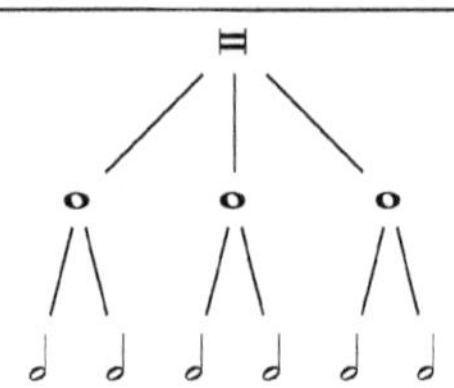	C **3/1** ¢ **3/2**

Tableau 2. *Cerreto, Della prattica musica, 1601,* pp. 262-263.

Les imprimés des napolitains (en particulier: Mayone et Trabaci) suivent scrupuleusement les préceptes énoncés par les théoriciens italiens. Les *sesquialtere* respectent les échelles de valeur. Ainsi le *recercar decimo tono trasportato con una fugha sola* de Trabaci[35], qui débute en ¢ (*Notenbild* renaissance) contient une section ternaire notée ⌽**3/2** (*Notenbild* renaissance). Concurremment, Mayone, dans sa *Canzona francese Prima,* fait succéder une section binaire en C par une section ternaire en Ͼ**3/2**, toutes deux utilisant un *Notenbild* noir. Dans ce cas précis, Mayone applique d'ailleurs scrupuleusement les règles exigées par la prolation majeure (notamment de nombreux cas de *similis ante similem perfecta*).

Les gaillardes de Giovanni de Macque et de Giovanni Maria Trabaci diffèrent des gaillardes antérieures aussi bien que de celles de leurs contemporains, tant par leur style d'écriture que par leur notation rythmique. Notons que, généralement homophonique, la musique de danse ne recourt que sporadiquement à l'écriture en imitation. Or les gaillardes napolitaines du début du *seicento* fusionnent deux éléments considérés comme antagonistes: la métrique périodique de la danse et l'écriture en imitation. Les gaillardes de Trabaci illustrent à merveille le processus de stylisation

35 Trabaci, Giovanni Maria, *Primo libro de Ricercate, canzoni franzese, capricci* [...], Naples, Vitale, 1603, pp. 26-29.

d'une danse[36]: la *gagliarda per suonare* se substitue à l'ancienne *gagliarda per ballare.* La translation qui liait la musique à la chorégraphie s'étiole, jusqu'à ne devenir qu'un simple difféomorphisme. Subtilement, la segmentation par couple de mesures et les hémioles rappellent l'origine des pièces. Le compositeur utilise bien souvent la coloration pour signifier une hémiole (Φ**3/2** ■• •■ ou C**3/2** • ♩ ♩ •), subséquemment pour empêcher l'altération de la deuxième semibrève, respectivement minime[37]. L'*emiola maggiore* et l'*emiola minore* signalent donc une hémiole dans leur *Notenbild.* Les gaillardes de Trabaci n'utilisent que deux signes pour indiquer le mètre ternaire: Φ**3/2** (*Notenbild* renaissance), C**3/2** (*Notenbild* style madrigal). Les règles de perfection et d'altération sont rigoureusement appliquées, comme Cerreto l'exige. Nous trouvons ainsi de nombreux cas de *similis ante similem perfecta.* L'altération, sous sa forme originelle, n'existe plus, puisque le rythme trochaïque (o o ■, avec la deuxième semibrève altérée) s'écrit au moyen de la coloration.

Si les imprimés affichent une cohérence certaine quant aux principes mensuralistes, il n'en est rien dans les manuscrits. Les deux seules gaillardes de Giovanni de Macque se trouvent dans le manuscrit Ms.Add.30491 de la British Library à Londres. Il s'agit par ailleurs de la principale source musicale de l'émigré flamand[38]. La première gaillarde (f. 20^{v}) est écrite en ₵**3/2**, *Notenbild* renaissance. La deuxième (ff. 21^{r}-22^{v}), notée comme la première, présente une déviance tout à fait symptomatique, où une habitude d'écriture se subroge à la fonction d'origine. La coloration, dans un système ternaire, marque très souvent une hémiole, or elle se trouve ici dans la voix de ténor (■ • • ■) d'une pièce qui ne connaît ni l'altération, ni l'imperfection (voir *il quinto avertimento* de Cerreto). Curieusement les imprimés ne souffrent manifestement aucune licence, alors que les manuscrits présentent de nombreuses déviances. Tout porte à croire que les compositeurs accordent un soin méticuleux à leurs publications imprimées,

36 Sur les 17 gaillardes de Trabaci, 10 débutent par un motif en imitation. De Macque contribua également au processus, puisqu'une de ses deux gaillardes (London Ms.Add.30491 f. 20^{v}) débute en imitation. Subsidiairement le motif initial s'apparente à celui de la *gagliarda prima detto il Galluccio* de Trabaci (2e livre, 1615).

37 Théoriquement, les symboles ■ o o ■ impliquent une première ■ parfaite, et l'altération de la deuxième o.

38 Pour une discussion de cette source, voir Silbiger, Alexander, *Italian manuscript sources of the 17th century keyboard music*, Ann Arbor, UMI Research Press, 1980, pp. 86-92.

contrairement à la transmission manuscrite[39]. A leur décharge, il faut signaler de nombreux cas antérieurs où la seule présence d'une proportion entraîne l'application des règles mensuralistes[40]. Les compositeurs actifs à Naples vers 1600 ne se conforment évidemment pas tous à un système consistant. Parmi ceux-ci, Francesco Lambardo n'hésite pas à pointer des semibrèves noires, en C**3/2** (*fig. 3*). Si cette notation fautive surprend, elle semble toutefois indiquer une volonté de se conformer à un mode de pensée rigoureux, mais dont le fonctionnement n'est plus compris[41].

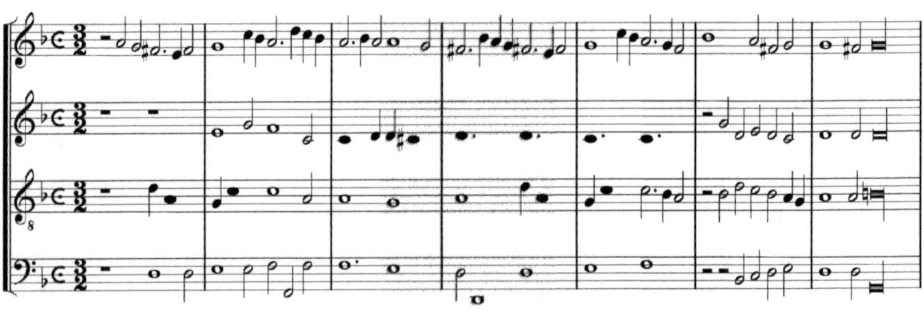

Figure 3: *Lambardo, Partite sopra Fidele.*

Les gaillardes napolitaines, nous l'avons dit plus haut, partagent encore quelques caractéristiques avec la version ancienne dansée. Le jeu rythmique des hémioles s'étend sur plusieurs couples de mesures, écho lointain des cinq fleurets codifiés par Arbeau[42] (f. 58ʳ).

En dépit de ces quelques traits communs, la gaillarde napolitaine présente tous les atours d'une œuvre stylisée dont la réalisation n'est plus dépendante d'une chorégraphie établie. Si au milieu du XVIᵉ siècle la translation qui lie la danse et la musique conditionne le choix du tempo, la

39 Voir à cet effet les deux cas de concordances de gaillardes chez Trabaci: *Gagliarda seconda* du premier livre (pp. 79-80) et *Seconda gagliarda* du ms. London Add.30491 (f. 22ᵛ) – l'édition de Carideo (Andromeda Editrice) donne cette dernière version en *appendix* (p. 100), malheureusement avec un signe de mensuration erroné; *Gagliarda prima à 4. detto il Galluccio* du deuxième livre (pp. 99-100) et *Prima gagliarda di Trabaci* du ms. London Add.30491 (ff. 21ʳ-21ᵛ).

40 Par exemple: «L'autre d'antan» de J. Ockeghem, dans le chansonnier de Dijon. *Dijon, Bibliothèque publique, Manuscrit 517*, édition en *facsimile*, introduction par Dragan Plamenac, New York, Institue of Medieval Music, 1971, ff. 20ᵛ-21ʳ.

41 Lambardo, Francesco, *Partite sopra Fidele*, Ms. London Add.30491, ff. 51ʳ-51ᵛ.

42 Arbeau, *La Milannoise*, f. 58ʳ: . Voir en particulier la *prima gagliarda* de G. de Macque.

situation diffère ici. Pourquoi Trabaci et de Macque recourent principalement à deux signes différents (**ϕ3/2**, **C3/2**), ainsi qu'à deux *Notenbild*? Prætorius propose deux notations pour le *tactus inæqualis: major* et *minor*[43]. Cette distinction, qui touche à la fois le signe de mensuration et le *Notenbild* utilisés, coïncide avec celle qui est opérée par les napolitains. Par conséquent, le signe **ϕ3/2** implique un *tactus* plus lent (*tardior*) que celui qu'implique le signe **C3/2**. Le choix d'un *Notenbild* «renaissance», respectivement «moderne», corrobore la coexistence de deux *tempi* différents. Cette pratique se vérifie dans les œuvres de Girolamo Frescobaldi[44], notamment par la juxtaposition de sections ternaires dont les signes de mensuration diffèrent. Un cas similaire, unique à notre connaissance, se trouve dans un manuscrit de musique napolitaine. Une *canzon* d'Ippolito[45] contient une section notée en **C3/2** *(Notenbild* moderne 𝅗𝅥𝅗𝅥𝅗𝅥) intercalée entre deux sections en triple majeure (**ϕ3/2**). Cette singularité ne s'explique pas de façon satisfaisante sans l'hypothèse des deux *tactus*, mais ne permet évidemment pas de la démontrer formellement; l'hypothèse confine ainsi plus à la conjecture qu'au théorème.

Malgré tout, la stylisation croissante et la cohérence de la notation invalident la pratique d'un tempo unique pour ces gaillardes. A Naples, un demi-siècle après Trabaci, Andrea Falconiero distingue les gaillardes des courantes, plus rapides[46]. Ses trois gaillardes de 1650 utilisent l'échelle «renaissance» en **ϕ3/2**, qui exige un *tactus tardio*r, alors que le tempo plus vif des *corrente* découle du *Notenbild* «moderne». Frescobaldi procède de façon similaire: les sections ternaires doivent être exécutées à des vitesses différentes, en fonction des signes de mensuration[47]. Dans le deuxième livre de *toccate*, deux gaillardes sont notées en *trippole minore* (**3** 𝅗𝅥𝅗𝅥𝅗𝅥), les trois autres en *trippole maggiore* (**O3** 𝅝𝅝𝅝).

43 Praetorius, Michael, *op. cit.*, pp. 52, 79.

44 Darbellay, Etienne, «Tempo relationships in Frescobaldi's *Primo Libro di Capricci*» in *Frescobaldi Studies*, éd. Silbiger, Alexander, Durham, Duke University Press, 1987, pp. 301-326.

45 Ms. London Add.30491 (ff. 11r-12r).

46 Falconiero, Andrea, *Il primo libro di canzone, sinfonie, fantasie, capricci, brandi, correnti, gagliarde, alemane, volte per violini e viole, overo altro stromento à uno, due, e tré con il basso continuo*, Napoli, Pietro Paolini et Gioseppe Ricci, 1650 (reproduction en *facsimile* S.P.E.S., Firenze, 1980). Les courantes sont notées de trois façons: **6/4** ♩♩♩ 𝅗𝅥♩; **3** ♩♩♩; **3/2** 𝅗𝅥𝅗𝅥𝅗𝅥 𝅗𝅥.♪𝅗𝅥.

47 Voir la préface dans Frescobaldi, Girolamo, *Il secondo libro di Toccate d'intavolatura di cembalo e organo* (1627-37), éd. Etienne Darbellay, Milan, Suvini Zerboni, 1979.

Gaillardes et déviances de notation

Les raffinements de notation, tant à Naples que chez Frescobaldi, dénotent une habileté certaine à tirer le meilleur parti d'un système élaboré pour codifier une information d'un autre type. Toutefois, en dehors de ces exceptions notables, la gaillarde se note essentiellement en minimes (𝅗𝅥𝅗𝅥𝅗𝅥|𝅗𝅥𝅗𝅥𝅗𝅥), l'indication de mesure variant fortement. En Angleterre, les gaillardes du *Fitzwilliam Virginal Book* emploient indifféremment les signes ¢, C·, **3**, C, celles de Dowland C**3** ou **3**[48]. Les seize gaillardes de Holborne de 1599, notées **3** 𝅗𝅥𝅗𝅥𝅗𝅥, présentent très souvent au *bassus* une notation avec prolation parfaite (C· 𝅗𝅥𝅗𝅥𝅗𝅥), ce qui prouve encore une fois la déliquescence dans laquelle se trouve le système mensuraliste au tournant du siècle[49]. En Allemagne, Prætorius préconise la *sextupla* pour noter la gaillarde[50]: «Es wird aber der Galliard ad tactum in æqualem, & trochaicum mensurirt.» En Italie, l'échelle de trois minimes tend à se généraliser, bien que les compositeurs hésitent quant au signe à utiliser. Salamone Rossi, dans ses recueils de 1607, 1608 et 1623[51], recourt au signe **3** (𝅗𝅥𝅗𝅥𝅗𝅥). Parmi ses quinze gaillardes, une seule se démarque: la *gagliarda detta la Norsina*, écrite en notation noire (*fig. 4*). Ce procédé n'est pas rare dans les *balli:* Gastoldi l'utilise abondamment pour noter ses danses ternaires[52]. Toutefois, le fait qu'il

48 Dowland, John, *Lachrimæ or seaven teares, figured in seaven passionate pavans, with divers other pavans, galliards and allemands,* London, John Windet, 1604. Les signes de mensuration divergent même entre les différentes parties d'une même pièce.

49 Holborne, Antony, *Pavans, galliards, almains, and oter short aers both grave, and light, in five parts,* London, William Barley, 1599. Une des gaillardes (p. 16) est notée avec le **3** au *cantus* et à l'*altus,* le ¢**3** au *tenor* et le C· au *bassus.*

50 Praetorius, *op. cit.*, p. 26.

51 Rossi, Salamone, *Il primo libro delle Sinfonie et gagliarde a tre, quatro, & a cinque voci. Per sonar due viole, overo doi cornetti, & un chittarrone o altro istromento da corpo,* Venezia, Ricciardo Amadino, 1607. *Il secondo libro delle sinfonie è gagliarde a tre voci, per sonar due viole & un chittarrone con alcune delle dette à quattro, & a cinque, & alcune canzon per sonar à quattro nel fine,* Venezia, Ricciardo Amadino, 1608. *Il terzo libro de varie sonate, sinfonie, gagliarde, brandi e corrente per sonar due viole da braccio & un chittarrone o altro stromento simile, terza impressione,* Venezia, Alessandro Vincenti, 1623.

52 Gastoldi, Giacomo, *Balletti a cinque voci, con li suoi versi per cantare, & ballare,* Anversa, Pietro Phalesio, 1596.

s'agisse chez Rossi d'un cas unique nous incite à chercher une justification extra-musicale. Don Harrán suppose que cette pièce est écrite pour un membre (inconnu) de la famille Norsa, très en vue à Mantoue à cette époque[53]. Nous proposons l'hypothèse que la notation noire, madrigalisme de la mort, témoignerait d'un hommage posthume. Les gaillardes chez Rossi, par ailleurs plutôt stylisées que chorégraphiables[54], obéissent à une logique cohérente, qui reste constante dans les différents recueils.

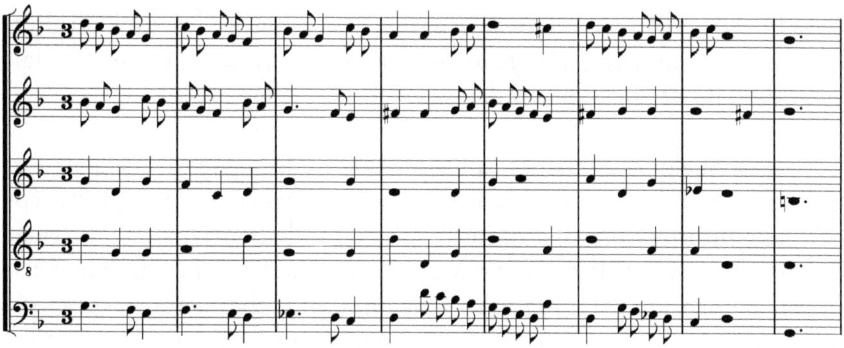

Figure 4. Rossi, *Gagliarda detta la Norsina.*

A l'opposé, Biagio Marini et Giovanni Battista Buonamente varient fortement les signes utilisés, bien que l'échelle demeure identique (𝅗𝅥𝅗𝅥𝅗𝅥). Les *Affetti musicali* de Marini contiennent une gaillarde, *La caotorta*, notée **3** 𝅗𝅥𝅗𝅥𝅗𝅥, alors que les quatre gaillardes de l'opus 8 sont notées C**3**𝅗𝅥𝅗𝅥𝅗𝅥[55].

53 Harrán, Don, *Salamone Rossi, Jewish musician in late renaissance Mantua*, Oxford University Press, 1999, p. 56.

54 Sur la difficulté de danser les gaillardes de Rossi, voir Sparti, Barbara, «Irregular and Asymmetric Galliards: The case of Salamone Rossi» in Epp, Maureen, Power, Brian (éds.), *The sounds and sights of performance in early music: essays in honour of Timothy J. McGee*, Ashgate Publishing Company, 2009, pp. 211-228.

55 Marini, Biagio, *Affetti musicali symfonie, canzon, sonate, balletti, arie, brandi, gagliarde & corenti a 1, 2, 3, acomodate da potersi suonar con violini corneti & con ogni sorte de strumenti musicali, op. 1*, Venezia, Bartolomeo Magni, 1617. *Sonate, symphonie canzoni, pass'emezzi, baletti, corenti, gagliarde, & ritornelli, A 1. 2. 3. 4. 5. & 6. voci, per ogni sorte d'instromenti. Un capriccio per sonar due violini quatro parti. Un Ecco per tre violini, & alcune sonate capriciose per sonar due è tre parti con il violino solo, con altre curiose & moderne inventioni*, op. 8, Venezia, Bartolomeo Magni, 1629.

En 1626, les onze gaillardes de Buonamente[56] recourent aussi à cette notation, alors que celles de 1629 indiquent C**3/2**[57]. Ce changement s'explique par l'intégration de la gaillarde à l'intérieur d'une «suite» de mouvements dont le tempo croît. Ainsi, les deux seules gaillardes des *Varie sonate, sinfonie, gagliarde, corrente* [...] prennent place dans le triptyque *sinfonia* (en C), *gagliarda* (en C**3/2**) et *la sua corrente* (en C**3**), un même ton assurant la cohésion de l'ensemble (respectivement en la et en ré). Buonamente indique par ce moyen une accélération du tempo à chaque «mouvement». Le *ballo* final de la *Rappresentatione di anima et di corpo* de Cavalieri, où alternent *ballo in riverenza, altri passi gravi, gagliarda, canario*, et *corrente*, fait entendre une progression similaire[58].

L'étude de quelques gaillardes, subséquemment des signes de mensuration utilisés, met en lumière l'existence de propositions vraies, puisqu'elles codent une information, mais injustifiables ou indémontrables à l'intérieur du système mensuraliste. Ce système échoue toutefois à produire une justification théorique aux pratiques sibyllines, qui, chez certains compositeurs, apportent de nouvelles informations quant à l'exécution. De nouveaux usages, en dehors d'un cadre consistant, apparaissent progressivement dans la notation des gaillardes, symptôme évident des limitations et du dépérissement de la pensée mensuraliste de la Renaissance. Ces artifices de notation ne sont évidemment qu'une des propositions «gödelienne» qui mettent à mal le système et l'obligent à se renouveler.

56 Buonamente, Giovanni Battista, *Il quarto libro de varie sonate, sinfonie, gagliarde, corrente, e brandi per sonar con due violini, & un basso di viola*, Venetia, Alessandro Vincenti, 1626.

57 Buonamente, Giovanni Battista, *Il quinto libro de varie sonate, sinfonie, gagliarde, corrente, & ariette per sonar con due violini, & un basso di viola*, Venetia, Alessandro Vincenti, 1629.

58 Cavalieri, Emilio, *Rappresentatione di anima et di corpo*, Roma, Nicolo Mutij, 1600. La progression est indiquée par les signes C, **3/2**, C**6/4**, la *sextupla* exprimant le tempo le plus rapide.

Abstract

The mensuralist system in place during the XVth and XVIth centuries appears at first sight to be of logical construction. Nonetheless certain musical intentions other than those that would become the stile osservato defy all classification or at least highlight the shortcomings of this system. This article will focus on a particular case, the gaillarde.

At the outset the Saltarello and Gaillarde were interchangeable. When it came to dance, the performance of these pieces wasn't problematic. The music was a perfect translation of the choreographic performance. The pattern remained identical – le cinque passi – and was principally represented by these following signs: C**3**, ¢**3** or **3**. The dance Gaillarde changes at the end of the XVIth century. The music becomes stylised. At the turn of the century, the very diversity of signs used by composers demonstrates their lack of attention to much detail in this matter.

In a period where a coherent notation was not of great importance, the Neapolitan School stands out due to its unusual orthodox writing. Trabaci, Mayone and de Macque's Neapolitan prints, unlike the manuscripts, propose a coherent system that links the signs, Notenbild and tactus. The contrast between the different scales of note values that are used suggests the existence of two tactus. This is a practice which can be confirmed by certain theoretical sources. The Gaillarde is transformed into a stylised piece that no longer resembles its hypothetical dance version. This conscious notation lasts until 1650 with Andrea Falconiero in Naples and elsewhere in Italy with composers, especially Girolamo Frescobaldi.

This coherence remains nevertheless an exception: most of composers would progressively abandon the mensuralist logic in favour of the tempo indications and the bi-univocal system that we still use today.

Nancy Rieben

Le «Viersprachendruck» de Roland de Lassus

Dans le catalogue des œuvres de Roland de Lassus, le «Viersprachendruck»[1] publié en 1573 par l'imprimeur de Munich Adam Berg fait figure d'exception. Il est le seul recueil de musique du compositeur, et d'une manière plus générale dans la production de musique imprimée du 16e siècle, qui réunisse quatre langues (français, allemand, italien et latin) et quatre genres aussi bien profanes que sacrés (chansons, Lieder, madrigaux et motets). La considération de cette édition singulière permettra d'envisager plus généralement le rapport inédit qu'entretient Roland de Lassus avec les mécanismes éditoriaux de son temps.

Lorsque Roland de Lassus publie en 1555 son «opus 1»[2], l'imprimerie musicale n'existe que depuis une cinquantaine d'années. Détenteur d'un privilège dès 1498, Ottaviano Petrucci utilise pour la première fois la technique des caractères mobiles dans un recueil de chansons publié en 1501 à Venise[3].

1 Appellation pour le recueil suivant: *Sex cantiones latinae quatuor, adiuncto dialogo octo vocum, Sechs teutsche Lieder mit vier, sampt einem Dialogo mit 8. stimmen. Six chansons françoises nouvelles a quatre voix, avecq un dialogue a huict. Sei madrigali nuovi a quatro, con un dialogo a otto voci. Summa diligentia compositae, correctae, et nunc primum in lucem aeditae*, Munich, Adam Berg, 1573. [RISM L860]

2 *Le quatoirsiesme livre a quatre parties contenant dixhuyct chansons italiennes, six chansons françoises, et six motetz faictz (a la nouvelle composition d'aucuns d'Italie) par Rolando di Lassus*, Anvers, Tilman Susato, 1555. [RISM L755] – Le même recueil est publié la même année avec un titre italien et une dédicace au banquier génois établi à Anvers, Stefano Gentile: *Il primo libro dovesi contengono madrigali, vilanesche, canzoni francesi, e motetti a quattro voci, nuovamente impressi in Anversa per Tilman Susato*, Anvers, Tilman Susato, 1555. [RISM L756] – Cf. Forney, Kristine K., «Orlando di Lasso's ‹Opus 1›: The Making and Marketing of a Renaissance Music Book» in *Revue belge de Musicologie*, vol. 39, 1985-1986, pp. 33-60. – Cardamone, Dona G. & Jackson, David L., «Multiple Formes and Vertical Setting in Susato's First Edition of Lassus's ‹Opus 1›» in *Notes*, Second Series, vol. 46, n° 1, Sept. 1989, pp. 7-24.

3 *Harmonice musices odhecaton A*, Venise, Ottaviano Petrucci, 1501. [RISM 1501] Cf. Boorman, Stanley Harold, *Ottaviano Petrucci: A Catalogue Raisonné*, Oxford, Oxford University Press, 2006.

Il faudra attendre une amélioration technique par Pierre Attaingnant[4] en 1528 – la conception de nouveaux types qui ne nécessitaient plus qu'un seul passage sous presse – pour que la reproduction typographique de la musique se répande très généralement en Europe et s'impose comme le moyen de diffusion de la musique le plus courant et le plus rentable. Tielman Susato, premier imprimeur de musique aux Pays-Bas et éditeur de l'«opus 1» de Lassus, ne pratique l'impression de la musique que depuis quelques années[5] au moment de sa première collaboration avec le compositeur. Malgré le jeune âge de l'imprimerie musicale, Lassus saura utiliser les spécificités de ce nouveau médium pour développer sa carrière internationale.

A peine âgé de 25 ans[6], Roland de Lassus se fixe à Munich, à la cour du duc de Bavière; il y restera jusqu'à sa mort en 1594. Certes, il voyagera à plusieurs reprises, ne serait-ce que pour aller à la recherche de talents musicaux pour la chapelle musicale du duc, mais cela ne suffit pas à expliquer l'étendue de sa carrière internationale. C'est donc la publication de sa musique dans tous les centres importants pour l'édition musicale qui lui permettra de briller aux quatre coins de l'Europe[7]. Les statistiques concernant la diffusion de la musique de Lassus au 16e siècle sont déconcertantes: environ 1200 des quelques 1350 pièces de son catalogue sont diffusées dans 477 imprimés sur une période de 133 ans; c'est parfois jusqu'à vingt-deux livres de musique de Lassus qui sont imprimés dans la même année (1570); son premier livre de madrigaux publié en 1555 par Antonio Gardano ne connaîtra pas moins de quinze rééditions entre 1557 et 1586, dont sept par Antonio Gardano lui-même, pour ne citer que quelques

4 *Chansons nouvelles en musique, à quatre parties*, Paris, Pierre Attaingnant, 1527-8. [RISM 1528^3] – Cf. Heartz, Daniel, *Pierre Attaingnant, royal printer of music: a historical study and bibliography catalogue*, Berkeley, University of California Press, 1969.

5 Tielman Susato reçoit son premier privilège pour imprimer de la musique le 20 juillet 1543. – Cf. Forney, Kristine K., «Susato, Tylman» in *Grove Music Online, Oxford Music Online*, mars 2011 <http://www.oxfordmusiconline.com/subscriber/article/grove/music/27146>.

6 Quant à la date de naissance de Lassus (1530 ou 1532): Cf. Leuchtmann, Horst, *Orlando di Lasso: Sein Leben*, Wiesbaden, Breitkopf & Härtel, 1976.

7 Haar, James, «Orlando di Lasso: Composer and Print Entrepreneur» in *Music and the Cultures of Print*, éd. Van Orden, Kate, New York, Garland Publishing, 2000, pp. 125-162.

exemples particulièrement révélateurs de l'exception que représente, au 16e siècle, l'édition de la musique de Lassus[8].

Toutefois, Roland de Lassus ne se contentera pas de sa maîtrise exemplaire des mécanismes éditoriaux de son temps, garante en grande partie de son succès international. Il détournera les principes du privilège, jusque-là réservé aux éditeurs, pour son propre intérêt. Ainsi, il obtiendra du roi de France Charles IX un privilège pour l'édition de sa musique en 1572, traitement de faveur exceptionnel dont il bénéficiera une seconde fois en 1586 sous l'empereur Rodolphe II[9]. Les rapports de force s'inversent: il est dorénavant seul décideur pour tout ce qui concerne l'édition de sa musique, alors que depuis le début de l'imprimerie musicale le pouvoir décisionnel appartenait aux éditeurs. Les faits viennent confirmer le pouvoir nouveau dont bénéficie le compositeur: en 1582, un procès opposera Adam Berg à Catharina Gerlach concernant l'édition de motets de Lassus que Adam Berg avait déjà fait paraître quelques années auparavant sous privilège. Défendant son propre intérêt, Lassus prendra une part active au procès en soutenant Catharina Gerlach qui avait imprimé les pièces avec son autorisation. Adam Berg devra accepter que le privilège attribué au compositeur prévaut sur le sien[10]. Même si Lassus n'est pas le seul compositeur à avoir obtenu un tel privilège au 16e siècle[11], la portée de ses privilèges est néanmoins totalement exceptionnelle[12]. Dès lors, lorsque Roland de Lassus publie un même recueil chez des imprimeurs allemands et parisiens, les deux éditions sont à considérer sur le même plan, et non l'une comme réédition de l'autre, puisqu'il s'agit de la sortie simultanée de deux

8 Leuchtmann, Horst, *Orlando di Lasso: Supplement: seine Werke in zeitgenössischen Drucken, 1555-1687,* Kassel, Bärenreiter, 2001.

9 Vanhulst, Henri, «Lassus et ses éditeurs: Remarques à propos de deux lettres peu connues» in *Revue Belge de Musicologie*, vol. 39-40, 1985-6, pp. 80-100.

10 Wagner Oettinger, Rebecca, «Berg v. Gerlach: Printing and Lasso's Imperial Privilege of 1582» in *Fontes Artis Musicae*, vol. 51, n° 4, 2004, pp. 111-134.

11 Pohlmann, Hansjörg, *Die Frühgeschichte der musikalischen Urheberrechts (ca. 1400-1800). Neue Materialen zur Entwicklung der Urheberrechtsbewusstseins der Komponisten*, Kassel, Bärenreiter, 1962. – Haar, James, «Orlando di Lasso: Composer and Print Entrepreneur» in *Music and the Cultures of Print*, éd. Van Orden, Kate, New York, Garland Publishing, 2000, pp. 141-142.

12 Le privilège que lui octroie Rodolphe II est de durée illimitée, celui que lui signe le roi de France est limité dans le temps mais sera renouvelé à plusieurs reprises, en 1575 et en 1582. – Leuchtmann, Horst, *Orlando di Lasso: Sein Leben*, Wiesbaden, Breitkopf & Härtel, 1976, pp. 157-158.

premières éditions dans les deux territoires concernés par les privilèges obtenus.

La renommée internationale de Roland de Lassus relève donc non seulement de sa maîtrise des différents langages musicaux du 16ᵉ siècle, mais également de sa gestion habile de la diffusion de sa musique. Son succès s'accompagne néanmoins d'un mal nécessaire: la perte de contrôle sur l'édition de sa musique, en particulier lorsqu'il ne peut pas surveiller en personne son impression[13]. Rééditions peu scrupuleuses de sa musique, éditions pirates réalisées sans son accord, Lassus protestera contre le peu de considération pour l'auteur dans le commerce éditorial du 16ᵉ siècle. Et il prendra des mesures visant à affirmer le statut du compositeur et à limiter les pouvoirs de l'éditeur. Ce nouveau pouvoir sur l'édition de sa musique lui permettra d'étendre encore son influence internationale.

Reflet de sa carrière internationale, le «Viersprachendruck» révèle les compétences multiples du compositeur. Comme son titre complet l'indique, le recueil est constitué de vingt-huit pièces: six motets latins, six Lieder allemands, six chansons françaises et six madrigaux italiens à quatre voix, avec l'ajout pour chaque langue d'un dialogue à huit voix. Le contenu de ce recueil est fortement hétérogène. Le compositeur opte pour les techniques d'écriture musicale caractéristiques de chaque genre. L'effet de contraste est renforcé par l'absence de fil rouge du point de vue poétique, à l'exception des cinq premiers madrigaux qui forment un cycle basé sur un extrait de l'*Orlando furioso* de l'Arioste[14] dans lequel sont décrits les charmes d'Alcina.

Le recueil s'ouvre sur les motets écrits dans un contrepoint raffiné. La poésie comique et satirique des Lieder trouve une prolongation dans la mise en musique volontairement légère. Les chansons françaises présentent une grande diversité poétique: on y trouve des textes humoristiques, des jeux de mots absurdes et des diatribes anticléricales côtoyant l'expression de sentiments plus élevés. Venant compléter le recueil, les madrigaux offrent une mise en musique raffinée et audacieuse qui correspond à la fois à l'esthétique du genre et à la teneur hautement sensuelle des textes. Finalement, les quatre dialogues à huit – un pour chaque langue – sont de dimensions plus généreuses au regard de l'art miniaturiste des pièces à quatre voix.

13 Le titre précise lorsque Lassus a joué le rôle de correcteur dans l'entreprise éditoriale, par exemple: *Neue teutsche Liedlein mit fünff stimmen* [...] *von Orlando di Lassus... componiert, und von jhm selbst Corrigiert, und ihn druck verfertiget worden*, Munich, Adam Berg, 1569. [RISM L830]

14 Canto 7, Stanzas 11-15.

Si l'édition de recueils polyglottes n'est pas une exception dans le catalogue de Roland de Lassus[15], ni même plus généralement pour les auteurs du 16e siècle, la réunion de quatre langues et de quatre genres est en revanche spécifique au «Viersprachendruck». La présence de trois genres et de trois langues dans son premier livre de musique publié en 1555[16] peut être expliquée par la volonté du jeune compositeur de faire état de l'étendue de ses compétences au tout début de sa carrière. Certes, Lassus intègre alors une série éditoriale dont la dimension anthologique avait déjà été définie par l'éditeur, mais des livres de chansons publiés entre 1543 et 1550 par Susato, seul le dernier numéro de 1555 consacré à la musique de Lassus présente un mélange de langues et de genres[17]. On peut donc tout de même voir dans la composition de ce recueil un souci de promotion de la part du compositeur. Le soin particulier avec lequel Lassus conçoit son recueil polyglotte de 1573 relève en revanche d'une autre logique. Lassus jouit alors d'une grande réputation. Son poste à Munich est assuré et il bénéficie d'un traitement particulièrement confortable. Le roi de France tente à plusieurs reprises de le faire venir à sa cour et lui offre une pension annuelle dès 1560[18]. Il est par ailleurs le seul compositeur qui figure dans le dictionnaire biographique de Heinrich Pantaleon publié en 1565-1566[19],

15 Le mélange de deux langues et de deux genres n'est pas une rareté dans le catalogues des œuvres imprimées de Lassus, et on y trouve une demi douzaine de recueils présentant un mélange de trois langues et genres.

16 *Le quatoirsiesme livre a quatre parties contenant dixhuyct chansons italiennes, six chansons françoises, et six motetz faictz (a la nouvelle composition d'aucuns d'Italie) par Rolando di Lassus*, Anvers, Tilman Susato, 1555. [RISM L755]
Il primo libro dovesi contengono madrigali, vilanesche, canzoni francesi, e motetti a quattro voci, nuovamente impressi in Anversa per Tilman Susato, Anvers, Tilman Susato, 1555. [RISM L756]

17 Forney, Kristine K., «Orlando di Lasso's ‹Opus 1›: The Making and Marketing of a Renaissance Music Book» in *Revue belge de Musicologie*, vol. 39, 1985-1986, pp. 33-60.

18 Leuchtmann, Horst, *Orlando di Lasso: Sein Leben*, Wiesbaden, Breitkopf & Härtel, 1976, pp. 118-119.

19 Pantaleon, Heinrich, *Prosopographia heroum atque illustrium virorum totius Germaniae*, Bâle, 1565-1566. – Une version allemande, de Heinrich Pantaleon lui-même, sera publiée quelques années plus tard: Pantaleon, Heinrich, *Teutscher Nation Heldenbuch*, Bâle, 1578. – L'entrée biographique concernant Roland de Lassus est due à Samuel Quickelberg à qui l'on doit d'autres contributions dans le dictionnaire de Pantaleon, entre autres l'entrée biographique concernant Albert V. Samuel Quickelberg avait d'abord été bibliothécaire de Johann Jacob Fugger, avant d'être au service du duc de Bavière de 1553 à sa mort en 1568.

et l'empereur Maximilien II l'anoblit en 1570[20]. Fort de tels succès, Lassus ne cherche certainement plus, avec la publication du «Viersprachendruck», à faire preuve de sa maîtrise des langages musicaux du 16e siècle.

Le catalogue de Lassus présente des recueils au contenu hétéroclite portant le titre de «Mellange»[21]. Le titre «Mellange», ainsi que ses dérivés plus poétiques de «Thresor» ou «Fleur», sont particulièrement utilisés dans l'édition francophone du 16e siècle pour désigner des recueils réunissant à l'initiative d'un éditeur plusieurs compositeurs ou plusieurs genres, ou les meilleures pièces d'un compositeur. Le mélange de genres et de langues n'est pas systématique, la chanson étant souvent le seul genre représenté. Il n'est pas à exclure que Lassus ait joué un rôle de pionnier dans l'apposition de genres et de langues différents dans de tels recueils. Son émule, Jean de Castro, ne se contentera pas de s'inspirer du langage musical développé par son modèle[22], mais suivra également les stratégies éditoriales de Lassus. On trouve chez lui des «Mélanges» contenant plusieurs langues et plusieurs genres, et d'une manière générale, son catalogue de musique imprimée révèle dès son premier opus une fréquence très inhabituelle de tels mélanges[23]. Il semblerait bien que Roland de Lassus ait été un modèle pour l'édition de recueils polyglottes, y compris lorsque la velléité antho-

20 Leuchtmann, Horst, *Orlando di Lasso: Sein Leben*, Wiesbaden, Breitkopf & Härtel, 1976, pp. 152-155.

21 Par exemple, chez Roland de Lassus:
Mellange d'Orlande de Lassus, contenant plusieurs chansons, tant en vers latins qu'en ryme francoyse, à quatre, cinq, six, huit, dix parties, Paris, Adrien le Roy & Robert Ballard, 1570. [L834]
Le thresor de musique d'Orlande de Lassus... contenant ses chansons françoises, italiennes et latines, à quatre, cinq et six parties: augmenté de plus de la moitié en ceste seconde edition. Genève, Simon Goulart, 1582. [RISM L942]
La fleur des chansons d'Orlande de Lassus... contenant un recueil de ses chansons françoises, et italiennes, a quatre, à cinc, six et huit parties, accommodées tant aux instruments comme a la voix: toutes mises en ordre convenable selon leurs tons, Anvers, Pierre Phalèse & Jean Bellère, 1592. [L1002]

22 Bossuyt, Ignace, «Jean de Castro: Chansons, odes et sonets de Pierre Ronsard (1576)» in *Revue de Musicologie*, vol. 74, n° 2, *Les Musiciens De Ronsard*, 1988, pp. 173-187. Dobbins, Frank, «Lassus: Borrower or Lender: The Chansons» in *Revue belge de Musicologie / Belgisch Tijdschrift voor Muziekwetenschap*, vol. 39-40, 1985-1986, pp. 101-157.

23 *Il primo libro, di madrigali, canzoni & motetti a tre voci*, Anvers, la Vve de Jean Laet, 1569. [RISM C1468] – Cf. His, Isabelle, «Les mélanges musicaux au 16e s. et au début du 17e s.» in *Nouvelle revue du 16e siècle*, n° 8, 1990, pp. 95-100.

logique de l'ouvrage ne vient pas de lui mais de l'éditeur. Pourtant, le «Viersprachendruck» ne prend pas place dans une série éditoriale prédéfinie. Il ne s'agit pas non plus d'une compilation a posteriori d'œuvres qui auraient connu un succès important, puisque toutes les pièces du recueil sont publiées pour la première fois. Lassus construit donc avec un soin tout particulier un volume de pièces nouvelles qui reflètent l'étendue de son art. L'exception que représente ce livre de musique nous pousse à chercher les raisons de sa conception.

La dédicace du «Viersprachendruck» permet d'en expliquer la teneur singulière. Elle est en effet adressée à quatre frères appartenant à la très influente famille Fugger, composée de marchands et de banquiers: Marcus (1529-1597), Johannes (1531-1598), Hieronymus (1533-1573) et Johannes Jacobus[24]. Lassus fait correspondre aux quatre membres de la famille des compositions à quatre et huit voix, appartenant à quatre genres différents et en quatre langues. Une démarche analogue peut être observée en 1575 dans un recueil de motets à trois voix[25] dédié aux trois fils du duc Albert V de Bavière, Guillaume, Ferdinand et Ernst. De telles dédicaces font état des personnalités qui ont compté dans la carrière de Roland de Lassus, et plus spécifiquement de celles qui ont financé une publication donnée. Il est intéressant de noter que Lassus use de la dédicace avec une grande liberté. Par exemple, lorsqu'il délaissera la chapelle musicale d'Albert avec qui les relations sont de plus en plus tendues au profit de celle de son fils[26], il cessera

24 Ce dernier nom a posé problème. En effet, les frères mentionnés dans la préface de Lassus sont tous les fils d'Anton Fugger (1493-1560). Cependant, le fils cadet de ce dernier s'appelle Jacob (1542-1598). Johann Jacob Fugger (1516-1575) est un cousin, fils de Raimund (1489-1535). Suivant la logique du classement par âge des quatre frères, il devrait donc s'agir d'une erreur de Lassus sur le nom du cadet. Cette erreur semble impossible à Horst Leuchtmann, puisque Lassus connaissait les membres de la famille Fugger personnellement et que ses liens étaient particulièrement étroits avec Johann Jacob. Leuchtmann en conclut que Johann Jakob est en fait désigné comme un des quatre destinataires du recueil. – Cf. Leuchtmann, Horst & Hell, Hellmut, *Orlando di Lasso: Musik des Renaissance am Münchner Fürstenhof*, Wiesbaden, Dr Ludwig Reichert Verlag, 1982.

25 *Liber mottetarum, trium vocum, quae cum vivae voci, tum omnis generis instrumentis musicis commodissimè applicari possunt*, Munich, Adam Berg, 1575. [RISM L878]

26 La correspondance entre Lassus et Guilaume permet de déceler la forte amitié qui les unissait. De leur échange épistolaire régulier, seules les lettres écrites par le maître de chapelle ont été conservées. – Leuchtmann, Horst, *Orlando di Lasso: Briefe*, Wiesbaden, Breitkopf & Härtel, 1977. – Lassus, Roland de, *Con bien fou du serais Orlando*, commentaires et traduction de Langlois, Frank, s.l., Bernard Coutaz, 1988.

abruptement de dédier des livres de musique au duc au profit de Guillaume[27]. Pourtant, Albert V continuera à être le patron de Lassus et à le financer. On peut supposer que la dédicace aux Fugger a été librement choisie par Lassus, et en effet, la famille Fugger a joué un rôle particulièrement important dans la carrière du compositeur.

Les Fugger ont prêté des sommes d'argent considérables au duc de Bavière. De la famille Fugger, Johann Jakob sera celui qui sera le plus proche de la cour et donc de Roland de Lassus[28]. De tout temps conseiller artistique d'Albert V, il deviendra dès 1565 administrateur de sa chapelle avant de lui léguer, en 1571, sa collection d'imprimés et de manuscrits qui constituera la base de la future bibliothèque de l'état de Bavière[29]. En effet, alors que Johann Jakob était à la tête de la firme familiale, il la conduira à la faillite, sans doute accaparé par son goût pour les livres qui occasionnera d'importantes dépenses. Seul membre de la famille Fugger à avoir connu un tel déboire, il laissera la direction de l'entreprise à son cousin Marcus et rejoindra la cour du duc à Munich[30]. Il jouera alors, avec Antoine Perrenot de Granvelle et le Dr Georg Sigmund Seld, un rôle important dans la venue de Lassus en tant que musicien au service d'Albert V[31].

On peut trouver quelques éclaircissements concernant la composition éclectique de ce recueil en considérant les liens personnels qui unissaient le compositeur et ses dédicataires. La bibliothèque du duc de Bavière a été une source importante pour les textes mis en musique par Roland de Lassus. L'apport de Johann Jacob Fugger à la collection du duc fut particulièrement considérable, non seulement grâce au legs de sa propre collection, mais également grâce à la politique d'acquisition qu'il continuera

27 Leuchtmann, Horst, *Orlando di Lasso: Briefe*, Wiesbaden, Breitkopf & Härtel, 1977, pp. 15-16.

28 Son nom apparaît à plusieurs reprises dans la correspondance de Lassus. Ce dernier l'affublera parfois de surnoms moqueurs tels le «Seigneur Foucre» dans sa lettre à Guillaume datée du 14 mai 1574! – Lassus, Roland de, *Con bien fou du serais Orlando*, commentaires et traduction de Langlois, Frank, s.l., Bernard Coutaz, 1988.

29 Johann Jacob Fugger avait hérité de la collection familiale qu'il complètera. – Hettrick, William E., «Fugger» in *Grove Music Online, Oxford Music Online*, mars 2011 <http://www.oxfordmusiconline.com/subscriber/article/grove/music/10356>.

30 Lehmann, Paul, *Eine Geschichte der alten Fuggerbibliotheken*, Tübingen, J. C. B. Mohr, 1956, vol. I, pp. 41 et suivantes. – Maasen, Wilhelm, *Hans Jakob Fugger (1516-1575): ein Beitrag zur Geschichte des XVI. Jahrhunderts*, Munich, F. P. Datterer, 1922.

31 Leuchtmann, Horst, *Orlando di Lasso: Sein Leben*, Wiesbaden, Breitkopf & Härtel, 1976, pp. 99 et suivantes.

à promouvoir à la cour de Munich. Ses achats touchent tous les domaines et toutes les langues. Il maîtrise d'ailleurs, comme Roland de Lassus, de nombreuses langues, mortes ou vivantes. Mais son intérêt est particulièrement tourné vers l'Italie où il a voyagé dans sa jeunesse, et où la production de livres a toujours été extrêmement importante. Johann Jakob fera beaucoup pour la promotion de la culture italienne à Munich[32]. Le choix des textes du recueil de 1573 reflète donc non seulement le pouvoir international des Fugger, mais également l'étendue de leur culture. Plus spécifiquement, les textes mis en musique par Lassus devaient provenir de la bibliothèque de la cour, et répondre éventuellement à des préférences des membres de la famille Fugger. L'humour qui prévaut en grande partie dans ce recueil peut aussi être envisagé du point de vue de la relation personnelle qui unissait Lassus à cette famille.

La dimension humoristique de cette publication ne concerne pas seulement le choix de certains textes, mais plus globalement sa structure générale. Les textes des motets semblent répondre moralement du reste du recueil. Ils évoquent avec sérieux les thèmes traités avec légèreté dans les autres chansons et Lieder. Si les pièces réunies dans ce livre relèvent plus d'un jeu de contrastes que d'une recherche d'unité de propos, on est tout de même frappé par quelques liens thématiques qui dessinent un réseau de concordances complexe. Par exemple, le texte du deuxième motet *Quid estis pusillanimes*[33] entre en résonance antithétique avec l'éloge de la gloutonnerie paysanne proposée dans le dernier Lied. Le texte du quatrième motet, éloge de la femme pieuse (*Fallax gratia, et vana puchritudo: mulier timens Deum ipsa laudabitur* – Proverbe 31:30), trouvera des contreparties profanes dans les nombreux textes d'amour présents dans ce recueil, et en particulier dans les cinq premiers madrigaux dont les textes hautement sensuels décrivent l'anatomie d'Alcina.

32 Lehmann, Paul, *Eine Geschichte der alten Fuggerbibliotheken*, Tübingen, J. C. B. Mohr, 1956, vol. I.

33 Il s'agit du seul texte de motet dont la source reste inconnue; les cinq autres motets tirent leur texte de source biblique (motet 1, 4, 5 et 6) ou liturgique (motet 3). Peter Bergquist soupçonne Lassus d'être l'auteur du texte, au vu du soggetto cavatto que le texte lui offre: *Quid estis pusillanimes et contristamini, qui fame laboratis, an nescitis justitiae* ut sol fami *relaxatas habenas possit denuo cohibere, ipse enim dat escam omni carni, et implet omne animal benedictione.* – Lassus, Roland de, *The Four-Langage Print for Four and Eight Voices*, Munich, Adam Berg, 1573, *The Complete Motet* 10, éd. Bergquist, Peter, Madison, A-R, 1995.

L'antithèse semble bien être une des clés de construction du recueil. Il n'est pas nécessaire de multiplier les exemples révélateurs de ce jeu qui marque le choix des textes du «Viersprachendruck». La clé de ce réseau de liens basés sur le principe de l'opposition semble être donnée par Lassus lui-même dans les textes des quatrième et cinquième Lieder:

Es thut sich als verkeren	Tout est sens dessus dessous
zu diser letzten zeit,	ces derniers temps:
den reichen müssen nehren	ce sont les pauvres artisans
die armen handwerchßleut;	qui doivent nourrir les riches;
die Henn krät vor dem Han,	la poule chante avant le coq,
wer nichts hat, wil vil zehren,	celui qui n'a rien veut manger en abondance,
der Narr den weisen lehren,	le fou veut instruire le sage,
die Fraw schlegt jren Mann.	la femme bat son mari.
Wem soll man jetzund trawen?	A qui aujourd'hui faire confiance?
Was schmal ist, muß seyn braid,	Ce qui est étroit doit être large
der knecht schläft bey der Frawen,	le garçon de ferme dort auprès de sa maîtresse
der Herr ligt bey der Maidt,	et le maître auprès de sa servante
der stul hupfft auf di banck,	la chaise saute sur le banc
der Gspärig heist ein Prasser,	l'économe vit dans la débauche
der Wein ist wol halb Wasser,	le vin goûte à moitié l'eau
ist das nit gmischtes tranck?	n'est-ce pas insensé?[34]

Dans cette sélection de textes, relevant en partie des goûts littéraires des dédicataires mais aussi du sens de la dérision de Lassus, deux pièces aux propos opposés retiennent l'attention. On peut en effet s'interroger sur la succession du dernier madrigal à quatre voix[35], qui célèbre les vrais sentiments des simples gens par opposition à l'hypocrisie qui règne dans les palais, et le premier dialogue à huit qui rend hommage à la famille du duc de Bavière, et plus particulièrement à une des missions importantes du règne d'Albrecht V: l'institution d'une paix religieuse.

Spesso in poveri alberghi e in picciol tetti,	Souvent dans les pauvres demeures et sous le toit des petits,
ne le calamitadi e nei disagi	au milieu des calamités et des disgrâces,
meglio s'aggiungon d'amicitia i petti,	les âmes se lient plus étroitement d'amitié
che fra richezze invidiose ed agi	qu'au sein des cours et des palais splendides,

34 Traductions françaises de Sophie Liwszyc. Lassus, Roland de, *Viersprachendruck: Lieder, Chansons, Madrigale*, dir. Detlef Bratschke, Orlando di Lasso Ensemble Hannover, Thorofon, 1994.

35 Arioste, *Orlando Furioso*. Canto 44, stanza 1.

de le piene d'insidie e di sospetti corti regali e splendidi palagi, ove la caritade e in tutto estinta, ne si vede amicitia se non finta.	d'où les richesses envieuses et les intrigues pleines d'embûches et de soupçons ont complètement banni la charité, et où l'on ne voit jamais qu'amitié feinte.[36]
Unde revertimini, pax religioque sorores?	D'où revenez-vous, Paix et Religion qui êtes sœurs?
Visimus Isareo regna opulenta situ.	Nous avons visité d'opulents royaumes là où coule l'Isar.
Quae frtuma soli, vel quae reverentia legis explicat Annae fides, paxque togata jubar?	Le bonheur du pays, le respect de la loi, réalisent-ils les engagements d'Anne, la paix illumine-t-elle la cité?
O soror Albertus nobis summa otia fecit,	O ma sœur, Albert nous a procuré de précieux temps de paix.
liber ab haeresibus quo Duce Boia manet,	Sous son règne la Bavière vit libérée des hérétiques.
quo Duce Religio Boiae moderatur habenas,	Sous son règne la Religion tient les rênes de la Bavière.
ingenium Pallas pax, animosque regit.	La Sagesse gouverne les esprits, la Paix inspire les cœurs.
An sua caelitibus celebrantur cantica divis?	Les Puissances célestes reçoivent-elles les hymnes qui leur sont dus?
Albertus supros religione colit;	Albert les honore avec piété.
prosperitas, doctrina, salus, vita, otia Martis,	La prospérité, le savoir, le salut, la vie, la paix après les armes.
cum pietate fides Bavara regna tenent.	La foi alliée à la piété règnent sur le royaume de Bavière.
O felix genus hoc hominum, O felicia regna, quae triade hac gaudent, Pallade, Pace, Fide, Albertus felicior ast quo principe regnant, religio, pietas, internerata fides.	O heureuse nation, O heureux royaume qui doit son bonheur à la triade Sagesse, Paix et Foi, Plus heureux encore Albert qui assure le règne de la Religion, de la Piété, de la Foi inviolée.[37]

Sandberger[38] comme Boetticher[39] se sont étonnés de la présence de ce madrigal dans un recueil dédié aux Fugger. La présence du motet en hommage à la famille de Bavière peut aussi surprendre: Lassus construit avec soin un recueil qui rend hommage à la famille Fugger de différentes manières –

36 L'Arioste, *Roland Furieux*, traduction de Reynard, Francisque, Paris, Gallimard, 2003, vol. 2.

37 Traductions françaises de Sophie Liwszyc. Lassus, Roland de, *Viersprachendruck: Lieder, Chansons, Madrigale*, dir. Detlef Bratschke, Orlando di Lasso Ensemble Hannover, Thorofon, 1994.

38 Lassus, Roland de, *Sämtliche Werke*, éd. Haberl, Franz Xaver & Sanberger, Adolf, Leipzig, Breitkopf & Härtel, 1894-1927, vol. 8.

39 Boetticher, Wolfgang, *Orlando di Lasso und seine Zeit: 1532-1594: Repertoire-Untersuchungen zur Musik der Spätrenaissance: Monographie*, Kassel, Bärenreiter, 1958, p. 405.

nombre de voix, nombre de langues, nombre de genres, choix des textes – et malgré cela le seul texte lié directement à la réalité de la cour ne parle pas des Fugger mais du duc et de son épouse, Anne d'Autriche. Cet hommage est d'autant plus inattendu que Lassus avait cessé à cette époque de dédier des recueils de musique au duc. De plus, il est précédé d'une critique de la vie hypocrite des cours. Faut-il en déduire que ce recueil a joué un rôle plus spécifique encore dans les relations financières qui liaient ces deux familles et entre lesquelles Lassus aurait joué un rôle de médiateur?

La situation financière du duché de Bavière était déjà difficile avant l'arrivée au pouvoir d'Albert. Elle ne cessera de se détériorer sous son règne, en raison, entre autres, du goût pour l'art du duc. Son fils et successeur ne sera pas plus raisonnable. En 1572, il est ruiné et sa faillite sera prononcée en 1575. Albert V refusera de le soutenir; Guillaume comprendra les raisons de ce refus seulement à la mort de son père en 1579, découvrant l'étendue des dettes qui avaient été soigneusement cachées de son vivant. L'endettement de Guillaume jouera sans aucun doute un rôle important dans sa décision d'abdiquer, lorsqu'il laissera dès 1594 la gouvernance à son fils Maximilien[40]. Roland de Lassus, autant qu'on peut le savoir par le biais de sa correspondance, a toujours suivi de près ces questions financières, jouant parfois les intermédiaires entre Guillaume, le père de ce dernier, et la famille Fugger[41]. Même si Lassus vouait une véritable amitié à Guillaume, son implication dans les affaires financières de la cour n'était certainement pas totalement désintéressée. La pérennité de sa situation, au demeurant très confortable, était étroitement liée à la stabilité économique de la famille de Bavière. De plus, Lassus a parfois prêté de l'argent à Guillaume, et ce sont des arrangements marchandés avec la famille Fugger qui lui permettront de retrouver l'argent que le duc était dans l'incapacité de lui rendre[42]. Dès 1573, la position de Johann Jakob à la cour lui demande de jouer un rôle particulièrement important dans les finances de la famille ducale. Lassus a donc de bonnes raisons de ménager ceux dont dépend sa stabilité financière en leur dédiant précisément en

40 Spindler, Max (éd.), *Handbuch der bayerischen Geschichte*, Munich, C.H. Beck, 1974, vol. II.

41 Leuchtmann, Horst, *Orlando di Lasso: Briefe*, Wiesbaden, Breitkopf & Härtel, 1977, pp. 91-94 et 159-162 (Lettres de Lassus à Guillaume, datées du 14 mai 1574 et du 19 juin 1575).

42 Leuchtmann, Horst, *Orlando di Lasso: Briefe*, Wiesbaden, Breitkopf & Härtel, 1977, pp. 19 et 155-157 (Lettre de Lassus à Guillaume, datée du 16 juin 1575).

1573 un recueil aussi important que le «Viersprachendruck». Faut-il par ailleurs lire dans l'ironie qui prévaut dans le choix des textes une réclamation plus spécifique de Lassus, qui chercherait par exemple à récupérer une somme d'argent qu'il aurait prêtée à Guillaume, ou du moins intercéderait avec ce recueil en faveur de la famille du duc pour l'obtention d'un prêt des Fugger? En dehors de ces spéculations, il est difficile de déterminer avec plus de précision le rôle joué par cette publication dans les affaires financières du duché. Il est néanmoins tentant de voir dans l'étonnante succession du sixième madrigal et du dialogue latin à huit voix en l'honneur de la famille de Bavière une volonté particulière de Lassus de jouer un rôle dans les rapports financiers qui lient les différents protagonistes mentionnés dans cette publication.

Néanmoins, en dépit de son caractère privé, ce recueil connaîtra une vaste diffusion[43]. Le tirage sera important[44] et sa teneur internationale lui vaudra de voyager. On lui connaît en tout cas une réception en France. Dans une lettre datée du 14 janvier 1574, Adrien Le Roy, imprimeur de la cour du roi à Paris, explique à Lassus que sa chanson *Un jeune moine* a particulièrement plu à Charles IX[45]. Dans cette même lettre, il réitère la requête du roi qui souhaite faire venir Lassus à sa cour. Ce n'est pas la première offre de ce genre qui est faite au compositeur de Munich. Dans ce cas, il considérera avec sérieux cette proposition mais y renoncera lorsqu'il apprendra la mort de Charles IX le 30 mai 1574. De plus, le dialogue latin à huit voix a été repris avec un nouveau texte en septembre 1573 pour les célébrations du couronnement en tant que roi de Pologne d'Henri D'Anjou, fils cadet de Catherine de Medici[46].

43 On peut penser aux recueils qui sont restés la propriété privée du duc Albert V durant de nombreuses années: les *Prophetiae Sibyllarum* et les *Psalmi Davidis poenitentiales* qui lui sont dédiés.

44 Boetticher, Wolfgang, *Orlando di Lasso und seine Zeit: 1532-1594: Repertoire-Untersuchungen zur Musik der Spätrenaissance: Monographie*, Kassel, Bärenreiter, 1958, p. 383.

45 [...] *soit quil ne fault que differer de venir pour craincte que le Roy se refroidisse de la musique car a mon oppinion Il croitra tousjours en ceste ardeur et plus que jamais. Je luy ay presente vre Jeune moine quyl a tant agreable que merveille.* [...] In: Leuchtmann, Horst, *Orlando di Lasso: Sein Leben*, Wiesbaden, Breitkopf & Härtel, 1976, p. 311.

46 Leuchtmann, Horst, «Lassos Huldigungsmotette für Henri d'Anjou» in *Die Musikforschung*, vol. 23, avril-juin 1970, pp. 165-167.

Dans l'histoire récente de l'édition musicale, l'apport de Roland de Lassus aux prérogatives de l'auteur sur la conception et la diffusion des recueils imprimés de sa musique est non négligeable. Les premiers imprimés de musique qui datent du début du 16e siècle sont le résultat d'une volonté éditoriale: Ottaviano Petrucci et Andrea Antico, pionniers de l'édition musicale, publient des anthologies réunissant plusieurs auteurs, forcément absents lors de l'édition[47]. Les choix éditoriaux ne dépendent que de l'imprimeur. Le recueil d'auteur se fera bientôt une place dans le commerce du livre, et certains auteurs tel Cipriano de Rore verront même leur nom apposé abusivement sur la page de titre d'une anthologie comme argument de vente[48]. Le nom d'un compositeur devient vendeur; les éditeurs saisissent l'atout commercial que représente la prise d'importance de la figure du compositeur. Avec Roland de Lassus les rapports de force changent. Il prend possession de son œuvre[49] et devient le principal décideur sur la conception de ses recueils de musique. Le «Viersprachendruck» est un excellent exemple du soin apporté par Lassus à la conception des imprimés dont dépend étroitement son succès: il impose à son éditeur Adam Berg[50] l'édition d'un recueil en quatre langues, totalement insolite dans l'édition du 16e siècle. Cette mise en scène inhabituelle lui permet de rappeler l'étendue de sa culture et de son succès, mais aussi de refléter le pouvoir international des Fugger et du duc de Bavière. La genèse de ce recueil est certainement liée aux relations personnelles qui liaient Lassus

47 La plupart des recueils imprimés par Petrucci sont des anthologies. Plus rares sont les livres dédiés à un compositeur, le premier étant un livre de messes de Josquin publié en 1502 [RISM J666].
Cf. Boorman, Stanley Harold, *Ottaviano Petrucci: A Catalogue Raisonné*, Oxford, Oxford University Press, 2006, p. 477.

48 Dans le livre de madrigaux de Cipriano de Rore imprimé par Gardane en 1544, dix-neuf des vingt-sept compositions qui constituent le recueil ne sont pas de lui! – Cf. Feldmann, Martha, «Authors and Anonyms: Recovering the Anonymous Subject in Cinquecento Vernacular Objects» in *Music and the Cultures of Print*, éd. Van Orden, Kate, New York, Garland Publishing, 2000, p. 179.

49 On sait que Lassus vendait sa musique aux éditeurs. Cf. Vanhulst, Henri, «Lassus et ses éditeurs: Remarques à propos de deux lettres peu connues» in *Revue Belge de Musicologie*, vol. 39-40, 1985-6, p. 84.

50 Le succès d'Adam Berg dépend étroitement de Lassus et du duc de Bavière. On peut donc supposer que ce dernier, redevable, suivait les souhaits de Lassus. – Cf. Göllner, Marie Louise, «Berg Adam» in *Grove Music Online*, *Oxford Music Online*, mars 2011 <http://www.oxfordmusiconline.com/subscriber/article/grove/music/02766>.

aux Fugger et au duché de Bavière, mais il en résulte un livre de musique polyglotte, à la dimension internationale.

Ce pouvoir nouveau de l'auteur sur l'édition et la diffusion de sa musique est certainement à mettre sur le compte de la personnalité exceptionnelle du maître de chapelle de Munich. Visionnaire, Lassus ira plus loin que bon nombre de ses successeurs. Ce faisant, il inaugure un rôle nouveau pour le compositeur, propriétaire non seulement intellectuel mais aussi commercial de son œuvre, et préfigure ainsi la future définition du droit d'auteur.

Abstract

In her paper, Nancy Rieben examines Orlando di Lasso's «Viersprachendruck», published in 1573 by printer Adam Berg in Munich, which is distinguished for being the composer's only compilation and, more singularly for 16th-century printed music, for its use of four languages (French, German, Italian and Latin) and four genres (songs, Lieder, motets and madrigals) in both secular and sacred forms. A study of this unique edition will shed light on the unusual relationship between Lassus, his publishers and the family of the Duke of Bavaria, his patrons.

Bibliographie

Boetticher, Wolfgang, *Orlando di Lasso und seine Zeit: 1532-1594: Repertoire-Untersuchungen zur Musik der Spätrenaissance: Monographie,* Kassel, Bärenreiter, 1958.

Boorman, Stanley Harold, *Ottaviano Petrucci: A Catalogue Raisonné,* Oxford, Oxford University Press, 2006.

Bossuyt, Ignace, «Jean de Castro: Chansons, odes et sonets de Pierre Ronsard (1576)» in *Revue de Musicologie,* vol. 74, n° 2, *Les Musiciens De Ronsard,* 1988, pp. 173-187.

Cardamone, Dona G. & Jackson, David L., «Multiple Formes and Vertical Setting in Susato's First Edition of Lassus's ‹Opus 1›» in *Notes,* Second Series, vol. 46, n° 1, Sept. 1989, pp. 7-24.

Dobbins, Frank, «Lassus: Borrower or Lender: The Chansons» in *Revue belge de Musicologie / Belgisch Tijdschrift voor Muziekwetenschap,* vol. 39-40, 1985-1986, pp. 101-157.

Feldmann, Martha, «Authors and Anonyms: Recovering the Anonymous Subject in Cinquecento Vernacular Objects» in *Music and the Cultures of Print,* éd. Van Orden, Kate, New York, Garland Publishing, 2000, pp. 163-199.

Forney, Kristine K., «Orlando di Lasso's ‹Opus 1›: The Making and Marketing of a Renaissance Music Book» in *Revue belge de Musicologie*, vol. 39, 1985-1986, pp. 33-60.
Haar, James, «Orlando di Lasso: Composer and Print Entrepreneur» in *Music and the Cultures of Print*, éd. Van Orden, Kate, New York, Garland Publishing, 2000, pp. 125-162.
Heartz, Daniel, *Pierre Attaingnant, royal printer of music: a historical study and bibliography catalogue*, Berkeley, University of California Press, 1969.
His, Isabelle, «Les mélanges musicaux au 16e s. et au début du 17e s.» in *Nouvelle revue du 16e siècle*, n° 8, 1990, pp. 95-100.
Lassus, Roland de, *Con bien fou tu serais Orlando,* commentaires et traduction de Langlois, Frank, s.l., Bernard Coutaz, 1988.
Lassus, Roland de, *The Four-Langage Print for Four and Eight Voices*, Munich, Adam Berg, 1573, *The Complete Motet* 10, éd. Bergquist, Peter, Madison, A-R, 1995.
Lassus, Roland de, *Sämtliche Werke*, vol. 8., éd. Haberl, Franz Xaver & Sanberger, Adolf, Leipzig, Breitkopf & Härtel, 1894-1927.
Lehmann, Paul, *Eine Geschichte der alten Fuggerbibliotheken*, Tübingen, J. C. B. Mohr, 1956.
Leuchtmann, Horst, *Orlando di Lasso: Sein Leben*, Wiesbaden, Breitkopf & Härtel, 1976.
Leuchtmann, Horst, *Orlando di Lasso: Briefe*, Wiesbaden, Breitkopf & Härtel, 1977.
Leuchtmann, Horst, *Orlando di Lasso: Supplement: seine Werke in zeitgenössischen Drucken, 1555-1687*, Kassel, Bärenreiter, 2001.
Leuchtmann, Horst & Hell, Hellmut, *Orlando di Lasso: Musik des Renaissance am Münchner Fürstenhof*, Wiesbaden, Dr Ludwig Reichert Verlag, 1982.
Leuchtmann, Horst, «Lassos Huldigungsmotette für Henri d'Anjou» in *Die Musikforschung*, vol. 23, avril-juin 1970, pp. 165-167.
Maasen, Wilhelm, *Hans Jakob Fugger (1516-1575): ein Beitrag zur Geschichte des XVI. Jahrhunderts*, Munich, F. P. Datterer, 1922.
Pohlmann, Hansjörg, *Die Frühgeschichte der musikalischen Urheberrechts (ca. 1400-1800). Neue Materialen zur Entwicklung der Urheberrechtsbewusstseins der Komponisten*, Kassel, Bärenreiter, 1962.
Spindler, Max (éd.), *Handbuch der bayerischen Geschichte*, Munich, C.H. Beck, 1974, vol. II.
Vanhulst, Henri, «Lassus et ses éditeurs: Remarques à propos de deux lettres peu connues» in *Revue Belge de Musicologie*, vol. 39-40, 1985-6, pp. 80-100.
Wagner Oettinger, Rebecca, «Berg v. Gerlach: Printing and Lasso's Imperial Privilege of 1582» in *Fontes Artis Musicae*, vol. 51, n° 4, 2004, pp. 111-134.

Jean-Claude Zehnder

Zur Überlieferung von Bachs Passacaglia c-Moll BWV 582

Die Passacaglia c-Moll für Orgel BWV 582 scheint Johann Sebastian Bach während seines ganzen Lebens beschäftigt zu haben. Zwar lassen sich die Schritte dieser Beschäftigung nur durch Dokumente aus zweiter Hand belegen; mit über 20 Quellen, darunter mehrere Drucke aus dem frühen 19. Jahrhundert, sind die «Lesartenvarianten» sehr vielfältig. Dietrich Kilian, der Herausgeber des Bandes IV/7 der Neuen Bach-Ausgabe (NBA), erfasst die komplexe Quellensituation in nicht weniger als neun Lesarten-Listen. Doch liegen seit dem Erscheinen der NBA sowohl zur Hauptquelle der Frühfassung als auch zur Frage des «Autographs» in der Umgebung von Kapellmeister Guhr und Felix Mendelssohn Bartholdy wichtige Neuerkenntnisse vor. Hier sollen aber in erster Linie die musikalischen Details von Bachs Revisionsarbeit im Vordergrund stehen.[1]

Die älteste Aufzeichnung der Passacaglia im sogenannten Andreas-Bach-Buch (ABB, Leipzig, Städtische Bibliotheken, Musikbibliothek, Slg. Becker, III. 8. 4) stammt von Bachs ältestem Bruder, dem Ohrdrufer Organisten Johann Christoph Bach (1671-1721). Die Identifizierung seiner Handschrift gelang Hans-Joachim Schulze in seinen 1984 veröffentlichten «Studien»;[2] offenbar bedingt durch den Tod des Herausgebers Dietrich Kilian (1984) war es für die Redaktion der NBA nicht mehr möglich, dieses Forschungsresultat in den Kritischen Bericht IV/7 (1988) einzuarbeiten. Diese Frühfassung wurde 1991 durch Robert Hill publiziert.[3]

1 Diese Studie entstand im Zusammenhang mit der Neuausgabe der Passacaglia im Verlag Breitkopf & Härtel: Bach, Johann Sebastian, *Sämtliche Orgelwerke*, Bd. 4, hrsg. von Zehnder, Jean-Claude, Wiesbaden, 2012.

2 Schulze, Hans-Joachim, *Studien zur Bach-Überlieferung im 18. Jahrhundert*, Leipzig, 1984, S. 30-56.

3 Hill, Robert (Hrsg.), *Keyboard Music from the Andreas Bach Book and the Möller Manuscript*, Harvard Publications in Music, Vol. 16, Harvard University Press, 1991.

«Die Überlieferung der Passacaglia im Andreas-Bach-Buch stellt sicher, dass das Werk spätestens um 1714 existiert hat.»[4]

Bevor wir die verwirrende Fülle der Quellen ins Auge fassen, muss die *Leipziger Revision Bachs* kurz vorgestellt werden. Es ist dies vorderhand eine Arbeitshypothese, die ich im Laufe dieser Studie zu erhärten hoffe. Friedrich Conrad Griepenkerl, der Herausgeber der Bachschen Orgelwerke im Verlag Peters (1844), stützt seine Ausgabe auf eine Handschrift, «die Herr Gleichauf in Frankfurt a.M. auf unsere Bitte vom Autographum genommen hat, welches Herr Capellmeister Guhr besitzt». Ein ähnlicher Notentext war schon 1831 in Frankfurt a.M. bei Franz Philipp Dunst erschienen. Beide nennen also die Stadt Frankfurt als *Ursprung* ihrer Version der Passacaglia. Der Gewährsmann, der Frankfurter Kapellmeister Carl Wilhelm Ferdinand Guhr (1787-1848), war seit seiner Nürnberger Zeit (1808-1812) mit der Bach-Bewegung eng verbunden.[5]

Zum ganzen Fragenkomplex gehört eine Aussage von Felix Mendelssohn Bartholdy: er berichtet in einem Brief vom 18.6.1839, «der tolle Capellmeister Guhr» habe ihm überraschend «zwei Autographen» vorgelegt und ihm eines davon als Geschenk angeboten.[6] Es handelte sich um einen Teil des Orgelbüchleins und um BWV 582. Er wählte das Orgelbüchlein und diese Handschrift gilt heute als eine Abschrift von Christian Gottlob Meissner.[7] Wie üblich hat Bach Thomasschüler herangezogen zur

4 Breig, Werner, in *Bach-Handbuch*, hrsg. von Küster, Konrad, Kassel/Stuttgart etc., 1999, S. 706.

5 Little, Wm. A., «Mendelssohns Dilemma: Die Sammlung Choralvorspiele oder die Passecaille?» in *«Zu groß, zu unerreichbar» – Bach-Rezeption im Zeitalter Mendelssohns und Schumanns*, hrsg. von Hartinger, Anselm, Wolff, Christoph und Wollny, Peter, Edition Bach-Archiv Leipzig, Wiesbaden, 2007, S. 381-393. In Nürnberg befand sich zu dieser Zeit ein relativ grosser, allerdings auch höchst problembefrachteter Zweig der Bach-Überlieferung: die Sammlung Scholz. Einige Eintragungen auf Scholz-Quellen zeigen die Hand Guhrs. Vgl. dazu Blanken, Christine, «Orgelwerke der Sammlung Scholz» in *Vom Klang der Zeit*, Klaus Hofmann zum 65. Geburtstag, hrsg. von Bartels, Ulrich und Wolf, Uwe, Wiesbaden, 2004, S. 44-68, besonders S. 52.

6 *Ausgewählte Dokumente zum Nachwirken Johann Sebastian Bachs 1801-1850*, Bach-Dokumente, Band VI, hrsg. von Glöckner, Andreas, Hartinger, Anselm und Lehmann, Karen, Kassel etc., 2007, S. 381.

7 NBA IX/3, *Die Kopisten Johann Sebastian Bachs (*Kobayashi/Beisswenger), Kassel etc., 2007, Textband, S. 38-51. Meissners Schrift ist nachzuweisen von 1723 bis 1728, eventuell bis um 1731, mit Schwerpunkt 1723-1726.

Herstellung des Aufführungsmaterials seiner Kantaten. Meissner hat aber auch Tastenmusik seines Lehrers kopiert, z. B. das Wohltemperierte Klavier I. Sollte es sich beim *Guhr-Autograph* der Passacaglia um eine Meissner-Abschrift gehandelt haben?

Für die meisten Spielerinnen und Spieler stellt der Notentext der Peters-Ausgabe von BWV 582 eine gleichsam *klassische* Fassung dar. Auch die bisherigen Herausgeber folgen mit wenigen Ausnahmen dieser Quelle. Im folgenden versuche ich weitere Belege dafür beizubringen, dass es sich bei der *Guhr-Fassung* wirklich um eine späte Revision Bachs handelt. Zuerst aber wenden wir uns der Frühfassung zu.

1. Die Quellen der Frühfassung

Der Vorrang unter den Quellen der Frühfassung gebührt der schon genannten Abschrift Johann Christoph Bachs (ABB). Nach der Chronologie von Robert Hill[8] gehört BWV 582 zu Phase IIIa, in Nachbarschaft zu den Toccaten BWV 910, 911 und 916; dies impliziert eine relativ späte Eintragung. Warum die Passacaglia «auf dem Kopf stehend» in das Buch eingetragen wurde, lässt sich freilich kaum erklären. Eine Eigenheit der Niederschrift Johann Christoph Bachs ist bisher nicht kommentiert worden: beim Pedaleinsatz in T. 96-97 werden kurzfristig Tabulaturzeichen verwendet. Im zweistimmigen Manualsatz der vorangehenden Variation schliesst die Unterstimme in tiefer Lage; offenbar empfand es Johann Christoph Bach fürs Auge des Spielers als klarer, die ersten fünf Töne der (höher liegenden) Pedalstimme in einer Position *unter* den beiden Systemen mit Tabulatur-Buchstaben zu notieren.

Wie sind Kopisten, die das ABB als Vorlage benützten, mit dieser Stelle umgegangen?[9] Der (unbekannte) Schreiber von P 279, der Anfang des 19. Jahrhunderts die Bach-Werke des ABB abgeschrieben hat, kopiert

8 Hill, Robert Stephen, *The Moller Manuscript and the Andreas Bach Book – Two keyboard anthologies from the circle of the young Johann Sebastian Bach*, Diss. Harvard University, 1987 (UMI, Ann Arbor, USA), S. 105 und 542-555.

9 Zur Filiation der Quellen vgl. NBA IV/7, Kritischer Bericht (Kilian), S. 133 und Hill (wie Fussnote 8), S. 324.

getreu die fünf Buchstaben-Zeichen der Tabulatur. Eine neu aufgefundene Quelle in Strasbourg (Bibliothèque Nationale et Universitaire, MS 2961)[10], geschrieben von Christian Friedrich Michaelis, gibt sich ebenfalls als Kopie aus dem ABB zu erkennen. Michaelis war ab 1820 Besitzer des ABB. Er konnte die Tabulatur offensichtlich nicht lesen: In seiner Abschrift beginnt die Pedalstimme erst mit dem Sechzehntel *es* auf das zweite Taktviertel. Der Vermerk *Ped.* steht jedoch an der richtigen Stelle, obwohl die fünf Töne fehlen.

Vom Ohrdrufer Johann Christoph Bach gibt es eine zweite, nur fragmentarisch erhaltene Abschrift (T. 233-Schluss): Leipzig, Städtische Bibliotheken, Musikbibliothek, Slg. Rudorff, Ms. R 16. Auslassungen («Lücken») und mehrere offensichtliche Schreibfehler kontrastieren zur sorgfältigen Abschrift im ABB eigenartig. Peter Wollny äusserte in einem Gespräch, es könnte sich um eine (eilig hergestellte) Verkaufskopie handeln.

Auch ein Erfurter Zweig der Überlieferung geht auf die Frühfassung zurück. Zwar ist der sogenannte «Sammelband Kittel-Hauser», geschrieben von Johann Christian Kittel (1732-1809), Kriegsverlust, doch gibt es Abschriften davon. Die Fassung der Handschrift P 320, geschrieben von Johann Nikolaus Gebhardi oder seinem Bruder Ludwig Ernst Gebhardi, bezeichnet Dietrich Kilian freilich als «durchaus verderbt» und berichtet in einer langen Liste von den speziellen Lesarten.[11] Als verderbt kann man diese Varianten aber nur bezeichnen, wenn man einen rigorosen Werkbegriff zugrunde legt. Manche Lesarten könnten durchaus der künstlerischen Absicht Kittels entsprungen sein.

Von der Hypothese, Bach habe für sein erstes Autograph der Passacaglia die Tabulatur benützt, wird im Abschnitt 6 berichtet.

10 Die Kenntnis der Handschrift verdanke ich Marc Schaefer, Strasbourg. Die Bach-Handschriften dieser Bibliothek kamen nach dem Brand im deutsch-französischen Krieg 1870/71 als Geschenke aus Deutschland nach Strassburg. Laut Katalog-Eintrag stammen sie aus der Sammlung des Thomas-Kantors Schicht. Identifizierung des Schreibers durch Peter Wollny (persönliche Mitteilung); siehe dazu Schulze (wie Fußnote 2), S. 30.

11 NBA IV/7, Kritischer Bericht, S. 142-143. Siehe auch Hill (wie Fussnote 8), S. 677-679.

2. Von der Frühfassung zur mittleren Quellenschicht

Bachs Revisionsarbeit an der Passacaglia betrifft in der Regel das Detail des musikalischen Satzes, die Folge der Takte bleibt unangetastet. So tiefgreifend wie bei der Fuge h-Moll über ein Thema von Albinoni (BWV 951a / BWV 951) ist die hier betrachtete Revision nicht.[12] Die folgenden Beispiele mögen diesen Prozess belegen.

a.

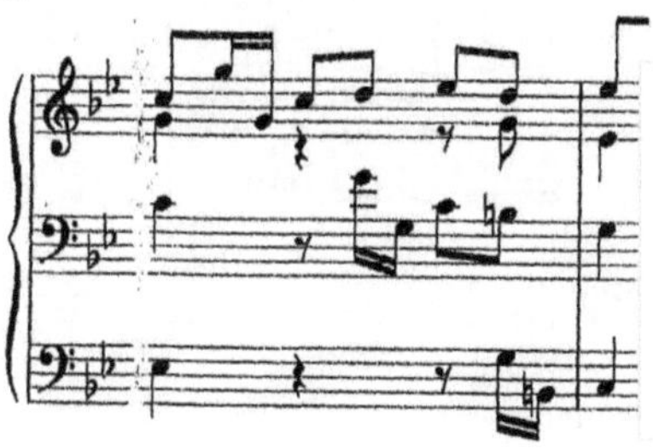

b.

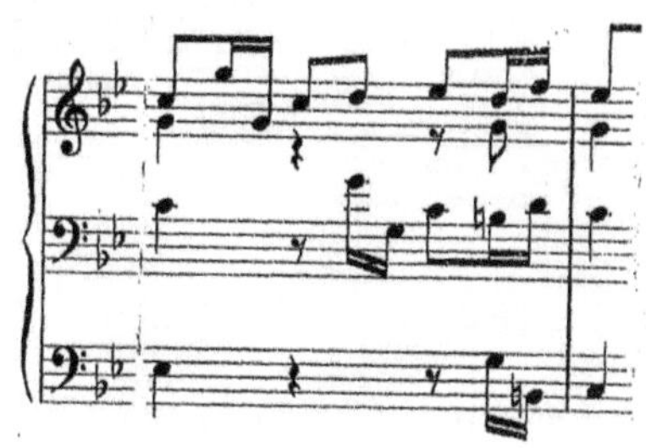

Bsp. 1. T. 45-46, a. Frühfassung, b. Fassung der mittleren Quellenschicht.

a.

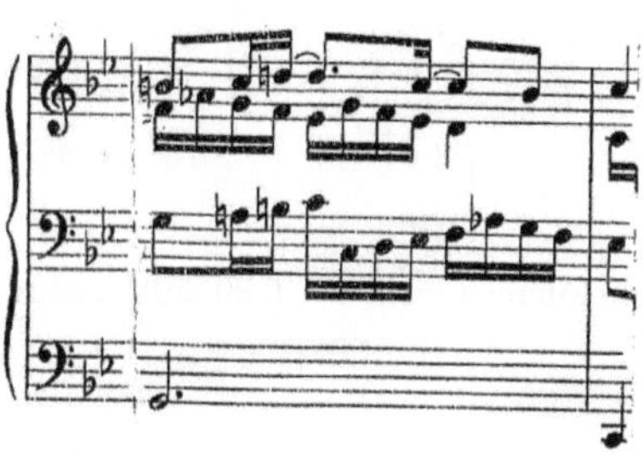

b.

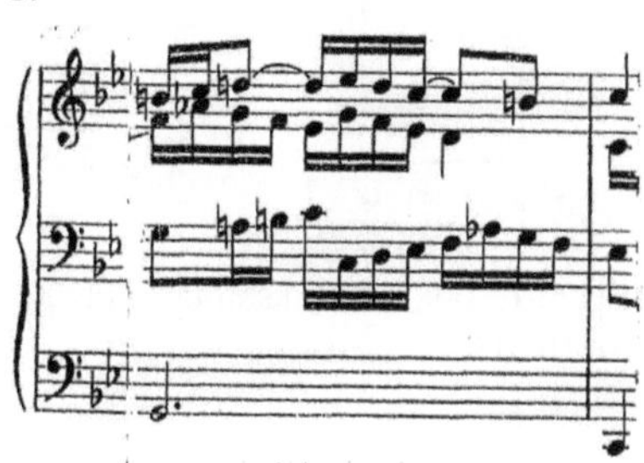

Bsp. 2. T. 71-72, a. Frühfassung, b. Spätere Fassungen.

12 Krüger, Elke, *Stilistische Untersuchungen zu ausgewählten frühen Klavierfugen Johann Sebastian Bachs*, Hamburger Beiträge zur Musikwissenschaft, Bd. 2, Hamburg, 1970. Zehnder, Jean-Claude, *Die frühen Werke Johann Sebastian Bachs. Stil – Chronologie – Satztechnik*, Schola Cantorum Basiliensis, Scripta 1, Basel, 2009, S. 64 (Notenbeispiel 8) und S. 365-367.

a.

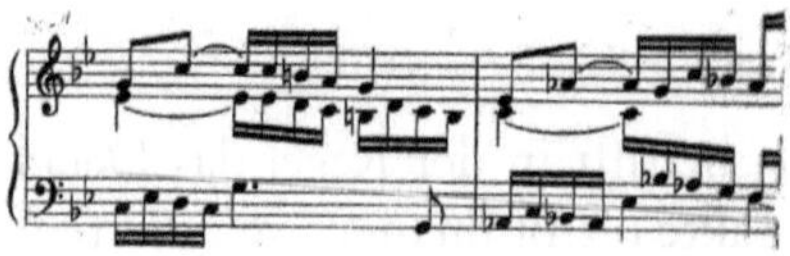

b.

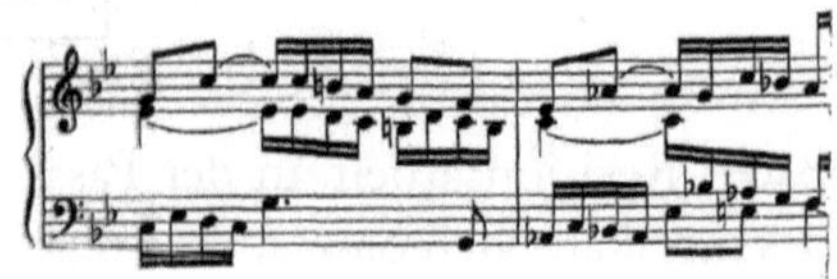

Bsp. 3. T. 109-110, a. Frühfassung, b. Spätere Fassungen.

a.

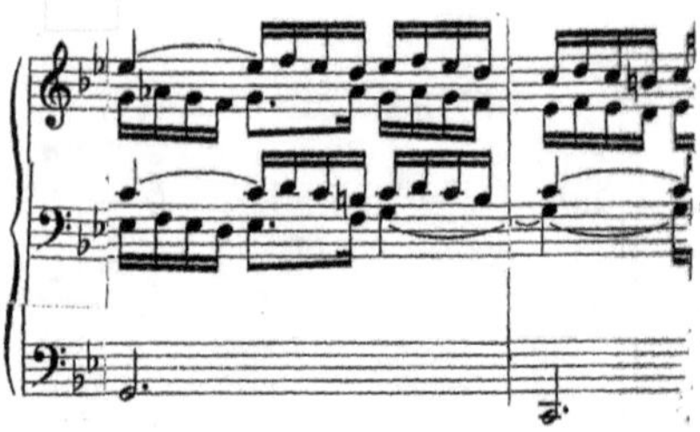

b.

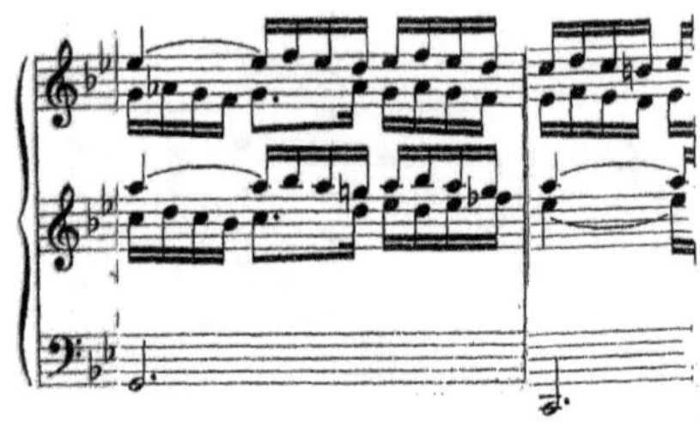

Bsp. 4. T. 167-168, a. Frühfassung, b. Spätere Fassungen.

a.

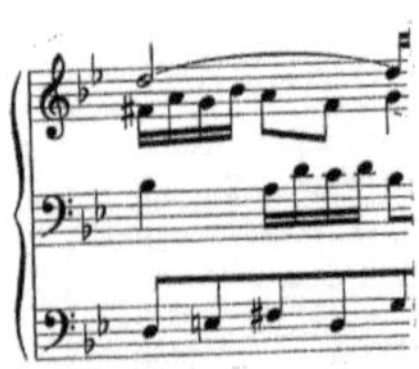

b.

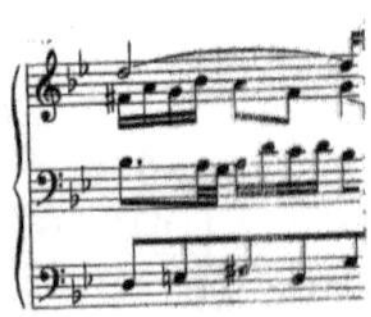

c.

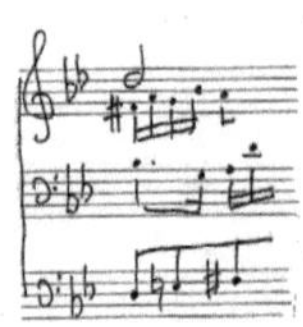

d.

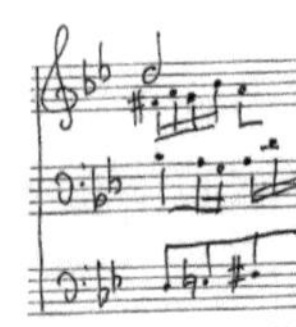

Bsp. 5. T. 249, a. Frühfassung, b. Hauptfassung der späteren Quellen, c. P 803, d. N. Mus. ms. 10183.

a.

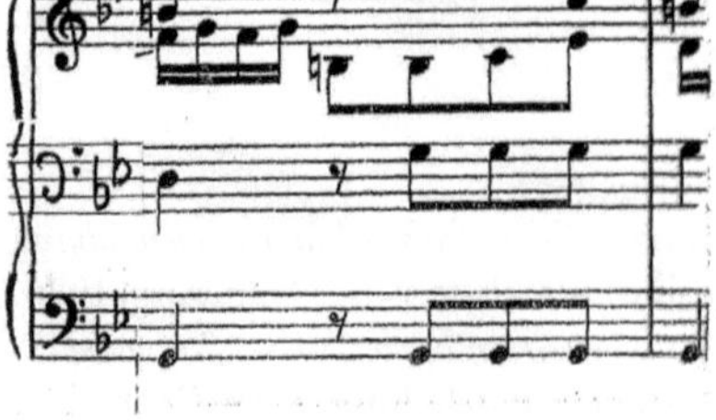

b.

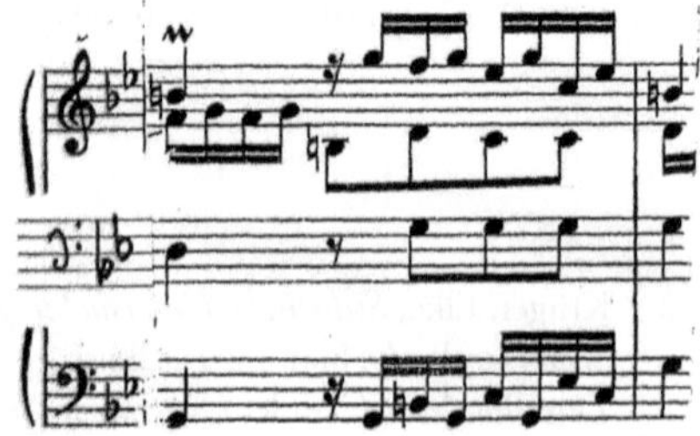

Bsp. 6. T. 281-282, a. Frühfassung, b. Spätere Fassungen.

Am leichtesten zu kommentieren ist Beispiel 5: Die Oktavparallelen (Tenor /Alt) werden überbrückt durch eine Tenorfigur, deren Form in den Quellen leichte Abweichungen aufweist. Auch das Beispiel 1 hat mit dem Parallelenverbot zu tun: In der Frühfassung wird die Parallele vermieden durch das *Abspringen des Leittons*; die spätere Fassung löst das Problem eleganter durch Einfügung des *d*[1] im Tenor. Die übrigen Fälle können als Verdichtung des musikalischen Satzes charakterisiert werden. Die Sopranführung im Beispiel 2 ist in der ersten Fassung deutlich als *Einpassen* in den vom Hauptmotiv der Variation vorgegebenen Satz der Unterstimmen zu erkennen. Bachs Revision verleiht dem Sopran ein deutlicheres melodisches Profil. Die Einfügung der beiden Achteldurchgänge im Beispiel 3 macht den Fluss geschmeidiger. Auch in den Beispielen 4 und 6 ist der Wunsch nach thematischer Verdichtung deutlich.

3. Die mittlere Quellenschicht

Ein Überblick über die handschriftlichen Quellen möge den Umfang, aber auch die Probleme dieser Schicht aufzeigen.
P 803: Schreiber des Faszikels 16 ist Johann Tobias Krebs (der Ältere, 1690-1762). Als Schüler von Bach und Johann Gottfried Walther gehört er zu den eifrigsten Kopisten der Weimarer Periode (1708-1717). Seine Schriftentwicklung macht jedoch klar, dass er auch in späteren Jahren das Interesse an der Musik Bachs nicht verloren hat.[13] Das deutlichste Zeichen dafür ist, dass er seinen Sohn Johann Ludwig zum Studium nach Leipzig sandte. Zu den Problemen dieser Quelle siehe den Abschnitt 6.

Handschrift aus Privatbesitz Heribert Esser, Braunschweig; Fotos aus dem Johann-Sebastian-Bach-Institut Göttingen, heute im Bach-Archiv

13 Zietz, Hermann, *Quellenkritische Untersuchungen an den Bach-Handschriften P 801, P 802 und P 803 aus dem «Krebs'schen Nachlass» unter besonderer Berücksichtigung der Choralbearbeitungen des jungen J. S. Bach*, Hamburg, 1969. Daw, Stephen, «Copies of J. S. Bach by Walther & Krebs: A Study of the Manuscripts P 801, P 802, P 803» in *The Organ Yearbook*, Vol. VII, 1976, S. 31-58; in der Liste auf S. 44 ist die Passacaglia zu ergänzen (vgl. Zietz, S. 81). Maul, Michael, *Zur zeitgenössischen Verbreitung von Bachs Vokalwerken in Mitteldeutschland*, BJ, 2005, S. 100.

Leipzig. Die Quelle stand schon der alten Bach-Ausgabe (BG) zur Verfügung, war danach lange Zeit unzugänglich, wurde aber 1967 bei den Editionsarbeiten zur NBA wieder aufgefunden. Sie trägt den Besitzvermerk «J. C. Bach»; dabei handelt es sich um den «Binderslebener Bach».[14] Nach Dietrich Kilian ist die Hs. Esser «die sorgfältigste aller zu BWV 582 erhaltenen Handschriften».[15] Der Schreiber könnte im Umkreis Bachs zu suchen sein, ist aber bisher nicht identifiziert worden.

P 290: Der Sammelband vereinigt 13 der grossen Orgelwerke Johann Sebastian Bachs. In vielen Manuskripten mit Werken C. P. E. Bachs ist derselbe Schreiber, Anonymus 303, anzutreffen und zwar ausschliesslich mit Werken seiner Berliner Zeit. Es gibt sogar Handschriften, in denen C. P. E. Bach und Anonymus 303 gemeinsam als Schreiber auftreten.[16] Der leider noch nicht namentlich bekannte Musiker könnte ein professioneller Berliner Kopist gewesen sein; vielleicht weist aber P 290 auch auf ein organistisches Interesse hin. Da der Kontakt zum zweitältesten Bach-Sohn offenkundig ist, dürfen wir an Vorlagen aus Familienbesitz denken. C. P. E. Bach ging 1768 nach Hamburg, so wird P 290 vor 1768 entstanden sein.

P 277 trägt die Überschrift «Große Praeludien Fugen und Fantasien für die Orgel von Johann Sebastian Bach. Zweyter Theil». Der zugehörige «Erste Teil» ist die Hs. P 276, in der die sechs großen Präludien und Fugen BWV 543-548 aufgezeichnet sind. Leider ist auch hier der Name des Schreibers unbekannt (Anonymus 401). Diese Handschriften stammen aus der Sammlung der Prinzessin Anna Amalia von Preußen, der Schwester Friedrichs des Grossen; ihr Kompositionslehrer war der Bach-Schüler Johann Philipp Kirnberger.[17] Anhand von T. 249 läßt sich zeigen, dass die *mater*

14 Mündliche Mitteilung von Peter Wollny. Der Verweis auf Johann Christian Bach (NBA IV/7, Kritischer Bericht, S. 124 bzw. NBA IV/5-6, Kritischer Bericht, S. 171) ist zu korrigieren. Zum Binderslebener Bach vgl. Brück, Helga, *Die Erfurter Bach-Familien von 1635 bis 1805*, BJ, 1996, S. 124-126.

15 NBA IV/7, Kritischer Bericht, S. 137.

16 NBA IV/5-6, Kritischer Bericht, S. 220.

17 Zum grossen Fragenkomplex der Bach-Überlieferung in Berlin vgl. Schulze (wie Fussnote 2), S. 128-145; Blechschmidt, Eva Renate, *Die Amalien-Bibliothek*, Berlin, 1965; Wollny, Peter, «Anmerkungen zu einigen Berliner Kopisten im Umkreis der Amalien-Bibliothek» in *Jahrbuch des Staatlichen Instituts für Musikforschung Preußischer Kulturbesitz*, 1998, S. 143-162.

dieses Quellenzweiges die oben beschriebene Quelle P 290 ist: in diesem Takt fehlt die Pedalstimme (Lücke, ganzer Takt). Der Schreiber von P 277 hat die Pedalstimme frei, wiewohl mit satztechnischem Geschick (Kirnberger?), ergänzt:

a.

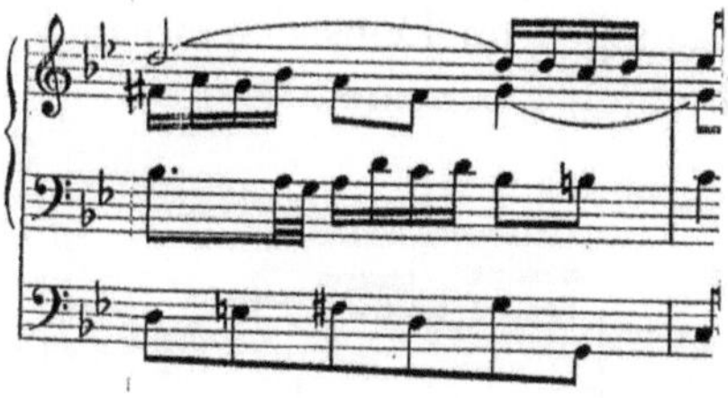

b.

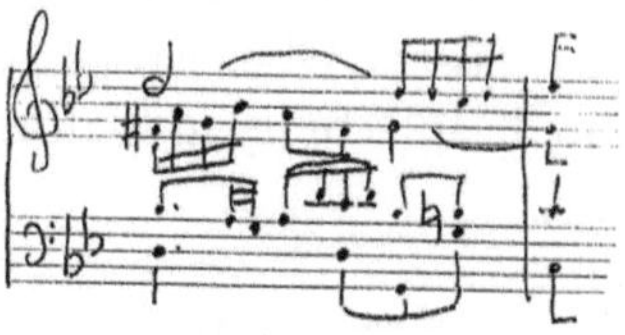

Bsp. 7. T. 249.250, a. Hauptfassung, b. P 277.

Berlin, N. Mus. ms. 10813. Diese Handschrift war den Herausgebern der Alten Bach-Ausgabe (BG) bekannt, galt aber noch bei den Vorbereitungen zur NBA (1988) als verschollen; wieder kennen wir den Schreiber nicht. Im Notentext finden sich beträchtliche Varianten, beispielsweise steht der Fermatenakkord in T.285 über dem Basston H (verminderter Septakkord). Angesichts solcher gravierender Abweichungen mag man sich fragen, ob der Zusatz «pro organo pleno» Authentizität beanspruchen kann.

Dieser knappe, durchaus unvollständige Überblick zeigt, dass die Passacaglia in den wichtigen Zweigen der handschriftlichen Bach-Überlieferung verankert ist. Bei den meisten Präludien, Toccaten, Fantasien und Fugen müssen wir nach diesen Handschriften edieren. Die Beispiele 1-6 und 8-12 dokumentieren einige relevante Punkte dieser «mittleren» Fassung.[18] Wie oben skizziert, besteht aber der Verdacht, dass in zwei Drucken von 1831 (Dunst) und 1844 (Peters) eine durch den Komponisten revidierte Fassung erhalten ist.

18 Die Handschrift P 290 bietet eine stark verzierte Fassung; in der Neuausgabe bei Breitkopf (vgl. Fussnote 1) steht diese Fassung auf der CD-ROM zur Verfügung. Damit ist es zugleich möglich, eine Quelle der mittleren Schicht integral einzusehen.

4. Argumente für eine Leipziger Revision Bachs

Wieder möchte ich – wie im Abschnitt 2 – einige charakteristische Lesarten einander gegenüber stellen. Zugleich soll mitbedacht werden, ob sich zu den Dunst/Peters-Lesarten Parallelen in Leipziger Werken Bachs finden lassen. Über Mendelssohns Eintragungen im Dunst-Exemplar der Bodleian Library in Oxford wird in Abschnitt 5 berichtet.

a. b.

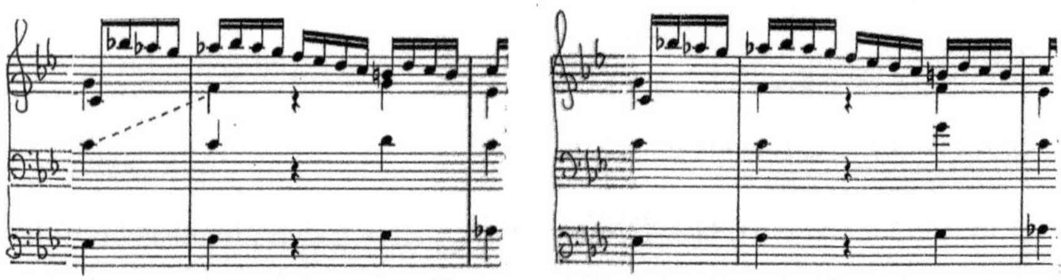

Bsp. 8. T. 81-83, a. Fassung ABB und mittlere Schicht, b. Fassung Mendelssohn/Peters.

a. b.

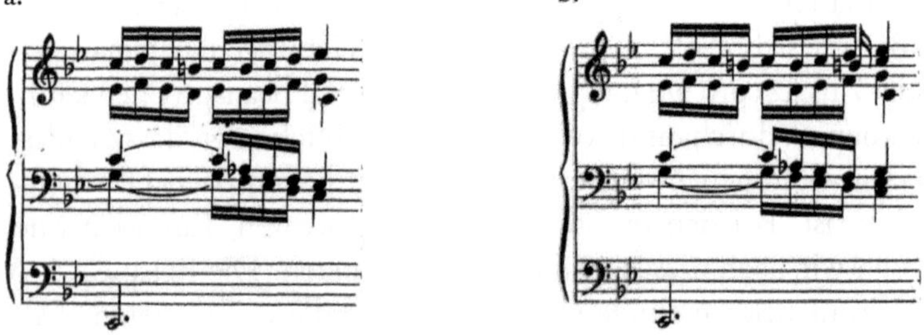

Bsp. 9. T. 168, a. Fassung ABB und mittlere Schicht, b. Fassung Dunst-Mendelssohn/Peters.

a. b.

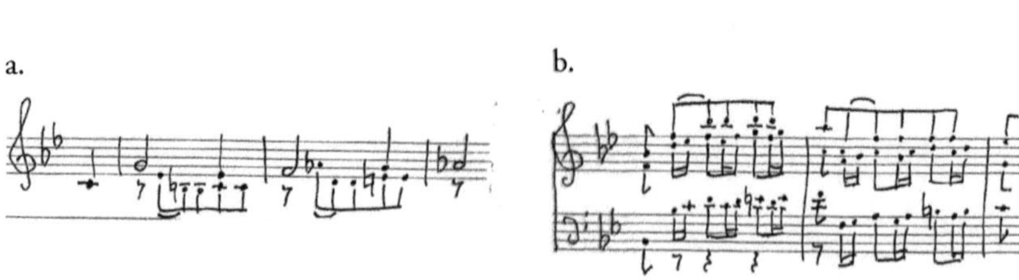

Bsp. 10. a. BWV 582, T. 168-170 Fassung Peters (Dunst-Mendelssohn ohne Bögen), b. Kantate BWV 78, 1. Satz, T. 103 (nur die Hauptstimmen).

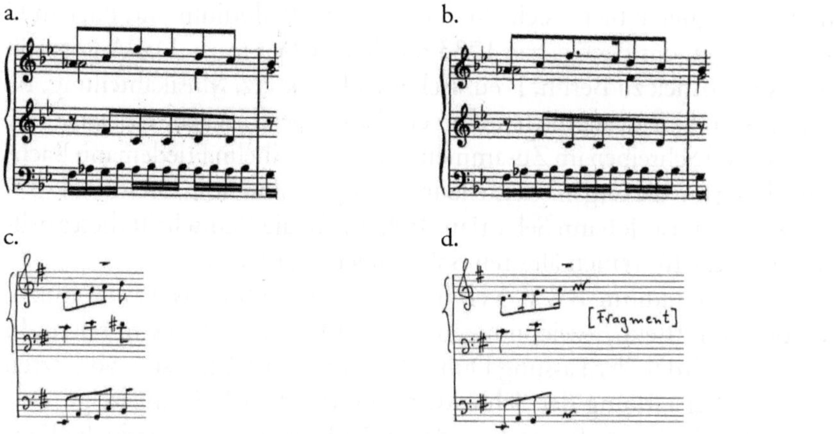

Bsp. 11. BWV 582, T. 194, a. Fassung ABB und mittlere Schicht, b. Fassung Dunst-Mendelssohn/Peters, c. «Wenn wir in höchsten Nöten sein» BWV 668a (Druckfassung), T. 26, d. «Vor deinen Thron tret ich» BWV 668 (P 271), T. 26, das Fragment endet in diesem Takt.

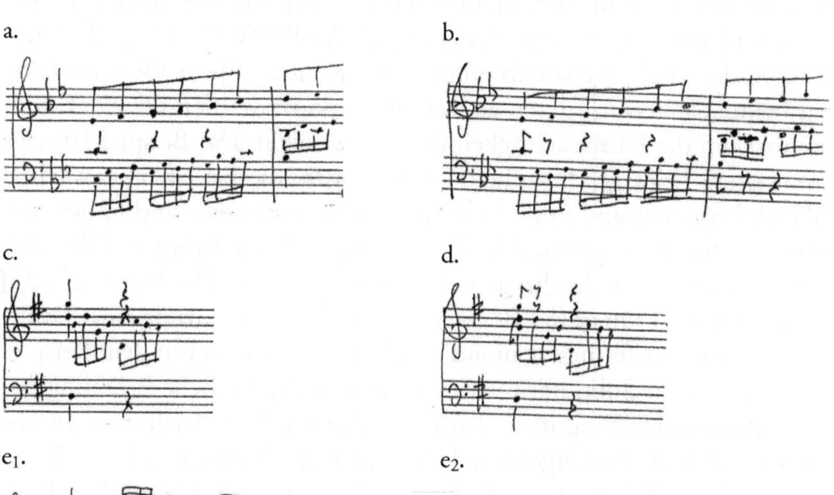

Bsp. 12. BWV 582, T. 239-240, a. Fassung ABB und mittlere Schicht, b. Fassung Dunst-Mendelssohn/Peters, c. BWV 541, Präludium, T. 75, Frühfassung, d. Revisionsfassung um 1733, e. BWV 544, Fuge, Kontrasubjekte in T. 59 bzw. T. 83.

Die Art der Veränderungen hat sich gegenüber der *ersten Revision* leicht verschoben: Korrekturen von Satzfehlern sind zurückgetreten, auffallend häufig finden sich aber Präzisierungen, die mit der Spielweise des Werks zu tun haben. Hierzu bietet sich ein Vergleich mit Präludium und Fuge in G BWV 541 an, das Bach gegen 1733 revidiert haben muss. Das Autograph (Staatsbibliothek zu Berlin, Preußischer Kulturbesitz, Musikabteilung, N. Mus. ms. 378)[19] ist nämlich auf einem Papier geschrieben, das sonst nur noch in zwei Schreiben im Zusammenhang mit Wilhelm Friedemann Bachs Bewerbung um die Organistenstelle an der Sophienkirche in Dresden (1733) nachzuweisen ist: Johann Sebastian Bach dürfte die Reinschrift dieses brillanten Stücks für seinen ältesten Sohn angefertigt haben.[20]

Zum Präludium BWV 541 fügt Bach den Hinweis *Vivace* hinzu; Tempo- und Affekt-Bezeichnungen sind in Orgelpräludien sehr selten. In BWV 582 wird in der Fassung Dunst-Mendelssohn/Peters zum vorletzten Takt eine Verstärkung der Schlusswirkung durch *Adagio* angezeigt. Beispiel 12 beschreibt ein Phänomen, das in der Leipziger Zeit für Bach offenbar von Wichtigkeit war: die Länge der Schlussnoten vor Pausen. Sowohl in BWV 541 als auch in BWV 582 werden solche Schlussnoten bei der Revision von Vierteln zu Achteln verkürzt.[21] Ein weiterer Beleg für diese Praxis findet sich im Autograph der Fuge h-Moll (BWV 544/2): die Viertelnoten des in T. 59 erstmals erklingende Kontrasubjekts (Sopran) können beim späteren Auftreten zu Achteln verkürzt werden (T. 79, T. 83), offenbar um der Durchsichtigkeit des Satzes willen. Das Beispiel 10 zeigt eine weitere Leipziger Eigenheit: Legatobögen, die bei einer schwachen Taktzeit beginnen und in die betonte Zeit hineinführen, sind in der vor-Leipziger Zeit nicht gebräuchlich. In analoger Position im 3/4-Takt wird in der Kantate «Jesu, der du meine Seele» BWV 78 (1724), Satz 1, T. 103, eine aufsteigende Quart mit Bogen versehen.[22] Die Ergänzung einer Punktierung mag man als unbedeutend ansehen; dennoch sei mit dem Beispiel 11 auf diese feine Subtilität verwiesen. Welche rhythmische Belebung bewirkt dieser kleine Eingriff in den musikalischen Satz! Auch dazu gibt es einen Parallelfall: Im Orgelchoral «Vor deinen Thron tret ich» / «Wenn wir in höchsten Nöten sein» (BWV 668/668a) wird die aufsteigende Achtel-

19 Faksimile, hrsg. und kommentiert von Schulze, Hans-Joachim, Veröffentlichung der Neuen Bach-Gesellschaft, Leipzig, 1996.

20 Schulze (wie Fussnote 2), S. 17. NBA IX/1, Wasserzeichen-Katalog (Weiss/Kobayashi), Wasserzeichen 98.

21 Weitere Verkürzungen in BWV 582: T.56, Sopran, Schlusston es^1; T. 102, Tenor, 1. Note c; T. 160, Alt, Schlusston c^1; T. 167, Sopran, 1. Note d^1.

22 Bögen dieser Art, die sogar den Taktstrich übergreifen, stehen auch im Konzert c-Moll für zwei Cembali BWV 1060, 1. Satz, T. 50f.

führung von T. 26 in der Fassung der Handschrift P 271 durch Punktierungen belebt. Als Verdichtung oder Bereicherung des Satzes – vergleichbar den Beispielen 4 und 6 – kann man die Einfügung der Septime und die Vermehrung der Stimmenzahl in den Beispielen 8 und 9 betrachten.

Zwei merkwürdige «Verdachtsmomente» in der Dunst/Peters-Fassung bleiben aber bestehen. Dietrich Kilian bezeichnet sie rundweg als «Fehler». Im Falle des drittletzten Taktes ist man geneigt, diesem Verdikt zuzustimmen:

a. b.

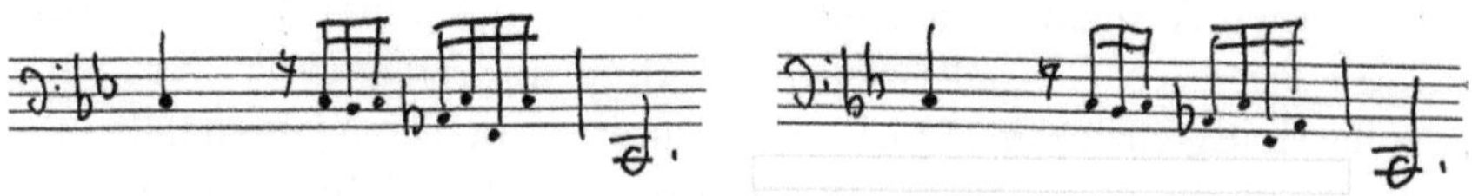

Bsp. 13. T. 290-291, a. Fassung Dunst-Mendelssohn/Peters, b. Fassung aller anderer Quellen.

Nach dem Motiv, das ab T.281 die Szene beherrscht, ist die Fassung b (letzte Note *As*) konsequenter; es ist unwahrscheinlich, dass Bach selbst bei der Niederschrift ein solcher «Fehler» unterlaufen wäre.[23] Die zweite von Kilian als Fehler bezeichnete Stelle hat allerdings eher mit der Frage der Tabulatur zu tun, die im Abschnitt 6 zur Sprache kommen wird.[24]

5. Die Ausgaben von Dunst (1831), Gauntlett (1838) und Griepenkerl (1844)

Wie öfters bemerkt, sind die Lesarten, die auf das verschollene *Guhr-Autograph*, und damit auf die vermutete Leipziger Revision Bachs zurückgehen, nur in Ausgaben des 19. Jahrhunderts greifbar. Aus dem Kritischen Bericht der NBA kann man den Eindruck gewinnen, die von Kilian als

23 Schon in der Ausgabe der Bach-Gesellschaft (W. Rust) wird der Fall in diesem Sinne besprochen.

24 NBA IV/7, Kritischer Bericht, S. 130. Kilian spricht eigentlich von *drei* Fehlern: der in Dunst/Peters fehlende Haltebogen (T. 39, Alt) ist jedoch eine denkbare Variant-Lesart. Im weiteren kann man sich fragen, ob die Varianten in T. 144 (letzte Note in der untersten Manualstimme als Viertel anstelle eines Achtels) und in T. 191 (Pedal Halbenote anstelle von Viertel) ebenfalls als «Fehler» der Dunst/Peters-Fassung zu gelten haben.

«Frühdrucke» bezeichneten Ausgaben seien identisch;[25] dies ist jedoch nicht der Fall. Der Erstdruck im Verlag von Franz Philipp Dunst, erschienen im Jahr 1831[26] in Frankfurt a. M., ist weniger sorgfältig redigiert. Neben über 30 fehlenden Haltebögen zähle ich neun Druckfehler und sechs Auslassungen. Wm. A. Little hat kürzlich darauf aufmerksam gemacht, dass in der Bodleian Library in Oxford ein von Felix Mendelssohn Bartholdy korrigiertes Exemplar der Dunst-Ausgabe erhalten ist.[27] In leuchtendem Rot trug Mendelssohn die fehlenden Haltebögen ein und korrigierte die Defekte des Dunst-Druckes; der damit erreichte Notentext stimmt – von ganz kleinen Ausnahmen abgesehen – mit der bekannten Fassung überein, die Friedrich Conrad Griepenkerl 1844 im Verlag Peters veröffentlicht hat. Die gemeinsame Quelle muss somit das in diesen Jahren in Frankfurt befindliche *Guhr-Autograph* gewesen sein. Peter Ward Jones vertritt die Ansicht, Mendelssohns Notizen seien ausschliesslich Angleichungen der Dunst-Ausgabe an die *Guhr-Fassung*. Wie eingangs dargestellt, hatte Mendelssohn bei der Begegnung mit Kapellmeister Guhr die Wahl zwischen Orgelbüchlein-Chorälen und der Passacaglia. Da er die Choräle wählte, dürfte er die Erlaubnis erhalten haben, die Passacaglia wenigstens durchzusehen und Varianten in sein Exemplar der Dunst-Ausgabe einzutragen.[28]

Eine weitere englische Quelle basiert auf der Fassung *Dunst*: die Ausgabe von Henry John Gauntlett, die 1838 in London erschienen ist.[29] Gauntlett bietet in seiner neun Bände umfassenden Sammlung unter dem Titel *Choral and Instrumental Fugues of John Sebastian Bach / [...] Arranged from His Masses Litanies / Oratorios and Exercises* (London 1838-1851)

25 NBA IV/7, Kritischer Bericht, S. 150: In der Lesarten-Liste 8 werden die «in den Frühdrucken ermittelten [...] Sonderlesarten» den Fassungen der mittleren Quellenschicht gegenüber gestellt. Abweichungen zwischen Dunst und Peters sind aber nicht erwähnt.

26 Zum Erscheinungsjahr vgl. Little (wie Fussnote 5), S. 388.

27 Signatur: Deneke 184 (2). Wm. A. Little (wie Fussnote 5), S. 389.

28 Wm. A. Little (wie Fussnote 5, S. 389) nimmt dagegen an, es handle sich bei dem Oxforder Dokument um Mendelssohns Spielexemplar; allerdings ist er der Ansicht, das Exemplar in Oxford enthalte keine «persönlichen Aufführungsnotizen». An zwei Stellen beobachte ich aber Trennlinien, die vielleicht den Spiel-Anteil von rechter und linker Hand bezeichnen.

29 Das Erscheinungsjahr ergibt sich aus einer Rezension von Band 3 der *Choral and Instrumental Fugues* in *Musical World* vom 30.8.1838, in der BWV 582 besonders hervorgehoben wird. Diesen Hinweis verdanke ich Peter Ward Jones.

nicht nur Orgelwerke, sondern auch Bearbeitungen von Vokalwerken (z. B. «Gratias agimus tibi» aus der h-Moll-Messe, «Ihr aber seid nicht fleischlich» aus der Motette «Jesu, meine Freude»). BWV 582 findet sich in Band 3 dieser grossen Sammlung, offensichtlich auf der Dunst-Ausgabe von 1831 basierend. Gauntlett ist in der Bach-Forschung bislang noch wenig zur Kenntnis genommen worden.

Von grossem Interesse sind die Interpretationsanweisungen zur Passacaglia, da solche Dokumente vor 1850 äusserst spärlich vorliegen. Sie können hier nur summarisch referiert werden. Gauntlett rechnet mit einer dreimanualigen Orgel. Der Beginn von BWV 582 – vor den Systemen als LARGHETTO und APPASSIONATO charakterisiert – wird mit «Diap[asons]» im «Swell» bei geschlossenem Schweller gespielt. Später treten das Positiv («Choir») in Aktion und schon in der Sprung-Variation (T. 40) ist mit «Full» auf «Great» ein Plenumklang gefordert. Die stufenweise geführten Sechzehntel (T. 48) werden auf den Prinzipalen das Hauptwerks gespielt bis in T. 72 wieder der Vollklang erreicht ist. Die Angabe «Full» steht dann wieder in T. 96, T. 128, T. 152 und ab T. 161 wird der Klang mit «Cresc. to FFF» gesteigert. Öfter als erwartet werden «Two Claviers» eingesetzt: T. 24, T. 80, T. 112, T. 136. Könnten diese Interpretationshinweise mit Mendelssohns Spielweise der Passacaglia in Verbindung stehen? Wm. A. Little neigt dazu, diese Frage mit Ja zu beantworten, während Peter Ward Jones betont, dass dafür kein klarer Beleg beizubringen ist.[30]

30 Gauntlett schrieb eine Besprechung von Mendelssohns Londoner Konzert am 12. September 1837 in der Christ Church in der Newgate Street; vgl. Little, Wm. A., «Mendelssohn in Birmingham 1837 und 1840» in *«Diess herrliche, imponirende Instrument» – Die Orgel im Zeitalter Felix Mendelssohn Bartholdys*, hrsg. von Hartinger, Anselm, Wolff, Christoph und Wollny, Peter, Wiesbaden, 2011, S. 189. Gauntletts Ausgabe von BWV 582 erschien 1838, Mendelssohns Treffen mit Guhr fand aber erst 1839 statt. Zum ganzen Fragenkomplex vgl. Little (wie Fussnote 5), S. 390-391.
Ich danke Peter Ward Jones für ausführliche Diskussionen zu diesem Thema. Es ist dabei zu bedenken, dass in England um 1840 nur wenige dreimanualige Orgeln mit «deutschem» Pedal zur Verfügung standen. Vgl. Thistlethwaite, Nicholas, «Mendelssohn und die englische Orgel» in *«Diess herrliche, imponirende Instrument»*, S. 175-186; ders., *The making of the Victorian Organ*, Cambridge University Press, 1990, besonders S. 164f.; Little (wie Fussnote 5), S. 391-393.

Im Programmzettel von Mendelssohns berühmtem Leipziger Orgelkonzert von 1840[31] wird zur Passacaglia vermerkt «für die volle Orgel». Offensichtlich ist dies nicht so zu verstehen, dass das ganze Werk in einem *Organo Pleno-Klang* ohne Veränderung dargeboten worden wäre; das erhellt aus Schumanns Rezension in der *Neuen Zeitschrift für Musik*, wo die «21 Variationen, genialisch genug in einander gewunden, [...] auch von Mendelssohn vortrefflich in den Registern behandelt» gerühmt werden.[32] Auffallend an Gauntletts Registrierungen ist das Faktum, dass der Plenum-Klang der Orgel mehrmals im Verlauf der Passacaglia erklingt; die Wahl dieser Stellen ist vom satztechnischen Gesichtpunkt her sinnvoll, geht aber auf Kosten einer «Gesamt-Dramaturgie» der 21 Variationen.

6. Zur Frage der Tabulaturnotation

Dietrich Kilian lässt in seinen Ausführungen immer wieder durchblicken, Bach habe sein erstes Autograph der Passacaglia möglicherweise in deutscher Orgeltabulatur notiert.[33] Das Hauptargument für diese Notationsform sind in der Regel Oktavprobleme: Die Oktavlage wird in der Tabulatur durch Striche über den Tonbuchstaben angegeben. (Noch heute brauchen wir im Deutschen die Bezeichnung «eingestrichene» bzw. «zweigestrichene» Oktav.) Wenn nun ein solcher Strich etwas zu lang oder zu kurz geraten ist, entstehen bei der Umschrift in Liniennotation leicht Fehler der Oktavlage. Eigenartig berührt die Tatsache, dass solche Oktavprobleme durch alle Quellenschichten – bis hin zur Dunst/Peters-Fassung – vorkommen:

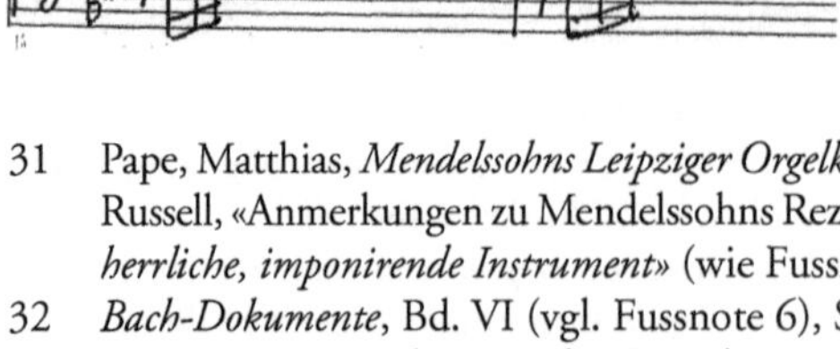

Bsp. 14. T. 114-115, Fassung Dunst/Peters (Vergleichsfassung siehe Bsp. 15).

31 Pape, Matthias, *Mendelssohns Leipziger Orgelkonzert 1840*, Wiesbaden, 1988; Stinson, Russell, «Anmerkungen zu Mendelssohns Rezeption von Bachs Orgelwerken» in *«Diess herrliche, imponirende Instrument»* (wie Fussnote 30), S. 227-242.

32 *Bach-Dokumente*, Bd. VI (vgl. Fussnote 6), S. 381.

33 NBA IV/7, Kritischer Bericht, S. 124.

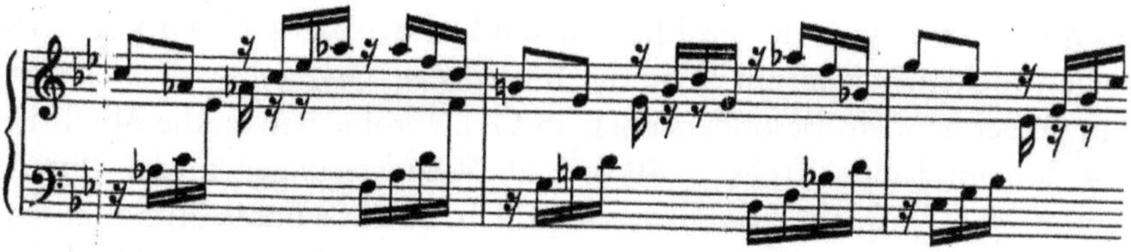

Bsp. 15. T. 115-117, Frühfassung.

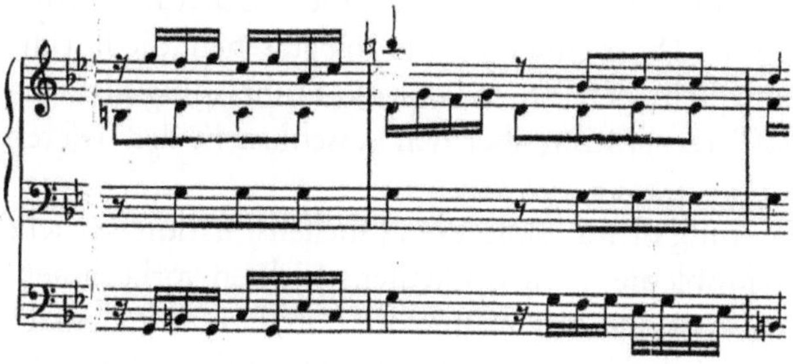

Bsp. 16. T. 281-282, Frühfassung.

a. b.

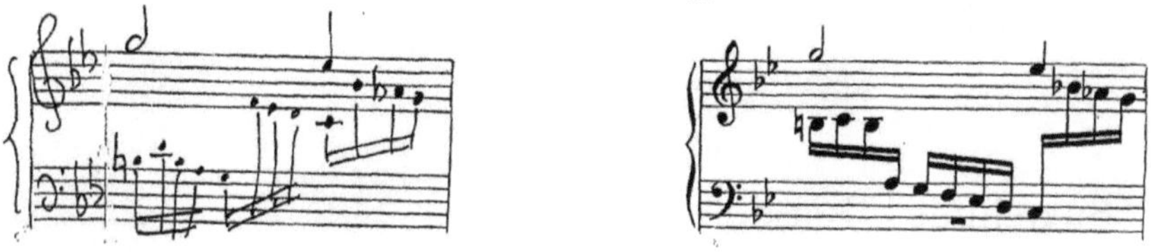

Bsp. 17. T. 89, a. Fassung P 803, b. Übrige Quellen.

a. b.

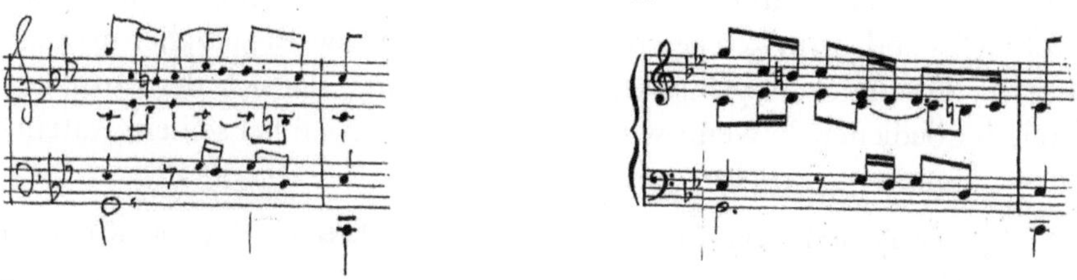

Bsp. 18. T. 39-40, a. Fassung Hs. Esser, P 290 (verziert), b. Frühfassung, Fassung Dunst/Peters.

Das Beispiel 14 ist das bekannteste Oktavproblem der Passacaglia. Noch in den 1960er Jahren stand diese Stelle mit dem Dezimensprung in der Peters-Ausgabe. In allen handschriftlichen Quellen dagegen schliesst das Motiv mit einem Terz-Fall, wie er in den übrigen Takten dieser Variation zu hören ist. Fragen der Frühfassung sind in den Beispielen 15 und 16 angesprochen; wiederum zeigt die motivische *Umgebung*, dass es sich um Fehler handelt. Besonders reich an Oktavproblemen ist die Abschrift von Johann Tobias Krebs (P 803).[34] Die Oktavierungen in der Unterstimme von Beispiel 17 sind unverständlich, da diese durch Stimmtausch aus der vorangehenden Variation gewonnen ist. Da Krebs' Abschrift wohl zwischen 1717 und 1729 entstanden ist, müsste um diese Zeit entweder in Thüringen oder in Leipzig noch eine Tabulatur-Fassung existiert haben. Im Beispiel 18 ist eine Oktavierung zu sehen, die fast die ganze mittlere Quellenschicht betrifft; sowohl die Frühfassung als auch die Lesart nach Dunst/Peters stützen aber den Abschluss in der tieferen Oktavlage.

Eine schlüssige Deutung dieser komplexen Quellensituation ist nicht in Sicht. Da die Oktavprobleme in allen Quellenschichten vorkommen, müsste man annehmen, dass alle Abschriften auf Tabulaturen (allenfalls über Zwischenquellen) zurückgehen. Es ist nicht auszuschliessen, dass die Passacaglia noch in Bachs Leipziger Componierstube in Tabulaturnotation vorhanden war.[35]

7. Buxtehude – Raison – Bach

Im Werk Dietrich Buxtehudes spielt das Ostinato-Prinzip eine wichtige Rolle: in Kantaten, in der Kammermusik und im Orgelwerk gibt es sowohl selbständige, in sich geschlossene Ciaconen bzw. Passacaglien als auch kürzere Abschnitte in grösserem Zusammenhang, die sich der Ostinato-Periodik bedienen.[36] Wenn wir annehmen, dass Bach bei seinem Aufent-

34 Eine Zusammenfassung der Oktavprobleme gibt die Lesarten-Liste 4 im Kritischen Bericht zu NBA IV/7, S. 144-145.

35 Kilian nimmt dagegen «vermutlich [...] ein älteres Tabulatur- und ein neueres Partiturautograph an», NBA IV/7, Kritischer Bericht, S. 124.

36 Sponheuer, Bernd, «Phantastik und Kalkül – Bemerkungen zu den Ostinato-Kompositionen in der Orgelmusik Buxtehudes» in *Dietrich Buxtehude und die europäische Musik seiner Zeit*, Bericht über das Lübecker Symposion 1987, hrsg. von Edler, Arnfried und Krummacher, Friedhelm, Kieler Schriften zur Musikwissenschaft, Band 35, Kassel etc., 1990, S. 289-309.

halt in Lübeck zur Jahreswende 1705/06 Buxtehudes Liebe zum Ostinato kennen gelernt hat, so erstaunt es nicht, dass im Andreas-Bach-Buch zahlreiche einschlägige Stücke aufgezeichnet sind. Diese Sammelhandschrift spiegelt ja mit hoher Wahrscheinlichkeit das Repertoire, das Bach aus Lübeck mitgebracht hat. Die beiden ersten Variationen von BWV 582 sind wohl eine bewusste Anlehnung, vielleicht sogar eine *hommage* an Buxtehudes Passacaglia in d BuxWV 161.[37]

Die Idee aus dem Norden verbindet sich mit einem Impuls aus ganz anderer Richtung: die erste Hälfte des Themas in BWV 582 liegt schon einem kurzen «Trio en Passacaille» der Orgelmesse im *deuxième ton* von André Raison zugrunde. Raisons erstes Orgelbuch war 1688 in Paris erschienen; wie in Frankreich üblich, enthält es Versetten, die nach dem Ordinarium der Messe angeordnet sind; eröffnet wird das Buch von einem ausführlichen Vorwort, das für die Spielweise, die Verzierungen und den *bon goût* im ausgehenden 17. Jahrhundert ein wichtiges Dokument darstellt.[38] Die Kenntnis von André Raison in Weimar lässt sich belegen durch eine Abschrift von der Hand Johann Gottfried Walthers, die einst in der Sammlung Spitta vorhanden war, heute allerdings als verschollen gilt.[39] Im demnächst erscheinenden Band VIII der Bach-Dokumente[40] wird ein weiterer Beleg zu finden sein. Die beiden Impulse von Anfang 1706 und vom Beginn der Weimarer Tätigkeit Bachs (um 1709) fliessen in BWV 582 zusammen. (Der Gedanke, dass die ersten Variationen gleich nach der Lübeck-Reise entstanden wären, ist unrealistisch, da Bach das Raison-Thema wohl frühestens Ende 1708 kennen gelernt hat).

Einen stilistischen Ankerpunkt für eine frühe Entstehung der Passacaglia lässt sich zudem aus der Motivtechnik der Variationen gewinnen: sieben Variationen verwenden kurze Motivbausteine, die sich im Orgelbüchlein wiederfinden. Wie ich andernorts gezeigt habe, sind es die *traditionellen* Motive, die sowohl die frühe Schicht des Orgelbüchleins als auch

37 Notenbeispiel in Breig, *Bach-Handbuch* (wie Fussnote 4), S. 706.

38 Raison, André, *Livre d'Orgue contenant cinq messes*, 1688, Faksimile hrsg. von Saint-Arroman, Jean, Courlay 1999.

39 Wolff, Christoph, «From Berlin to Lodz: The Spitta Collection resurfaces» in *Notes*, Vol. 46, 1989, S. 327.

40 Vgl. Fussnote 6.

die Passacaglia strukturieren.[41] Dass die Anfänge des Orgelbüchleins bis gegen 1710 zurückreichen, ist ausserordentlich wahrscheinlich.

Die Beispiele 1 und 5 zeigen Satzfehler in der Frühfassung von BWV 582, die bei der *ersten Revision* vom Komponisten ausgemerzt wurden. Mit einer Datierung der Urfassung *um 1710* eröffnet sich die Möglichkeit, die *erste Revision* noch in der Weimarer Schaffenszeit zu denken. Für die Leipziger Revision wäre es natürlich verlockend, an eine Nachbarschaft zur Revision des G-Dur-Werkpaars BWV 541 zu denken. Doch ist die Leipziger Revisionstätigkeit Bachs so wenig erhellt, dass es verfrüht scheint, solche Hypothesen auszusprechen. Da Bach gegen Ende seines Erdenlebens die Ciacona der Kantate BWV 12 aus dem Jahre 1714 für das Crucifixus der h-Moll-Messe herangezogen hat, sollte man nicht ausschliessen, dass auch die Passacaglia BWV 582 ihn in den 1740er Jahren nochmals beschäftigt haben könnte.

Abstract

Three primary stages are evident in the compositional genesis of Bach¹s Passacaglia in C minor, BWV 582. The earliest version exists in a copy by Johann Sebastian¹s elder brother (Johann Christoph Bach of Ohrdruf) in the Andreas-Bach-Buch, around 1713 or earlier. The existence of several manuscript copies of the Passacaglia, most importantly in the Staatsbibliothek Berlin, shows that it was revised in the years following the Andreas-Bach-Buch. In one of these manuscripts we find passages which appear in unusual octave transpositions; this may suggest that it was copied from an original Bach manuscript in North German organ tablature, the problems arising from the conversion of tablature into stave notation. It is most probable that Bach further revised the Passacaglia during the Leipzig period, although these revisions only exist in printed versions from the early 19th century. The style of these revisions is comparable, however, with the 1730 revision of the Prelude and Fugue in G major, BWV 541, which survives in an autograph manuscript.

41 Zehnder, Jean-Claude, «Zur Motivtechnik in Bachs Weimarer Werken» in *Bach und die deutsche Tradition des Komponierens – Wirklichkeit und Ideologie*, Festschrift Martin Geck zum 70. Geburtstag, hrsg. von Emans, Reinmar und Steinbeck, Wolfram, Dortmund, 2009, S. 49-60.

Constance Frei

Du manuscrit à la publication: un contrepoint épistolaire entre Beethoven et Breitkopf & Härtel

Que le diable emporte l'économie musicale
Lettre de Beethoven à Breitkopf & Härtel (21 août 1810)

«[...] il me faut du temps pour que par écrit, au lieu de ‹notes›, je jette de simples lettres toutes sèches»[1] écrit Beethoven le 15 décembre 1800. Malgré cette réticence pour le verbe, le compositeur a laissé plus de 1600 lettres, témoins des aspects les plus variés de son existence. De ce corpus se détache un important échange épistolaire (1801-1816) avec la maison d'édition lipsienne Breitkopf & Härtel, reflet de négociations houleuses qui aboutirent néanmoins à 26 publications. Ce dialogue prend définitivement fin en 1822, lorsque l'éditeur – après plusieurs années de silence – soumet à Beethoven une dernière offre qui apparaît en filigrane dans une lettre de Ludwig à son frère Johann: «Breitkopf & Härtel eux aussi ont envoyé chez moi le chargé d'affaires de Saxe pour avoir de mes ouvrages.»[2] Georg August von Griesinger, le «chargé d'affaires» de Breitkopf & Härtel, propose en effet le 17 juin 1822 au compositeur l'adaptation d'un livret, projet qu'il a plusieurs fois tenté de mener à terme depuis 1810:[3]

> Herr Härtel wrote to me from Leipzig asking if you could not find and set a libretto worthy of your art before you completely hang up your harp. He regrets that he did

1 Lettre de Beethoven à Franz Anton Hoffmeister du 15 décembre 1800, in *Les lettres de Beethoven. L'intégrale de la correspondance 1787-1827*, préface de René Koering, Arles, Actes Sud, 2010 (fac-similé de l'édition de Turin 1968). Les lettres de Beethoven citées dans la présente étude proviennent de cette édition; si nécessaire, nous y renverrons explicitement le lecteur par la simple mention *Correspondance*.

2 Lettre du 22-26 juillet 1822.

3 Lettre de Christoph Härtel à Beethoven du 20 juin 1810, in *Letters to Beethoven & other correspondence*, translated and edited by Theodore Albrecht, Lincoln, University of Nebraska Press, 1996, vol. I: 1772-1812 / vol. II: 1813-1823. Par la suite, *Letters to Beethoven.*

> not resume his earlier relationship with you again, and he very much wishes to renew it again. [...] I have to believe that Herr Härtel is ready to make you more agreeable conditions than anyone else, but I request that, for the present, you keep his proposal entirely to yourself.[4]

A ces tractations avec la maison Breitkopf & Härtel s'ajoutent d'autres marchés avec de nombreux éditeurs tels que Simrock de Bonn, Artaria de Vienne, Nägeli de Zürich, Clementi de Londres, Hoffmeister & Kühnel de Leipzig ou encore Thomson d'Edimbourg, preuves de l'incommensurable succès dont jouit le compositeur de son vivant déjà. Beethoven n'aime toutefois guère s'occuper des négociations avec ces «marchands d'art», tâche qu'il qualifie de «pénible corvée»[5] et qu'il imagine résoudre d'une manière pour le moins chimérique: «Il devrait y avoir au monde un seul *grand magasin d'art*, où l'artiste n'aurait qu'à remettre ses ouvrages, pour recevoir ce dont il a besoin. De nos jours un artiste doit être encore un demi-trafiquant [...] –»[6]

Au fil de ces quelques pages, nous tenterons de décrire les différentes étapes qui séparent l'œuvre musicale autographe de sa version imprimée, autrement dit le manuscrit de Beethoven de la partition publiée par Breitkopf & Härtel. Quel matériel est délivré à l'éditeur (autographe ou copie)? Quel est le rôle du copiste? Qui effectue les corrections d'épreuves? Existe-t-il des droits d'auteur ou des droits d'éditeur? Des contrats sont-ils établis? Comment se déroulent les négociations financières? Combien de temps faut-il à l'éditeur pour graver une œuvre? De quelle manière Beethoven perçoit-il ses gains? Quelle est l'attitude de l'éditeur légal face aux éditions pirates? Les sources qui nous permettent de répondre à ces interrogations proviennent essentiellement de la généreuse *Correspondance*[7] du compositeur, en particulier pour les années 1801-1816 (annexe, tableau I);

4 Les lettres de Griesinger sont tirées des *Letters to Beethoven*.
5 Lettre de Beethoven à Franz Anton Hoffmeister du 15 janvier 1801.
6 *Ibid.*
7 Les lettres rédigées par Beethoven sont publiées en traduction française dans la *Correspondance* (*cf.* note 1). Celles de Karl van Beethoven, Chrisoph Härtel et Georg August von Griesinger sont extraites des deux volumes de *Letters to Beethoven* (*cf.* note 3). En complément, nous avons également consulté la version italienne de la correspondance: *Ludwig van Beethoven. Epistolario*, a cura di Sieghard Brandenburg, trad. Luigi Della Croce, Milan, Skira, 1999, vol. I-IV (par la suite, *Epistolario*). Toutes les lettres sont citées dans la langue de publication; dans la mesure du possible, nous avons respecté la graphie et la ponctuation parfois surprenantes de nos sources.

mais c'est surtout entre 1808 et 1812 que l'échange avec son éditeur sera le plus dense et que leur alliance portera ses fruits les plus remarquables. Le catalogue des œuvres de Beethoven publiées par Breitkopf & Härtel complète utilement ces données épistolaires (annexe, tableau II).

L'éditeur

Contraint de négocier avec les différentes «maisons de commerce» susmentionnées, Beethoven semble néanmoins avoir une nette préférence pour la maison Breitkopf & Härtel. Le 18 novembre 1806, il écrit à son représentant: «Du reste soyez persuadé que c'est à *votre Maison de commerce* que vont et continueront d'aller mes préférences», et il renchérit le 8 juin 1808: «C'est cependant votre Maison que je préfère à toutes, comme je l'ai déjà dit maintes fois. […] Bref, tout cela peut vous montrer à quel point il me plaît de rester en affaires avec vous –» En août 1810, il réaffirme ses préférences pour la maison lipsienne: «Mais c'est à votre Maison, sur toutes les Maisons allemandes, que je donne la préférence […].»[8] En effet:

> Il n'y a aucune flatterie de ma part, si je vous dis que c'est à vous qu'entre tous j'accorde ma préférence: de *Leipzig* même certains éditeurs m'ont fait souvent des offres et aussi de Vienne par d'autres fondés de pouvoir; et il n'y a pas longtemps j'ai été pressenti personnellement par un éditeur qui était prêt à me donner ce que je demandais. Mais j'ai décliné toutes les propositions pour vous montrer que c'est avec vous que j'aime le mieux avoir affaire […] –[9]

Pourtant, à ces éloges s'entretissent des remarques virulentes sur les questions financières, signes d'un profond désaccord entre le compositeur et son éditeur. Le marchandage de Härtel irrite assez vite Beethoven: «Le Ciel fasse du moins que je n'aie pas, comme toujours, à me chamailler d'abord avec vous pour toucher un peu d'argent.»[10] Le point d'orgue à leur duo sera posé quelques années plus tard, comme en témoigne la dernière lettre du 19 juillet 1816:

8 Lettre de Beethoven à Härtel, peu avant le 21 août 1810.
9 Lettre de Beethoven à Härtel du 21 août 1810.
10 Lettre de Beethoven à Härtel du 2 juillet 1810.

> [...] je dois vous rappeler que c'est avec grand plaisir que j'ai toujours traité avec vous. Mais je crains fort que, vu les prix auxquels mes compositions se vendent maintenant, vous ne vouliez réduire mes honoraires à un chiffre excessivement bas. Je ferai néanmoins une tentative. Mais quoi qu'il en soit, vous ne pouvez pas vous attendre à ce que je sois disposé à travailler en pure perte.

Des divergences politiques semblent également jouer un rôle, parmi les facteurs qui sapent fatalement cette collaboration. Beethoven écrit le 10 mars 1815: «Votre action politique actuelle n'a pas du tout non plus mon approbation. [...] mais – mais – mais – les enfants jusqu'à ce qu'ils aient grandi ont besoin toutefois de hochets pour s'amuser avec – Et c'est tout ce qu'on peut dire à cet égard –».

En 1815, la maison Breitkopf & Härtel avait presque cent ans d'activité. Fondée en 1719 à Leipzig par Bernhard Christoph Breitkopf, elle fut ensuite dirigée par son fils Johann Gottlob Immanuel. Ce n'est qu'en 1795 que le nom de Härtel fut ajouté à l'enseigne de l'établissement, lorsque Gottfried Christoph Härtel en prit les rênes. Il sera l'unique héritier de la maison, mais ne renoncera pas au nom de son fondateur et maintiendra la raison sociale «Breitkopf & Härtel». A l'origine, la maison Breitkopf était spécialisée dans l'impression d'ouvrages littéraires; elle se tourna vers l'édition musicale en 1736 seulement.[11]

Le compositeur

Au moment où Härtel prend contact avec Beethoven en 1801 – le document y afférent est aujourd'hui perdu – le compositeur jouit à Vienne d'une position sociale enviable et d'une situation financière en plein essor. En ce début de XIXe siècle, les Viennois sont avides de musique – Mozart et Haydn ayant largement préparé le terrain – et brille à leur esprit l'idée du génie musical, alors incarné par Beethoven. On lui attribue le statut d'artiste pleinement reconnu, synonyme d'une certaine autonomie financière et d'une relative indépendance artistique – situation qui aurait certainement été fort enviée par ses chers prédécesseurs des siècles antérieurs,

11 Informations provenant du site internet de la maison Breitkopf & Härtel: <http://www.breitkopf.com/history>.

dont l'esprit libre et créatif tolérait difficilement cette maille trop serrée du lien contraignant et avilissant avec une cour ou une *cappella musicale.* Beethoven, lui, n'était plus l'artisan d'autrefois mais bien l'Artiste par excellence: «the first-rate artist»[12] écrira Härtel à son égard. Dans un tel contexte, à en croire la lettre adressée le 29 juin 1801 par le compositeur à son cher ami Franz Gerhard Wegeler, ses affaires semblent aller au mieux:

> Depuis l'an dernier Lichnowsky lequel, si incroyable que te semble ce que je te dis là, fut toujours et reste mon ami le plus chaud [...] m'a alloué une somme fixe de 600 Gulden à laquelle je peux puiser tant que je n'aurai pas trouvé de situation qui me convienne. Mes compositions me rapportent gros, et je peux dire que j'ai même plus de commandes qu'il me serait presque possible d'en satisfaire. J'ai aussi pour chacun de mes ouvrages six ou sept éditeurs, voire davantage encore si je voulais m'en donner la peine: il n'y a plus d'accords à établir avec moi, j'exige et l'on paie. Joli plaisir, comme tu vois.

On insistera ici sur la valeur de cette confession. Beethoven, s'adressant à un ami, ne se voit pas contraint d'endosser le rôle de commerçant «demi-trafiquant»; aussi ces affirmations-là sont-elles certainement plus proches de la réalité que les plaintes distillées dans ses échanges avec les éditeurs, comme l'atteste cette lettre du 28 novembre 1820 à Franz Brentano: «Je me trouve à présent dans une situation difficile et pressante; c'est ce qu'on doit le plus *se garder d'écrire à un éditeur* –»[13] Les 600 Gulden généreusement mis à disposition par le Prince Lichnowsky vont croître jusqu'à devenir, dès mars 1809, une pension annuelle de 4000 Gulden (ou florins), somme réunie désormais par trois mécènes: le Prince Kinsky (1800 Gulden), l'Archiduc Rodolph (1500 Gulden) et le Prince Lobkowitz (700 Gulden).[14] Ce patronage était une forme de reconnaissance suprême pour l'artiste, un privilège garantie de précieuse liberté. Beethoven, conscient de sa propre valeur, avoue: «[...] le goût d'une vie indépendante je ne puis me le procurer autrement qu'en ayant un revenu suffisant, et la rétribution doit tout de

12 Lettre de Härtel à Beethoven du 11 juillet 1810.

13 Cinq ans plus tôt, le 10 mars 1815, Beethoven n'avait pourtant pas caché ses problèmes pécuniaires à Härtel: «Des circonstances telles que *le besoin de trouver de l'argent* m'ont obligé à me mettre en rapports avec un éditeur de Vienne et de quel genre?»

14 *Correspondance*, p. 237, note 2. Voir aussi la déclaration de Beethoven «aux Landrechte Impériaux et Royaux de Prague» datée de 1814 (*Correspondance*, p. 1611) et le brouillon de contrat de février 1809, qui précise les clauses de cet accord (*Ibid.*, pp. 1580-1582).

même faire honneur à l'artiste comme tout ce qu'il entreprend.»[15] Ce statut est clairement définit dans l'ébauche de contrat rédigée en février 1809 probablement par le Baron Gleichenstein, un ami très cher de Beethoven:

> L'effort et le but de tout véritable artiste devraient certes être de conquérir une position qui lui permettrait de se consacrer entièrement à l'achèvement de grandes œuvres sans que d'autres activités ou des soucis d'ordre financier viennent le distraire de la composition. Chaque compositeur ne devrait donc avoir de plus vif désir que celui de se dévouer entièrement à la création d'œuvres de grande envergure et d'avoir ensuite la possibilité de les exécuter en public.[16]

Beethoven avait besoin de beaucoup d'argent pour vivre, d'après le témoignage de son ami Wegeler: «Beethoven, élevé dans une posititon de fortune extrêment resserrée et en même temps toujours tenu dans une espèce de tutelle, au moins celle de quelques-uns de ses amis, n'entendait rien à la valeur de l'argent, et, en conséquence, n'était rien moins qu'économe.»[17]

Les «chargés d'affaires»

Le duo Beethoven-Härtel s'avère en fait... un quintette, dont les parties intermédiaires sont tenues par le frère du compositeur, Kaspar Anton Karl, et les représentants viennois de Breitkopf & Härtel, Griesinger et Wagener. Pendant une certaine période, Karl fait office d'impresario pour toutes les questions relatives à la commercialisation des œuvres de son frère. Entre le 28 mars 1802 et le 12 février 1805, il adresse plusieurs lettres à Härtel pour le compte de Beethoven (*cf.* annexe, tableau I): «Otherwise you must not take offense at my brother because he has not written to you himself, since I take care of all his business affairs» écrit-il le 28 mars 1802.

15 Lettre de Beethoven à Härtel du 21 août 1810.

16 Il s'agit probablement d'une ébauche du contrat de rente annuelle concernant les 4000 Gulden (*Correspondance*, p. 1580).

17 Wegeler, Franz Gerhard et Ries, Ferdinand: *Notes biographiques sur L. van Beethoven*, trad. A.-F. Legentil, Paris, E. Dentu, 1862, pp. 50-51 (par la suite, *Notes biographiques*). Le témoignage de son élève Ferdinand Ries confirme ces observations: «Beethoven avait besoin de beaucoup d'argent, bien qu'il en tirât peu de profit utile ou régulier, car il vivait très simplement.» (*Ibid.*, pp. 147-148).

Quelques semaines plus tard, le 22 avril, Beethoven corrobore ces dires: «En attendant vous pouvez vous reposer entièrement sur mon *frère* – qui se charge en général de mes intérêts –»[18] Karl est lui-même musicien, un détail important qu'il tient à souligner de manière à justifier la valeur de sa mission: «It is known that I take care of all my brother's business affairs. [...] I myself take pleasure in music, and play several instruments as well.»[19] Ce frère attentif apparaît cependant comme un curieux protagoniste du scénario éditorial... Doté d'un tempérament colérique, il orne ses lettres de commentaires parfois offensifs: «You have written my brother a letter that, if necessary at all, is more appropriate to a schoolboy but not an artist like Beethoven. You would not dare write such a letter to Herr Haydn.»[20] Härtel, désappointé, écrit alors à Beethoven: «In case you are inclined to enter into a publishing contract with us in the future, that it be done without the intercession of a third party.»[21] Après cet incident, Karl quitte la scène le 12 février 1805 – mais il rédigera tout de même une dernière lettre à la fin du mois de janvier 1810 – laissant son frère gérer seul son commerce avec Härtel. Entre les deux frères s'était installé un climat de tension: «Son frère Charles (Caspar), qui, par malheur, se mêlait toujours de ses affaires, voulait les vendre [3 Sonates op. 31] à un éditeur de Leipzig. Il y avait souvent à ce sujet des altercations entre les deux frères, parce que Beethoven voulait tenir sa parole une fois donnée.»[22]

Quant à Griesinger, il tient la partie de l'espion et du négociateur viennois pour le compte de Härtel. Depuis longtemps lié à l'éditeur lipsien – en particulier pour les affaires concernant la publication des œuvres de Haydn – il prend contact avec Beethoven le 20 mars 1802.[23] Par la suite, il se rend souvent chez lui pour traiter de questions financières: «Sono due settimane che non faccio passi avanti nelle trattative con Beethoven» écrit-il à Härtel le 24 novembre 1804. En marge de ses activités de commerçant, il informe son patron du comportement des frères Beethoven, une mine de renseignements fort utile pour Härtel qui adaptera dès lors la tonalité de ses tractations en fonction des renseignements fournis par son agent secret:

18 Lettre de Beethoven à Härtel du 22 avril 1802.
19 Lettre de Karl adressée à l'*Allgemeine musikalische Zeitung* de Leipzig (23 juin 1802).
20 Lettre de Karl à Härtel du 5 décembre 1802.
21 Lettre de Härtel à Beethoven du 21 juin 1805.
22 *Notes biographiques*, pp. 117-118.
23 *Epistolario*, vol. I, p. 201.

> Comprendo facilmente che gli indugi di Beethoven le siano sgradevoli e sospetti. Ludwig van Beethoven è un uomo alieno da[24] falsità e sotterfugi, che ancora 8 giorni fa mi diceva: se avessi dei secondi fini riguardo alle composizioni che ho fissato per lui, non ne farei affatto un mistero. Del fratello c'è meno da fidarsi e sospetto persino che si metta in tasca qualcosa probabilmente all'insaputa di Louis Beethoven.[25]

En revanche, le nom de Wagener n'apparaît que rarement dans les lettres de Beethoven. Il semble que ce personnage travaillait également pour le compte de Härtel: «A la nouvelle proposition que vous m'avez faite par Wagener, je réponds que je suis prêt, en ce qui regarde la Messe, à vous dégager entièrement – Je vous fais donc par-là un cadeau [...]» précise le compositeur dans sa lettre de juillet 1808 à Härtel. Ses rapports avec Wagener ne semblent pas des plus paisibles: «A la fin notre Wagener m'est tombé dessus comme un furieux» annonce-t-il à Härtel le 7 janvier 1809. Le 28 mars de cette même année, le compositeur ajoute: «Je vous ai seulement expédié deux Trios que je sache. Une erreur a dû se produire sur ce point. Ne serait-ce pas *Wagener* peut-être qui m'aura fait une farce en introduisant un troisième trio *de son cru ou d'un autre?*»

Vienne

L'Autriche était un membre important de la coalition anti-française contre Napoléon Bonaparte.[26] Ce dernier n'hésita d'ailleurs pas à occuper Vienne

24 La version originale est la suivante: «Ludwig van Beethoven ist ein Mann ohne Falsch und Trug [...]» («Eben Komme ich von Haydn...», *Georg August Griesingers Korrespondenz mit Joseph Haydns Verleger Breitkopf & Härtel 1799-1819*, Zürich, Atlantis, 1987, p. 232).

25 Lettre de Griesinger à Härtel du 29 décembre 1804 (*Epistolario*, vol. I, p. 335, note 5).

26 Rappelons que Beethoven vouait initialement une certaine admiration à Bonaparte, sentiment qui ne tarde pas à se renverser une fois le Consul proclamé Empereur: «Dans le courant de l'année 1802, Beethoven composa à Heiligenstadt, village situé à une lieue et demie de Vienne, sa troisième symphonie, connue aujourd'hui sous le titre de «Symphonie héroïque». Souvent dans ses compositions il avait présent à la pensée un sujet déterminé, bien qu'habituellement il se moquât des peintures musicales et en parlât avec mépris, surtout des minuties en ce genre. [...] Dans cette symphonie, Beethoven avait eu pour sujet de sa pensée, Bonaparte, alors qu'il était encore premier Consul. Jusque-là, Beethoven l'estimait extrêmement haut, et l'éga-

à deux reprises, en 1805 et 1809, avant d'essuyer une amère défaite en 1814. Les répercussions politico-économiques de ces guerres napoléoniennes sont cataclysmiques: «Le renchérissement n'a fait qu'augmenter à Vienne et c'est effrayant ce qu'il faut d'argent pour vivre; à ce point de vue, comme à tout autre égard, ma rétribution actuelle n'est certainement pas à la hauteur» écrit Beethoven à Härtel le 6 juin 1810. A Vienne, le florin d'argent – la monnaie la plus courante – disparaît en 1809 pour ne réapparaître qu'en 1818. Entre-temps, il est remplacé par le florin de Vienne sous forme de billet de banque; mais l'inflation a pour conséquence sa dévaluation en chute libre, lui faisant perdre cinq fois de sa valeur rien qu'en 1811: «[...] les billets de banque ont encore moins de valeur qu'autrefois. Que ditesvous de nos Directeurs des Finances???? Il faudra faire intervenir quelque deus ex machina – il n'y a pas d'autre solution –»[27] L'instabilité du système monétaire en Autriche durant les premières décennies du XIXe siècle paralyse gravement le commerce avec l'Allemagne. Quelques points de repères seront utiles pour comprendre le marché de l'édition musicale dans ce contexte:

1 ducat d'or = 4,5 florins d'argent[28]
1 florin d'argent = 1 Gulden
1 florin d'argent ou Gulden = 60 Kreuzer
1 florin d'argent de Vienne pouvait aussi valoir 20 Kreuzer
1 florin d'argent = 1 florin billet de banque, puis dévaluation
1 florin billet de banque en 1811 perd 80 % de sa valeur
1 Groschen = env. 3 Kreuzer
1 Reichsthaler = 90 Kreuzer
1 Rheinthaler = 120 Kreuzer

lait aux plus grands Consuls romains. [...] Je fus le premier qui apporta à Beethoven la nouvelle que Bonaparte s'était déclaré Empereur. Là-dessus il entra en colère et s'écria: «Ce n'est donc qu'un homme ordinaire. Maintenant il va fouler aux pieds tous les droits des hommes; il ne songera plus qu'à son ambition; il voudra s'élever au-dessus de tous les autres et deviendra un tyran!» Il alla vers la table, saisit la feuille de titre, la déchira en entier et la jeta à terre.» (*Notes biographiques*, pp. 104-105).

27 Lettre de Beethoven à Härtel du 12 avril 1811.

28 Ces informations sont extraites de l'article suivant: Cooper, Barry, «Economics» in *The Beethoven Compendium: a guide to Beethoven's life and music*, ed. by Barry Cooper, Londres, Thames and Hudson, 1991, p. 68, ainsi que de l'introduction de René Koering à la *Correspondance*, p. LXI.

Ainsi Beethoven se trouve-t-il pris dans un véritable labyrinthe financier. Sa pension de 4000 Gulden fond comme neige au soleil. Il ne lui restera bientôt plus que 800 Gulden pour subvenir à ses propres besoins: «Mes 4000 Gulden valaient encore quelque chose l'an dernier, avant l'arrivée des Français; ils ne représentent même pas cette année 1000 Gulden M. C. –»[29] Lorsqu'il s'installe à Vienne en 1792, le loyer mensuel de son petit appartement au centre-ville s'élève à 14 florins ou Gulden.

Des données comparatives permettent d'appréhender plus concrètement ces chiffres abstraits, qui plus est dans un système économique totalement instable. En 1809, par exemple, le salaire mensuel d'un *maestro di cappella* peut atteindre 50 ducats (225 florins ou Gulden): «Sur une proposition de Sa Majesté Royale de Westphalie, c'est là que je me rends en qualité de Maître de Chapelle avec un traitement annuel de 600 ducats or –»[30] En 1810, une paire de botte coûte 30 Gulden à Vienne et un costume peut soustraire jusqu'à 170 Gulden de l'escarcelle d'un modeste citoyen.[31] Un avis signé par Beethoven dans la *Wiener Zeitung* du 31 décembre 1813 nous apprend qu'un billet de concert coûte alors 2 Gulden au parterre et 3 Gulden à la galerie.[32] Quelques années plus tard, le 22 novembre 1815, Beethoven confie à son élève Ries: «Je paye 1000 florins [ou Gulden] pour mon loyer.»[33] Le 8 mars 1816, il ajoute: «Mon revenu est de 3400 florins en papier [ou Gulden], je paye 1100 florins [ou Gulden] de loyer, 900 florins [ou Gulden] à mon domestique et sa femme; comptez ce qui me reste. En outre, j'ai tout à pourvoir pour mon petit neveu: jusqu'à présent il est en pension, cela monte à 1100 florins [ou Gulden], et encore il est mal.»[34]

Par conséquent, Beethoven doit durcir sérieusement ses exigences commerciales. Les négociations avec ses éditeurs et les organisateurs de concerts se font plus tendues. Afin d'éviter toute entourloupe financière due aux problèmes de change entre les monnaies allemandes et autrichiennes et à la dévaluation du florin, il exigera souvent d'être payé en ducats d'or, une monnaie presque stable.

29 Lettre de Beethoven à Härtel du 21 août 1810.

30 Lettre de Beethoven à Härtel du 7 janvier 1809. Dans sa lettre du 4 mars 1809, le compositeur précisera toutefois: «[...] les choses se sont arrangées d'une autre façon, et je reste à Vienne [...] –»

31 Voir la lettre de Beethoven à Härtel du 21 août 1810.

32 *Correspondance*, p. 1600.

33 *Notes biographiques*, p. 179.

34 *Ibid.*, pp. 182-183.

Du manuscrit à la publication

L'offre et la demande: les négociations

Beethoven fait montre d'un humour plutôt sarcastique et polémique au cours de ses diverses négociations professionnelles; on le constate notamment dans sa lettre du 15 décembre 1800 à son «cher et digne frère dans l'art de la musique», l'éditeur Franz Anton Hoffmeister: «[...] comme vous n'êtes ni *Juif ni Italien*, et que je ne suis non plus aucun des deux, nous arriverons sans doute à nous entendre.» Avec Härtel s'instaure en revanche un rapport plus complexe, chacune des parties tentant de convaincre l'autre de ses nobles intentions et de son souhait de porter honnêtement les transactions à bon terme. L'usage de formules «courtoises» servira par la suite de bouclier en cas de désaccord, une stratégie commerciale parfois efficace... Beethoven insiste sur son indifférence à toutes les questions relatives à l'argent (une affirmation qui ne correspond néanmoins pas vraiment à la réalité, comme le démontrera la suite de cette enquête): «Et si seulement vous traitiez avec moi avec moins d'hésitation, je suis sûr que vous et moi n'aurions qu'à y gagner. En maintes circonstances, vous pourrez voir que je suis tout sauf qu'avide d'argent, au contraire plutôt obligeant, voire tout à fait désintéressé.»[35] Il ajoute encore: «[...] vous vous apercevrez certes en maintes occasions de mon désintéressement: j'aime trop mon art pour me laisser guider simplement par des questions d'intérêt [...] –»[36] La même litanie reprend deux ans plus tard, le 21 août 1810: «Je n'ai pas pour fin, comme vous le croyez, de devenir un agioteur en matière d'art musical, celui qui n'écrit que pour s'enrichir. Dieu m'en garde!» De son côté, Härtel se pare lui aussi du masque de l'honnête homme:

> Who would not grant you, the first-rate artist, every advantage that you can derive from your creations [...]. I, however, must pay for such works, not like a prince according to the measure of [their] intrinsic value, but according to the measure of [their] probable commercial success, since I cannot seek and attain the honor of the princely art collector, but rather that of the honest and level-headed businessman.[37]

35 Lettre de Beethoven à Härtel du 8 juin 1808.
36 Lettre de Beethoven à Härtel du 16 juillet 1808.
37 Lettre de Härtel à Beethoven du 11 juillet 1810.

Malgré ces allégations rassurantes, les deux hommes auront bien du mal à mener à terme leurs affaires. En effet, en arrière-plan de ce portrait d'artiste désintéressé des questions matérielles, Beethoven laisse échapper quelques gouttes amères de son caractère colérique non dénué de reflets de fierté. Il se comporte souvent comme une victime ou un mauvais perdant: «Beethoven ne connaissait presque pas l'argent, et cela donnait souvent lieu à des scènes désagréables, attendu qu'étant extrêmement méfiant, il se croyait souvent trompé, alors qu'il n'en était rien. Il s'excitait promptement, appelait tout de suite les gens «voleurs»», rapporte son élève Ries.[38] Le 21 juin 1805, le compositeur souligne que les honoraires demandés pour sa Symphonie op. 55, sa Symphonie Concertante op. 56 et ses trois Sonates op. 53, 54 et 57 «sont loin d'atteindre ceux [qu'il] reçoi[t] habituellement». Il adopte même un ton autrement plus dur en passant à la troisième personne pour marquer une franche distance:

> Beethoven ne jette pas de la poudre aux yeux et n'a que dédain pour tout ce qu'il *n'obtient pas directement* de son art et de son talent – Aussi renvoyez-moi tous les manuscrits que vous avez reçus de moi, *y compris le Chant* [WoO 130]. Je ne peux ni ne veux accepter d'honoraires inférieurs. Vous pourrez avoir *les manuscrits*, mais seulement au prix que nous avons convenu ensemble –[39]

Le 18 novembre 1806, il avertit Härtel: «[...] j'ai reçu, notamment de l'Ecosse, des propositions si avantageuses avec des honoraires tels que je ne pourrais jamais les exiger de vous.» D'autres signes d'insatisfaction se glissent dans sa correspondance, comme on le voit dans cette lettre du 6 juin 1810 où il reproche à son éditeur son «attitude, souvent si inattendue qu'il faut bien que l'on ait une opinion aussi favorable que la mienne pour continuer les tractations –», ou encore dans ce courrier du 21 août 1810: «[...] je consens même à essuyer quelque perte pour maintenir cette relation – Mais je ne puis descendre au-dessous de 250 ducats. Mon désavantage serait trop grand, ce que vous ne pouvez exiger. Nous en resterons donc là –»

38 *Notes biographiques*, p. 159.

39 Lettre de Beethoven à Härtel du 21 juin 1805. Dans sa lettre du 5 juillet 1806, le compositeur insiste sur le fait que ses manuscrits lui ont été retournés: «J'ai ouï dire que dans la Musikalische Zeitung on s'est montré déchaîné contre la *Symphonie* que je vous ai adressée l'année dernière et que *vous m'*avez renvoyée. [...] vous ne faites que frapper de discrédit votre journal par une pareille sottise, d'autant plus, et je n'en ai d'ailleurs pas fait *mystère*, que vous m'avez renvoyé *cette* Symphonie avec d'autres compositions –»

Les prix

Les négociations entre Beethoven et Härtel s'effectuent de quatre manières distinctes:

a) Karl demande à Härtel de faire une offre
b) Le troc: Beethoven donne une œuvre en échange d'autres ouvrages, ou Härtel propose un certain nombre d'exemplaires en échange du manuscrit
c) Beethoven ou Karl proposent une même œuvre à plusieurs éditeurs
d) Beethoven ou Karl font une offre à Härtel[40]

Le premier cas de figure se produit rarement et caractérise plutôt le style de Karl, Ludwig étant beaucoup plus direct que son frère. On en trouve une illustration dans une lettre de janvier 1803, par laquelle Karl désire en ces termes connaître les conditions de Härtel à propos de trois sonates: «I wish to know under what conditions you would undertake this edition (if afterward you could use the plates for yourself).»[41]

La deuxième modalité est utilisée épisodiquement. Il arrive, en effet, que Beethoven offre des œuvres à Härtel – le Sextuor op. 71 et les Lieder WoO 136 et 137, par exemple – en échange de quelques ouvrages:

> Ils vous restent acquis en compensation de tous les ouvrage *que je vous ai demandé de m'envoyer à titre gracieux* – J'avais aussi oublié la *Musik-Zeitung*, je vous la rappelle amicalement – Peut-être pourriez vous me faire parvenir une édition des œuvres complètes de Goethe et de Schiller – *Dans vos coffres de trésors littéraires les œuvres de ce genre affluent, comme de raison;* [...].[42]

Härtel peut à son tour proposer une certaine quantité d'exemplaires en échange des droits de publication: «If we should make you an offer in this

40 Des arrangements différents sont parfois adoptés avec d'autres éditeurs. Dans une lettre de début mars 1806 à Joseph Sonnleithner, Beethoven informe son ami librettiste de son intention d'assumer les frais d'impression suite à des modifications de livret [*Fidelio*]: «*Les trois actes ont été réduits à deux*. Pour réaliser ce projet et pour donner plus d'entrain à l'opéra *j'ai abrégé le tout* autant que possible, le chœur des *prisonniers* et notamment une quantité de morceaux de ce genre. Tout cela a demandé une *refonte complète du premier acte,* et c'est en quoi consiste la *transformation* du livret – Je prendrais à ma charge les frais d'impression, et je vous prie encore une fois d'*accéder à ma demande.*»

41 Lettre de Karl à Härtel du 22 janvier 1803.

42 Lettre de Beethoven à Härtel du 8 août 1809.

respect, we would ask that you accept payment for it in a number of copies of the work; and we, in turn, would send no further copies to Viennese dealers until yours were sold.»[43]

La troisième stratégie est adoptée aussi bien par Karl que par le compositeur. Elle consiste à vendre plusieurs fois une même œuvre pour en tirer le maximum de revenus. A titre d'exemple, citons les arrangements pour quatuor à cordes de pièces pour piano réalisés par Franz Xaver Kleinheinz sous la direction de Beethoven, que Karl propose à Härtel pour la somme de 18 ducats chacun le 1er juin 1802, de 20 ducats le 21 mai 1803 et – curieusement – de 14 ducats à Nikolaus Simrock de Bonn quatre jours plus tard.[44]

Enfin, le quatrième mode de négociation – le plus fréquent – illustre de manière plus représentative la manière de fonctionner du compositeur. Beethoven articule une somme et Härtel marchande, tout en jouant la carte du bon samaritain avec force recours à des formules du type: «As much as we take pleasure in remunaring authors with respectable earnings for their works.»[45] Les prix qu'il propose étant nettement inférieurs à la somme exigée par Beethoven, le compositeur ne manque pas de rappeler à son «marchand d'art» ses devoirs moraux: «Vous, homme plus affable et de bien loin plus cultivé que tous les autres éditeurs de musique, vous devriez avoir pour but non seulement de rétribuer l'artiste en lui fournissant le strict nécessaire mais de veiller à ce qu'il puisse produire en toute sérénité ce qui est en lui et que l'on attend de lui au-dehors –»[46]

Un exemple significatif nous éclaire sur les aléas de ce genre de relations commerciales (*cf.* tableau ci-dessous): en 1810, Beethoven vend les mêmes œuvres en Allemagne à Härtel et en Angleterre à Clementi. Härtel, informé de la situation, en énumère les désavantages et tente de grappiller quelques ducats dès le mois de juin, sous prétexte que l'édition anglaise pourrait sortir en même temps que la sienne et, par conséquent, réduire ses espoirs de vente.[47] Le 20 juillet, il demandera même à son ami le li-

43 Lettre de Härtel à Beethoven du 30 août 1804.

44 *Letters to Beethoven*, vol. I, pp. 102-103.

45 Lettre de Härtel à Karl du 8 juin 1802.

46 Lettre de Beethoven à Härtel du 21 août 1810.

47 Entre le 10 juin et le 4 septembre 1804, Härtel avait négocié avec Muzio Clementi à Londres un contrat de partage des droits des œuvres de Beethoven en proposant une sorte de coédition. Dans sa lettre du 10 juin 1804 à William Frederick Collard à Londres, Clementi confiait: «But in regard to Beethoven I have had a still better plan

braire Hasse, établi à Londres, de faire de l'espionnage éditorial à son compte:

> We have a very urgent request concerning this. A great deal depends upon our knowing precisely when, or at least in which week, these Beethoven pieces and three new Sonatas by Clementi will appear in London. [...] You would therefore greatly oblige me if you would be so kind as to commission an acquaintance in London to be on the watch, and to send us anything about these items as soon as it comes out.

Mais peu avant le 21 août, Beethoven réfute les arguments de Härtel:

> Du fait qu'il m'a été donné l'assurance absolue que la première livraison de mes nouveaux ouvrages doit paraître à Londres vers le Ier septembre de cette année (chose qui, toutefois, est encore très douteuse), il ne s'ensuit nullement que des exemplaires en seront disponibles sur le Continent vers la moitié de ce mois. Je suis moi-même en correspondance avec l'Angleterre et je sais fort bien quelles difficultés, notamment depuis le récent achoppement général de toutes les communications, rencontrent l'importation et l'exportation des éditions de musique et combien de temps elles prennent; pour ne rien dire de l'énormité des frais qui empêche tout éditeur allemand d'en tirer le moindre profit. – L'édition de Londres n'existe pratiquement pas pour le Continent; il ne vous est donc pas d'un grand secours de l'alléguer pour prétexte à votre refus – de me payer un honoraire de 150 ducats au lieu des 200 que vous m'aviez offerts pour cette livraison de mes derniers ouvrages –

Härtel conclura finalement le marché pour la somme de 200 ducats d'or, laissant le compositeur sans voix: «Je ne devrais jamais oser dire à personne que Breitkopf & Härtel m'a remis pour ces œuvres 200 ducats.»[48]

---

than before to possess all his manuscripts, for as he is *well* (by miracle, for he quarrels with almost every living creature) – I say, as he is *well* with Härtel, I have engaged with this last, that he shall contract for all the former's compositions in MS. for the future, and for whatever (*reasonable*) price he shall pay him I'll go halves with him for the copyright in the *British Dominions.* And by contracting for *all,* Härtel is sure we shall possess his works at a *tolerably* easy rate; for he is otherwise very exorbitant...» Quelques années plus tard, en 1807, Clementi était entré en contact direct avec Beethoven: «Beethoven and I have become good friends at last. We have made an agreement in which he cedes to me the proprietary rights for the British Dominions for the three quartets, a symphony an ouverture, a concerto for the violin, and a concerto for the pianoforte. I made this agreement with him as a result of your letter of January 20, in which you tell me that you cannot accept his proposition because of the war.» (Lettre de Clementi à Härtel du 22 avril 1807).

48 Lettre de Beethoven à Härtel du 21 août 1810.

Listes des œuvres vendues à Härtel	*Date des négociations de l'année 1810*	*Auteur*	*Prix pour l'ensemble des œuvres*
• Fantaisie op. 77 • Fantaisie op. 80	4 février	Beethoven	1450 Gulden (= 322 ducats) sans *Egmont*
• Trois sonates pour piano op. 78, 79 et 81a	6 juin	Beethoven	1400 Gulden en monnaie d'argent (= 311 ducats)
• Variations op. 76	20 juin	Härtel	200 ducats d'or en espèces
• Lieder op. 75 et 82, WoO 137	2 juillet	Beethoven	250 ducats d'or
• Concerto pour piano op. 73 • Quatuor à cordes op. 74 • *Egmont* op. 84[49]	11 juillet	Härtel	Remet en question les 200 ducats à cause du retard de la livraison des manuscrits
	avant le 21 août	Härtel	150 ducats d'or (lettre de Beethoven rédigée avant le 21 août)
	21 août	Beethoven	«je ne puis descendre au dessous de 250 ducats»
		Härtel	200 ducats d'or

Beethoven avait la réputation de pratiquer des prix élevés, à en croire cette lettre de Muzio Clementi adressée le 10 juin 1804 à son ami William Frederick Collard: «Härtel is sure we shall possess his works at a *tolerably* easy rate; for he is otherwise very exorbitant...» On notera que les variations de la valeur marchande de certaines œuvres telle qu'estimée respectivement par Karl le 1er juin 1802 et par Härtel le 10 juin 1802 reflètent un désaccord profond, les offres du second étant nettement inférieures aux exigences du premier. A souligner également qu'aux yeux de l'éditeur, les prévisions de vente d'un concerto pour piano correspondent à celles d'une symphonie; il entend donc acheter au même prix des œuvres appartenant à ces deux catégories:

Œuvres	*Härtel*	*Karl*
Une grande sonate pour piano	130 Kr[50] (ou florins)	50 ducats (= 225 florins)
Trois sonates pour piano avec ou sans accompagnement	300 Kr (ou florins)	130 ducats (= 585 florins)
Une symphonie	200 banco	
Un concerto pour piano	200 banco	

49 Beethoven ajoute cette œuvre à la liste dans sa lettre du 6 juin 1810.

50 «Hitzig transcribes the monetary unit as «Kr.», which cannot equate to the Austrian Kreuzer. More likely the unit intended approximated the florin or Gulden; if so,

Ces différences seront à l'origine de nombreux refus de la part d'Härtel et de retraits de la part de Karl et Ludwig:

op. 30 Trois Sonates pour violon-piano	22 avril 1802 8 juin 1802	Karl Härtel	130 ducats refuse
• op. 36 Symphonie n° 2 • op. 37 Concerto piano n° 3	22 janvier 1803 28 janvier 1803 26 mars 1803	Karl Härtel Karl	600 florins 500 florins refuse l'offre de Härtel et vend ces deux œuvres à la *Kunst und Industrie Kontors* pour 700 florins
• op. 49 Trois petites Sonates • op. 121a Variations pour piano, violon, violoncelle • WoO 28 Variations pour 2 hautbois et cor anglais • op. 47 Sonate pour violon-piano «Kreutzer»	27 août 1803 20 septembre 1803	Karl Härtel	150 ducats «we cannot accept this kind offer»
• Deux Symphonies (n° 2 op. 36 et n° 3 op. 55) • ou à choix: une des deux Symphonies et une Concertante pour piano, violoncelle et violon	14 octobre 1803 23 novembre 1803	Karl Härtel Karl	700 florins 500 florins «we cannot accept»
• op. 85 Oratorio • op. 55 Symphonie n° 3 • op. 56 Symphonie Concertante • op. 53, 54, 57 trois Sonates pour piano	26 août 1804 4 septembre 1804 10 octobre 1804 3 novembre 1804 24 novembre 1804 21 juin 1805 juin 1805	Beethoven Härtel à Clementi Karl Härtel Karl Härtel Beethoven	2000 Gulden 2000 florins = 157 Sterling ou 80 Sterling sans Oratorio 1100 florins sans Oratorio accepte mais avec droits universels accepte attend toujours la cession des droits «renvoyez-moi tous les manuscrits que vous avez reçus de moi»
Op. 97 Trio pour piano, violon, violoncelle	12 avril 1811 19 juillet 1816	Beethoven Beethoven	parle du trio «je me rappelle, par exemple, que vous avez refusé de me donner 100 Gulden M. C. pour un grand Trio pour piano»

Härtel would be offering Beethoven roughly 50-60 percent of his asking price for sonatas, singly or in groups.» (*Letters to Beethoven*, vol. I, pp. 74-75, note 5) «I prezzi sono espressi in fiorini («f») o in Kourant di Augusta («Kr»), in moneta convenzionale o in banconote («banco»). Kaspar Karl van Beethoven aveva chiesto un onorario notevolmente superiore, ossia 50 ducati (= 225 fiorini in moneta convenzionale) per una grande sonata per pianoforte e 130 ducati (= 585 fiorini in moneta convenzionale) per tre sonate per pianoforte con o senza accompagnamento.» (*Epistolario*, vol. I, p. 212, note 5).

• op. 101 Sonate pour piano • op. 121a Variations pour piano, violon et violoncelle • op. 108 18 Chants écossais • WoO97 Une grande Scena pour voix de basse avec plusieurs chœurs (texte allemand) • op. 113 n° 6 Marche avec chœur et orchestre	19 juillet 1816	Beethoven, dernière lettre à Härtel	130 ducats d'or

Le tableau ci-dessous indique la valeur marchande de certaines œuvres de Beethoven effectivement vendues à Härtel:

op. 29 Quintette	28 mars 1802 5-6 avril 1802	Karl Härtel	38 ducats accepte
• op. 34 • op. 35 Deux suites de Variations pour piano	18 octobre 1802 3 novembre 1802	Beethoven Härtel	Condition *sine qua non* 50 ducats 225 florins (= 50 ducats)
op. 85 Oratorio *Christus am Ölberg*	23 novembre 1803 30 août 1804 21 juin 1805	Karl Härtel Beethoven	1500 florins refuse, propose des exemplaires 500 Gulden sans la réduction pour piano
• op. 67 Symphonie • op. 68 Symphonie • op. 69 Sonate pour violoncelle-piano • op. 70 Deux Trios pour piano, violon, violoncelle	14 septembre 1808	Beethoven	100 ducats (quittance)
• op. 85 Oratorio • *Leonore* • op. 86 Messe	5 avril 1809 26 juillet 1809 janvier 1810	Beethoven Beethoven Beethoven	250 Gulden 250 Gulden Quittance (le montant n'est pas précisé)

Paiement et livraison des manuscrits

L'ensemble des transactions financières, ainsi que la livraison des manuscrits, passaient par Kunz & Cie, une maison d'importation viennoise dirigée par Gottfried Heinrich Kunz dont le siège se trouvait au n° 778 du Haarmarkt:[51] «J'ai transmis à monsieur Kunz & Cie un Sextuor pour deux clarinettes, deux bassons et deux cors, et deux Lieder allemands ou chants, avec la prière de vous les remettre le plus tôt possible –»[52] Il arrivait cependant que Griesinger se charge de poster les manuscrits à Härtel: «Entrust

51 Voir *Epistolario*, vol. I, p. 203, note 2.
52 Lettre de Beethoven à Härtel du 8 août 1809.

the manuscripts to Herr Griesinger for us, and he will dispatch them to us by post.»[53] Härtel, dès lors qu'il était en possession des manuscrits, recourait également à l'intermédiaire de Kunz pour effectuer son versement: «We [...] ask that you receive the stipulated 225 florins or 50 ducats from Mess, Kunz & Co.»[54] Une fois le solde perçu, Beethoven devait remettre une quittance à Kunz à l'attention de Härtel: «Vienne, le 14 septembre 1808. Je certifie par la présente avoir aujourd'hui reçu de messieurs Breitkopf & Härtel de Leipzig cent ducats or en espèces comme paiement des honoraires qui avaient été convenus pour cinq nouveaux ouvrages de ma composition. LUDWIG VAN BEETHOVEN»[55]

Les droits d'éditeur, les contrats

Les droits d'auteur ne faisaient l'objet d'aucune législation; seuls les droits de l'éditeur légal – celui qui achetait l'œuvre au compositeur et mettait sur le marché la première édition – étaient plus ou moins protégés. Lors de la vente du manuscrit à la maison d'édition, le compositeur cédait par un certificat de propriété l'ensemble des droits d'exploitation à son éditeur:

> Vienne, janvier 1810. Je déclare par la présente que j'ai accordé à messieurs Breitkopf & Härtel le droit de publier et de posséder en toute propriété les ouvrages suivants, savoir: 1) un Oratorio: Christus am Ölberge 2) un opéra Leonore en deux actes et 3) une Messe, tous en partition, et que j'ai dûment reçu les honoraires qui avaient été convenus pour ces ouvrages. LUDWIG VAN BEETHOVEN[56]

Ce contrat ou certificat permettait à l'éditeur de se protéger contre les éditions pirates – du moins, en théorie!

Selon ce schéma d'organisation, trois types de négociations étaient possibles, dont deux offraient à l'auteur la possibilité de vendre plusieurs fois son manuscrit – une stratégie bien compréhensible, étant donné que son seul espoir de gain reposait là-dessus et en aucun cas sur un pourcentage perçu en fonction de la vente des exemplaires imprimés. Le premier cas de figure prévoyait une double vente: tout d'abord, le mécène achetait

53 Lettre de Härtel à Beethoven du 3 novembre 1804.
54 Lettre de Härtel à Beethoven du 3 novembre 1802.
55 Quittance de Beethoven à Breitkopf & Härtel (*Correspondance*, p. 1588).
56 Contrat-quittance de Beethoven à Breitkopf & Härtel (*Correspondance*, p. 1588).

une œuvre au compositeur en échange des droits de propriété pour une période de six mois (ou plus), à l'échéance de laquelle le compositeur pouvait vendre une seconde fois cette même composition, mais à un éditeur en vue de sa publication: «He who wants a piece pays a specified sum for its exclusive possession for a half or a whole year, or even longer, and binds himself not to give the manuscript to *anybody;* after this period the author is free to do as he wishes with the piece» écrit Karl le 5 décembre 1802 à propos du Quintette op. 29 commandé par le Conte Mauritz von Fries. La deuxième procédure consistait à vendre le manuscrit à un éditeur en gérant la cession des droits sur la base de critères géographiques; autrement dit, elle permettait d'organiser au moment de la vente la cession des droits d'exploitation de l'œuvre sur le plan national ou international. Dans le second cas, une seule vente du manuscrit était possible: «We could, however, offer payment for the exclusive property (absolutely exclusive – not just for Germany) of other three works in cash money.»[57]

En général, Härtel tente d'acquérir les droits exclusifs ou universels de façon à augmenter ses espoirs de vente et à se protéger des éditions illégales. C'est ainsi qu'il accepte la proposition de Karl concernant la Symphonie n°3 et la Symphonie Concertante à une condition: «You issue us a short but legal statement concerning the universal proprietary rights for these works.»[58] Un mois plus tard, il insiste sur l'absolue nécessité d'un tel contrat:

> I wish very much to have, in the meantime, your legal declaration (which you need not make very lengthy), since it is vitally necessary to me, and to ward off German as well as French and English pirate reprinting, at least in the first six months after [the works] appearance, which I would be able to do only by means of a legally recognized declaration of my exclusive proprietary right.[59]

Le 21 juin 1805, lassé d'attendre, Härtel renvoie les manuscrits au compositeur; sans le contrat de cession des droits, il n'entrera plus en matière:

> We repeatedly assure you that it will give us honor and pleasure to publish your works, only we must request, in case you are inclined to enter into a publishing contract with us in the future [...] that you please issue the usual bill of sale or other proprietary note, without which, for reasons that concern only us, we do not take any significant work for publication.

57 Lettre de Härtel à Beethoven du 30 août 1804.
58 Lettre de Härtel à Beethoven du 3 novembre 1804.
59 Lettre de Härtel à Beethoven du 4 décembre 1804.

Curieusement, Beethoven proposera lui-même le 3 septembre 1806 une sorte de contrat d'exclusivité assorti de quelques conditions, lequel ne sera malheureusement jamais effectif: «Je m'engage volontiers à ne céder mes ouvrages à personne d'autre qu'à vous *en Allemagne* et même au dehors par autrement que dans les cas ci-contre énumérés [...] – Si ces conditions vous semblent justes, écrivez-moi – Je crois que pour vous et pour moi c'est ce qui vaudrait le mieux –» Quelques mois plus tard, le 18 novembre 1806, il réitère sa proposition en la complétant cette fois d'une durée déterminée – tentative à nouveau infructueuse:

> Je m'engagerais volontiers envers vous par un contrat d'une durée de trois ans, si vous m'autorisiez à vendre plusieurs de mes ouvrages à l'Angleterre, à l'Ecosse ou à la France – Il va de soi que des ouvrages que *vous* recevriez *de moi ou que je vous vendrais vous seriez le seul et unique propriétaire, pour être précis: ils vous appartiendraient complètement et n'auraient rien à voir avec ceux de la France, de l'Angleterre ou de l'Ecosse – Mais je devrais toutefois rester libre de publier aussi d'autres ouvrages dans les pays que je viens de mentionner – En Allemagne, cependant, c'est vous qui seriez le propriétaire de mes ouvrages et aucun autre éditeur* – Je ne demande pas mieux que de refuser mes ouvrages à ces pays, mais j'ai reçu, notamment de l'Ecosse, des propositions si avantageuses avec des honoraires tels que je ne pourrais jamais les exiger de vous. [...] Voilà pourquoi j'aurais bien volontiers signé avec vous, à ces conditions, ce contrat de trois ans et vous auriez toujours obtenu assez de moi – puisque les commandes de ces pays-là répondent plutôt à des exigences *d'un goût particulier* dont nous n'avons que faire en Allemagne –

En revanche, la cession de droits nationaux autorisait le compositeur à procéder à plusieurs ventes auprès d'éditeurs établis dans différents pays, tâche délicate s'il en est. Le 22 avril 1807, Beethoven entre en contact avec Clementi à Londres et lui cède des droits uniquement pour l'Angleterre:[60] «We have made an agreement in which he cedes to me the proprietary rights for the British Dominions for the three quartets, a symphony an ouverture, a concerto for the violin, and a concerto for the pianoforte.»[61] Rappelons encore un autre cas: en février 1810, Beethoven vend les mêmes œuvres en Angleterre à Clementi et en Allemagne à Härtel: «Puisque j'attends de pouvoir expédier ces mêmes ouvrages[62] peut-être à Londres,

60 *Cf.* note 47.

61 Lettre de Clementi à Härtel du 22 avril 1807.

62 Fantaisie pour piano solo op. 77, Fantaisie pour piano avec orchestre et chœur op. 80, Trois Sonates pour piano solo op. 78, 79 et 81a, Variations pour piano solo op. 76, Douze Chants avec accompagnement de piano op. 75 et 82, Concerto pour piano n° 5 op. 73, Quatuor à cordes op. 74.

vous avez le droit de les distribuer partout à l'exception de l'Angleterre, mais l'édition pour les raisons susdites ne devrait pas voir le jour avant septembre de cette année, 1810 –»[63] écrit-il à Härtel. D'après Beethoven, le commerce avec l'Angleterre ne devrait pas perturber les affaires de son éditeur lipsien, vu les communications difficiles en ces temps de guerre. Il estime donc pouvoir vendre les mêmes œuvres à Härtel et à Clementi sans causer de dommages ni à l'un, ni à l'autre. Mais Härtel, qui n'apprécie guerre cette attitude, se trouve pris dans une course contre la montre pour éviter de possibles éditions pirates suite à la commercialisation de l'édition londonienne. A ce sujet, il écrit au compositeur le 20 juin 1810:

> You added the condition that these pieces[64] should not appear before the first of September, because you are also selling them to London. They will therefore be appearing in London at this time – and as surely and unfailingly follows – very soon thereafter, following the London edition, they will also appear from all the German publishers, who will take care not to offer you an adequate fee, because they are really accustomed to paying none at all.

Härtel soupçonne Beethoven d'avoir également vendu ses œuvres en France. La réponse de l'intéressé, rédigée peu avant le 21 août 1810, nous éclaire sur le système français de la protection des droits d'éditeur:

> Sur le Continent c'est vous qui en êtes le seul propriétaire; et il ne dépend que de vous d'arriver à un arrangement avec quelque marchand d'art français et de faire déposer un exemplaire de ces œuvres à la Bibliothèque Nationale; sur quoi, en conformité avec les statuts actuellement en vigueur, personne dans l'Etat français ne pourra publier légalement votre édition.

Les éditeurs français étaient donc plus ou moins parés contre les éditions pirates moyennant le dépôt d'un exemplaire à la Bibliothèque Nationale.[65] En Angleterre, un registre déposé à la *Stationers Hall* de Londres où était soigneusement consignée chaque nouvelle publication garantissait à l'édi-

63 Lettre de Beethoven à Härtel du 4 février 1810.

64 Härtel en dresse la liste: a) Fantaisie pour piano solo op. 77; b) Fantaisie pour piano avec orchestre et chœur op. 80; c) Trois Sonates pour piano op. 78, 79 et 81; d) Variations pour piano op. 76; e) Lieder allemands et italiens avec piano op. 75, 82 et 83; f) Concerto pour piano op. 73; g) Quatuor à cordes op. 74; h) la musique d'*Egmont* op. 84 (*Letters to Beethoven*, vol. I, p. 224).

65 En France, les premières normes pour la protection des droits d'éditeur remontent au lendemain de la Révolution, à savoir aux années 1790-1793.

teur une certaine protection;[66] en réalité, il n'était «assuré» que dans son pays. Mais en Allemagne et en Autriche, aucune instance supérieure n'avait été établie pour sauvegarder les droits de l'éditeur légal, situation qui laissait libre cours à la pratique barbare du piratage. Le seul moyen de prévenir ce fléau – ou, du moins, de s'en défendre partiellement – consistait pour l'éditeur à obtenir une déclaration de cession de droits de la part du compositeur:

> I wish very much to have, in the meantime, your legal declaration (which you need not make very lengthy), since it is vitally necessary to me, and to ward off German as well as French and English pirate reprinting, at least in the first six months after [the works] appearance, which I would be able to do only by means of a legally recognized declaration of my exclusive proprietary right.[67]

Dans ce genre de cas, la mention «propriété des éditeurs» qui figurait souvent sur la page de titre des ouvrages publiés légitimait ce système du «privilège» de l'éditeur (*cf.* annexe, tableau II).

Le piratage

Dès le début des négociations avec Karl et Ludwig, Härtel aborde la question des éditions pirates comme une véritable gangrène du commerce éditorial. Selon lui, cette pratique nuit aussi bien à l'éditeur légal qu'au compositeur, le premier voyant ses ventes réduites en raison des exemplaires piratés qui circulent à bas prix: «The legitimate printers, who cannot set such low prices on them, often cannot sell a tenth as many copies as the pirate can.»[68] Etant donné ce risque, il ne peut se permettre de débourser une grosse somme pour acheter un manuscrit, le compositeur recevant alors moins d'argent à la vente: «In the end, only the public wins thereby (through lowered prices), but at the expense of the artist.» Härtel dénonce en ces termes la peste du piratage:

> It has unfortunately come to pass that in Germany the profit from the publication of a significiantly new original work benefits many publishers but not the rightful one. Since he cannot sell his work as cheaply as the pirate reprinter can, the rightful publisher

66 Cooper, Barry, «Music copying and publishing» in *Beethoven compendium*, *op. cit.*, p. 92.
67 Lettre de Härtel à Beethoven du 4 décembre 1804.
68 Lettre de Härtel à Beethoven du 3 novembre 1802.

> thus finds far less market for the original edition, less than the reprinter who moreover has the advantage of producing the work of one author in a consistent series; as, for example, Simrock and several Parisian publishers who produce your works [for sale].[69]

La réalité différait quelque peu, toutefois, des affirmations de l'éditeur. En effet, le compositeur trouvait malgré tout son profit grâce aux éditions pirates, le prix nettement avantageux de ces dernières séduisant un nombre accru d'acquéreurs. La diffusion des œuvres gagnait ainsi une portée plus vaste, qui ne manquait pas d'apporter quelques bénéfices aussi à l'éditeur légal. En tout état de cause, les éditions contrefaites devenaient souvent un instrument de marchandage redoutable, comme on le voit au cours des négociations de l'année 1810 toujours:

> The advantage to the [legal] German publisher will therefore last a few weeks or, at most, a few months, far less time than the advantage that the editions of other publishers enjoy by means of their greater cheapness. [...] For just this reason I am certain that no German publisher outside of Vienna can and will make you the offer that I want to make you.[70]

Quelques semaines plus tard, l'éditeur ajoute:

> I would commit an absurdity if I were to pay 250 ducats for works, just to own them four weeks earlier and to have them engraved – works that I and everyone else could buy four weeks later at the usual retail price, or could pirate, as the English and French do to us.[71]

Depuis des années, Härtel avance sans cesse le même argument pour justifier ses refus: «If a pirate edition (often five or six pirate editions) did not immediately follow every original printing of a new, good musical work, we would therefore admittedly be less restricted in such a matter.»[72] Le 30 août 1804, il déclare: «Our situation, as we have already reported to you on an earlier occasion, is too limited to be able to fulfill them to your satisfaction. [...] the reason for this is that sales in Germany have been greatly diminished by pirate reprintings.» Le 20 juin 1810, il évoque «four or five disastrous years» dans le secteur éditorial «because the many illegal practices in the German music business». Sa méfiance est néanmoins fon-

69 Lettre de Härtel à Beethoven du 10 juin 1802.
70 Lettre de Härtel à Beethoven du 20 juin 1810.
71 Lettre de Härtel à Beethoven du 11 juillet 1810.
72 Lettre de Härtel à Karl du 8 juin 1802.

dée. Alors qu'il s'apprête à publier le Quintette en do majeur op. 29, il s'aperçoit qu'un éditeur viennois est sur le point de le devancer: Artaria, avec qui Beethoven était déjà en contact depuis plusieurs années, s'est arrangé pour «voler» le manuscrit à son premier propriétaire et commanditaire, le Conte von Fries. «È' stato il violinista Conti, dal quale il conte Fries prende lezioni, a sottrarre con l'inganno il manoscritto ed è quindi lui solo lo strumento di questa truffa» écrit Griesinger à Härtel le 4 décembre 1802. Dans une lettre du 13 novembre 1802, le compositeur s'est d'ailleurs plaint de «ces coquins fieffés d'Artaria & Cie» en avertissant Härtel:

> [...] dans ma hâte *d'empêcher qu'il vous soit porté préjudice*, j'ai offert *deux* autres compositions à ces vilains bonshommes, pour étouffer cette édition tout entière. [...] seule l'idée de cette supercherie peut arriver à vous faire sentir combien il a été désagréable d'avoir commerce avec ces misérables individus –

Dans sa réponse du 20 novembre 1802, Härtel ne semble aucunement étonné du comportement d'Artaria, qu'il qualifie clairement de pirate après avoir déjà classé Simrock et quelques éditeurs parisiens dans la même catégorie:

> That Artaria has already engraved the Quintett that had been sold to us is certainly bad business. In the case of Artaria this does not appear strange to us, since he has already pirated from us, as well as from others. Also because he offered us as recently as March of this year the copublication of the new Haydn Quartets, op. 77, for a consideration of 50 ducats, in order, as he wrote us, «to prevent the harmful as well as dishonorable pirated version» – and he sent us, however, n. b., *with the same letter*, a work (Romberg Duos) that he had pirated from *us* – just as he had pirated the Haydn Violoncello Sonatas from us earlier.

Beethoven finira par publier, le 22 janvier 1803 dans la *Wiener Zeitung*, un «avis aux amateurs de musique» où il déclare publiquement:

> [...] le Quintette original en ut majeur, annoncé depuis longtemps, a paru chez Breitkopf & Härtel à Leipzig, je déclare en même temps que je n'ai rien à voir avec l'édition de ce Quintette publiée simultanément chez Artaria & Mollo à Vienne. En outre je suis contraint de faire cette déclaration, d'autant plus que cette dernière édition est extrêmement fautive, inexacte et inutilisable pour l'exécuteur alors que MM. Breitkopf & Härtel, légitimes propriétaires de ce Quintette, ont au contraire mis tous leurs soins à présenter cette œuvre d'une façon aussi belle que possible. LUDWIG VAN BEETHOVEN[73]

73 *Correspondance*, p. 1596.

Cet avis, où il dénonce ouvertement Artaria & Mollo tout en couvrant d'éloges Härtel, sera suivi d'une lettre d'excuses vis-à-vis du premier éditeur parue le 31 mars 1804, toujours dans la *Wiener Zeitung*. Voilà une affaire qui se termine plutôt mal, mais qui reflète parfaitement le climat désagréable envenimé par l'absence d'une législation à même de protéger éditeurs et auteurs:

> Je soussigné, après avoir le 22 janvier 1803 fait insérer dans la Wiener Zeitung une information par laquelle je déclarais publiquement que l'édition chez monsieur Mollo de mon Quintette original en ut majeur parue sans aucune responsabilité de ma part fourmillait de fautes et d'erreurs et par conséquent devait être considérée inutilisable, rétracte publiquement cette information, étant donné que MM. Mollo & Cie n'ont aucune part à ladite édition; et en vue du bon renom de MM. Mollo & Cie je me fais une question d'honneur d'en informer le public. LUDWIG VAN BEETHOVEN[74]

Ces problèmes d'éditions illégales ont préoccupé le compositeur jusqu'à son dernier souffle. En effet, peu après le 8 mars 1827, quelques jours seulement avant son décès, il rédige encore une pétition suppliant les autorités compétentes de mettre en place un dispositif de protection des droits d'auteur et d'éditeur:

> *A la Bundesversammlung, Francfort-sur-le Main.*
> Les soussignés se sont unis pour présenter avec le plus profond respect à la Suprême Bundesversammlung la pétition suivante, en lui proposant très humblement d'éliminer la contrefaçon des œuvres musicales en Allemagne, qui est une véritable honte. Ils font cette démarche en se flattant de l'espoir que la Suprême Bundesversammlung daignera prendre en considération cette pétition afin d'encourager la composition musicale en Allemagne.
> En outre, comme monsieur Ludwig van Beethoven en particulier a l'intention, d'accord avec plusieurs éditeurs, de préparer sous peu une édition de ses œuvres complètes, il prie en même temps la Suprême Bundesversammlung de bien vouloir en prendre note et de le protéger, ainsi que les éditeurs autorisés de ses œuvres complètes, contre le grand danger de voir paraître en Allemagne des éditions contrefaites.
> Monsieur Hummel, le Maître de Chapelle, qui représente les requérants soussignés, attendra respectueusement la réponse de la Suprême Bundesversammlung.[75]

74 *Ibid.*, p. 1597.
75 *Ibid.*, p. 1615.

Les raisons qui ont poussé le compositeur à se protéger contre les éditions contrefaites ne sont certainement pas les mêmes que celles énoncées par Härtel. Beethoven, ne s'intéressant que de loin à la valeur marchande de ses œuvres publiées, ne se place pas du point de vue du commerçant mais représente plutôt l'artiste désireux d'exercer un certain contrôle sur le contenu de son œuvre. En somme, le compositeur revendique une sorte de droit moral:

> J'estime qu'il est de mon devoir de mettre en garde les amateurs de musique à l'égard d'un faux arrangement pour piano à quatre mains, sans rapport avec la partition originale de ma dernière Ouverture. Cet arrangement, sous le titre de «Festouvertüre par Ludwig van Beethoven», a été publié chez Trautwein à Berlin. Cet avertissement est d'autant plus nécessaire que les arrangements pour piano à deux et quatre mains composés par monsieur Karl Czerny, et absolument fidèles à la partition, sont destinés à paraître prochainement dans la seule édition légalement autorisée. LUDWIG VAN BEETHOVEN[76]

Les copistes

Par l'intermédiaire de Kunz & Cie, Beethoven livre à Härtel un manuscrit sous forme d'autographe ou de copie, celle-ci s'avérant souvent nécessaire en raison des risques de perte durant le transport et du déchiffrage malaisé de la calligraphie du compositeur:

> Je regrette beaucoup moi-même de n'avoir pu encore jusqu'à maintenant vous envoyer les deux morceaux convenus.[77] Ce qui m'en a empêché et me le rend encore impossible aujourd'hui n'est pas dû à d'autres circonstances que le manque d'un copiste *qui connaisse bien mon écriture* et le surcroît d'occupation du seul à qui je puisse confier ce genre de travail – Je ferai de mon mieux, et j'espère y parvenir, pour que vous les receviez sans faute d'ici quatre ou six semaines–[78]

L'absence de bon copiste engendrait souvent des retards dans la livraison du matériel, un obstacle difficile à surmonter pour l'éditeur qui devait respecter des délais de publication parfois serrés:

76 Avis paru dans la *Wiener Zeitschrift für Kunst, Literatur, Theater und Mode* le 5 mars 1825 (*Correspondance*, p. 1605).

77 Il s'agit du Triple Concerto op. 56 et de la Sonate pour piano op. 57.

78 Lettre de Beethoven à Härtel du 18 avril 1805.

> C'est uniquement à cause du manque de bons copistes – que tous ces ouvrages ont été retardés[79] et que d'autres le seront aussi – Comme je *n'ai que deux copistes*, dont l'un en outre travaille avec peu de soin et l'autre vient juste en ce moment de tomber malade – je dois vraiment faire face à bien des difficultés –[80]

Beethoven, pourtant responsable de ces retards, n'en accuse pas moins Härtel de ralentir l'impression de ses œuvres: «Les publications retardées de mes ouvrages ont souvent causé à mes relations en tant qu'auteur un préjudice loin d'être insignifiant; je suis donc fermement décidé à fixer d'une façon précise la question des délais et à n'en plus démordre»[81] écrit-il dans la même lettre où il annonce le retard de la livraison de plusieurs œuvres pour cause de manque de copiste! Au-delà des questions de délais, la présence d'un bon scribe est déterminante. C'est de la qualité de son écriture que dépendra le travail du graveur, et donc le résultat éditorial. Les courriers cités ici nous apprennent que Beethoven a deux copistes dignes de confiance. L'un d'eux est très certainement Wenzel Schlemmer,[82] comme l'atteste la lettre du 22 septembre 1807 adressée au Hofrat János Karner,

79 *Cf.* lettre du 26 août 1804, où Beethoven promet d'envoyer les œuvres suivantes: «[...] mon Oratorio [*Christus am Ölberg* op. 85] – une *nouvelle Grande Symphonie* [n° 3 «Eroica» op. 55]; – une Symphonie concertante pour violon, violoncelle et piano avec orchestre complet [Triple Concerto op. 56] – trois nouvelles Sonates pour piano solo [op. 53, 54 et 57].» Les œuvres manquantes évoquées par le compositeur dans le même courrier sont a) la Symphonie Concertante op. 56; b) l'Oratorio op. 85; c) la Sonate pour piano op. 57.

80 Lettre de Beethoven à Härtel du 16 janvier 1805.

81 Lettre de Beethoven à Härtel du 18 avril 1805.

82 Wenzel Schlemmer était probablement au service de Beethoven depuis 1799. Le second copiste était peut-être son assistant, Wenzel Rampl, au service du compositeur dès 1809 (Cooper, Barry, «Corrected copies and copyists» in *Beethoven compendium, op. cit.*, p. 190). Notons que Schlemmer était souvent malade, comme l'atteste une lettre de Beethoven à Joseph von Varena peu avant le 24 mars 1812: «La maladie de mon copiste, alors que je ne peux confier mes ouvrages à aucun autre, voilà pour moi le plus grand obstacle.» Il avait alors parfois recours à Ferdinand Ries: «Cher Ries! Je vous en prie, ayez l'amabilité de me copier, même à la diable, cet Andante [Andante avec variations de la Sonate à Kreutzer op. 47]. Je dois l'expédier et – comme Dieu seul sait ce qui peut lui arriver, je désirerais qu'il soit – copié – Mais je dois l'avoir en retour demain *vers une heure* – La raison qui m'oblige à vous imposer cette corvée – c'est qu'un de mes copistes a déjà d'autres choses importantes à écrire et *l'autre est malade.*» (Lettre de Beethoven à Ferdinand Ries, 1805, *Correspondance*, p. 152).

où le compositeur mentionne un copiste «étranger» en le distinguant explicitement de «son» copiste du nom de Schlemmer:

> Le premier compte, dans lequel les feuillets sont calculés à 10 Kreuzer l'un, est de mon copiste, à qui moi-même en personne je paye ce montant lorsqu'il travaille pour moi – L'autre est d'un autre copiste qui m'est étranger, lequel, comme vous le verrez, a demandé davantage. [...] toutes les fois qu'il m'est arrivé de faire copier hors de chez moi, j'ai toujours dû payer un prix plus élevé – [...] Je demande seulement que l'on déduise 20 Gulden au copiste *Schlemmer* et qu'on me les envoie, car c'est la somme que je *lui* ai avancée pour qu'il paye *ses scribes* –

La même lettre nous renseigne par ailleurs quant aux tarifs pratiqués par Schlemmer. Les données y relatives éparses dans la correspondance montrent une légère augmentation:

22 septembre 1807	10 Kreuzer / page (1 florin = 6 pages)
28 février 1814	12 Kreuzer / page (1 florin = 5 pages)
30 novembre 1814	15 Kreuzer / page (1 florin = 4 pages)[83]

Les frais de copie étaient presque toujours à la charge du compositeur. Pour avoir une idée du rapport entre leur montant et la somme totale obtenue lors de la vente du manuscrit, prenons l'exemple du Quintette op. 29. Le nombre de pages de la version imprimée s'élève à 46 (annexe, tableau II), soit certainement moins que la copie manuscrite. Si l'on compte approximativement 48 pages pour la version manuscrite à 10 Kreuzer, on obtient un total de 8 florins. Sachant que Beethoven a perçu 38 florins pour son Quintette auxquels il faut soustraire les 8 florins du copiste, il ne lui reste que 30 modestes florins ou Gulden. Dans ce cas précis, les frais de copie représentent donc près de 21 % – plus d'un cinquième! – du bénéfice brut. On en déduit que le compositeur est contraint de vendre ses œuvres à des prix élevés pour couvrir ses dépenses professionnelles.

Les copistes de confiance étant souvent surchargés et les remplaçants peu fiables, Beethoven décide, dès 1809, de faire parvenir à Härtel ses autographes et non plus des copies: «A l'avenir vous recevrez toutes les partitions écrites de ma propre main, à moins que je ne vous envoie les parties écrites qui ont été utilisées par des exécutants –»[84] Et pour cause:

83 *Letters to Beethoven*, vol. II, pp. 30 et 52.

84 Lettre de Beethoven à Härtel du 26 juillet 1809.

> [...] c'est, à mon avis, d'après mes manuscrits que les choses écrites par moi ont toujours été gravées avec le plus d'exactitude – Probablement se trouvera-t-il dans la copie en votre possession maintes erreurs; mais lorsque l'auteur *donne un coup d'œil à sa propre œuvre* souvent il *laisse passer* des erreurs –[85]

En fait, Beethoven ne cesse de solliciter les copistes... et de s'en plaindre:

> Copiez exactement comme je l'ai indiqué, et çà et là en réfléchissant à ce que vous faites. Naturellement, si l'on copie des mesures sur des pages différentes de celles du manuscrit, il faut observer les liaisons nécessaires; de même pour les notes plus petites, car près de la moitié de vos notes ne sont jamais exactement au-dessus ni entre les lignes. Si tous les mouvements de la Symphonie [la 9e] sont copiés comme le premier Allegro, toute la partition est hors d'usage. –[86]

Les corrections

Beethoven souhaite atteindre «l'inatteignable» en matière de publication: «Pourquoi ne voulez-vous donc éditer aucune œuvre de moi sans *fautes?*» écrit-il à Härtel le 2 mai 1811. Les nombreuses erreurs contenues dans les copies ou les autographes réapparaissent immanquablement dans la version finale gravée. Beethoven adresse alors des lettres virulentes à son éditeur, sans lésiner sur ses très coutumières formules de causticité narquoise qu'un Rabelais n'aurait sans doute pas désavouées: «Des fautes – des fautes

85 *Ibid.*

86 Lettre de Beethoven à un copiste, rédigée au mois d'avril 1824 (*Correspondance*, p. 1245). A signaler qu'il s'agissait d'un phénomène général, les manifestations d'insatisfaction des compositeurs à l'adresse des copistes ponctuant nombre de documents des XVIIe et XVIIIe siècles. Par exemple: «Le Compositeur aura pour cet effet l'œil sur les Copistes qui à cet égard font quelquefois, par ignorance ou par négligence, les plus grandes fautes, au grand dèsavantage du Compositeur, & il prendra soin qu'ils transcrivent ses ouvrages ainsi qu'il les a écrits; & qu'ils ne mettent pas les têtes des notes d'une maniere douteuse, mais tout au milieu sur les lignes ou sur les espaces; qu'ils écrivent distinctement les traits en travers, & tirent les lignes bien visiblement; qu'ils mettent tout le reste que le Compositeur a écrit, aux mêmes endroits qu'il se trouve dans la partition, surtout le Piano & le Forte & les arcs sur les notes; qu'ils ne croyent point qu'il soit indifferent, si l'arc est au dessus de deux, trois, quatre ou plus des notes, ou s'il manque tout à fait; ce qui peut changer beaucoup & gâter tout à fait le sens d'une Composition.» (Quantz, Johann Joachim, *Essai d'une méthode pour apprendre à jouer de la flûte traversière*, Berlin, Frédéric Voss, 1752, p. 278, § 60. Ed. moderne [fac-similé]: Paris, Zurfluh, 1975).

– vous êtes vous-même une faute unique –»[87] De fait, entre 1803 et 1812, il rappelle sans cesse Härtel à l'ordre:

J'espère que vous aurez reçu la lettre de mon frère dans laquelle il vous priait de faire la déclaration de la quantité vraiment extraordinaire de grosses fautes; je vous en enverrai la liste dans quelques jours. C'est d'autant plus dommage que l'édition est si belle, édition qu'avec une désinvolture et une négligence rares vous alliez envoyer courir le monde – Comme vous avez gravé mes Variations d'après mon manuscrit, je crains toujours que vous ayez laissé pas mal de fautes s'y glisser, et voudrais bien que vous m'envoyiez auparavant un exemplaire comme échantillon. Il est si désagréable, en particulier pour l'auteur, de voir un ouvrage, du reste fort bien gravé, couvert de fautes. (Juin 1803)

[...] j'ai reçu votre colis sans lettre et ne l'ai plus regardé – Il y a quelques jours seulement, je l'ai pris en mains et je vous adresse de vifs reproches. Pourquoi cette très belle publication est-elle incorrecte???? Pourquoi pas d'abord un exemplaire pour la révision, comme je l'ai demandé souvent? Il se glisse des fautes en toute copie, mais un correcteur habile peut les corriger, bien que je sois à peu près certain qu'il ne s'en trouve guère ou même aucune dans la copie que je vous ai envoyée. Il est impossible d'envoyer toujours mes manuscrits; mais j'ai revu avec tant de soin les Trios [op. 70] et les Symphonies [op. 67 et 68] qu'il ne pourrait y avoir que de rares fautes et en tout cas insignifiantes – J'en suis donc plutôt fort contrarié – (2 novembre 1809)

On se plaint des inexactitudes du graveur, et j'ai remarqué que l'écriture même la plus nette est mal interprétée – Nous avons encore tout récemment parcouru les Chants à quatre voix et d'autres de Haydn gravés par vous, et nous avons relevé des fautes incroyables et même en bon nombre – [...] Il est d'ailleurs désagréable pour un auteur de ne pas se sentir assuré que son ouvrage soit correct – (15 octobre 1810)

Dans les ouvrages il y a encore plusieurs fautes qui ne se trouvent sûrement pas dans le manuscrit. Par conséquent, soyez plus soigneux sous ce rapport. (16 janvier 1811)

Des fautes – des fautes – vous êtes vous-même une faute unique – Il faudra donc que je dépêche à Leipzig mon copiste ou que j'y aille moi-même si je ne veux pas que mes œuvres – paraissent ayant l'air d'un ramassis de fautes – [...] vous faites sortir les ouvrages avant même d'avoir reçu les épreuves corrigées – [...] Fautez tant que vous voudrez, laissez fauter autant de fois que vous voudrez – Vous avez quand même droit à ma très haute estime. Comme vous le savez, l'usage veut chez les humains qu'on les estime pour n'avoir pas commis des fautes encore plus graves – (6 mai 1811)

Je vous prie donc, encore que cela vous soit imposé comme punition, et à juste raison par suite de vos nombreuses éditions pleines d'erreurs, de mauvais titres, de négligences et autres faiblesses coutumières au genre humain, je vous prie encore une fois très

87 Lettre de Beethoven à Härtel du 6 mai 1811.

humblement d'expédier ces lettres – et d'envoyer, en même temps que la lettre à Goethe, l'Egmont (la partition); mais non de la façon habituelle, de sorte qu'il risque de manquer ici et là quelque morceau, etc., mais en veillant à ce que tout soit en ordre. [...] Ha, ha, ha, à quel langage, par votre faute, il m'est permis de recourir en m'adressant à vous, à un pécheur endurci comme vous, qui devrait, à mon sens, aller par pénitence couvert d'un cilice pour toutes les scélératesses qu'il a commise envers mes œuvres. (28 janvier 1812)

Je vous envoie aussitôt la Messe [op. 86]. Mais pour l'amour de Dieu ne me jouez pas le mauvais tour de l'offrir généreusement au public parée de grosses fautes – (24 mai 1812)

D'ailleurs, Beethoven a déjà suggéré à Härtel de se charger des vérifications «en acte» pour éviter ces erreurs:

Une fièvre, qui m'a terriblement secoué, m'a empêché de vous envoyer immédiatement ces errata découverts encore après coup. A l'avenir faites chez vous au préalable répéter le tout avec quelques instruments, que les erreurs soient découvertes aussitôt et corrigées sur-le-champ.[88]

Cependant, le compositeur assume généralement lui-même cette tâche délicate. Pour ce faire, il demande à Härtel de lui envoyer systématiquement une première épreuve:

Les Variations [op. 34], dont vous avez eu la gentillesse de m'envoyer quelques exemplaires, n'étaient cependant pas très correctes – J'aimerais pour chacune des autres pouvoir tout d'abord corriger d'avance un exemplaire, car je crains qu'il n'y ait dans les autres [op. 35] des fautes peut-être encore plus graves – (Septembre 1803)

Pourquoi pas d'abord un exemplaire pour la révision, comme je l'ai demandé souvent? (2 novembre 1809)

Je vous l'ai pourtant répété bien souvent – et je vous le rappelle encore une fois – qu'une épreuve est encore le moyen le plus sûr – (4 décembre 1809)

On a donc affaire à une étroite mais difficile collaboration entre l'éditeur et le compositeur. Aux premières épreuves attendues, le compositeur demande d'ajouter encore le manuscrit – un matériel qu'il n'obtient souvent qu'à grand peine:

Mieux vaut toujours m'envoyer les épreuves avec la partition que vous avez reçue. (28 mars 1809)

88 Lettre de Beethoven à Härtel, autour du 4 décembre 1809.

Afin que les autres ouvrages soient parfaitement corrects, la meilleure chose serait que vous m'envoyiez de toute façon les exemplaires avec mon manuscrit. Ensuite, s'il y a des erreurs, je vous les indiquerais et vous pourriez immédiatement les faire corriger – (6 octobre 1810)

Ayez donc soin et pénétrez-vous de la demande que je vous ai souvent adressée: envoyez-moi non seulement une épreuve, mais aussi les manuscrits. (15 octobre 1810)

D'ailleurs, je suis toujours persuadé que la chose meilleure serait que vous m'envoyiez les premières copies que, je vous le promets, je ferai tout de suite chanter et jouer d'un bout à l'autre. Je vous renverrai ensuite immédiatement les passages où il y a des fautes. Après avoir reçu les corrections, vous pourriez tout de suite m'envoyer d'autres c[opies] – (16 janvier 1811)

Lorsque la partition est déjà mise en vente et qu'aucune correction n'est plus possible, Beethoven prend soin de faire publier dans des revues des listes d'*errata* à l'attention des musiciens:

[...] voici une bonne liste des fautes d'impressions sur laquelle un de mes bons amis a attiré mon attention (à savoir dans la Sonate pour violoncelle) [op. 69]. Je fais copier ou imprimer cette liste ici et elle paraîtra dans un journal, de sorte que tous ceux qui ont déjà acheté la Sonate puissent se procurer aussi la liste des erreurs – (26 juillet 1809)

Voici la liste. Comme les poètes et les écrivains, s'ils ont été absents de l'imprimerie au moment du tirage, font imprimer à part une liste des errata, vous devez faire la même chose. Ici c'est moi qui m'en occuperai. (2 novembre 1809)

Mais le compositeur découvre parfois aussi des fautes de sa propre main, qu'il confesse en toute honnêteté non sans une pointe d'humour bien de sa plume:

Riez de mes scrupules d'auteur. Figurez-vous que j'ai trouvé hier qu'en corrigeant les fautes de la Sonate pour violoncelle [op. 69] j'ai fait moi-même d'autres fautes – (3 août 1809)

Des corrections peuvent également s'avérer nécessaires non en raison de fautes de copie, mais afin de modifier la composition elle-même. Il arrive en effet que Beethoven, après avoir assisté à la première exécution d'une de ses œuvres, impose quelques changements dans une pièce déjà entre les mains de son éditeur et prête à la publication:

Les Symphonies dédiées à la fois à Son Excellence le comte Razoumovsky et à Son Excellence le prince Lobkowitz – Symphonie en ut mineur op. 60, Symphonie en fa op. 61 [en réalité op. 67 et 68] – Vous recevrez demain notification de quelques corrections que j'ai apportées aux Symphonies au cours de leur exécution – Quand je vous les ai remises, je n'en avais encore entendu aucune – et l'on ne doit pas vouloir être si divin que de ne pas procéder à quelques retouches dans ses créations – (4 mars 1809)

Les causes des corrections sont multiples et variées: note ou mesure manquantes, liaison mal placée, dièse à supprimer, titre estropié, indication de caractère absente, hauteurs de notes erronées, etc. Beethoven se montre ici un compositeur extrêmement scrupuleux, les yeux rivés sur les moindres détails telle une nuance placée au mauvais endroit:

[...] dans le Scherzo Allegro Molto [Sonate pour violoncelle op. 69] le *ff* doit rester tout au début comme il avait été notifié [...]. Mais dans la 9ème mesure, *piano* doit être ajouté avant la première note et de même à la 9ème mesure dans les autres cas où les [dièses] sont changés en [bécarres]. Les choses en sont là – Vous pouvez en déduire que je me trouve dans un de ces états où l'on dit: «Seigneur, je remets mon esprit entre vos mains». (3 août 1809)

Le souci de voir paraître et circuler une partition sans fautes a taraudé Beethoven dès son plus jeune âge: «[...] je veux absolument voir paraître mes compositions dans une forme aussi parfaite que possible» écrit-il – déjà – le 18 juin 1794 à Nikolaus Simrock. Une préoccupation bien légitime pour celui qui adopte une écriture précise au plus proche de l'exécution de l'œuvre! Ces efforts de notation comme reflet fidèle de ses intentions musicales découlent en toute évidence de son ardent désir d'entendre ses œuvres exécutées conformément à sa volonté.

Techniques d'impression

Les ateliers d'impression de Breitkopf & Härtel sont dotés d'outils permettant différents types de reproduction de la musique. La possibilité, notamment, de disposer de «caractères typographiques» utiles à la gravure incite Beethoven à confier la publication de sa Messe en do à cette maison d'édition:

Les motifs pour lesquels je désirais vous confier, à vous et à personne d'autre, la publication de cette Messe sont avant tout qu'elle me tient au cœur en dépit de la froideur de notre époque pour les œuvres de ce genre; en second lieu parce que j'ai cru qu'il vous serait plus facile, à vous, grâce à vos caractères typographiques, de faire

> graver ces notes qu'à d'autres éditeurs allemands qui pour la plupart ne s'y entendent en rien aux partitions – (16 juillet 1808)

Par ailleurs, lorsque le compositeur propose à Härtel une édition complète de ses œuvres, il distingue clairement la gravure de l'impression – cette dernière étant probablement synonyme de caractères mobiles: «L'édition devrait être gravée et non imprimée, par exemple, en caractères».[89] Les caractères mobiles furent introduits en 1754-1755 par Johann Gottlob Immanuel Breitkopf, qui inventa une technique particulière connue aujourd'hui encore sous le nom de «Breitkopf Fraktur».[90] La première œuvre imprimée selon ce procédé fut *Il trionfo della fedeltà* de Maria Antonia Walpurgis, d'après ce que nous apprend l'avertissement de l'éditeur en fin de volume:

> STAMPATO IN LIPSIA; Nella Stamperia di GIOV. GOTTLOB IMMANUEL BREITKOPF, Inventore di questa nuova maniera di *stampar la Musica con Carratteri separabili e mutabili.* E' questo DRAMMA PASTORALE la prima opera stampata di questa nuova guisa; comminciata nel Mese di Luglio 1755, e terminata nel Mese d'Aprile 1756.[91]

Enfin, le catalogue des œuvres de Beethoven précise qu'elles furent nombreuses à être publiées par Härtel selon le procédé de la lithographie,[92] mais d'autres techniques d'impression étaient également pratiquées à l'époque, comme l'atteste ce catalogue de l'année 1847:

> Imprimerie. Elle est en état de satisfaire à tout ce qu'à notre époque on désire tant pour la beauté et la vitesse, que pour le bon marché des productions de cet art; et c'est à ce titre que nous nous recommandons à Messieurs les auteurs et les libraires. Nous y imprimons aussi de la musique par des caractères mobiles. Fonderie en caractères et stéréotypes. La fonderie est complètement assortie dans les caractères les plus modernes; ses productions ne laissent rien à désirer quant à la force du métal et la justification; la stéréotypie est en état de faire paraître des ouvrages entiers, et spécialement de fondre avec la dernière précision des vignettes, des gravures sur bois etc. Institut pour la gravure de musique et imprimerie en taille-douce pour plaques d'étain. Nos éditions les plus nouvelles feront notre recommandation la plus efficace.[93]

89 Lettre de Beethoven à Härtel, peu avant le 21 août 1810.

90 <http://www.breitkopf.com/history>

91 Sopart, Andreas, «Exkurs: Typendruck» in *Beethoven und der Leipziger Musikverlag Breitkopf & Härtel*, Echterdingen, Carus, 2007, p. 129.

92 Kinsky, Georg, *Das Werk Beethovens. Thematisch-Bibliographisches Verzeichnis seiner sämtlichen vollendeten Kompositionen*, Münich, Henle, 1955.

93 Fac-similé disponible sur le site <http://imslp.org/wiki/Breitkopf_und_Härtel>.

La vitesse de production, la réduction des coûts et l'esthétique de la présentation constituent bien entendu un atout majeur pour Härtel:

> We would advise him to have us print them using typeset notes because 1) for a large number of copies the printing is *far* cheaper 2) it will be completed much faster (we can finish printing the 3 Sonatas in 8 days, even if 10000 copies are needed) 3) because piano players are very accustomed to typeset music in our editions, and we would take care to provide a very clear printing.[94]

Délais de publication

Beethoven semble attacher une importance particulière aux délais de publication – davantage même qu'à l'argent qu'il retirera de ses œuvres, comme le souligne Karl: «[...] my brother is resolved that he would rather lose something than to be robbed of the pleasure of seeing his compositions appear in a timely fashion.»[95] Le compositeur, séduit par la publicité de la maison Breitkopf & Härtel fondée entre autre sur la vitesse, écrit le 26 août 1804 à son représentant:

> Je me rappelle fort bien que vous m'avez écrit une fois que vous seriez à même de me livrer une énorme quantité d'exemplaires en quelques semaines – J'ai en ce moment plusieurs ouvrages[96] et c'est précisément pour cela, parce que j'ai l'intention de vous les confier tous, que mon désir de les voir paraître bientôt voudrait pouvoir être accompli d'autant plus vite –

En effet, Härtel se vante des délais rapides dont il se dit en mesure de faire bénéficier son client. Le 28 janvier 1803, il se prétend capable d'imprimer en huit jours trois sonates en 10'000 exemplaires! Le 3 novembre 1804, il propose de publier trois Sonates pour piano,[97] la Symphonie n° 3 et le Triple Concerto en neuf semaines tout au plus: «We reckon the longest time it will definitely take to issue all five works to be eight or nine weeks after the receipt of same, but they will probably be ready earlier.» Beethoven, impatient, insistera à plusieurs reprises sur ces questions de délai: «Mon plus grand désir est de voir paraître le plus tôt possible au moins les

94 Lettre de Härtel à Karl du 28 Janvier 1803.
95 Lettre de Karl à Härtel du 10 octobre 1804.
96 Op. 53, 54, 55, 56, 57 et 85.
97 Les Sonates op. 53, 54 et 57.

trois premières compositions»,[98] «[...] plusieurs éditeurs se montrent terriblement lambins avec des compositions de moi, jusqu'à ce que celles-ci voient le jour.»[99]

On l'aura constaté au fil des pages qui précèdent: l'examen des différentes phases de construction de la partition – seul témoin fiable des intentions musicales du compositeur – fournit des éléments utiles et nécessaires pour interpréter la valeur et la justesse de son contenu. Aborder ces questions en apparence triviales nous fait découvrir l'envers du décor, entrer dans le laboratoire du compositeur et les ateliers de l'éditeur, là où se fabrique l'objet partition. Les gestes musicaux tels qu'immortalisés de manière figée sur le papier ne renvoient pas toujours un écho fidèle de l'idée originale notée par le compositeur. En effet, on débusque des imprécisions dues aux inévitables distorsions causées par le travail imparfait des copistes et des graveurs ou encore à d'autres facteurs externes, comme les délais écourtés provoquant des fautes d'inattention – sans parler des éditions «non approuvées» ou contrefaites sur lesquelles l'œil attentif de l'auteur n'a pu se poser pour les contrôler ou en effectuer une révision approfondie.

Cette enquête (ou ces règlements de comptes à Vienne) révèle que les partitions ornant les rayons des échoppes musicales au temps de Beethoven n'avaient pas seulement une valeur artistique mais représentaient aussi un enjeu matériel non négligeable, puisqu'elles permettaient au compositeur et à son éditeur de subvenir à leurs besoins quotidiens. Prendre pour objet d'étude les préoccupations financières qui ont cadencé la vie de l'un et de l'autre permet donc de dresser un portrait différent de ces deux acteurs de la vie musicale, au-delà de l'icône du compositeur au génie éthéré et du simple nom d'une entreprise éditoriale sur ses œuvres publiées. Dans le cas de Beethoven, l'observation minutieuse des moindres replis de ce type de négociations apporte ainsi un nouvel éclairage sur ses conditions de vie et de création, mais également sur l'état du marché éditorial de la musique à l'époque.

98 Lettre de Beethoven à Härtel du 26 août 1804.
99 *Ibid.*

Abstract

This article sets out to describe the various stages in a work of music's journey from the autograph to the printed score, focusing specifically on the manuscripts of Ludwig van Beethoven published by Breitkopf & Härtel. What material did the composer deliver to his publisher: an autograph or a copy? Who did the proofreading? How long did the whole process take? Were financial arrangements discussed and contracts drawn up? How was the composer to be paid his dues? Were there copyright and publishing rights issues; in which case how did the rights-holders react to pirated publications? Our primary source for answers to these questions was Beethoven's abundant correspondence with Breitkopf & Härtel, especially in the period 1808–1812 when their exchanges were at their most intense, and their collaboration was bearing its most remarkable fruit.

Investigating those exchanges has revealed how the sheet music and scores gracing the music-shop shelves in Beethoven's day were there not only for their artistic value, but also because of their significant material importance to the composer and his publishers, to whom they represented a means of enabling them to meet their everyday needs. Studying their respective financial concerns, and meticulously observing every twist and turn in their negotiations, have provided insight into the lives of two major figures in the world of music, beyond the customary portrait of a paragon of ethereal genius and the mere name of a publishing house printed on the cover of his scores. It has also shed new light on the conditions in which Beethoven lived and worked, as well as on the state of the music-publishing market in early 19th century Vienna.

Annexes

Tableau I. Echanges épistolaires Ludwig van Beethoven-Härtel et Karl van Beethoven-Härtel.

Année	*Ludwig van Beethoven à Härtel*[100]	*Karl van Beethoven à Härtel*	*Gottfried Christoph Härtel à Beethoven*[101]
1801	1) 22 avril	–	*avant le 22 avril*
			1) 21 mai
			2) 27 novembre
1802		1) 28 mars	
	2) 22 avril	2) 22 avril	*5-6 avril*
		3) 1er juin	
			3) 8 juin à Karl
			4) 10 juin
	3) 13 juillet		
	4) 18 octobre	4) 18 octobre	
			5) 3 novembre
	5) 13 novembre		
			6) 20 novembre
		5) 5 décembre	
			7) 11 décembre
	6) autour du 18 décembre		
1803		6) 22 janvier	
			8) 28 janvier à Karl
		7) 12 février	
			9) 3 mars à Karl
		8) 26 mars	
	7) 8 avril		*16 avril*
		9) 21 mai	
			10) 2 juin
	8) juin		
			11) 30 juin
		10) 27 août	
	9) septembre		12) 20 septembre
		11) 14 octobre	*22 octobre*
		12) 23 octobre	
	10) 23 novembre	13) 23 novembre	*2 novembre à Karl*
			5 décembre

100 Ces lettres sont adressées à Härtel; si tel n'est pas le cas, nous mentionnons le destinataire.

101 Ces lettres sont généralement adressées à Ludwig; le cas échéant, nous avons indiqué le nom d'un autre destinataire. De nombreuses lettres de l'éditeur lipsien ont malheureusement été détruites ou perdues. Sur la base des informations contenues dans la version italienne de la correspondance (*Epistolario*), nous avons pu retrouver les dates de ces lettres manquantes, qui figurent en italique dans notre tableau. Nous avons jugé utile de les mentionner pour mieux illustrer la fréquence des échanges entre Beethoven et Härtel.

1804	11) 26 août		
			13) 30 août
		14) 10 octobre	
			14) 3 novembre
		15) 24 novembre	
		16) décembre (sans date)	15) 4 décembre
			16) 22 décembre
1805	12) 16 janvier		
			17) 30 janvier
		17) 1er février	
		18) 12 février	*20 février*
	13) 18 avril		
	14) 21 juin[102]		18) 21 juin
1806	15) 5 juillet	–	*11 juillet*
	16) 3 septembre		*13 septembre*
	17) 18 novembre		*26 novembre*
1807	–	–	–
1808	18) 8 juin	–	*18 juin*
	19) 8 juillet		*20 juillet*
	20) 16 juillet		
	21) autour du 14 septembre		
1809	22) 7 janvier	–	*21 janvier*
	23) 4 mars		*11 mars*
	24) 28 mars		*3 mai*
	25) 5 avril		*16 juin*
	26) 26 mai (20 avril?)[103]		*21 août*
	27) 26 juillet		*25 octobre*
	28) autour du 1er août		*28 novembre*
	29) 3 août		
	30) 8 août		
	31) 19 septembre		
	32) 22 novembre[104]		
	33) autour du 4 décembre		
	34) décembre[105]		

102 Cette lettre figure uniquement dans l'édition française.

103 Lettre datée du 26 mai dans l'édition française, mais que l'éditeur italien situe le 20 avril.

104 Lettre datée du 2 novembre dans l'édition française, mais que l'éditeur italien situe le 22 novembre.

105 Cette lettre, qui figure dans l'édition française, est absente de l'édition italienne.

1810	35) 2 janvier 36) 4 février 37) après le 4 février[106] 38) 6 juin 39) 2 juillet 40) avant le 21 août 41) 21 août 42) 23 septembre 43) 6 octobre 44) 11 octobre? 45) 15 octobre	19) autour du 30 janvier	*10 janvier* *21 février* 19) 20 juin 20) 11 juillet *1er août* 21) 24 septembre *6 octobre* *27 octobre* 22) 11 novembre
1811	46) 16 janvier 47) 19 février 48) 12 avril 49) avant le 3 mai 50) 6 mai 51) 20 mai 52) 23 août 53) 9 octobre	–	*27 février* *30 avril* *13 mai* *2 août* *28 août* *19 octobre*
1812	54) 28 janvier 55) 28 février 56) 4 avril 57) 24 mai[107] 58) 17 juillet 59) 18 juillet? 60) 24 juillet 61) 9 août 62) 17 septembre	–	*8 février* *11 mars* *11 avril* *29 juillet* *23 septembre*
1813	–	–	–
1814	–	–	–
1815	63) 10 mars	–	*16 mai*
1816	64) 19 juillet	–	–
1822	65) 26 juillet 1822 à Johann van Beethoven	–	17 juin 1822, lettre de Griesinger à Beethoven

106 Cette lettre figure uniquement dans l'édition italienne.
107 L'édition italienne donne pour cette lettre la date approximative du 25 mai.

Tableau II. Dates des premières éditions publiées par Breitkopf & Härtel à Leipzig.[108]

Opus	*Année*	*Titre original des œuvres*	*Nbre de pages*	*Prix*[109]
Op. 29	Décembre 1802	Quintette	13+9+8+8+8	2 Fl.
Op. 34	Avril 1803	Variations pour le pianoforte	13 pages	12 Ggr.
Op. 35	Août 1803	Variations pour le pianoforte	21 pages	1 Rthl
Op. 67	Avril 1809	Symphonie n° 5 [propriété des éditeurs]	(21 parties)	4 Rthlr. 12 Gr.
Op. 68	Mai 1809	Symphonie Pastorale n° 6	(20 parties)	4 Rthr. 12 Gr.
Op. 69	Avril 1809	Grande Sonate pour pianoforte et violoncelle	34 pages	1 Rthr. 12 Gr.
Op. 70	Juin et août 1809	Deux Trios pour pianoforte, violon et violoncelle	27+6+5 / 31+8+7	1 Rthlr. 12 Gr. / 2 Rthlr.
Op. 71	Avril 1810	Sextuor pour 2 clarinettes, 2 cors et 2 bassons	5+4+3+3+4+4	1 Rthlr.
Op. 72	Août 1810	*Leonore*, Oper in Zwey Aufzügen Klavierauszug		3 Rthlr.
Op. 73	Février 1810	Grand Concerto pour le pianoforte avec accompagnement de l'orchestre [propriété des éditeurs]	Partie soliste 42 pages / 17 parties orchestre	4 Rthlr.
Op. 74	Novembre 1810	Quatuor [propriété des éditeurs]	11+7+7+7	1 Rthr. 8 Gr.
Op. 75	Octobre 1810	Sechs Gesaenge	21 pages	1 Rthlr.
Op. 76	Octobre 1810	Variations pour le pianoforte [propriété des éditeurs]	8 pages	8 Gr.
Op. 77	Novembre 1810	Fantaisie pour le pianoforte [propriété des éditeurs]	13 pages	16 Gr.
Op. 78	Novembre 1810	Sonate pour le pianoforte [propriété des éditeurs]	13 pages	16 Gr.
Op. 79	Novembre 1810	Sonatine pour le pianoforte [propriété des éditeurs]	17 pages	18 Gr.
Op. 80	Juillet 1811	Fantaisie für das Pianoforte mit Begleitung des ganzen Orchesters und Chor	Partie soliste 24 pages / 17 parties orchestre	2 Rthlr.
Op. 81a	Juillet 1811	*Les Adieux, l'Absence* et *le Retour*, Sonates pour le pianoforte [propriété des éditeurs]	23 pages	18 Gr.
Op. 82	Juillet 1811	Vier Arietten und ein Duett	16 pages	16 Gr.

108 Informations tirées de Kinsky, Georg, *op. cit.*

109 Les prix sont indiqués en Fl. (Florins), Gr. (Groschen) et Rthlr. (Reichsthaler ou Rheinthaler), *cf.* § *Vienne*, p. 210.

Op. 83	Octobre 1811	Drey Gesaenge von Göthe [propriété des éditeurs]	11 pages	12 Gr.
Op. 84	Décembre 1810	Ouverture d'*Egmont* (tragédie de Göthe) à grand orchestre	20 parties	1 Rthr. 12 Gr.
Op. 85	Octobre 1811 Octobre 1811	*Christus am Ölberg* Oratorium Klavierauszug	Partition 132 pages 52 pages	5 Rthlr. 1 Rthlr. 12 Gr.
Op. 86	Octobre 1812	Messa a quattro Voci coll'accompagnamento dell'Orchestra	Partition 107 pages	4 Rthlr.
WoO 132	Novembre 1809 (Allgemeine Musikalische Zeitung)	*Als die Geliebte sich trennen wollte*	3 pages	
WoO 136	Mars 1810	*Andenken*	7 pages	6 Gr.
WoO 137	Février 1810	*Lied aus der Ferne*	11 pages	12 Gr.

Laurent Pugin

Going digital: Finding the right path for critical music editions

The development of computer music editing

Music representation is a multi-faceted problem since music can be represented at different levels of abstraction. At the most concrete level, there is the sound itself; that is, how music sounds when played by a musician and, to some extent, how it is conceived in the head of a composer.[1] In a compositional process, the sound is abstracted into the notated score, a highly symbolic representation of the music. In between the sounded music and the notated score there exist a wide range of representations, including iconic or graphical notations that mimetically depict the inflections of the sound, imperative notations, or others, or a mix of these.[2] The multi-faceted property of music representation in the analogical world is naturally reflected in the digital domain. While the most concrete representation of music, sound, can very well be represented digitally, so too can more abstract representations, ranging from uncompressed audio to score formats, with MIDI, a widely-used instrument control representation, in the middle.[3]

1 The Babbitt representation of music makes the distinction between three different domains. We consider here only the ‹acoustic› domain, the sound, and the ‹graphemic› domain, the score, but left out the ‹auditory› domain since it is not directly relevant to our topic. Babbitt, Milton, «The Use of Computers in Musicological Research» in *Perspectives of New Music*, vol. 3, no. 2 (Spring – Summer, 1965), pp. 74-83.

2 A good example of a mixed notation is the tablature that uses symbolic notation for the durations mixed with imperative components that represent how fingers have to be placed on the fingerboard for the pitches.

3 It is also interesting to point out that conversion to the left is considerably easier than conversion to the right. For example, converting a sound recording into symbolic representation remains a challenge for polyphonic music depending on the complexity of the polyphony and the instrument being played.

Each of these representations uses different units: sound samples for audio recording, numeric event codes for MIDI, or music symbols for score representation.

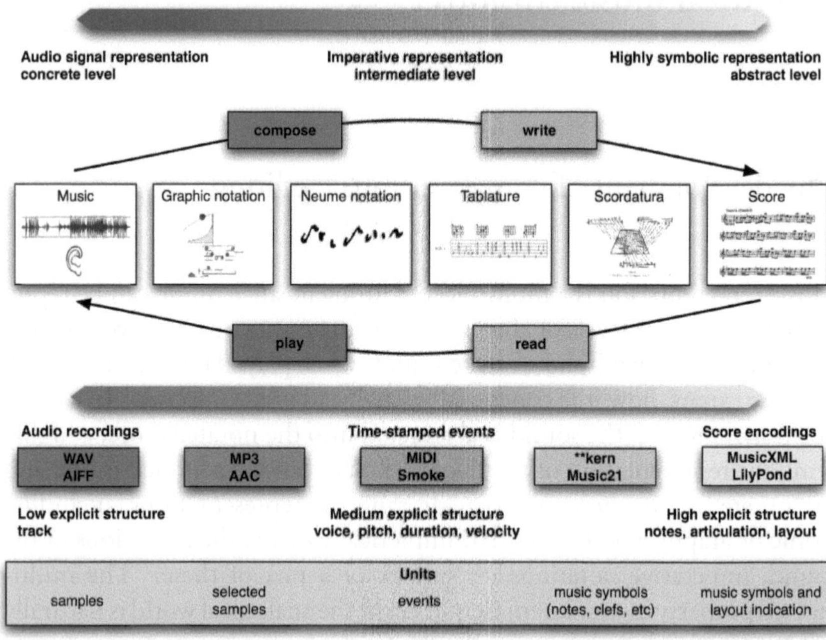

Figure 1. Music representation levels and some corresponding digital formats. Uncompressed audio files have a very low explicit structure that is limited to the track. Encoded notated scores, on the other hand, have a detailed explicit structure that includes musical symbols and layout information.

A notated score, the representation that interests us most when dealing with critical editions, is in several aspects very similar to a literary text. This is confirmed by the fact that historically, media used for notating and transmitting text such as handwritten manuscripts, typographic prints or engraved prints, have all been used or adapted for music, albeit not necessarily immediately. It required a few decades for the newly-invented typographic printing technique introduced by Gutenberg to be applied to music. Petrucci invented a several impression technique for printing music about thirty years later, and it was only twenty years after Petrucci that Attaingnant was able to find a more sustainable solution with a single impression technique. In a similar way, while notating and printing text by computer became possible fairly rapidly when computers were invented, notating and printing music notation by computer has remained a challenge for decades. The pioneers of music notation by computer started to work on mainframe computers prior to 1980, but it was really the invention of the personal computers in the mid-Eighties that stimulated research.[4] Notating and printing music by computer became a field of research and development in itself, but it took years to develop acceptable and useable solutions. As an example, just for the data input, which for text can be done very intuitively with a computer keyboard, it was necessary to find specific solutions for music using artifacts such as combinations of codes, because both the pitch and the duration (at the very least) need to be given. The emergence of MIDI, the *de facto* standard for instrument control, opened up new ways of inputting data even if data quantization or enharmonic transcription of MIDI data remain problematic. Researchers were for a very long time heavily constrained by the restricted amount of memory available on the computers of the time and by the limited speed of their processors, and the computer resources required for achieving the goal attest to the difficulty of the task. Interestingly, the efforts to notate and print music by computer not only highlighted the complexity and the multifaceted property of music notation, but also brought to light all the skills and knowledge involved in music edition preparation, and in particular for creating the layout of music on the pages of an edition and for distributing appropriately the music on the staves. For example, it quickly appeared that aligning the notes according only to their respective duration would produce correct and understandable scores that would, however, undoubtedly be aesthetically unsatisfactory. For the result to be acceptable, the polyphonic context has to be taken into account.[5] In a certain way, it meant that the engraving rules normally applied by the original music engravers had to be formalized and implemented, and layout capa-

4 For a detailed description of the systems being developed at that time, see Hewlett, Walter B. and Selfridge-Field, Eleanor (eds.), *Computing in Musicology*, vol. 2 (1986).

5 Layout of text is of course not a straightforward task, but the two-dimensional property of music notation certainly makes it more difficult. See Blostein, Dorothea and Hakken, Lippold, «Justification of Printed Music» in *Communications of the ACM*, vol. 34, no. 3 (March 91), pp. 88-99; Hakken, Lippold and Blostein, Dorothea, «A New Algorithm for Horizontal Spacing of Printed Music» in *Proceedings of the 1995 International Computer Music Conference*, Banff, Canada, 1995, pp. 118-119.

bilities of music notation software applications have always been pivotal features for evaluating their strength.[6]

The primary focus of developments in music notation by computer has been the creation of tools for the production of printed music editions, be they low-cost music editions or scholarly critical music editions. Due to the limitation in digital data storage that was available early on, data files developed for music notation software applications were mostly binary files; that is, files that are not human-readable and that are machine-readable only with full specifications in hand. This situation was reinforced by the fact that most music notation software applications are commercial products for which companies do not necessarily want to share their internal data structure, and usually quite the reverse. This has meant that dozens of ways of encoding music notation have been developed without any specification made available, or with only scarce documentation, and without making them compatible between each other. Even the musical codes that were made open (DARMS or SCORE for example) proliferated only because the goals pursued covered a wide range of computer applications that are not necessarily limited to music notation.[7] In this context, a few initiatives have tried to bridge the tools, among which we can mention the Notation Interchange File Format, or NIFF, started in 1994. The aim of NIFF was to become a standard file format for exchanging music notation data between editing and publishing software applications as well as from scanning software applications. Even though it has been used by a certain number of tools, it failed to become a reference standard and is no longer maintained. The most successful initiative is undoubtedly MusicXML, created by Michael Good.[8] The format uses XML[9] and was heavily inspired by the MuseData format developed by

6 Pountain, Dick, «Following in Wolfgang's Footsteps» in *Bytes* (March 1992), p. 921S-20.

7 See Selfrige-Field, Eleanor (ed.), *Beyond MIDI: The Handbook of Musical Codes*, Cambridge MA, The MIT Press, 1997.

8 Good, Michael, «MusicXML in Commercial Applications» in Hewlett, Watler B. and Selfridge-Field, Eleanor (eds.), *Music Analysis East and West* (Computing in Musicology vol. 14), Cambridge MA, MIT Press, 2006, pp. 9-20.

9 XML, which stands for «Extensible Markup Language,» is a widely used markup language that offers the advantage of being both machine-readable and, to some extend, human-readable. It is a subset of SGML and presents similarities with HTML in the sense that is uses <tags> to structure the data and to delimit content.

Walter B. Hewlett at the Center for Computer Assisted Research in the Humanities at Stanford University. It succeeded in becoming a standard path for exchanging data between music notation software applications, even though it never became an official standard. In 2011, MusicXML was acquired by MakeMusic, the publisher of the Finale music notation software application.

The experience of text studies

Already from the early Eighties, scholars working with digital tools for representing texts began to face the problem of seeing a wide range of different tools being developed using incompatible data formats. Everybody had their own opinion on how text data should be represented, developing very specific solutions suitable most of the time only for a particular project. Fairly quickly, scholars became aware that this was by far not ideal and that it was even a dangerous path. The digital data generated were mutually incompatible and each approach required a dedicated tool to be developed; worse still, if the tools were no longer maintained, data could rapidly become unreadable, and hence unusable because in most cases binary formats were used due to computer memory limitations. Considering this precarious situation, a group of scholars established in 1987 the Text Encoding Initiative, known as TEI, with the aim of providing scholars with guidelines, or recommendations, on how text should be represented for projects in the digital humanities; that is, how to encode machine-readable texts. Three sponsoring organizations undertook the work of developing the guidelines: the Association for Computers in the Humanities, the Association for Literary and Linguistic Computing, and the Association for Computational Linguistics.[10] In 2000, the project was established as a Consortium, and guidelines have been updated regularly. 2002 saw the release of the P4 version of the recommendations, the first one to use XML, and the current version named P5 was released in 2007.

10 For more information about TEI, see <http://www.tei-c.org> [All links referred to in this text were accessible in March 2012].

TEI has been widely adopted and is clearly recognized as the reference standard for encoding texts, even if strictly speaking it is not a standard but only a set of recommendations. TEI now plays a fundamental role not only in text digital data sharing, but also in long-term preservation. This has been made possible thanks to a clear separation of data and tools, which is a key requirement for large-scale and long-term projects. Technology evolves extremely quickly, and data have to remain readable and usable even when the tools used to generate, manipulate or visualize them become obsolete. Making a clear distinction between data and tools and keeping them as independent as possible is a very wise approach and certainly a major contribution of TEI in text studies.

TEI is organized into several modules, each of them focusing on specific aspects of text encoding. While the first modules are related to general document structure, some more advanced modules are dedicated to specific topics, such as verse encoding, dictionaries, or encoding of name or dates. One of the modules is dedicated to critical editing: the module 12 Critical Apparatus in the P5 version. The module contains a whole range of tags that enable variants and readings to be encoded in a very detailed way. In TEI, variants and reading are conceptually absolutely identical to the notes we would expect to see listed in a printed critical apparatus. The main difference is that they are placed directly within the text. Wherever a critical note needs to be inserted in the text, an <app> tag representing an apparatus entry occurs, with all the content of the note (e. g., with all the variant readings of the text). The formatting of the notes, and possibly their grouping into a list of critical notes, is left to the rendering tool, respecting the clear separation between data and tools that we underlined earlier. The Critical Apparatus module is very often used in conjunction with the modules dedicated to source description and to facsimile, a combination that makes TEI a perfect structure for creating digital critical editions of text.

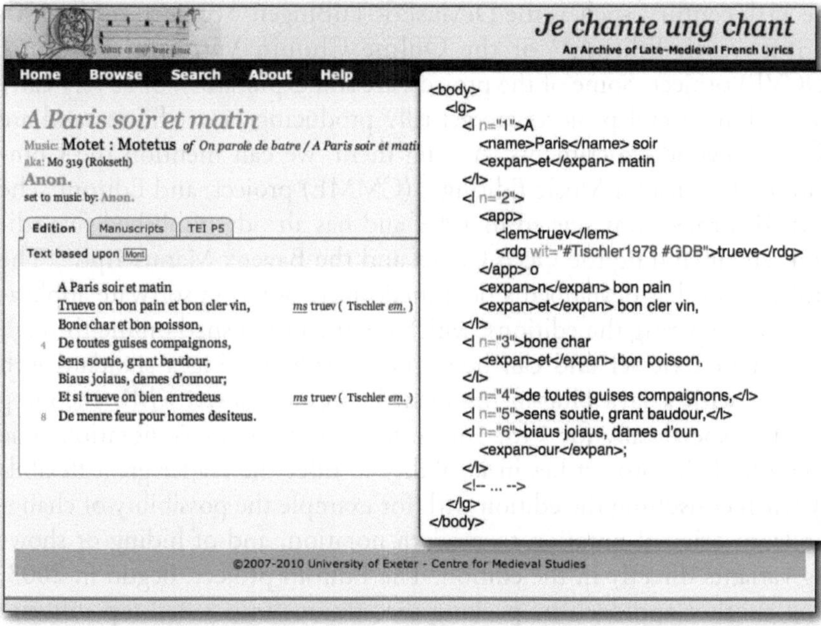

Figure 2. An example taken from the Archive of Late-Medieval French Lyrics with the XML transcription in TEI. The second line of text includes an <app> tag for a critical note with a reading encoded in the <rdg> tag.

Music digital editions

Over the last decade, music digital editing has become a new research field showing a fascinating potential for creating and publishing scholarly critical editions using digital technology. The benefits of the digital editing approach over traditional printed books have been described through abstract models and case studies.[11] At the same time, several projects have been launched, covering a wide range of music history from

11 Wiering, Frans, «Digital Critical Editions of Music: A Multidimensional Model» in Crawford, Tim and Gibson, Lorna (eds), *Modern Methods for Musicology: Prospects, Proposals and Realities*, Aldershot, Ashgate, 2009, pp. 23-46.

the 11th century, such as the DiMusEd–TüBingen[12] project, to the 19th century with Edirom[13] or the Online Chopin Variorum Edition[14] (OCVE) project. Some of the projects are still exploratory, or at very early stages, but several projects are actually producing new editions and are already beyond experiments. Among them, we can mention the Computerized Mensural Music Editing[15] (CMME) project, and Edirom. The CMME project was started in 1999 and has already published five edition sets, including the Occo Codex and the Bayeux Manuscript.[16] The project team has developed a dedicated music notation software application for preparing the editions, which are then published online through a web-based viewer and can hence be consulted using a standard web browser with a Java plug-in installed. It uses a tailored XML encoding designed specifically for 14th-16th century Europe music notation. The strength of the project lies in its ability to offer the reader great flexibility when consulting the edition with for example the possibility of changing from original notation to modern notation, and of hiding or showing variants directly in the edition. The Edirom project, begun in 2003, took another approach by packing the editions into a desktop software application that can be distributed through CD-ROMs or that can be made available for download.[17] The main difference with CMME is that the editions produced by the Edirom project make extensive use of facsimiles of primary sources, including handwritten manuscripts and printed editions. One key aspect in the Edirom editions is that the editor can create links between the different facsimiles, enabling the user very easily to compare the different versions by displaying automatically the same passage in different sources. Both projects illustrate different aspects of music digital editions. Digital editing, as envisaged and demonstrated by

12 <http://www.dimused.uni-tuebingen.de>.

13 <http://www.edirom.de>.

14 <http://www.ocve.org.uk>.

15 <http://www.cmme.org>.

16 Dumitrescu, Theodor and van Berchum, Marnix, «The CMME Occo Codex Edition: Variants and Versions in Encoding and Interface» in Stadler, Peter and Veit, Joachim (eds.), *Digitale Edition zwischen Experiment und Standardisierung* (Beihefte zu editio 31), Tübingen, Max Niemeyer, 2009, pp. 129-146.

17 Bohl, Benjamin, Kepper, Johannes and Röwenstrunk, Daniel, «Perspektiven digitaler Musikeditionen aus der Sicht des Edirom-Projekts» in *Die Tonkunst*, vol. 5, no. 3 (July 2011), pp. 270-276.

these two projects, is similar however, because both are a new way of providing the reader with an edition with which he can interact dynamically. It is certainly a major breakthrough in music editing.

Before going further, it is useful to clarify what we define by a music digital edition. Is an online score in PDF a music digital edition? How does it differ from the projects mentioned above? One can argue that it is a digital edition because a PDF is a digital file distributed through a digital network. It is important to understand, however, that music digital editions as illustrated with utmost clarity by the CMME example above, distinguish themselves significantly from music editions published online as PDF files. There is of course no value judgment involved in this distinction, but editions available in PDF files are mostly static and offer no or very limited options for dynamic interaction, except perhaps for text or lyric searching, and should be seen as digitally published editions rather than actual digital editions. In that sense, the expression «digital publications» rather than the expression «digital editions» seems more appropriate to define them. The fundamental difference is that a PDF file does not contain the logical structure of the music, nor the logical structure of the edition. The logical structure of the music notation is represented in the music notation software application, both internally and in the data file, but is not maintained in the PDF file. A PDF file is a set of graphics (lines, note heads, lyric, etc.) that are not musically meaningful, and even if a PDF is a digital file generated using a digital tool, it does not include any information representing the structure of the music notation. In a PDF file, a line is a line, and no distinction is made between a staff line, a bar line, or a stem line, for example. Similarly, the organization of the edition itself is usually not represented in an online PDF edition, or only very primitively. In a typical editorial process for creating an online PDF edition, the music section of the edition will be generated with a music notation software application, and the commentary texts and the critical apparatus separately, using a text editor. The links between the different parts of the edition will use in most cases a referencing syntax similar to that found in printed editions, e.g., bar numbers and beat numbers. That is, there will be no digital links between the critical comments and the score.

What we expect to find as the backbone of a digital edition is data where both the logical structure of the music notation and the logical organization of the edition are themselves represented digitally. Providing a model for handling such a representation is the goal of the Music Encoding

Initiative (MEI) established in 1999 by Perry Roland of the University of Virginia (VA), one of the leading institutions in digital humanities.[18] Directly inspired by TEI, it pursues the same general goals but specifically for music. In the same way, it uses XML markup and acts as a set of guidelines for recording the intellectual and physical characteristics of documents, with a focus on music notation. MEI covers a wide range of music notations, including neumes or tablature. It is flexible and modular and can easily be adapted or augmented for particular needs. One strength of MEI, as compared to other XML-based musical codes, is that it includes a whole set of philological features for describing variant readings and for including critical comments together with links to facsimile images.

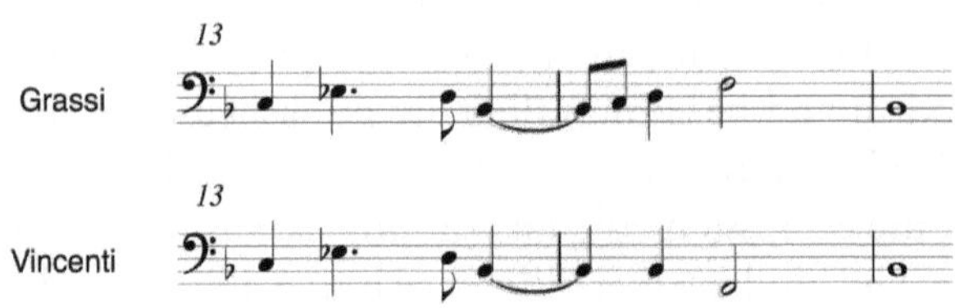


```
<measure n="13">
  <staff n="3">
    <layer n="1">
      <note pname="c" oct="3" dur="4"/>
      <note pname="e" oct="3" dur="4" dots="1" accid="f"/>
      <note pname="d" oct="3" dur="8"/>
      <note pname="b" oct="2" dur="8" tie="i"/>
    </layer>
  </staff>
</measure>
```

```
<measure n="14">
  <staff n="3">
    <layer n="1">
      <app> <!-- A critical note -->
        <rdg source="Grassi"> <!-- The version in Grassi -->
          <beam>
            <note pname="b" oct="2" dur="8" tie="t"/>
            <note pname="c" oct="3" dur="8"/>
          </beam>
          <note pname="d" oct="3" dur="4"/>
          <note pname="f" oct="3" dur="2"/>
        </rdg>
        <rdg source="Vincenti"> <!-- The version in Vincenti -->
          <note pname="b" oct="2" dur="4" tie="t"/>
          <note pname="b" oct="2" dur="4"/>
          <note pname="f" oct="2" dur="2"/>
        </rdg>
      </app>
    </layer>
  </staff>
</measure>
```

Figure 3. A snippet of MEI encoding for a passage where two editions (Grassi and Vincenti) present a variant in the Canzona XXIII *detta la Franciotta* by Frescobaldi. The <app> (apparatus) element in measure 14 contains two <rdg> (reading) elements, the first one for the version in Grassi and the second one for the version in Vincenti.

18 Roland, Perry, «MEI as an Editorial Music Data Format» in Stadler, Peter and Veit, Joachim (eds.), *Digitale Edition zwischen Experiment und Standardisierung* (Beihefte zu editio 31), Tübingen, Max Niemeyer, 2009, pp. 175-194.

These unique features make MEI a very promising approach for encoding music digital editions. This potential has become more and more recognized over the last years, and MEI is now actively developed by an increasing community of scholars.[19] The first official release of the XML Schema was made in 2010, and a second version is in preparation.

In several aspects, creating a paper-based music edition or creating a digital music edition is a similar editorial process. The starting point is the selection of the primary sources, to which access must be organized.

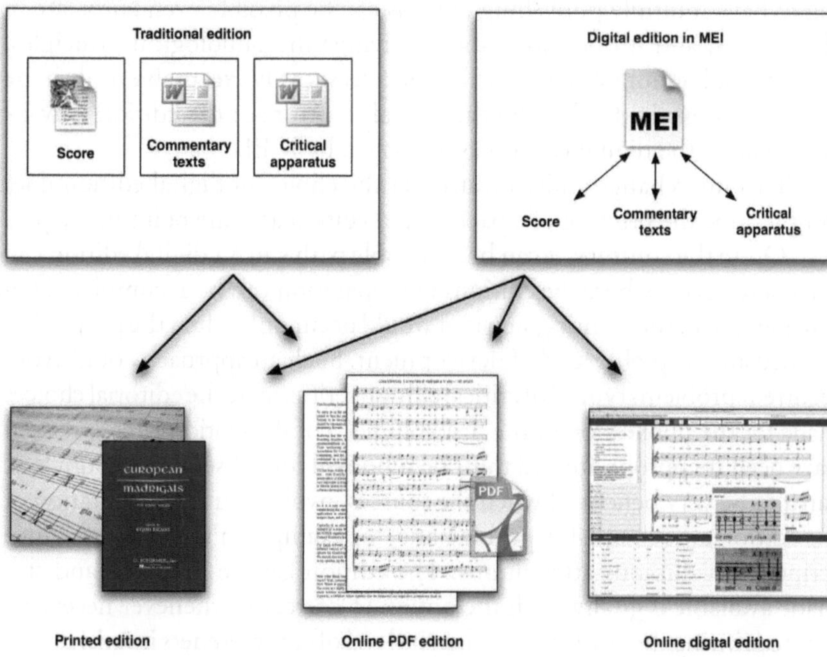

Figure 4. The organization of a traditional edition and of a digital edition in MEI. Producing a printed edition or an online PDF edition is possible with both approaches. Turning it into an interactive online digital edition requires the logical structure of the edition to be given, which is usually lacking in a traditional edition.

19 The development of MEI is currently supported by the Bilateral Digital Humanities Program of the National Endowment for the Humanities (USA) and the Deutsche Forschungsgemeinschaft (Germany).

The sources are transcribed and compared, and the critical apparatus is built upon editorial criteria that must be defined. Finally, the critical edition can be published together with its additional material, including introductory texts and comments. This is obviously an extremely shortened overview of the process, but the point is that both paper-based and digital editions have deep similarities, and it is not impossible for a project initially intended to produce a paper-based edition to be re-targeted to produce a digital edition, or both. In the end, the main difference will be the tool used for creating and publishing the final result. Changing the publishing option or choosing to have multiple publishing options can be possible even fairly late in the process, and it does not radically change the philological principles. However, all options remain feasible, or at least easily executable, only if the option that explicitly includes the logical structure of the edition is available; that is, the digital edition as envisaged by MEI.

This interchangeability means that the choice of digital edition does not preclude the printing of a paper-based edition at some point in the process. Quite the contrary, it can be a valuable path since a digital edition can act as a reservoir where the editions in preparation can be accumulated before moving to the printing step that would occur only when the project has reached an acceptable level of development. Such an approach could avoid recurrent problems typical of critical edition series where the editorial choices made for the publication of the first volume(s) of the edition later appear to have been inappropriate and must be modified for subsequent volumes. It can also be very beneficial when the sources involved in the preparation of the edition are remarkably problematic, for example in the cases of manuscripts with dubious attributions. The edition can be prepared and still made available digitally, with the option to correct it whenever necessary, before printing the entire series when its level of completeness is satisfactory.

Perspectives for sixteenth and seventeenth century music

For many years, MEI has been acting mostly at a theoretical level, and very few digital tools have been developed for handling MEI encoding, most of them being essentially conversion tools for transforming MEI from or to another musical code. Focusing at the theoretical level avoided MEI being influenced or polluted by concepts that are application specific and was in that regard a worthwhile position for gaining a clear distinction between data and tools. As learned from the experience of TEI, it is a very wise approach and indubitably an important contribution of MEI. Formalizing and standardizing the representation might remain unproductive, however, if dedicated tools for handling it are not available. Software applications are necessary to create data, software applications are necessary to edit data, analyze them and eventually to publish them. It is particularly true for MEI and musical codes in general since the code itself, even under its ASCII human-readable format, is not or barely understandable as is. While for text encoded in TEI a fairly simple transformation can make it perfectly readable without necessarily implementing all the features of TEI, achieving similar results for MEI is a complex task. If the situation for MEI is changing thanks to the engagement of the community, the lack of tools is still the Achilles heel of MEI. It is certainly the main reason the Edirom project still relies mainly on the use of facsimile images when it comes to representing music notation. It is also the reason the OCVE project, even though it is not directly an edition project and is not based on MEI, achieves a comparison of the sources similarly by juxtaposing facsimile image snippets. Though both projects are leading enterprises and accomplish wonderful results, neither handles visual representation of transcriptions of the facsimile images because rendering 19th century music notation outside a music notation software application is, and will remain, a challenge due to the complexity of the music notation of the time.

The situation for sixteenth and seventeenth century music is different and some developments achieved over the last decade have made it possible to explore new horizons that could not be envisaged ten or twenty years ago. On the one hand, dedicated tools designed for transcribing sources and for creating music editions of late Renaissance or early Baroque music have reached a high level of development. In particular, the Aruspix and Gamera projects made it possible to perform optical music recognition (OMR) on typographic prints, to which makes it conceivable to obtain a transcription of the original sources of the repertoire in a digital form very quickly.[20] On the other hand, the music notation of the

20 Pugin, Laurent, Hockman, Jason, Burgoyne, John Ashley and Fujinaga, Ichiro, «Gamera versus Aruspix: Two Optical Music Recognition Approaches» in *Proceedings of the 9th International Conference on Music Information Retrieval (ISMIR 2008)*, pp. 419-24.

repertoire is not too complicated and certainly significantly less challenging to represent than 19th century piano notation. A madrigal score is undoubtedly simpler than a prelude of Chopin, regardless of the editorial problems each of them might raise. Having tools to transcribe sources in a digital form and at the same time a notation with a complexity that make it realistic to represent it in digital environment outside a music notation software application put the repertoire of the sixteenth and seventeenth century in a privileged situation in the development of digital editions.

Over the last decades, more and more projects in the digital humanities have adopted web-based solutions instead of CD-ROMs, widely used in the Nineties, or application-like tools that need to be downloaded and installed on a personal computer.[21] Web-based solutions offer the advantage of being easily accessible and easier to maintain since only the server side, data or tools, needs to be updated. For publishing digital editions, web browsers seem a very natural way forward because what is needed in a digital edition is essentially the ability to display text, to display images, and to activate links. These are the quintessential components of a digital edition, and they have been available for text since the Nineties when the Internet and the very first web browsers were invented. For digital music editions, web browsers have not been used extensively for displaying music notation, with the exception of the DiMusEd–TüBingen and the CMME projects, for the simple reason that displaying musical text in a web browser is as difficult as representing it in a music notation software application and there is not yet a straightforward and standard solution to this problem. In the case of the Marenzio Online Digital Edition (MODE), an editorial project that aims to produce a complete critical edition of its secular music, we set up a prototype that illustrates how music, critical material and images as encoded in a MEI digital edition can be presented together in an interactive and intuitive way.[22] An innovative aspect of the prototype is that the music is rendered natively in the web browser using the scalable vector graphics (SVG) format, a standard particularly well suited to user interaction.

21 It is the case of the Edirom project which is currently developing a web browser version of their tool. <http://www.edirom.de/software/>.

22 The prototype has been developed as part of the Aruspix software application, which itself uses visualization functions of the Wolfgang music notation software application.

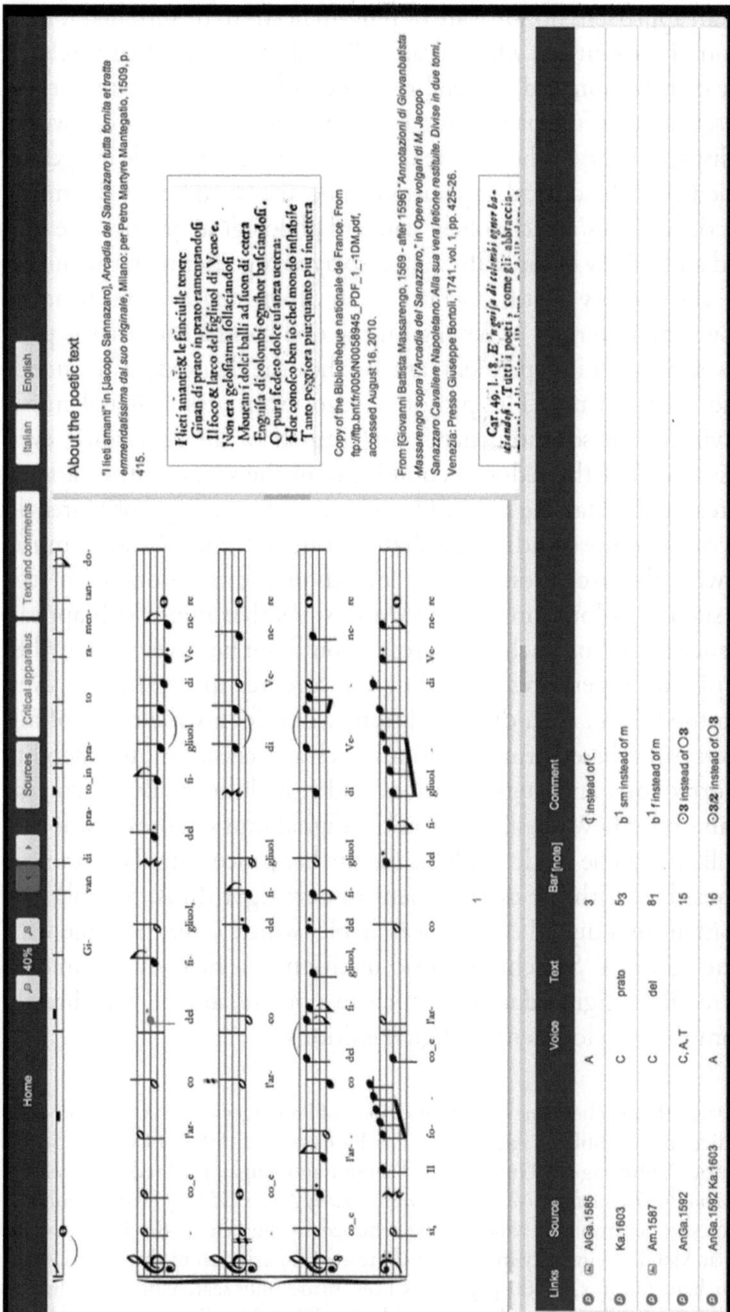

Figure 5. The digital edition prototype of the Marenzio Online Digital Edition project where the music is display natively in the web browser in an interactive way. For example, the critical notes are linked to the music notation, which means that clicking on them will immediately load the corresponding page and highlight the symbols in the score.

With such an approach, no software or plug-in needs to be installed for the visualization of the edition, which drastically reduces the problems related to software distribution and to web browser compatibilities. In the prototype, the user can turn the pages like a book, but also zoom in or out with a very high display quality. When it is relevant for the user, facsimile images are also included, and the critical apparatus can be displayed below the music page. The critical notes, which follow standard philological practice, are very easy to read and follow because they are displayed together with the music.

While the prototype still operates at an experimental level, it nonetheless shows the potential of having on the one hand a tool that is platform and web browser independent, and on the other hand data in a standardized and open format. The prototype also incarnates a digital music edition environment solution that is not limited to the repertoire, even though it is true that the reduced complexity of the scope of the variants makes it a reasonable starting point. The notation of a madrigal of Marenzio put into score is almost undistinguishable from common Western music notation, with the exception of very few idiomatic components of the repertoire such as coloration or proportion signs that might still appear. There is hence no reason such an approach could not be developed further for music of later repertoires, including the seventeenth century or even beyond. In the future, such digital editions will offer a wide range of advantages over paper-based printed editions, such as accessibility, updatability for both corrections and augmentation, and readability.[23] But such editions will also offer new possibilities, as the digital music representation of the data will *de facto* be made available for further processing. For example it will be possible, with the development of new algorithms, to make the musical content of a digital edition searchable, which is not possible with PDF online editions. Searching music notation is a field of research in itself that requires digital data on which to operate, and it will directly benefit from the development of digital editions.[24]

23 Silbiger uses the cumbersome case of the edition of Froberger as an excellent proof by contradiction. See Sibliger, Alexander, «The Promises and Pitfalls of Online Scholarly Music Publishing» in Dumitrescu, Theodor and Kügle, Karl (eds.), *Authority, Historiography, Technology: New Perspectives in Early Music Editing,* [Forthcoming].

24 An interesting example of what can be achieved in the field is the Liber Usualis project at McGill University in which a complete transcription of the Liber Usualis in plainchant (approx. 2,300 pages) has been made fully searchable. See <http://ddmal.music.mcgill.ca/research/omr/Search_the_Liber_Usualis>.

The development of music digital editions will also face a certain number of challenges. For the MEI community, it will be important to avoid as much as possible the use of customizations.[25] Whilst customizations are widely used in the TEI community, following the same *modus operandi* for MEI would certainly be a pitfall. The use of a customization enables specific encodings to be tailored, but it also makes the use of existing tools precarious if not impossible. Because of the complexity of the development of tools that will handle MEI, and because the resources available for developing the tools are much more restricted for music than for text, making sure that the tools are compliant is certainly a high priority for the MEI community. It will also be a key requirement for the spreading of MEI for it to become a standard, and also for its sustainability, and for this very reason the use of customization will need to be given considerable thought.

Another challenge for MEI will be to develop an appropriate way of describing the detailed layout of the music notation. So far, MEI has followed fairly closely the TEI approach to information representation, which is essentially text-centric. That is, as in TEI, the structure of the text is reflected in the XML hierarchy and has priority over the structure of the document. Typically, a TEI document represents hierarchically arranged chapters, sections and paragraphs, and indicates page breaks and line breaks as milestone elements in this hierarchy. Similarly, an MEI document hierarchically represents the musical content and uses milestones for page breaks and system breaks. In TEI, this approach has proven to be flexible and adequate enough for a wide range of purposes, but it has also shown some limitations, and the needs for a document-centric approach have yielded the creation of a so-called ‹special interest group› (SIG) on manuscripts.[26] The Manuscripts SIG has developed a very rich model for encoding manuscript structures, including features for representing the genetic process within one manuscript and over the course of several manuscripts. The group focused on complex and very interesting cases, and offers extremely powerful solutions, but it did not, however, consider the automatic transformation from the document-centric to the text-centric representation as a high priority. Therefore, some TEI projects consider a double encoding

25 A customization can be seen as a way to define a dialect of MEI that extend or redefine it for unusual cases. MEI offers the same customization possibilities as TEI. <http://www.tei-c.org/Guidelines/Customization>

26 <http://www.tei-c.org/Activities/SIG/Manuscript/>.

approach; that is, one encoding for the diplomatic representation of the source(s), and one encoding for the text representation.[27] MEI will have to follow another path because document and layout structure plays a significantly different role in music since they are part of the musical (i.e., textual) information in a much more imbricated way, simply because music notation is a bi-dimensional graphical system.[28] Not only can text representation and layout representation not be univocally distinguished, they are also both required for appropriately representing music notation. It is the reason the MEI development group is currently working on a new layout module that should, in the future, considerably clarify and enrich the layout representation capabilities in MEI by pulling layout information into distinct hierarchies that will be, at the same time, linked together. This approach will provide digital music editions with a more viable option for music than double encoding.

As for text, the general organization of music digital editions themselves can be envisaged in many different ways. The fact that for sixteenth and seventeenth century music, the tools such as Gamera or Aruspix will be able to produce a large amount of original source diplomatic transcriptions might suggest that the hyper-editing model proposed by McGann, where the edition is a networked repository of sources linked together, will be appropriate.[29] The output of OMR software application consists of a digital transcription of the original source directly linked with a digital image, and more precisely a transcription where each symbol in the transcription includes the exact coordinates in the image. In other words, it is exactly what is needed for building diplomatic source transcription repositories as in McGann's model, and organizing and sustaining such repositories will be one important task down the music digital editions road. In that regard, MEI is well placed to play a cardinal role in making source material for digital music editions available for ulterior projects, and avoid the currently common situation where original sources have to be transcribed again and again. But the manageability of McGann's approach,

27 Brüning, Gerrit, Henzel, Katrin, and Pravida, Dietmar, «Rationale of Multiple Encoding in the Genetic Faust Edition» in *Journal of the Text Encoding Initiative*, [Forthcoming]. See also <http://faustedition.uni-wuerzburg.de>.

28 Obviously, the Manuscript SIG considers difficult and complicated cases that are beyond what we consider for the discussion on music here.

29 McGann, Jerome, *The Relationale of HyperText*, 1995. <http://www2.iath.virginia.edu/public/jjm2f/rationale.html>.

even if the model is in itself certainly very appealing at a theoretical level for overcoming book limitations, will be challenged by the layout complexity intrinsic to music notation already underlined above. The interface to the repositories will be extremely complex to create and, presumably, to use. In the near future, a less radical change will be more desirable, and seeing digital music editions being developed and emerging in close conjunction with high quality paper-based editions can without doubt be a beneficial way to move forward. The use of the diplomatic source transcriptions generated by OMR software applications should be used throughout the workflow during the preparation of editions, and publishing the edition online in a digital environment as illustrated by the prototype of the Marenzio project will be of huge benefit in terms of accessibility, readability and updatability. The strengths of these advantages are more and more recognized by scholars. At the same time we should not forget that, to quote Geoffrey Nunberg, «it is precisely because these [electronic] technologies transcend the material limitations of the book that they will have trouble assuming its role.»[30] Clearly, moving towards digital environment should by no means signify losing the advantages of paper-based editions that tend to be forgotten, very probably because they are less immediate. Can we easily cite a digital edition? To what version do we refer? Is only the date of consultation sufficient? By creating an environment where the edition can be corrected or updated at anytime, are we not preparing a hyper-stop-press correction problem for the readers of the next generation? And most importantly, what is the sustainability of digital editions? These questions have been raised very often, but they still have to be taken carefully into account. While there may be no clear answer and no easy solution, we believe that initiatives that will bridge the gap between traditional editing and digital editing will lead the way. Producing high-quality paper-based critical editions, publishing them in innovative digital environments, and building large repositories of digital source transcriptions are not contradictory undertakings. Bringing them together, quite on the contrary, might be the most appropriate strategy to provide our descendants with material, be it digital or not, that is understandable and upon which they will be able to build.

30 Sutherland, Kathryn, «Being Critical: Paper-based Editing and the Digital Environment» in Deegan, Marilyn and Sutherland, Kathryn (eds.), *Text Editing, Print and the Digital World,* Aldershot, Ashgate, 2009, p. 21.

Abstract

Digital media are being adopted more and more widely for scholarly projects, but what do these new possibilities offer and involve for music critical editions? By looking back at the development of computer music editing since the early Nineties and at the same time at the experience of text studies with the development of the Text Encoding Initiative (TEI), the paper aims to provide a better understanding of the current situation of music critical editing. In the light of selected digital edition projects, it also discusses the perspectives and the challenges for sixteenth and seventeenth century music in conjunction with the development of the Music Encoding Initiative (MEI) and its growing community.

III. Instruments et interprètes

Andrea Macinanti

Qui a de la tête & du génie![1] Ovvero: di come si possa render su gli strumenti [da tasto] il parlar del cuore, ora con delicato tocco d'angelo, ora con violenta irruzione di passioni[2]

Gli strumenti debbono imitare più la voce umana che sia possibile

Con le celebri parole, *Voi havete a sapere come tutti li instrumenti musicali sono rispetto & comparatione ala voce humana mancho degni p[er] tanto noi si afforzeremo da quella imparare & imitarla* [...],[3] in cui riecheggia l'antichissimo ordine stabilito da Boezio,[4] Ganassi sottolineava la supremazia della *musica humana*[5] – *perfettissimo Concerto* di *Corpo e Mente insieme*

1 Ancelet [Sec. XVII], *Observations sur la Musique, les Musiciens, et les Instruments*, Amsterdam, Aux dépends de la Compagnie, 1757.

2 Cfr. nota 17.

3 Ganassi, Silvestro, *Opera Intitulata Fontegara* [...], Venezia, [l'Autore], 1535, cap. i. Già Aristotele aveva collocato gli strumenti [*esseri inanimati*] ad un livello inferiore rispetto alla voce in quanto è loro dato esserne solo la mimesi: «Quanto alla voce, essa è un suono dell'essere animato. In effetti nessuno degli esseri inanimati emette una voce, ma per somiglianza si dice che ce l'hanno, come il flauto, la lira e quanti altri oggetti inanimati possiedono registro, melodia ed articolazione». Aristotele, *L'anima* (420b5 - 28), a cura di Giancarlo Movia, Milano, Bompiani, 2001, p. 163.

4 Ganassi pare infatti riferirsi all'antichissima gerarchia con cui Boezio edificava lo *speculum* per contemplare – tripartita in *mundana, humana* ed in *instrumentis constituta* – l'*harmonia* generata dal Creatore e *Harmosta* dell'universo che *omnia in numero, pondere et mensura disposuit.* [Bibbia, *Liber Sapientiae*, 11, 21].

5 a) «La Musica humana poi è quell'harmonia, che può esser intesa da ciascuno, che si rivolga alla contemplazione di se stesso [...]». Zarlino, Gioseffo, *Le Istitutioni Harmoniche di M. Gioseffo Zarlino da Chioggia* [...], Venezia, Pietro da Fino, 1558, cap. 7, p. 16. b) «La Musica Humana è quella di consonante proporzione, che col Corpo, e con la Mente separati, e con l'Uno, e l'Altra congiunti, dell'Huomo, forma un perfettissimo concerto». Angelini Bontempi, Giovanni Andrea, *Historia Musica*, Perugia, Costantini, 1695, p. 9.

consonanti manifestato nel mondo sensibile dalla voce – sulla *musica instrumentalis.*

Per ineffabili percorsi, l'armonia prodotta dalle invisibili corde della creazione toccate dal divino *Harmosta* dell'Universo[6], la *musica mundana*[7], discende, secondo Ficino[8] e Kircher,[9] nell'anima dei mortali trovando traduzione nelle illimitate capacità espressive della voce umana. Voce che si colloca dunque al vertice della gerarchia dei suoni percepiti e modello cui gli strumenti debbono sottostare e riferirsi per riprodurne l'incanto nella mimesi compiuta con l'arte sottile e seduttiva dell'*imitatio*:

> [...] quanto più i mezzi co' quali si imita son lontani dalle cose da imitarsi, – scrive Galileo Galilei – tanto più l'imitazione è maravigliosa [...]. L'arte per ottenere i suoi effetti si vale di un inganno, ossia di un'illusione, facendo sì che i sensi percepiscano nella cosa rappresentata la cosa che si vuole imitare. [...] Non ammireremo noi un musico, il quale cantando e rappresentandoci le querele e le passioni d'un amante ci muovesse a compassione, molto più che se piangendo ciò facesse? e questo, per essere il canto un mezzo non solo diverso ma contrario ad esprimere i dolori, e le lagrime et il pianto similissimo. E molto più l'ammireremmo se tacendo, col solo strumento, con crudezze et accenti patetici musicali, ciò facesse, per esser le inanimate corde meno atte a risvegliare gli affetti occulti dell'anima nostra, che la voce raccontandole.[10]

6 «O magne rerum Harmosta, qui omnia in numero, pondere et mensura disponis; dispone animae meae enneachordum iuxta divinae voluntatis tuae beneplacitum». Kircher, Athanasius, *Musurgia universalis sive ars magna consoni et dissoni*, Roma, Corbeletti, 1650, *Epilogus totius operae.*

7 a) «La Mondana è quell'harmonia che non solo si conosce essere tra quelle cose, che si veggono & conoscono nel cielo: ma nel legamento de gli Elementi, & nella varieta de i tempi ancor si comprende». Zarlino, Gioseffo, *Le Istitutioni Harmoniche, op. cit.*, Parte I, cap. 6, p. 12.
b) «La Musica Mondana contiene quell'hammirabile harmonia, che si trova ne'Cieli, e negli Elementi, considerati nelle loro sfere, e nelle cose miste». Angelini Bontempi, Giovanni Andrea, *Historia Musica, op. cit.*, p. 4.

8 Ficino, Marsilio, «[Lettera] Al Dotto e Prudente Huomo M. Antonio Canisiano» in *Le divine lettere del gran Marsilio Ficino tradotte in lingua toscana da Felice Figliucci senese*, Venezia, 1546-48; a cura di S. Gentile, Roma, Istituto Nazionale di studi sul Rinascimento, 2001, vol. I, pp. 73-75.

9 Kircher, Athanasius, *Musurgia universalis, op. cit., Liber VII, Erotema VII. Physiologum*, Tomo I, p. 551.

10 Galilei, Galileo, «Lettera a Ludovico Cigoli datata 26 giugno 1612» in Belloni, Antonio, «Il pensiero di Galilei sopra la natura e i modi dell'arte» in *Giornale critico della letteratura italiana*, n. 103, 1934, p. 85.

Ma perchè il *sonatore* possa *imitare quanto puote la voce umana*,[11] gli è necessario assimilarne intimamente il codice *affettivo* e con esso far vibrare il proprio strumento del quale deve possedere – *ça va sans dire* – la completa padronanza tecnica. Per apprendere il complesso vocabolario con cui tradurre il florilegio esornativo dei *madrigali moderni*[12] e ottenerne i medesimi esiti espressivi, per *imitare* cioè *la voce umana*[13] *non solo nel canto* [...] ma addirittura *nella favella istessa*,[14] il musico dovrà non solo possedere *una leggiadrissima mano* ma soprattutto sottomettersi ad *uno studio maturo, e particolare.*[15]

Non ven'ha doppo l'organo che uno [strumento] sì perfetto, come il clavicembalo

Nella tenzone per designare lo strumento che maggiormente fosse in grado di imitare la voce che parla e che canta, l'organo *in primis* e il clavicembalo poi, ottenero la palma della vittoria:[16]

11 «Bisogna che il sonatore attendi al buono, & bono instrumento, alla bella lingua, alla bella minuta, et imitare quanto puote la voce umana». Artusi, Giovanni Maria, *L'Artusi ovvero delle imperfettioni della Moderna Musica*, Venezia, Giacomo Vincenti, 1600.

12 «[...] come veggiamo usarsi nei madrigali moderni [...]». Frescobaldi, Girolamo, *Toccate e Partite Libro Primo*, Roma, Borboni, ^{2}1615, *Al lettore.*

13 «Il modo di cantare polito cosa utile a sonatori per imitare la voce humana». Rognoni Taegio, Francesco, *Selva di varii passaggi secondo l'uso moderno, per cantare, & suonare con ogni sorte de Stromenti* [...] *Cosa utile à suonatori per imitare la voce humana*, Milano, Filippo Lomazzo, 1620.

14 «Niuno [strumento] ve n'ha [...] che meglio esprima la voce umana non solo nel canto [...] ma nella favella istessa». Doni, Giovanni Battista, *Annotazioni sopra il Compendio de'Generi, e de' Modi della Musica*, Roma, Fei, 1640, pp. 337-338.

15 «E in particolare nella musica cosi' in cose da sonare, come anco da cantare, se non vi e' una bellissima voce, una leggiadrissima mano, e uno studio maturo, e particolare, e che si diano quei garbi, e quelli accenti, che detta musica ricerca [...]». Trabaci, Giovanni Maria, *Il Secondo Libro di Ricercate, e altri varij Capricci*, Napoli, 1615.

16 Cornetto, tromba, violino, flauto, viola da gamba, si contesero l'imitazione della voce umana. Doni, ad esempio, conferiva al Violino la capacità di riassumere in sé le risorse di molti altri strumenti: «Frà tutti gl'Instrumenti Musicali maravigliosa veramente è la natura del Violino: poiche niuno ve n'hà che in tanta picciolezza di corpo, e paucità di corde, contenga così gran diversità di suoni, d'Armonie, & d'ornamenti

> [...] ci portammo per parlare *di come si possa render su gli strumenti il parlar del cuore, ora con delicato tocco d'angelo, ora con violenta irruzione di passioni.* E si parlava ancora d'ogn'istrumento di tasto e di sue limitatezze; *e si finì con'lodare l'Organo grande e l'Onnicordio di Nigetti e mio.* Si disse che il Cembalo non completa tutto l'esprimere di sentimento umano.[17]

L'organo, *l'une des plus admirables machines pneumatiques qui furent jamais inventées,*[18] fu elevato a metafora musicale del mondo in cui, quasi eco dell'evangelico *ut omnes unum sint,* si armonizzano nel principio dell'unità infinite parti diverse e lontane fra loro. Strumento eletto, innalzato dal suolo (palcoscenico della vicenda umana) e proteso come una mano verso la volta celeste; macchina in cui il *pneuma* del *divino organista* spira nelle articolazioni del mondo rendendole musicalmente coese come negl'aurei versi virgiliani: *Spiritus intus alit, totamque infusa per artus Mens agitat molem.*[19]

Non è casuale che al respiro dell'organo, alla necessità di percepirlo e assecondarlo, facesse riferimento il grande organista e compositore francese

---

melodici; e che meglio esprima la voce humana, non solo nel canto (nel che comunica pure con alcuni strumenti da fiato) mà nella favella istessa: la quale imita cosi bene in quei velocissimi accenti, quando da perita mano vien maneggiato, ch'è cosa degna di stupore: & questa è sua particolarissima dote: come anco l'unirsi cosi bene con tutti gl'altri strumenti, ò siano da corde, ò da fiato, che qualunque orecchia, per delicata che sia, pienamente ne resta appagata. [...] In somma egli rappresenta, quando è in mano d'un perito Sonatore, la dolcezza del Liuto, la soavità della Viola, la maestà dell'Arpa, la veemenza della Tromba, la vivacità del Piffero, il querulo del Flauto, il patetico del Cornetto; & quasi ogni varietà, che nella gran macchina dell'Organo, con mirabil'artifizio si sente». Doni, Giovanni Battista, *op. cit., Ibid.*

17 Casini, Giovanni Maria, «Memoria (13 febbraio 1708)» in Fabbri, Mario, *Alessandro Scarlatti e il Principe Ferdinando de' Medici, Le musiche «per il tempo di penitenza e di tenebre» (Il manoscritto n. 443 dell'Accademia Filarmonica di Bologna)*, Firenze, Olschki, 1961, cap. III, pp. 105-8.

18 Mersenne, Marin, *Seconde Partie de l'Harmonie Universelle, Livre Sixiesme des Orgues*, Paris, Pierre Ballard, 1637, *A Monsieur Pascal. Harmonie Universelle contenant la theorie et la pratique de la Musique, Où il est traité de la Nature des Sons, & des Mouvemens, des Consonances, des Dissonances, des Genres, des Modes, de la Composition, de la Voix, des Chants & de toutes sortes d'Instrumens Harmoniques. Par Marin Mersenne de l'Ordre des Minimes*, 3 voll., Paris, Cramoisy [et Ballard], 1636, Libro Sesto.

19 «Principio caelum ac terras camposque liquentis lucentemque globum lunae Titaniaque astra spiritus intus alit, totamque infusa per artus mens agitat molem et magno se corpore miscet». [In principio lo spirito dentro anima il cielo, le terre, le limpide pianure, il globo lucente della luna, le stelle Titanie e l'anima diffusa per le membra smuove tutta la mole e s'unisce al grande corpo]. Virgilio, *Eneide,* Libro VI, 724-727.

Charles-Marie Widor raccomandando, in ogni esecuzione, di *far respirare l'organo come i suoi polmoni!* e aggiungendo: *impariamo a respirare.*[20]

Al culmine della tensione simbolica conferita al *re degli strumenti* a partire dal sec. XVII, sta l'immagine antropomorfa che ne fu coniata:

> [...] l'Organo s'acquistò questo nome universale et comune d'Organo proprio et particolare [...] percioche fu fabbricato alla guisa del Corpo humano, corrispondendo le Canne alla Gola, i Mantici al polmone, i Tasti à i Denti, et colui che sona alla Lingua, et così l'altre parti di esso à quelle che sono nell'Huomo.[21]

E all'organo è dato imitare sia gli accenti degli umani che i suoni di ogni altro strumento:

> [...] così l'Organo, che per eccellenza è così chiamato, raccoglie in se stesso tutti gli istrumenti musicali, & tanto maggiormente è de gli altri più Eccellente & più nobile, quanto meglio rappresenta la voce humana, operandosi in esso il fiato, & la mano. Et le canne di qual materia elle si siano, rappresentano le fauci humane, per dove passa lo spirito a formare il suono, & la voce, che quasi si puo securamente dire, che l'Organo sia un Artifizioso Animale, che parli, suoni e canti con le mani e con l'arte dell'huomo; e che per tale cagione sia nel Tempio di Dio sì bene fabricato, con diversi ornamenti, e solo operato ne' sacri offitii, per lodare con le voci, & con i suoni l'opere grandi & maravigliose di Sua Maestà. [...] è veramente questo meraviglioso instrumento che Organo è per eccellenza chiamato, come corpo umano governato dall'Anima, poiche come s'è detto, il primo aspetto d'esso, grandemente diletta l'occhio, e'l suono che arriva all'orecchie come parole che significano gl'affetti del cuore, rappresenta l'interna dispositione de lo spirito, che lo governa, havendo i mantici corrispondenti al polmone, le canne alla gola, i tasti à denti, e'l Sonatore in vece di lingua, che con leggiadri movimenti della mano lo fà soavemente sonare, & quasi con dolci maniere parlare. Di qui è, che ogn'uno dovrebbe, con ogni suo potere sforzarsi di procedere per li mezzi più perfetti; percioche facendo altrimenti, si potrebbe assimigliare la grandezza d'un tale istrumento, ad un huomo ben proporzionato, in qualunque parte della persona sua, & che dipoi, habbia una intricata e barbutiente lingua, che in tutto lo disaconci e guasti [...].[22]

20 Widor, Charles-Marie e Schweitzer, Albert, *Johann Sebastian Bach, Complete Organ Works. A Critical-Practical Edition in Eight Volumes*, New York & London, Schirmer, 1914, *General Observations.*

21 Zarlino, Gioseffo, *Sopplimenti musicali*, Venezia, Francesco de' Franceschi, 1588, libro VIII, cap. 3.

22 Diruta, Girolamo, *Il Transilvano. Dialogo sopra il vero modo di sonar organi, et istromenti da penna del R. P. Girolamo Diruta perugino*, I, Venezia, 1593; II, Venezia, 1609-10, *Avvertimento al prudente lettore.*

Più di mezzo secolo più tardi, anche Descartes ripropone la visione antropomorfizzata dell'organo, confermandovi il riflesso dell'immagine dell'uomo, strumento a sua volta sensibile e posto in vibrazione dall'ordito di *affetti* e *passioni* che scaturiscono dal mondo che lo circonda:

> Se mai avete avuto la curiosità di vedere da vicino gli organi delle nostre chiese, sapete come i mantici spingano l'aria in certi ricettacoli che sono chiamati portavento, e come quest'aria entra di lì nelle canne, ora nelle une ora nelle altre, secondo le diverse maniere con cui l'organista muove le dita sulla tastiera. Potete ora pensare che il cuore e le arterie che spingano gli spiriti animali (ossia il respiro vitale in noi) nelle concavità del cervello della nostra macchina, sono come i mantici di questi organi che spingono l'aria nei portavento; e che gli oggetti esterni, secondo i nervi che muovono, fanno sì che gli spiriti in essi contenuti entrino in qualcuno di quei pori del cervello, agendo come le dita dell'organista che, secondo i tasti che premono, fanno in maniera che l'aria entri dai portavento in alcune canne. E come l'armonia degli organi dipende [...] soltanto da tre cose: dall'aria che viene dai mantici, dalle canne che rendono il suono, e dalla distribuzione di quell'aria nelle canne; così le funzioni vitali di cui trattiamo dipendono [...] soltanto dagli spiriti che vengono dal cuore, dai pori del cervello che attraversano e dalla maniera in cui questi spiriti si distribuiscono in quei pori.[23]

A Charles-Marie Widor, la facoltà dell'organo di tenere all'infinito un suono senza modificarne le caratteristiche, suggerì una visione trascendentale:

> L'organo racchiuso nella sua maestà originale, parla filosoficamente: solo, fra tutti gli strumenti, esso possiede la facoltà di dispiegare all'infinito il medesimo volume di suono suscitando in tal modo l'idea religiosa dell'infinito.[24]

Anche il clavicembalo fu ritenuto capace di imitare la voce umana e le passioni che essa esprime. A questo strumento – da taluni considerato *des Damoiselles à marier & des Dames*[25] – fu accordata una particolare duttilità timbrica in grado sia di *contrefaire la voix* nella condotta melodi-

23 Descartes, René, *Traité de l'Esprit de l'Homme, De ses Facoultez & Fonctions, & de son union avec le Corps*, Amsterdam, Wolfgang, [1660 ca.]; cit. in «Cartesio, L'uomo» in *Opere*, a cura di G. Cantelli, Milano, 1986, pp. 114-5.

24 «L'orgue renfermé dans sa majesté originelle, parle en philosophe: seul entre tous il peut indéfiniment déployer le même volume de son et faire naître ainsi l'idée religieuse de celle de l'infini». Widor, Charles-Marie, *Symphonies op. 13 et 42. pour Orgue, Préface*, Paris, Maho, 1887.

25 Garsault, François-Alexandre-Pierre de, *Notionaire, ou Mémorial raisonné*, Paris, Desprez, 1761.

ca[26] che di amalgamare con nitore l'ordito polifonico.[27] François Couperin, pur lodandone la perfezione timbrica, ne sognava uno sviluppo tecnico che lo rendesse *susceptible d'espression* promettendo gratitudine a colui che, in possesso di un'*art infini*, avesse saputo dotarlo della possibilità di aumentare [*enfler*] e diminuire [*diminuer*] il suono.[28] Michel de Saint-Lambert invece, riconoscendone il primato sugli altri strumenti subito dopo quello dell'organo, ne ammirava incondizionatamente le qualità:

> Fra tutti gli Strumenti che sono oggidì in uso, non ven'ha doppo l'organo che uno sì perfetto, come il Clavicembalo, poich'egli ha molti vantaggi, che verun'altro non ha tutti insieme al pari di lui: Egli generalmente contiene tutti i tuoni della Musica, i quali non sono distribuiti che in parte, agl'altri strumenti. Egli è proprio per suonare tutte insieme le parti, e può sempre produrre una perfetta armonia. Egli si conserva lungamente accordato. Egli è facile in estremo a' toccarsi, non essendo di fatica a' coloro che lo suonano, e non esigendo, come qualche altro [strumento] una positura forzata, la quale eziandio sovente non conviene alle persone modeste. Per ciò egli è salito in altissima stima, talché tutte le persone di qualità vogliono saperlo suonare.[29]

26 «Or nos Peres ayans recognus que la voix de l'homme faisoit de beaux chants, ont pour plus grande commodité pris plaisir à faire quelque Instrument qui pûst contrefaire la voix ou en approcher le plus que faire se pourroit. Tout consideré, ils n'ont sceu recevoir aucun Instrument plus propre que l'Espinette, quoy qu'elle ne fust pas encore cognuë [...]». Denis, Jean, *Traité de l'Accord de l'Espinette avec la comparaison de son Clavier à la Musique vocale*, Paris, Ballard, 1650, [^{1}1643], p. 7.

27 «Dans la Musique par escrit, le Clavier de l'Espinette comprend tout, ce que pas un des autres Instruments ne peut faire, si ce n'est par plusieurs personnes & plusieurs Instruments, ce qu'un seul Organiste peut faire, soit Musique à 4. 5. 6. 7. 8. 9. & 10. parties, ayant dix doigts & deux pieds de quoy il se peut servir, & qu'il n'y a point de Musique qui passe 4. & 5. parties, qui soit sans Pauses ou sans Unissons». Denis, Jean, *op. cit.*, p. 9.

28 «Le Clavecin est parfait quant'a son etendüe, et brillant par luy même; mais comme on ne peut enfler, ny diminuer ses sons, je scauray toujours gré à ceux qui par un art infini, soutenu par le goût, pourons ariver à rendre cet instrument susceptible d'espression: c'est à quoy mes ancêtres se sont apliqués, indépendamment de la belle composition de leurs piéces: j'ay tâché de perfectionner leurs découvertes: leurs ouvrages sont encore du goût de ceux qui l'ont exquis». Couperin, François, *Pieces de Clavecin, Premier Livre*, Paris, l'Auteur, 1713, *Preface.*

29 «Entre tous les Instrumens qui sont en usage aujourd'huy, il n'y en a point aprés l'Orgue de si parfait que le Clavecin, puisqu'il a plusieurs avantages qu'aucun autre n'a tout à la fois comme luy. Il contient generalement tous les Tons de la Musique, qui ne sont distribuez aux autres Instrumens que par portions. Il est propre à joüer toutes les Parties à la fois, & peut toûjours produire une Harmonie parfaite. Il garde son accord tres longtemps. Il est d'une extrême facilité à toucher, ne fatiguant point ceux qui en joüent, & n'exigeant point comme quelques autres une posture contrainte, qui même bien

Parler et ne rien dire, quelle tristesse!

All'organo o al clavicembalo, si affida il musico-oratore nell'assolvere il suo compito che, secondo l'aureo precetto retorico, è quello di *docere, delectare, movere animum, flectere*.[30] Egli dispone – come prescritto dai musicografi italiani sin dal XV secolo[31] – delle inesauribili risorse dell'arte dei suoni unite a studiate movenze del corpo[32] [*actio*] e all'esercizio della *memoria*:

> L'Espressione della Musica – scrive Johann Joachim Quantz – può essere comparata a quella di un Oratore. L'Oratore e il Musicista condividono lo stesso scopo, sia in rapporto alla formazione delle loro opere che alla stessa espressione. Essi vogliono rapire i cuori, eccitare o tranquillizzare i movimenti dell'anima, e far passare l'ascoltatore da una passione all'altra. È a loro vantaggio possedere l'uno, qualche nozione dell'altro.[33]

Dell'equazione musica-eloquio / musicista-oratore, considerata ineludibile *ab antiquo*, hanno disquisito musicisti e teorici. Tra i tanti, ricordiamo Johann Mattheson, che individuò una grammatica sonora riferita alla parola perchè *senza le dovute virgole, due punti, punti, &, è impossibile ogni chiarezza*[34]

---

souvent ne convient pas aux personnes modestes. C'est ce qui l'a mis si fort en regne, que tout ce qu'il y a de Gens de distinction veulent maintenant en sçavoir jouër». Saint-Lambert, Michel de, *Les Principes du Clavecin Contenant une Explication exacte de tout ce qui concerne la Tablature & le Clavier* [...], Amsterdam, Roger, [s.d. ma 1710 ca.] (^{1}1702), copia appartenuta a P. Giovanni Battista Martini, autore della traduzione citata. Bologna, Civico Museo Bibliografico Musicale, E. 40, *Preface*.

30 Sant'Agostino, *De Doctrina Christiana*, Libro IV.

31 A partire dal XV secolo, una ricca letteratura documenta in Italia il connubio musico-oratore: fra i testi citiamo quelli di Gregorio di Città di Castello (il primo, in ordine cronologico), Silvestro Ganassi, Nicolò Vicentino, Giovanni Battista Bovicelli, Agostino Agazzari, Adriano Banchieri e Vincenzo Giustiniani.

32 «Quid quisque sentiat, perspicit ex vultu, oculis, nutu, manum motu, murmure, silentium». Voss, Gerhard, *Dissertationes*, 1658, cap. VII, *De Recitatione*.

33 «L'Expression dans la Musique peut être comparée à celle d'un Orateur. L'Orateur & le Musicien ont tous deux le même dessein, aussi bien par rapport à la composition de leurs productions qu'à l'expression même. Ils veulent s'emparer des cœurs, exciter ou appaiser les mouvemens de l'ame, & faire passer l'auditeur d'une passion à l'autre. Il leur est avantageux, lorsque l'un a quelques notions des connoissances de l'autre». Quantz, Johann Joachim, *Essai d'une Méthode pour apprendre à jouer de la Flûte Traversiere* [...], Berlin, 1752.

34 Mattheson, Johann, *Der vollkomme Cappelmeister*, Hamburg, Herold, 1739, *II Theil, Dreizehntes Capitel*, p. 224.

o Nicolò Paganini, che si spinse a immaginare un *suonare parlante*.[35] Se Frédéric Chopin dichiarava che *ci si serve dei suoni per far musica come ci si serve delle parole per il linguaggio*,[36] Charles-Marie Widor ne approfondiva la riflessione aggiungendo che mentre la parola comunica il pensiero, *il linguaggio dei suoni esprime l'infinita finezza dei movimenti dell'animo, movimenti che le parole non riescono a tradurre*.[37] Sempre Widor, scriverà che *caratteristiche dell'esecuzione musicale sono grandezza, chiarezza, scioltezza, volontà, accenti: l'autorevolezza dell'oratore vi s'impone attraverso la calma, la punteggiatura, la corretta disposizione del discorso*.[38] In assenza di ciò, ammonisce l'organista di Saint-Sulpice, non si comunica nulla all'ascoltatore: *Parler et ne rien dire, quelle tristesse!*[39] Quasi a sigillare l'antico e indissolubile legame tra parola e suono strumentale, Marco Enrico Bossi, il massimo organista-compositore italiano, apponeva all'inizio di una delle sue composizioni organistiche più intense, *Fatemi la grazia* del 1909, l'eloquente indicazione *Molto dolce quasi parlato*, prescivendo poi, per le battute conclusive, l'evocativo registro delle *Voci Umane*.[40]

Una traccia per compiere l'affascinante percorso che conduce ad elevare eloquio e suono alla medesima quota espressiva o quantomeno per immaginarlo, si trova nell'originale prescrizione propedeutica di Benvenuto Robbio di San Raffaele:

> [...] trattandosi di composizioni istromentali, prendere una canzonetta di qualche dramma, adattarne le parole alle note [della composizione strumentale], cantarla di per sè con quell'affetto, che i concetti del Poeta suggeriscono, dar poscia di piglio allo strumento, e con esso ripetere quella stessa espressione, che si è usata cantando.[41]

35 «Ti darò un'idea del suonare parlante». Paganini, Nicolò, *Lettera all'amico Germi*, 30 agosto 1830.

36 Chopin, Frédéric, *Esquisses pour une Méthode de Piano*, a cura di Jean-Jacques Eigeldinger, Lonrai, Flammarion, 2010, p. 48.

37 «Avec le language des notes qui précisent la pensée, celui des sons exprime l'infinie subtilité des mouvements de l'âme, mouvements que les mots ne pauvent traduire». Widor, Charles-Marie, *Préface a J.A. André Sarnette, Étude d'esthétique musicale et d'éthique*, Paris, Heugel, 1923, v-viii.

38 Widor, Charles-Marie, *L'Orgue Moderne. La décadence dans la facture contemporaine*, Paris, Durand, 1932, IXa.

39 Widor, Charles-Marie e Schweitzer, Albert, *Johann Sebastian Bach, op. cit.*

40 Caratteristico registro ad ancia corta, abitualmente usato con il meccanismo del *Tremolo*.

41 Benvenuto Robbio di San Raffaele, *Lettere due sopra l'arte del suono*, Vicenza, Veronese, 1778, p. 18.

In area francese, Guillaume-Gabriel Nivers, nel suo *Livre d'Orgue* del 1665, fu il primo a dichiarare che il modello referenziale per gli strumenti è la voce umana e precisamente che *l'Orgue doit imiter la Voix.*[42] L'opera di Nivers (antico predecessore di Widor in Saint Sulpice) si apre con un'ampia prefazione suddivisa in due parti la seconda delle quali, *Observations sur le toucher et Jeu de l'Orgue*, è generosa di consigli per l'esecuzione, l'impostazione della mano, il tocco e l'ornamentazione. L'Autore prescrive la *bonne grace* che scaturisce dalla doviziosa ricchezza di sfumature che *distinction* e *coulement* conferiscono alla *pronuncia*: più netta e spiccata nella *distinction* – particolarmente adatta ad un'ornamentazione brillante grazie ad un'articolazione assai viva tenendo però il dito vicino al tasto [*faut lever tost et non pas si haut les doigts*] –, meno definita nel *coulement*, ottenuto rilasciando leggermente in ritardo il tasto:

> Pour toucher agreablement, il le faut faire facilement; pour toucher facilement, il faut faire commodément; et pour cet effet disposer les doigts sur le clavier de bonne grace, avec convenance et egalité en courbant un peu les doigts principalement les plus longs pour les rendre égaux aux plus petits. [...] *De la Distinction et du Coulement des notes.* C'est un ornement considerable et politesse du toucher, que de marquer distinctement touttes les notes, et d'en couler subtile[ment] quelques unes, ce que la maniere de chanter enseigne proprem[en]t. Pour distinguer et marquer les notes, il faut lever tost et non pas si haut les doigts; c'est a dire que (par exemple) en faisant une diminution ou roulade de notes consecutives, il faut lever promptement l'une en frappant l'autre et ainsy des autres; car si vous ne levez l'une qu'apres que vous aurez frappé l'autre, pour lors ce n'est pas distinguer mais confondre les notes. Pour couler les notes, il faut bien les distinguer, mais il ne faut pas lever les doigts si promptement: cette maniere est entre la distinction et la confusion, ou participe un peu de l'une et de l'autre; et se pratique le plus ordinairement aux ports de voix et en certains passages dont voicy quelques exemples. De touttes ces choses on doit consulter la methode de chanter, par ce qu'en ces rencontres l'Orgue doit imiter la Voix.[43]

42 Jean Rousseau, a sua volta, reclamava così il primato della viola nell'imitare la voce: «[...] de mesme il faut pratiquer les Agrémens dans les Airs & les Pieces avec Ordre & avec Regles, & comme la Voix les pratique parfaitement, c'est sur ce modelle que les Instruments se doivent conformer, & particulierement la Viole, qui imite mieux la Voix qu'aucune autre». Rousseau, Jean, *Traité de la viole* [...], Paris, Ballard, 1687, pp. 74-5.

43 Nivers, Guillaume-Gabriel, *Livre d'Orgue*, Paris, l'Auteur, 1665. Gaspard Corrette richiamerà la necessità di imitare la voce nell'eseguire il *Récit*, il genere più espressivo della musica organistica francese: *Le Récit tendrement et proprement et imiter la Voix le plus qu'il est possible* (*Messe du 8e Ton pour l'Orgue a L'Usage des Dames Religieuses, et utile a ceux qui touchent l'orgue*; *Remarques Pour le Toucher, et Pour le Caractere de Chaque Piece*, Paris, Foucault et a Rouen, l'auteur, 1703)

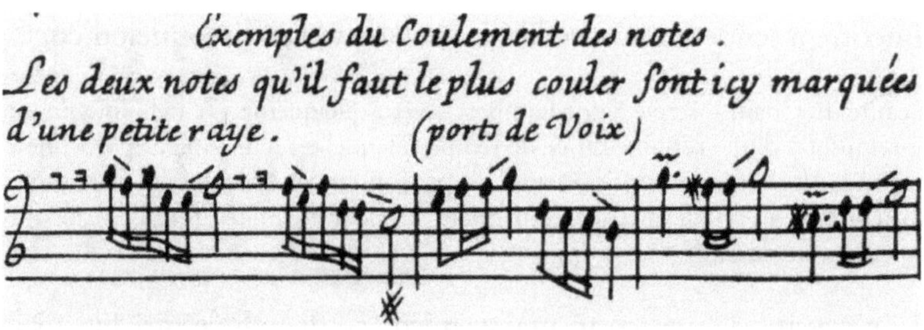

Guillaume-Gabriel Nivers, *Livre d'Orgue*, 1665, *Coulement des notes.*

Il connubio tra suono e parola, verrà ribadito da François Couperin rivelandone lo stretto legame idiomatico con le varie lingue e le conseguenti sostanziali differenze di notazione musicale che intercorrono ad esempio tra italiani e francesi:

> Avant que de passer aux remarques sur la manière de bien doigter, relatives aux endroits équivoques de mon premier Livre de clavecin; j'ai cru qu'il ne seroit pas inutile de dire un mot sur les mouvemens françois, et la diffèrence qu'ils ont avec ceux des italiens. Il y a selon moy dans notre facon d'ècrire la musique, des deffauts qui se raportent à la manière d'écrire notre langue. C'est que nous écrivons diffèremment de ce que nous èxècutons: ce qui fait que les ètrangers joüent notre musique moins bien que nous ne fesons la leur au contraire les Italiens ècrivent leur musique dans les vrayes valeurs qu'il l'ont pensée. Par exemple, nous pointons plusieurs croches de suites par degrés=conjoints; Et cepedant nous les marquons ègales; notre usage nous à asservis; Et nous continüons.[44]

È compito del musico saper dosare con arte le infinite risorse dinamiche e accentuative con un'articolazione variegata e fantasiosa, evitando di confondere sgradevolmente i suoni *come se avesse della colla nelle dita* o di interromperli bruscamente quasi i tasti fossero incandescenti:

> Beaucoup de gens jouent comme s'ils avaient de la glu entre les doigts, et s'attardent sur le clavier, en gardant les touches abaissés au delà du temps nécessaire. D'autres, essayant de remédier à ce défaut, jouent trop brièvement, comme si les touches leur brûlaient les doigts, ce qui est aussi fautif. Le meilleur est de cheminer entre ces deux extrêmes.[45]

44 Couperin, François, *L'art De toucher Le Clavecin*, Paris, l'Auteur, 1717, pp. 38-40.

45 Carl Philipp Emanuel Bach, cit. in Forkel, Johann Nikolaus, *Vie, talents et travaux de Jean-Sebastien Bach*, Traduzione di Félix Grenier, Paris, Baur, 1876, p. 142.

Tutto concorre a rendere imprevedibile e suadente l'eloquio melodico:

> La beauté du Chant – scrive Saint-Lambert – veut quelquefois qu'une Note tienne long-temps; ou d'une certaine durée de temps, à laquelle aucune valeur particuliére ne répond. Alors on a recours à la tenuë, & par son moyen on compose cette durée telle qu'on la veut, ce qui variant extrêmement la valeur des Notes, fournit beaucoup à l'agrément du chant.[46]

L'eloquio necessita di una continua scelta di cesure, di respiri in cui il periodo possa distendersi con efficacia espressiva,[47] consentendo all'ascoltatore di respirare a sua volta e di disporre del giusto tempo per comprendere la *rotta emotiva* sulla quale lo sta guidando il musico:

> Un'esigenza essenziale del virtuoso è quella di saper respirare e far respirare i suoi ascoltatori, per raggiungere la migliore comprensione possibile. Io con questo intendo l'esatta scelta del momento in cui mettere una cesura, un ritmo, una misura, ossia l'arte di sospendere il tempo – di lasciar passare l'aria, secondo un'espressione tipicamente spirituale di Tausig. [...] Peccato che la nostra notazione non permetta di scrivere queste cose con assoluta precisione, perchè questa sospensione del tempo in realtà consiste in frazioni infinitesimali.[48]

Tale capacità di respirare, fedele al modello vocale, fu certamente una delle doti interpretative di Chopin:

> Pour se conformer au principe qui consiste à imiter les grands chanteurs en jouant du piano, Chopin a arraché à l'instrument le secret d'exprimer la respiration. En chaque endroit qui exigerait du chanteur une inspiration, le pianiste qui n'est plus un profane [...] doit veiller à *lever le poignet pour le laisser retomber sur la note chantante avec la plus grande souplesse imaginable.* Parvenir à cette *souplesse* est la chose plus difficile que je connaisse. Mais lorsqu'on y a réussi, on rit de joie en entendant la belle sonorité, et Chopin s'écrie: «*C'est cela, parfait! Merci!*»[49]

46 Saint-Lambert, Michel de, *Les Principes du Clavecin* [...], *op. cit.*, *Remarques*, p. 61.

47 «Se un canto semplice è replicato più volte, esso può variarsi in più modi con ognor diverse combinazioni di accenti, e apparir sempre nuovo e interessante». Czerny, Carl, *Metodo completo teorico-pratico per Piano*-Forte, Milano, Ricordi, 1840, cap. I, p. 12.

48 Lenz, Wilhelm von, *Die grossen Pianoforte-Virtuosen unserer Zeit aus personlicher Bekanntschaft: Liszt, Chopin, Tausig, Henselt*, Berlin, Behr, 1872; ed. it. *Il Pianoforte e i suoi virtuosi: Liszt, Chopin, Tausig, Henselt*, a cura di A. Rastelli, Palermo, Sellerio, 2002, p. 126; cit. in Fadini, Emilia e Cancellaro, Maria Antonietta, *L'accentuazione in musica*, Milano, Rugginenti, 2009, p. 57.

49 Gretsch, E. von, «*lettera datata 29 aprile 1844*» in Chopin, Frédéric, *Esquisses pour une Méthode de Piano*, *op. cit.*, p. 77.

A queste particolari risorse contribuisce anche il complesso tessuto ornamentale il cui intervento può apportare regolate trasgressioni sia al fluire ritmico della frase che alla dinamica;[50] si pensi, a proposito di quest'ultima, alle non trascurabili variazioni d'intensità conferite dall'arpeggio esemplarmente usato da Frescobaldi col gesto di un'ampia *messa di voce* all'inizio delle sue Toccate[51] o alla continua mutazione dinamica ottenuta dal *fluttuare* delle note nei *Préludes non mesurés* cari a Louis Couperin e ad altri Maestri del suo tempo.

Queste infinite sfumature erano certamente ben vive nella sensibilità di Sigmund Thalberg quando, nel 1753, pubblicava a Parigi la sua op. 70, emblematicamente intitolata *L'Art du chant appliqué ou piano.*

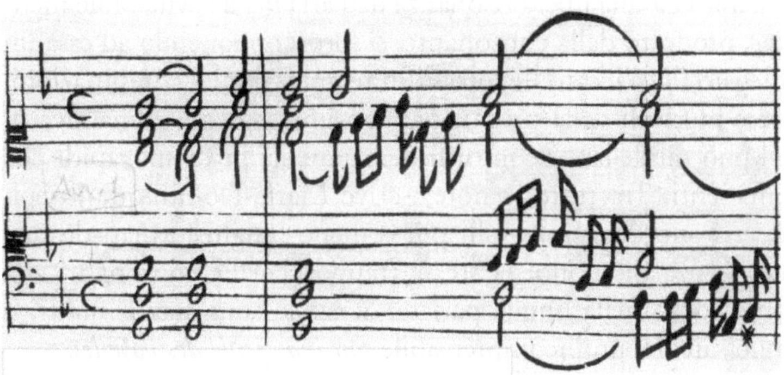

Girolamo Frescobaldi, *Toccate e partite d'intavolatura di cimbalo,* 1615, *Toccata Quarta.*

50 «Les ornements, qui donnaient au morceau la grâce et la couleur, à defaut de l'expression – résultant aujourd'hui d'imperceptibles variations dans le rythme et l'intensité du son, – s'ils étaient indiqués, ne l'étaient pas toujours avec une clarté telle que le goût de l'exécutant n'eût rien à y ajouter». Quittard, Henri, «Un claveciniste français du XVIIe siècle: Jacques Chambonnières» in *La Tribune de Saint-Gervais,* VII/1, janvier 1901, pp. 1-11; VII/2, février 1901, pp. 34-44; VII/3, mars 1901, pp. 71-77; VII/4, avril 1901, pp. 105-110; VII/5, mai 1901, pp. 141-149.

51 «3. Li cominciamenti delle toccate sieno fatte adagio, et arpeggiando: è cosi nelle ligature, ò vero durezze, come, anche nel mezzo del opera si batteranno insieme, per non lasciar voto l'istromento: il qual battimento ripiglierassi à beneplacito di chi suona». Frescobaldi, Girolamo, *Toccate e partite d'intavolatura di cimbalo, Toccate e partite d'intavolatura di cimbalo,* Roma, Borboni, 1615, *Al Lettore.*

Pour retracer à l'oreille la chose souhaitée

Lo sviluppo di un sistema di articolazione basato sulla durata delle note – organizzato in note *tenues* (tenute cioè per la durata del loro valore nominale), note *tactées* (accorciando il loro valore) e in *silences* (gli spazi che le separano) – riporta ancora una volta all'eloquio. I fonemi della parola sono composti di suoni che possono essere resi indipendenti e sono formati dalle vocali e dalle consonanti: è compito della pronuncia esprimere con chiarezza e distinguere gli elementi costitutivi del parlato. La fonetica articolatoria prevede che il *vocoide* scaturito dalla vocale (*vocalis*: parlante, emettente voce), sia generato da una libera risonanza dell'aria nella cavità orale mentre il *contoide*, prodotto dalla consonante, si formi opponendo ad essa un ostacolo. Il legato, lo staccato, le loro infinite gradazioni e combinazioni, sono le risorse musicali della pronuncia: con una sapiente «dinamica di silenzi», essa può modellare i contorni dei suoni sia in tempi rapidi che in movimenti lenti. Tra tutte le note, scrive Marie-Dominique-Joseph Engramelle, esistono degli intervalli più o meno lunghi formati da una determinata assenza di suono, la stessa frapposta dalle consonanti alla sequenza dalle vocali nella lingua parlata. Senza le consonanti infatti, il nostro eloquio sarebbe un incomprensibile *son inarticulé des voyelles:*

> Toutes les notes dans l'exécution [...] ont une étendue déterminée de son et une étendue déterminée de silence, lesquels réunis font la valeur entière de la note. Les notes se confondraient si leurs intervalles n'étaient autant de petits silences d'articulation pour les détacher [...] silences d'articulation dont aucune note n'est exempte, pas plus que la prononciation articulée des consonnes dans la parole, sans lesquelles toutes les syllabes n'auraient d'autre distinction que le son inarticulé des voyelles.[52]

Il clavicembalista e l'organista possono, anzi devono, calibrare sapientemente quanta «aria» frapporre tra un suono e l'altro: se desiderano dar particolare rilievo ad una nota coi loro strumenti, dovranno in un certo senso «liberarla» dalla risonanza di quella che la precede. Tali *silenzi d'articolazione* furono evidenziati anche da Dom Bédos de Celles, nel suo trattato sulla costruzione degli organi:

52 Engramelle, Marie-Dominique-Joseph, *La tonotechnie ou L'art de noter sur les cylindres et tout ce qui est susceptible de notage dans les instruments de concerts méchaniques*, Paris, 1775, pp. 18-27.

Pour se convaincre de la nécessité de ces *Silences* à la fin de chaque note; qu'on exécute sur un Orgue, un Clavecin, Epinette, ou tout autre instrument à clavier que ce soit, tel air qu'on voudra; & et qu'en l'exécutant, on fasse plutôt attention à l'exécution, qu'à la maniere dont on le note sur le papier; on s'appercevra qu'un doigt qui vient de finir une note, est souvent levé long-temps avant qu'on ne pose le doigt sur la note suivante, & cet intervalle est nécessairement un *Silence*; or si l'on y prend bien garde, il se trouvera entre toutes les notes, de ces *intervalles* plus ou moins longs, sans lesquels l'exécution seroit nécessairement mauvaise: il n'est même pas de *modules* de cadences qui ne soient séparés par de petits *intervalles* très-courts, entre la levée & la pose des doigts sur les touches: ce sont tous ces *intervalles* plus ou moins longs, que j'appelle les *Silences d'articulation* dans la Musique, dont aucune note n'est exempte, pas plus que la prononciation articulée des consonnes dans la parole, sans lesquelles toutes les syllabes n'auroient d'autre distinction que le son inarticulé des voyelles. Un peu d'attention dans la prononciation sur l'articulation des syllabes, fera appercevoir aisément que, pour produire l'effet de presque toutes les consonnes, le son des voyelles se trouve suspendu & intercepté, soit en rapprochant les levres l'une contre l'autre, ou en appuyant la langue contre le palais, les dents, &: toutes ces suspensions ou interceptions du son des voyelles, sont autant de petits *Silences* qui détachent les syllabes les unes des autres, pour former l'articulation de la parole: il en est de même pour l'articulation de la Musique, à cette différence près, que le son d'un instrument étant par-tout le même, & ne pouvant produire, pour ainsi dire, qu'une seule *voyelle*, il faut que les *Silences d'articulation* soient plus variés que dans la parole, si l'on veut que la musique produise une espece d'*articulation* intelligible et intéressante.[53]

Da questa continua libertà accentuativa deriva una pronuncia più o meno spiccata. Se ad esempio l'impiego di un *jeu coulant*, ampliando la dinamica mediante la risonanza prolungata della corda o della canna, consente di enfatizzare le tensioni armoniche delle dissonanze – come ad esempio consigliano di fare Johann Joachim Quantz, Carl Philipp Emanuel Bach e Carl Czerny[54] – l'impiego più o meno accentuato di *silences d'articulation*

53 Dom [François] Bédos de Celles, *L'art du facteur d'orgues*, Paris, Delatour, [1766-78], *IV Partie, Chapitre IV, Section II, Paragraphe II*: *Des Silences d'articulation.* (pfr. 1420, p. 600).

54 «Al fine di esprimere le differenti passioni bisogna suonare le dissonanze più forte delle consonanze». Quantz, Johann Joachim, *Essai d'une Méthode*, *op. cit.*, cap. XVII, p. 231; «Ci si può comunque attenere a questa regola, non priva di fondamento: in una melodia i suoni estraneri alla tonalità vanno interpretati piutosto forte, indipendentemente dal fatto che formino consonanze o dissonanze; invece i suoni compresi nella linea tonale nel corso di una modulazione si suoneranno preferibilmente piano, siano essi consonanti che dissonanti. Per brevità, negli esempi suddetti, ho dovuto accumulare le indicazioni *p.* e *f.*, pur sapendo bene che produrre un continuo chiaroscuro è sbagliato, perchè alla chiarezza subentra la confusione e in definitiva si sfrutta, rendendolo banale, un'elemento che si dovrebbe trattare con parsimonia».

porta a differenziare la morbida pronuncia di movimenti per grado congiunto da quella più *spiccata* volta a mettere in risalto l'energia di un tempo forte,[55] degli intervalli più ampi[56] o ad accrescere il nitore delle note ribattute, ottendendo in sostanza quella *distinction* di cui scrisse Nivers.

Alla tensione espressiva, alla ricerca di finezze aderenti alle stesse intime inflessioni della voce parlata e cantata piuttosto che alle mere variazioni dinamiche di *piano* e di *forte*, si oppongono però *talune limitatezze* degli strumenti a tastiera al cui superamento si prodigarono generazioni di musicisti e di costruttori. Tali ostacoli erano sentiti ancora nel 1775 se Ancelet, pur lodando l'organo come *père de l'harmonie*, ne lamentava l'assenza di dinamica:

> Parlons mantenant des Instrumens à vent: je commencerai par l'Orgue, qui est le pere de l'harmonie. Il ne manque à sa perfection, que d'enfler & de diminuer le son; il a l'avantage de le faire durer, nul Instrument ne peut lui être comparé, il forme seul un Concert dont l'ensemble est parfait. Quels sons supérieurs, quelle variété dans ses différens jeux, quelle carriere ce majesteux Instrument ne fournit-il pas au Musicien qui a de la tête & du génie! Couperin, Marchand, Calvieres, Rameau, Daquin, Dornel, Forcroix, Clairambault & Balbatre ont eu la plus grande réputation, & nous avons l'obligation à ce dernier, d'avoir employé l'Orgue dans un genre nouveau, qui a été généralement applaudi.[57]

Bach, Carl Philipp Emanuel, *Versuch über die wahre Art das Clavier zu spielen*, Berlino, Henning, 1753, *cap. XXIX*, ristampato con saggio di Gabriella Gentili Verona, Milano, Ricordi, 1973, p. 156; «Sogliono d'ordinario gli accordi dissonanti esprimersi con più forza che non i consonanti». Czerny, Carl, *Vollständige theoretische Pianoforteschule* op. 500, Wien, 1840; trad. it.: *Metodo completo teorico-pratico per Piano-Forte*, (3 voll. + Appendice), Milano, Ricordi [1840], cap. I, par. 2B, p. 8.

55 Nel sottolineare la necessità di mantenere la precisione ritmica accentuando il tempo forte di ogni battuta, Descartes evidenzia la possibilità di superare il limite dinamico dello strumento mediante il tocco: «Pochi fanno caso in che modo questa misura o battuta si manifesti all'orecchio nella musica ricca di ornamenti e cantata a più voci. Ho detto che ciò si realizza solo grazie ad una certa intensità di fiato nella musica vocale, o con un irrobustimento del tocco sugli strumenti, in modo tale che sia emesso più distintamente il suono all'inizio di ogni battuta». Descartes, René, *Abrégé de musique / Compendium Musicae*, a cura di Frédéric De Buzon, Épiméthée, Imprimerie des Presses Universitaires de France, Vendôme, 1987, p. 62.

56 Daniel Gottlob Türk ad esempio, prescrive di enfatizzare quelle «note che si distinguono per altezza o per profondità». Türk, Daniel Gottlob, *Clavierschule, oder Anweisung zum Clavierspielen für Lehrer und Lernende* [...], Leipzig, 1789, cap. VI, p. 337.

57 Ancelet, *Observations sur la Musique, les Musiciens, et les Instruments, op. cit.*

Compiendo un *excursus* fra le risorse espressive dell'organo e del clavicembalo, si è volutamente omesso di descrivere la loro diteggiatura, l'ornamentazione, la registrazione organistica, le raffinatezze dei registri oscillanti o le modificazioni del suono prodotte col meccanismo del *tremolo* perchè già ampiamente trattate.[58]

Silences d'articulation

Il valore delle note – la cui rigidità risulta già compromessa dalle trasgressioni imposte dallo stile *affettuoso* – viene ulteriormente plasmato per ottenere sfumature dinamiche:

> la durata delle note – scrive Malcolm – è un elemento indipendente dal prodursi del suono. Tale durata è interamente riposta sul concetto che ne abbiamo durante la sua realizzazione.[59]

Tale idea ritornerà in filigrana nella geniale osservazione di Ferruccio Busoni:

> L'esecuzione deve sciogliere la rigidità dei segni e rimetterli in movimento. Invece i legislatori pretendono che l'esecutore riproduca la rigidità dei segni e considerano la riproduzione tanto più perfetta quanto più si attiene ai segni. Quello che il compositore necessariamente perde della sua ispirazione, l'esecutore deve ricrearlo attraverso la propria interpretazione.[60]

François Couperin, fregiandosi di essere stato il primo ad *avoir rompu la glace*, si attribuisce la codificazione di un sistema accentuativo con cui ampliare la gamma espressiva del clavicembalo cui non è consentito variare significativamente il suono accentuandolo, ad esempio, con una *messa di voce*, un colpo d'arco o con una diversa percussione del tasto (*dinamica*

58 Cfr. ad esempio Tagliavini, Luigi Ferdinando, *«Il Fiffaro o Registro delle Voci umane. Origine ed evoluzione dei registri ‹battenti›»* in *L'Organo*, anno XXXIII, 2000, pp. 109-249.

59 Malcolm, Alexandre, *A Treatise of Musick, Speculative, Practical and Historical; time or duration of sounds*, London, Osborn e Longman, 1721, cit. in Dechaume, Antoine Geoffroy, *Le langage du clavecin*, Lédignan, Editions Van de Velde, 1986, p. 11.

60 Busoni, Ferruccio, *Entwurf einer neuen Aesthetik der Tonkunst*, Trieste, Schmidl, 1909.

verticale) ma solo d'intervenire sulla sua durata (*dinamica orizzontale*). Benché il clavicembalista, non abbia *aucune puissance sur* [le] *son*,[61] per porre in rilievo una nota – per *retracer à l'oreille la chose souhaitée* – può interromperla a calibrata distanza da quella che la precede (*Aspiration*) o ritardarne l'emissione (*Suspension*); pratica questa che, s'intende, dev'essere attentamente *réglée par le goût de la personne qui exécute*:

> L'impression=sensible que je propose, doit son èffet à la cèssation; et à la suspention des sons, faites a propos; et selon les caractères qu'èxigent les chants des preludes, et des pièces. Ces deux agrèmens par leur opposition, laissent l'oreille indèterminée: en sorte que dans les occasions ou les instrumens à Archet enflent leurs sons, la suspension de ceux du clavecin semble, (par un èffet contraire), retracer à l'oreille la chose souhaitée. [...] Ces deux noms (d'aspiration, et de suspention) auront, sans doute, paru nouveaux; mais, au moins si quelqu'un se vante d'avoir pratiqué l'une, et l'autre, je ne crois pas qu'on me sçache mauvais gré, en general, d'avoir rompu la glace, en appropriant a ces deux sortes d'agrèmens, des noms qui conviennent à leurs èffets; d'ailleurs j'ay jugé qu'il ètoit mieux de s'entendre les uns, et les autres dans un art aussi estimé, et aussi pratiqué qu'est celuy de toucher le clavecin. Quant à l'effet=sensible de l'aspiration il faut détacher la note, sur laquelle elle est posée, moins vivement dans les choses tendres, et lentes, que dans celles qui sont lègères, et rapides. A l'egard de la suspension; elle n'est gueres usitée que dans les morceaux tendres, et lents. Le silence qui précéde la note sur laquelle elle est marquèe doit être réglé par le goût de la personne qui èxècute.[62]

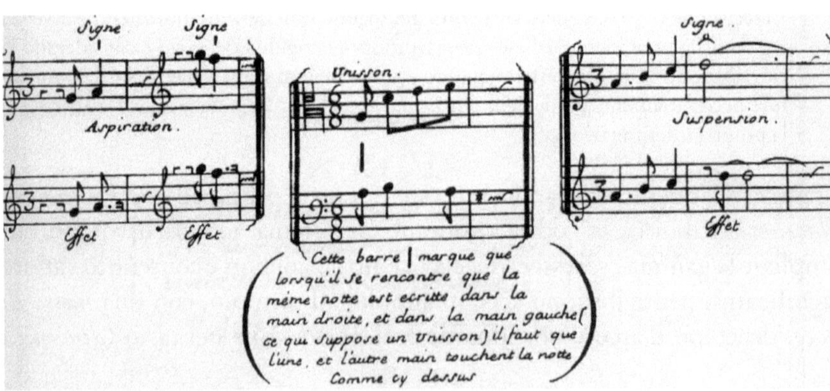

François Couperin, *Pièces de Clavecin*, nel 1713, *Aspiration* e *Suspension*.

61 Mersenne, Marin, *Seconde Partie de l'Harmonie Universelle, op. cit., Des instrumens, Livre premier; Proposition IIII*, p. 12.

62 Couperin, François, *L'art De toucher Le Clavecin, op. cit.*, pp. 16-18.

In verità, non fu proprio François a *rompere il ghiaccio* adottando tale gesto esecutivo: i suoi precursori vanno ricercati nei maestri francesi della viola da gamba del XVII secolo e tra i cembalisti che condivisero il loro gusto. È interessante osservare come il termine *Aspiration* fosse stato già utilizzato per la viola da gamba dal Sieur de Machy nel 1685 anche se con un'accezione differente:

> L'aspiration qu'on nomme aussi plainte, se fait en variant le doigt sur la touche. Il y a des gens qui veulent que cela s'appelle miaullement par allusion.[63]

Sempre per la viola da gamba lo impiegherà da lì a poco anche Jean Rousseau delineando però questa volta una vera e propria sospensione del suono:

> L'Aspiration se fait lors qu'à la fin d'une Note on laisse tomber le doigt sur la Note, dont la situation est immediatement au dessus d'elle, du mesme coup d'Archet, & sur laquelle Note le coup d'Archet se doit terminer tout d'un coup. L'Aspiration se doit pratiquer à la fin de la Note, qui est immediatement devant celle où l'on veut faire la Cadence avec appuy, lors que la Mesure le permet.[64]

Ancora pochi anni dopo sarà Jean-Henry d'Anglebert ad usare una sorta di *Aspiration* al fine di porre in risalto nel clavicembalo un ornamento denominato *Tremblement* o *Pincé*.[65]

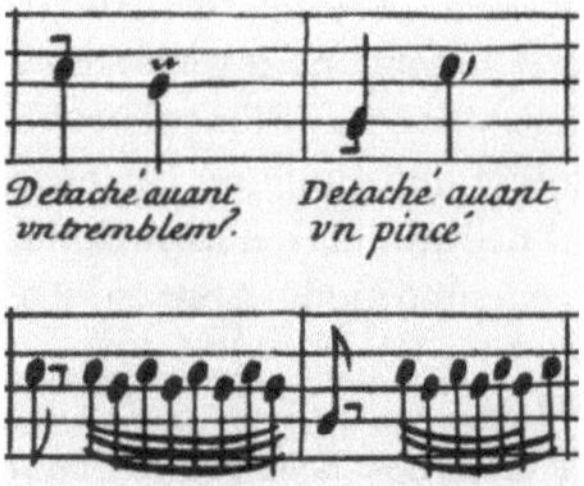

Jean-Henry d'Anglebert, *Pièces de Clavecin*, 1689, *Marques des Agrements et leur signification.*

L'*Aspiration* è indicata, pur con diverso significato, anche da Michel de Saint-Lambert.[66]

Per l'organo, la necessità del respiro accentuativo realizzato con una piccolissima cesura tra le note, sia in funzione dinamica che per incremen-

63 Sieur de Machy, *Pièce de violle*, l'Autheur, Paris, 1685, *Avvertissement*, p. 9.

64 Rousseau, Jean, *Traité de la viole* [...], *op. cit.*, pp. 90-91.

65 D'Anglebert, Jean-Henry, *Pièces de Clavecin* [...], Paris, l'Autheur, 1689, *Marques des Agrements et leur signification.*

66 «ASPIRATION; lequel consiste à toucher tres vîte une seule Note qu'on n'emprunte qu'une seule fois». Saint-Lambert, Michel de, *Les Principes du Clavecin*, *op. cit.*, p. 56.

tare la chiarezza della frase (lo *scolpir le sillabe* di antica memoria),[67] sarà avvertita anche da Charles-Marie Philbert, Charles-Marie Widor, Alexandre Guilmant, Louis Vierne e Jean Huré.[68] L'arte dell'organista è quella di calibrare con iridescente varietà e libertà tutte le risorse del tocco al fine di porre in evidenza, *pour retracer à l'oreille* direbbe Couperin, taluni tratti della linea melodica o del tessuto armonico,

> Le nostre dita possono giocare liberamente con le durate, ricercare delle punteggiature, degli accenti, dei colori, variare all'infinito la famiglia dei legati e degli staccati.[69]

Vierne, a sua volta, fornisce un chiaro esempio di silenzi d'articolazione nell'edizione delle opere di Bach da lui curata nel 1924:[70]

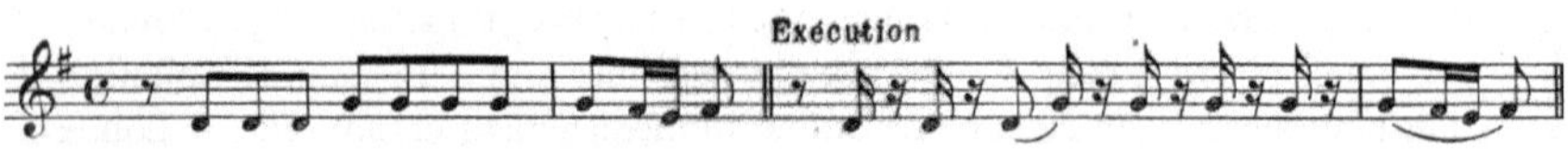

Louis Vierne, *Renseignements généraux pour l'interprétation de l'œuvre de J. S. Bach.*

Già in precedenza, il grande organista di Notre-Dame di Parigi aveva esposto le proprie idee a proposito di articolazione:

> Questa precisione matematica dell'articolazione è stata adottata per sopperire ai difetti dovuti alla mancanza di attacco [delle note] dell'organo, strumento nel quale il suono è prodotto meccanicamente e non dallo sforzo diretto della volontà e dell'intelligenza. Al pianoforte, negli strumenti a fiato ordinari, l'esecutore può conferire chiarezza all'articolazione col rinforzo o la diminuzione d'intensità nell'attacco: questo non può avvenire nell'organo ove il suono scaturisce sempre nel medesimo modo, a prescindere

67 Gagliano, Marco da, *La Dafne*, Firenze, 1608, *Ai lettori.*

68 Philbert, Charles-Marie, *Causerie sur le grand orgue de la maison A. Cavaillé-Coll à Saint-Ouen de Rouen*, Avranches, 1890; Widor, Charles-Marie e Schweitzer, Albert, *Preface* a *Johann Sebastian Bach, Œuvres complètes pour orgue. Édition Critique et Pratique en Huit Volumes*, New York & London, Schirmer, 1914; Vierne, Louis, «Méthode d'Orgue» in *Cahiers et Mémoires de L'Orgue*, n. 37, pp. 1-55; Huré, Jean, *L'Esthétique de l'orgue, avec Préface de M. Ch.-M. Widor*, Paris, Senart, 1923, cit. in Clericetti, Giuseppe, *Charles-Marie Widor. La Francia organistica tra Otto e Novecento*, Varese, Zecchini, 2010, p. 153.

69 «Nos doigts puissent librement jouer avec les durées, chercher des ponctuations, des accents, des couleurs, varier à l'infini la famille des liées et celle des détachées». Widor, Charles-Marie e Schweitzer, Albert, *Johann Sebastian Bach, op. cit.*

70 Bach, Johann Sebastian, *Œuvres pour Orgue, Notices et Commentaires par Louis Vierne* (3 voll.), Paris, Senart, 1924, *Renseignements généraux pour l'intérpretation de l'œuvre de J. S. Bach* [vol. I].

> dall'energia fisica impressa dall'artista. E' dunque solo nella durata che può risiedere la differenza d'intensità di questo suono e per questo si parla di articolazione matematica. La libera articolazione produce su questo strumento un deplorabile effetto di mollezza ed esclude qualsiasi precisione di esecuzione: essa deve essere sempre evitata.[71]

Anche Jean Huré ammonisce che è un grave errore ritenere che l'espressione musicale risieda unicamente nelle *nuances* dinamiche (*forte*, *piano*, *crescendo*, ecc.) perchè esistono risorse ben più raffinate ed efficaci che prendono vita dal *fraseggio*, la cui perfetta realizzazione è ottenuta solo dai musicisti *dotati e sapienti*:

> Esso consiste in impercettibili sospensioni della sonorità, che corrispondono a quelli che sono, nell'arte della declamazione, la respirazione e le sospensioni della voce, indicate o meno dalla *punteggiatura*.[72]

In questo modo, prosegue Huré, è possibile conferire l'idea di *accento* dinamico, breve rinforzo del suono difficile da ottenere persino su un organo dotato di cassa espressiva. Esso si può ottenere unicamente per mezzo della *punteggiatura* [*punctuation*] cioè con

> una sospensione infinitamente breve del suono che precede l'attacco di una nota o di un accordo; tali accordi paiono in tal modo assumere una maggiore importanza rispetto ai suoni precedenti; si ha l'illusione di un *accento dinamico*.[73]

71 «Cette précision mathématique de l'articulation a été adoptée pour remédier au défaut du manque d'attaque de l'orgue, instrument dans lequel le son est produit mécaniquement, et non par effort direct de la volonté et de l'intelligence. Au piano, aux instruments à vent ordinaires, l'exécutant peut donner de la netteté à l'articulation par le renforcement ou la diminution d'intensité dans l'attaque: cela ne peut avoir lieu avec l'orgue où le son sort toujours le même, quelque soit l'énergie physique dépensée par l'artiste. C'est donc dans la durée seule que peut résider la difference d'intensité de ce son, d'où l'articulation mathématique. L'articulation libre produit sur cet instrument un effet déplorable de mollesse et exclut toute précision d'exécution: elle doit donc être toujours évitée». Vierne, Louis, «Méthode d'Orgue» [s. d. ma 1917 ca.] in *L'Orgue, cahiers et mémoires, histoire, technique, esthétique, musique*, I, n. 37, 1987, Paris, Association des Amis de l'Orgue, p. 38.

72 «Il consiste en des suspensions imperceptibles de la sonorité, qui correspondent à ce que sont, dans l'art de la déclamation, la respiration et les suspensions de la voix, indiquée ou non par la *ponctuation*». Huré, Jean, *L'Esthétique de l'orgue*, *op. cit.*, p. 49.

73 «[...] l'accent peut être exprimé souvent au moyen de la *ponctuation*, par une suspension, infiniment brève, du son, précédant l'attaque d'une note ou d'un accord; il semble alors que ces accords prennent une valeur plus grande que les sons précédents; on a l'llusion d'un *accent dynamique*». Huré, Jean, *L'Esthétique de l'orgue*, *op. cit.*, *Ibid.*

Nel 1914 Widor raccomandava di riferirsi all'articolazione e alla dinamica degli strumenti ad arco in Bach, dedicando un paragrafo della sua *Prefazione* intitolato *Bach's phrasing for violin and organ*.[74] Il fraseggio voluto da Widor tiene in considerazione tutti quegli accenti dinamici di cui è capace il violino, restituiti all'organo anche grazie ai *silenzi d'articolazione*. In fondo, annota il Maestro francese, *suonare perfettamente una fuga organistica, significa eseguirla come veniva interpretata da uno strumento ad arco controllando* [l'emissione del] *suono delle canne dell'organo*.[75] Tali concetti saranno ripresi nel 1926 da Guilmant asserendo che con una calibrata trasgressione dei valori delle note, accorciandone cioè la durata e *separarle con un silenzio*, si possono porre in rilievo determinati suoni, realizzando una sorte di plastica variazione dinamica ispirata all'accentuazione violinistica.[76]

L'eloquio di cui parlano tutti i musicisti citati è ottenuto per mezzo di sospensioni del suono [*souspensions*]: essi dunque tramandano l'antica *Suspension* di Couperin (adottata anche dai Maestri degli strumenti ad arco) e perpetuano la memoria di quei *silences d'articulation* di cui un secolo e mezzo prima aveva parlato Engramelle riferendosi alla voce parlata. Annota ancora Guilmant:

> Molti pensano che non sia possibile fare degli accenti sull'organo se non per mezzo del pedale dell'espressione. Su una tastiera non espressiva, l'accento si può ottenere grazie allo staccato e al legato: per esempio, se queste tre note
>
> 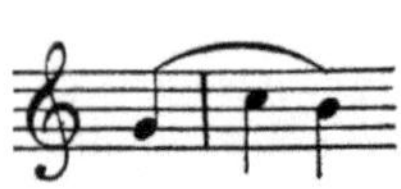
>
> vengono suonate come scritte, non vi è alcuna accentuazione espressiva, ma se sono eseguite così:
>
> 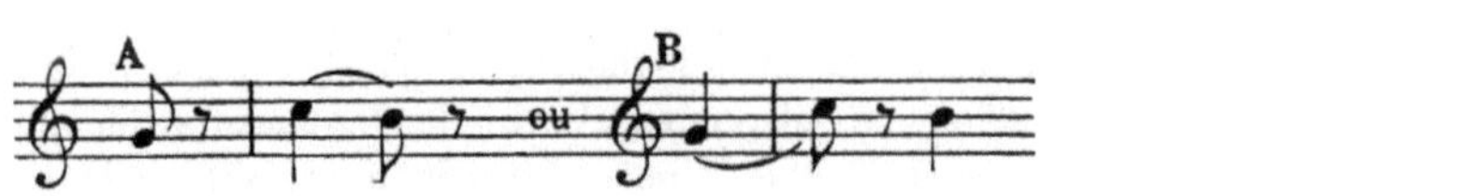
>

74 Widor, Charles-Marie e Schweitzer, Albert, *Preface* a *Johann Sebastian Bach*, *op. cit.*

75 «To play an organ fugue perfectly means to execute it as if it were performed by bow-instruments controlling the tone of organ-pipes». Widor, Charles-Marie e Schweitzer, Albert, *op. cit.*

76 «Tuttavia non basta osservare solo i fraseggi segnati sulla parte, ma se in alcune composizioni non è indicato nulla, bisogna saperli introdurre correttamente nei punti opportuni». Mozart, Leopold, *Versuch einer gründlichen Violinschule*, Augsburg, l'Autore, 1756; (trad. it. a cura di Giovanni Pacor e Gloria Giliberti, Gaeta, Geroglifico, 1991), cap. XII, p. 279.

l'accento si troverà sul Do nell'esempio A, oppure sul Sol e sul Si nell'esempio B. E' anche necessario fraseggiare e staccare certe note per dare vita ai soggetti delle fughe e ad altri motivi.
A proposito dei brani d'organo e di clavicembalo di Bach, ci si può basare sui colpi d'archetto del violino; questo grande Maestro fu esperto violinista e le sue opere organistiche e clavicembalistiche recano spesso l'impronta di questo fraseggio. Non dimentichiamo d'altronde, che egli adattò a questi due strumenti una certa quantità di concerti per violino. Del resto, maestri che lo avevano preceduto, come S. Scheidt, amavano già questa imitazione del violino sull'organo e la chiamarono *Imitatio violistica*.[77]

Inoltre, con geniale intuizione e anticipando moderni studi musicologici, Guilmant intuisce che gli autori antichi, raggruppando o slegando fra loro crome o semicrome, sottintendevano verosimilmente un'articolazione più o meno pronunciata:

> Penso che certi autori antichi, come Frescobaldi, Scherer, N. Le Begue, Buxtehude e Bach, abbiano usato lo stesso procedimento col medesimo scopo.[78]

77 «Beaucoup de personnes pensent qu'il n'est pas possible de faire des accents sur l'orgue, sinon au moyen de là pédale d'expression. L'accent peut se faire sur un clavier non expressif au moyen du détaché et du lié: par exemple, si ces trois notes [EX] sont jouées liées, il n'y aura pas d'accentuation expressive, mais si elles sont exécutées ainsi: [EX] l'accent se trouvera sur l'*ut* dans l'exemple A, ou bien sur le *sol* et sur le *si* dans l'exemple B. Il est aussi nécessaire d'avoir un phrasé et de détacher certaines notes pour donner la vie aux sujets de fugues et autres motifs A propos des piéces d'orgue et de clavecin de BACH, on peut se baser sur les coups d'archet du violon; ce grand maître était un violoniste exercé et ses œuvres d'orgue et de clavecin portent souvent l'empreinte de ce phrasé. N'oublions pas, d'ailleurs, qu'il a adapté à ces deux instruments une certaine quantité de concertos de violon. Du reste, des maîtres qui l'ont précédé, comme S. SCHEIDT, aimaient déja cette imitation du violon sur l'orgue et l'appelaient *Imitatio violistica*». Guilmant, Alexandre, «Musique d'orgue. Les formes, l'exécution, l'improvisation» in *Encyclopedie de la Musique et Dictionnaire du Conservatoire*, Paris, Delagrave, 1926 (6 voll.), vol. II [pp. 1148-79], *L'Exécution*, p. 1154. Traduzione italiana a cura di Andrea Macinanti in *Arte organaria & organistica*, nn. 1-11, Bergamo, Carrara, 1994-5.

78 «Je pense que certains auteurs anciens, comme Frescobaldi, Scherer, N. Le Bègue, Buxtehude et Bach, ont usé du même procédé, dans le même dessein». Guilmant, Alexandre, *Ibid.*, p. 1157.

Jeu coulant

Mersenne dichiara che i veri Maestri rendono espressivo il clavicembalo modulandone la dinamica: partendo da effetti di eco lontano, essi sanno ottenere sonorità roboanti con la velocità delle loro dita che, tenute molto aderenti ai tasti, ritardano l'effetto degli smorzatori sulla vibrazione della corda. Tali musici, continua Mersenne, capaci di *plusieurs gentillesses*, possono produrre simile effetto di risonanza anche in movimenti espressivi, tenendo abbassato un tasto e lasciando che la corda vibri per *simpatia* con le altre note suonate nel frattempo. Analogamente, lo stesso procedimento applicato a più corde, può dare l'impressione di risonanze accordali. La preoccupazione di ottenere un *jeu coulant*, non è solo finalizzata a mantenere la *delicatesse* del suonare per trarre dallo strumento un suono più morbido e ricco di armonici, ma anche, come si è visto, per ottenere una maggiore risonanza e dunque una maggiore azione dinamica. Tale esigenza sarà evidenziata, per la viola da gamba, dal Sieur de Machy nel 1685 associando a questa risorsa espressiva anche il clavicembalo:

> La tenuë des notes se marque par les nottes mêmes, comme au Clavessin, en tenant les doigts sur la plus longue en valeur, & ne les ostant point que toutes celles qu'elle contient ne soient aussi finies.[79]

Nel 1702 anche Saint-Lambert parlerà della *tenue*:

> La tenuë s'appelle ainsi, parce qu'elle sert à attacher plusieurs notes ensemble, & de toutes ces Notes n'en faire qu'une. [...] Aprés avoir touché la premiére de ces Notes anchaînées, il ne faut pas relever le doigt pour toucher les autres, mais garder toûjours cette premiére jusqu à ce que le temps qu'on avroit mis à toucher les autres soit expiré.[80]

Ma per realizzare questa *veritable propreté du Clavecin* occorre possedere una magistrale padronanza del tocco. Si noti come molto più tardi Louis-Claude Daquin utilizzi il termine *Tact* che si offre ad una doppia e sugge-

79 Sieur de Machy, *Pièce de violle en musique, op. cit.*, *Avvertissement*, p. 9.
80 Saint-Lambert, Michel de, *Les Principes du Clavecin* [...], *op. cit.*, p. 12.

stiva interpretazione, significando infatti sia il *tocco* che una *maniere de faire* delicata e discreta (*avoir le tact fin*[81]):

> La veritable propreté du Clavecin, consiste, selon Moy, dans le Tact, qui est tres difficile à acquerir; les Pieces tendres sont remplies d'agréments comme de Ports de voix, de Cadences Portées et d'aspirations que l'on connoit parfaitement. Mais je dois observer que pour bien faire un Port de Voix il est indispensable quand la petite notte est liée de toucher la notte de la Basse un peu devant la petite notte du Dessus et d'appuyer la petite notte du Dessus un peu plus fort avant que de faire le Pincé. [...] Je prie tres humblement les Personnes qui voudront bien Joüer mes pieces, d'exécuter celles de vitesse, avec autant de Précision et de Delicatesse que les autres et d'estre persuadez que la Propreté et le Tact du Clavecin s'y trouve comme dans les pieces tendres.[82]

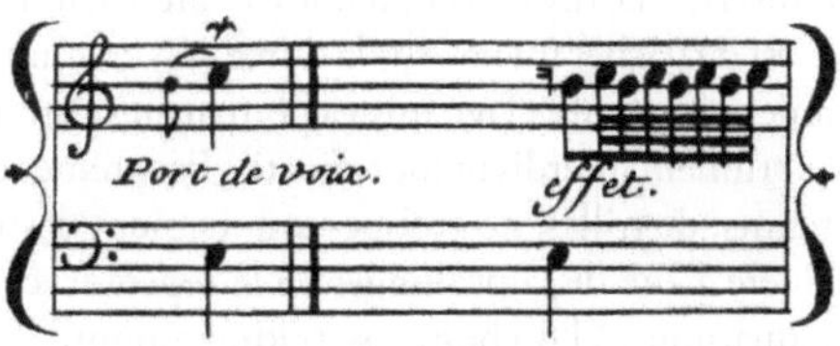

Louis-Claude Daquin, *Ier Livre de Pieces de Clavecin*, Paris, l'Auteur, Boivin, Le Clerc, 1735, *Avertissement.*

Nella richiesta diacronia tra il basso e la nota dell'*ornement* come pure nella diversa intensità conferita a quest'ultima, Daquin rivela, oltre che una reminescenza dello *Style brisé*,[83] una matura concezione dinamica dello strumento. Tale risorsa liutistica era già stata impiegata anche nel repertorio della viola da gamba:

> Cet autre Signe / qui se trouve a côté des accords, marque qu'il fault les séparer en commencant par la basse et continuant jusques à la partie Superieure, ceque l'on peut encores appeller harpégem[en]t, céla est trés-essentiel dans certaines piéces comme dans celles dela guitarre et du moulinet.[84]

La stessa raffinatezza esecutiva, chiederà anche Pierre-Claude Foucquet usando il termine *suspension* introdotto molti anni prima da François

81 *Dictionnaire de L'Académie françoise* [1762], p. 794.

82 Daquin, Louis-Claude, *Ier Livre de Pieces de Clavecin*, Paris, l'Auteur, Boivin, Le Clerc, 1735, *Avertissement.*

83 Esecuzione asincrona del basso rispetto alla melodia o dell'intera struttura accordale che genera un andamento di elegante e discreto arpeggiamento.

84 Marais, Marin, *Pièces de viole, 3e livre*, Paris, 1711, *Avertissement.*

Couperin, per indicare una modificazione della durata dei suoni con l'intento di conferire loro una diversa pronuncia:

> Dans toutes les Pieces d'éxécution gracieuse ou tendre, on doit toucher la note de basse, avant celle de dessus, sans alterer la mesure, ce qui opere une suspension sur chaque note du dessus. S'ils se rencontre plusieurs notes dans la basse, il faut les harpeger, c'est à dire commencer par la plus basse et ainsi de suite, observant dans le dessus de faire entendre la plus haute, la derniere; ce qui rend le toucher moëlleux, gracieux et indispensable pour les Pièces de sentiment.[85]

A questi antichi insegnamenti attingerà anche Widor (Widor-Schweitzer, *Johann Sebastian Bach, op. cit.*, p. vi.):

> Prolonger un son, c'est augmenter son effet. Le tuyau n'etant point expressif, notre seul moyen d'en faire jaillir un accent, c'est de tricher un peu sur la durée et d'en multiplier les vibrations. Comment s'y prenanient nos pères clavicinistes pour attirer l'attention sur une note, alors que leur fragile instrument interdisait tout effort? – Ils agrémentaient cette note d'appogiatures, de mordants, de trilles, de groupes uniquement destinés à la faire remarquer: c'était leur manière à eux de la prolonger en la répétant, comme notre manière à nous au piano, au quatuour, à l'orchestre, se traduit aujourd'hui par un *sforzando*. La portée du son dépend de sa durée; *allargando* et *crescendo* sont presque synonymes dans la musique d'orgue; toute précipitation rompt le charme: «presser» c'est diminuer et refroidir, contrairement à l'opinion du vulgaire.

Ce qui est necessaire pour le beau toucher du Clavecin

E' evidente che un perfetto eloquio sulla tastiera è possibile solo mediante un supremo controllo del tocco, risorsa che connota ogni strumentista al punto da poterne addirittura ravvisare una sorta di *suono individuale*:

> […] mais de cette façon on n'aura […] jamais ce que [je] désigne per le *son individuel*; chaque personne a en marchand son pas, plus lourd, plus léger ou si vous voulez plus sonore ou plus maigre selon le poids du corps que soutiennent les pieds. Eh bien! Les doigts sur le clavier jouant le rôle des pieds sur le sol, le son individuel est produit par le poids combiné du bras et de la main; ce son individuel correspond aussi au son naturel de la voix, son qu'on emploie en énonçant les choses ordinaires de la vie, et vous

85 Foucquet, Pierre-Claude, *Second Livre de Piéces de Clavecin* […], *op. cit.*, *Preface*.

> [n']augmentez ou diminuez ce son qu'en raison directe des passions que vous voulez exprimer.[86]

Il concetto di *suono individuale* è ripreso anche da Vierne affermando che:

> E' un grave errore credere che all'organo il problema del tocco sia diverso, a causa del suono che viene prodotto sempre nella stessa maniera: prima di tutto, non c'è un'unica accentuazione per tutta la musica organistica, poi il tocco, per ciò che attiene alla durata e l'emissione, rappresenta, come negli altri strumenti a tastiera, una manifestazione volontaria assolutamente individuale: lo stesso strumento, per orecchie fini, non suona allo stesso modo sotto le dita di due artisti dal tocco diverso.[87]

I primi precetti per una perfetta condotta della mano pubblicati in Francia, si trovano nelle regole per *le beau toucher* formulate da Marin Mersenne:

> [...] il suffit de remarquer ce qui est necessaire pour le beau toucher du Clavecin; lequel consiste premierement à porter tellement les deux mains ensemble sur le clavier, qu'elles ne soient nullement forcées ny contrefaites, & que leur mouvement reglé ne donne pas moins de contentement que les sons des cordes. En second lieu, que la gauche touche deux, ou trois bons accords, lors que la droite fait des diminutions & des passages, & au contraire. En troisiesme lieu, il faut faire les cadences tant simples que doubles & triples, si nettement que la confusion n'en obscurcisse point la beauté, & les charmes. En quatriesme lieu, il faut garder la mesure le plus iustement qui se puisse faire, & consequemment l'on doit passer 16 doubles, ou 32 triples crochuës en mesme temps que 4 noires dans la mesure binaire, & 12 doubles ou 24 triples crochuës dans la ternaire en mesme temps que l'on en fait trois noires. Quant aux tremblemens, battemens, martelemens, myolemens, accent plaintif, & c. l'on peut quasi les faire sur le clavier comme sur le manche du Luth, [...] dont il n'est pas besoin de repeter les discours qui sont dans le livre precedent. Il faut encore remarquer que la legereté de la main est fort differente de sa vitesse, car plusieurs ont la main tres-viste, qui l'ont neantmoins bien pesante, comme tesmoigne la dureté & la rudesse de leur ieu. Or

86 Tellefsen, Thomas D. A., «Traité du mécanisme de Piano» (1850), in Chopin, Frédéric, *Esquisses pour une Méthode de Piano*, *op. cit.*, pp. 88-9.

87 «C'est une profonde erreur de croire qu'à l'orgue, le toucher est different, parce que le son sort toujours le même: d'abord, il n'y a pas qu'une seule accentuation pour toute la musique d'orgue, ensuite, le toucher, quant à la durée et à l'émission, représente ici comme sur les autres instruments à claviers, une nmanifestation volontaire absolument individuelle: le meme instrument, pour des oreilles délicates, ne sonne pas de la même manière, joué par deux artistes au toucher différent: j'ai fait personnellement cette expérience bien souvent en restant surpris du changement sonore d'un instrument confié momentanément par son titulaire habituel à un suppléant, bien que tous deux jouassent les mêmes œuvres, dans le mêmes mouvements, avec les mêmes traditions et la même coloration». Vierne, Louis, *Méthode d'Orgue*, *op. cit.*, p. 18.

ceux qui ont cette legereté de la main peuvent estre appellez Maistres absolus de leurs mains & de leurs doigts, dont ils pesent si peu qu'ils veulent sur les marches, afin d'adoucir le son de l'Epinette comme l'on fait celuy du Luth: de sorte qu'ils font ouyr des Echos tres-doux, & d'autres-fois des sons si forts, qu'on les compare au foudre & au tonnere, comme il arrive lors qu'ils triplent ou quadruplent la cadence en faisant 32 triples, ou 64 quadruples crochuës aux passages, ou aux cadences triples & quadruples, dont on voit plusieurs exemples dans la piece qui suit, dans laquelle les tremblemens, qui se font en descendant, se marquent par cette virgule ' & ceux qui se font en montant, par cette autre ‘ qui ressemble à la lettre c: quoy qu'on les puisse marquer avec tels autres caracteres que l'on voudra. Ie laisse plusieurs gentilesses que les grands maistres font sur le clavier, par exemple de certains passages, dans lesquels deux sons conioints s'entendent en mesme temps, tandis que l'un des doigts tient l'une des marches abbaissées, afin que la chorde qui a esté touchée conserve son resonnement. Et cette industrie peut servir pour faire entendre plusieurs accords tres-doux sur l'Epinette qui seront composez des seuls resonnemens, & consequemment qui esgaleront quasi la douceur du Luth.[88]

I Maestri *assoluti*, dice Mersenne, possiedono una *legereté de la main* che fa addirittura *volare* le loro dita sulla tastiera *afin d'adoucir* il transitorio d'attacco del suono con un sapiente cinetismo imposto al saltarello per evitare *que la plume tire un son plus dur de la corde*[89] da uno strumento come il clavicembalo che, come afferma Bollioud de Mermet, *n'a déja que trop ce défaut par lui-même.*[90] Una bella esecuzione si ottiene suonando con gran-

88 Mersenne, Marin, *Seconde Partie de l'Harmonie Universelle, op. cit.*, *Traité des Instrumens a cordes, Livre Troisiesme, Proposition XXII*, p. 162.

89 «[...] La belle execution dèpendant beaucoup plus de la souplesse, et de la grande Liberté des doigts, que de la force [...] La Douceur du Toucher dépend encore de tenir ses doigts le plus prés des touches qu'il est possible. Il est sensé de croire, (l'experience à part) qu'une main qui tombe de hault donne un coup plus sec, que sy elle touchoit de prés; et que la plume tire un son plus dur de la corde». Couperin, François, *L'art De toucher Le Clavecin* [...], *op. cit.*, pp. 6-7.

90 «Que dirons-nous du toucher du Clavecin? quelle idée en auroit un Couperin s'il revivoit, en voyant les subtilités puériles dont on s'est avisé d'orner le jeu de cet Instrument? Les Piéces de sentiment sont négligées. La légéreté de la main a son mérite, mais elle l'emporte si fort sur l'expression dans l'esprit de nos Musiciens, qu'ils oublient que la perfection du Clavecin consiste aussi dans la tendresse, dans la propreté, dans la délicatesse du toucher. Nos grands Maîtres s'attachoient à lier leur jeu: nos Modernes, au contraire, ne s'étudient qu'à détacher les sons, & à rendre par conséquent leur jeu sec sur un Instrument, qui n'a déja que trop ce défaut par lui-même. La nature présente la main droite pour les dessus, & la gauche pour les basses: mais cet usage est suranné. On croise maintenant les mains pour joüer les dessus de la main gauche, & les basses de la droite. Ce changement réjoüit les jeux par la singularité, quoique l'oreille n'y gagne rien; & ces tours d'adresse si vantés, ne ressemblent pas

de chiarezza (*nettement*), in virtù di una mano leggera ed abile nel trarre dallo strumento ogni risorsa tecnica, timbrica ed espressiva, in ossequio al trinomio aureo *tendresse, propreté* e *délicatesse du toucher*. È affascinante constatare come queste raffinatezze fossero già state espresse sin dal sec. XVI nel trattato dello spagnolo Tomas de Santamaria dove vengono fornite anche minuziose indicazioni per la corretta postura del corpo e delle mani, che devono essere poste e muoversi sulla tastiera... *come manos de gato* [...] *lo qual todo causa gran dolçura y suavidad en la musica* [...].[91]De Santamaria dedica il capitolo XVI della sua opera al *modo di suonare con limpidezza e chiarezza delle voci* formulando per la prima volta palesi riferimenti alla pronuncia:

> Quanto al suonare con limpidezza e chiarezza, si richiedono due cose. La prima e principale, è che il dito che per primo attacca il tasto, si sollevi prima che attacchi il seguente e ciò sia salendo che scendendo. Altrimenti un dito raggiungerebbe l'altro, il che sarebbe come suonare ad intervalli di seconda e l'esecuzione sarebbe confusa e torbida. La seconda condizione richiede che il dito si sollevi di poco dopo aver attaccato il tasto e in nessun modo si allontani da esso ripiegandosi, cosa che provocherebbe rumore sulla tastiera, a meno che non si eseguano *redobles* e *quiebros*, cosa di cui si parlerà oltre.[92]

---

mal à ceux des Joüeurs de Gobelets dont la subtilité fait tout le prix. Où en sommes-nous donc venus? & depuis quand la Musique est-elle faite pour trahir l'oreille & ébloüir la vuë? Le Musicien ne dégrade-t-il pas son Art, lorsqu'il y joint les frivoles talens d'un Saltinbanque?». Mermet, Bollioud de, *De la corruption du goust dans la musique françoise*, Lyon, Delaroche, 1746, pp. 35-36.

91 Santamaría, Tomás de, *Libro llamado arte de tañer fantasia*; *Del modo de poner bien las manos Capitulo XIII*, Valladolid, Fernandez, 1565 (recte: 1557), p. 37r.

92 «Del tañer con limpieza. Del modo de tañer con limpieza y distinction de vozes. Capitulo XVI. En cuanto al tañer con limpieza y distinción de voces, que es la cuarta condición, se ha de notar, que para esto se requieren dos cosas. La primera y principal, es que al herir de los dedos en las teclas, siempre el dedo que hiriere primero se levante antes [de] que hiera el otro que inmediatamente se siguiere tras él, así al subir como al bajar. Y de esta manera siempre procediendo, porque de otra manera se alcanzaría un dedo a otro. Y de alcanzarse un dedo a otro, se sigue alcanzarse y atraparse una voz a otra, que es como herir segundas, y de alcanzarse y atraparse una voz a otra se sigue ir sucio y estropajoso lo que se tañe, y no llevar limpieza ni distinción de voces. La segunda cosa que se requiere, es levantar un poquito en alto cada dedo después de haber herido la tecla, y en ninguna manera sacarle fuera de las teclas, ni encogerle, ni doblarle, lo cual causaría gran ruido en las teclas, excepto en los redobles y quiebros, como en su lugar se tratará». Santamaría, Tomás de, *Libro llamado arte de tañer fantasia, op. cit.*, p. 38v.

La leggerezza, la flessibile duttilità della mano necessaria a realizzare ogni chiaroscuro, è dipinta nel delicato paragone di Girolamo Diruta:

> E per dirvi, come dovete tener la mano leggiera, e molle sopra la tastatura, vi darò un esempio. Quando si dà una guanciata in collera, se gli adopra gran forza. Ma quando se vuol far carezze, e vezzi, non si adopera forza, ma si tien la mano leggiera, in quella guisa che sogliono accarezzare un fanciullo.[93]

Diruta raccomanda morbidezza *per che altrimenti le dita non si potrebbono movere con agilità, e prontezza* e ancora, palesando il riferimento alla pronuncia, che i tasti vanno premuti dolcemente, rendendo in tal modo *l'armonia unita*. Facendo il contrario, cioè battendoli, si provoca solo uno sgradevole staccato.

Arte sottile dunque quella che consente di modulare con infinita precisione il suono sulla tastiera ricavandone le sfumature espressive destinate a soddisfare l'aureo precetto di François Couperin: *j'ayme beaucoup mieux ce qui me touche, que ce qui me surprend.*[94]

Altre risorse

Pur molto brevemente, è necessario fare cenno ad altri sistemi coi quali si è tentato di conferire espressività agli strumenti da tasto:

- cassa espressiva
- sistema fonocromico
- bizzarri meccanismi
- agogica e dinamica
- sfumare rilasciando le note

93 Diruta, Girolamo, *Il Transilvano Dialogo sopra il vero modo di sonar organi* [...], *op. cit.*, *Regola per sonar Organi regolatamente con gravità, e leggiadria*, pp. 4v-5r.

94 «L'usage m'a fait connoitre que les mains vigoureuses, et capables d'exécuter ce qui il y a de plus rapide, et de plus léger, ne sont pas toûjours celles qui reüssissent le mieux dans les piéces tendres, et de sentiment, et j'avoüeray de bonne foy, que j'ayme beaucoup mieux ce qui me touche, que ce qui me surprend». Couperin, François, *Pieces de Clavecin, Premier Livre*, *op. cit.*, *Preface*.

Cassa espressiva

La cassa espressiva consiste in un sistema di gelosie (o griglie) poste sopra le corde del cembalo o applicate ad un particolare corpo d'organo (talvolta anche all'intero strumento), le cui canne sono contenute in una cassa: l'apertura e la chiusura delle gelosie determina variazioni dinamiche. Nel suo trattato di organaria, Audsley[95] traccia una breve storia di questa invenzione documentandone l'uso in Inghilterra a partire dal secolo XVII e facendo risalire a Master Mace la prima descrizione di un simile meccanismo applicato ad uno strumento da lui costruito nel 1676. Sempre secondo Audsley, nel 1769 Burkat Shudi applicò ai suoi clavicembali un coperchio munito di griglie apribili con l'ausilio di un pedaletto; tale invenzione, chiamata *Venetian Swell*, fu applicata ad un organo costruito a Greenwich vent'anni più tardi da Samuel Green. Tale sistema consente notevoli escursioni dinamiche: *Rien n'est impressionant comme un ensemble de 15 à 20 jeux enfermés dans une boîte dont les parois et les jalousies ont six ou huit centimètres d'epaisseur* commentava Jean Heuré.[96] Si pensi ad esempio agli straordinari effetti espressivi di cui è capace l'organo costruito da Aristide Cavaillé-Coll nel 1859 per la Basilica di Sainte-Clotilde a Parigi, di cui fu titolare César Franck, il cui corpo espressivo, collocato alla sommità dello strumento e in posizione assai arretrata, è dotato di gelosie di grande spessore alla cui apertura il *Récit-Expressif* può «manifestarsi» con rimarchevole imponenza. Proprio in Francia si registrano i primi apprezzamenti formulati nei confronti delle nuove risorse espressive dell'organo:

> Oggi, grazie a nuove invenzioni e felici combinazioni, è facile ottenere i suoni più dolci; per giungere poi alle sfumature le più imponenti; i signori Érard e John Abbey furono i primi ad applicare le casse espressive.[97]

95 Audsley, George Ashdown, *The Art of Organ Building*, New York, Dodd, Mead and C., 1905, vol. II, cap. XLIII (*The Expression-Lever*), pp. 669-672. Rist. anastatica Dover, 1965.

96 Heuré, Jean, *L'Estétique de l'Orgue*, *op. cit.*, p. 15.

97 «Aujourd'hui, par de nouvelles inventions, et d'heureuses combinaisons, il est facile d'obtenir les sons les plus doux; et d'arriver successivement aux nuances les plus imposantes; MM. Érard et John Abbey sont les premiers qui ont importé les boîtes expressives». Simon, Charles, «*rapport datato 1 aprile 1843*» in Fauquet, Joël-Marie, *César Franck*, Paris, Fayard, 1999, p. 218.

Fra le molte testimonianze dello stupore destato in Italia da questa risorsa, riportiamo quella di Mariano Maglioni espressa nell'elogio all'organo ampliato da Giovanni Banci nel 1850 nella chiesa di Castiglion Fiorentino (Arezzo). Il sistema viene suggestivamente denominato *filatura delle voci* richiamandone l'adesione al modello vocale:

> La perfezione però sempre desiderata, e sempre inutilmente cercata negli Organi, è ciò che in questo ha raggiunto il Genio meccanico del Sig. Banci, voglio dire la filatura delle voci. Sì nel pieno come in ciascun registro separatamente colla pressione di un pedale può passarsi per gradi continui dal forte il più deciso ad un piano quasi evanescente, e viceversa senza che ne venga minimamente alterata l'intonazione, non altrimenti e forse meglio che è possibile farsi negli strumenti a corda e a fiato umano, e non altrimenti che facciasi della voce stessa del più valente cantante.[98]

La cassa espressiva non fu incondizionatamente accettata: pur gradita a grandi musicisti come ad esempio Hector Berlioz,[99] non mancò di destare perplessità. Una valutazione fra le più obiettive di questa risorsa dinamica è quella formulata da Carmelo Sangiorgio:

> Nell'invenzione della Cassa espressiva alcuni vollero vedere una decadenza dell'arte; costoro basandosi sul principio che nel suono dell'organo deve sparire l'*io* dell'esecutore, giudicarono l'*espressione* come indegna del carattere dello strumento. A questi rigoristi si risponde che non bisogna confondere questa *relativa* espressione, data dalla Cassa espressiva, con l'espressione di quegli strumenti più in contatto diretto con la sensibilità umana, come: Violini, Violoncelli, ecc. Infatti la potenza di espressione che può ottenere un cantante o un valente violinista non ha limite, perchè

98 «Monitore Toscano», n. 164; 19 luglio 1852, cit. in Baggiani, Franco, *Regesto di notizie organarie tratte dalla gazzetta toscana (1766-1865)*, Pisa, Pacini, 1987, p. 63.

99 «Sans aborder la grande question tant de fois agitée de la convenance de l'expression dans la musique sacrée, question que le simple bon sens exempt de prejugés répondrait de prime abord, nous nous permettrons cependant de faire observer aux partisans de la musique *Plane*, du *plain chant*, de l'orgue *inexpressif* (comme si les jeux forts ou doux et diversement timbrés n'établissaient pas déjà dans l'orgue la variété et l'expression), nous nous permettrons, dis-je, de leur faire observer qu'ils sont les premiers à se récrier d'admiration quand l'exécution d'un chœur, dans une œuvre sacrée, brille par la finesse des nuances par les effets de crescendo, de decrescendo, de clair obscur, de sons enflés, soutenus, éteints, en un mot, par toutes les qualités qui manquent à l'orgue, et que l'invention d'Erard tendrait à lui donner. Il sont donc en contradiction évidente avec eux mêmes; à moins de prétendre (ils en sont bien capables) que les nuances expressives parfaitement convenables, religieuses et catholiques dans la voix humaine, deviennent tout d'un coup, appliquées à l'orgue, irréligieuses, hétérodoxes et impies». Berlioz, Hector, *Grand Traité d'Instrumentation et d'Orchestration Modernes*, Paris, Schonenberger, 1843, p. 170.

> dipende dalla potenza di sentire dell'animo suo. Nell'organo invece quest'ultima forma di espressione non può e non deve esistere, ed è solamente permessa quella espressione relativa, che dà quel chiaro – scuro ad una riunione omogenea ed equilibrata di suoni e che chiunque, più o meno, può ottenere.[100]

Per l'uso di questo meccanismo fu sempre richiesta estrema discrezione.

A tale rigore si allineano ad esempio Marco Enrico Bossi e Giovanni Tebaldini che ne raccomandano un impiego ispirato al *buon gusto artistico*;[101] Charles-Marie Widor chiede una *conscience, une réserve, un art tout spécial*,[102] ancora Widor con Albert Schweitzer la ammettono *a patto che l'ascoltatore non se ne renda conto*;[103] Raffaele Manari ne consiglia un *uso molto moderato e non a guisa di altalena*,[104] mentre Alexandre Cellier nel 1919 si affida ad un gustoso paragone:

> [...] l'organista se ne deve servire senza urti e brusche scosse che causano «colpi di cassa» che ricordano i colpi dei respingenti che scuotono i vagoni del treno; in tal caso, a ricevere il contraccolpo sono i nervi degli ascoltatori![105]

Sistema fonocromico

Il sistema fonocromico fu ideato dall'organaro, inventore e poeta Giovanni Battista De Lorenzi ed applicato per la prima volta all'organo della cattedrale di Vicenza (1848) e successivamente, nella medesima città, a quello della chiesa della S. Corona (1855). Nel 1851, l'invenzione valse al geniale organaro il Premio dell'*Istituto Lombardo di Scienze, Lettere e Arti*. Il complesso

100 Sangiorgio, Carmelo, *Fonica e registrazione dell'organo*, Bronte, Stab. Tipografico Sociale, 1923, pp. 107-112.

101 Bossi, Marco Enrico e Tebaldini, Giovanni, *Metodo di studio per l'organo moderno*, Milano, Carisch & Jänichen, 1897 (^{1}1893), p. 227.

102 Widor, Charles-Marie, *Technique de l'orchestre moderne faisant suite au Traité d'Instrumentation et d'Orchestration de H. Berlioz*, Paris, Lemoine, 1904.

103 Widor, Charles-Marie e Schweitzer, Albert, *Preface* a *Johann Sebastian Bach*, *op. cit.*

104 Manari, Raffaele, *Arte della registrazione. Appunti di lezioni date agli alunni del Pontificio Istituto di Musica Sacra nell'anno 1931*, a cura di A. Sacchetti, Bergamo, Carrara, 1996, p. 38.

105 «[...] l'organiste doit s'en servir sans heurts et secousses brusques qui occasionnent des «coups de boîtes» qui font penser aux coups de tampons secouant des wagons de chemin de fer; en la circonstance, ce sont les nerfs des auditeurs qui reçoivent le contre-coup!». Cellier, Alexandre, *L'orgue moderne*, con prefazione di Louis Vierne, Paris, Delagrave, 1919, p. 49.

meccanismo, che fa capo ad una tastiera e ad un numero limitato di registri racchiusi in cassa espressiva, consiste nel dotare ciascun tasto di vari livelli di abbassamento. Il primo di essi fa suonare una canna del registro, mentre il secondo, ottenuto con la maggior pressione del dito, quello di una seconda canna identica alla prima nel timbro, altezza e intonazione, ottenendo così un rinforzo dinamico. Nello strumento del duomo di Malo (Vicenza), costruito nel 1878, De Lorenzi realizzò addirittura un terzo scatto che consente pure l'apertura delle gelosie della cassa espressiva; rilasciando il tasto, esse si richiudono.[106] Estremamente complicato sia nella realizzazione che nella manutenzione, il sistema di De Lorenzi non conobbe seguito.[107]

Sempre alla metà del secolo XIX, il bergamasco Adeodato Bossi Urbani applicò ai suoi somieri un sistema chiamato *controbilancia* che consisteva nell'apertura del ventilabro in due tempi diversi, più o meno ravvicinati a seconda del tocco, consentendo una leggerissima sfumatura dinamica.

Bizzarri meccanismi

Il desiderio di conferire espressività all'organo portò vari organari ad introdurre meccanismi (talora anche bizzarri) che consentivano rapide variazioni di dinamica e di timbro. L'illustre costruttore bergamasco Luigi Andrea Serassi ad esempio, perfezionò sul finire del secolo XVIII la cosidetta *combinazione preparabile alla Lombarda* che permette, mediante la rapida introduzione di uno o più registri selezionati in precedenza, di ottenere una specie di strumentale *chiaro-scuro*,[108] sfumatura ispirata all'arte del canto.[109]

106 Devo questi dettagli alla cortese segnalazione dell'organaro Diego Bonato di Castel D'Azzano (Verona).

107 Il sistema fonocromico implica tra l'altro una catenacciatura complicatissima e un'accurata calibrazione di diametri e pressioni delle canne.

108 «[...] con tal ritrovato può l'Organo ridursi capace d'un chiaro e scuro, o sia forte e piano, e ridursi alla più grande perfezione, e con ciò levato il difetto di monotonia [...]». Serassi, Giuseppe, *Descrizione e osservazioni* [...] *pel nuovo organo nella chiesa del SS. Crocifisso dell'Annunziata di Como*, Como, P. Ostinelli, 1808, p. 16.

109 «[...] e con questo esercizio si renderà egli padrone di colorire a sua voglia qualunque passaggio con quella vera espressione, che forma la cantilena colorita col *chiaroscuro* tanto necessario in ogni genere di canto. [...] acquistando lo studioso l'arte di graduare e sostenere la voce, proverà poi una dolce facilità nel perfezionare la *messa di voce* [...]». Mancini, Giovanni Battista, *Riflessioni pratiche sul canto figurato*, Milano, Galeazzi, 1777 [¹1774], p. 141.

Come curiosità citiamo la ponderosa serie di risorse espressive introdotta nel 1857 da Francesco Natale Seriacopi ampliando lo strumento della Collegiata di Foiano della Chiana (Arezzo):

- *Diplofono* (*i. e.*: *Terza mano*)
- *Gioco di sesta* (accoppiamento per favorire le rapide successioni di seste)
- *Inversione di tastiera* (consentiva di suonare i registri soprani con la mano sinistra e viceversa)
- *Pompe Armonium*
- *Pedale espressivo*
- *Timpani*
- *Polisir* (*i. e.*: *Tiratutti alla lombarda*)
- *Crescendo a macchina* (a quattro scatti)
- *Portamento di voce* (solo per il *Flauto Traverso* realizzando un portamento di terza maggiore o minore)
- *Tremolo*
- *Unione Armonium*
- *Regolatore del piano*
- *Prolungamento dei suoni.*

Agogica e Dinamica

Si deve al musicologo tedesco Hugo Riemann la trattazione dell'agogica e della dinamica musicale nel saggio *Musikalische Dinamyk und Agogik*,[110] parzialmente ripresa nel 1890 nel metodo per organo redatto assieme a Carl Arbrust, *Technische Studien: ein supplement zu jeder Orgelschule.*[111] L'organo – afferma Riemann – manca essenzialmente della capacità di consentire un'efficace *sfumatura dinamica* e che questa non può essere ottenuta col mero uso della cassa espressiva (il cui effetto è gradevole solo in periodi musicali estesi) e nemmeno con il pedale del *crescendo* (*Crescendo-Walze*), *importante invenzione moderna che, tuttavia, disabitua completamente ad esprimere la varietà nei crescendi.*[112] Secondo Riemann *l'unico*

110 Opera pubblicata ad Hamburg da Rather nel 1884.

111 Riemann, Hugo e Arbrust, Carl, *Technische Studien: ein supplement zu jeder Orgelschule*, Leipzig, Rieter-Biedermann, 1890.

112 «Die Frage, ob ausdrucksvolles Spiel auf der Orgel überhaupt möglich ist, muss unbedingt bejaht werden. Zwar fehlt ja dem Instrument das eine der beiden Hauptmittel des Ausdrucks: die dinamische Schattierung. Alle Versuche, der Orgel ein wirkliches *crescendo* und *decrescendo* im Kleinen zu ermöglichen, sind bischer gescheitert und werden wohl auch künftig scheitern; Schwellungen für grössere Strecken (wenigstens

mezzo di espressione a disposizione dell'organista, impiegato istintivamente più o meno correttamente da ogni bravo musicista, è la sfumatura agogica, la variazione del tempo. Egli sottolinea la necessità di individuare l'esatta pulsazione ritmica della frase mettendo in evidenza talune note referenziali mediante un'equilibrata alterazione del loro valore: suggerisce cioè un'accelerazione di tempo sino al punto ritmicamente più importante della frase (*climax*), prolungarne l'accento e rilasciare progressivamente la tensione sino alla fine della frase stessa.

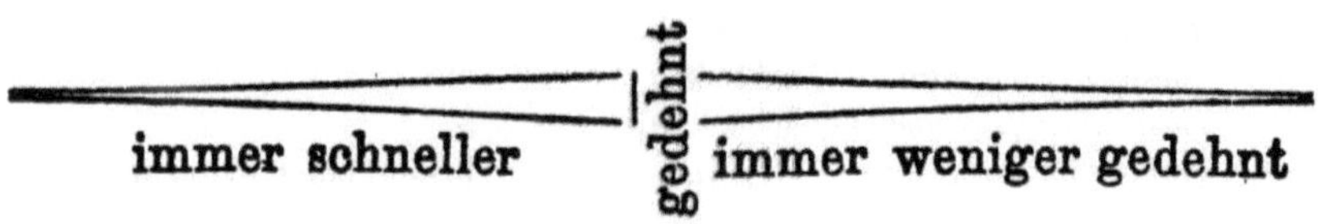

Hugo Riemann e Carl Arbrust, *Technische Studien*, Leipzig, Rieter-Biedermann, 1890.

Riemann propone in sostanza una ragionata trasgressione ritmica, una *nobile sprezzatura di canto*[113] che enfatizzi il periodare melodico: l'impressione che ne deriva all'ascoltatore è quella di un flusso dinamico in costante mutazione.

Sfumare rilasciando le note

Per ottenere l'effetto di diminuendo nell'accordo conclusivo di un brano in tempo moderato, Giuseppe Arrigo[114] suggerisce di rilasciarne progressivamente le note. Col gesto di una sorta di arpeggio che inverte la sua

---

von meheren Takten) sind ja möglich, wenigstens für die Physharmonikastimmen im Schwellkasten, und auch das allmähliche Anziehen von immer mehr Registern zur Herstellung gewaltiger Steigerungen der Tonfülle bis zum Fortissimo des vollen Werkes vermittelst der Crescendo-Walze ist eine schätzenswerte Errungenschaft der Neuzeit (die aber freilich den Organisten ganz erwöhnt, nach eigenem Ermessen verschiedenartige Steigerungen zu machen): ganz unmöglich ist und bleibt aber doch die dynamische Abstufung im Kleinsten, im Motiv». Riemann, Hugo e Arbrust, Carl, *Technische Studien*, *op. cit.*, *Manualübungen.*

113 Caccini, Giulio, *Le nuove musiche di Giulio Caccini detto Romano*, Firenze, Marescotti, 1601, *Ai lettori.*

114 Arrigo, Giuseppe, *Trattato teorico-pratico per organo* op. 189, Torino, Giudici & Strada, [s.d., ma 1880 ca.], p. 28.

funzione addizionale, l'antica *messa di voce* esaurisce così il naturale tragitto dinamico del *crescere, e scemare della voce*:[115]

MODO DI LEVARE LE MANI DALLA TASTIERA DELL'ORGANO

Per esempio : In un moderato.

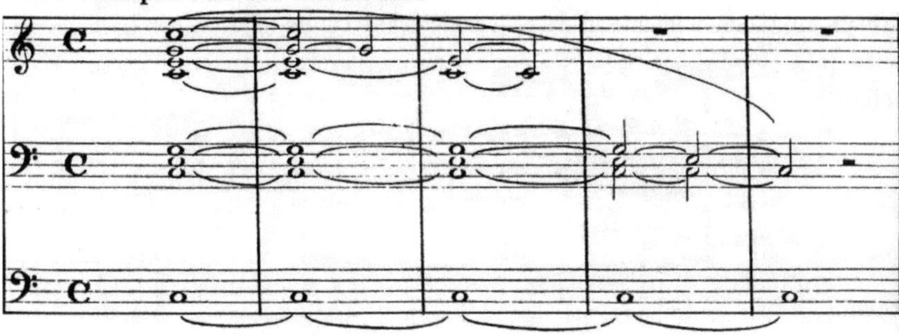

Giuseppe Arrigo, *Trattato teorico-pratico per organo* op. 189, [1880 ca.].

Appendice

Tra le molte sfumature con cui la voce parlata o cantata si riflette negli strumenti a tastiera o nella loro pratica esecutiva, ne riporto alcune che ritengo interessanti o quantomeno curiose:

– Marin Mersenne[116] sostiene che, alterando il flusso d'aria che fuoriesce da una canna ad ancia posando la mano sul suo risuonatore o *aggiungendo certe molle*[117] *all'interno o in cima all'apertura dei corpi* [delle canne] [*en adjoustant de certains ressorts dedans ou dessus l'ouverture du corps, qui feront les consones à mesme temps que l'anche commencera à sonner, & à prononcer sa voyelle*], se ne può modificare l'emissione sino ad ottenere un suono

115 Caccini, Giulio, *Le nuove musiche, op. cit.*

116 Marin Mersenne (1588-1648), *Seconde Partie de l'Harmonie Universelle*, Paris, Pierre Ballard, 1637, *Livre Sixiesme des Orgues, Proposition XXXVI*: *Expliquer comme il faut construire les jeux d'Orgue, pour prononcer les voyelles, les consones, les syllabes, & les dictions*, pp. 380-82.

117 Col termine *molle* [*ressorts*], Mersenne intende verosimilmente delle valvole che agiscono su fori praticati nel corpo della canna [*percé d'autant de trous*], ottenendo in tal modo suoni simili alle vocali chiare se più vicini all'ancia e a quelli delle vocali più scure se fatti verso la sommità del risuonatore. In sostanza, egli precisa che tali *molle* vengono applicate per simulare *i movimenti della lingua e delle labbra* [*les mouvemens de la langue, & des levres qui font les voyelles & les consones, afin de mettre des ressorts au corps du tuyau pour imiter ces mouvemens*].

prossimo a quello di una vocale, di una consonante, di una sillaba. Con un numero opportuno di canne, Mersenne conclude che si potrebbe persino far ‹cantare› polifonicamente all'organo le parole del *Sanctus* e dell'*Agnus Dei*. Quattro canne all'unisono bastano invece per fare intendere le sillabe di *Veritatem* declamate su un medesimo suono.

– Carlo Cotumacci, invece di utilizzare la consueta simbologia per indicare la diteggiatura, associa ad ogni dito non un numero bensì una vocale: ne scaturisce una suggestiva idea di pronuncia direttamente affidata alle mani dell'esecutore.[118]

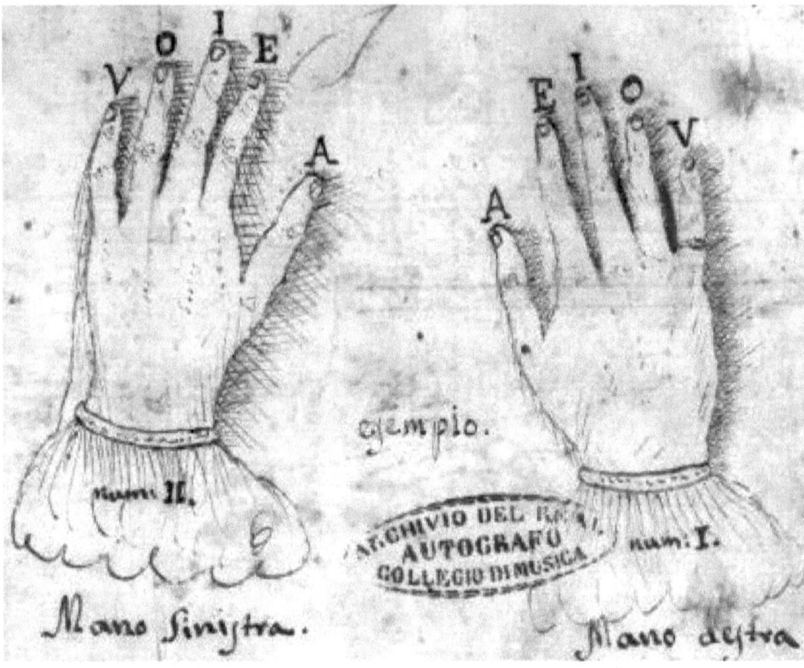

– Ernest M. Skinner, celebre organaro di Boston, dal 1904 introdusse nei suoi strumenti un particolare registro (di 8'; in seguito realizzato anche di 4' e 16') composto da canne a fuso di misura stretta, dall'intonazione delicatissima e ambigua, cui conferì il nome di *Erzähler* (narratore). Pare che tale termine venisse suggerito da un collaboratore tedesco cui l'organaro aveva chiesto un'idea per definire il nuovo registro come «chiacchierone, loquace». Lo stesso Skinner,[119] descriverà la sua invenzione proprio come *loquace* e capace di evocare *diversi stati d'animo*.

118 Carlo Cotumacci (1698 -1785, secondo la testimonianza di Charles Burney, discepolo di Alessandro Scarlatti; dal 1755 insegnante al «Conservatorio di Sant'Onofrio» di Napoli dove ebbe tra gli allievi Giovanni Paisiello), *Principj e Regole di Partimenti con tutte le lezioni*, Napoli, Biblioteca del Conservatorio «San Pietro a Majella», segn.: [Autografi] *rari 1.9.14/1* (*olim*: *xv.7.21/23*), p. 173, c. 83*v*.

119 Ernest M. Skinner (1866-1960), *The Composition of the Organ*, Melvin J. Light, Ann Arbor, (post.), 1981.

Conclusione

Ancora una volta ci affidiamo a Widor, a quanto scrive a quattro mani (e due immensi cervelli) con Albert Schweitzer nella prefazione dell'edizione delle opere di Bach. Il lettore attento vi troverà la sintesi sfolgorante di quanto si è detto sin qui e l'indicazione del principio che deve governare ogni più nobile, più sincera espressione musicale:

> La grandezza è calma: ogni sensazione di nervosismo, di precipitazione, di velocità, le rimane estraneo: andatura di una dignità sovrana, gesto nobile, *dizione di una precisione impeccabile, con ogni parola che dà l'accento della verità,* questo è il suo carattere, ed esso è quello dell'organo.[120]

Abstract

The chief task of anyone who plays an instrument is to imitate the accents and all expressive nuances of human speech and song, and to enter into that complex rhetorical system through which the musician becomes a perfect orator. In the 16th and 17th centuries the organ and the harpsichord became the instruments of choice for this subtle form of imitation, even though, unlike string and wind instruments, they lack the means to increase or decrease the intensity of the sounds which they produce.

Our aim here is to look at some of the ingenious systems of accentuation which pointed the way to obtaining from the organ and harpsichord an eloquent delivery, one of the resources of which is the imitation of a credible dynamic palette. We will also touch upon some of the mechanisms which were applied to the two instruments in the attempt to give them dynamics and expression, a quest which was never to reach a completely successful conclusion until the invention of the piano.

120 «La grandeur est calme; tout sentiment de nervosité, de precipitation, de vitesse lui demeure étranger: démande d'une dignité souveraine, geste noble, diction d'une précision impeccable, chaque mot donnant l'accent de la vérité, tel est son caractère, et c'est celui de l'orgue». Widor, Charles-Marie e Schweitzer, Albert, *Johann Sebastian Bach, op. cit.*

Martin Pearlman

Armand-Louis Couperin and His Keyboard Instruments

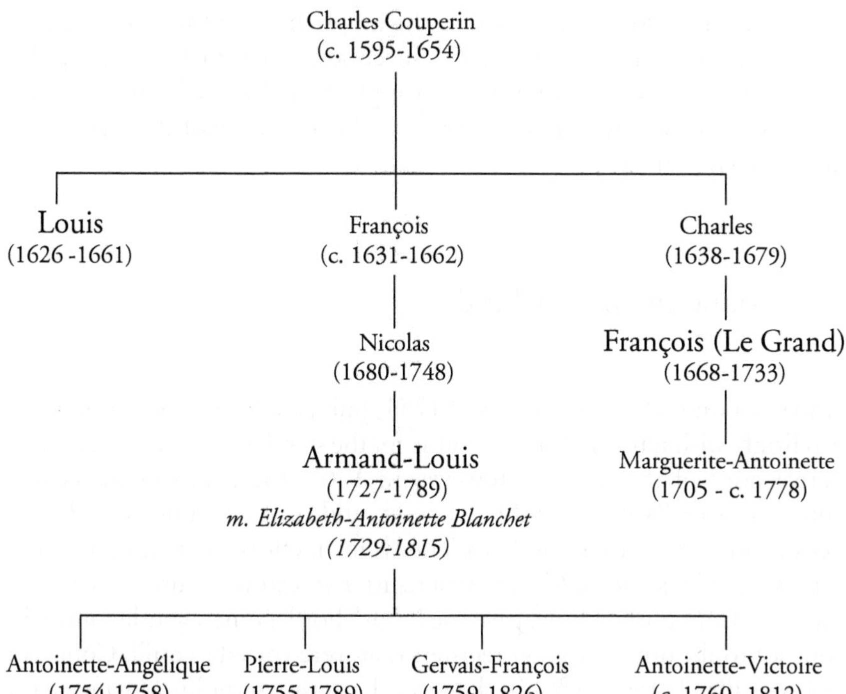

* * *

Armand-Louis Couperin, the most significant musician in the Couperin family after the death of François, was most famous during his lifetime as one of the great organists and improvisers of his age. But it is as a harpsichord composer that he is best known to us today. Most of his music that has come down to us is for harpsichord, and, beyond the intrinsic value of a good deal of it, it is of unusual interest because of the way it reflects the changes and experiments in late French harpsichord making.

Couperin was born into the musical world of his cousin François and of Rameau and witnessed during his lifetime the arrival in Paris of the modern music of Pergolesi, Stamitz, Haydn, Gluck and Mozart. His active career continued right up to his death on the eve of the French revolution, less than three years before the death of Mozart. He was related by marriage to the Blanchet family, the leading French harpsichord makers of the period, and through this family connection, he watched at close range as various inventions were added to the harpsichord in the second half of the eighteenth century by Blanchet's successor, Pascal Taskin. During this time, when the pianoforte began to supplant the harpsichord in France, Couperin's music gives us a rare musical documentary of the changes in keyboard instruments.

A-L Couperin's harpsichord

Armand-Louis' *Pièces de clavecin* of 1751, published when he was only 24, was firmly within the tradition of music for the standard two-manual French harpsichord of the period. However, in 1768, the piano made its first appearance in Paris in a public concert, and, in that same year, Taskin began adding features to his harpsichords in an effort to make them more expressive. His *jeu de buffle,* an extra register voiced with soft leather plectra made from buffalo hide, gave the harpsichord a quiet, gentle sound, in contrast to the other, brighter registers that were voiced in quill. Couperin calls specifically for *«buffle»* in the second movement of his *Simphonie* for two harpsichords. In that same movement, he also calls for certain passages to be played on the *p[etit] clav[ier],* or upper manual. Since the *buffle* is on the lower manual, these indications instruct the player to switch to the upper keyboard, thereby switching from the sound of leather to that of quill.

He also calls for another important invention of Taskin: knee levers, which could push stops on and off while the player was playing, in order to create crescendos and diminuendos. The pieces for two harpsichords (aside from the 1st *Quatuor,* of which only one movement survives) call for these changes in dynamics, as does the *Aria con Variazione* for solo keyboard. In the inventory of Couperin's instruments made at his death, there was at least one harpsichord that would have been capable of these effects, an instrument said to have «a mechanism to increase the sound by degrees».[1]

Sadly, many players have been discouraged from exploring these major works by Couperin for two harpsichords, because the experimental instruments for which they were written are extremely rare. A modern player of a normal Baroque harpsichord without knee levers might perhaps attempt to create the same dynamic effects by using a carefully trained assistant to slowly turn stops on and off. But gradually pushing quills under the strings is only marginally effective, even with Taskin's knee levers. It does not produce very even or subtle dynamic changes, and, although fascinating, it never became popular. Couperin's duo pieces are true harpsichord works that sound good even on traditional instruments that lack the knee levers with which he tried to create crescendos and diminuendos.

There is an additional novelty called for in this music. For one single note in the *Simphonie de clavecins,* the left hand of Harpsichord II goes a half step below the range of the normal 5-octave harpsichord. The low «E» in measure 129 of the first movement occurs during a passage, in which the left hand of the second harpsichord is simply doubling the left hand of the first harpsichord down an octave. In all probability, the copyist – most likely his young daughter, Antoinette-Victoire, who herself was a keyboard player – did not make a mistake by continuing the transposition below the range of the instrument. At least five of the surviving harpsichords by Taskin do have an extended bass that goes down that extra half step to low «E».[2] Couperin is here calling for the newly extended range in the bass, but with such instruments extremely rare today, a modern player must decide what to do with this measure. One could, of course, omit the low «E,» but it is also possible to play the piece as written, with the low note, simply by tuning the bottom «F»-natural (which is not called for in this piece) down to an «E».

1 Hardouin, Pierre, «Quelques documents relatifs aux Couperin» in *Revue de Musicologie* XXXVII, 1955, pp. 111-121.

2 Russell, Raymond, *The Harpsichord and Clavichord,* London, Faber and Faber, 1959, pp. 60-61.

The piano

Also in the inventory of Couperin's instruments is «an English fortepiano». None of his keyboard pieces specifically calls for piano, but as David Fuller has pointed out,[3] the dynamic markings in the *Aria con Variazione* would sound awkward on a harpsichord; those dynamics, as well as much of the figuration in that piece, could suggest that the piece was written with the piano in mind. The date of the piece, 1781, puts it within a time when the piano was becoming common.

The three *Quatuors* for two harpsichords, work very well on the harpsichord, and their dynamic effects are perfectly suited to Taskin's knee levers. But there is nothing in these pieces that precludes performance on piano: unlike the *Simphonie,* these pieces do not absolutely require a double-manual instrument, nor do they call for the harpsichord's *jeu de buffle.* Fuller's suggestion that they could even be played with one harpsichord and one fortepiano offers a possible alternative for performing these pieces; it is a combination of instruments that a few works of the time do call for. However, two harpsichords would still be the likely first choice. Couperin has written *«à deux clavecin»* on the second *Quatuor,* a term which was not used on the title pages of piano music.

The organ

Although Armand-Louis Couperin was most famous in his day for his improvisations on the organ, only two small pieces of his written keyboard works appear to be for organ. But both these pieces present something of a mystery. The *Dialogue,* dated 1775, has notes in the extreme bass (AA) and treble (d''', eb''', e'''), as well as organ registrations that were not available on any instrument in Paris at the time.[4] It was not until six years later,

3 Fuller, David, *Armand-Louis Couperin: Selected Works for Keyboard,* Madison, A-R Editions, 1975, pp. xv-xvi (preface).

4 Fuller (*ibid.,* xvi) cites Pierre Hardouin as his source for information on organs in Paris.

in 1781, when Couperin helped dedicate the large new Cliquot organ at St-Sulpice, that such an instrument with the needed compass and registration could be found. Why Couperin would have written a small piece that could not be played has been a puzzle. A possible solution, it seems to me, is that the piece may not originally have been for organ at all, but rather for harpsichord, where the bass to treble compass is not a problem. In that case, the registrations for organ could have been added later, when Couperin was able to play on the large organ at St-Sulpice. The fact that the *Dialogue* bears the date 1775 – the only one of the three pieces bound together to have a date – may be simply due to the fact that the copyist wanted to indicate that the piece had been written earlier.

The solo piece *La chasse* also has indications of «H» and «B», referring to the upper and lower keyboards (*haut* and *bas*). These refer to the organ, since the upper manual is indicated for what appears to be the louder music, whereas, on a harpsichord, the lower keyboard would be the louder one. However, the «H» and «B» indications are in pencil and were clearly added later. The writing in this piece, as well as the one appearance of a low «AA» suggest that it too was originally written for harpsichord and later adapted for organ.

* * *

Although his surviving music is primarily for the harpsichord, the core of Armand-Louis' musical life and reputation, as well as of his income, was in his work as an organist. He is known to have held organ posts in at least eight churches. For some of them, we do not have the details of exactly when he held the positions, his responsibilities, or his salary, but we do know that he held a number of them simultaneously:

1) he held the traditional Couperin post at St-Gervais, where he succeeded his father in 1748 and remained as organist until his death in 1789;
2) he was at St-Barthélémy until 1772;
3) he was appointed at Notre-Dame in 1755, with the post at first divided among four organists, each of whom took over for a quarter of the year, and he held the post until his death, numbering among his colleagues Daquin, Foucquet, Séjan, Beauvarlet-Charpentier and Balbastre;

4) in 1760, Couperin was appointed organist at Sainte-Chapelle, a position which he held for the remainder of his life;
5) in 1770, he became organist at the Royal Chapel at Versailles, another position which he held for the rest of his life; with two organists each serving for six months of the year, Couperin was initially appointed as second organist, but payment records show that he was promoted to first organist by the middle of 1782;[5]
6) he served as organist at Saint-Jean-en-Grève;
7) he held the organ post at the convent of the Carmes-Billettes;
8) he served as organist at Sainte-Marguerite.[6]

Even though some of these posts would have required Armand-Louis' services only for special festivals, he obviously could not fulfill all his responsibilities personally. Gradually, organ playing became a family enterprise. Already known as a fine keyboard player at the time of their marriage, «Antoinette Blanchet had acquired such great skill as an organist that she substituted for her husband without the connoisseurs noticing».[7] Their sons Pierre-Louis and Gervais-François, who eventually succeeded their father in some of his organ posts, must also have helped out on occasion. In 1773, Pierre-Louis was granted the right to succeed his father at St-Gervais and was already substituting for Armand-Louis before his actual succession.[8] Their daughter Antoinette-Victoire is reported to have been playing the organ at St-Gervais by the age of sixteen.[9]

As a composer, Couperin published very little. The works for which he was most famous and the ones mentioned in most of the contemporary descriptions, were his improvisations at the organ. He was already well

5 Bouvet, Charles, «Armand-Louis Couperin organiste du roi» in *Revue de Musicologie* IX, 1928, p. 35. Couperin's promotion to first organist probably followed the death of the other organist, Paulin. Bourgeois was appointed second organist in 1783.

6 In addition, St-François is mentioned as one of Couperin's posts by Henri-Joseph Taskin, the grand-nephew and student of Couperin's wife, in his «Notice sur la famille Couperin», quoted in Bouvet, Charles [«Une lettre d'Armand-Louis Couperin (1787)» in *Revue de Musicologie* VI, 1925, p. 115.] Bouvet also mentions St-Merry, the church at which Armand-Louis was married, as one of his organ posts (*Les Couperin*, p. 146).

7 *Le Pianiste*, vol. 1 (1833), pp. 66-67; quoted in Bouvet, *Les Couperin*, p. 146.

8 One of his performances is mentioned specifically in an announcement from 1785. (*Affiches, annonces et avis divers* 13 Aug. 1785; quoted in Bouvet, *Les Couperin*, p. 163.)

9 Choron and Fayolle, *op. cit.*; quoted in Bouvet, *Les Couperin*, p. 156. This is probably also the source for the same information in Fétis (*op. cit.*).

known for his playing technique and registrations early in his career, and, by the end of his life, he was widely considered one of the greatest organists of his generation. Gerber's description of him as «one of the greatest masters of his art in Paris» would have been based on reports reaching Germany.[10] The eulogy by his colleague Gautier may have gone a bit overboard in calling him «the most celebrated organist of his century and perhaps of all those which have preceded it and all those which will follow»,[11] but the hyperbole does reflect the extraordinary esteem in which Armand-Louis Couperin was held by his contemporaries.

His specialty was his improvisation on the *Te Deum*, and, according to all reports, his playing of it made a tremendous and lasting impression on those who heard it. The organist Lasceux tells us that Armand-Louis would set the mood and «animate his genius» by reading Edward Young's poem on the last judgment before playing the *Te Deum*.[12] In 1769, one listener described his impressions in a letter:

> To begin with, we went to hear a *Te Deum* played by M. Couperin, in my opinion the best organist in Paris and in the kingdom. It took my breath away; in fact, in the opinion of the experts, he outdid himself. I was near Balbastre, who himself could not get over it; it should be said that it is only heard 2 or 3 times a year, or so it was announced.[13]

The following month, a letter in the *Journal des Beaux-Arts* describes what may well have been the same performance:

> Perhaps never has the *Te Deum* been performed with more pomp, majesty, and richness of harmony than at the matins of the eve of St. Bartholomew by this great man. Above all, he outdid himself in the various tableaux which he showed us about the circumstances of the last judgment.[14]

10 Gerber, Ernst Ludwig, «Armand-Louis Couperin» in *Historisch-Biographisches Lexicon der Tonkünstler*, vol. I, Leipzig, 1790-92.

11 Gautier, Ferdinand-Albert, organist of St-Denis; quoted in Bouvet, *Les Couperin*, p. 131.

12 «A Poem on the Last Day» by the popular English poet Edward Young (1683-1765) is a lengthy work in three parts, first published at Oxford in 1713. Guillaume Lasceux, who was himself known for his improvisations on the last judgment, refers to Couperin's playing in his *Essai théorique et pratique sur l'art de l'orgue*, Paris, 1809.

13 Abbé Roze, Nicolas, September 22, 1769; quoted in Bouvet, Charles, «Une lettre de l'abbé Roze sur Armand-Louis Couperin» in *Revue de Musicologie* III, 1922, p. 85.

14 Letter by M. Plaisant de la Houssaie in the *Journal des Beaux-Arts,* October 1769; quoted in Bouvet, *Les Couperin*, p. 132.

What was in these spellbinding *Te Deums*? What kinds of tableaux did Couperin paint? The above letter in the *Journal des Beaux-Arts* is followed by a poem by the same author which purports to follow the ideas and images of Couperin's performance. It tells of nature in desolation, the righteous and guilty souls dreading the wrath of judgment, the sounding trumpet, the raising of the dead amidst peals of thunder and cries of lamentation, the void after the earth is no more, and finally a song of pomp and joy which swells to praise the glory of God, as the poet is carried off to a happy dwelling place in the heavens. The character of this improvisation, which his contemporaries found so inspired and profound and on which so much of Couperin's reputation rested is lost to us today. It is a side of his musical personality which is not evident in the more light-hearted solo keyboard works which he committed to paper.

Against the glowing praise of his fellow countrymen, it is interesting to read the account of a foreign visitor. Charles Burney, visiting Paris in 1770, heard Couperin play a *Te Deum* at St-Gervais. His report, though less effusive than some of the French accounts, supports the general high regard for Couperin as an organist and improvisor, although it finds French taste too conservative:

> This evening I went to St. Gervais, to hear M. Couperin, nephew *[sic]* to the famous Couperin, organist to Louis XIV, and to the regent duke of Orleans; it being the vigil or eve of the Feast of the Dedication, there was a full congregation. I met M. Balbastre and his family there; and I find that this annual festival is the time for organists to display their talents. M. Couperin accompanied the *Te Deum,* which was only chanted, with great abilities. The interludes between each verse were admirable. Great variety of stops and style, with much learning and knowledge of the instrument, were shewn, and a finger equal in strength and rapidity to every difficulty. Many things of effect were produced by the two hands, up in the treble, while the base was played on the pedals.
>
> M. Balbastre introduced me to M. Couperin, after the service was over, and I was glad to see two eminent men of the same profession, so candid and friendly together. M. Couperin seems to be between forty and fifty; and his taste is not quite so modern, perhaps, as it might be; but allowance made for his time of life, for the taste of his nation, and for the changes music has undergone elsewhere, since his youth; he is an excellent organist, brilliant in execution, varied in his melodies, and masterly in his modulation…[15]

15 Scholes, Percy [ed.], *Dr. Burney's Musical Tours in Europe*, vol. 1, London, Oxford University, 1959, pp. 26-27.

Armand-Louis died in February of 1789 in «one of those cruel accidents which have become so common in this capital, where one will soon no longer be able to walk».[16] At about 5:00 p.m. on Sunday, February 1, having finished playing the organ for a service, he was, according to one account, returning home; according to another, he was hurrying to St-Gervais to finish playing the office which had already been begun by his elder son, Pierre-Louis.[17] As he was passing by the Port au Blé, he was knocked down by a horse which had gone out of control and thrown its rider.

> He received a mortal wound on the head; and the horse broke two of his ribs over the heart; he was carried home, where, without uttering a single word, and almost without giving any sign of life he died at the end of 24 hours. His funeral was attended by a crowd of people and a procession, which attested to the great esteem in which he was held.[18]

He died at home on February 2 and was buried under the organ at St-Gervais two days later.

We unfortunately know little about Armand-Louis Couperin's personality, although many indications, including Burney's account quoted above, point to a modest and amiable character. He seems to have been a religious man and well read: the inventory of his estate numbers 885 books in his library, of which the 13 mentioned by name are religious works.[19] The following, part of a lengthy obituary, gives us perhaps the clearest insight into his character and suggests that it may have been modesty that kept Couperin from publishing more of his compositions:

> He was praiseworthy for the most admirable qualities of the heart, for a truly exemplary piety inimical to all display and all ostentation, for the gentility of a sensitive

16 Burial notice, February 5, 1789; quoted in Bouvet, *Les Couperin*, p. 127.

17 The abbé de Feller, the presumed author of the eulogy quoted by Bouvet (*Les Couperin*, p. 130), tells us that Couperin was returning home; in his *Dictionnaire historique* (p. 360), de Feller adds that Couperin was coming from Notre Dame. The other version comes from Henri-Joseph Taskin in his «Notice sur la famille Couperin» (quoted in Bouvet, «Une lettre d'Armand-Louis Couperin (1787)» in *Revue de Musicologie* VI, 1925, p. 116); according to Taskin, Armand-Louis was coming from Ste-Chapelle to St-Gervais. The handwritten biographical note inside one of the seven surviving copies of the *Pièces de clavecin* agrees with Taskin and may be based on his account.

18 Eulogy, believed to be by the abbé de Feller, given in Bouvet, *Les Couperin*, p. 130.

19 Hardouin, *op. cit.*, p. 119.

> and kind character, for the simplicity and the naturalness of his manner, for the delicacy of his feelings, which has more than once jeopardized his success, and above all for his modesty, which makes him conceal from the public with the greatest care everything which could reveal the brilliance of his attainments: witness the motets he composed for churches which could have made for a musician the finest reputation, but which he has never been willing to entrust to the bright daylight of publication or of publicity. He has continually refused to work for the theater, in spite of the eager entreaties of masters of the art, who assure him of the most brilliant success.[20]

My critical edition of Armand-Louis Couperin's complete music for one and two keyboard instruments (http://www.martinpearlman.com/editor.php) contains his published *Pièces de clavecin,* miscellaneous solo pieces, and the four multi-movement works for two harpsichords, as well as a preface with a biography and critical notes. The duo pieces, the first large-scale French works for two harpsichords, comprise not only his *Simphonie* and the second *Quatuor,* but also his two other *Quatuors* which had lost their second harpsichord parts and which I completed for this edition. Together, these four pieces represent a major portion of the small repertoire for two harpsichords. I hope that the edition will make them more accessible to both players and listeners.

Abstract

Armand-Louis Couperin's keyboard music gives us a rare musical documentary of the changes in French keyboard instruments in the second half of the eighteenth century. Related by marriage to the Blanchet family, the leading French harpsichord makers of the day, Couperin watched at close range as various inventions were added to the harpsichord by Blanchet's successor, Pascal Taskin, and he specifically called for some of Taskin's innovations in his music for that instrument. The few surviving pieces for organ and fortepiano similarly reflect new developments of the time. This article discusses the keyboard playing of this great performer and improviser and the instruments for which he wrote.

20 Obituary entitled «Mort remarquable», presumed to be by the abbé de Feller [*op. cit.*]; quoted in Bouvet, *Les Couperin*, pp. 129-130.

Frederick Hammond

Sacred Sounds in Sacred Spaces: Two Venetian Puzzles

St. Mark's basilica in Venice has long tempted music historians to correlate its visual splendour with its glorious musical tradition. The most frequent context of such attempts has been the *salmi spezzati*, the Latin psalm settings for eight voices divided into two antiphonal four-part choirs that are particularly associated with the composer Adrian Willaert, maestro di cappella of the basilica from 1527 until his death in 1562. According to this theory, the architecture of the basilica gave birth to the musical idiom: «The structure of St. Mark's church, with its two galleries and organs facing each other, suggested to [Willaert] the plan of dividing his choir into two bodies ...»[1] (This explanation fitted particularly well with the development of stereophonic sound by the recording industry.)

The myth of the two large equal choirs singing *salmi spezzati* antiphonally from the two organ galleries, which were separated by the entire width of the chancel, has long been exploded. There may have been some connection between the *salmi spezzati* and the two smaller balconies that Jacopo Sansovino added to the chancel (see below) in the mid-sixteenth century. By the seventeenth century, however, the double-choir psalms – obligatory on all festive occasions when the pala d'oro, the great gold altarpiece of the basilica, was open – were not sung by two equal choirs but by one choir of four soloists alternating with a ripieno choir. Further, far from being placed stereophonically on opposite sides of the chancel, the performers were all jammed together into the bigonzo («the tub»), the large octagonal porphyry pulpit just outside the rood screen on the right or Epistle side (fig. 1).[2]

1 Dickinson, Edward, *The Growth and Development of Music*, London, 1921, p 47.

2 Moore, James H., *Vespers at St. Mark's: Music of Alessandro Grandi, Giovanni Rovetta and Francesco Cavalli,* Ann Arbor, UMI Research Press, 1981 (2 vols.), I, pp. 32-33, 105, 271, documents 94, 98.

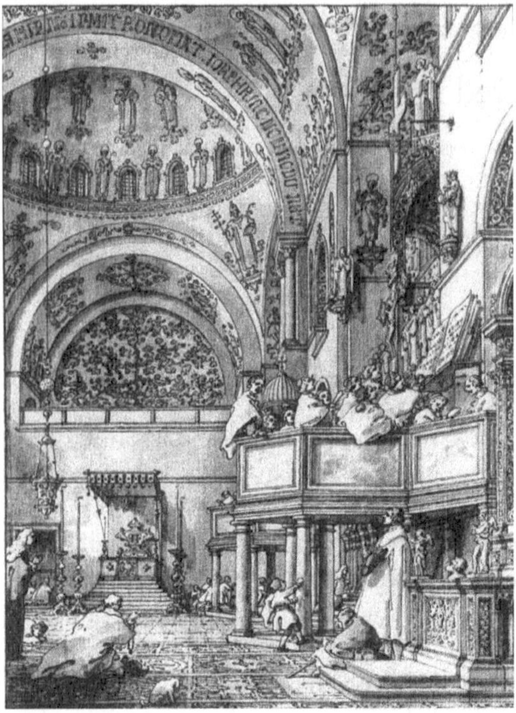

Fig. 1. «Io Zuane Antonio da Canal, Hò fatto il presente disegnio, delli Musici che canta nella Chiesa Ducal di S. Marco in Venezia, in'ettà de- Anni 68 cenzza Ochiali, Lanno 1766» («I Giovanni Antonio da Canal, Made the present drawing of the Musicians who sing in the Ducal Church of S. Marco in Venice, at the age of 68 Years without Glasses, in the Year 1766») (Hamburg, Kunsthalle, inv. no 21112).

Willaert's publication (with Jacquet of Mantua) of *I salmi ... a uno et a duoi chori* (Venice: Gardane, 1550) did however correspond with a major change in the decoration of the basilica. Under the patronage of the great doge Andrea Gritti, Jacopo Sansovino, the proto or supervising architect of the basilica from 1529 until his death in 1570, refashioned the chancel of the church.[3] He provided a new ducal throne, balustrades and bronze statues of the four Evangelists for the high altar, a bronze door for the sacristy, another for the tabernacle, added two pergoli or side-balconies faced with bronze reliefs of miracles of Saint Mark, installed decorated choir stalls, and furnished the designs for tapestries to cover them on special occasions when the doge was present.

3 See Boucher, Bruce, *The Sculpture of Jacopo Sansovino,* New Haven and London, Yale University Press, 1991 (2 vols.), I, pp. 55-72 and Moretti, Laura, «Architectural Spaces for Music: Jacopo Sansovino and Adrian Willaert at St. Mark's» in *Early Music History* 23, 2004, pp. 153-184.

The chancel of San Marco was divided into two sections. The coro maggiore was allotted to the doge and high officials; it was raised five steps from the nave floor and it was bounded to the west by the rood screen, which is surmounted by a cross and fourteen statues; to the east the coro was demarcated by the presbytery steps, and on the other two sides by the arches separating the chancel from the chapels of St. Peter (north) and St. Clement (south). The two organ lofts of the basilica were located above these arches. The coro maggiore was entered through the central portal of the rood screen or from the ducal palace through the chapel of St. Clement on the right.

Sansovino's new throne for the doge, placed inside the screen to the right of the portal, was made of walnut with gilded columns and pediment and was finished by mid-1536. Next to the throne he placed a row of seven stalls along the screen, four Venetian feet (1.35 m.) in height and decorated in inlay. «[B]eside the ducal throne there sits immediately in the first place next to the doge the Apostolic Nuncio, who here is called by the title of Papal Legate,»[4] a followed by the other ambassadors. A second row of stalls began at the corner of the rood screen and extended seventeen Venetian feet (5.76 m.) to the east, a distance of something over half the length of the choir. This contained six seats for the Councillors or magistrates of the six sestieri into which Venice was (and is) divided; above were three inlaid panels of Fortitude, Faith, and Charity, reaching to a height of five Venetian feet (1.69 m.).[5]

4 «Principalmente dalla banda del trono ducale siede immediate nel primo luogo presso il doge il Nuncio Apostolico, che qui è chiamato con titolo di Legato,» Sansovino, Francesco and Stringa, Giovanni, *Venetia città nobilissima*, Venice, 1604, fol. 34v, quoted in Hopkins, Andrew, *Santa Maria della Salute: Architecture and Ceremony in Baroque Venice*, Cambridge, Cambridge University Press, 2000, pp. 252-253.

5 For the stalls before their removal in the 1950s see Boucher, Bruce, «Jacopo Sansovino and the Choir of St. Mark's», in *Burlington Magazine* 118, Aug. 1976, pp. 552-566, with photos of the inlaid panels of stalls on the left and right in front of the balconies and the panels of Sts. Mark and Theodore facing the altar (Ufficio Tecnico, St. Mark's); the Venetian foot = 33.9 cm. (Boucher, «Jacopo Sansovino», p 556). On the removals see Forlati, Ferdinando, «Lavori a San Marco» in *Arte Veneta* IX, 1955, pp. 241-242; *Id.*, «Lavori di adattamento della cappella ducale di San Marco» in *Arte Veneta* XVI, 1962, pp. 213-216; *Id.*, «Lavori a San Marco» in *Arte Veneta* XIX, 1965, pp. 197-198.

In front of these Sansovino placed three sets of benches, also of walnut, for the three heads of the Forty, the three Avogadri di Comun (State Attorneys), the three heads of the Council of Ten, the two Censors and the Great Chancellor (the only great office of state held by a non-patrician), and – on the occasions when the doge descended to the church with all the ducal insignia or *trionfi* – the ducal sword-bearer and a companion. Sitting in front and somewhat apart from the magistrates were the four secretaries of the Senate, two lesser Chancellors, and two Gastaldi (ducal agents).

A line of stalls along the rood screen to the left of the ducal throne was reserved for the Procurators of San Marco, a lifetime office that was the most prestigious in the Republic after the dogeship; for male relatives of the doge; and for knights of the Republic. It was decorated with inlays of Prudence, Temperance, and Hope. Much of the space between the stalls was taken up by six rows of pews for the sixty government officials and senators who accompanied the doge on ceremonial occasions.[6]

The two pergoli, or balconies, added by Sansovino on either side of the chancel can be dated from the documentation for the casting of their bronze reliefs: the bronzes for the pergolo on the right of the ducal throne were being cast in 1537, those for the pergolo on the left were finished in 1544. To insure the visibility of the pergoli from below Sansovino supported them with bands of Istrian stone. The pergoli themselves were made of colored marble: the Doric semi-columns were of pink *breccia* and the frames of the bronze reliefs of *pavonazzetto*, white marble with mauve or purple stains.[7]

The coro minore or presbytery located at the east end of the chancel was reserved for the clergy of the church. It contained the main altar, to which Sansovino added balustrades on each side and two smaller balustrades with a space between them in the center, and was raised by two steps from the coro maggiore.[8] The first row of pews on the right provided seating for five resident canons of the church and three subcanons, the

6 The relevant passages from the Sansovino-Stringa *Venetia città nobilissima* are quoted in the originals in Hopkins, *Santa Maria della Salute*, pp. 252-253, with some flaws in transcription and mistranslations on pages 141-142 (e. g. «Orators of the doge» for «gli oratori de' Principi,» correctly «the ambassadors of the [foreign] Princes»). The present account relies heavily on Boucher, *The Sculpture*, I, p. 56, and notes.

7 Boucher, *The Sculpture*, I, pp. 57-61.

8 See Boucher, *op. cit.*, II, figs. 177, 179.

second row seated two deacons and subdeacons, «in addition to other Priests, called Young Men of the choir [Giovani di coro].»[9] The throne of the primicerio or dean of the chapel, originally where the doge's throne now stood, was moved to the apse at the right of the altar.

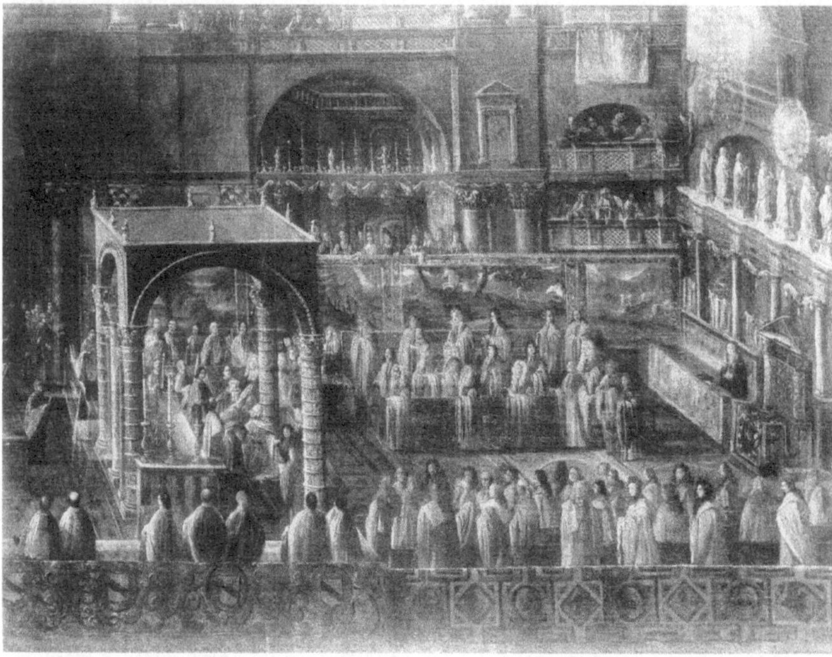

Fig. 2. «Ceremonia della consegna del pileo e dello stocco, donati dal pontefice Alessandro VIII a doge Francesco Morosini il Peloponnesiaco; fatta nel presbiterio della Basilica il 7 maggio 1690» («Ceremony of the bestowal of the bonnet and the sword, given by pope Alexander VIII to doge Francesco Morosini the Peloponnesian; done in the presbytery of the Basilica on 7 May 1690») (Venice, Civico Museo Correr, inv. Cl. I n. 1384).

The appearance of Sansovino's choir at the end of the seventeenth century is documented by a painting which has become a principal source of musical performance practice in the basilica (fig. 2). Originally in Ca'Morosini,

9 Sansovino-Stringa, *Venetia*, fol. 35ʳ, quoted in Hopkins, *Santa Maria della Salute*, p. 253, n. 22: «... oltre altri Preti, detti Giovanni [!] di coro.» These priests were not choir boys, as Hopkins renders the passage, but chant singers required «ad assister cottidianamente al coro, et in quello cantare, e salmeggiare» («to assist daily in choir, and there to sing, and chant psalms»: Sansovino-Stringa, *Venetia*, 84ᵛ).

it now forms part of the collection of the Museo Civico Correr.[10] It depicts the «Ceremony of the bestowal of the bonnet and the sword, given by pope Alexander VIII [Ottoboni] to doge Francesco Morosini the Peloponnesian; done in the presbytery of the Basilica on 7 May 1690» («Ceremonia della consegna del pileo e dello stocco, donati dal pontefice Alessandro VIII a doge Francesco Morosini il Peloponnesiaco; fatta nel presbiterio della Basilica il 7 maggio 1690»).[11]

Although musicologists usually reproduce the picture as an unicum, assign it to an anonymous painter, and date it «ca. 1690,» it actually forms part of a suite of seven canvases depicting the triumphs of doge Morosini. Far from being anonymous, the painter has irreverently replaced the traditional inscription on the book held by the Lion of St. Mark «Pax tibi Marce Evangelista meus» («Peace be to you, Mark, my Evangelist») with his own name, «Alessandro Piazza.»[12] The last canvas of the series, Piazza's depiction of the memorial triumphal arch dedicated to Morosini by the Senate, changes the actual date on the arch, 1694, to 1699, presumably the *terminus ante quem* of the set.

The sword with its sheath and baldric and the bonnet of crimson velvet embroidered with the dove of the Holy Spirit in pearls were blessed annually by the pope on Christmas Eve. A masculine version of the Golden Rose, they were «a gift that the Supreme Pontiff is accustomed

10 Museo Civico Correr, inventario Cl. I n. 1384; the picture is reproduced in Hopkins, *Santa Maria della Salute*, Color Plate IX; Fenlon, Iain, *The Ceremonial City: History, Memory and Myth in Renaissance Venice*, New Haven and London, Yale University Press, 2007, fig. 39; Moretti, Laura, *op. cit.*, fig.7; Howard, Deborah and Moretti, Laura, *Sound and Space in Renaissance Venice*, New Haven and London: Yale University Press, 2009, fig. 17. To add to the confusion, Boucher, «Jacopo Sansovino and the Choir,» fig. 9, reproduces the Ongania painting (see below) and attributes it to the Museo Correr, while in *The Sculpture*, II, fig. 146, he reproduces the Correr version. The Correr lists the canvas's provenance as «Acquisto Morosini-Gatterburg 1890.»

11 See p. 325 below.

12 The few archival notices about Piazza suggest that he was born in 1652; he was inscribed in the «Fraglia di pittori veneziani» between 1691 and 1700: see Favero, Elena, *L'arte dei pittori in Venezia e i Suoi statuti*, Florence, 1975, pp. 155, 200, 206, 215. Another set of pictures of Venetian subjects by Piazza («Regata in front of the Dogana», «Embarkation of the Doge on the Bucentauro», «Games in the Ridotto», «A Theatrical Performance»), signed and dated 1702, is currently in the Worcester Art Museum: see Taylor, Francis Henry, «Carnival in Venice» in *Worcester Art Museum News Bulletin and Calendar* XXII, 1957, pp. 14-23.

to make to those generals, who are well-deserving of the Catholic faith.»[13] (The actual sword presented in 1690 is still preserved in the Tesoro di San Marco.)[14]

The newly-elected Ottoboni pope was a Venetian and bestowed the sword and bonnet on doge Francesco Morosini for having regained, with financial and military aid from the papacy, «all and more that Venice had lost to the Turks in the Ionian Sea and the Morea» (i.e., the Peleponnesus, hence the epithet «Peleponnesian»). Morosini's victories provided a much-needed infusion of confidence for the Serenissima. Unfortunately, they included the siege of Athens in 1687, during which a Venetian gunner lobbed a shell through the roof of the still-intact Parthenon and blew up the Turkish ammunition-dump stored there.[15]

The Correr picture depicts the south side of the chancel of San Marco. In the organ gallery are visible seven singers conducted by a figure holding a roll of music. Further toward the rood screen are two balconies nicchie or pergoli one above the other. The upper pergolo contains three viole da braccio and a violone, the lower one holds three singers and a plucked string instrument. (Movers' bills show that organetti were also placed in the pergoli.) Through the rood screen, which is blanketed halfway up by curtains, can be seen a group of singers, presumably performing double-chorus *salmi spezzati* in the bigonzo.

And here we encounter the first of our two mysteries: the painting now in the Correr, reproduced in virtually every study of seventeenth-century Venetian music, is not identical with the painting of the same

13 Moroni, Gaetano, *Dizionario di erudizione storico-ecclesiastica da S. Pietro ai nostri giorni*, Venice: Dalla Tipografia Emiliana, 1851, 109 vols., I, pp. 253-254: «donativo che suol farsi dal Sommo Pontefice a que' generali, che sono benemeriti della cattolica religione.»

14 Illustrated in Montevecchi, Benedetta and Vasco Rocca, Sandra, *Suppellettile ecclesiastica*, Florence, Centro Di, 1988, p. 414; the bonnet presented by Innocent XI to John III Sobieski (along with the Golden Rose for his wife Maria Casimira) in 1684 to acknowledge his defense of Vienna against the Turk in 1683 is pictured in de Grèce, Michel, *Joyaux des Couronnes d'Europe,* Singapore, 1983, p. 132; Burns, Charles, *Golden Rose and Blessed Sword: Papal Gifts to Scottish Monarchs*, Glasgow, John S. Burns & Sons, 1970, pl. XV shows two hats presented to Ferdinand of the Tyrol in 1567 and 1581. The hat was sometimes presented balanced on top of the sword (*ibid.*, pl. XVI).

15 Lane, Frederick C., *Venice: A Maritime Republic*, Baltimore and London: Johns Hopkins Press, 1973, p. 410.

event reproduced by James Moore from a publication of 1888 by Ferdinando Ongania (fig. 3).[16]

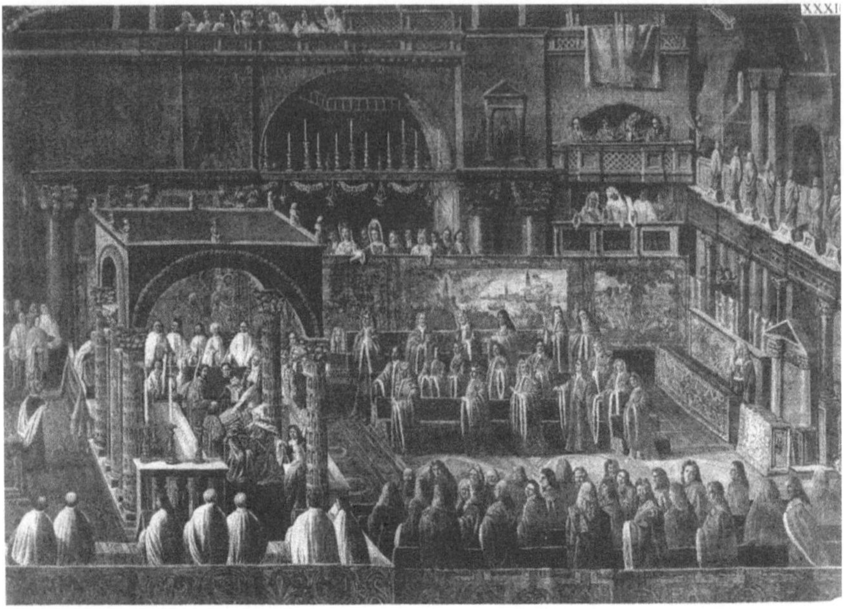

Fig. 3. «Ceremony of the bestowal of the bonnet and the sword ...» (Ferdinando Ongania, ed., *La Basilica di San Marco a Venezia* [Venice: Ongania, 1888], VII, reproduced in Moore, *Vespers at St. Mark's*, I, pl. 5, 108.)

At first sight, the two pictures seem more or less identical. (The Correr version is hung rather badly, so that detail is difficult to perceive.) The more closely one compares the two depictions, however, the more their discrepancies leap to the eye. The focus of the Correr canvas has been shifted slightly lower, so that the seven singers and the musician beating time with a roll of music (probably Giandomenico Partenio, vice-maestro di cappella for the ailing maestro Legrenzi in the years 1685-1691) of the Ongania

16 Ongania, Ferdinando, ed., *La Basilica di San Marco a Venezia*, Venice, Ongania, 1888, p. VII, reproduced in Moore, *Vespers at St. Mark's*, I, pl. 5, p. 108. Ongania was a publisher who devoted himself to collecting and preserving the lore of San Marco as a result of controversies concerning the restoration of the church. The situation is further confused by the fact that the catalogue of the Biblioteca Nazionale Marciana lists only two pamphlets under Ongania's name. See now Mazzariol, M., *Ferdinando Ongania 1842-1911: Editore in Venezia.* Catalogo. Venice: Querini Stampalia, 2011.

version are cut off at the top, while more of the inlaid patterns on the backs of the stalls in the bottom foreground is visible. The wreath-like object above the rood-screen in the Correr version is absent from Ongania. The subjects of the tapestries covering the stalls on the south side of the chancel are different: Ongania shows what seems to be a country scene and a view of Venice, while the Correr picture shows two hunting scenes. Neither corresponds exactly with the surviving tapestries, which, like the inlays that they covered, are divided into three scenes. The central panel of the large tapestry to be spread to the right of the ducal throne depicts Saint Mark baptising the Alexandrian, with the miracle of the lagoon and a summary view of Venice in the background. The tapestry shown by Ongania is closer to the left side of the surviving tapestry than the Correr version but is by no means identical.[17]

However, the most striking disconnect occurs in the two depictions of the crucial balconies holding the musicians. Both pictures are the first evidence of the two additional nicchie added above Sansovino's original pair. But the Correr version depicts both upper and lower balconies as identical, faced with squat pilasters and the latticework screening commonly employed in seventeenth-century musicians' galleries. This omits Sansovino's three relief bronze panels of miracles of Saint Mark, which in the Ongania version are correctly in place, as they have been since the mid-sixteenth century.[18]

17 Boucher, «Jacopo Sansovino and the Choir», p. 563. The tapestries still exist and were studied by Boucher. Their dimensions correspond to those of the panels of inlay that they cover. The two large ones, covering inlays of 17 × 5 Venetian feet, measure 17 × 4.5; the terminal panels, 8 x 5 feet, were covered by 9 × 4.5 tapestries (the measurements were given by Stringa: the actual measurements are 1.45 × 7.80 m. for the larger, 1.50 × 2.80 m. for the smaller). Dolcina, Loretta, *Arazzi della Basilica di San Marco*, Milan, Rizzoli, 1999, says that R. Gallo in his article, «Il tesoro di San Marco: gli arazzi» in *Rivista mensile della Città di Venezia* V, [1926], pp. 9-82, recognizes «the tapestries which are glimpsed in an unidentified engraving, held to be the reversed print of the negative of a painting by Alessandro Piazza depicting a solemn function in the Basilica. In reality, although they show strong resemblances with these [tapestries], they reproduce precisely only the composition of the miracle of the demons, with the view of the molo and the piazzetta of San Marco» (p. 144).

18 Forment, Bruno, «An enigmatic souvenir of Venetian opera: Alessandro Piazza's *Teatro* (1702)» in *Early Music* XXXVIII, 2010, pp. 387-401, discusses one of the Worcester canvases (see above), the theatrical performance signed and dated «Alessandro / Piazza /Fecce/ 1702» on a broadside in the picture. The painting supposedly represents a performance of a 1680 opera in the Contarini theater in Piazzola in Brenta. Forment proves that it in fact depicts a performance in a Venetian theater in 1702.

The very helpful officials of the Museo Correr pointed out to me that the Ongania illustration (of which I have so far been unable to trace either the original or the printed copy) seems to be reproduced by some intermediary process rather than being a direct photograph of a painting.[19] (Others of Ongania's voluminous publications on San Marco, on the other hand, employ exceptionally fine photographs.)[20] Thus it is possible that in the reproducing process Ongania may have manipulated the Correr painting to correct at least one glaring factual error, the omission of the Sansovino reliefs.

The second mystery: so far as I know, no previous student of the subject has observed that two of the four pergoli depicted (by implication) in the Correr and Ongania pictures have now disappeared (figs. 4a-b), nor has anyone thought to ask either when they were added or when they were removed. Only one balcony per side is now in existence, the ones faced with Sansovino's bronze reliefs – «the only one of Sansovino's contributions to the choir still in its original position.»[21]

The additional balconies, pergoli or nicchie, visible in the picture of the 1690 occasion were not there in 1604, when Giovanni Stringa's reworking of Francesco Sansovino's *Venetia città nobilissima* states clearly: «Above the seats of this choir there are two pergoli of marble, one per side, placed under two small vaults ... In these are seen six representations of [sacred] histories, three per pergolo, sculpted in bronze with beautiful artifice by Giacomo Sansovino.»[22] Neither were they present in Giustiniano Martinioni's 1663 revision of Sansovino's book: «Above the seats are two pergolas facing each other with three bronze *historie* for each pergola, containing the life of Saint Mark: sculpted by Sansovino.»[23]

19 I wish to thank Dott. Andrea Bellieni, Conservatore delle Collezioni Artistiche, and Dott. Camillo Tonini, Conservatore delle Collezioni Storiche of the Museo Correr for their generous assistance.

20 For example, *Dettagli di Altari, Monumenti, Scultura ecc. della Basilica di San Marco in Venezia Riprodotti dal vero in eliotipia da C. Jacobi*, Venice, Ongania, 1886, (Vassar College Library).

21 Boucher, «Jacopo Sansovino», p. 556; *Id., The Sculpture*, I, p. 56 and notes.

22 «Sopra i sedili di questo coro vi sono due pergoli di marmo uno per lato posti sotto due volti piccioli ... In questi veggonsi sei quadri d'historie, tre per pergolo, scolpite in bronzo con bellissimo artificio da Giacomo Sansovino» (Sansovino-Stringa, *op. cit.*, fol. 36^{r-v}).

23 VENETIA / CITTA NOBILISSIMA, / ET SINGOLARE, / Descritta in XIIII Libri / DA M. FRANCESCO SANSOVINO. / ... / CON AGGIUNTA / ... DA D. GIVSTINIANO MARTINIONI / ... / IN VENETIA, Appresso Steffano Curti. M

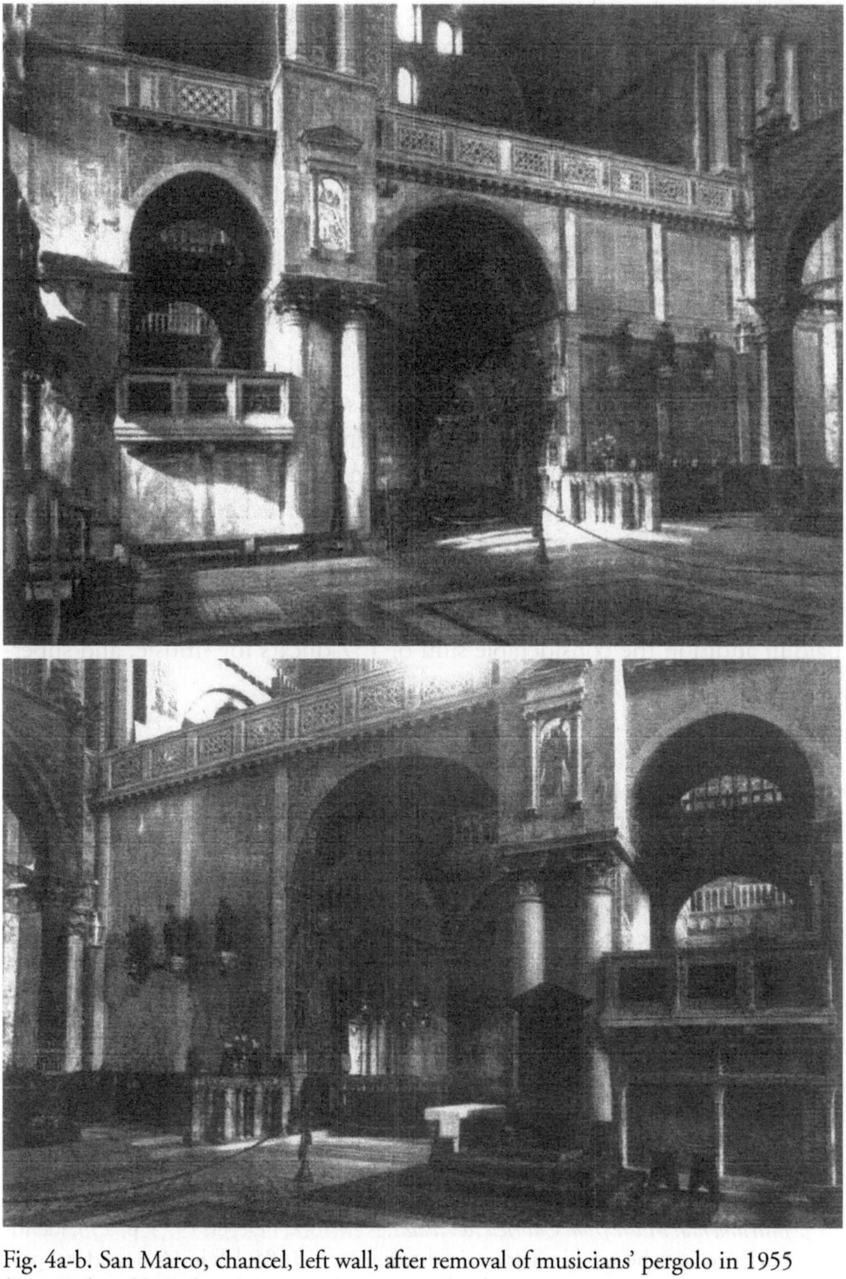

Fig. 4a-b. San Marco, chancel, left wall, after removal of musicians' pergolo in 1955 (Foto Böhm, Venice);
San Marco, chancel, right wall, after removal of pergolo in 1955 (Foto Böhm, Venice).

The second galleries on each side therefore were apparently added at some time between 1663 and 1699, the putative end-date of the Morosini pictures. They would thus be relatively late additions to the performing venues of San Marco rather than integral features of the tradition of Alessandro Grandi (whose sacred works were published in 1629, 1630), Giovanni Rovetta (sacred collections published in 1626, 1639, 1642, 1643, 1662), and Francesco Cavalli (*Musiche sacre*, 1656, *Vesperi a otto voci*, 1675): all except Cavalli's double-choir *Vesperi* (whose performing location would probably have been the bigonzo) were apparently issued before the addition of the second pair of pergoli.

Until the discovery of some hard archival documentation for the construction dates of the pergoli, there is one possible hypothesis: the pergoli may have been added for the ceremony of the sword and bonnet itself. The financial documentation of the occasion records nearly three hundred ducats for unspecified disbursements, exclusive of the music: «24 July 1690: For special expenses made for the ceremony of the Sword, and Bonnet sent by the Supreme Pontiff to the Most Serene Prince ... 296 [ducats].»[24] The vice-maestro di cappella, Giandomenico Partenio, was paid in addition the considerable sum of 157 ducats for «music, and supernumerary concerti.»[25]

DC LXIII (Biblioteca del Museo Civico Correr, 33/D/8), p. 101: «Di sopra à i sedili sono due pergoli dirimpetto uno all'altro con tre historie di bronzo per pergolo, continenti la vita di San Marco: scolpiti dal Sansovino.»

24 Venice, Archivio di Stato [VAdS], San Marco, Procuratia de Supra, serie Chiesa, Registro 17, Cassier 1684-1695 (unpaginated): «1690/24 luglio Per spese estraordinarie fatte per la fontione d[e]l Stocco, e Pileo mandato dal sommo Pontefice al Ser.mo Principe... [ducati] 296.» For purposes of comparison, Giovanni Rovetta's annual salary as maestro di cappella was three hundred ducats.

25 VAdS, San Marco, Procuratia de Supra, serie Chiesa, Registro 17, Cassier 1684-1695 (unpaginated): «1690/24... A D. Domenico Parzenio Vice-Maestro per musica, e concerti sopra numararij – 157»; the usual payment for supplementary musicians was something like twenty ducats: Moore, *op. cit.*, I, p. 311: doc. 148: VAdS, San Marco, Procuratia de Supra, Registro 12 (Giornali Cassier, 1639-1648); «1640. adi 19 maggio: P[er] spese d[ett]e//à Cassa d[uca]ti vinti [grossi] 8 contadi à 12 cantori estraord[ina]rij à [lire] 3 [grossi] 10 l'uno, et à12 Sonatori à [lire] 7 l'uno tolti p[er] agiunti al Vespero della vigilia dell'Assentione giusto l'ord[ina]rio ...» Selfridge-Field, Eleanor, *Venetian Instrumental Music from Gabrieli to Vivaldi*, New York, Praeger, 1975, p. 293, identifies Partenio, who was hired or received a raise 25.vii.1685, left in 1691, and was paid 120 ducats. He was deputising for the maestro di cappella, Giovanni Legrenzi, who had been ill for several years and died less than three weeks after the ceremony.

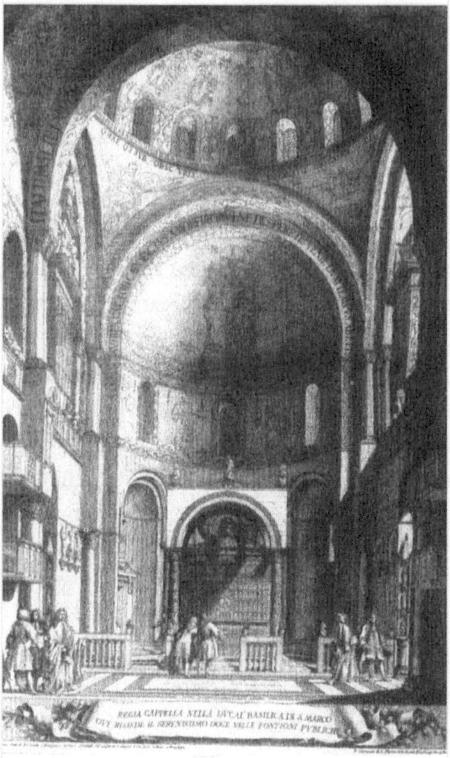

Fig. 5. Engraving of chancel, 1726, by Antonio Visentini, from *La Basilica di San Marco in Venezia illustrata nella storia e nell'arte da scrittori veneziani sotto la guida di Camillo Boito* (Venice: Ongania, 1888); this is identical with the Selfridge-Field jacket, credited to *L'augusta ducale basilica dell'evangelista San Marco nell'inclita dominante di Venezia* (Venice: Antonio Zatta, 1761). [Boucher II, fig. 144, reproduces floor plan as Visentini 1761; fig. 146 is Correr version of 1690; *Sound and Space*, fig. 18, gives an anonymous floor plan [not = Boucher] as ca. 1761, fig. 11 view of chancel given as Visentini, 1726].

Following the two Morosini pictures, the pergoli are clearly depicted in an engraving of 1726 by Antonio Visentini reproduced in 1761 by Antonio Zatta, *L'augusta ducale basilica dell' evangelista San Marco nell'inclita dominante di Venezia* (Venice: Zatta, 1761: fig. 5),[26] and in an undated engraving of the presentation of a new doge by Giovanni Battista Brustolon after Canaletto (Museo Correr). The pergoli were in place in 1770, when the English music historian Dr. Charles Burney visited San Marco:

> Wednesday 15 [August, the Feast of the Assumption of the Virgin]. I went this morning to St. Mark's church, at which, being a festival, the doge was present. I there heard high mass performed under the direction of Signor Galuppi, composer of the music.

26 Unique copy in the Biblioteca Nazionale Marciana, 2C 14; jacket illustration for Selfridge-Field, *Venetian Instrumental Music*. Reproduced in *Sound and Space*, fig. 11, from *La Basilica di San Marco in Venezia illustrata nella storia e nell'arte da scrittori veneziani sotto la guida di Camillo Boito*, Venice, Ongania, 1888.

> Upon this occasion there were six orchestras, two great ones in the galleries of the two principal organs and four less, two on a side, in which there were likewise small organs. The music, which was in general full and grave, has a great effect, through this church is not very happily formed for music, as it has five domes or cupolas, by which the sound is too much broken and reverberated before it reaches the ear.[27]

After Napoleon's annihilation of the Republic 1797, Sansovino's choir was subjected to drastic alterations, beginning with the removal of the doge's throne in 1798. On 19 October 1807, San Marco replaced the peripheral San Pietro di Castello as the cathedral of Venice, and the Roman rite was imposed in place of the Saint Mark's liturgy. Sansovino's balustrade for the high altar was dismantled in 1834, and restoration projects for the choir were undertaken in 1848 and 1850. The final vestiges of the original seating arrangement with Sansovino's inlaid decorations of the choir stalls were removed in the 1950s. All this despite the prophetic warning of a Venetian nobleman in 1821 that «San Marco was built as a Ducal Chapel and not for episcopal functions. Altering the Holy of Holies … would be a crime of real profanation … Beginning to undertake changing that Chapel would have no end.»[28]

As late as 1852 the two upper galleries were still in existence and were apparently still employed for music, as the epigrapher Emmanuele Cicognara wrote to his protégé the historian of Venetian music Francesco Caffi:

> Above these seats [in the choir] there are still seen four pergolas [pergoli], or boxes [palchetti], or balconies [poggiuoli], two on each side of the Chapel one above the

27 *The Present State of Music in France and Italy*, London, 1771, 173f., quoted in Mason, Wilton, «The Architecture of St. Mark's Cathedral [sic] and the Venetian Polychoral Style: A Clarification» in *Studies in Musicology: Essays in the History, Style, and Bibliography of Music in Memory of Glen Haydon*, ed. Pruett, James W., Chapel Hill, University of North Carolina Press, 1969, pp. 163-178, p. 178. Burney's journal recounts, «Count Bujovich then conducted me through the [ducal] palace into the great org. loft of St. Mark's Cathedral, where I heard the Mass performed by 6 Choirs and 6 Orchestras, conducted by Signor Galuppi the State maestro di Capella, and composer of the Music»: *An Eighteenth-century musical tour in France and Italy*, ed. Scholes, Percy A., London, Oxford University Press, 1959, p. 131.

28 «San Marco fu fatto per Cappella Ducale e non per le funzioni vescovili. L'alterare la Sancta Sanctorum … sarebbe delitto di vera profanazione … Il cominciare a metter mano variando in quella Cappella non troverebbe piu fine» (Leopoldo Cicognara to the Accademia delle belle arti, quoted in Zorzi, Alvise, *Venezia scomparsa*, [Milan, 1972], I, p. 182).

> other. On the lower ones are the shining casts in bronze of Sansovino with stories of Saint Mark; the two upper ones have only pierced projecting balustrades [parapetti]. All four of these balconies in times past were at the disposal of the Chapel music; but those that have the bronze served also for the ambassadors or foreign residents accredited to the Venetian republic; and nowadays they are exclusively for the use of distinguished personages ... You will have often observed, that the structure of the balustrades of these balconies is quite different from the style of the other parapets, gathered here and there, both in different forms and lengths ...[29]

The additional pergoli were finally removed in the renovations of the early 1950s detailed in a brief article by Sansovino's eventual successor as proto, Ferdinando Forlati, published in 1955, which adds a few significant details:

> Another opportune task was the dismantling of the two decaying wooden tribunes from the beginning of the eighteenth century (one of them was false, that is, not practicable) placed above those with bas-reliefs in bronze by Sansovino that we see at the sides of the presbytery.

In the course of this dismantling a new mosaic was uncovered:

> It is a matter of a well-preserved strip of a whole large area unfortunately with all probability destroyed at the time of the construction of the unfortunate wooden tribune which has now been removed ...[30]

29 «Sopra questi sedili [del coro] veggonsi tuttora quattro pergoli, o palchetti, o poggiuoli, due per lato della Cappella un sopra l'altro. Negl'inferiori sonvi i nitidissimi getti di bronzo del Sanzovino con fatti di san Marco; i due superiori non hanno che li parapetti traforati sporgenti in fuori. Tutti e quattro cotesti poggiuoli erano ne'tempi andati a disposizione della musicale Cappella; ma quelli che hanno i parapetti di bronzo servivano eziandio agli ambasciadori o residenti esteri presso la Veneta repubblica; ed oggidì sono esclusivamente ad uso di personaggi distinti ... Già avrai piu volte osservato, che la struttura dei parapetti di cotesti poggiuoli è ben diversa dallo stile degli altri parapetti, qua e là raccolti, e di forme e di lunghezze diverse ...» letter of Emmanuele Cicogna, Venice 5 May 1852, to Francesco Caffi, quoted in Caffi, *Storia della musica sacra nella già cappella ducale di S. Marco in Venezia (dal 1318 al 1797)*, ed. Surian, Elvidio, Florence, Olschki, 1987, p. 456.

30 Forlati, Ferdinando, «Lavori a San Marco» in *Arte Veneta* IX, 1955, pp. 241-242. 241: «Altra opera providenziale è stato lo smontaggio delle due cadenti tribune in legno dei primi del settecento (una era finta, cioè non praticabile) sovrapposte a quelle con bassorilievi in bronzo del Sansovino che vediamo ai lati del presbiterio ...» In the course of this a new mosaic was uncovered: «Trattasi di un lacerto ben conservato di tutta una larga zona purtroppo con ogni probabilità distrutta all'epoca della costruzione dell'infelice tribuna lignea ora tolta ...»

The depictions of the 1690 ceremony may lead us to certain conclusions. At functions in San Marco the doge had originally been seated outside the rood-screen in the bigonzo. Owing to Andrea Gritti's gout and corpulence he moved inside to a throne to the right of the opening in the rood screen, displacing the primicerio, and Sansovino transformed the chancel into a new chamber of state for the doge and the Signoria. At an undetermined date the *salmi spezzati*, which may originally have been performed from Sansovino's pair of facing pergoli, were transferred to the bigonzo. With the addition of the second pair of pergoli above the original two and the closing of the openings in the rood screen by curtains, the chancel of the basilica became a self-contained site for musical performances directed at the doge and high officials seated there rather than at the congregation in the nave. (It is important to remember that under the Republic the basilica was the private chapel of the doge, not the cathedral of the city.)[31] The Canaletto-Brustolon depiction of the presentation of a new doge, carried in a portable tub, to the Venetian populace in the nave of San Marco suggests a distinction between the aristocratic chancel and the rowdy plebeian nave.

As Burney remarked in 1770, there were six possible performing areas in the chancel: the two large organ lofts and the four pergoli, two to a side. Although the use of the facing organ galleries for polychoral music has been disproved for the *salmi spezzati*, Burney's description and other indications show the use of the practice in the eighteenth century. By this time the music may have been directed toward the nave as well as the chancel, with the resulting acoustical unclarity noted by Burney.

If we consider the chancel of the basilica as an enclosed space, it encompasses a relatively small area, of which the coro maggiore occupies about 10 ×11.5 meters. The highly satisfactory acoustic thus created was verified empirically in 2007 by performances in the basilica by the choir of St. John's College, Cambridge, under elaborate scientific control. While the north organ gallery (from which the choir of the basilica now per-

31 A similar situation obtained in Rome for the annual Corpus Domini procession, in which the pope was carried around St. Peter's square apparently kneeling before a monstrance containing the Sacrament (he was actually seated on a low stool concealed by his cope). While the choir performed appropriate liturgical chants, the pontiff was entertained with motets by a small group of solo singers, the «consertino,» placed near his *thalamo*.

forms) produced a satisfactory resonance for the organ, it was acoustically unsatisfactory for solo and choral vocal music heard from the chancel as well as from the nave.

For the performance in 2007 of a double-choir psalm with a four-part choir in each pergolo, in the chancel «the clarity of sound was remarkable ... In other words, the chancel behaves as a church-within-a-church.» A performance of a six-part motet in the bigonzo, with the singers facing into the chancel as in Canaletto's famous drawing of 1766 (fig. 1), produced «a beautifully blended sound that projected well into the chancel.»[32] Oddly enough, the Cambridge group did not attempt to duplicate the most striking of the revisions of our concept of musical performance in St. Mark's, the execution of eight-part double-choir *salmi spezzati* not by choirs of equal size from the widely separated facing organ balconies, but by a choir of four soloists and a ripieno choir cheek by jowl in the bigonzo.

Abstract

The article examines two versions of a painting frequently employed as evidence of musical performance practice at St. Mark's in Venice in the later seventeenth century. A closer consideration of the representations shows that they differ from many of the statements and assumptions made about them.

32 *Sound and Space*, pp. 39, 41.

Georges Starobinski

Premières voix du lied schumannien

On peut beaucoup apprendre des chanteurs et des cantatrices,
mais il ne faut pas accepter tous leurs conseils[1].

«Les bons *Liedersänger* sont presque encore plus rares que les bons compositeurs de lieder[2]», déplorait Schumann en 1842, à l'occasion d'un compte rendu dans sa revue, la *Neue Zeitschrift für Musik*. Ce constat n'allait pas de soi, s'agissant d'un genre qui appartenait encore largement au domaine privé. C'est pourtant là le symptôme d'un décalage significatif entre valeur esthétique et conditions de réalisation, qui s'est manifesté dans les genres romantiques destinés au monde des salons de la bourgeoisie cultivée. Ce fut le cas pour le lied dès l'instant où l'ancien idéal de simplicité fit place à une plus grande complexité musicale et psychologique, c'est-à-dire principalement à partir de Schubert. Et ce n'est pas un hasard si c'est aussi avec Schubert que commence la série des complicités légendaires entre compositeurs et *Liedersänger* professionnels, qui s'est poursuivie jusqu'à nos jours.

La collaboration inaugurale entre Schubert et Michael Vogl (1768-1840) revêt une signification exemplaire, tant elle fut riche et productive, aussi bien en ce qui regarde la conception des œuvres que leur interprétation. De près de trente ans l'aîné du compositeur, le baryton avait à son actif au moment de leur rencontre, en 1817, une longue expérience de la scène et une remarquable culture littéraire. Schubert tint compte de ses suggestions dans le choix des poèmes et des particularités de sa voix dans la composition de certains de ses lieder. En concert, leur accord était d'une perfection dont Schubert était lui-même parfaitement conscient: «La façon qu'a Vogl de chanter et moi d'accompagner, comment nous semblons,

1 Schumann, Robert, *Musikalische Haus- und Lebensregel* (1850), in: *Album für die Jugend*, Henle, 2007, p. 62.

2 Schumann, Robert, «Liederschau», in *Gesammelte Schriften über Musik und Musiker*, éd. Simon, Heinrich, Stuttgart, Reclam, 1888-89, III, p. 112. Traduction de l'auteur, ainsi que toutes les citations suivantes.

dans ces moments, ne faire plus qu'un est pour ces gens quelque chose de complètement nouveau, d'inouï[3]». Qu'ils aient été publics ou privés, de tels concerts ont valeur de référence pour un historien de l'interprétation qui cherche à repérer le moment décisif où le compositeur voit ses œuvres réalisées au plus proche de ses intentions.

Qu'en est-il de Schumann? Qui furent les interprètes de la première heure de ses grands cycles de lieder, ceux en qui il se reconnut pleinement? On sait que plus de la moitié de l'ensemble de ses 250 lieder virent le jour en quelques mois durant l'année 1840, après une décennie exclusivement consacrée à la composition de pièces pour piano. Cette extraordinaire productivité était-elle motivée par la rencontre d'un chanteur, voire d'une charmante cantatrice, comme l'a un instant soupçonné Clara Wieck dans un accès de jalousie? Tel n'est pas le cas. Ces chefs-d'œuvre sont nés au contact de la seule poésie, mais à distance de toute voix concrète et même du piano: «Le plus souvent, je compose debout ou en marchant, pas au piano. C'est une tout autre musique que celle qui ne passe pas d'abord au travers des doigts, tellement plus directe et mélodieuse. J'en ai aussitôt joué et chanté quelques-uns à Hiller, Verhulst et autres [4]».

Schumann fut ainsi, en privé, le premier interprète de ses lieder. Il n'en allait d'ailleurs pas autrement pour la plupart des compositeurs de lieder, qui furent en majorité des pianistes, et chantaient au piano pour leur entourage, si ce n'est pour de plus vastes publics, comme le fit avec grand succès Carl Loewe. On sait que Schumann avait eu plaisir à chanter dans des ensembles vocaux durant ses jeunes années, aussi bien à Heidelberg (chez Justus Thibaut) qu'à Leipizig. Lorsqu'il écrit à Clara qu'il a «tant de musique en [lui] qu'il aimerait chanter toute la journée[5]», qu'il devrait passer à autre chose mais en est incapable[6], ce sont là davantage que des images poétiques: des réalités sonores.

Le contraste entre la foison de lieder produits en quelques mois et l'absence de chanteurs professionnels dans l'entourage immédiat du compositeur n'en demeure pas moins frappant. On prend toute la mesure de

3 Lettre adressée le 12 septembre 1825 à son frère Ferdinand après un concert à Salzbourg, in: Deutsch, Otto Erich, *Schubert, Die Dokumente seines Lebens*, Kassel, Bärenreiter, 1964, p. 314. C'est Schubert qui souligne.

4 Schumann, Clara und Robert, *Briefwechsel.* Kritische Gesamtausgabe, éd. Weissweiler, Eva, Francfort, Stroemfeld/Roter Stern, 1987, III, p. 947 (24 fév. 1840).

5 *Ibid.*, III, p. 1013 (2 mai 1840).

6 *Ibid.*, III, p. 1053 (31 mai 1840).

cette situation en repensant à la genèse de ses œuvres pour piano. Les vingt-trois premiers opus des années 1830 étaient nés à l'instrument. Composer signifiait mettre en forme une donnée sonore concrète et familière. Le passage de la conception à la réalisation se déroulait sous le signe d'une continuité harmonieuse, assurée tout d'abord par le compositeur lui-même, puis, à partir du moment où il fut contraint de renoncer à jouer, par Clara Wieck et quelques autres pianistes admirés. A l'opposé, les lieder de l'année 1840 ne furent tout d'abord destinés à aucune voix concrète, mais plutôt à une sorte de voix idéale. Celle-ci n'était pas pour autant purement imaginaire. L'idéal vocal schumannien était né au contact de la réalité.

Dans les lignes qui suivent, je tenterai d'établir un état des lieux sur cette question. Nous évoquerons d'abord les expériences vocales antérieures à la grande année du lied. Les meilleurs *Liedersänger* que Schumann entendit avant 1840 étaient actifs à Vienne. C'est par là que nous commencerons. Puis nous reprendrons les choses de plus loin, en évoquant ses premiers pas dans le domaine du lied. Il s'agira ensuite de voir à quels chanteurs Schumann confia ses pages vocales et quels furent ses jugements critiques, ainsi que ceux de Clara, qui fut le plus souvent leur partenaire au piano. Cela nous mènera à la seconde période du lied schumannien, celle de Dresde et de Düsseldorf, au cours de laquelle de nouvelles voix apparurent dans l'entourage du compositeur. L'image qui se constituera au long des évocations est cependant à la fois lacunaire et imprécise. Elle est lacunaire, car elle demanderait à être complétée par une reconstitution minutieuse du répertoire de concert de chacun des interprètes, ainsi que par sa fortune critique. Cette enquête aurait dépassé les limites de la présente étude[7]. Quand à l'imprécision de l'image qui devrait apparaître au terme de ces lignes, elle est le lot de toute histoire des interprétations antérieures à l'invention de l'enregistrement sonore. Les témoignages écrits ne permettent que d'esquisser les impressions musicales qui sont à la portée des mots. Cette esquisse n'en permettra pas moins de constater combien la réalité que connut Schumann diffère à cet égard de celle qui s'est constituée ultérieurement.

7 Un tel travail a déjà été réalisé au sujet du répertoire d'Amalie Joachim, dont l'activité eut cependant lieu après la mort de Schumann. Voir Borchard, Beatrix, *Stimme und Geige*, Vienne, Böhlau, 2005.

Vienne 1838

A l'occasion d'un séjour prolongé à Vienne (1838-39), Schumann ne manqua pas une occasion d'aller écouter de bons chanteurs. Parmi ceux-ci, le baron Carl von Schönstein (1796-1876), qui avait étroitement collaboré avec Schubert. Faute de pouvoir entendre Michael Vogl, qui n'était plus actif à ce moment, Schumann trouva en Schönstein l'exemple d'une tradition vivante dans l'art du lied. Bien entendu, Schönstein n'avait pas la même expérience vocale que Vogl, qui, avant de se consacrer aux lieder de Schubert, avait mené une carrière importante sur les scènes d'opéra. L'activité principale de cet aristocrate se déroulait à la cour impériale de Vienne, où il assuma diverses charges administratives. Mais l'usage sensible et naturel qu'il faisait de sa voix de baryton aux aigus de ténor lui valut l'admiration de Schubert qui, selon le chanteur, «prit le plus souvent [sa] voix en considération dans ses lieder[8]». Le fait que le compositeur lui ait dédié *Die schöne Müllerin* en dit long sur l'admiration qu'il portait à ce dilettante inspiré.

Après l'avoir entendu, Schumann nota dans son journal intime: «Le Baron Schönstein, qui chante bien (*der schön singt*) les lieder de Schubert[9]». Cette note trop brève peut être complétée par un témoignage contemporain plus détaillé, celui de Franz Liszt, qui entendit lui aussi le chanteur dans des lieder de Schubert:

> Le baron von Schönstein les déclame avec l'art d'un grand artiste, et les chante avec les sentiments les plus simples d'un dilettante qui s'abandonne à ce qu'il ressent sans se préoccuper de ses auditeurs[10].

Simplicité expressive et prégnance déclamatoire: c'est exactement ce que Schumann attendra d'un bon *Liedersänger*. Un interprète qui n'accorde aucune attention au public semble chanter pour lui-même. Cet apparent monologue le met à l'abri de l'affectation, des effets théâtraux. De plus, chanter pour soi n'est jamais un devoir imposé par le rendez-vous du concert. C'est faire de la musique par nécessité intérieure, pour le bonheur de

8 Cité in *Schubert-Lexikon*, éd. Hilmar, Ernst & Jestremski, Margret, Graz, Akad. Druck- und Verlagsanstalt, 1997, p. 401.

9 *Tagebücher*, *op. cit.*, II, p. 88 (Mars 1839).

10 Cité in *Schubert-Lexikon, op. cit.*, p. 401.

la vivre. Schönstein *semblait* ne faire aucun cas de ses auditeurs, mais en vérité, il ne cessait de s'adresser à eux par son art consommé de la déclamation. Il s'abandonnait à la part irrationnelle de la musique tout en conservant la plus haute conscience de la nécessité de rendre compréhensible le poème qui l'avait inspirée.

Le journal intime de Schumann nous apprend de surcroît que peu après son arrivée à Vienne, il rencontre chez l'éditeur Haslinger le ténor amateur Ludwig Titze (1789-1850), à qui Schubert avait confié la création de plusieurs de ses lieder et quatuors vocaux lors de concerts publics et privés. Schumann l'a-t-il entendu, voire accompagné? Apparemment pas, mais il trouve suffisamment d'intérêt à sa conversation pour l'inviter chez lui peu après leur première rencontre. On sait, en revanche, qu'il va plus d'une fois écouter au Kärntnertortheater la basse Josef Staudigl (1807-1861), qui compte parmi les défenseurs les plus actifs du lied schubertien à un niveau international. Schumann fait sa connaissance, est frappé par son tempérament jovial, ses multiples talents (la chasse, le billard), et surtout par son art: «en tant que chanteur, c'est un maître, le meilleur à Vienne[11]». Même si Staudigl n'a pas connu personnellement Schubert, il est à cette époque considéré par certains critiques comme l'un des *Liedersänger* les plus accomplis de sa génération[12].

Toujours à Vienne, Schumann doit une troisième «révélation» vocale au ténor Salomon Sulzer (1804-1890), qui fut lui aussi, quoique plus passagèrement, en contact avec Schubert. Né en 1804 à Hohenems dans le Vorarlberg, Sulzer fut cantor de la synagogue de sa ville natale dès l'âge de seize ans, puis étudia à Karlsruhe et à Vienne, où il s'établit jusqu'à sa mort, en 1890. En qualité d'*Oberkantor* de la communauté juive de Vienne, il réalisa une réforme du chant synagogal et édita un recueil de chants sacrés *Schir Zion (Chants de Sion)*, pour lequel il passa des commandes à Beethoven, Ignaz Seyfried (qui fut son maître de composition), Drechsler et Schubert. Ce dernier mit en musique, en juillet 1828, le *Psaume 92* pour baryton solo, quatuor vocal et chœur mixte (D. 953), dont Sulzer assura aussitôt la création. Schumann rencontra Sulzer en décembre 1838 à l'occasion d'un récital de piano auquel ils étaient tous deux venus assister, il fut à plusieurs reprises son hôte et alla l'écouter à la synagogue.

11 *Tagebücher, op. cit.*, II, p. 88 (mars 1839).
12 *Schubert-Lexikon, op. cit.*, p. 444.

Il appréciait non seulement «sa superbe voix de ténor», «la plus belle de Vienne[13]», mais aussi sa personnalité, «un artiste dans tout ce qu'il fait[14]».

A une époque où Schumann plaçait encore «les compositions vocales au-dessous de la musique instrumentale[15]», ces rencontres éblouissantes avec de grands *Liedersänger* durent favoriser plus ou moins consciemment l'éclosion de 1840. Comment ne pas penser au rôle que joua à la même époque, dans sa décision d'écrire pour l'orchestre, sa découverte de la *Symphonie en Do* de Schubert chez le frère du compositeur à Vienne? En l'occurrence, ce sont certes moins des œuvres que des interprètes qui sont en question, mais leur lien avec Schubert n'a certainement pas laissé Schumann indifférent[16]. Et l'on peut imaginer que si Schumann avait réalisé son projet d'installation dans la ville impériale, il aurait souhaité entendre ses propres lieder chantés par les voix qu'il y avait découvertes. De retour à Leipzig, il aurait pu chercher à cultiver les contacts qu'il avait noués avec ces Schubertiens de la première heure, voire leur dédier l'un ou l'autre de ses cycles de lieder. Il n'en fit rien. Et lorsqu'il s'est agi de leur trouver des interprètes, il fut assez emprunté.

N'ayant pu rencontrer dans son entourage leipzigois des *Liedersänger* convaincants, Robert s'est adressé à Clara, qui séjournait en cette année 1840 à Berlin, lui suggérant de s'adresser au ténor Eduard Mantius (1806-1874). Membre de la troupe de l'opéra, mais aussi très apprécié au concert, dans les domaines du lied (auquel il contribua même comme compositeur) et de l'oratorio, Mantius avait été plus d'une fois invité par Felix Mendelssohn à participer à des soirées musicales privées. Robert ne le connaissait cependant pas personnellement, si bien que c'est assez timidement qu'il suggéra à Clara de lui remettre ses *Eichendorff-Lieder*, si cela ne lui

13 Schumann, Clara und Robert, *Briefwechsel*, op. cit., II, p. 441 (13 mars 1839).

14 *Tagebücher, op. cit.*, II, pp. 84 & 88 (décembre 1838 & mars 1839). Sulzer n'était pas préoccupé que de questions musicales. Son engagement politique en faveur des insurgés de 1848 lui vaudra d'être condamné à mort, sentence finalement commuée en une peine de huit mois de prison.

15 *Robert Schumanns Briefe. Neue Folge*, éd. Jansen, Gustav, Leipzig 1904, p. 143.

16 Selon John Daverio, ce sont des raisons financières qui auraient incité Schumann à se consacrer en 1840 au lied, dont le succès commercial était garanti par l'important marché des amateurs. Il est vrai qu'à cette époque où il tenait à prouver à Wieck qu'il était en mesure d'entretenir sa fille, Schumann mentionne à plusieurs reprises avec fierté les revenus qu'il tirait de la vente de ses lieder. Voir notamment *Schumann, Clara und Robert, Briefwechsel*, op. cit., III, pp. 958 & 1044.

semblait «pas trop importun[17]». Le projet demeura sans lendemain[18]. L'un des plus importants cycles de lieder de l'histoire peinait à prendre pied dans le monde des chanteurs professionnels. Ce n'est là en vérité que le premier d'une série de rendez-vous manqués avec la voix masculine qui jalonnent l'histoire du lied schumannien. Dès cet instant, celui-ci fut essentiellement l'affaire de cantatrices. A vrai dire, cela avait déjà été le cas dès le départ, c'est-à-dire dans les années où la vocation musicale du jeune Schumann était encore hésitante.

Initiation

Sur le seuil des œuvres qui ont marqué le répertoire vocal, il y a souvent la voix d'une femme aimée, voix modeste et qui ne figure pas dans les annales du chant, mais n'en joue pas moins un rôle crucial dans l'imaginaire des compositeurs aussi bien que dans leur vie affective. Pensons notamment à ce que furent les sopranos Therese Grob pour Schubert, Johanna Richter pour Mahler ou encore Marie Vasnier pour Debussy. Schumann connut cette expérience initiale à dix-sept ans avec Agnes Carus, de huit ans son aînée, qui devait mourir en 1839, peu avant qu'il ne revienne au lied. C'est par sa voix qu'il découvrit les lieder de Schubert et de Marschner. Mariée à un médecin et mère de famille, Agnes Carus fut pour Schumann, à Zwickau tout d'abord puis à Leipzig, l'inspiratrice de sentiments interdits, d'œuvres vocales passionnées, composées parfois sur ses propres poèmes, et de textes d'un lyrisme juvénile: «Son image sainte repose éternellement dans mon âme, et mon sein exhalait au lever de mon soleil de jeunes lieder et des sons, comme les colonnes de Memnon, qui ne résonnent que le matin, lorsque le soleil les atteint [...][19]».

17 *Ibid.*, III, p. 1038 (5 mai 1840).

18 *Ibid.*, III, p. 1038 (19 mai 1840). Faute de mieux, Robert pria Clara de remettre ses partitions à l'alto *Sophie* Schloss (dont il sera encore question par la suite), alors qu'il considérait qu'elle n'avait «pas assez d'esprit pour bien les chanter», ce qui était aussi l'avis de Clara. Voir: Schumann, Clara und Robert, *Briefwechsel*, *op. cit.*, p. 1018, (5 mai 1840).

19 *Tagebücher*, *op. cit.*, I, p. 86 (1828).

A la fois inspiratrice et première interprète, Agnes Carus offrait à Schumann la possibilité de «tester» ses lieder aussitôt composés, fut-ce avec les capacités limitées d'une dilettante éclairée. Conditions idéales qui, on l'a vu, ne devaient pas se répéter durant la grande année du lied, en 1840, mais qui néanmoins rendirent le jeune compositeur attentif au fait que la proximité affective n'était pas toujours garante de compréhension artistique: «Mes lieder portent certainement l'empreinte véritable de mon moi; mais aucun être ne peut restituer ce que le génie a créé, pas même elle, qui a mal chanté les plus beaux passages, et ne m'a pas compris[20]». On voit que même à une époque où il n'avait entendu que peu de chanteurs, et où il n'était pas toujours maître de l'écriture vocale[21], Schumann se faisait une idée très précise de la manière dont ses lieder devaient être interprétés.

Son voyage en Italie, en 1829, lui fournit l'occasion de compléter sa culture vocale à la Scala de Milan, où il entendit les maîtres du bel canto. A l'écoute de la soprano Henriette Méric-Lalande (1799-1867) ou du ténor Antonio Tamburini (1800-1876), tous deux proches de Bellini, il y avait de quoi oublier Agnes Carus, comme il l'avoua dans une lettre adressée à sa belle-sœur Therese[22]. Mais c'est la célèbre Giuditta Pasta (1797-1865), qui lui procura l'expérience musicale la plus marquante de ces années:

> Il n'y a qu'une soirée dans ma vie, où j'ai eu l'impression que Dieu se tenait devant moi et me permettait de le dévisager ouvertement et doucement pour quelques instants, et c'était à Milan, en entendant la Pasta chanter Rossini[23].

On le voit, autant que Chopin, Schumann fut sensible à la beauté des grandes voix d'opéra. Même dans les années 1830, où il réservait toute son énergie créatrice au piano, il continuera de leur porter la plus grande attention, que ce soit au théâtre municipal de Leipzig, dont le directeur

20 *Ibid.*, I, p. 112 (août 1828). Ce sentiment d'incompréhension ne fut que passager, comme en témoigne une entrée un peu plus tardive du journal intime de Schuman. *Ibid.*, 119 (août 1828).

21 Voir par exemple la ligne vocale de *Lied für XXX*, sur un poème de Schumann lui-même. Pour un commentaire à ce propos, voir Johnson, Graham, «The early and unknown songs of Robert Schumann», in *The Songs of Robert Schumann*, vol. 8, Londres, Hyperion, 2002.

22 Lettre du 16 septembre 1829, citée in: Wasielewski, Wilhelm Joseph von, *Robert Schumann*, Bonn, Emil Strauss, 1880 [1857], p. 45.

23 Lettre à Friedrich Wieck in *Jugendbriefe von Robert Schumann, op. cit.*, p. 81 (6 novembre 1829).

n'était autre que son maître de contrepoint, Heinrich Dorn (chez qui étudia également Clara Wieck), ou sur des scènes plus distantes. Il est à cet égard significatif qu'il ait pris la peine, avant même que cela n'appartienne à ses devoirs de rédacteur de la *Neue Zeitschrift für Musik,* de consigner les prises de rôle des chanteurs les plus importants du moment, Nourrit, la Malibran et sa sœur Pauline García, ou encore Wilhelmine Schröder–Devrient. A ces voix lointaines, ou de passage à Leipzig, s'ajoutait cependant celle de la musicienne qui a le plus compté dans sa vie: Clara Wieck.

Clara Wieck

«Si tu as une bonne voix, n'hésite pas un instant à la cultiver, en la considérant comme le plus beau don que le ciel t'ait accordé!» recommandera Schumann dans ses *Conseils aux jeunes musiciens*, en exhortant les jeunes instrumentistes à saisir toutes les occasions de chanter, dans les chœurs ou en solo[24]. Que Clara ait reçu ce «don du ciel» n'est guère surprenant. Sa mère, Marianne Tromlitz, principalement pianiste, avait une voix assez formée pour chanter en soliste au Gewandhaus de Leipzig. Après avoir quitté sa famille, alors que Clara n'avait pas cinq ans, elle épousa Adolph Bargiel, qui avait fondé six ans auparavant une école de chant à Leipzig, avant de poursuivre ses activités à Berlin. Quant à Friedrich Wieck, il était, lui aussi, connaisseur en matière de voix, et se mit à enseigner le chant à Dresde en 1840, dans l'année même où Robert se consacrait à la musique vocale. Son livre *Clavier und Gesang. Didaktisches und Polemisches* (1853) témoigne de la double orientation de ses activités pédagogiques. Il prit donc lui-même en charge la formation vocale de Clara lorsque celle-ci était dans sa quatorzième année, non seulement en lui prodiguant des leçons de chant, mais aussi en l'emmenant assister à toutes les productions du théâtre de Leipzig, sorties préparées au préalable par l'étude de la partition des opéras. Il faut croire que cette formation porta ses fruits car Clara atteignit un niveau suffisant pour être envoyée à Dresde chez un pédagogue réputé, Johann Aloys Miksch[25] (1765-1845), qui avait compté

24 Robert Schumann, *Musikalische Haus- und Lebensregel, op. cit.*, p. 62.
25 Les Schumann le revirent en août 1842. Cf. *Tagebücher, op. cit.,* II, p. 236.

Wilhelmine Schröder-Devrient parmi ses disciples. On aurait tort de considérer cette formation vocale comme une obligation imposée à une pianiste prodige par un père autoritaire. Alors qu'elle prenait ses distances avec ce dernier lors de son séjour parisien de 1839, Clara envisagea de prendre des leçons chez un maître réputé pour l'élégance de son style dans le chant italien, le ténor Giulio Bordogni (1789-1856), «bien que la leçon coûte 20 Francs!»[26]. On mesure ainsi combien elle prenait au sérieux cet aspect moins public de ses activités musicales. Et il est certain que si elle avait résidé auprès de Robert durant les mois de 1840 où chaque jour voyait naître un nouveau lied, elle en aurait été la première interprète. Elle passa cependant la plus grande partie de l'année chez sa mère et son beau-père, à Berlin, tandis que Robert se battait en justice pour obtenir sa main. L'année du lied fut une période de séparation imposée.

Il en est résulté jusqu'à leur mariage, au mois de septembre, une intense correspondance, où bien des lettres étaient accompagnées d'un manuscrit musical, aussitôt chanté par Clara pour elle-même, mais aussi pour ses proches, dont elle rapportait les réactions enthousiastes à Robert. Celui-ci vivait ainsi au quotidien les vers conclusifs du cycle *An die ferne Geliebte* d'Alois Jeitteles, qu'il avait allusivement introduits dans ses pages instrumentales par le relais de la musique de Beethoven: «Et que tu chantes ce que j'ai chanté [...] Alors s'effacera au son de ces lieder / Ce qui nous tenait si loin l'un de l'autre / Car un cœur aimant reçoit / Ce qu'un cœur aimant lui a dédié». On comprend qu'à la première occasion de retrouvailles, Robert ait souhaité entendre ses lieder par la voix de Clara. Curieusement, celle-ci manifesta tout d'abord une grande réticence. Elle ne se sentait pas à la hauteur, considérait que sa voix n'était pas assez formée[27]. Il faut dire que Robert l'avait intimidée en exigeant que «le texte soit compréhensible[28]». Même en l'absence de tout public, chanter un lied impliquait pour Schumann en déclamer le poème:

> L'idée de chanter pour toi m'a déjà fait rougir par avance de frayeur, mais en plus, de veiller à une prononciation claire! Comme si cela n'était rien! Je peux tout au plus produire un son si je ne dois pas me soucier de diction. Et toi, prononces-tu vraiment

26 Schumann, Clara und Robert, *Briefwechsel, op. cit.*, II, p. 419 (29 février 1839).

27 «Si seulement j'avais de la voix, je pourrais plus tard te chanter tes lieder, ce serait vraiment une belle chose!», *Ibid.*, III, p. 952 (26 février 1840).

28 *Ibid.*, III, p. 995 (20 mars 1840).

> le texte si distinctement? Sérieusement, tu n'as pas idée combien ma voix est rouillée; depuis deux ans, je ne chante pratiquement plus[29].

Apparemment, Robert ne se laissa pas décourager, car lors de la première visite de Clara à Leipzig, ils travaillèrent ensemble le *Liederkreis* opus 39 sur des poèmes d'Eichendorff. Ce qui compte, en l'occurrence, c'est que la séance était moins destinée à l'interprète qu'au compositeur. Il s'agissait pour Schumann d'entendre ses lieder avec une certaine distance, de les mettre à l'épreuve d'une voix distincte de la sienne[30]. Cette rencontre est d'autant plus émouvante lorsque l'on songe à la genèse du cycle, intimement liée au vœu de Schumann de faire du lied le lieu d'un rapprochement spirituel avec Clara. Celle-ci ne devait pas demeurer une inspiratrice et une exécutante à distance. Il fallait qu'elle partage son bonheur d'écrire pour le chant en composant à son tour des lieder («quand tu auras commencé, tu ne pourras plus t'arrêter, c'est simplement trop tentant[31]»). Clara, qui l'avait certes fait dans son adolescence, ne se sentit pas en mesure de rivaliser avec les chefs-d'œuvre que lui envoyait Robert, jour après jour[32]. Elle se contenta donc, dans un premier temps, de lui envoyer des poèmes susceptibles d'être mis en musique[33]. Et c'est précisément cette copie de la main de Clara dont se servit Robert pour mettre en musique les poèmes d'Eichendorff.

On sait d'autre part que Clara surmonta ses réticences initiales à l'idée de faire entendre à Robert ses lieder, et qu'elle put même chanter «avec une ardeur toute particulière[34]» les *Myrthen* lorsque celui-ci lui remit le recueil comme cadeau de noces en septembre. Nous avons donc toutes les raisons de la compter au nombre des premières voix du lied schumannien. Cela dit, son attitude initiale ne devrait pas être interprétée comme de la fausse modestie, mais bien comme un signe de lucidité. De toute évidence, les

29 *Ibid.*, III, p. 998 (22 mars 1840).

30 On sait que ce fut l'occasion de révisions, en particulier dans la partition de «Mondnacht». Voir à ce propos: Ozawa, Kasuko, préface à l'édition Henle du *Liederkreis* opus 39, Munich, 2009, p. 5.

31 Schumann, Clara und Robert, *Briefwechsel*, *op. cit.*, III, p. 980 (13 mars 1840).

32 *Ibid.*, III, pp. 984 & 1021 (14 mars & 5 mai 840). Elle accèdera cependant à sa demande l'année suivante en contribuant par trois lieder à un recueil commun, les *Zwölf Gedichte nach Friedrich Rückerts Liebesfrühling* opus 37.

33 *Ibid.*, III, p. 1031 (12 mai 1840).

34 *Tagebücher*, *op. cit.*, II, p. 106 (26 septembre 1840).

lieder que lui envoyait Robert exigeaient «de bons chanteurs[35]». Si elle a très tôt exprimé le regret de n'être pas à la hauteur vocalement, c'est qu'elle se mesurait en pensée à quelques-uns de ces bons chanteurs, et en particulier à Pauline García, devenue depuis peu son amie intime. Avec cette dernière, nous entrons dans le cercle plus étroit des interprètes professionnels qui furent appelés à jouer un rôle important dans la diffusion des lieder de Schumann. La liste des dédicataires permet de s'en faire une image assez complète. Elle constitue une porte d'entrée idéale dans le Panthéon vocal schumannien.

Dédicataires

Schumann déclara un jour que ses dédicataires avaient toujours quelque chose à voir avec les compositions qui leur étaient adressées[36]. Si la réalité nous incite à nuancer cette affirmation, on peut néanmoins constater que tout au long de sa vie, il a le plus souvent dédié ses œuvres à des personnes en mesure de les interpréter. En l'occurrence, tandis que les œuvres pour piano avaient été dédiées à des pianistes et des compositeurs, les lieder le furent majoritairement à des chanteurs, et plus précisément, à neuf cantatrices et un unique chanteur[37].

35 *Ibid.*, III, p. 982 (14 mars 1840).

36 Schumann, Clara und Robert, *Briefwechsel, op. cit.*, II, p. 442 (13 mars 1839). Sur la question des dédicataires, voir: Seibold, Wolfgang, *Familie, Freunde, Zeitgenossen. Die Widmungsträger der Schumannschen Werke*, Sinzig, Studio, 2008.

37 Les exceptions sont les suivantes: la pianiste Ernestine von Zedtwitz (née Fricken), à laquelle Robert fut brièvement fiancé, déjà dédicataire de l'opus 8, reçut les *Drei Gesänge opus 31*; Friedrich Weber, camarade d'études de Robert à Heidelberg, et passagèrement fiancé à la cantatrice Clara Novello, reçut *les Zwölf Gedichte* opus 35 sur des poèmes de Justinus Kerner; Christian Andersen reçut les *Fünf Lieder* opus 40 composés sur ses poèmes; Oswald Lorenz, responsable des comptes rendus de lieder dans la *NZfM* reçut *Frauenliebe und Leben* opus 42; enfin le compositeur Carl Debrois van Bruyck reçut les *Zwei Balladen* opus 122. Quant à Heinrich Behr (1821-1897), qui reçut en 1851 les *Chants de hussard*, il avait été à l'origine sculpteur, fut ensuite chanteur d'opéra spécialisé dans les rôles comiques, mais aussi acteur, metteur en scène et directeur de théâtre.

Leipzig 1840:
- *Liederkreis* opus 24 (1840[38]) à Pauline García
- *Myrthen* opus 25 (1840) à Clara Wieck
- *Drei Gedichte nach Emanuel Geibel* opus 30 (1840), à Josephine von Baroni Cavalcabò
- *Sechs Gedichte aus Robert Reinicks Lieder eines Malers* opus 36 (1840, publié en 1842) à Livia Frege
- *Dichterliebe* opus 48 (24-31 mai 1840/1844, publié en 1844) à Wilhelmine Schröder Devrient

Dresde et Düsseldorf 1849-51:
- *Sechs Gesänge nach Wilfried von der Neun* opus 89 (1850) à Jenny Lind
- *Drei Gesänge aus Lord Byrons Hebräischen Gesängen* Op. 95 (1849, publié en 1851) à Constanze Jacobi
- *Sechs Gesänge* Op. 107 (1851-52, publié en 1852) à Sophie Schloss
- *Vier Husarenlieder nach N. Lenau* pour voix de baryton et piano opus 117 (1851, publié en 1852) à Heinrich Behr
- *Drei Gedichte* Op. 119 (1851, publié en 1853) à Mathilde Hartmann

Parmi ces professionnels du chant, où figurent des voix illustres, on ne distingue qu'une seule dilettante, Josephine von Baroni Cavalcabò. La postérité a surtout retenu d'elle sa liaison avec le fils de Mozart, Franz Xaver Wolfgang, dont elle fut l'élève et l'unique héritière. Par sa dédicace, Schumann la remerciait de l'avoir accueilli à maintes reprises chez elle à Vienne, lors du séjour évoqué plus haut[39].

Par ailleurs, la liste des dédicataires demande quelques ajustements chronologiques, si l'on veut établir un historique des rencontres du compositeur, ou de Clara, qui l'avait souvent devancé, avec ses artistes de prédilection. Ainsi, la soprano lyrique Livia Frege née Gerhard (1818-91) fit ses débuts à 14 ans, en 1832, sur la scène du *Gewandhaus* de Leipzig en compagnie de Clara et en présence de Robert, qui était dans la salle. La même année, Clara participait à un concert parisien de la soprano dramatique Wilhelmine Schröder-Devrient (1804-60). Si Schumann mentionne cette dernière dans son journal dès l'année suivante, ce n'est qu'en 1840

38 La date est celle de la composition. L'année de publication n'est indiquée que lorsqu'elle est postérieure à cette dernière.

39 Schumann lui avait déjà témoigné sa reconnaissance indirectement l'année précédente en dédiant à sa fille, la pianiste Julie von Webenau, son *Arabeske* opus 18, achevée lors de son séjours à Vienne.

qu'il fit personnellement sa connaissance. C'est en revanche le même jour de 1838, mais lors d'une période où Friedrich Wieck leur interdisait tout contact, que Robert et Clara entendirent et rencontrèrent au Gewandhaus la mezzo-soprano Pauline García (1821-1910), qui devait adopter deux ans plus tard le nom de son mari, Louis Viardot (sous laquelle nous la désignerons désormais). L'alto Sophie Schloss (1812-1903) arriva l'année suivante à Leipzig à l'invitation de Mendelssohn, et Robert alla aussitôt l'écouter. Clara fut en contact avec elle à Berlin en 1840. Les autres interprètes ne furent rencontrées qu'après la fameuse «année du lied». L'alto Constanze Jacobi (1824-96) vint étudier le chant auprès de Henriette Bünau-Grabau[40] au tout nouveau conservatoire de Leipzig en 1843, où elle fut aussi l'élève de Schumann et de Mendelssohn. Clara participa à un concert de la soprano Jenny Lind (1820-87), également à Leipzig en 1846, et Robert ne fit sa connaissance que l'année suivante à Vienne. Enfin, c'est peu après leur arrivée à Düsseldorf que le couple Schumann entra en contact avec le baryton Heinrich Behr (1821-97) et la soprano Mathilde Hartmann (1817-1902).

Ce catalogue de voix admirées, qui présente des registres très contrastés, ne rend pas compte de la *relation* qui s'est établie entre le compositeur et ses interprètes. Jusqu'en 1840, Schumann s'était imposé comme l'auteur de pièces pour piano. Sa réputation de *Liederkomponist* restait à établir, et il n'avait guère eu de raisons de travailler avec des chanteurs depuis l'époque d'Agnes Carus. Choisies après la composition des lieder, les dédicataires ne furent pas directement liées à leur genèse, à l'exception notable de Clara Wieck. D'ailleurs, seule Livia Frege résidait à Leipzig en 1840, et aurait pu être immédiatement impliquée dans la création de l'un ou l'autre des recueils de lieder. Schumann aurait certes pu tout de même s'inspirer de voix plus lointaines mais présentes à son esprit. Tel n'est pas le cas, comme en témoignent les hésitations qui ont présidé au choix des deux plus célèbres dédicataires. Pauline Viardot ne reçut le *Liederkreis* opus 24 que grâce à l'insistance de Clara, qui voyait en elle la meilleure ambassadrice de la première publication de Robert dans le genre vocal[41]. Quant à la *Dichterliebe*, c'est à Felix Mendelssohn que Schumann entendait la dé-

40 Schumann admirait beaucoup la soprano Henriette Grabau (1805-1852), élève de Miksch à Dresde, qui fut l'hôte régulière des concerts du Gewandhaus depuis 1826. Elle aurait sans doute compté au nombre des premières voix du lied schumannien si elle n'avait pas mis fin à sa carrière en 1839 pour se consacrer à l'enseignement.

41 Schumann, Clara und Robert, *Briefwechsel, op. cit.*, III, p. 985 (14 mars 1840).

dier dans un premier temps. Mendelsssohn n'était évidemment pas sans rapports avec le lied schumannien. Il travaillait constamment à la tête du Gewandhaus avec des interprètes admirés par Schumann et les accompagnait également au piano dans ses propres lieder. On sait par ailleurs qu'il avait lui-même une belle voix de ténor, ce qui lui permit de chanter pour Schumann en mai 1840 son *Liederkreis* opus 39 d'après un manuscrit à l'encre encore humide, accompagné par Clara au piano[42].

La situation change au moment de la composition des lieder plus tardifs. Dans cette phase de sa vie, Schumann est en contact plus étroit et régulier avec «ses» chanteurs, qui vivent dans son voisinage immédiat. Constanze Jacobi à Dresde, Mathilde Hartmann et Sophie Schloss à Düsseldorf sont les hôtes des Schumann, participent à des concerts privés aussi bien qu'à l'exécution publique de certaines œuvres. On constate alors que leur voix a le plus souvent déterminé le caractère des œuvres qui leur sont dédiées, aussi bien que le choix des poèmes mis en musique. De manière générale, comme on va le voir, la seconde phase de production lyrique se caractérise par une plus grande détermination des types de voix, dont le symptôme le plus éloquent est le genre nouveau du *Liederspiel*, où les tessitures alternent et se donnent la réplique[43]. Dans le même temps, les interprètes associés aux lieder de 1840 ne cessèrent pas de collaborer avec le compositeur, pour chanter ses œuvres vocales avec orchestre, et avec Clara dans le domaine du *Klavierlied*.

Un moment paradoxal

Le rôle de Clara ne saurait être surestimé. Schumann avait en elle une interprète fidèle à ses intentions, fêtée dans toute l'Europe, et qui pouvait nouer des liens de complicité professionnelle et d'amitié avec des cantatrices aussi cosmopolites qu'elle-même. A une époque où les artistes s'invitent mutuellement à participer aux concerts qu'ils ont souvent eux-mêmes

42 Voir Thomas Synofszik, «Mendelssohn, Schumann, und das Problem der Männergesangskomposition um 1840», in: *Schumanniana nova*, Sinzig, Studio, 2002, pp. 742-43.

43 Voir à ce propos François-Sappey, Brigitte, *Robert Schumann*, Paris, Fayard, 2000, pp. 959sq.

organisés à très court terme, on improvise facilement une collaboration avec un collègue disponible au hasard des rencontres. Il y a là quelque chose de nouveau par rapport à ce qu'avait connu Schubert, dont l'activité se limitait pour l'essentiel aux chanteurs actifs à Vienne[44]. Si l'on se souvient combien Franz Liszt fut actif non seulement comme compositeur et transcripteur de lieder mais aussi comme accompagnateur, force est de constater que le genre du lied s'introduit à cette époque dans le monde des virtuoses. Il n'y occupe cependant qu'une place modeste entre les pièces de bravoure qui attirent les foules, celles sur lesquelles les interprètes ont le plus souvent bâti leur réputation. Toute la question est alors de savoir préserver dans l'espace public l'intimité initiale du lied, tout en lui conférant assez de relief pour qu'il «passe la rampe».

Lorsqu'en 1850, l'alto Sophie Schloss chante quelques lieder de Schumann en public, un critique considère que ceux-ci «perdent tout leur éclat dans une grande salle de concert», car ce genre de «miniatures» demande à être entendu «de tout près», dans un salon[45]. Pour Schumann, le problème réside moins dans les œuvres que dans l'interprétation qui en a été donnée, «trop finement ourlée pour la masse du public[46]». La même année, cependant, Schumann se voit refuser la publication de ses Chants du *Wilhelm Meister* de Goethe, l'éditeur Johann André les considérant comme hors de portée des amateurs[47]». Leur caractère dramatique, souligné par l'alternance entre le soprano de Mignon et la basse du harpiste, dépasse les bornes des miniatures lyriques qui se chantent dans les salons. A ce moment de son histoire, la topographie sociale du lied demeure ainsi ambiguë. Sous sa forme la plus simple, il est à l'opéra ce que la poésie est au théâtre: un art de l'intimité, voire de la solitude. On chante un lied comme on récite un poème, sans nécessairement s'adresser à un auditeur. C'est ainsi que Schumann recommandait d'exécuter les pièces vocales de Robert Franz:

44 Le ténor Anton Haizinger (1796-1869), si apprécié par le compositeur, était certes engagé dans une carrière qui le menait sur de nombreuses scènes européennes, mais c'est bien dans la ville impériale que se déroula sa collaboration avec Schubert.

45 Schumann, Robert, *Neue Ausgabe sämtlicher Werke,* Mainz [etc], Vol. 6: 2, éd. Ozawa, Kasuko et Wendt, Matthias, 2009, p. 159, note 4.

46 Cité in Schumann, Robert, *Neue Ausgabe sämtlicher Werke, op. cit.,* Vol. 6: 2, 159.

47 «Comme vous vous en souviendrez, je souhaitais principalement des lieder à une voix comme votre opus 42, plutôt destinés aux cercles privés ou à des cercles musicaux particuliers. Je dois veiller à publier dans ma maison d'édition des choses susceptibles d'atteindre un plus large public». Lettre de Johann André à Schumann datée du 10 avril 1850, citée in Schumann, Robert, *Neue Ausgabe sämtlicher Werke, Ibid.*, p. 20.

pour soi et de préférence à la tombée du jour[48]. A l'opposé, les ballades pathétiques se déploient dans un ambitus expressif et sonore qui demandent de hautes compétences techniques, et par leur caractère, elles impliquent la présence d'un auditoire. Le public des salles de concert n'en continuait pas moins, même après la mort de Schumann, à les placer dans le domaine de la *Hausmusik*, ou du moins dans l'ombre de l'opéra et de l'oratorio. En décembre 1860, Clara Schumann pouvait encore écrire à Brahms après un concert de Julius Stockhausen à Berlin que «le public est sorti fâché parce qu'avec un prix d'entrée de 1 ½ Taler, il n'a chanté que de petits lieder, en commençant par *Die Löwenbraut*, au lieu d'un air de Händel, qui aurait bien mieux convenu[49]». La ballade *Die Löwenbraut* d'après Chamisso a beau compter parmi les pages les plus dramatiques de Schumann, vingt ans après sa composition elle ne répondait pas aux attentes du public de la plus grande ville allemande.

On assiste donc à un moment paradoxal de l'histoire de l'interprétation, où le lied est d'une part servi en public par les meilleurs artistes, mais d'autre part réduit, dans les programmes de concert, à un rôle marginal, qui le défigure, puisqu'il rend impossible la restitution intégrale des cycles. Wilhelmine Schröder-Devrient remportait régulièrement un grand succès en chantant «Ich grolle nicht», alors que le sens du lied dans le parcours de la *Dichterliebe* échappait à la majeure partie du public. Elle n'en demeurait pas moins la plus remarquable artiste du moment aux yeux de Schumann.

«Une femme géniale, une fille de Shakespeare en chair et en os[50]»

Wilhelmine Schröder-Devrient était avant tout associée au rôle de Leonore, qui avait lancé sa carrière à Vienne, en 1822. Assis dans la coulisse, Beethoven, alors complètement sourd, suivait avec admiration le jeu de cette jeune fille de dix-huit ans, qui par l'intensité de sa présence scénique établissait

48 Schumann, Robert, «Lieder und Gesänge», in: *Gesammelte Schriften über Musik und Musiker*, *op. cit.*, III, p. 154.

49 Schumann, Clara & Brahms, Johannes, *Briefe aus den Jahren 1853-1896*, éd. Litzmann, Berthold, Leipzig, 1927, vol. 1, p. 549.

50 Lettre du 5 avril 1842 de Robert à Clara, in: Boetticher, Wolfgang, *Schumann in seinen Schriften und Briefen*, Berlin, Hahnefeld, 1942, p. 367.

de nouveaux standards en la matière. C'est d'ailleurs grâce à elle que *Fidelio* s'établit définitivement au répertoire. En 1837, son passage à Leipzig dans ce rôle compta au nombre des expériences les plus marquantes, aussi bien pour Clara que pour Robert, qui nota en guise d'épigraphe dans la *Neue Zeitschrift für Musik:* «Jour où Mad. Schröder-Devrient a chanté Fidelio[51]», puis, dans le numéro suivant de la revue: «Enthousiasme général. Où que l'on aille, il n'est question que d'elle. Elle le mérite bien, elle ne mérite que ce qu'il y de mieux[52]». A cette époque, elle avait par ailleurs à son actif des collaborations légendaires avec Carl Maria von Weber, qui l'avait engagée dans la troupe de l'opéra de Dresde, pour lui faire chanter sous sa direction Agathe dans le *Freischütz* en 1822 et le rôle-titre d'*Euryanthe*, composé pour elle deux ans plus tard. La dédicataire de la *Dichterliebe* était donc une soprano dramatique qui chantait les rôles les plus lourds du répertoire allemand. Au moment où Schumann lui adresse son cycle, en 1844, elle travaille à Dresde avec Wagner, qui compose pour elle ses premiers grands rôles: Adriano (*Rienzi, 1842*), Senta (*Vaisseau fantôme, 1843*), et Venus (*Tannhäuser, 1845*).

Dans ce parcours de soprano dramatique, quelle pouvait être la place du lied? Elle fut certes limitée, du moins jusqu'au moment où la cantatrice se retira de la scène, mais non moins essentielle. La meilleure preuve en est fournie par l'effet qu'elle produisit sur Goethe en 1830, qui en l'entendant chanter *Erlkönig* reconnut enfin le génie de Schubert. Onze ans plus tard, Schumann, fut à son tour subjugué par son interprétation de Schubert au Gewandhaus de Leipzig. Qu'avait-il tant aimé? Son talent d'actrice («eine echte Schauspielerin») qui sait incarner le sujet lyrique du poème et «toucher aux larmes avec de douloureuses notes de musique»[53]. La présence scénique était donc essentielle aux yeux de Schumann, même dans le répertoire du lied. Et il devait être particulièrement heureux de trouver cette exigence réalisée par une cantatrice allemande car il avait eu jusqu'alors plutôt l'occasion de constater le contraire chez ses compatriotes, comme en témoigne une lettre ouverte qu'il avait publiée à la fin d'octobre 1835

51 *Neue Zeitschrift für Musik,* no 25, p. 99.

52 *Ibid.*, no 28, p. 114.

53 *Tagebücher, op. cit.*, II, p. 155 (mars 1841). Le mois précédent, la cantatrice avait enthousiasmé Clara dans *Adelaide* de Beethoven, donné au pied levé pour remplacer un chanteur indisposé.

dans la *Neue Zeitschrift für Musik* à la suite de deux soirées Rossini au Gewandhaus:

> Si seulement, dit en passant Florestan, les cantatrices allemandes ne se comportaient pas comme des enfants qui croient qu'il suffit de fermer les yeux pour n'être pas vu; elles se cachent le plus souvent derrière leur partition, si bien que l'on fait d'autant plus attention à leur visage et que l'on remarque quelle différence les sépare des cantatrices italiennes que j'ai entendues à l'Académie de Milan; celles-ci se donnaient la réplique en roulant si bien des yeux que j'en arrivai à craindre que la passion artistique en pâtisse. J'exagère, mais je souhaiterais pouvoir lire dans les yeux allemands un peu de la situation dramatique, un peu de la joie et de la douleur contenues dans la musique; avec les meilleurs intentions, du beau chant issu d'un visage de marbre éveille le doute[54].

Apparemment, Wilhelmine Schröder-Devrient avait trouvé le juste milieu entre les œillades italiennes et l'impassibilité allemande. Si elle participa dès 1842 à une soirée musicale chez les Schumann[55], où il n'est pas impossible qu'elle ait chanté d'après le manuscrit la version primitive de la *Dichterliebe*, ce n'est qu'à partir du moment où elle se retira de la scène, en 1847, qu'une collaboration suivie avec Clara eut lieu. Des exécutions intégrales de *Frauenliebe und Leben,* dont Wilhelmine Schröder-Devrient possédait le manuscrit, sont documentées en 1846, 1848 et 1852 en concerts semi-privés, avec Clara au piano[56]. On sait que lors de la saison 1848-49, elle participa à cinq concerts organisés par cette dernière. Peut-être utilisa-t-elle à cette occasion l'album que Schumann avait fait confectionner à son intention, et qui réunissait treize de ses lieder et deux composés par Clara[57].

Wilhelmine Schröder-Devrient joua également un rôle essentiel dans la diffusion du lied schumannien parmi ses collègues et ses disciples. Venus l'écouter à Dresde en été 1842 dans *Adele de Foix* de Carl Gottlieb Reissiger[58], les Schumann découvrirent par la même occasion «la voix en-

54 «Schwärmbrief Nr 1» (lettre d'un enthousiaste), in: Synofzik, T. & Heinemann, M. (éd.), *Schumann Briefedition*, I, 4, Cologne, 2012, pp. 480-481. Les airs de Rossini étaient chantés par Henriette Grabau et Auguste Weinhold.

55 *Haushaltsbuch*, 29 novembre 1842, cité in: Boetticher, Wolfgang, *Schumann in seinen Schriften und Briefen, op. cit.*, p. 373.

56 Voir François-Sappey, Brigitte, *Robert Schumann, op. cit.*, p. 598.

57 Selon Angelika Horstmann, qui a en publié un fac simile en 1994 chez Bärenreiter, cet album a été réalisé entre 1845 et 1849.

58 Carl Gottlieb Reissiger (1798-1859) avait succédé à Carl Maria von Weber en qualité de Kapellmeister de l'opéra de la cour de Dresde.

chanteresse[59]» du ténor autrichien Joseph Tichatschek (1807-86), qui sauva l'œuvre de l'ennui. Les Schumann entendirent à nouveau les deux chanteurs l'année suivante dans le *Freischütz*, et Clara nota que le ténor «faisait du bien au cœur avec le charme mélodieux de sa voix[60]». En décembre de la même année, il participa, si ce n'est à la création leipzigoise, du moins à la première à Dresde de l'oratorio *Le Paradis et la Péri*. On sait qu'il chanta quelques mois plus tard la *Loreley* de Liszt (qui était probablement au piano) à Weimar. Mais c'est évidemment à l'opéra, en tant que premier *Heldentenor*, que Tichatschek fit date dans l'histoire du chant, en créant à Dresde les rôles de Rienzi et de Tannhäuser, que Wagner avait composés pour lui. A son arrivée à Dresde, ce ténor avait beaucoup bénéficié des conseils de Wilhelmine Schröder-Devrient. Celle-ci devait par la suite jouer un rôle important dans la diffusion du cycle qui lui avait été dédié, en faisant découvrir au baryton Julius Stockhausen la partition de la *Dichterliebe*. C'était en 1856, année de la mort de Schumann, mais aussi année symbolique dans les annales du lied, puisque pour la première fois, Stockhausen, qui fut au *Liederabend* ce que Liszt fut au récital de piano, donnait en public dans son intégralité *Die schöne Müllerin*. Et c'est ce qu'il fit cinq ans plus tard avec la *Dichterliebe*, peu après la mort de la dédicataire. Brahms était au piano.

La première Péri

Bien avant cela, en 1834, Wilhelmine Schröder-Devrient eut aussi comme disciple Livia Gerhard (1818-1891), alors âgée de seize ans, qui devait faire ses débuts à l'opéra l'année suivante; on peut se faire une idée de sa voix si l'on sait qu'à dix-sept ans, elle chantait Donna Elvira dans le *Don Giovanni* de Mozart. Son mariage avec le juriste Woldemar Frege, une année plus tard, mit une fin précoce à sa carrière d'opéra, jugée incompatible avec les devoirs d'une jeune épouse. Elle se consacra dès lors exclusivement au répertoire de concert, soutenue par Mendelssohn, qui lui dédia ses *Lieder* opus 57 et l'engagea à plusieurs reprises à participer aux concerts

59 *Tagebücher*, *op. cit.*, II, p. 236 (août 1842).
60 *Ibid.*, p. 258 (février 1843).

qu'il dirigeait au Gewandhaus, notamment dans son psaume *Wie der Hirsch schreit* en 1840 et dans la *Passion selon Saint-Matthieu* de J. S. Bach l'année suivante. Après la mort de Mendelssohn, en 1847, elle chantera son «Nachtlied» dans un concert à sa mémoire, puis *Elias* en 1848.

Si Wilhelmine Schröder-Devrient était une diva consacrée lorsque Schumann la rencontra, après l'avoir longtemps admirée de loin, Livia Frege fut tout le contraire: une débutante de quatorze ans. Et il est d'autant plus intéressant de voir comment le jugement du compositeur évolua à son sujet au cours de son développement. Les remarques qu'il note dans son journal intime en septembre 1833 – Livia avait quinze ans – témoignent de son écoute différenciée des divers aspects de l'interprétation: tempo, caractère, et timbre de la voix dans les différents registres:

> Cavatine de la *Gazza ladra* (la Gerhard). Traîne et peu italienne, au point que je n'ai presque pas tenu jusqu'au bout. Les vocalises réalisées de manière presque trop craintive, avec cependant une voix admirablement ronde, à laquelle il manque peut-être un beau registre grave[61].

Dix ans plus tard, il composait à son intention la partie de la Péri de son oratorio *Das Paradies und die Peri*, dont elle assura la création en 1843. Et c'est par sa voix, avec Clara au piano, que le public découvrit plusieurs lieder de Schumann l'année suivante[62]. Elle participa par ailleurs souvent à des soirées musicales chez les Schumann, notamment à l'occasion d'une visite du poète Hans Christian Andersen, pour qui elle chanta les lieder opus 40 que ses vers avaient inspirés à Robert[63]. Au lendemain d'une matinée musicale donnée le 7 avril 1846 chez les Schumann, Robert nota que Livia Frege «avait chanté magnifiquement bien ses lieder, comme [il] ne les avait jamais entendus; le public était transporté[64]». On verra qu'une année plus tard, elle sera supplantée par Jenny Lind à la première place qu'elle occupait dans l'estime du compositeur. Il n'en veillera pas moins à maintenir le contact avec elle après son départ pour Dresde, réalisant notam-

61 *Ibid.*, I, p. 416 (31 sept. 1833).

62 Le 8 décembre 1844, Livia Frege et Clara donnent au Gewandhaus la première publique des opus 35 no 8, opus 36 no 4, et opus 48 no 7. En 1851, elles y donneront l'opus 77 no 5.

63 L'indifférence que témoigna Andersen à cette occasion blessa profondément Schumann.

64 *Ibid.*, II, p. 400 (avril 1846).

ment pour elle, en mai 1849, un recueil manuscrit composé de quelques lieder du *Liederalbum für die Jugend* opus 79.

La maison des Frege fut le lieu de rendez-vous de nombreux artistes. La cantatrice entretenait un orchestre privé ainsi qu'un chœur, qui donna notamment en 1864 le *Requiem* opus 148 de Schumann (avec piano). Signe de l'attachement indéfectible de Clara envers la soprano, elle lui dédiera en 1858 l'édition posthume des *Vier Gesänge* Opus 142 de Robert, qui comporte deux lieder exclus de la version définitive de *Dichterliebe*, «Lehn' deine Wange» et «Mein Wagen rollet langsam».

Constatons, à ce stade de notre parcours, que des cantatrices radicalement différentes étaient en mesure de convaincre Schumann à la même époque si elles savaient habiter leur interprétation – une tragédienne habituée des grandes scènes d'opéras aussi bien qu'une soprano lyrique de concert de renommée plus locale, ou encore une mezzo-soprano de dix-sept ans, comme en témoigne sa réaction au premier contact avec la voix de Pauline Viardot (1821-1910), qui chantait alors encore sous son nom de jeune fille.

Les effets et le naturel

«J'étais mort comme une pierre, mais dès les premières minutes où elle se mit à chanter, je pleurai un torrent de larmes[65]», note Schumann après le premier concert de la mezzo-soprano à Leipzig, en juin 1838. L'état psychique particulier dans lequel se trouvait Schumann à ce concert se conçoit: il vivait à la fois dans l'attente des lettres de Clara, dont il était séparé de force, et dans les préparatifs de son départ pour Vienne, où il espérait faire éditer sa revue. Qu'il ait malgré tout assisté au concert montre combien il tenait à entendre cette cantatrice d'origine espagnole qui avait bénéficié des meilleurs maîtres à Paris. Sœur du célèbre pédagogue Manuel García et de la Malibran, décédée en 1836 à l'âge de 28 ans, elle avait étudié le piano auprès de Liszt et la composition chez Anton Reicha. Son concert leipzigois prenait place dans une tournée allemande où elle était

65 *Ibid.*, II, p. 59 (25 juin 1838).

accompagnée par son beau-frère, le violoniste Charles de Beriot. La *Neue Zeitschrift für Musik* s'en fit l'écho par un compte rendu détaillé d'Oswald Lorenz. Dans cet éloge sans réserve, la présence de Schumann se devine en plus d'un endroit, notamment dans une formule lapidaire et une comparaison avec une soprano anglaise à laquelle le fondateur de la revue n'était pas insensible: «Mlle García n'est pas une virtuose du chant mais une cantatrice. Certains aspects de son chant, notamment la prononciation des voyelles sombres, rappellent Clara Novello, ce qui renvoie manifestement au modèle commun des deux cantatrices: la Malibran[66]». Dans la marge de la critique principale, Schumann ajoutait un bref compte rendu du second concert de la cantatrice, auquel il avait donc également assisté:

> Hier soir, second concert donné par de Beriot et Pauline García. Performances des artistes et applaudissements du public comme lors du premier concert. Le moment le plus intéressant fut un poème d'Uhland mis en musique par Mlle García, qu'elle accompagna elle-même au piano. Elle y fit preuve de trois talents qui, pris individuellement, suffiraient à distinguer un artiste[67].

Par l'entremise de Clara, devenue une amie intime de Pauline García, Schumann parvint à assurer, en septembre de la même année, la publication de ce lied dans sa revue. Cette première édition d'une page vocale de la cantatrice (qui devait en composer plus d'une centaine) était accompagnée d'un commentaire, qui se terminait par le conseil suivant: «une interprétation comparable à celle qu'en a donné la compositrice, avec une voix qui, comme la sienne, vient du plus profond de son être, donneront au lied sa couleur juste et rendront justice à sa signification[68]». Le timbre de cette voix, qui avait bouleversé Schumann dès le premier instant a été maintes fois décrit. Retenons-en une évocation datant de l'année où Schumann lui dédie son *Liederkreis:* «Pauline García joint au plus beau contralto les registres d'un soprano aigu; la voix est pleine, égale, pure et brillante comme l'argent, en

66 *Neue Zeitschrift für Musik*, 9 no 2 (6 juillet 1838), p. 8. Schumann connaissait la soprano anglaise Clara Novello depuis octobre 1837.

67 *Ibid.,* 5 no 2. Notons que l'art de s'accompagner soi-même au piano en concert sera cultivé bien plus tard par la mezzo-soprano Jane Bathori. On en conserve de précieux enregistrements, notamment dans les *Trois chansons de Bilitis* de Debussy, enregistrées en 1929.Voir l'*Album Debussy. Le compositeur et ses interprètes*, Aeon, 2012, publié à l'occasion de l'exposition Debussy, la musique et les arts, Musées d'Orsay et de l'Orangerie, et accompagné d'un texte de Jean-Michel Nectoux.

68 *Neue Zeitschrift für Musik, op. cit.*, (26-28 sept. 1838), p. 106.

particulier dans les notes moyennes et dans le grave[69]». On comprend que Clara ait en premier lieu pensé à elle lorsqu'elle reçut les manuscrits de Robert à Berlin. Tout destinait la mezzo française à être l'interprète de prédilection des lieder de Schumann. Alors qu'elle aurait pu se contenter de sa carrière à l'opéra, où elle était fêtée dans Rossini puis dans les grands opéras de Meyerbeer (qui écrira pour elle en 1849 le rôle de Fidès de son *Prophète*), elle prenait le temps de chanter et même, on l'a vu, de composer des lieder et des mélodies, quand elle n'ajoutait pas tout simplement un texte aux mazurkas de son ami Chopin[70]. Elle semble pourtant n'avoir pas eu hâte de chanter les lieder de Schumann, car en janvier 1841, les entendre par sa voix constituait encore un des vœux les plus chers de Clara: «Personne n'atteint l'interprétation idéale que je porte en moi des lieder de Robert. Pauline García serait, je crois, la seule capable de les saisir dans toute leur vérité; si seulement il m'était donné, ne serait-ce qu'une seule fois, d'en entendre un par elle[71]». La mezzo française n'avait cependant pas toujours entièrement convaincu Clara dans le répertoire du lied. Quelques mois auparavant, elle ne la jugeait pas meilleure que son amie Elise List:

> C'est étrange, Elise ne m'a encore jamais emballée, comme on dit, et cela malgré sa voix divinement belle; mais aujourd'hui, elle m'a ravie dans un air de Rossini, je sais moi-même à peine pourquoi; elle l'a chanté d'une façon singulièrement animée (*animirt*). Elle a aussi chanté quelques lieder de Robert, mais il me semble que pour le lied allemand, il lui manque une émotion plus profonde, une compréhension intime du texte, je ne parviens pas à le dire, il s'agit de quelque chose que je ne puis formuler. J'ai une fois fortement éprouvé le même sentiment lorsque j'ai entendu *Gretchen am Spinnrade* de Schubert par Pauline García, qui l'a interprété en recherchant des effets plutôt qu'avec ce feu intérieur qu'expriment si merveilleusement les paroles, aussi bien que la musique de Schubert. Pauline García m'a toujours ravie, et ce n'est qu'avec ce lied allemand qu'elle ne m'a pas satisfaite, ce que je peine à comprendre chez un être aussi profondément musical, qui saisit par ailleurs en un rien de temps toute chose dans son entière vérité[72].

69 *AMZ*, 42, Jg., Nr 4, 22,1,1840, Sp. 66/67, cité in Mahling, Christoph-Hellmut, «Zum Bild der Sängerin Pauline Viardot-García in der deutschen Öffentlichkeit», in *D'un opéra à l'autre. Hommage à Jean Mongrédien*, éd. Gribenski, Jean, Paris, Presses de l'Université de Paris-Sorbonne, 1996, p. 143.

70 On sait qu'elle avait la coutume de chanter ces parodies de mazurkas ainsi que des chants nationaux espagnols en s'accompagnant au piano dans la scène de la leçon de musique du *Barbier de Séville*.

71 *Ibid*, p. 140.

72 *Tagebücher*, *op. cit.*, II, 105 (24 septembre 1840).

La comparaison est intéressante car elle met en évidence deux manières d'être infidèle à l'esprit du lied, par un excès de froideur ou de théâtralité. Notons que l'on retrouve dans la presse allemande de l'époque les mêmes réserves, souvent agrémentées de considérations identitaires, concernant la manière dont Pauline Viardot interprétait les lieder de Schubert[73]. Même les critiques les plus élogieux la décriront parfois comme une «cantatrice à effets, qui s'écarte de manière significative de la simple nature[74]». Le grand art consiste donc à rendre compte des moindres nuances du texte mais sans exagération, en les intégrant dans une vision unifiée de l'œuvre. Cette question du juste équilibre entre simplicité naturelle et expression a manifestement occupé Clara durant cet automne 1840, car elle y revient à plusieurs reprises, soucieuse d'expliquer pourquoi Elise List, par ailleurs très proche d'elle, ne parvient pas à la convaincre musicalement. Robert semblait lui-même hésiter à son propos car après lui avoir annoncé son intention de lui dédier son *Liederkreis* opus 39 (qui paraîtra finalement sans dédicataire[75]), il notait: «Elise a chanté quelques-uns de mes lieder et un lied de Mendelssohn, mais aucun de façon vraiment satisfaisante[76]». Le compositeur pensait qu'elle devrait «chanter durant un certain temps sous la supervision quotidienne d'un maître, d'un compositeur qui saurait donner vie à ce bel instrument[77]», mais que son problème d'inexpressivité ne se résoudrait pas uniquement de cette manière:

> Robert pense que la seule chose qui manque au chant d'Elise c'est du cœur, une âme (*Gemüth*). C'est aussi ce qui m'a souvent semblé, car son chant ne m'a jamais ému comme a pu le faire un lied chanté par la Devrient ou par Pauline García. Dans la vie quotidienne, il m'a pourtant toujours semblé qu'elle avait de l'âme; pourquoi est-elle incapable de l'exprimer dans son chant? Je n'arrive pas à le comprendre! Je crois que le jour où elle aimera, elle chantera avec plus d'âme (*mit mehr Seele*). Que l'amour joue ici un rôle important est une chose certaine, j'en ai fait moi-même l'expérience[78].

73 Voir Mahling, Christoph-Hellmut, «Zum Bild der Sängerin Pauline Viardot-García in der deutschen Öffentlichkeit», *op. cit.*, pp. 145 et 148.

74 «Mad. Viardot ist eine imponierende, vor der einfachen Natur bedeutend abweichende Effectsängerin, mit einer blendenden Coloratur und einem kolossalen Contralt», critique de juillet 1847 dans *l'AMZ*, Ibid., p. 146.

75 *Tagebücher, op. cit.*, II, p. 102 (18 septembre 1840).

76 *Ibid.*, II, p. 113 (14 octobre 1840).

77 *Ibid.*, II, p. 112 (11 octobre 1840).

78 *Ibid.*, II, p. 117 (24 octobre 1840).

Schumann attendait de ses interprètes une simplicité dépourvue de tout effet inutile, mais en même temps une maturité psychologique permettant de rendre compte de la profondeur expressive de ses lieder. Il faut avoir vécu pour chanter avec âme, avoir été ému pour transmettre l'émotion. Les jugements critiques que l'on vient de lire rappellent par ailleurs une évidence que les compositeurs ne cesseront de confirmer: une belle voix ne suffit pas à faire naître l'émotion. On pense notamment à ce que devait écrire Hugo Wolf du ténor Hans von Rokitansky, empruntant peut-être à la lettre ouverte de Schumann citée plus haut la métaphore du marbre pour décrire un art qui n'est pas habité par une sensibilité émouvante: «Les belles voix sont de froides beautés, du marbre éblouissant. Que ce marbre se métamorphose en être de chair et de sang, qu'il trahisse la présence d'un cœur et d'une âme, et l'on se passera bien volontiers d'un tiers de sa froide beauté[79]». A l'inverse, on sait que Wolf lui-même, comme Moussorgski et tant d'autres, savait émouvoir ses auditeurs lorsqu'il chantait d'une voix non travaillée ses œuvres vocales.

Clara Schumann fit en décembre 1841 l'expérience de la singulière émotion que sait créer une véritable artiste, même lorsqu'elle n'est pas en voix. Il s'agissait de la mezzo-soprano Caroline Ungher-Sabatier, créatrice de la *Neuvième symphonie* de Beethoven, fêtée aussi bien en Italie qu'en France et en Allemagne (où elle était la rivale de Wilhelmine Schröder-Devrient): «Bien qu'enrouée, elle m'a bouleversée au plus profond, comme il m'a été rarement donné de l'être par du chant – je ne sais pas si cela tenait à ma prédisposition, j'en ai pleuré, ce qui m'arrive rarement en écoutant de la musique. Sa personnalité est des plus aimables, modeste et sans prétention, comme je ne l'ai vu chez aucune cantatrice, si ce n'est chez Pauline García[80]». On mesure combien les Schumann tenaient à l'entendre lorsque l'on sait que, quelques mois auparavant, ils avaient prolongé un voyage afin de la voir sur la scène de l'opéra de Dresde, mais en vain[81]. Cela ne fut plus possible par la suite car, la même année, Caroline Ungher se retira de la scène pour se consacrer au répertoire de concert, et plus particulièrement aux lieder de Mozart et de Schubert. Disciple d'Aloysia Weber et de Michael Vogl, elle était dépositaire d'une tradition d'interprétation qui remontait

79 Wolf, Hugo, *Chroniques musicales 1884-1887*, éd. Starobinski, Georges, Genève, Contrechamps, 2004, p. 40.

80 *Tagebücher*, *op. cit.*, II, p. 197 (décembre 1841).

81 *Ibid.*, II, p. 176 (juillet 1841).

aux compositeurs eux-mêmes. Elle n'entra malheureusement pas dans le cercle des interprètes du lied schumannien, où Pauline García demeura la mezzo-soprano de prédilection, l'interprète en laquelle, à cette même époque, Clara mettait tous ses espoirs. Elle serait sûrement, pensait-elle, la cantatrice idéale, celle qui saurait saisir les lieder de Robert «dans toute leur vérité». Tel ne fut pas le cas. Les réserves émises sur son interprétation de *Gretchen am Spinnrade* devaient se confirmer par la suite. Au lendemain d'un concert donné en août 1843 par la cantatrice, Clara notera:

> Le choix des œuvres ne nous a pas plu, et Robert trouva que sa voix (qui s'étend avec une force égale sur trois octaves) était par moments dépourvue de noblesse. Quel dommage qu'un être aussi profondément musical que Pauline, qui a assurément le sens de ce qu'est la vraiment bonne musique, sacrifie complètement son goût pour plaire au public, et suive l'exemple de n'importe quel vulgaire Italien[82].

Selon une perspective orientée sur la grande tradition austro-allemande, la part importante qu'accordait la mezzo au répertoire italien était perçue par les Schumann, et en particulier par Robert, comme une concession aux goûts à la mode. A la veille du concert, Clara l'avait cependant désignée comme «la plus géniale de toutes les artistes[83]». Si Pauline ne fut pas l'interprète idéale dont Clara avait un temps rêvé pour les lieder de Schumann, elle les chanta pourtant jusqu'à la fin de sa vie, en particulier à partir des années 1860, réservant de manière générale une partie importante de sa carrière au concert, où elle assura la première exécution d'œuvres qu'elle avait parfois inspirées[84]. Clara ne dédaigna point de l'accompagner[85], même si, dans l'intervalle, elle avait découvert la cantatrice de ses rêves en Jenny Lind (1820-87), tout juste formée à Paris par le frère de Pauline, Manuel García.

82 *Ibid.*, II, p. 268 (juillet 1843).

83 *Ibid.*, II, p. 267 (juillet 1843).

84 Elle assurera notamment en 1870 la création de la *Rhapsodie pour alto* opus 53 de Brahms. Elle fut à cet égard aussi présente dans le répertoire français, depuis la création de *La Captive* de Berlioz en 1848 jusqu'aux premières mélodies de Gabriel Fauré. En ce qui concerne ce dernier point, voir: Nectoux, Jean-Michel, «Voix, style, vocalité. Les premiers interprètes de Fauré» in *D'un opéra l'autre, op. cit.*, p. 133-40.

85 Voir Draheim, Joachim, «Robert Schumann und Pauline Viardot», in: *Robert und Clara Schumann und die nationalen Musikkulturen des 19. Jahrhunderts*: Bericht über das 7. Internationale Schumann-Symposion am 20. und 21. Juni 2000 im Rahmen des 7. Schumann-Festes, (=*Schumann-Forschungen* 9), Düsseldorf, éd. Wendt, Matthias, (2005).

Innigkeit et noblesse

«Elle a donné des lieder de Robert une interprétation qui correspond à l'idée que je m'en suis toujours faite mais que je ne croyais pas possible d'entendre», note Clara en mars 1847 à propos de la soprano suédoise, qui compte au nombre des amis des Schumann depuis l'année précédente, et avec laquelle Mendelssohn collabore depuis quelque temps déjà avec enthousiasme. Les Schumann l'avaient tout d'abord entendue sur scène, notamment dans le rôle de Donna Anna (du *Don Juan* de Mozart), où ils l'avaient défavorablement comparée à Wilhelmine Schröder-Devrient[86]. Ils ne tardèrent cependant pas à admirer dans ses interprétations une qualité de ferveur intériorisée si souvent requise dans le lied, cette *Innigkeit* que Schumann indique plus d'une fois dans ses partitions, et que Clara ne croyait réalisable que par des interprètes allemands. A l'opéra, son répertoire n'était d'ailleurs en rien plus allemand que celui de Pauline Viardot; il était centré sur les œuvres de Bellini, de Donizetti et de Meyerbeer, au grand regret des Schumann, qui auraient aimé la convaincre d'abandonner toutes «ces choses» avec lesquelles elle gâchait son talent[87]. Mais elle ne tombait apparemment jamais dans le piège de l'affectation ou de la théâtralité. Elle séduisait au contraire par sa «spontanéité» et son «naturel», termes que l'on retrouve aussi bien dans les commentaires de Clara que dans ceux de Robert. Jusque dans les brillantes coloratures de ses rôles d'opéra, l'art de Jenny Lind avait un caractère d'évidence dont rend bien compte le surnom de «rossignol suédois» qui lui fut donné. Evidence qui se manifestait aussi dans la rapidité avec laquelle elle saisissait le sens de la musique dès le premier contact avec la partition:

> Nous avons rencontré souvent Jenny Lind, cette chère et splendide artiste; sur sa propre initiative, elle a participé à notre concert du 10. Je ne suis pas prêt d'oublier les répétitions de mes lieder qui ont précédé le concert; cette compréhension lumineuse de la musique et du texte à la première lecture, cette manière tout simplement naturelle et en même temps profonde de saisir la composition en la parcourant des yeux, je n'ai jamais vu une chose pareille à ce degré de perfection. Nous nous réjouissons

86 *Tagebücher, op. cit.*, II, pp. 404-405 (juillet 1846).

87 Journal intime de Clara, 21 mars 1850, cité in Litzmann, Berthold, *Clara Schumann. Ein Künstlerleben*, Leipzig, Breitkopf & Härtel, vol. II, 1905, pp. 208sq.

> maintenant de la voir sur scène. [...] Nous l'avons quittée comme une apparition céleste, tant elle était bonne et douce[88].

On voit que Schumann était manifestement sous le charme physique de Jenny Lind, sa présence était captivante comme «une apparition céleste», comparaison que l'on retrouvera plus tard chez le compositeur à propos de la poète Elisabeth Kulmann, décédée encore adolescente[89]. Pour certains, ce charisme était suspect. Après avoir vu Jenny Lind sur une scène londonienne en 1850, le baryton Julius Stockhausen, fut convaincu quelle devait son sensationnel succès à son habileté d'actrice et à tout ce que l'on savait par ailleurs de sa personnalité «charitable» et «sans affectation». Si l'on voulait mesurer sa réelle valeur artistique, c'est au concert qu'il fallait l'entendre:

> C'est là (pour moi) l'énigme expliquée de cette réputation colossale que je n'hésite pas à appeler usurpée. Le public peut confondre la femme et l'artiste, l'artiste ne le doit pas. En un mot, si vous avez entendu Mme Pasta, Mme Malibran, Mme Viardot, ma mère, *dans les oratorios de Händel et de Haydn* [souligné par Stockhausen], vous avez entendu des artistes qui, sans avoir la voix fraîche de J. Lind, ont beaucoup plus de talent comme cantatrices[90].

Stockhausen atténuera par la suite ce jugement sévère, dicté en partie par une certaine irritation face à l'enthousiasme délirant que suscitait chacune des apparitions de la Lind. Une estime réciproque ne tardera pas à lier les deux *Liedersänger* favoris de Clara, et Stockhausen pourra écrire à sa mère que «Jenny à dit à Mme Schumann que j'étais certainement le premier, que personne ne possédait comme ton fils la légèreté italienne, la déclamation française et *die deutsche poetische Auffassung* [en allemand dans le texte]. Voilà une critique en trois points qui vaut bien un article de Davison. Il faut voir cette grande cantatrice avec García! C'est quelque chose de fabuleux; elle l'étoufferait de bonheur quand elle le revoit; nous l'avons visité

88 *Tagebücher, op. cit.*, II, p. 411 (janvier 1847).

89 Schumann ne l'a pas rencontrée, mais s'en est fait une image au travers de sa poésie et de ce qu'il savait de sa vie. Voir les textes accompagnant l'édition originale de ses *Sieben Lieder von Elisabeth Kulmann zur Erinnerung an die Dichterin* opus 104 in: *Robert Schumann, Neue Ausgabe sämtlicher Werke, op. cit.*, VI, 6, 2 (2009), 95.

90 *Jules Stockhausen. Itinéraire d'un chanteur à travers vingt années de correspondance, 1844-1864*, éd. Honegger, Geneviève, Lyon, Symétrie, 2010, p. 121 (14 septembre 1850).

hier tous deux; *sie war herzlich mit ihm*[91]». C'est également en disciple que Stockhausen avait rendu visite à Manuel García, puisque celui-ci avait compté au nombre de ses maîtres lors de ses années de formation à Paris (1845-49). Il appartenait donc à la même école de chant que Jenny Lind. Or il n'est pas indifférent de savoir que Friedrich Wieck (le beau-père de Schumann) considérait que cette dernière était, avec Henriette Sontag, l'une des ultimes représentantes d'une tradition vocale en péril:

> Jenny Lind et H. Sontag sont les plus beaux représentants d'une jeune génération de cantatrices douées vocalement et zélées. On doit les considérer comme des apparitions miraculeuses à notre époque où le chant, pour de nombreuses raisons difficiles à éliminer, s'égare bien loin des anciennes écoles si riches en brillants résultats, celle des Pistochi, Porpora et Bernacchi. Qu'est-ce qui pourrait mieux attirer l'attention sur la direction funeste que prend chez nous l'art lyrique que la très grande beauté de leur chant porté par leurs voix nobles, chastes et saines qui n'ont peut-être pas leurs pareilles de nos jours[92]?

Friedrich Wieck rejoignait son gendre dans ses jugements. La «noblesse» est la première qualité attendue d'un artiste, son absence, relevée par Schumann à l'occasion chez Pauline Viardot, un péché capital. C'est abuser de la séduction du chant, nier la dimension spirituelle de la musique. Les meilleures cantatrices d'opéra étaient parfois entourées d'un parfum de scandale. Aussi, l'éloge de leur voix en soulignait volontiers, depuis la fin du 18e siècle, la candeur, la naïveté ou même la chasteté, signes évidents de leur moralité[93]. Avec la pieuse Jenny Lind, l'art et la vie étaient en accord à cet égard. Et «l'innocence enfantine[94]» qu'elle savait conférer à son chant en faisait l'interprète idéale de toute une partie délibérément naïve de la musique de Schumann, notamment de certains lieder dans le ton populaire. Elle demeura non seulement la cantatrice préférée de Schumann,

91 *Ibid.*, 237 (6 juin 1859). La dernière phrase en allemand dans le texte, par ailleurs rédigé en français.

92 Wieck, Friedrich, *Clavier und Gesang*, Leipzig, 1853, Reprint, ConBrio, 1996, vol 2, p. 47.

93 Voir notamment ce qu'écrit Charles Burney de la cantatrice Cecilia Grassi, épouse de Johann Christian Bach. Relevons à ce propos que la vie sentimentale instable de Wilhelmine Schröder-Devrient ne l'empêchait pas d'être unanimement considérée comme la meilleure interprète de Fidelio.

94 Commentaire de Clara dans son journal intime (21 mars 1850) à propos du lied «An den Sonnenschein» opus 36 no 4, cité in Litzmann, Berthold, *Clara Schumann, op. cit.*, p. 209.

mais encore celle dont le jugement comptait le plus à ses yeux. «Elle s'est profondément immergée dans ma musique», écrit-il après l'avoir rencontrée à Hambourg, en 1850, et «je ne saurais oublier les paroles aimables et exaltantes qu'elle m'a dites[95]». Et lorsqu'elle lui écrira par la suite «nous mangeons et buvons vos lieder[96]», il recopiera cette phrase dans son journal intime.

La question de la noblesse de l'expression, qui revient si souvent dans les jugements des Schumann que nous venons de mentionner, apparaît de façon exemplaire dans leur appréciation de l'alto Sophie Schloss (1822-1903), dédicataire des *Sechs Gesänge* opus 107 de 1851. On l'a vu, dès le départ, en 1840, l'attitude de Robert aussi bien que celle de Clara, fut ambivalente à son égard. A l'instar de Pauline Viardot, celle-ci fut comparée défavorablement à la soprano Elise List. Elle a «une voix pleine et puissante», constatait Clara, «mais dépourvue du caractère noble de celle d'Elise. Elle fait des coloratures tant qu'on en veut, mais comment? Mieux vaut ne pas le demander[97]». La puissance vocale et la maîtrise technique ne sont rien si le timbre a «quelque chose de vulgaire dans son caractère», comme le note Clara en d'autres occasions, toujours à propos de Sophie Schloss[98]. Mais le jugement artistique de Clara était manifestement faussé par des considérations personnelles. Elise List, dont elle était très proche, se sentait peu sûre d'elle et ne parvenait pas à donner toute la mesure de son talent en public. Cela lui valut des humiliations en présence de Sophie Schloss, rivale peu charitable qui menait une brillante carrière de soliste au Gewandhaus de Leipzig où elle assura la création de nombreuses œuvres de Mendelssohn (notamment celle de la version révisée de la *Erste Walpurgisnacht*). L'intense collaboration qui lia Sophie Schloss et les Schumann dans les années 1850 à Düsseldorf (où la cantatrice s'installa également) incite de surcroît à relativiser le jugement critique de Clara à son sujet. L'alto y participa aux premières exécutions publiques du *Spanisches Liederspiel*, de la ballade *Der Königssohn* (1851), de la *Fest-Ouvertüre mit Gesang* (1851) et de *Vom Pagen und der Königstochter* (1853). Elle a par ailleurs chanté la

95 *Tagebücher*, II, p. 421 (printemps 1850).

96 *Ibid.*, II, p. 437 (sept. 1852).

97 *Ibid., op. cit.*, II, p. 108 (octobre 1840).

98 «La Schloss a bien chanté, mieux que je ne l'ai jamais entendue – il faut certes toujours avaler quelques passages ratés! Sa voix est forte et pleine mais a quelque chose de vulgaire dans son caractère.» Clara, *Tagebücher, op. cit.*, II, p. 116 (octobre 1840).

partie d'alto de la version de chambre de *Der Rose Pilgerfahrt* à l'occasion de l'inauguration du salon de musique des Schumann en 1851, sous la direction de Robert et avec Clara au piano. Il faut croire que depuis l'époque de Leipzig, la voix de la cantatrice avait gagné en noblesse! Dans le cas contraire, Schumann ne l'aurait certainement pas accueillie dans le cercle de ses cantatrices de prédilection, au côté de Constanze Jacobi et de Mathilde Hartmann[99], et il ne lui aurait pas dédié son magnifique opus 107.

La tessiture inhabituellement grave de ces chants aux couleurs assez brahmsiennes avant la lettre incite même à penser qu'ils ont été inspirés par la voix chaleureuse de Sophie Schloss. Il est à cet égard intéressant de savoir que le compositeur a proposé conjointement à l'éditeur Carl Luckhardt à Kassel les chants opus 107 et ses admirables *Märchenbilder* opus 113 pour alto et piano[100]. Ces derniers témoignent de la prédilection que développait Schumann à la même époque pour les timbres graves dans sa musique de chambre. Le rapprochement est d'autant plus frappant si l'on se souvient qu'à l'origine, Schumann avait prévu de préciser la tessiture des lieder dans la page de titre, les documents préparatoires indiquant tantôt *Mezzosopranstimme*, tantôt *Mezzosopran- oder Altstimme*[101]. Si cette mention n'a finalement pas figuré dans l'édition originale, c'était sans doute pour ne pas limiter le cercle des acheteurs potentiels. Pourquoi décourager les sopranos, tellement plus nombreuses que les vraies altos[102]?

99 Clara admirait la «voix superbe» de Mathilde Hartmann, dédicataire de l'opus 119, qui lui valut de créer le *Adventlied* opus 71. Les Schumann firent souvent appel pour des concerts et même des tournées à cette cantatrice, élevée par la suite au rang de «Kammersängerin de son Altesse Frédéric de Prusse». Ils devaient lui vouer une profonde amitié car elle fut la marraine de leur dernier enfant, Felix Schumann (dont le parrain n'était autre que Johannes Brahms) et eut le privilège de rendre visite au compositeur dans l'asile d'Endenich. Pour de plus amples informations sur Mathilde Hartmann, voir Seibold, Wolfgang, *Die Widmungsträger der Schumannschen Werke, op. cit.*, p. 111.

100 Robert Schumann, *Neue Ausgabe sämtlicher Werke, op. cit.*, Vol. 6: 2, p. 174.

101 *Ibid.*, pp. 158 & 172.

102 Ces considérations n'ont pas toujours prévalu, comme en témoignent certains recueils de lieder de la seconde école de Berlin qui s'adressent explicitement à une voix d'alto.

«...pour voix de soprano ou de ténor»

Cette question des tessitures vocales est révélatrice. Elle est le signe de la prédominance féminine parmi les destinataires des compositions vocales de Schumann. Dans l'ensemble de ses lieder publiés, on ne trouve aucun cycle complet portant l'indication «pour voix de ténor». Cette mention ne figure que pour des lieder particuliers, ainsi que sur la page de titre d'un album manuscrit réalisé en 1849 à l'intention d'un certain Eduard Rudolph, chanteur au théâtre de la cours de Dresde, qui participa dans la même période à la première exécution privée du *Spanisches Liederspiel*. Bien qu'oublié par les annales du chant, ce ténor doit donc être compté au nombre des interprètes les plus appréciés par Schumann[103]. A l'époque de Leipzig, on cherchera en vain son équivalent dans l'entourage du compositeur. Non que les ténors aient été totalement absents. Simplement, ils ne le satisfaisaient pas. Ainsi, le ténor Maria Heinrich Schmidt (1809-1870), collaborateur de la *Neue Zeitschrift für Musik* et compositeur, a bien eu ses heures de faveur auprès de Clara, entre la fin de l'année 1840 et le mois de mars 1841[104], mais en juin de la même année, elle le considère comme «un homme sec et insignifiant, bien qu'il se prenne pour un génie, ce qu'il ne manque pas de faire savoir avec la plus grande arrogance[105]». Schumann l'engagera tout de même pour la création de la *Péri*. En septembre 1841, Robert mentionne incidemment la visite d'un ténor hollandais qui a «une bonne voix, mais dépourvue de caractère[106]».

A ces expériences décevantes, il faut ajouter des rencontres sans lendemain avec le ténor français Pierre François Wartel (1806-1882). Son maître

103 Il est vrai que Schumann adressait parfois ce genre d'album à des chanteurs encore peu expérimentés. En témoigne l'album de «Mignon-Lieder» qu'il réalisa en février 1850 à partir de ses *Wilhelm-Meister-Lieder* opus 98a, à l'occasion du dix-septième anniversaire de Clara Brockhaus, et qui présente des variantes intéressantes par rapport aux autres sources de l'opus 98a. Elève de Clara Schumann à la fin des années 1840 à Dresde, et probablement aussi de Wilhelmine Schröder-Devrient, cette jeune cantatrice avait un âge relativement proche de celui que Goethe prête à l'énigmatique adolescente des *Années d'apprentissage de Wilhelm Meister*.

104 «J'ai eu une grande joie à entendre quelques lieder écossais avec violon et violoncelle de Beethoven chantés par Schmidt et magnifiquement accompagnés par Mendelssohn», *Tagebücher*, *op. cit.*, II, p. 153 (mars 1841).

105 *Ibid.*, II, p. 167 (juin 1841).

106 *Ibid.*, II, p. 185 (Septembre 1841).

Adolphe Nourrit lui avait transmis la passion du lied schubertien, et il en était devenu l'un des plus fervents défenseurs. Et bien qu'il utilisât les éditions parisiennes, qui donnaient les poèmes en traduction française, son interprétation était admirée au-delà des frontières nationales. A l'occasion d'un concert qu'il avait donné à Vienne en 1842, la critique devait reconnaître que peu de chanteurs allemands «étaient en mesure de dépasser ou même d'égaler la chaleur et le naturel de son expression[107]». Pourtant, lorsqu'il rend visite quelques mois plus tard aux Schumann à Leipzig, Clara note:

> M. et Mme Wartel, de Paris, veulent donner un concert, mais la saison est trop avancée, et ils sont repartis. On dit que Monsieur Wartel chante en particulier très bien les lieder de Schubert. J'imagine qu'il le fait à la manière française, que je ne peux absolument pas trouver belle. Madame Wartel joue apparemment joliment du piano; c'est une personne aimable et agréable[108].

Qu'entendait Clara par «à la manière française»? Pensait-elle au fait que Wartel chantait le lied allemand en traduction française? Ou son jugement était-il faussé par le préjugé selon lequel «pour bien chanter les lieder allemands, il faut un cœur allemand qui sait ressentir avec ferveur[109]»? Quoi qu'il en soit, les réserves de Clara furent plus fortes que sa curiosité d'entendre le ténor français: aucune des rencontres ultérieures avec ce dernier, en Allemagne tout d'abord, puis en Russie, n'aboutit à une collaboration musicale. Schumann manqua ainsi l'occasion d'accueillir parmi ses premiers interprètes un ténor entièrement dévoué à la cause du lied.

En conséquence, les grands cycles de lieder de 1840 furent souvent chantés par des femmes. Or plusieurs d'entre eux sont clairement placés dans une perspective masculine. Etait-il imaginable que des poèmes d'amour adressés à une femme soient chantés par une cantatrice? De toute évidence, cela ne posait aucun problème à l'époque de Schumann, et même longtemps après, non seulement dans les cercles privés, mais aussi en public. La meilleure preuve en est donnée par l'indication de tessiture que Schumann a donnée pour ses *Sechs Gedichte aus Robert Reinicks Lieder eines Malers* opus 36, dont les textes sont en partie clairement destinés à un homme: «pour voix de soprano ou de ténor». La voix féminine n'apparaît

107 *Schubert-Lexikon, op. cit.*, p. 494.

108 *Tagebücher, op. cit.*, II, p. 263 (avril 1843)

109 *Ibid.*, II, p. 191 (novembre 1841). Clara note cette remarque à propos de la jeune soprano belge Elisa Meerti, après l'avoir accompagnée dans quelques lieder de Robert.

pas comme une «version alternative» au sens où l'entendait Schumann dans sa musique de chambre: elle est indiquée en premier lieu, ce qui est par ailleurs en accord avec la dédicace de l'œuvre à Livia Frege. Dans une édition publiée à Paris par Simon Richault en 1855, l'alternative entre voix féminine et masculine fut même tout simplement supprimée au profit d'un titre de caractère publicitaire où la cantatrice favorite du compositeur usurpait la place de la dédicataire: *Six mélodies chantées par Jenny Lind*[110]. Tout cela pourrait nous inciter à penser que l'indifférenciation entre les registres relevait de considérations éditoriales. Il n'en est rien, comme nous l'apprend l'histoire de l'interprétation. Même lorsque Clara aura trouvé en Julius Stockhausen le partenaire de lied idéal, elle continuera à donner avec l'alto Amalie Joachim un cycle comme la *Dichterliebe,* publié sans aucune mention de registre mais dont le «sujet lyrique» est indiscutablement masculin. Les implications psychologiques du registre n'avaient manifestement pas le même poids qu'à l'opéra de la même époque. La cantatrice qui chante son amour pour une lointaine bien-aimée n'est pas un Cherubino, un adolescent qui n'a pas encore mué: elle «prête sa voix» aux idées musicales et disparaît en tant que personne. La meilleure démonstration en fut donnée, pour ainsi dire réciproquement, par Julius Stockhausen, lorsqu'il assura la première exécution publique de *Frauenliebe und Leben* en 1862, non sans créer quelque surprise chez certains critiques. Il est difficile pour un baryton d'être crédible dans un lied qui célèbre les joies de la maternité! Alors que les poèmes sentimentaux peuvent éventuellement se prêter à un jeu où l'amant place entre les lèvres de la femme aimée les paroles qui en chantent la beauté. N'est pas ainsi que le jeune Schumann de dix-sept ans avait commencé chez Agnes Carus?

Cela dit, les implications de l'indifférenciation entre voix masculines et féminines ne sont pas que de nature psychologique: elles sont également musicales. L'équilibre entre la partie de piano et la ligne vocale change considérablement selon l'octave à laquelle se situe celle-ci, la fusion des timbres et la pondération des registres conférant à l'œuvre un caractère assez différent. A cela s'ajoutent des considérations harmoniques résultant de la prédilection de Schumann pour un accompagnement placé dans l'aigu du piano, c'est à dire au-dessus de la partie vocale si celle-ci est réalisée par

110 McCorkle, Margit, Robert *Schumann. Thematisches-Bibliographisches Werkverzeichnis,* Mainz [etc.], Schott, 2003, p. 153.

une voix d'homme, mais en dessous si c'est une femme qui la chante. Or paradoxalement, si l'équilibre des timbres est en général le plus satisfaisant avec une voix masculine, la logique harmonique semble pensée en fonction d'une voix de femme. Ceci apparaît de manière exemplaire dans les deux derniers lieder des *Zwölf Gedichte* opus 35 sur des poèmes de Justinus Kerner. L'édition originale comporte la mention (supprimée par Clara dans son édition complète) *vorzugsweise Bariton* («de préférence pour baryton»). Or, contrairement à d'autres parties du cycle, les poèmes conclusifs n'impliquent pas un sujet lyrique masculin. Si Schumann donne la préférence aux voix graves, ce n'est donc pas pour des raisons de vraisemblance psychologique, mais bien parce qu'il tient à un certain type de relation sonore entre la voix et le piano[111]. Et l'on sent, en effet, que l'instabilité harmonique résultant de la position inhabituelle de la voix sous une partie de piano suspendue dans le registre aigu de l'instrument, est intentionnellement créée afin de traduire la fragilité exprimée dans les poèmes. Sans conteste, l'émotion qui se dégage de ces deux lieder jumeaux est beaucoup plus intense lorsqu'ils sont chantés par une voix d'homme, et Schumann le savait. Il s'agissait là de l'un des aspects novateurs de son style dans le genre du lied, qui se retrouve notamment dans bien des lieder de la *Dichterliebe*. Et c'était une innovation qui n'était possible qu'avec l'aide d'une voix distincte de la partie de piano, la présence de timbres différents permettant des licences beaucoup plus grandes avec la conduite des voix.

Schumann n'a cependant guère eu l'occasion d'entendre ces pages telles qu'il les avait conçues. Notre parcours l'aura montré, c'est surtout par des voix féminines qu'il entendit ses lieder. Cela contribua sans doute à l'image que s'en faisait son premier biographe, Wilhelm Joseph von Wasielewski, qui dans sa monographie rédigée peu après la mort du compositeur écrivait: «ce qui distingue particulièrement Schumann des autres grands maîtres qui ont marqué l'histoire du lied, c'est une noble effusion de sentiments que l'on peut qualifier d'authentiquement féminine[112]». Il n'est pas jusqu'aux transcriptions pour piano seul de ses lieder par Clara Schumann, le plus souvent réalisées en plaçant la mélodie dans une tessiture féminine,

111 En revanche, l'indication *Tenor vorzugsweise* dans le deuxième lied du cycle peut s'expliquer aussi bien par des raisons psychologiques que musicales. Le sujet lyrique qui assiste à l'entrée dans les ordres de sa bien-aimée est évidemment un homme, mais c'est surtout parce que la voix de ténor s'intègre mieux dans la texture néobaroque du lied que Schumann lui donne la préférence.

112 Wasielewski, Wilhelm Joseph von, *Robert Schumann*, *op. cit.*, p. 159.

qui ne contribuèrent à cette tendance dans l'histoire de l'interprétations du lied schumannien. Même si elle était plus «pianistique», cette disposition n'était pas inévitable, comme en témoignent les réductions de Theodor Kirchner et certains passages de celles de Liszt, où la partie vocale chante comme une belle voix de ténor dans le medium du piano.

Lorsque Schumann regrettait la rareté des *Liedersänger* compétents, c'est probablement aux voix d'hommes qu'il pensait en particulier; si bien que l'on pourrait parodier la citation qui nous a servi de point de départ en affirmant que dans le domaine du lied, les bonnes cantatrices furent à cette époque presque plus rares que les bons compositeurs, mais un peu moins que les bons chanteurs.

Abstract

The first performers of Schumann's songs After ten years devoted entirely to piano music, Schumann started to compose for the voice and produced in 1840 all his best known song-cycles. Astonishingly enough, during this time, he wasn't in touch with professional singers, and had to wait quite a long time until he found one who convinced him completely. In the meantime, after the composer's voice, the first person to perform his songs in private circles was Clara Wieck, who was a trained singer, but didn't live in Leipzig until Robert won the trial against her father and could marry her in september. Although Schumann didn't work with singers during the genesis of his 1840-songs in the way he had in the late twenties with the amateur singer Agnes Carus, he had heard a lot of outstanding singers since his youth, mainly in the operatic repertoire. During his stay in Vienna (1838-39), he had opportunity to hear Schubert's songs with excellent singers like Carl von Schönstein, who had worked with Schubert, and Joseph Staudigl. But after his return to Leipzig, he didn't keep in touch with them, and from this moment on, the first performers of his songs were mostly women, with a few exceptions like Joseph Tichatschek and Eduard Rudolph. Although he was at first very enthusiastic about Pauline Viardot, he didn't always agree with the way she sang German songs, judging that she sought to produce unnatural «effects». Other less known singers like Livia Frege and Sophie Schloss played an important role in the performance history of Schumann songs, the latter mainly around 1850. But the two singers he favored were opera stars of the time : Wilhelmine Schröder-Devrient and Jenny Lind. The very fact that songs which we are used to hear with male voices were often performed at this time by women is considered in its psychological and strictly musical consequences, in terms of timbral balance and chordal logics.

Bibliographie

Boetticher, Wolfgang, *Schumann in seinen Schriften und Briefen,* Berlin, Hahnefeld, 1942.
Borchard, Beatrix, *Stimme und Geige,* Vienne, Böhlau, 2005.
Deutsch, Otto Erich, *Schubert, Die Dokumente seines Lebens*, Kassel, Bärenreiter, 1964.
François-Sappey, Brigitte, *Robert Schumann*, Paris, Fayard, 2000.
Johnson, Graham, «The early and unknown songs of Robert Schumann», in *The songs of Robert Schumann*, vol. 8, Londres, Hyperion, 2002.
Litzmann, Berthold, *Clara Schumann. Ein Künstlerleben*, Leipzig, Breitkopf & Härtel, vol. II, 1905.
McCorkle, Margit, *Robert Schumann. Thematisches-Bibliographisches Werkverzeichnis*, Mayence, [etc.], Schott, 2003.
Mahling, Christoph-Hellmut, «Zum Bild der Sängerin Pauline Viardot-García in der deutschen Öffentlichkeit», in *D'un opéra à l'autre. Hommage à Jean Mongrédien*, éd. Gribenski, Jean, Paris, Presses de l'Université de Paris-Sorbonne, 1996.
Ozawa, Kasuko, préface à l'édition Henle du *Liederkreis* opus 39, Munich, 2009.
Schubert-Lexikon, éd. Hilmar, Ernst & Jestremski, Margret, Graz, Akad. Druck- und Verlagsanstalt, 1997.
Schumann, Robert, *Gesammelte Schriften über Musik und Musiker*, éd. Simon, Heinrich, Stuttgart, Reclam, 1888-89.
Robert Schumanns Briefe. Neue Folge, éd. Jansen, Gustav, Leipzig 1904.
Schumann, Clara & Brahms, Johannes, *Briefe aus den Jahren 1853-1896*, éd. Litzmann, Berthold, Leipzig, 1927.
Schumann, Clara und Robert, Briefwechsel. Kritische Gesamtausgabe, éd. Weissweiler, Eva, Francfort, Stroemfeld/Roter Stern, 1987.
Schumann, Robert, Musikalische Haus- und Lebensregel (1850), in: *Album für die Jugend*, Henle, 2007, 62.
Seibold, Wolfgang, *Familie, Freunde, Zeitgenossen. Die Widmungsträger der Schumannschen Werke*, Sinzig, Studio, 2008.
Jules Stockhausen. Itinéraire d'un chanteur à travers vingt années de correspondance, 1844-1864, éd. Honegger, Geneviève, Lyon, Symétrie, 2010.
Synofszik, T., «Mendelssohn, Schumann, und das Problem der Männergesangskomposition um 1840», in: *Schumanniana nova*, Sinzig, 2002.
Synofzik, T. & Heinemann, M. (éd.), *Schumann Briefedition*, I, 4, Cologne, 2012.
Wasielewski, Wilhelm Joseph von, *Robert Schumann,* Bonn, Emil Strauss, 1880 [1857].
Wieck, Friedrich, *Clavier und Gesang*, Leipzig, 1853, Reprint, ConBrio, 1996.
Wolf, Hugo, *Chroniques musicales* 1884-1887, éd. Starobinski, Georges, Genève, Contrechamps, 2004.

IV. Esthétique, perception, théorie des affets

Brenno Boccadoro

Rosenmüller: umori e affetti nei salmi veneziani

Dell'imitazione degli affetti si è parlato poco negli studi dedicati recentemente al Rosenmüller e ancora meno è stato scritto sul retroscena teorico di questo capitolo della poetica musicale; tanto da mettere in forse la pertinenza del soggetto.[1] Ciononostante dell'interesse del nostro in questo frangente parlano chiaro i passi delle sue composizioni in cui ritmo e armonia rappresentano il testo all'immaginazione dell'ascoltatore mediante caratteristici tropi compresi fra il simbolo, l'*expressio textus* e la figura retorica *stricto sensu*, come struttura sonora legata a referenti sintattici. Una lettura della musica attraverso strumenti ottici desunti dalla stessa attrezzatura teorica operante dietro le quinte della partitura consente di mostrare -è questo lo scopo delle pagine a nostra disposizione- che in più di un caso le strategie osservate dal compositore nell'esegesi del testo si rifanno non solo alle figure verbali della retorica convenzionale ma recano le tracce di una concezione della composizione che non sarebbe assurdo definire «elementare», in quanto mutuata indirettamente dalle teorie sull'anima e

1 Secondo una tradizione testuale emergente in maniera intermittente nella letteratura secondaria un'esegesi *ad litteram* degli affetti descritti nel testo sarebbe estranea a questa musica. Così, Rainer Hayink, il quale, a proposito dei salmi concertati veneziani, notava l'assenza di un'illustrazione puntuale del testo in favore di una concezione globale estesa al carattere generale del salmo. («Dass Deines Namens Ruhm in Deutschland bald angehn...wird – Johann Rosenmüller und seine venezianischen Psalmkonzerte» in *Die Musikforschung*, 49, 1996, pp. 118-142). Una replica implicita a questa ipotesi, per quanto riguarda i salmi veneziani, è stata la tesi di Christina Köster (*Johann Rosenmüllers lateinische Psalmvertonungen in starker Besetzung. Untersuchung zu Klang und Struktur*, Collectanea Musicologica, 9, Wissner Verlag, Augsburg, 2002). In seguito a una limitazione di cui aveva pienamente il diritto, la Köster ha evitato la prospettiva di una lettura in chiave umorale delle partiture. Per quanto riguarda la retorica musicale in senso stretto, un tentativo improbabile di riconoscervi le tracce dell'*inventio*, dell'*elaboratio* e della *decoratio*, si ha in Holger Eichorn («Johann Rosenmüller in Venedig Wolfenbüttel und anderswo» in *Aneignung durch Verwandlung: Aufsätze zur deutschen Musik und Architektur des 16. und 17. Jahrhunderts*, Wolfram Steude, Laaber Verlag, 1998, pp. 177-229).

dalla medicina umorale. Vi sono ragioni sufficienti per pensare che proprio questo sia l'idioma nel quale il compositore ha inteso esprimere i segni degli affetti declinati nel testo poetico: lingua non verbale del temperamento, che a modo suo «parla», combinando segni e immagini attraverso il ritmo e l'armonia con la stessa eloquenza con la quale si esprime nel corpo e in tutto ciò che fa. E se il quadro concettuale non è errato, è in questa lingua che occorre rivolgere alla partitura le domande più pertinenti circa il pensiero discorsivo e la fantasia del compositore incarnata nel suono.

Di quale natura siano i canali attraverso i quali il Rosenmüller attinge a questo tessuto di convenzioni – imitazione di modelli canonici, trattatistica, retorica musicale, musica speculativa – non è dato sapere. Tuttavia un'indicazione istruttiva circa il macrotesto di convenzioni nel quale questa musica estende le proprie trame si ha in un passo del salmo *Domine probasti me.* Il verso 22, *perfecto odio oderam illos* allude all'odio perfetto, il cui cinismo sembra aver colpito l'immaginazione del compositore, che reagisce rivestendo il testo mediante una serie di quinte parallele fra le parti estreme del tessuto armonico, ove l'armonia oscilla con insistenza su accordi collocati a distanza di un semitono (*la-si♭*).

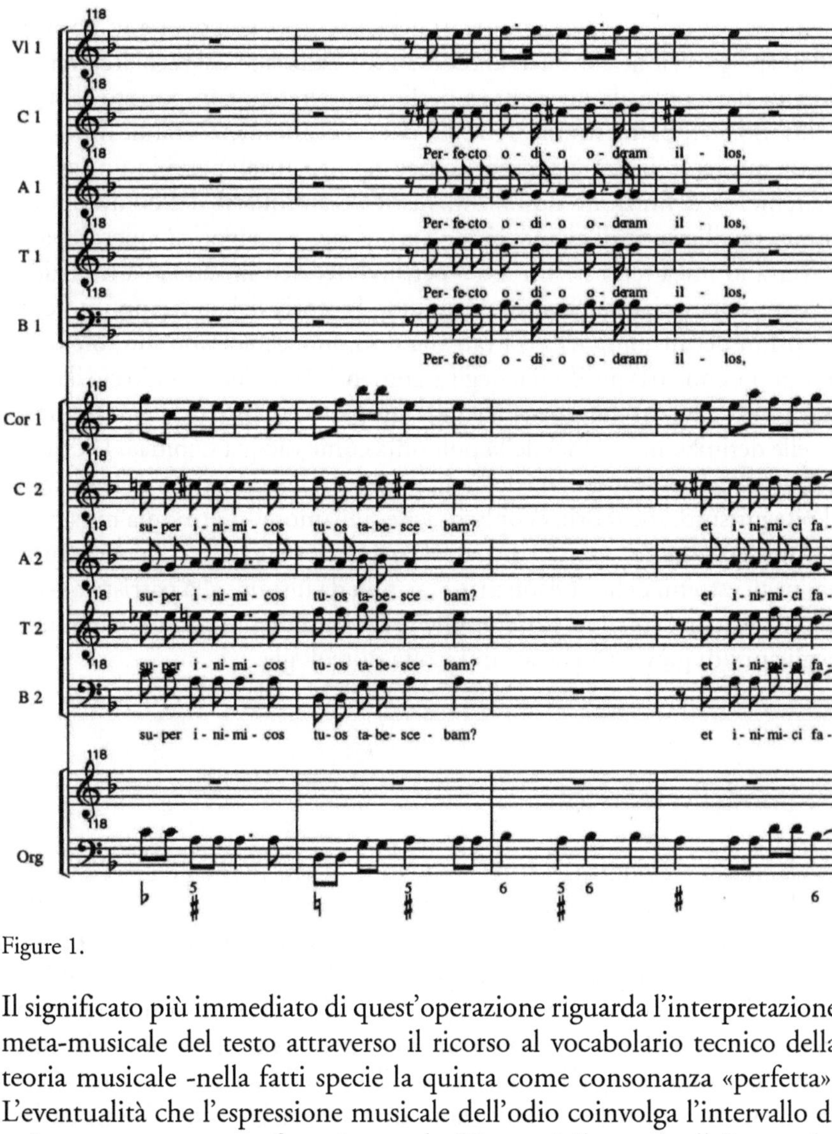

Figure 1.

Il significato più immediato di quest'operazione riguarda l'interpretazione meta-musicale del testo attraverso il ricorso al vocabolario tecnico della teoria musicale -nella fatti specie la quinta come consonanza «perfetta». L'eventualità che l'espressione musicale dell'odio coinvolga l'intervallo di quinta, consonanza perfetta, è assurda. Non così il suo parallelismo, che trasgredisce una delle regole più elementari del contrappunto. Un'analisi confinata nella cornice angusta dei fenomeni sensoriali si contenterà di rilevare l'acidità del timbro prodotto dalle quinte parallele; ma una lettura più attenta al suo significato discorsivo si soffermerà sul fatto che la rappresentazione dell'odio coinvolge le due *estremità* della polifonia, ossia gli elementi «acuti» e «gravi» temperati nel suo corpo. Capovolta in positivo, questa proposizione conduce alla conclusione che la prassi regolare, trattandosi di dar conto di un «amore perfetto», avrebbe comportato il moto contrario nelle parti estreme. Non vi è che un capitolo, nel grande libro della teoria musicale, in cui è consentito ricomporre questi pezzi in un insieme coerente: la definizione dotta, umanistica e antiquaria del contrappunto come conciliazione di elementi contrari. Greca e pitagorica, quest'idea attraversa in linea retta la storia del pensiero teorico in seno alla tradizione dell'armonia universale, accompagnando la storia del contrappunto dalle sue prime definizioni, nella trattatistica del nono secolo, sino alle polemiche fiorentine contro la polifonia, negli argomenti al Galilei secondo cui il moto contrario delle parti stempera nel nulla l'impatto psichico del contrappunto, e nelle definizioni del Mei della polifonia come «acqua tiepida». L'idea poi dell'armonia come metafora dell'amore poteva rifarsi con uguale legittimità al pitagorismo, alle teorie neoplatoniche sull'amore – l'armonia musicale è il frutto dell'amore fatto dal dispari al pari (l'uno è maschio, l'altro, femmina) negli estremi delle consonanze –, e, non da ultimo, alla patristica – una tradizione con la quale il Rosenmüller è probabilmente entrato in contatto negli anni di gioventù passati in facoltà di teologia.

Un modello teorico

La definizione dell'armonia come conciliazione di contrari è stata il nucleo dal quale il Seicento ha dedotto l'attrezzatura mentale utile alla poetica degli affetti, dal discorso sulle potenze dell'anima, alle dottrine sul carattere degli intervalli. La maniera in cui i due estremi di una relazione consonante stabiliscono un nesso in virtù di una misura comune ha insegnato a riconoscere nella consonanza il modello su scala ridotta di un fenomeno transitivo di comunicazione simpatetica, la cui virtù conciliatrice, metaforicamente o meno, dirama le proprie trame oltre i confini dell'intervallo per coinvolgere l'intera compagine dei fenomeni riconducibili per induzione a una mescolanza fra elementi contrari. Neoplatonico o ateo, il pitagorismo di questa definizione ha convertito a dei problemi di consonanza e di dissonanza fenomeni come l'azione della melodia sull'anima dell'ascoltatore, la mescolanza degli umori, il rapporto fra anima e corpo, la temperie dell'acuto e del grave negli ingredienti della composizione, l'incarnazione del testo nel corpo sonoro del contrappunto. Dopo Zarlino, l'idea di una corrispondenza quasi sperimentale fra l'ossatura matematica della composizione e la proporzione degli umori nel temperamento attraversa in linea retta la trattatistica seicentesca.[2] Agli avvocati di queste dot-

2 *«Ex quo mutuo naturarum coniugio, grata quaedam resultat affectio, seu tilillatio pruriens per omnes coporis fibras diffusa, ex qua demum voluptas et desiderium vehemens, desiderato obiecto se iungendi uniendique; sicuti igitur Tarantismo laborans, numerorum proportione graviumque et acutarum vocum mistura humori venenoso proportionata et consimili ita afficitur, ut auribus etiam ad instrumenta applicatis, eiusmodi harmoniam veluti auribus imbibitam, atque sibi incorporatam ob titillationem quandam harmonici aeris repercussi percipiat»* (Kircher, Athanasius, *Magnes, sive de arte magnetica opus tripartitum,* Coloniae Agrippinae, apud Iodocum Kalcoven, 1643 Editio secunda post Romanam multo correctior, p. 774). La fonte è Zarlino: «Per la qual cosa potemo tenere per certo che quelle proportioni istesse, che si ritrovano nelle qualità narrate, si ritrovano anco nelle harmonie: essendo che di un solo effetto non gli è se non una propria cagione, la quale nelle qualità già dette, e nelle harmonie è la proportione. La onde potemo dire che quelle istesse proportioni che si ritrovano nella cagione dell'ira o del timore, o di altra passione nelle sopraddette qualità, quelle istesse si ritrovino anco nelle harmonie, che sono cagioni di concitare simili effetti» (Zarlino, Gioseffo, *Istitutioni harmoniche,* Venezia, 1558, II, 8, p. 73).

Diffusa dalle correnti neoplatoniche che attraversano il Cinquecento, l'equazione *krasis-harmonia* ottiene ampio credito persino negli ambienti culturali non direttamente connessi al pitagorismo di questa tradizione filosofica: «Perché il troppo caldo induce prestezza, e celerità e il troppo freddo tardità e lentezza, si come sempre il temperato ha seco sempre mediocrità e quiete. Onde è nella qualità della voce per la cagion medesima si sente, che dalli animi commossi, quando son riscaldati, per la celerità de' movimenti s'innacutiscono, per dir così i tuoni di lei, e quando per il timore o altro effetto tale sono impediti, s'ingraviscono, dove nella quiete non apparisce niuna di queste alterazioni (Mei, Girolamo, *Della compositura delle parole*, Biblioteca Nazionale Centrale di Firenze, MS. Magliab. VI, 34, ff. 61^{v}-62^{r}). «È chiaro che le affezzioni si muovono negli animi altrui rappresentandosi loro quasi innanzi ò per obietto ò per memoria que' tali affetti che da queste tali apparenze son fatte lor apprire. Or questo con la voce altramente far non si può che con quelle qualità di lei, sia ella ò grave, ò acuta, ò mezzana che da la natura l'è stata appropriata per questo effetto, e che è nota propria e naturale di quello che altri vuol commuovere nel uditore. Simigliantemente è cosa notissima che de' tuoni i mezzani tra l'estrema acutezza e l'estrema gravità sono atti a dimostrare quieta e moderata disposizione di affetto: e i troppo acuti sono da animo troppo commosso e sollevato: e i troppo gravi, da pensiero abietto e rimesso; nel modo medesimo che il numero mezzano tra la velocità e la tardanza mostra animo posato; e la velocità, concitato; e la tardanza lento e pigro: et insieme è chiaro che tute quelle qualità così de l'armonia, come del numero hanno per propria natura facultà dio muovere affezzioni simiglianti ciascuna a se.» (Lettera

trine che, come il Kircher, hanno inteso aggiornare la tesi sull'anima-armonia è bastato invocare i principi della meccanica universale evitando di rifarsi agli spiriti galenici e alle corrispondenze della magia neoplatonica; ma i risultati, per la poetica, rimangono affini.

Accanto all'equazione crasi-armonia, l'insegnamento più istruttivo impartito dalle filosofie sulle potenze dell'anima agli autori impegnati a isolare il carattere degli intervalli figurava nel capitolo sulle alterazioni dello *spiritus*. Sottoposto all'azione della bile gialla, e, con più moderazione, a quella del sangue, lo spirito si surriscalda e si dilata circolando velocemente nell'organismo. Il sangue bolle salendo alla testa, il volto si tinge di rosso, gli occhi scintillano, infuocati, gli spiriti trasudano nel corpo attraverso i pori, il moto corporeo è concitato, le articolazioni scricchiolano. Nelle convenzioni teatrali, il passo è lungo, segno del moto espansivo generato dal calore corporeo. La crescita della temperatura moltiplica il moto degli spiriti, costretti nei vasi angusti del sistema nervoso: i pensieri ruotano all'impazzata nella scatola cranica succedendosi incoerenti. La collera è allora un furore transitorio – *brevis furor* –, legato da un eccesso della bile gialla, la cui espressione psichica e somatica coincide con le qualità del fuoco elementare di cui è portavoce nel concerto degli umori.

I luoghi propri dell'umor nero, freddo e secco, occupano la parte opposta della scala elementare. Quando non infiamma la mente, negli stati catatonici, la melanconia abbassa all'estremo la temperatura corporea, producendo, se incontrastata dal sangue e dalla bile, la morte per raffreddamento. La sua temperatura restringe e contrae gli spiriti arrestandone il moto, come il gelo cristallizza l'acqua e pietrifica la terra durante l'inverno. Il freddo produce timore, sudori freddi, tremiti, sonno e torpore. La condensazione dello spirito contrae l'iniziativa della mente, generando caratteri introversi, temperamenti pavidi e atteggiamenti pessimistici nei confronti dell'avvenire. Inoltre, in virtù delle qualità che condivide con la terra, la complessione melanconica produce tessuti compatti, in seno ai quali gli spiriti, compressi negli anfratti angusti del sistema nervoso, acquistano la sottigliezza dei vapori dell'acquavite, che possono infiammarsi e inebriare l'immaginazione, producendo stati temporanei di mania ed entusiasmo. La complessione melanconica è allora bipolare, ligia all'*extremitas* e alla varietà di affetto; sviluppa una

a Vincenzo Galilei, 8 maggio 1572; Palisca, Claude, ed., *Letters on ancient and modern music to Vincenzo Galilei and Giovanni Bardi / Girolamo Me; a study with annotated texts by Claude V. Palisca*, Roma, American Institute of Musicology; Neuhausen; Stuttgart: Hänssler-Verlag, 1977, p. 92).

rapidità d'operazione sovrumana mista a un'ebbrezza che surriscalda il sangue aprendo all'artista le porte del paese di poesia. Sul rigo, il suo inchiostro nero impregna il registro grave e il moto tardo e lento del metro, la dissonanza e la raucedine del timbro, i contrasti, il dualismo, la dicotomia, la dissonanza e l'opposizione conflittuale delle parti. Se il contrappunto è un corpo di membra articolate secondo giuste proporzioni, la sua incarnazione sonora è la Chimera e l'Idra, secondo una dichiarazione esplicita del Tasso.

A stabilire un denominatore comune fra questa psico-fisiologia e la sua espressione musicale è stata la dottrina aristotelica dell'alterazione come moto nella categoria della qualità. La lunga storia di questa idea, condivisa sia dalle dottrine sulla percezione che dalla musica, varca il quadro dei compiti della nostra indagine. Ricordiamo semplicemente che nel vocabolario della fisica aristotelica la voce «alterazione» (*alloiosis*) designa il «movimento nella categoria della qualità», da distinguere dalla «generazione», dal «movimento locale» – o «traslazione» – e dall'«accrescimento» o movimento nella categoria della quantità. Si generano e si corrompono le sostanze che si trasformano integralmente le une nelle altre, come lo sperma convertito in sangue, mentre si altera sul piano degli accidenti il sostrato che oscilla fra qualità contrarie pur rimanendo percettibile in quanto sostanza, come l'acqua, ora calda ora fredda, che non si converte in fuoco -come lo spirito alterato dalle sensazioni e come il suono, ora acuto ora grave.

Sia nella tradizione antica che nella cornice delle riflessioni medievali dei *calculatores* di Oxford sull'*intentio* e la *remissio formarum*, l'alterazione qualitativa di un corpo è stata descritta come l'oscillazione di un punto di tensione (*tonos*) su di una linea geometrica continua, divisibile all'infinito per dicotomia. A chi si è interrogato sull'incarnazione degli affetti nell'armonia è bastato invocare la stretta parentela fra questo modello geometrico e l'oscillazione del movimento topico della melodia fra il grave e l'acuto. Dalla categoria della quantità, il movimento sonoro entrava nel dominio della qualità. Alle varie regioni della voce rispondevano qualità diverse, come dimostrano le corrispondenze stabilite fra i quattro elementi, i quattro umori e le quattro parti del contrappunto da autori come il Ficino, Glareano, Zarlino, Girolamo Mei, Vincenzo Galiei, nonché dal Monteverdi, nella celebre prefazione del *Combattimento di Tancredi e Clorinda*, in cui alle tre regioni della voce rispondono collera, temperanza e umiltà. L'elevazione del fuoco elementare nella distribuzione cosmica degli elementi, il calore, l'intensa attività cinetica e la virtù espansiva dei vapori collerici non potevano che rispondere all'intensità dei moti dell'acuto e del tempo rapido. Le qualità contrarie della bile nera rivendicavano per sé le proprietà del basso e dei ritmi tardi e lenti. Gli autori cinquecenteschi non erano stati i primi a pensarlo, come dimostra la tesi diffusa dalla tradizione fisiognomica secondo cui il collerico eleva la voce e il melanconico l'allenta verso il grave.[3]

Il doppio moto dello spirito secondo la dicotomia *intentio/remissio* ha contribuito a raggruppare l'intera gamma delle qualità affettive degli elementi della composizione intorno a due poli antagonisti: la categoria del *durum* e del *mollis* – i due termini tecnici mediante i quali la lingua latina ha tradotto il vocabolario greco relativo alle categorie della tensione e dell'allentamento. Da un lato, nella categoria della *durities*, i segni degli affetti «positivi» – gioia, allegrezza, con la collera e lo stile concitato: il moto melodico ascendente, il bequadro nelle note sensibili e delle cadenze, gli intervalli maggiori, l'accumulazione dei *diesis*, la *gradatio* del disegno melodico, i modi autentici, la trasposizione dei modi verso l'acuto causata dai *diesis* in chiave, il metro rapido come correlativo temporale dell'acuto. Dalla parte opposta, i segni degli affetti catatonici, rilasciati e passivi, della melanconia, del languore e dell'umiltà: il disegno discendente della melodia, il bemolle, le cadenze molli come la frigia, i modi plagali, le modulazioni causate dai bemolli in chiave.

Siccome il moto della voce nel registro implica un cambiamento qualitativo, la nota muta il proprio carattere quando passa da un grado all'altro, incitato per l'elevazione mesto per l'allentamento. L'intensità qualitativa è quantificabile. Siccome l'elevazione della nota richiede un incremento del moto vibratorio, maggiore è l'energia fornita, maggiore la sua ampiezza; e più l'intervallo è ampio, più il suo carattere è incitato. L'ottava è allegra ed energetica, mentre il carattere degli intervalli complessi più vicini all'unisono, microintervalli e semitoni, è flebile e molle. Si tratta di un principio ampiamente accreditato che ottiene l'approvazione di autori influenti, fra cui il Kircher:

> *Porro sicut vicinitas ad unisonum mollitiem inducit, ita remotio duritiem*.[4]

3 «*Secundum passionem quidem intendens acutam (oxeian) vocem putabit aliquis oportere ponere iracundi. Indignatus autem et iratus distendere consuevit vocem et acute loquitur, qui autem remissus stat, et remittit vocem et graviter loquitur*». Foerster, ed., *Scriptores Physiognomonici Graeci et Latini*, Lipsiae, Teubner Verlag, 1983, vol. I., p. 25.

4 Kircher, Athanasius, *Musurgia universalis sive ars magna consoni et dissoni*, Roma, 1650; facs., Hildesheim, Olms, 1970, p. 566; da mettere in rapporto con la celebre dichiarazione del Mersenne secondo cui: «*les demi-tons et dièses représentent les pleurs et les gémissements à raison de leurs petits intervalles qui signifient la faiblesse: car les petits intervalles qui se font en montant ou descendant, sont semblables aux enfans, aux*

Collera e melanconia, inoltre, coinvolgono la dilatazione e il restringimento degli spiriti, due differenze d'importanza capitale alle quali gli autori hanno ricondotto tutto ciò che nel sistema armonico poteva venire inteso in termini di espansione o di condensazione.[5] Così, l'*ethos* delle terze e delle seste maggiori è «duro», allegro e «espansivo» poiché nel contrappunto il moto delle parti si apre sulla quarta e l'ottava, attratte dal semitono contiguo; mentre il carattere degli intervalli omologhi minori, delle dissonanze e dei micro intervalli è *mollis* poiché il moto delle parti risolve sull'unisono e la quinta, come l'anima si chiude in sé stessa quando il freddo della melanconia contrae lo spirito.

Collera

L'ipotesi che il Rosenmüller, direttamente o meno, abbia attinto ai luoghi topici di questa teoria degli affetti trova conferma in un passo in stile concitato del salmo 111 (*Beatus Vir qui timet dominum*). Nella breve sezione

vieillards et à ceux qui reviennent d'une longue maladie, qui ne peuvent cheminer à grand pas, et qui font peu de chemin en beaucoup de tems». Mersenne, Marin, *Harmonie Universelle,* Paris, 1636, II, «Des chants», Prop. xxvi, p. 173).

5 La formulazione classica di questo principio diffusa nella trattatistica del Seicento risale alle *Istitutioni Harmoniche* di Zarlino: «Le diverse dispositioni de l'huomo non hanno altra origine che ne i diversi movimenti dello spirito il quale è l'organo dei diversi movimenti di tutte le virtù de l'animo sia delle sensitive che delle motive, nascono per alteratione o per moto locale. Da questo movimento nasce ora il ristringimento ora il boglimento e la dilatatione delli spiriti. Questi movimenti non nascono solamente dalla diversità dell'Harmonia ma anche dai Rithmi, come è manifesto». (Zarlino, Gioseffo, *op. cit.,* II, 8, p. 74). Un divulgatore influente nei paesi di lingua tedesca durante la seconda metà del Seicento è il Kircher attraverso il suo interprete e traduttore Herbst: «*Die Traurigkeit hat auch gantz wiederwärtige pulsus, nemlich gering, langsam dünne und schwach, dadurch wird die Wärm ersticket wegen Zertrettung dess Geblüts daher kommt kält und erstarren dess ganzen Leibs; gleich wie nun in der Excessiv-grossen Freud die Geister zertrennet werden dass der Mensch sterben und verschmachten muss also gehets auch mit Excessiv-grossen Traurigkeit wegen der Erstickung der Geister*». (Kircher, Athanasius, *Musurgia Universalis,* traduzione tedesca di A. Hirsch, Artis Magna de consono et dissono *Das ist Philosophischer Extractz aus der Welt-berühmten Teutschen Jesuitens Athanasii Kircheri Musurgia Universalis*, Schwäbisch-Hall, 1662, Lib. VI, Analogicus Pathologia musica, extr. 317). Emerge in seguito negli scritti teorici di Agostino Steffani (*Quanta certezza abbia da suoi principi la musica*, Amsterdam, 1695, p. 7), ampliati e divulgati in tedesco da Weckmeister (*Musikalisches Send-Schreiben*, Quendlingburg, 1700, p. 60).

introduttiva del verso *Peccator videbit et irascetur dentibus fremet et tabescet, desiderium peccatorum peribit*[6] un passaggio «adagio» arresta il movimento generale delle parti per due misure, come per lasciare presagire l'esplosione emotiva inaugurata dal «presto» della misura successiva. Da questo punto, il tempo accelera progressivamente per una decina di misure dividendo i valori ritmici dalla minima alla semicroma. Il metro dattilico iniziale raddoppia alla misura 145 al fine d'illustrare il tremito dei denti descritto nel testo. All'accelerazione del metro risponde la tensione crescente del moto melodico: la linea del soprano percorre progressivamente il registro dal *si* grave della misura 136, al *re* della misura 142, mentre il basso procede sugli intervalli congiunti di una sesta minore, dal *mi* grave al *do*. Al soprano, la melodia avanza per semitoni ascendenti, «tesa» progressivamente dai semitoni incitati, propri al genere «duro», *si-do-do♯-re*. Il verso *peccator videbit et irascetur* viene ripetuto due volte da figure ritmiche e melodiche analoghe disposte su gradi ascendenti di una *gradatio* armonica, che, dal tono di *la* minore passa a fa♯ minore, accumulando i *diesis,* dal *sol♯* sino al *mi♯* del tenore e del primo violino della misura 141. Con il metro dattilico, le figurazioni melodiche in terze (mis. 145-146), che rinviano all'aria di tromba, conferiscono un carattere marziale allo stile concitato, secondo un nesso già stabilito dal Monteverdi nella prefazione dell'ottavo libro dei *Madrigali Guerrieri amorosi.*

Il carattere parossistico del passo risulta con evidenza ancora maggiore nella seconda versione conservata dello stesso salmo, notato in *la* mixolidio con due *diesis* in chiave.[7] Anche in questo caso il verso *peccator videbit et irascetur* viene ripetuto due volte in una stessa *gradatio* ascendente. Ora però, nel secondo enunciato del verso, le figure ritmiche e melodiche figurano alla quarta superiore, transitando dai toni di *fa♯* minore, e *la* maggiore ai correlativi di *si* minore – *re* maggiore, con un notevole incremento della tensione melodica. All'interno di ogni sezione, il verbo *irascetur* viene ripetuto tre volte in un crescendo melodico ascendente di crome ribattute in stile concitato. La tensione, già elevata, cresce ulteriormente nelle misure successive, giustificata dalla locuzione *dentibus fremet.* Su *fremet* (mis. 199-200), il ritmo armonico, che si era mantenuto stazionario sulla stessa armonia durante tutta la misura 198, aumenta del quadruplo, com-

6 D-Bsb. Mus. Ms. 18887-5, Collezione Bokemeyer, Nr. 875, mis. 136-152, Köster, I, p. 79.

7 D-Bsb. Mus. Ms. 18887-4 a+b, Collezione Bokemeyer, Nr. 873 e 874, mis. 136-152, Köster, II, p. 42.

presso in una sola misura. La rapida successione degli accordi crea allora un terreno propizio per produrre una serie di ottave e di quinte parallele fra il basso, il tenore e il soprano (mis. 199-200) evitate di striscio dal moto disgiunto delle parti separate nel tempo da una croma. Cionononostante quinte e ottave vengono raggiunte da movimenti diretti e grazie al raddoppio delle parti strumentali, i parallelismi non ingannano l'orecchio producendo un timbro acido, che esprime il brivido descritto nel testo.

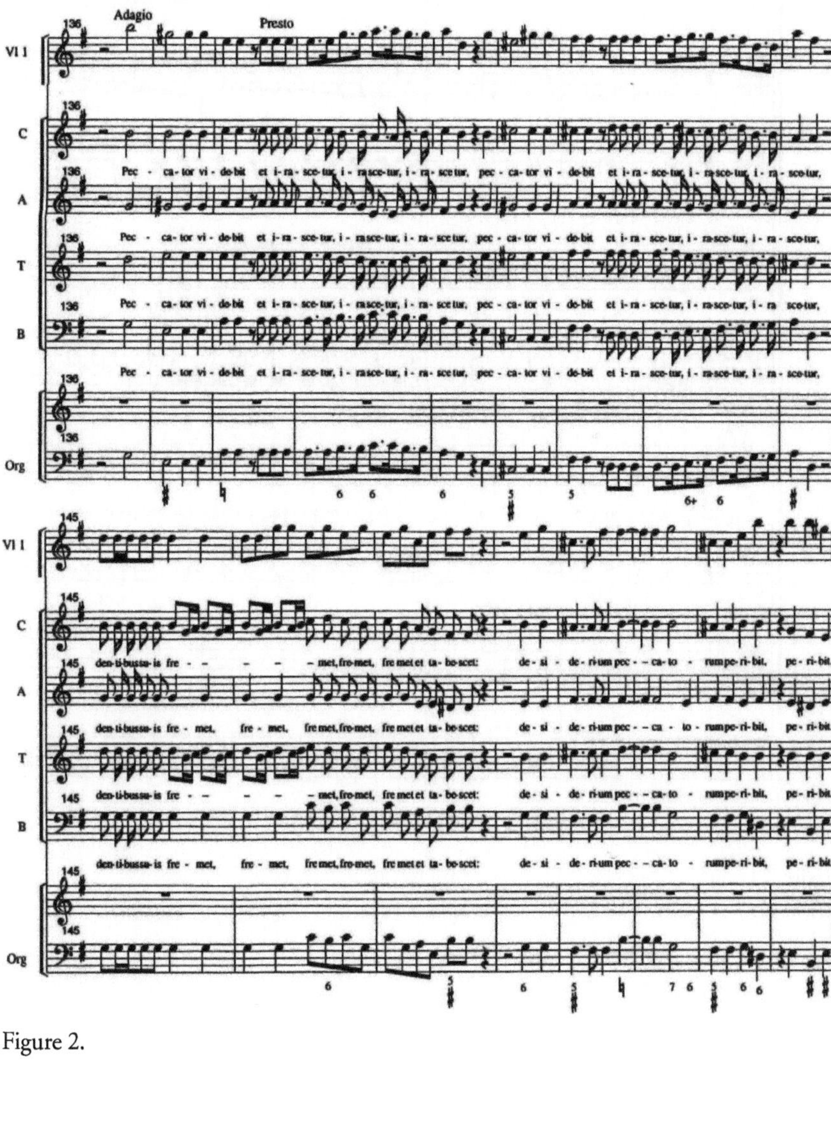

Figure 2.

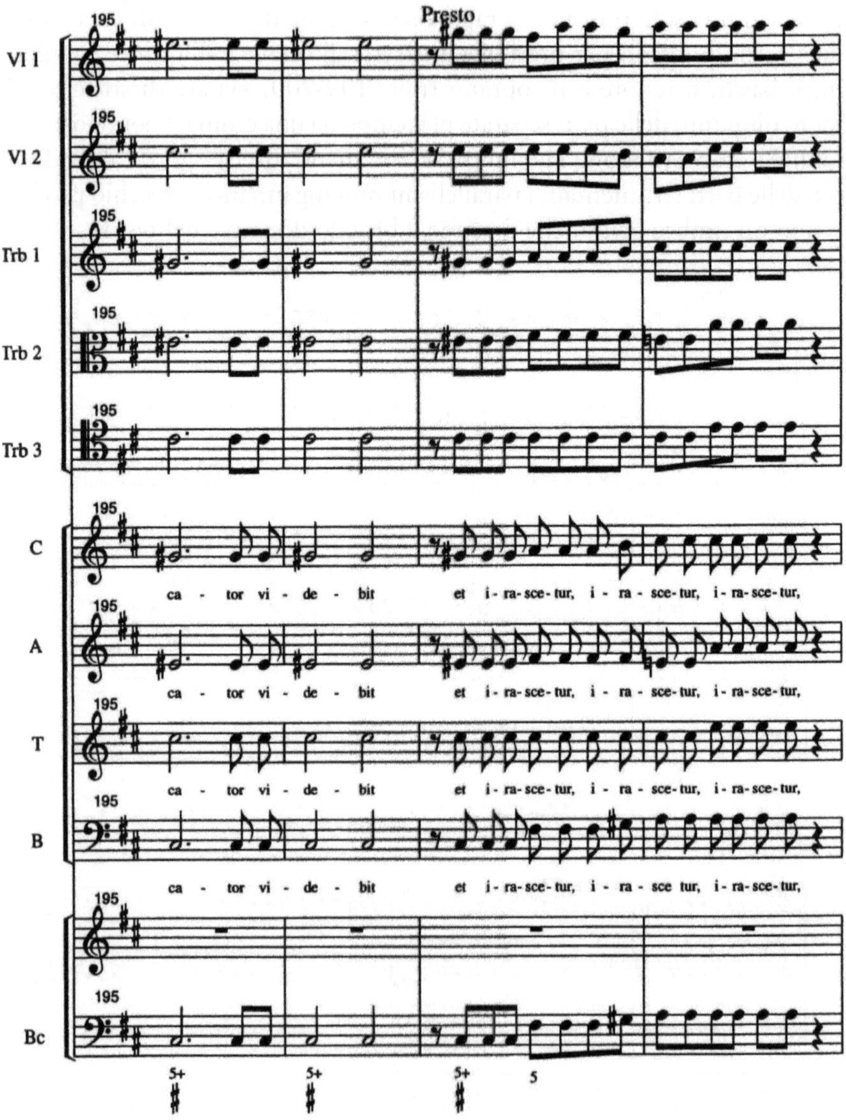
Presto
Vl 1
Vl 2
Trb 1
Trb 2
Trb 3
C
ca - tor vi - de - bit et i - ra - sce - tur, i - ra - sce - tur, i - ra - sce - tur,
A
ca - tor vi - de - bit et i - ra - sce - tur, i - ra - sce - tur, i - ra - sce - tur,
T
ca - tor vi - de - bit et i - ra - sce - tur, i - ra - sce - tur, i - ra - sce - tur,
B
ca - tor vi - de - bit et i - ra - sce - tur, i - ra - sce tur, i - ra - sce - tur,
Bc

Figure 3.1.

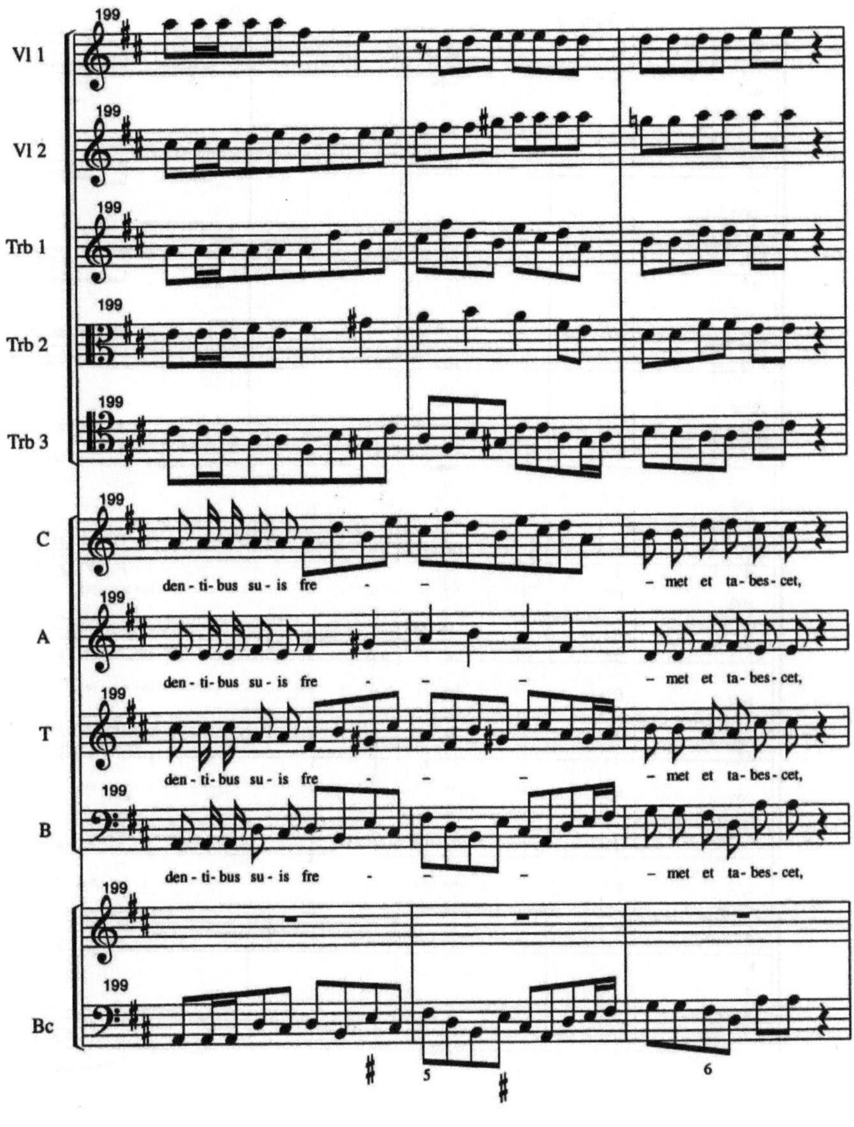

Vl 1
Vl 2
Trb 1
Trb 2
Trb 3
C
A
T
B
Bc
199
den - ti - bus su - is fre - - - met et ta - bes - cet,

Figure 3.2.

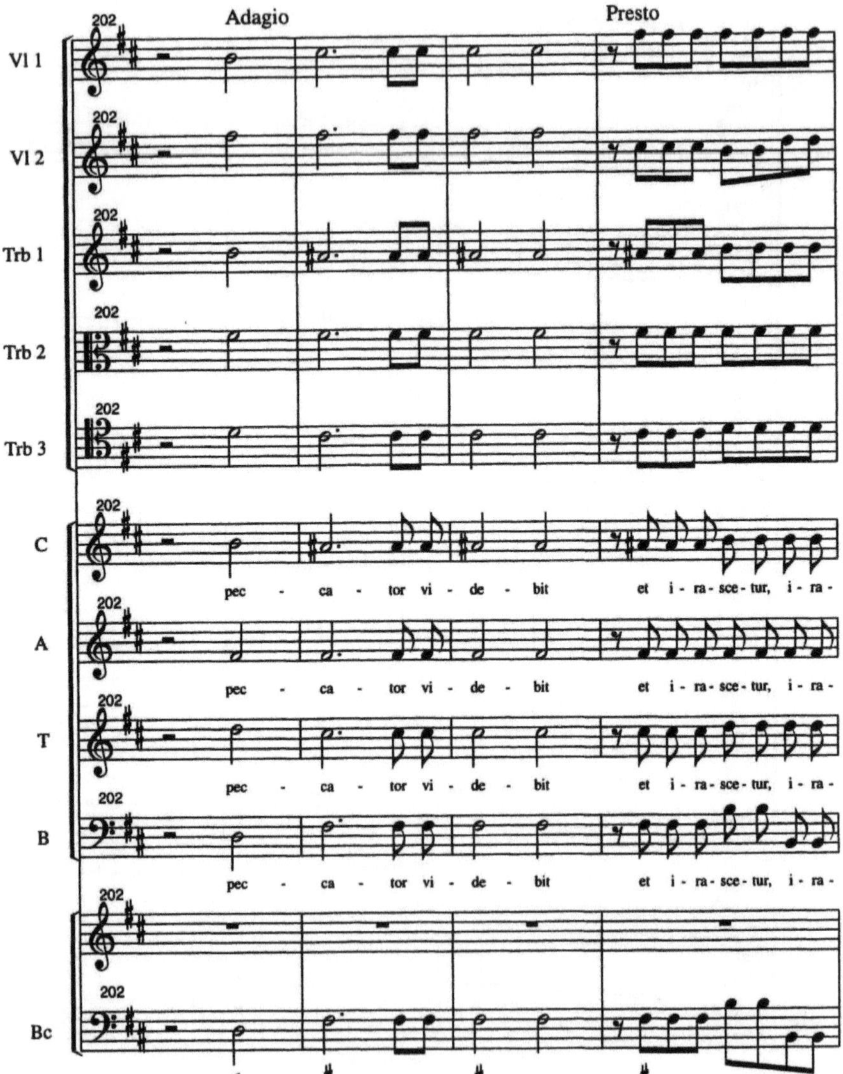

Adagio
Presto
202
Vl 1
Vl 2
Trb 1
Trb 2
Trb 3
C
A
T
B
Bc
pec - ca - tor vi - de - bit et i - ra - sce - tur, i - ra -
6

Figure 3.3.

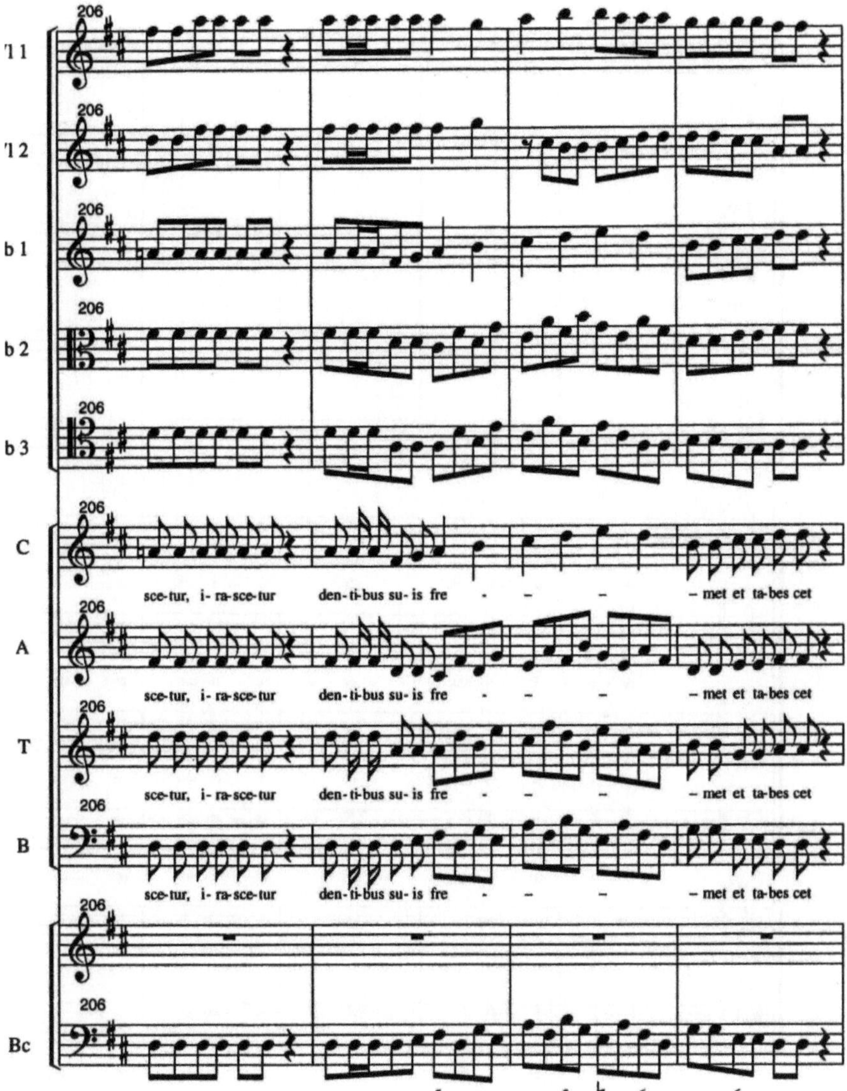
206
1 1
1 2
b 1
b 2
b 3
C
A
T
B
Bc
sce-tur, i- ra-sce-tur den- ti-bus su- is fre - - - - met et ta-bes cet
5 5 ♮ 6 6

Figure 3.4.

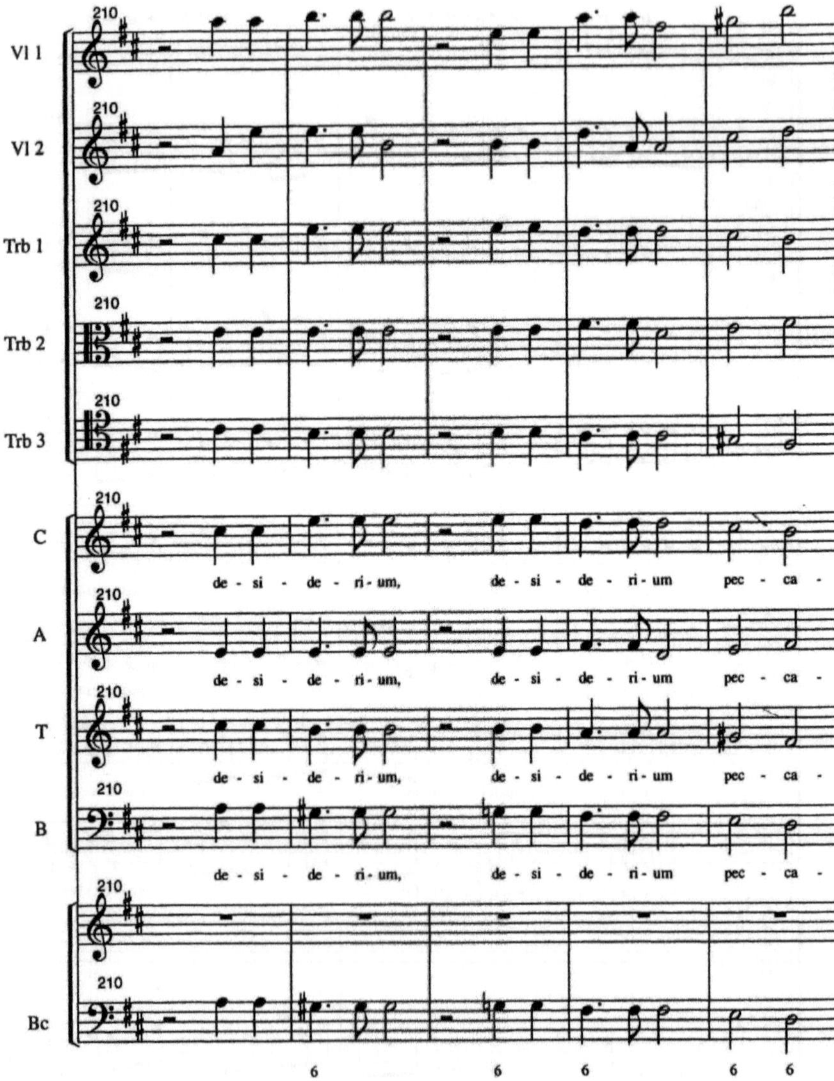
210
Vl 1
Vl 2
Trb 1
Trb 2
Trb 3
C
A
T
B
Bc
de - si - de - ri - um, de - si - de - ri - um pec - ca -
6 6 6 6 6

Figure 3.5.

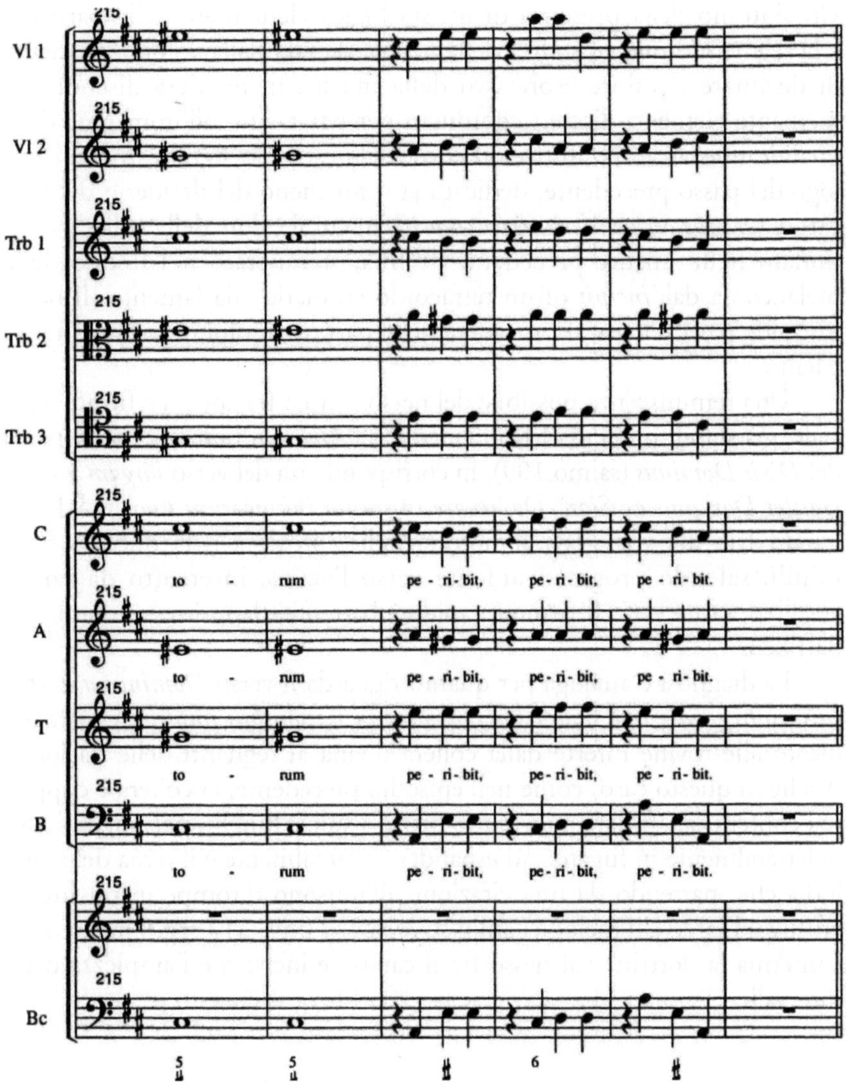
215
Vl 1
Vl 2
Trb 1
Trb 2
Trb 3
C
to - rum pe - ri - bit, pe - ri - bit, pe - ri - bit.
A
to - rum pe - ri - bit, pe - ri - bit, pe - ri - bit.
T
to - rum pe - ri - bit, pe - ri - bit, pe - ri - bit.
B
to - rum pe - ri - bit, pe - ri - bit, pe - ri - bit.
Bc

Figure 3.6.

Un sintomo della presenza di questa logica elementare nella partitura è la segmentazione episodica della forma, dettata dalla volontà cosciente di declinare il valore espressivo della musica in maniera discontinua mediante elementi discreti coordinati per paratassi – all'immagine delle qualità umorali in conflitto nel corpo. Un esempio significativo è l'epilogo del passo precedente, dedicato al venir meno del desiderio del peccatore (*et tabescet desiderium peccatoris*), in cui il calore della collera accumulato nelle misure precedenti declina, stemperato nel freddo della melanconia dall'*incipit* di un tetracordo cromatico da lamento. Il basso discende par catabasi, il procedere delle parti è omofono, solenne, tardo e lento.

Una reminiscenza possibile del nesso storico fra collera e furore marziale, già stabilito nei madrigali *Guerrieri e Amorosi*, riemerge in un passo del *Dixit Dominus* (salmo 109), in corrispondenza del verso *virgam virtutis emittet Dominus ex Sion, Dominare in medio inimicorum tuorum.*[8] Inaugurato dalle due voci gravi, il moto melodico prosegue nelle due voci femminili, salendo progressivamente verso l'acuto, interrotto da rapidi vocalizzi a due voci. Il ritmo è rapido e battente, dapprima puntato, poi dattilico.

La diagnosi è analoga per quanto riguarda il verso *Dominus a dextris tuis confregit die irae suae reges iudicabit in nationibus implevit ruinas* dedicato alle rovine inferte dalla collera divina ai regnanti delle nazioni.[9] Anche in questo caso, come nell'episodio precedente, la collera è dapprima contenuta, affidata a un canto piano a valori lunghi, per poi esplodere letteralmente in fugato. Ad espandersi letteralmente è il tema della melodia che, partendo da una citazione all'unisono dirompe in un fugato eruttivo d'intervalli melodici ampî su *iudicabit* (mis. 217 sgg.), in cui trova conferma la dottrina sul nesso fra il carattere incitato e l'ampiezza degli intervalli.

8 D-Bsb. Mus. Ms. 18888-2, Collezione Bokemeyer, Nr. 878, Köster II, pp. 119-127.
9 *Ibid*, pp. 150-153, mis. 205-230.

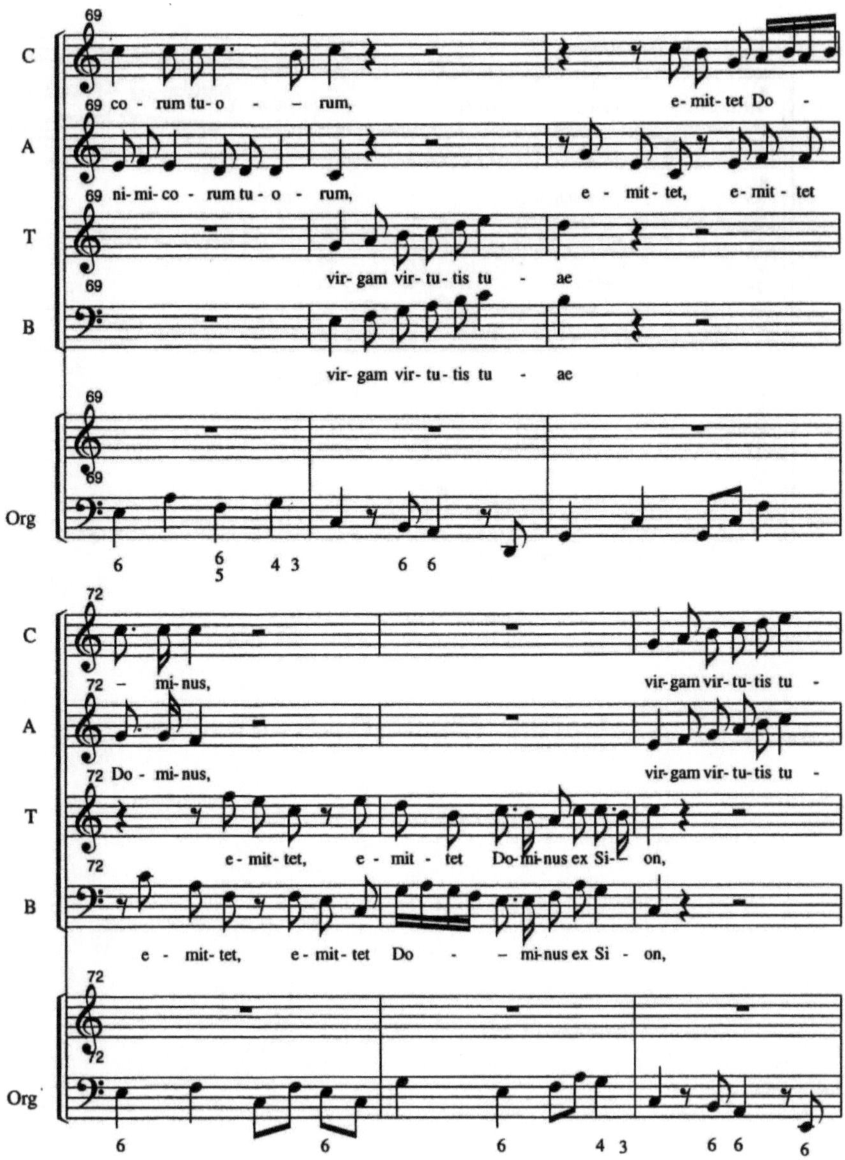
69
C
co - rum tu- o - - rum, e- mit- tet Do -
A
ni- mi- co - rum tu - o - rum, e - mit - tet, e- mit - tet
T
vir- gam vir- tu- tis tu - ae
B
vir- gam vir- tu- tis tu - ae
Org
6 6 5 4 3 6 6
72
C
- mi- nus, vir- gam vir- tu- tis tu -
A
Do - mi- nus, vir- gam vir- tu- tis tu -
T
e - mit- tet, e - mit - tet Do- mi- nus ex Si - on,
B
e - mit- tet, e- mit- tet Do - - mi- nus ex Si - on,
Org
6 6 6 4 3 6 6 6

Figure 4.1.

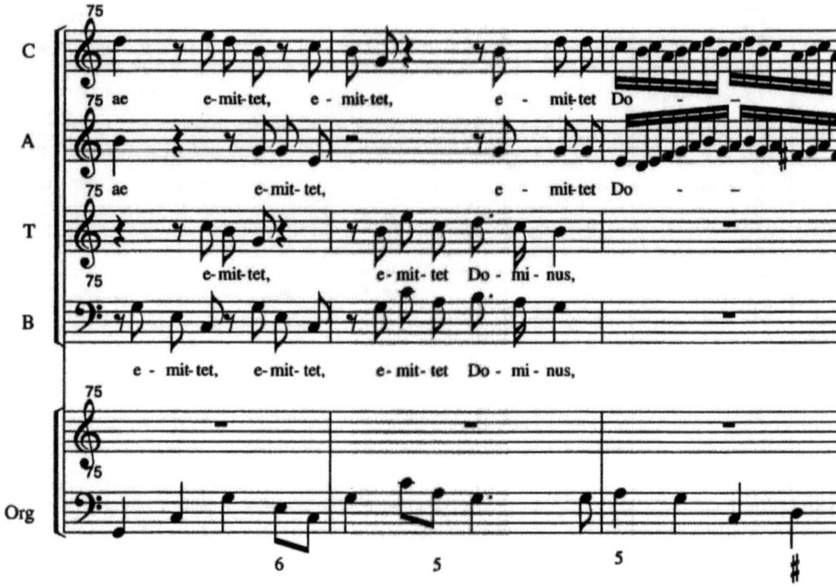
75
C
ae e-mit-tet, e - mit-tet, e - mit-tet Do - -
A
ae e-mit- tet, e - mit-tet Do - -
T
e-mit-tet, e-mit- tet Do - mi - nus,
B
e - mit-tet, e-mit- tet, e-mit- tet Do - mi - nus,
Org
6 5 5 #

Figure 4.2.

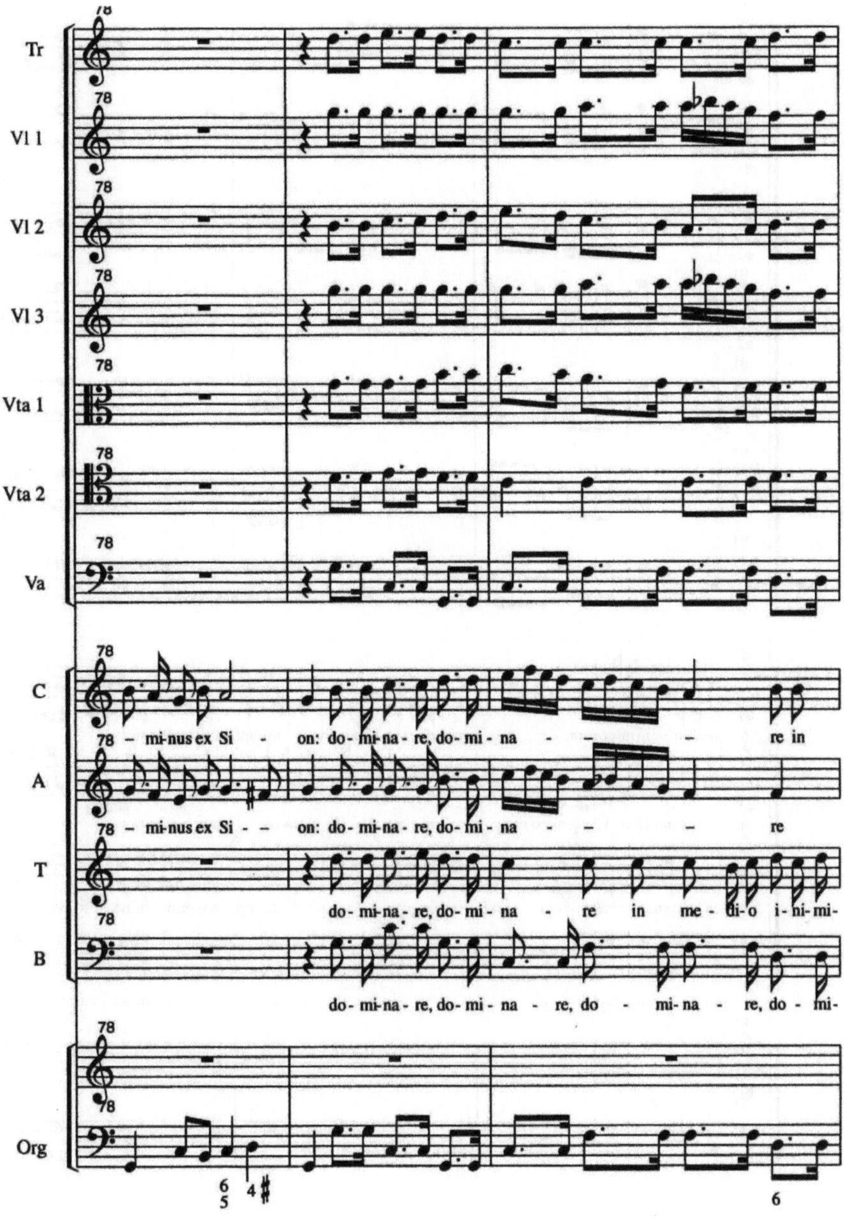
78
Tr
Vl 1
Vl 2
Vl 3
Vta 1
Vta 2
Va
C
– mi-nus ex Si - on: do- mi-na - re, do- mi - na - – – re in
A
– mi-nus ex Si - – on: do- mi-na - re, do- mi - na - – – re
T
do- mi-na - re, do- mi - na - re in me - di-o i - ni-mi-
B
do- mi-na - re, do- mi - na - re, do - mi- na - re, do - mi-
Org
6 5 4 ♯ 6

Figure 4.3.

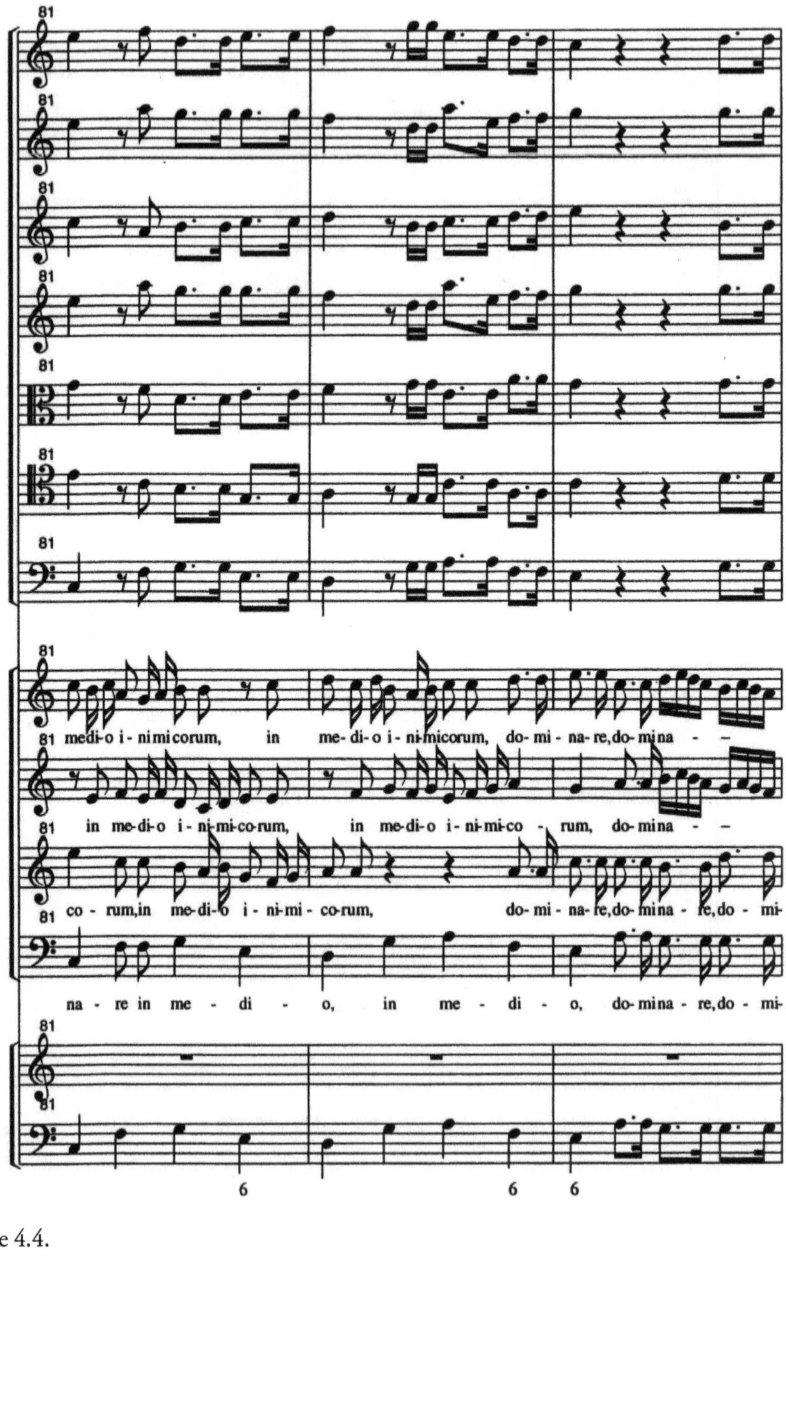
81
Tr
Vl 1
Vl 2
Vl 3
Vta 1
Vta 2
Va
C
medi-o i - nimicorum, in me- di- o i - ni-micorum, do- mi - na- re,do- mina - -
A
in me-di-o i - ni-mi-co-rum, in me-di-o i - ni-mi-co - rum, do-mina - -
T
co - rum,in me-di-o i - ni-mi - co-rum, do- mi - na- re,do- mina - re,do - mi-
B
na - re in me - di - o, in me - di - o, do-mina - re,do - mi-
Org
6 6 6

Figure 4.4.

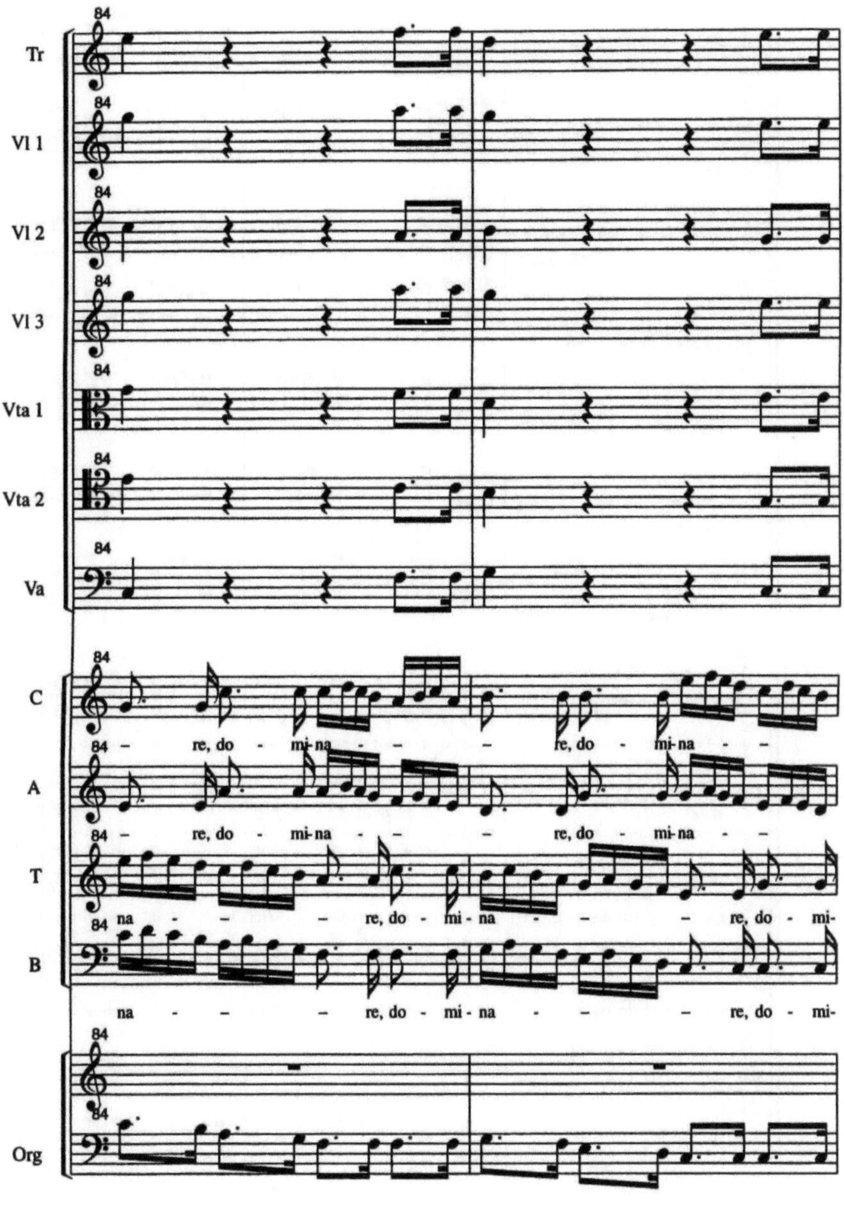
84
Tr
Vl 1
Vl 2
Vl 3
Vta 1
Vta 2
Va
C
re, do - mi-na - - - re, do - mi-na - -
A
re, do - mi-na - - - re, do - mi-na - -
T
na - - - re, do - mi - na - - - re, do - mi-
B
na - - - re, do - mi - na - - - re, do - mi-
Org

Figure 4.5.

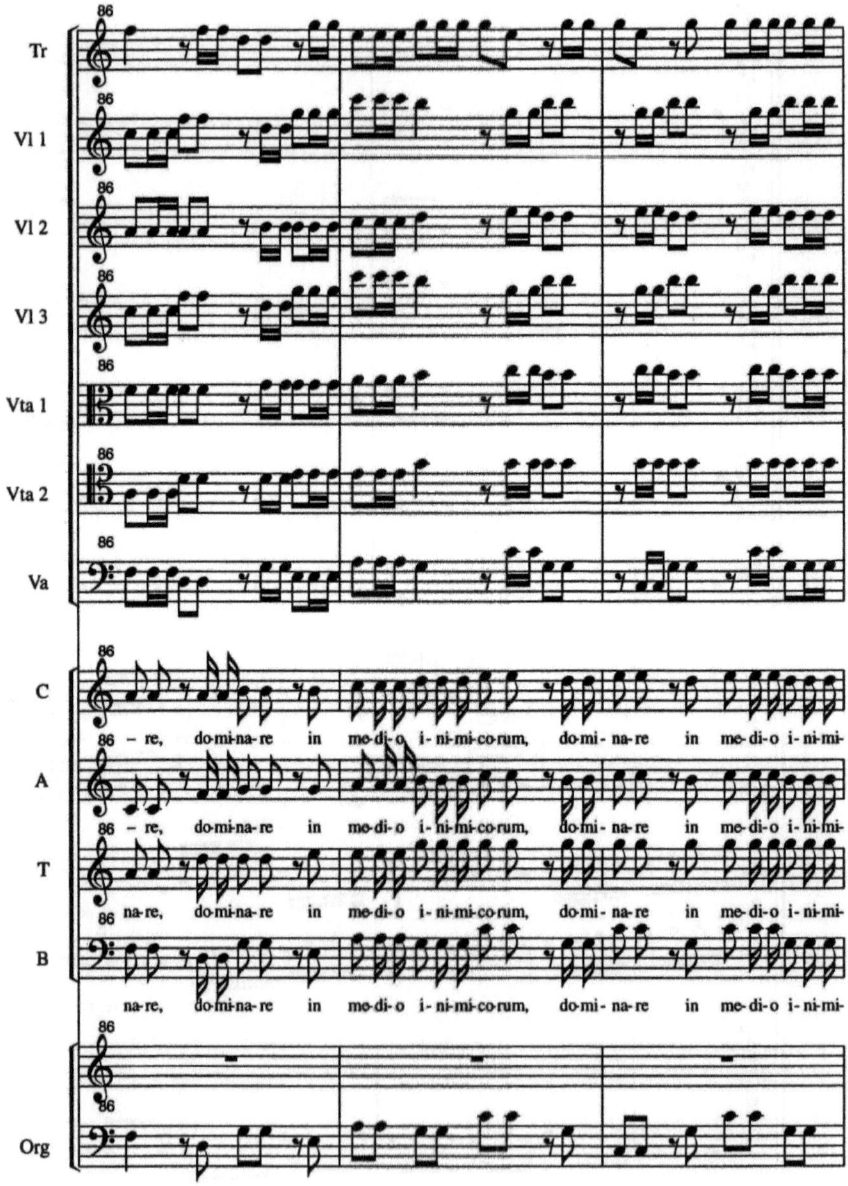
86
Tr
Vl 1
Vl 2
Vl 3
Vta 1
Vta 2
Va
C
– re, do-mi-na-re in me-di-o i-ni-mi-co-rum, do-mi-na-re in me-di-o i-ni-mi-
A
– re, do-mi-na-re in me-di-o i-ni-mi-co-rum, do-mi-na-re in me-di-o i-ni-mi-
T
na-re, do-mi-na-re in me-di-o i-ni-mi-co-rum, do-mi-na-re in me-di-o i-ni-mi-
B
na-re, do-mi-na-re in me-di-o i-ni-mi-co-rum, do-mi-na-re in me-di-o i-ni-mi-
Org

Figure 4.6.

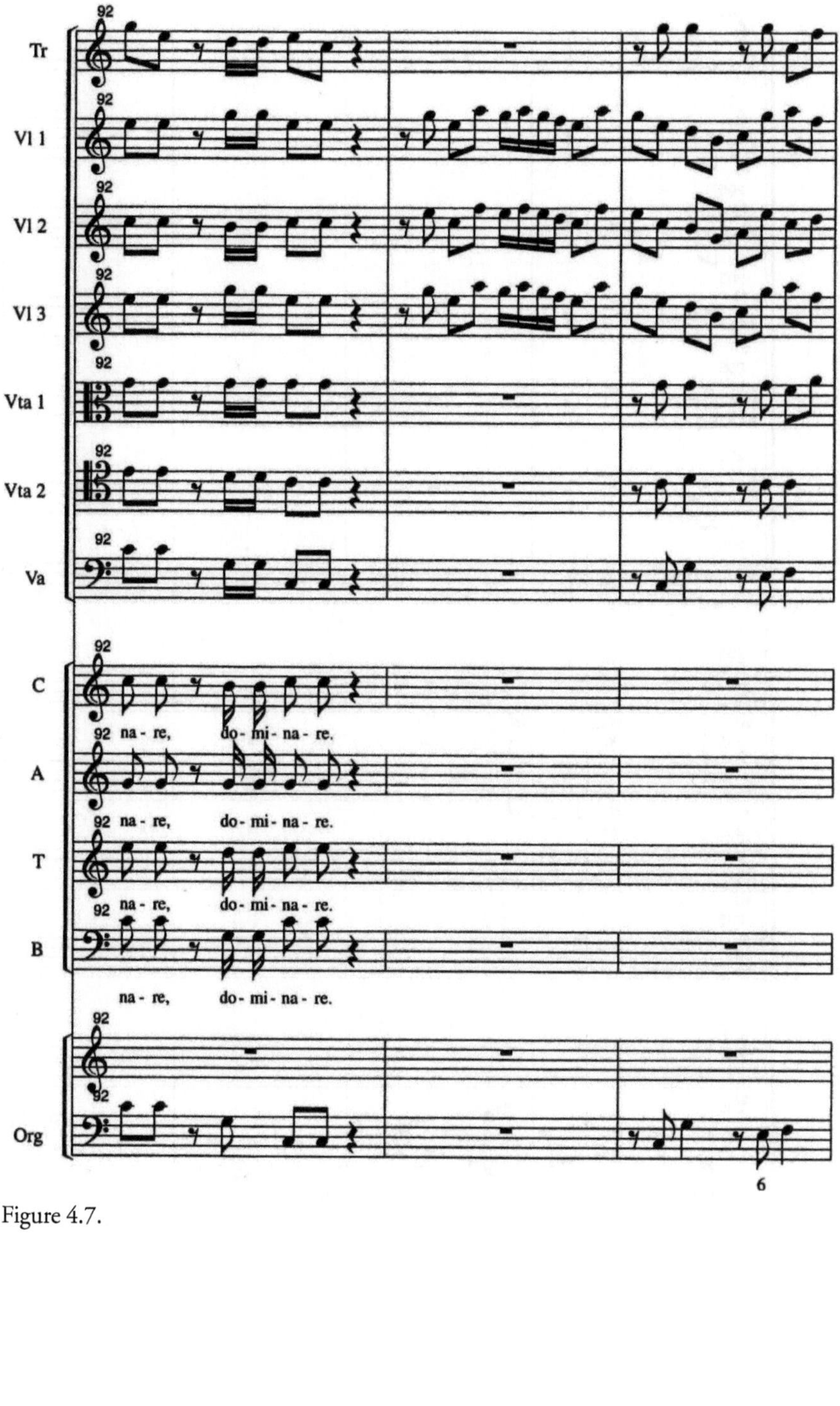
92
Tr
Vl 1
Vl 2
Vl 3
Vta 1
Vta 2
Va
C
na - re, do- mi- na - re.
A
na - re, do- mi- na - re.
T
na - re, do- mi- na - re.
B
na - re, do- mi- na - re.
Org
6

Figure 4.7.

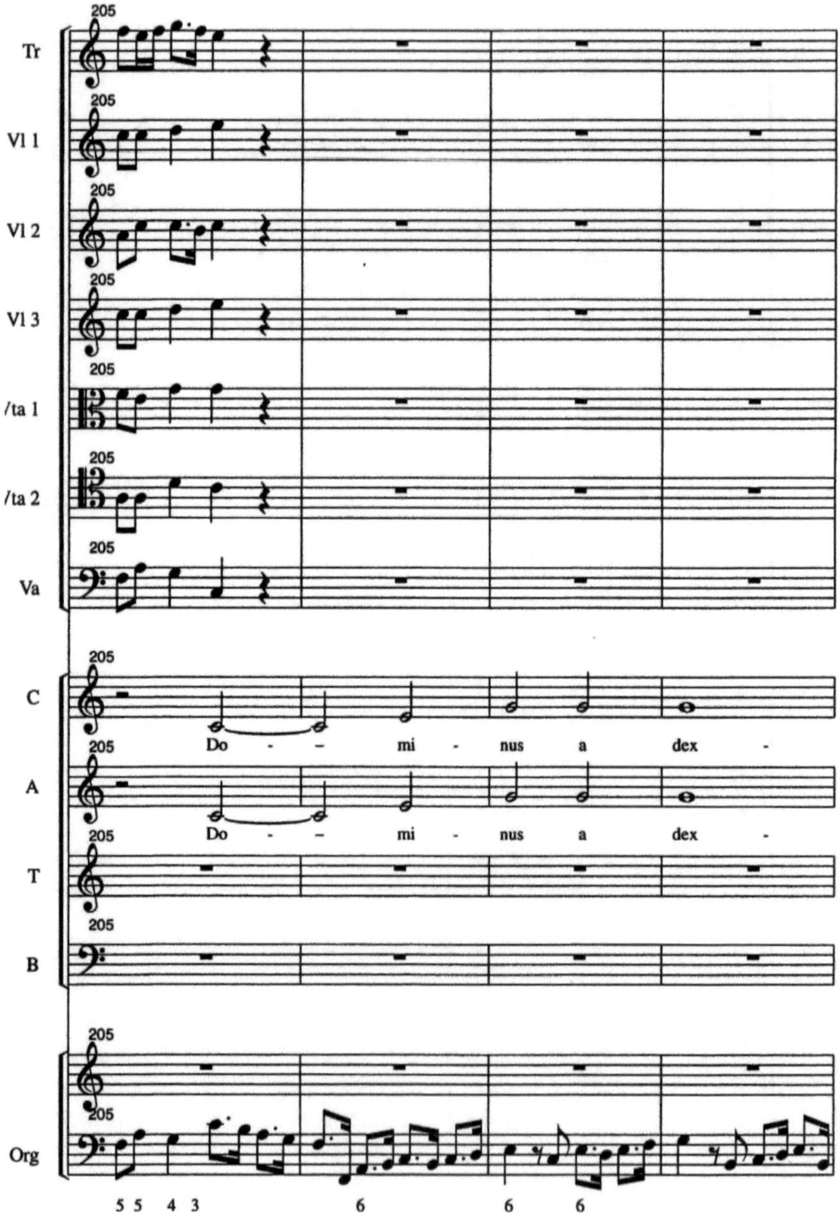
205
Tr
Vl 1
Vl 2
Vl 3
Vta 1
Vta 2
Va
C
Do - - mi - nus a dex -
A
Do - - mi - nus a dex -
T
B
Org
5 5 4 3 6 6 6

Figure 5.1.

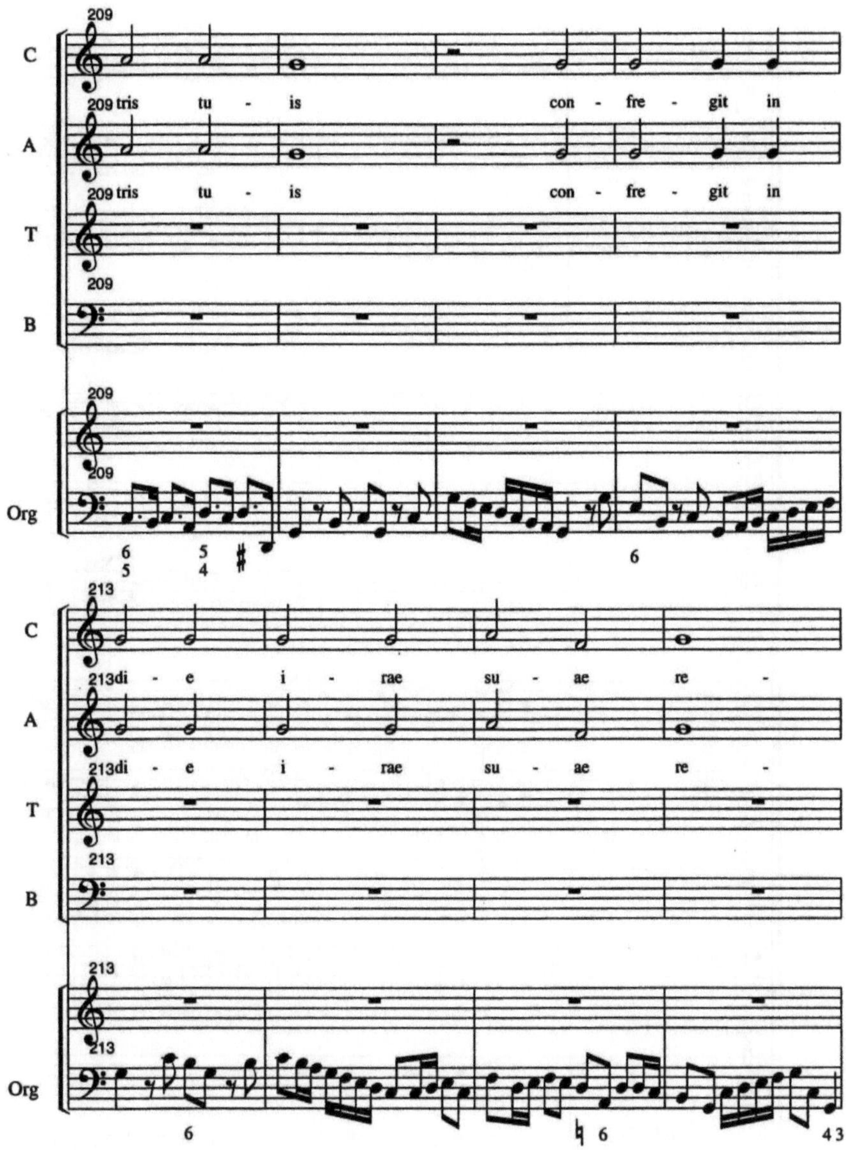

Figure 5.2.

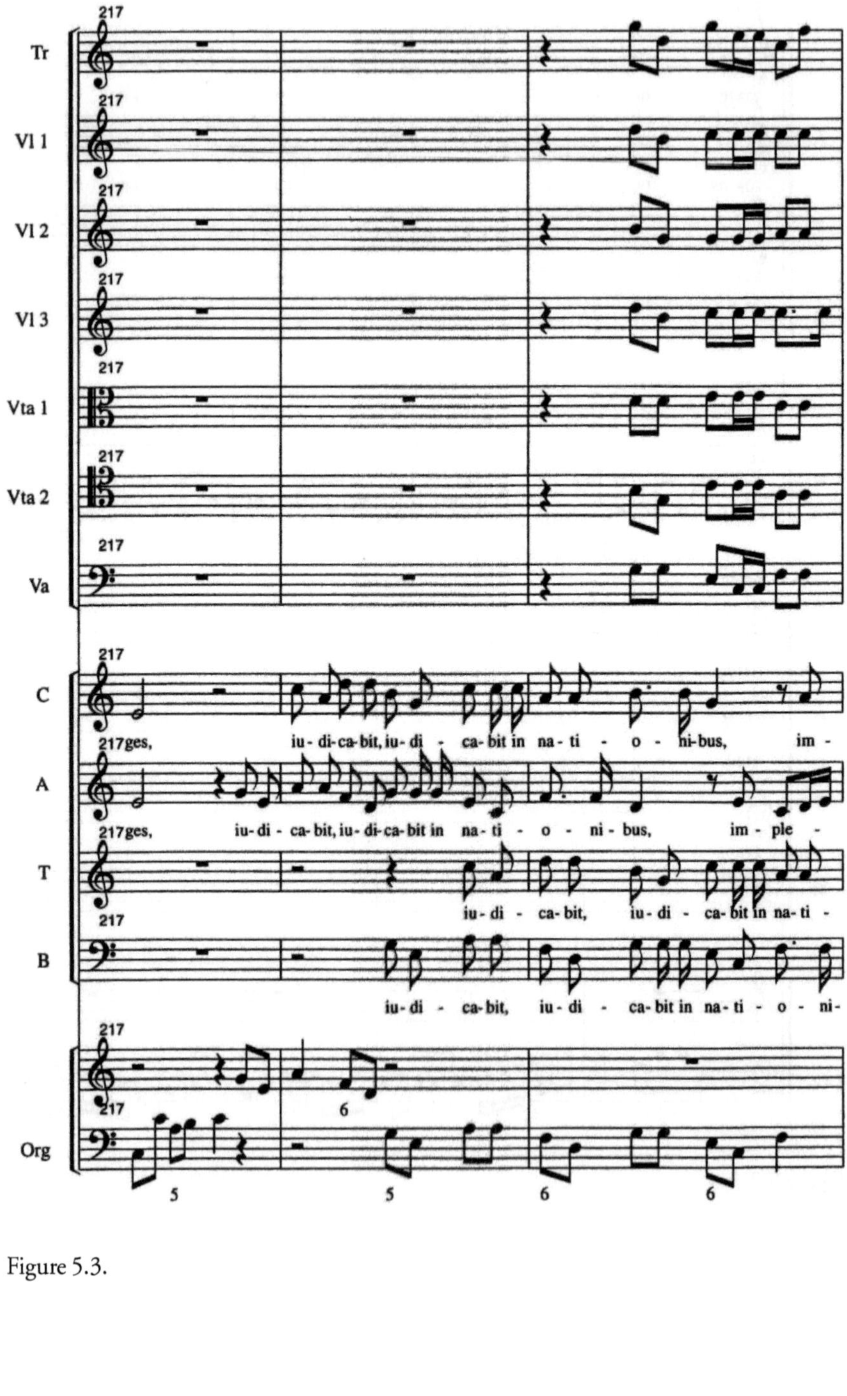
217
Tr
Vl 1
Vl 2
Vl 3
Vta 1
Vta 2
Va
C
ges, iu- di- ca- bit, iu- di - ca- bit in na - ti - o - ni- bus, im -
A
ges, iu- di - ca- bit, iu- di- ca- bit in na - ti - o - ni - bus, im - ple -
T
iu- di - ca- bit, iu- di - ca- bit in na- ti -
B
iu- di - ca- bit, iu- di - ca- bit in na- ti - o - ni-
Org
6
5 5 6 6

Figure 5.3.

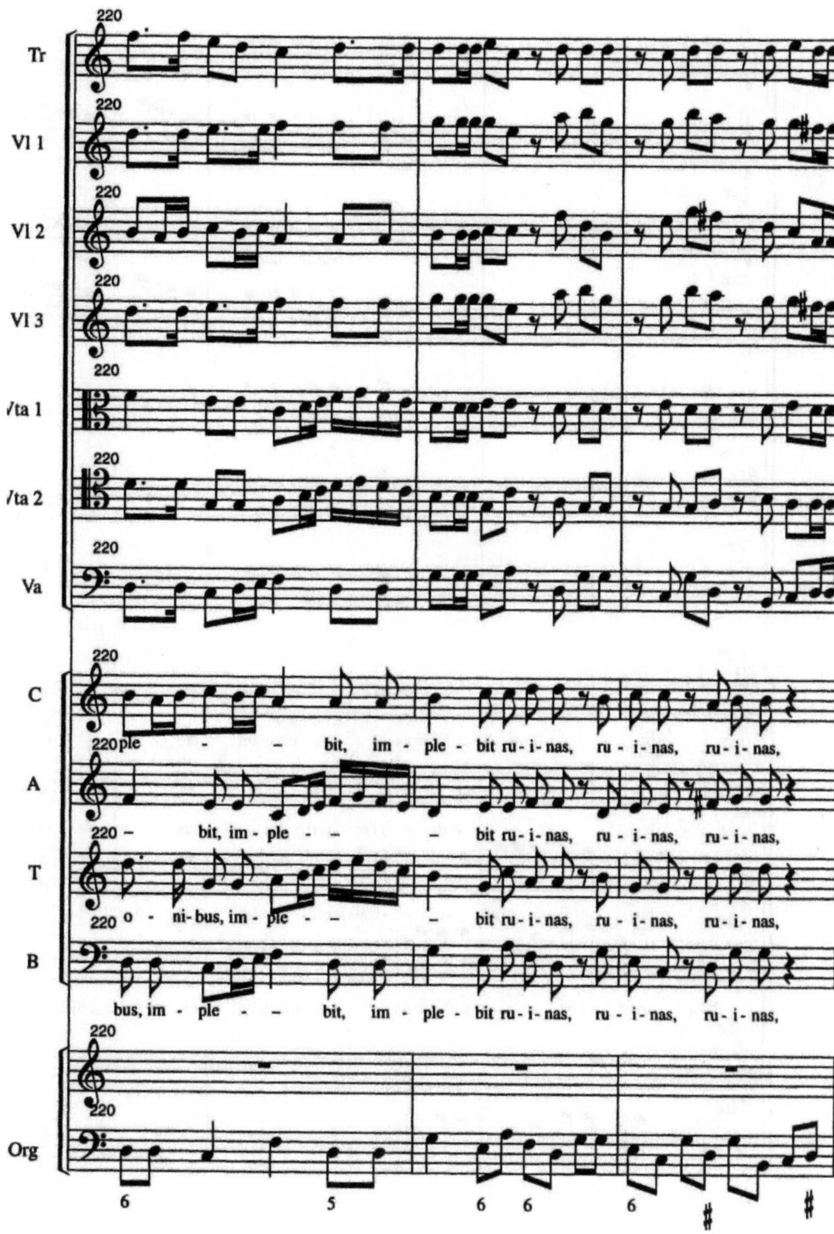
220
Tr
Vl 1
Vl 2
Vl 3
Vta 1
Vta 2
Va
C
ple - - bit, im - ple - bit ru - i - nas, ru - i - nas, ru - i - nas,
A
– bit, im - ple - – – bit ru - i - nas, ru - i - nas, ru - i - nas,
T
o - ni - bus, im - ple - – – bit ru - i - nas, ru - i - nas, ru - i - nas,
B
bus, im - ple - - bit, im - ple - bit ru - i - nas, ru - i - nas, ru - i - nas,
Org
6 5 6 6 6 ♯ ♯

Figure 5.4.

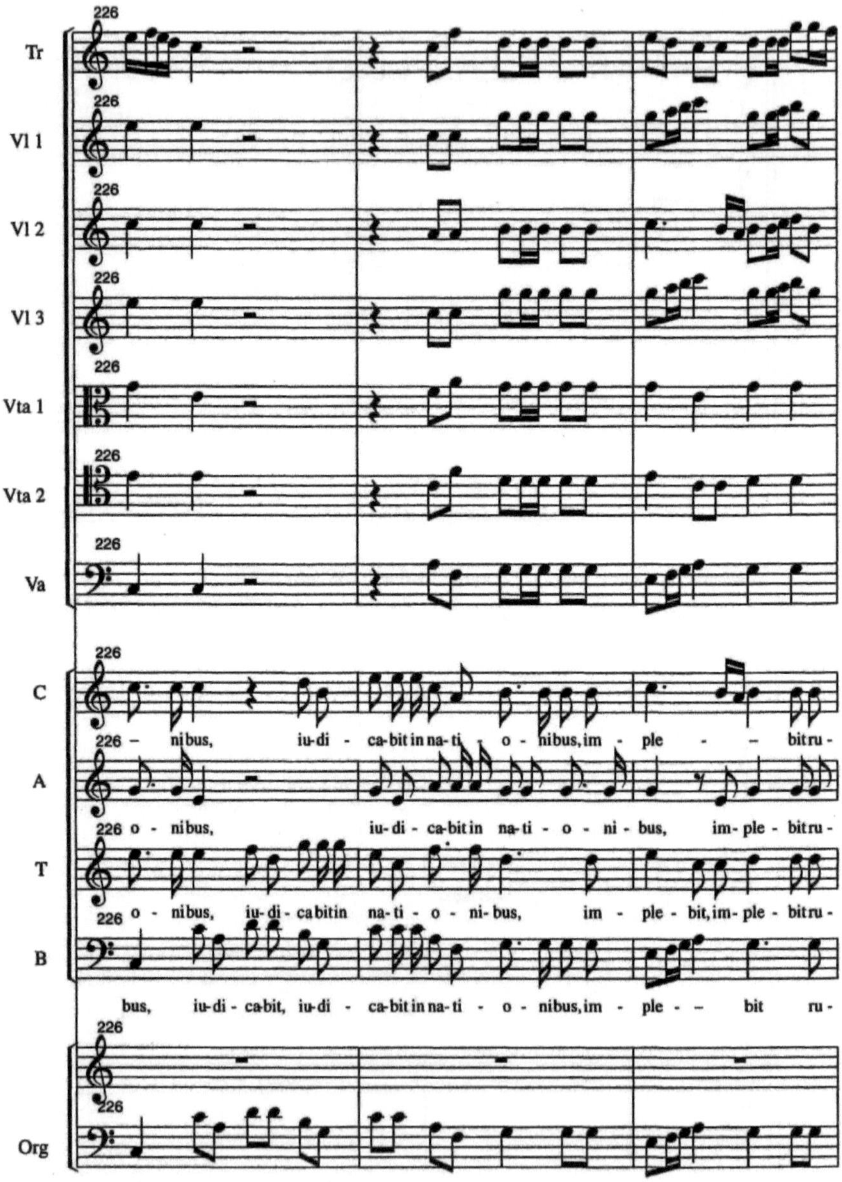
226
Tr
Vl 1
Vl 2
Vl 3
Vta 1
Vta 2
Va
C
– nibus, iu-di - ca-bit in na-ti - o - nibus, im - ple - – bit ru -
A
o - nibus, iu-di - ca-bit in na-ti - o - ni - bus, im-ple - bit ru -
T
o - nibus, iu-di - ca bit in na-ti - o - ni- bus, im - ple - bit, im-ple - bit ru -
B
bus, iu-di - ca-bit, iu-di - ca-bit in na-ti - o - nibus, im - ple - - bit ru -
Org

Figure 5.5.

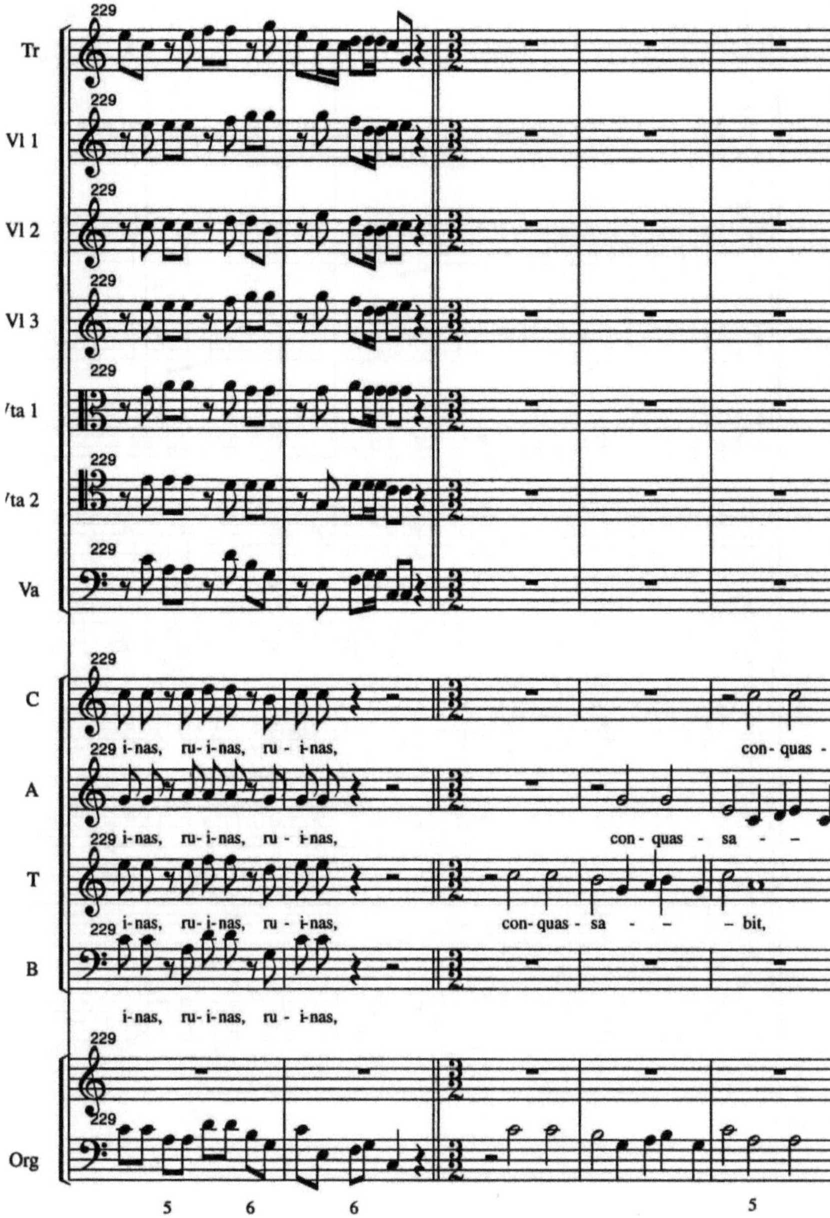
229
Tr
Vl 1
Vl 2
Vl 3
'ta 1
'ta 2
Va
C
i-nas, ru-i-nas, ru - i-nas,
con-quas -
A
i-nas, ru-i-nas, ru - i-nas,
con- quas - sa - -
T
i-nas, ru-i-nas, ru - i-nas,
con-quas - sa - - - bit,
B
i-nas, ru-i-nas, ru - i-nas,
Org
5 6 6 5

Figure 5.6.

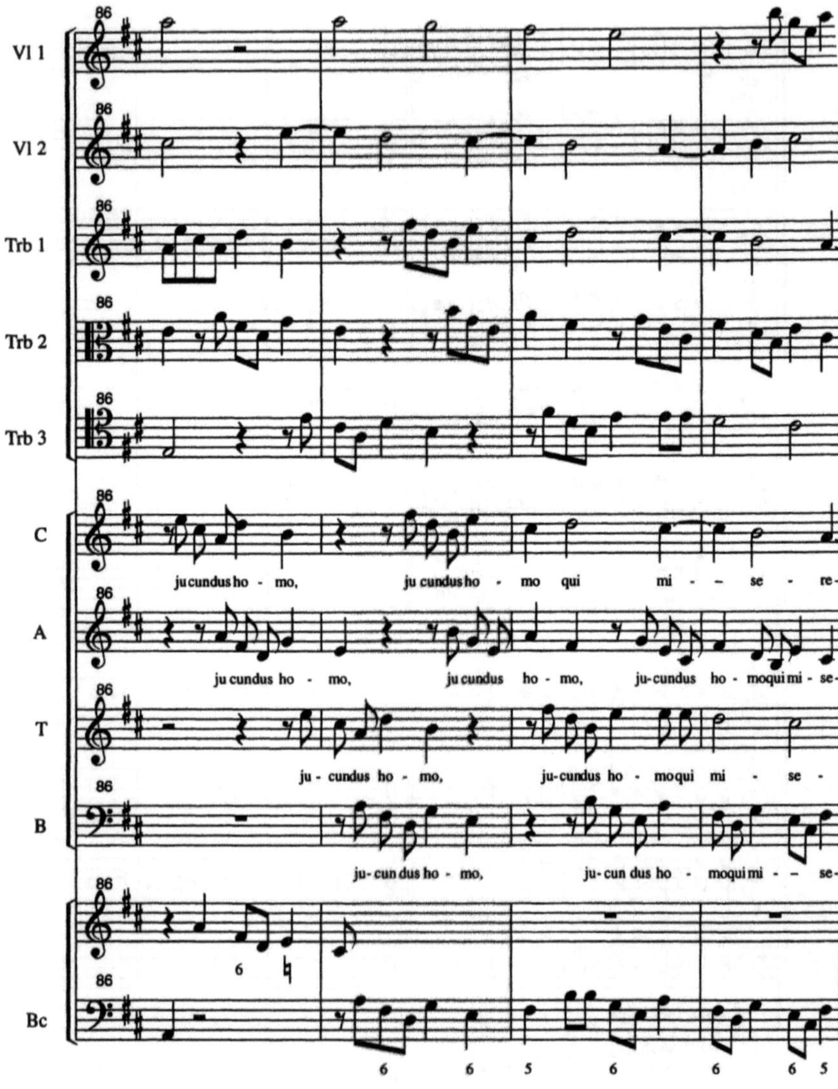
86
Vl 1
Vl 2
Trb 1
Trb 2
Trb 3
C
ju cundus ho - mo, ju cundus ho - mo qui mi - - se - re-
A
ju cundus ho - mo, ju cundus ho - mo, ju-cundus ho - mo qui mi - se-
T
ju - cundus ho - mo, ju-cundus ho - mo qui mi - se -
B
ju- cun dus ho - mo, ju- cun dus ho - mo qui mi - - se-
Bc

Figure 6.

[Un esempio analogo di espansione armonica dell'unisono si ha nel verso *confirmatum est cor ejus non commovebitur donec dispiciat inimicos suos,* del salmo *Beatus vir qui timet dominum.*[10] Su *confirmatum,* la melodia del soprano procede in maniera monocorde in valori lenti mantenendosi stazionaria sulla stessa nota durante le cinque misure seguenti, nota che le parti più gravi armonizzano con un ostinato di due accordi come illustrazione del testo (mis. 154-156). Nelle due misure seguenti, su *non commovebitur*, lo stile è omofono; tutte le parti intonano la stessa nota per illustrare l'imperturbabilità descritta nel testo. Improvvisamente, su *inimicos,* gli intervalli si aprono, procedendo al soprano per salti di quarta armonizzati al basso da una progressione armonica ascendente, su *re-mi-fa♯-sol-la-si-la* (mis.159-162).

Simili precedenti autorizzano a pensare che nemmeno il ricorso a intervalli ampi e disgiunti, su *jucundus homo,* nello stesso salmo, sia il frutto di un caso.[11]

Melanconia

Altri argomenti, nei quali trova conferma l'ipotesi di una dimestichezza del Rosenmüller con quest'universo teorico figurano nei luoghi bagnati dalla melanconia o per lo meno dedicati in maniera più generale all'imitazione degli stati catatonici dell'anima. Rinvia alla terra, valle di lacrime e al contempo elemento dell'umor nero – come spesso è avvenuto in epoca precedente – la sezione «adagio» del passo seguente tratto da un *Laudate Pueri* a sei voci:[12]

10 D-Bsb. Mus. Ms. 18887-4 a+b6, Collezione Bokemeyer Nr. 873, mis. 154-162, Köster, II, pp. 77-79.

11 *Ibid.*, pp. 62-63, mis. 86-93, Köster, pp. 61-63.

12 D-Bsb. Mus. Ms. 18890 -6, Collezione Bokemeyer Nr. 897, mis. 145-150, Köster, I, p. 146.

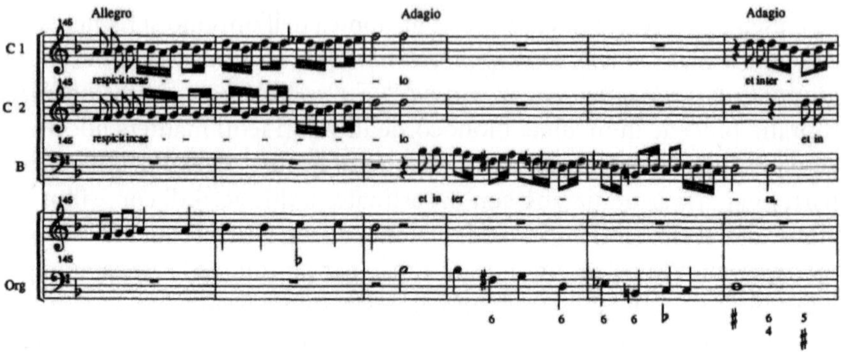

Figure 7.

Nel verso *Dominus noster qui in altis habitat et humilia respicit* dello stesso salmo,[13] al conflitto fra cielo e terra, gloria divina e *humilitas* della condizione umana[14] risponde il contrasto violento generato dalla giustapposizione di varie figure appartenenti ai generi del *durum* e del *mollis.* La prima parte del verso, dedicata al domicilio divino, inaugura una *gradatio* di progressioni cadenzali ascendenti del basso (*re-sol, mi-la*) che moltiplicano il numero dei *diesis* nelle cadenze, sino al *sol*♯ del cromatismo ascendente al secondo violino (mis. 134) che raddoppia alla terza il moto ascendente del primo attraverso le sensibili del genere *durum.* Raggiunto il vertice, il moto delle parti superiori passa in secondo piano per cedere il passo alla sonorità cupa di un blocco di voci gravi interamente farcito di bemolli:

13 D-Bsb. Mus. Ms. 18890-6, Collezione Bokemeyer Nr. 897, mis. 133-142, Köster, I, p. 147.

14 Il nesso fra umiltà e terra è stabilito nel verso seguente, *suscitans a terra nopem et de stercore erigens pauperem.*

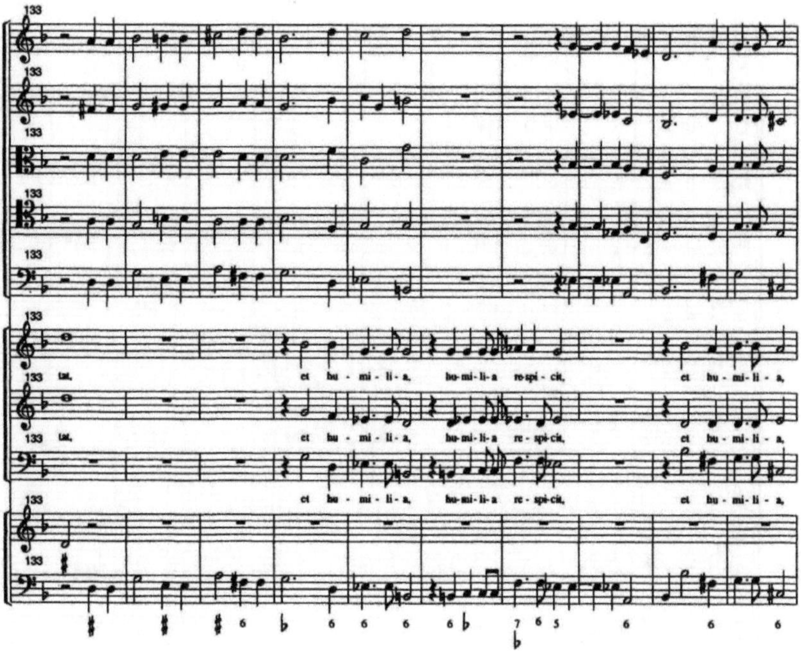

Figure 8.

Nella seconda versione conservata dello stesso salmo, intitolata *Concertato a cinque Voci et 4 Viole con fagotto,*[15] il contrasto fra affetti positivi e negativi conduce alla divisione delle parti vocali in due cori spezzati, procedenti per antitesi, con l'immagine dell'umiltà relegata nelle voci gravi del basso, del tenore e del contralto e con l'intervento contrastante dei soprani, su *in caelo*. Ai vocalizzi in semicrome ascendenti delle parti acute rispondono i passi tardi e lenti delle tre voci gravi, che armonizzano il tetracordo frigio *mi-re-do-si* in catabasi sino alla cadenza omonima, *in mi*, nota per il suo carattere *mollis.*

15 D-Bsb. Mus. Ms. 18890-5, Collezione Bokemeyer Nr. 899, mis. 65-74, Köster I, p. 135.

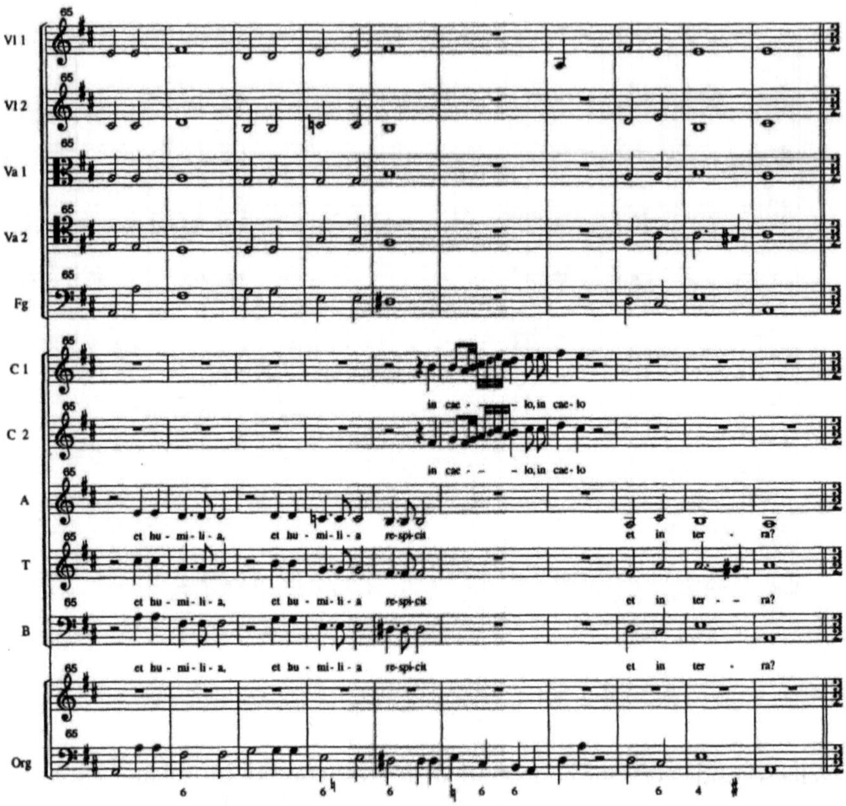

Figure 9.

Accanto al timore, l'angoscia, il carattere bipolare, la vecchiaia e l'avarizia, gli stati catatonici causati dall'egemonia del freddo comprendono anche il sonno e il torpore. Lo dimostrano, nella storia musicale e in quella dell'opera, gli episodi non infrequenti in cui le figure del sonno si confondono con quelle della melanconia, la celebre ninna nanna di Tarquinio Merula, il lamento di Didone nell'opera del Cavalli, la scena del sonno nel Giustino di Haendel. Nel caso della lunga scena conclusiva del *Nisi Dominus* Bokemeyer 891, il sonno di cui si tratta rinvia alla pace dei giusti; ma lo stile è tardo e lento e la dilatazione dei parametri ritmici e armonici è esorbitante.

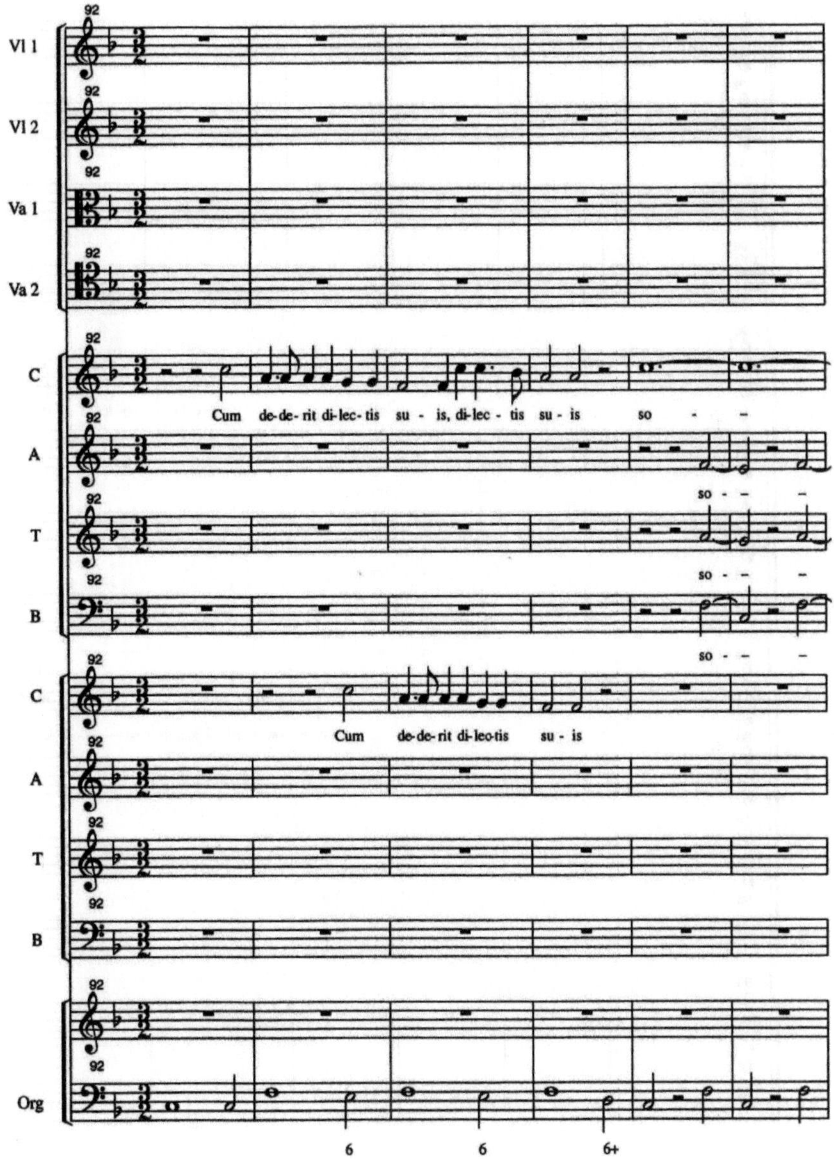
Vl 1
Vl 2
Va 1
Va 2
C
Cum de-de-rit di-lec-tis su - is, di-lec - tis su - is so - -
A
so - - -
T
so - - -
B
so - - -
C
Cum de-de-rit di-lec-tis su - is
A
T
B
Org
6 6 6+

Figure 10.1.

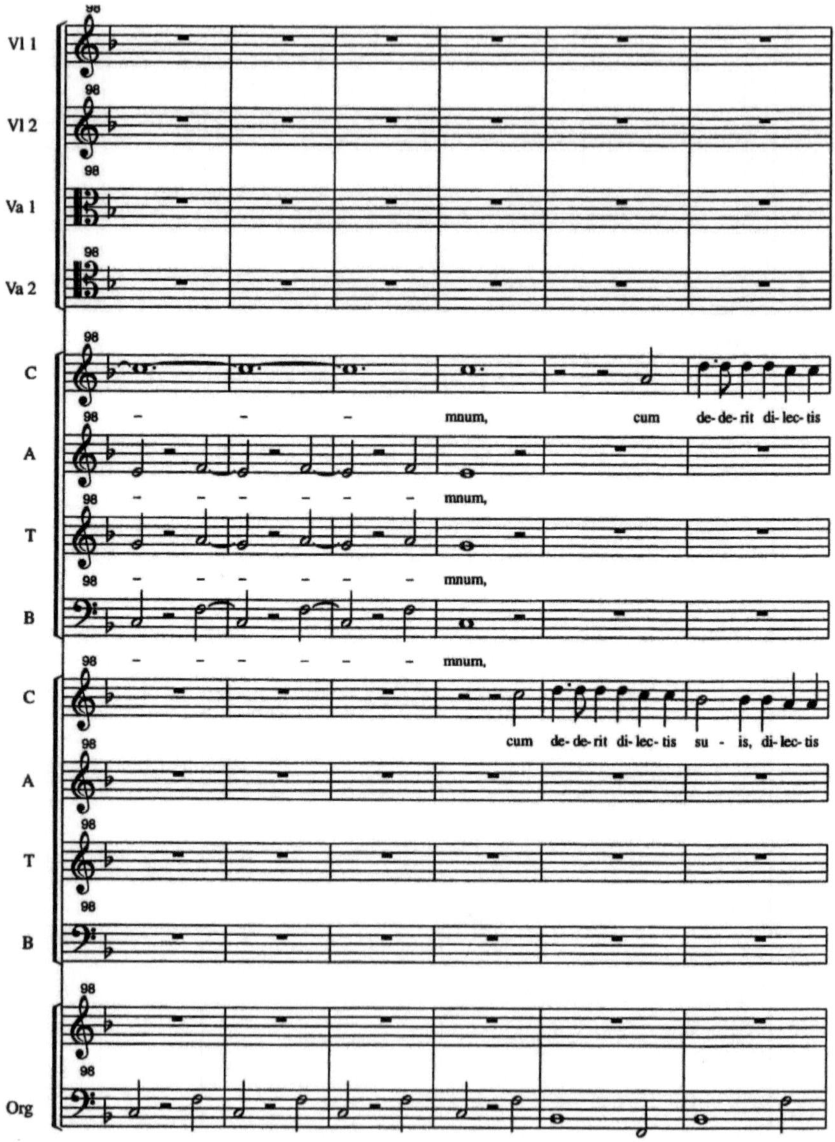
98
Vl 1
Vl 2
Va 1
Va 2
C
mnum,
cum de- de- rit di- lec- tis
A
mnum,
T
mnum,
B
mnum,
C
cum de- de- rit di- lec- tis su - is, di- lec- tis
A
T
B
Org

Figure 10.2.

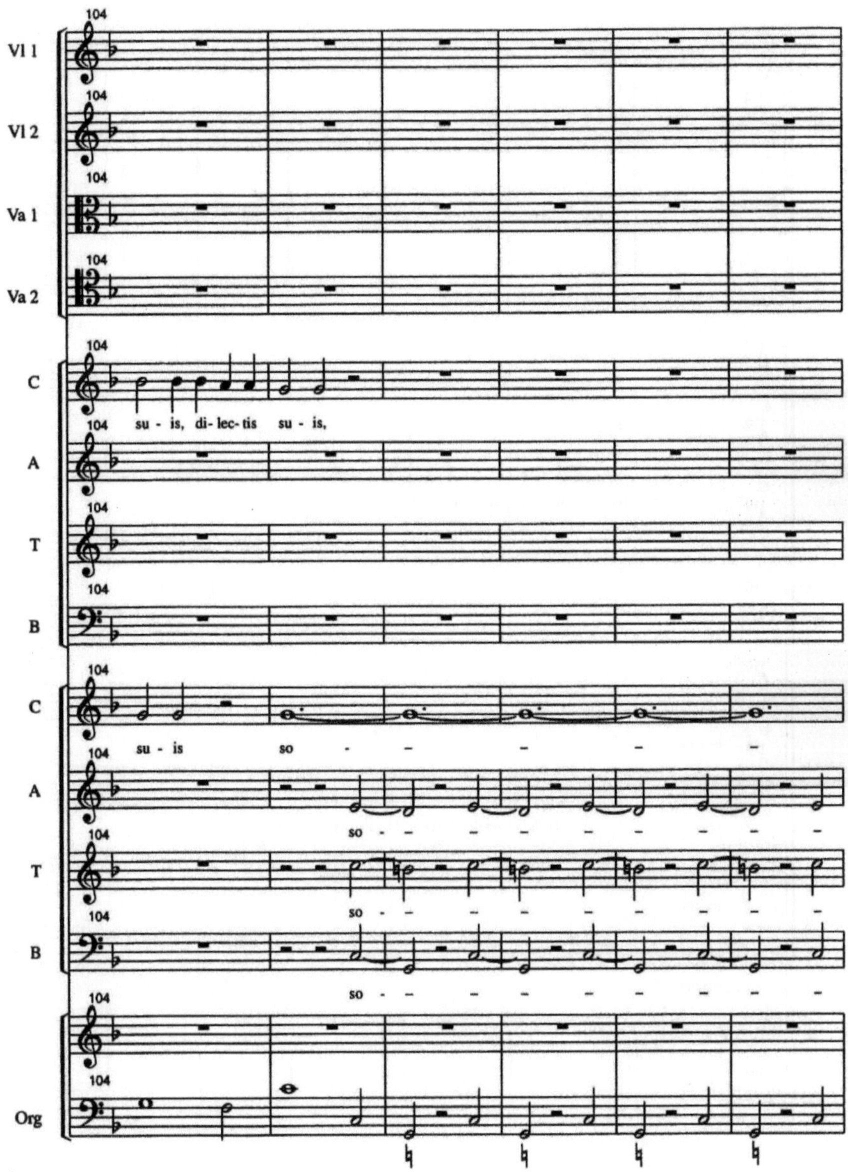
104
Vl 1
Vl 2
Va 1
Va 2
C
su - is, di- lec- tis su - is,
A
T
B
C
su - is so
A
so
T
so
B
so
Org

Figure 10.3.

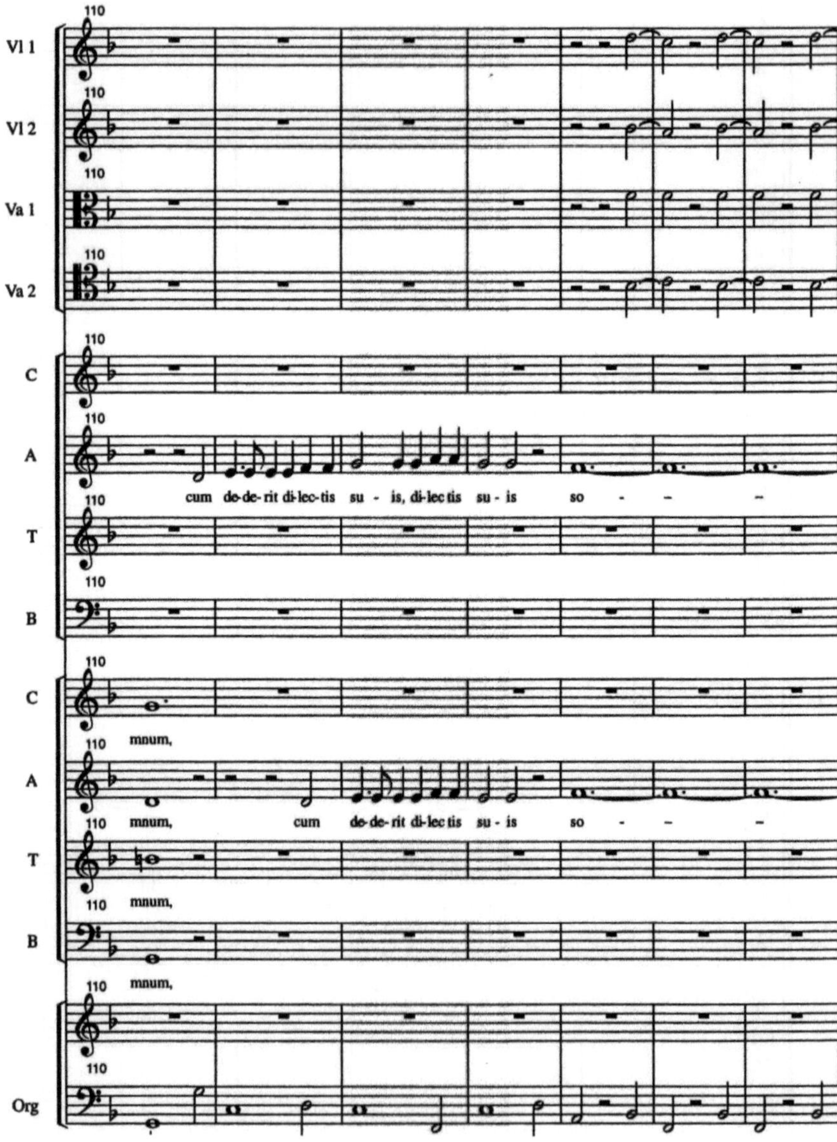
110
Vl 1
Vl 2
Va 1
Va 2
C
A
cum de-de-rit di-lec-tis su - is, di-lec tis su - is so - - -
T
B
C
mnum,
A
mnum, cum de-de-rit di-lec tis su - is so - - -
T
mnum,
B
mnum,
Org

Figure 10.4.

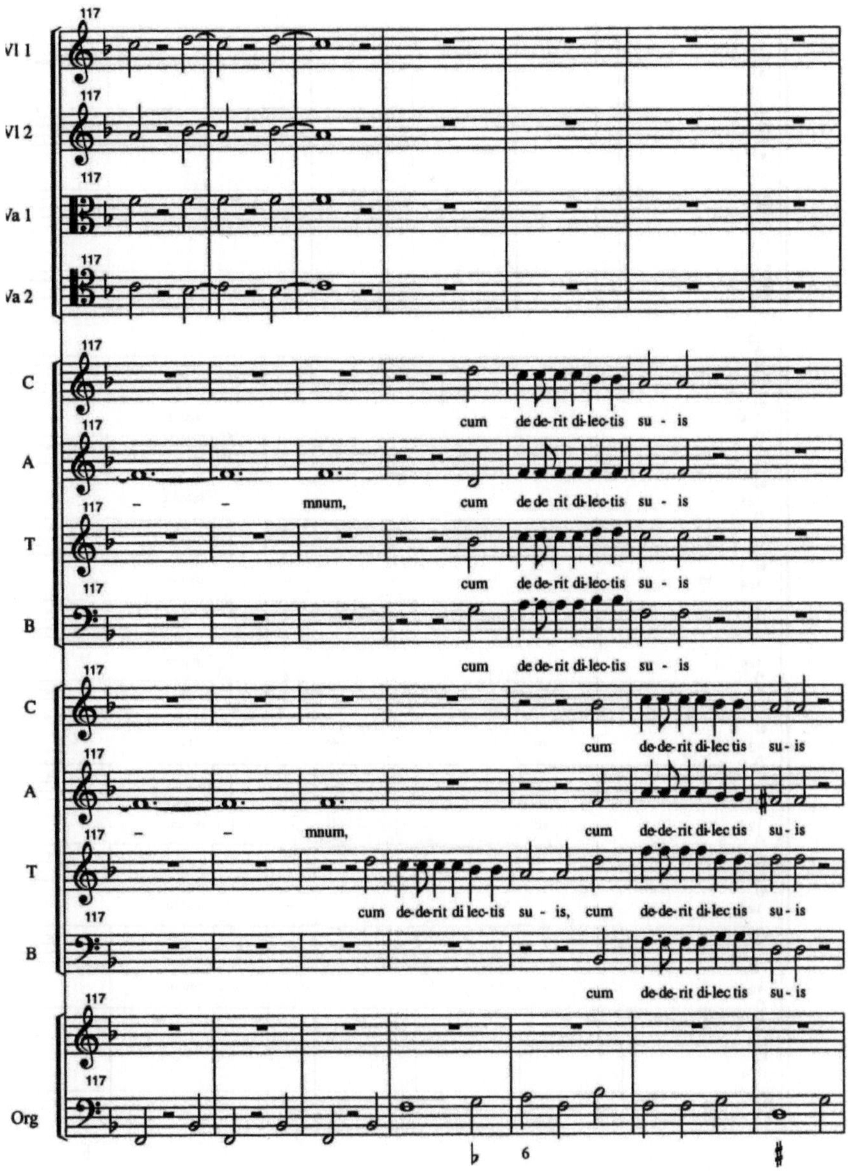
117
Vl 1
Vl 2
Va 1
Va 2
C
cum de de-rit di-lec-tis su - is
A
– – mnum, cum de de rit di-lec-tis su - is
T
cum de de-rit di-lec-tis su - is
B
cum de de-rit di-lec-tis su - is
C
cum de-de-rit di-lec tis su- is
A
– – mnum, cum de-de-rit di-lec tis su- is
T
cum de-de-rit di lec-tis su - is, cum de-de-rit di-lec tis su- is
B
cum de-de-rit di-lec tis su- is
Org
♭ 6 ♯

Figure 10.5.

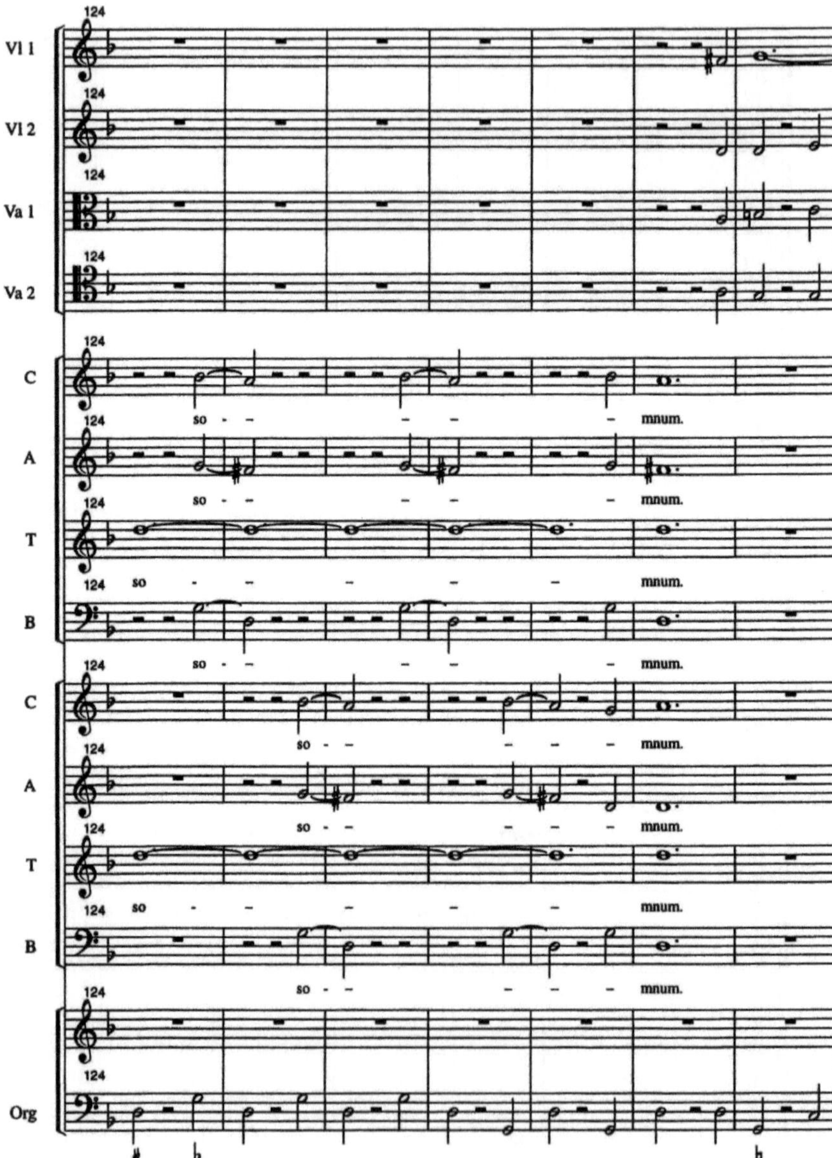

Figure 10.6.

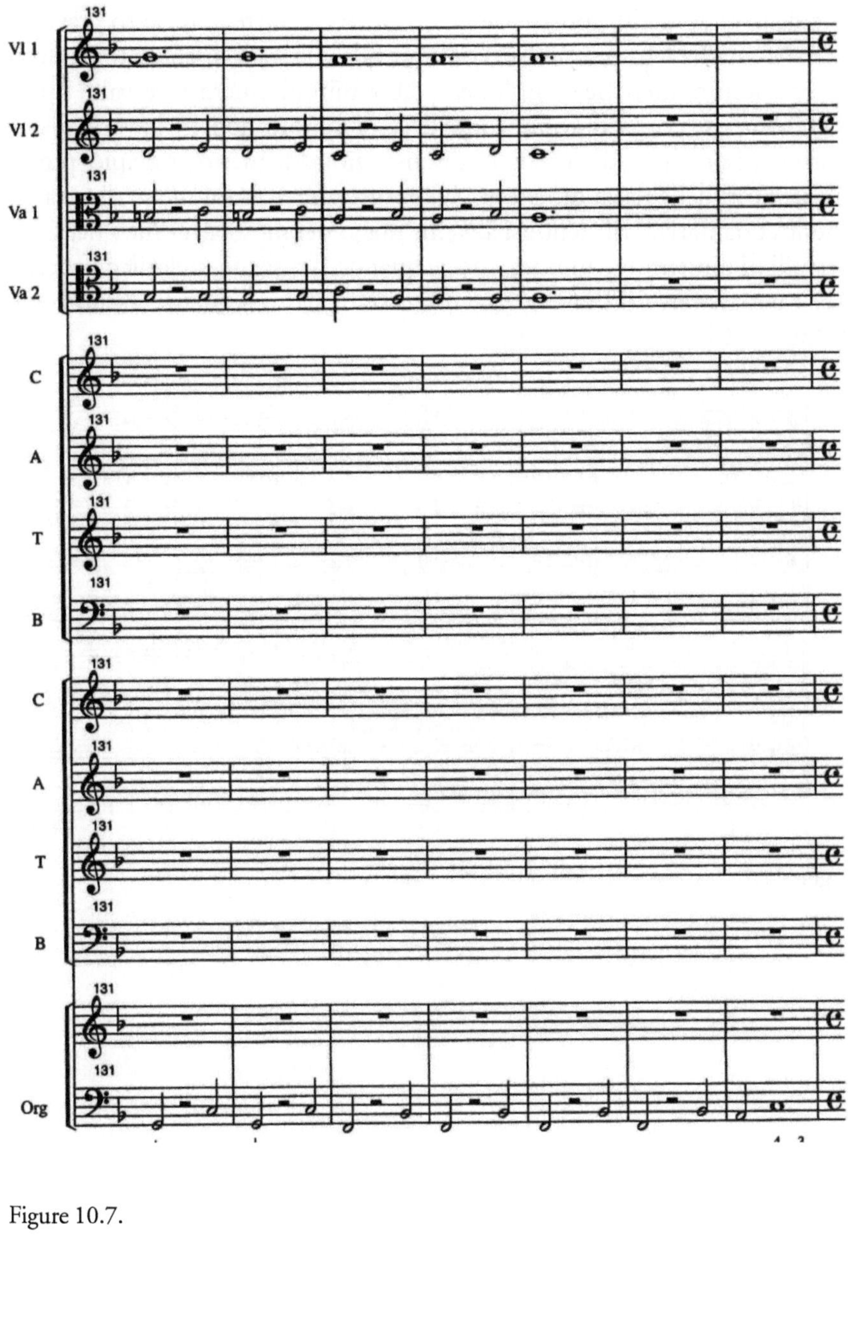

Figure 10.7.

Per delle ragioni che abbiamo esposto altrove,[16] oltre al registro grave, la melanconia ha legato il proprio destino agli intervalli dissonanti prodotti da relazioni numeriche complesse, quali semitoni, micro-intervalli, intervalli compositi col semitono, come le seste minori, nonché le varie dissonanze, episodiche o strutturali. La dimostrazione di questo principio, presso gli avvocati della fisica del suono, ha potuto anche fare a meno di un'aritmetica qualitativa, rifacendosi al venir meno del moto armonico negli intervalli di dimensione minore, specie quando il disegno melodico procede per catabasi verso il grave, come dimostra il passo seguente desunto dal Salmo 112.[17]

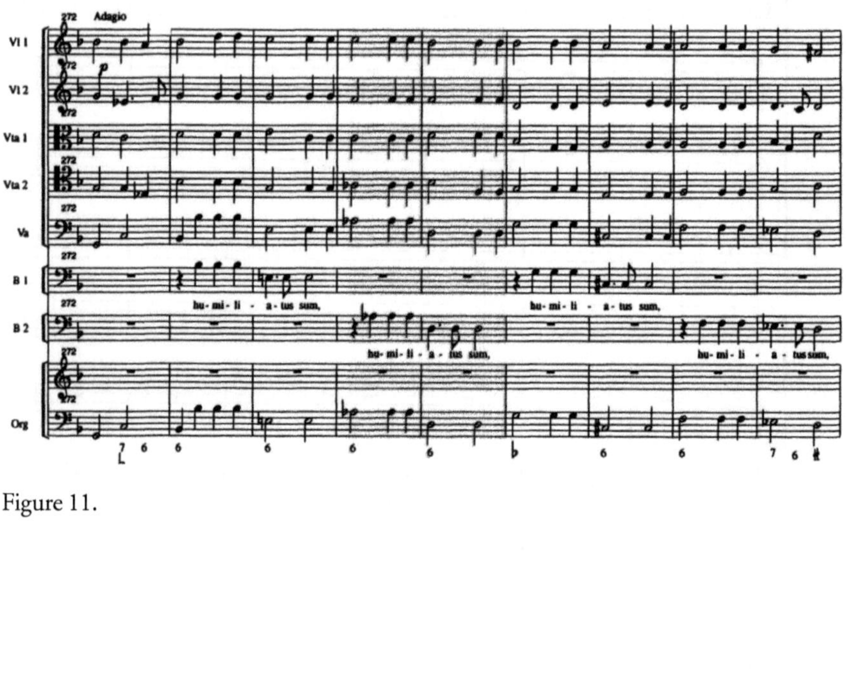

Figure 11.

16 Infra, nota 18.
17 D-Bsb. Mus. Ms. 18890-5, Collezione Bokemeyer Nr. 899, mis. 223-225, Köster I, p. 148.

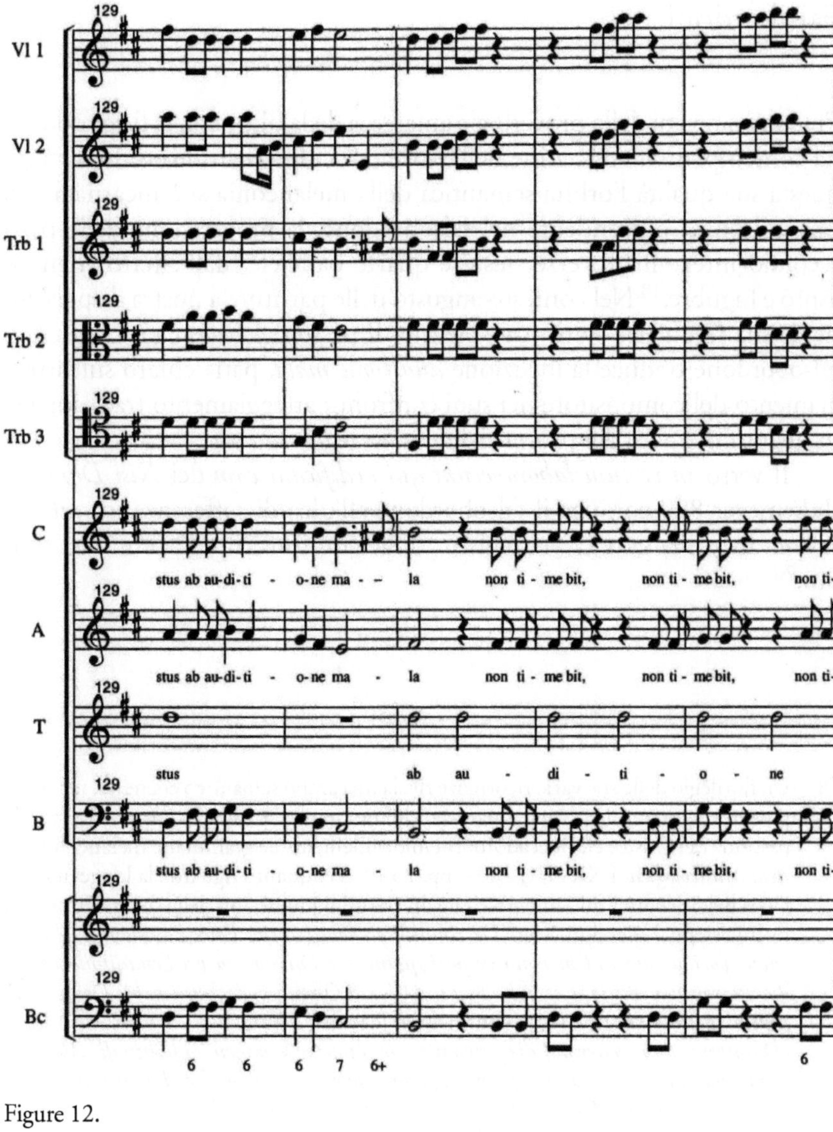
Vl 1
Vl 2
Trb 1
Trb 2
Trb 3
C
stus ab au-di-ti - o-ne ma - - la non ti - me bit, non ti - me bit, non ti-
A
stus ab au-di-ti - o-ne ma - la non ti - me bit, non ti - me bit, non ti-
T
stus ab au - di - ti - o - ne
B
stus ab au-di-ti - o-ne ma - la non ti - me bit, non ti - me bit, non ti-
Bc
6 6 6 7 6+ 6

Figure 12.

Falsibordoni

Fra i vari sintomi della proverbiale amarezza della bile nera, la fisiognomica ha contemplato la raucedine della voce e l'acidità del timbro. In virtù di questa sua qualità l'orbita semantica della melanconia si è incarnata con una coerenza sorprendente nel falsobordone, la progressione delle parti secondo intervalli di terze, seste e quarte parallele, dall'effetto ritenuto aspro e lugubre.[18] Nel contesto angusto delle partiture a nostra disposizione, la sua frequenza statistica è elevata. Il passo del *Beatus Vir*,[19] in cui il falsobordone traduce la locuzione *auditione mala,* parla chiaro sull'atteggiamento del compositore nei suoi confronti; atteggiamento tradizionale, in quanto memore del proverbiale *tetrum reddit sonum.*

Il verso *in vanum laboraverunt qui aedificant eam* del *Nisi Dominus* Bokemeyer 890 coniuga il falsobordone all'idea di sofferenza, su *laboraverunt,* in cui la gravità del registro tinge con toni cupi l'acidità del timbro.[20]

18 Un florilegio delle sue varie ricorrenze rivela un campo semantico coerente, nel quale possono figurare idee come amarezza, dolore, morte, *tristitia, afflictio,* lacrime, la passione del Cristo; cf. Boccadoro, Brenno, «Eléments de grammaire mélancolique», *Acta Musicologica,* LXXVI/1, 2004, pp. 25-65. Per quanto riguarda la longevità dell'idea nel Seicento limitiamoci a citare due termini importanti della sua traiettoria , il Burmeister e il Werckmeister «*De Simul Procedentibus sive Faux Bourdon. [...] est in tribus vocibus sub eodem moto & pari quantitate Ditonorum vel Semiditonorum & diatessaron compositio. Exemplum est in Orlandi Omnia quae fecisti nobis Domine, ad textum: peccavimus tibi.* (65)» (Burmeister, Joachim, *Musica poetica,* Rostock, 1606). «*Damit wir nun weiter auf die progression der quartae kommen, so haben die Alten die Continuation derselben nur in gewissen progressionen zugelassen, doch hat sie ihren locum superiorem behalten: Dieses haben sie genennet falso bordon und haben damit etwa einen traurigen affectum exprimiren wollen*» (Werckmeister, Andreas, *Hypomnemata Musica,* Quedlinburg, 1697).

19 D-Bsb. Mus. Ms. 18887-4 a+b, Collezione Bokemeyer Nr. 873 e 874, mis. 129-130, Köster, II, p. 72.

20 D-Bsb. Mus. Ms. 18889-10, Collezione Bokemeyer Nr. 890, mis. 12-20, Köster, I, pp. 119 sgg. Di solito il significato del falsobordone passa inosservato agli analisti, ma non è sfuggito alla perspicacia della Köster.

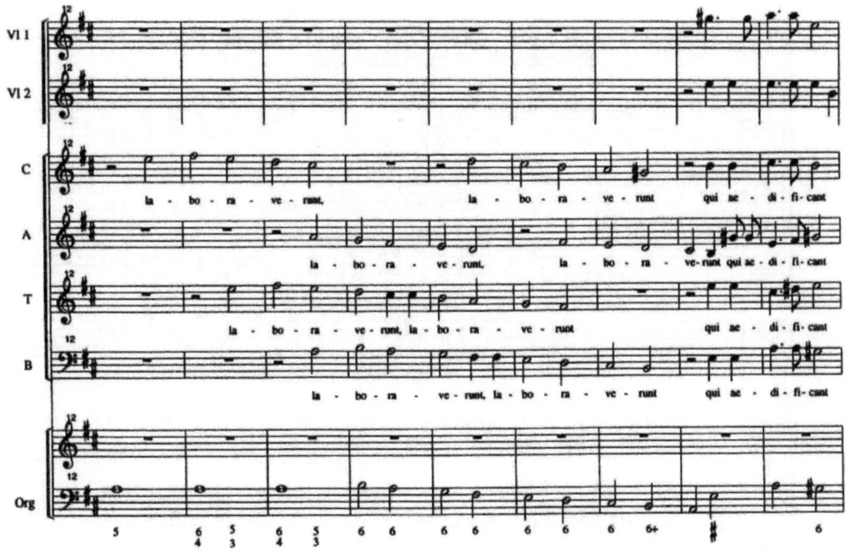

Figure 13.

Durante un ampio episodio a cori spezzati del salmo 138 *Domine probasti me*,[21] in cui l'antitesi del registro traduce l'opposizione fra cielo e inferno, una catabasi delle tre voci gravi in falsobordone, su *descendero in infernum,* accompagna il cammino del contrappunto nelle regioni dell'ombra.

21 D-Bsb. Mus. Ms. 18881-11, Collezione Bokemeyer Nr. 796, mis. 32-303, Köster, II, pp. 302-303.

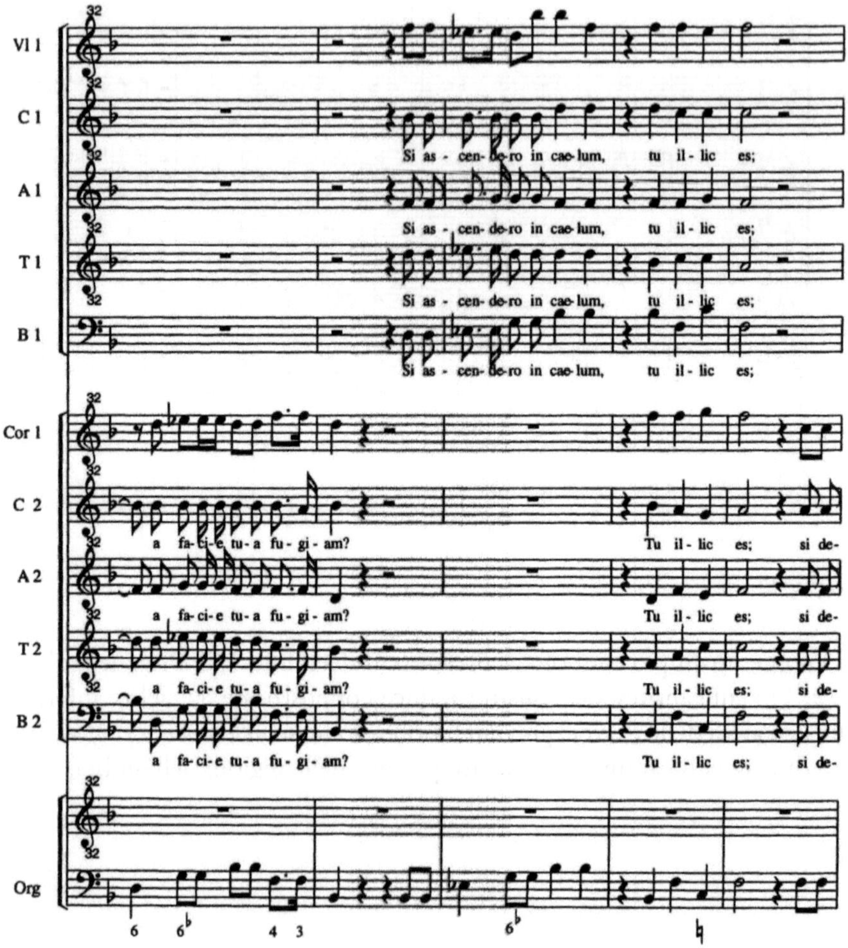
Vl 1
C 1
Si as - cen-de-ro in cae-lum, tu il - lic es;
A 1
Si as - cen- de-ro in cae-lum, tu il - lic es;
T 1
Si as - cen- de-ro in cae-lum, tu il - lic es;
B 1
Si as - cen- de-ro in cae-lum, tu il - lic es;
Cor 1
C 2
a fa-ci-e tu-a fu-gi-am? Tu il-lic es; si de-
A 2
a fa-ci-e tu-a fu-gi-am? Tu il-lic es; si de-
T 2
a fa-ci-e tu-a fu-gi-am? Tu il-lic es; si de-
B 2
a fa-ci-e tu-a fu-gi-am? Tu il-lic es; si de-
Org

Figure 14.

E la tinta rimane bruna nelle misure successive, in cui il falsobordone fra il soprano, il contralto e il basso accompagna locuzioni come *tenebrae* (mis. 48-49) e *obscurabuntur* (mis. 51-52):

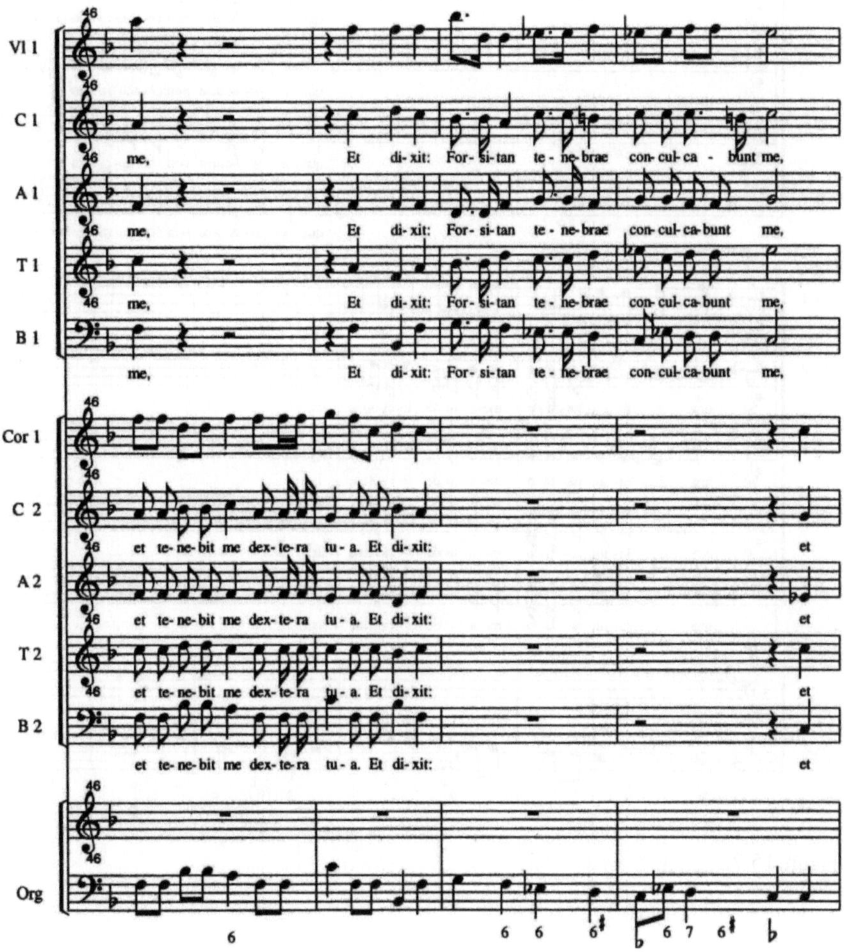

Figure 15.1.

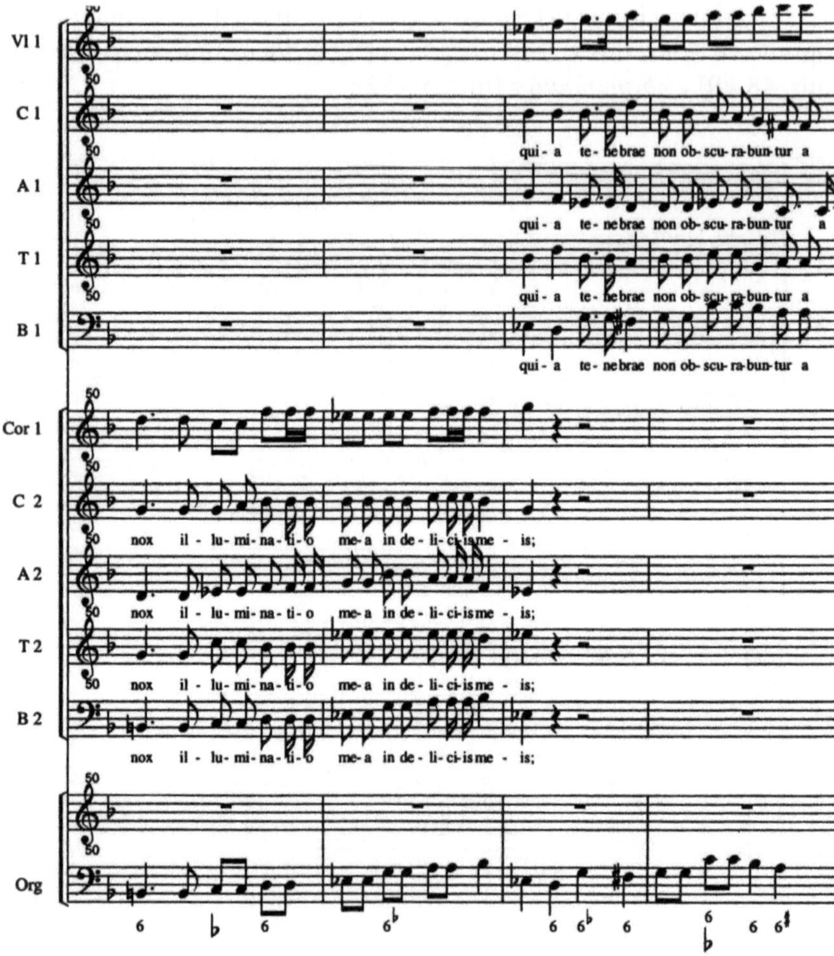
Vl 1
C 1
qui - a te- ne brae non ob- scu- ra- bun- tur a
A 1
qui - a te- ne brae non ob- scu- ra- bun- tur a
T 1
qui - a te- ne brae non ob- scu- ra- bun- tur a
B 1
qui - a te- ne brae non ob- scu- ra- bun- tur a
Cor 1
C 2
nox il - lu- mi- na- ti- o me- a in de- li- ci- is me - is;
A 2
nox il - lu- mi- na- ti- o me- a in de - li- ci- is me - is;
T 2
nox il - lu- mi- na- ti- o me- a in de - li- ci- is me - is;
B 2
nox il - lu- mi- na- ti- o me- a in de - li- ci- is me - is;
Org

Figure 15.2.

Il nesso fra umiltà e melanconia trova conferma nella versione *a cinque Voci et 4 Viole con fagotto* del *Laudate pueri,*[22] in cui la voce *humilitas* viene proferita in falso bordone dalle voci gravi. Rinvia inoltre alla «terra», come elemento dell'umor nero e ricettacolo dello «sterco», anche la collana d'intervalli di sesta nel passo seguente del *Laudate Pueri.*[23] La realizzazione del passo, lascia semplice sottinteso dal basso a numeri, in sospeso l'ipotesi circa la presenza eventuale del falsobordone. Tuttavia, è esclusa la realizzazione del basso mediante progressioni di accordi di quarta e sesta, l'unica alternativa a tre voci.

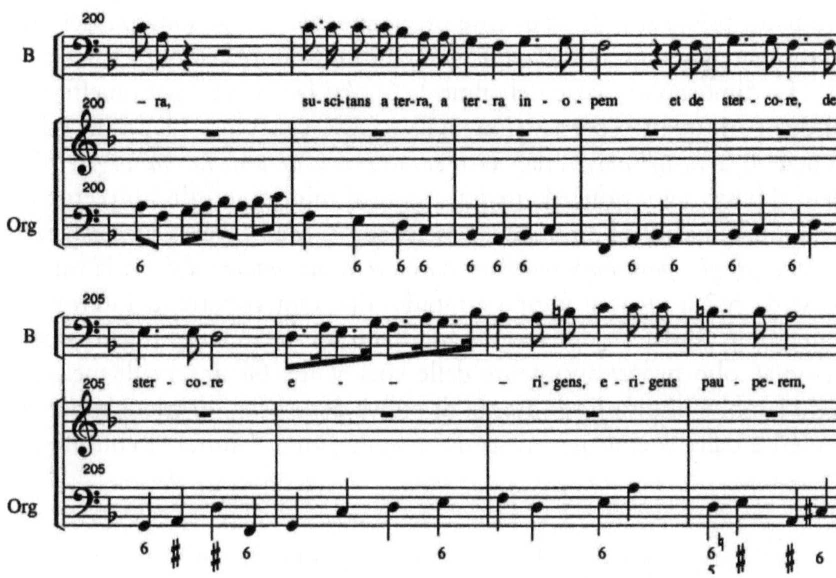

Figure 16.

22 D-Bsb. Mus. Ms. 18890-5, Collezione Bokemeyer Nr. 899, mis. 65-74, Köster I, p. 135.

23 D-Bsb. Mus. Ms. 18890-8, Collezione Bokemeyer Nr. 899, mis. 200-208, Köster, II, p. 212.

Discrasia e modulazione

La fisica degli elementi e il suo correlativo nella teoria galenica degli umori, in cui l'affetto consegue da uno squilibrio prodotto dall'eccesso di un umore peccante, ha insegnato alla musica a considerare il *pathos* come un'istanza della relazione fra elementi rivali. Il gioco delle corrispondenze stabilite fra elementi della composizione e corpi elementari ha condotto alla conclusione che l'artificio musicale che con maggiore efficacia muove gli affetti è il confronto fra elementi conflittuali[24] nella modulazione e che l'impatto psichico è direttamente proporzionale alla dissonanza del rapporto matematico stabilito dagli elementi messi in relazione.

Lo dimostra un passo del salmo 126, *Nisi Dominus,*[25] per un effettivo di due cori, quattro parti strumentali e basso continuo. Dopo un inizio concitato su *aedificaverit*, dal verso *vanum est vobis ante lucem surgere,* affidato al basso solo, riduce la massa sonora ai minimi termini, proiettando nell'immaginazione l'ombra della melanconia. Ma nel verso successivo, su *Surgite* (*surgite postquam sederitis qui manducatis panem doloris,* la misura passa da 3/2 a 4/4 e il tempo è rapido: due motivi battenti in crome e semicrome affidati ai due bassi inaugurano un movimento fugato ascendente accolto progressivamente dalle voci acute. Gli intervalli melodici sono larghi e disgiunti: di quinta di ottava per i bassi, di triadi concitate proferite dalle voci acute, in segno di esaltazione. Giunta al culmine, la

24 Anche in questo caso la tradizione attraversa il pensiero teorico del Seicento: «Il transito da un Modo all'altro è una delle più industriose operazioni [...] l'opinione di quelli che vogliono che questo transito debba farsi a poco a poco acciochè l'udito non riceva impressione alcuna appresso noi è reprovabile affatto; poiché se l'udito non è percosso non possono gli affetti nell'animo ricevere le loro commotioni [...]. Sono queste percosse non altro che alterationi improvvise, le quali non hanno ne debbono avere principio acciochè il senso non debba prepararsi a riceverle [...] come il seguente esempio dimostra, nel quale, per imitare il sentimento della parola *sustinebit*, potendo la stessa parola portarsi nella cadenza CF senza uscir di tono, si replica, e nel replicarsi si passa improvvisamente dal sesto modo trasportato (per bemolle = sib ipolidio) nel settimo naturale [sol mixolidio]) [...] onde (l'animo) ne riceva quel movimento che porta seco la parola *sustinebit*» (Bontempi, Angelo, *Historia musica,* Perugia, 1695, II, corollario LIV, p. 144).

25 D-Bsb. Mus. Ms. 18889-11, Collezione Bokemeyer, Perugia, Costantini, 1695, Nr. 891, mis. 12-20, Köster, II, pp. 349-354 sgg.

profusione eruttiva dei *surgite* ad opera delle voci acute (mis. 75) raggiunge le quarte e le quinte del modo maggiore collocato su *si♭*. Su *sederitis qui manducatis panem doloris*, le parti acute tacciono lasciando scoperte le voci gravi del primo coro, che improvvisamente, con il solo transito di un accordo di sol minore, modulano al tono di la minore, più grave di un semitono. Con il primo dei due bemolli precedenti, il *mi* dell'accordo di dominante, che apre la via al nuovo modo, stabilisce la falsa relazione di 729: 512, o di 45: 32 nel temperamento sintonico, producendo un impatto violento sulle forme impresse precedentemente nella fantasia dell'ascoltatore dal tono precedente di si bemolle. Dopodiché, l'amarezza della locuzione *panem doloris* inaugura un nuovo *passus duriusculus* condito da dissonanze contrappuntistiche e false relazioni. La più saporita, su *panem* (mis.79) corona il ritorno della *finalis sol* col bemolle della sesta napoletana *la♭* – intesa in quegli anni come figura del modo frigio, flebile e lamentevole.

Epilogo

Nonostante i pochi esempi, dovrebbe risultare chiaro, a questo punto, che l'affetto di cui parlano i salmi veneziani del Rosenmüller non ha nulla in comune con la nebulosa di senso chiamata *sentiment* nel secolo successivo e tantomeno con l'idea di un valore psicologico individuale superiore all'analisi, agganciato alla forma da relazioni accidentali. Sotto la penna del Rosenmüller, l'universalità incolore di questa nebulosa semantica si declina al plurale, diramandosi in una molteplicità differenziale di affetti policromi, coordinati per paratassi nel divenire temporale della forma, in parallelo alle quantità discrete dell'armonia chiamate a segmentare il suono, gli umori e lo spirito. Nello spirito come nel suono, la «materia» patemica che funge da sostrato alla forma è continua, ma di fronte allo spettro dell'indeterminato, dal quale scaturiscono caos e follia, il pensiero teorico divide e segmenta, erigendo punti critici, compartimenti stagni, affetti estremi o temperati. Nella mente come nella composizione, vi è un limite in cui la melanconia sconfina nel timore, l'indignazione nella collera e l'ira nel furore. In virtù di un nesso saldissimo fra lo spirito e gli elementi della composizione, al compositore di musica è dato distinguere tante passioni quante le qualità secondarie in conflitto nel corpo, passioni «semplici» o «miste», «temperate» o «estreme», «acute» o «gravi», «incitate» o «meste», «dure» o «molli». La via di comunicazione attraverso la quale l'affetto si converte in suono segue un percorso analogo a quello che, in ultima analisi, vede lo spirito incarnarsi nel corpo. Metà spirito, metà suono, la figura non incarna solamente l'anima del testo nel corpo del contrappunto, ma anche il pensiero discorsivo del compositore, colto nell'atto di condensare il senso combinando testo e musica.

Questo pensiero rivela una tradizione intertestuale ben precisa e un'estetica che non sorprende negli ambienti della Germania luterana del primo Seicento: la musica come strumento per l'esegesi musicale del testo biblico, l'idea della composizione come imitazione dei canoni ideali elevati dalla critica musicale al rango di modelli di perfezione, nella *medìetas* fra percezione individuale e universalità incolore, l'ideale umanistico di una musica come imitazione di affetti. Che il Rosenmüller abbia attinto la propria perizia in questo campo da manuali di poetica o di filosofia musicale, è un'eventualità inverificabile, di cui si compiaceranno gli avversari della retorica musicale. Ciononostante, è probabile che l'ipotesi di un suo atteggiamento scapigliato, di aperto disdegno nei confronti dei modelli canonici dell'arte vada temperata notevolmente prima che possa corrispondere alla realtà, evitando serie riserve circa le presunte virtù della *docta ignorantia* in materia di ermeneutica. Il Rosenmüller svolge studi superiori di teologia, ha dimestichezza con le lingue antiche, che probabilmente insegna agli alunni del coro sottoposti alla sua guida, ha notizia dei luoghi propri degli affetti e dei tropi ad essi connessi, falsibordoni, tetracordi, intervalli espansivi o introversi, da associare ai segni e ai sintomi degli umori incarnati nel testo. La fonte più immediata di questo sapere è certamente il macrotesto delle partiture studiate in gioventù, scelte come punto di riferimento dell'imitazione. Da questo punto di vista il suo rapporto con le convenzioni dell'arte non differisce oltre modo dall'attività degli autori di manuali di musica poetica fiorita nei paesi di lingua tedesca nei primi del Seicento, i quali, come il Burmeister, mietono fiori di retorica nel grande prato della polifonia, deducendo figure e concetti *a posteriori*, partendo dalle opere dei maestri canonici dell'*ars perfecta*. La sola differenza è che nella fantasia del Rosenmüller, il linguaggio opera oltre la retorica, negli interstizi della sintassi e nelle relazioni infinite stabilite dalla mescolanza degli elementi in cui la tecnica confina con la vera eloquenza. E il grande libro dell'eloquenza non ha nulla di un arido florilegio di fiori secchi, ma cresce e vegeta nutrito dalla linfa dell'entusiasmo e dal soffio dell'ispirazione.

Abstract / Résumé

A reading of Rosenmüller's venitian *Psalmkonzerte* scores could show that in more than one instance the strategies used in the exegesis of the text tie in not only the conventional figures of musical rhetoric *(stricto sensu)* but also retain traces of a compositional concept that it would not be absurd to qualify as «elemental», born of a parallel between elements of musical grammar, the physics of the elements and medecin of the humours. A former student in theology and well read in ancient languages and humanist culture, Rosenmüller is perfectly familiar with the proper places of the affects and the figures that are associated to the signs of the humours embodied in the text.

Une lecture de la partition des *Psalmkonzerte* vénitiens de Rosenmüller peut montrer que dans plus d'un cas les stratégies suivies dans l'exégèse du texte renouent non seulement avec les figures conventionnelles de la rhétorique musicale *stricto sensu* mais elles conservent aussi les traces d'une conception de la composition qu'il ne serait pas absurde de qualifier «d'élémentaire», issue du parallélisme entre éléments de la grammaire musicale, physique des éléments et médecine humorale. Ancien étudiant en théologie, bon connaisseur des langues antiques et de la culture humaniste, Rosenmüller connait parfaitement les lieux propres des affects et les figures qui s'y rapportent qu'il associe aux signes des humeurs incarnés dans le texte.

Eleanor Selfridge-Field

Associative Aspects of Perceived Musical Similarity and their Intersections with *Seconda-prattica Affetti*

Abstract

What constitutes musical similarity? The range of possible answers is a blinding array of choices, all of which make certain assumptions. They are variously founded on written notation, constructs of music theory, cognitive theory, and many other things. They favor the views of performers, scholars, or «listeners» according to the origin of the research. Here we single out one thin slice of this array – recent audio and perceptual studies – and seek parallels to precepts of the early Baroque, particularly Claudio Monteverdi's doctrine of the affects.

1. Associative Similarity

Under the rubric of *associative similarity*, we comment on (1) feature-based descriptions of compositional style; (2) timbral aspects of similarity judgments, (3) similarities of musical «mood» as identified by listeners, and (4) influences of musical «intensity» on similarity judgments.

1A. Feature-based Similarity

The Lexicons of David Cope's Experiments in Musical Intelligence

The word association assumes the presence of a relationship. In music, one work can be associated with another through an endless variety of traits – its genre, its composer, its chronological period, its place of origin, the cultural heritage it represents and so forth. When one delves into the more finite world of musical style, no one has focused so much attention on traits that define the «style» of one genre, composer, et al. than David Cope, the originator of a project in artificial composition called Experiments in Musical Intelligencc[1], recently succeeded by Emily Howell, a virtual composer. The «experiments» began in c. 1980 and continued for 25 years, over the course of which many extensions and refinements were applied to the system. It consisted mainly of two elements – a lexicon, and a grammar. The *lexicon*, which contained separate compartments for specific genres within the œuvre of individual composers of many times and places, absorbed, through recursive processing of thousands of MIDI files, tens of thousands of style quotations – short (usually polyphonic) segments of actual pieces. In processing approach and departure details for each segment were also stored.

The grammar identified five functional components of a satisfactory movement or single-movement work. These parts were a statement, preparation, extension, antecedent, and consequent. A user of the system could select a composer and a genre, then set up to 15 global variables (key, mode, meter, etc.) to use in the generation of a virtual piece in the defined style. After the piece was generated, the user was at liberty to save it or delete it. Most of the thousands of works generated by Emmy do not survive, but those that do in many instances provide striking caricatures of the works whose DNA they contain.

Emmy's early lexicons were based mainly on keyboard music (Bach inventions, Mozart sonata movements, Schumann, Prokofiev, and so forth). To them were gradually added Palestrina masses, Indonesian (especially gamelan) music, Broadway songs, and eventually operas. In its final ten years of activity, Emmy began to provide lyrics for some of its repertories including «Gershwin» songs and the opera *Mahler* (with textual material acquired from the letters of Alma Mahler). The generation of texts eventually led to a new sphere of activity in which new lexicons (for words, phrases, and their musical analogues) could be developed, through human-computer conversation, to support the creation of complete works without the

1 Emmy for short. See Cope, David, *Computers and Musical Style*, Madison, A-R Editions, 1991. *Id.*, *Experiments in Musical Intelligence*, Madison, A-R Editions, 1996. *Id.*, «Signatures and Earmarks: Computer Recognition of Patterns in Music» in *Melodic Similarity: Concepts, Procedures, and Applications, Computing in Musicology*, 11, ed. Hewlett, Walter B. and Selfridge-Field, Eleanor, Cambridge, MIT Press, 1998, pp. 129-138. *Id.*, *Computer Models of Musical Creativity*, Cambridge, The MIT Press, 2006.

use of a pre-established lexicon. Thus was the virtual composer Emily Howell (debuted in 2010) launched.

That Emmy was able to operate across such musically diverse repertories with a single grammar remains one of its most notable revelations about musical style. Conventional approaches to musical style do not posit the separation of grammar and lexicon; they seek instead to regard compositional substance as a transit from event to event, theme to theme, section to section, movement to movement. Abstract concepts such as «theme» are absent from Emmy.

These thoughts are worth remembering when confronting conventional notions of musical similarity. To someone unfamiliar with Baroque keyboard music, one Bach invention sounds much like any other Bach invention. For such a person, they could be said to be similar. Yet for a Baroque harpsichordist, no one sounds like any other. This distinction makes the obvious point that all notions of similarity are relative to the musical exposure of the perceiving subject.

That much being said, Emmy's criteria for identifying material appropriate for storage in a lexicon also provide what may be an important method for recognizing highly concentrated elements of a composer's discourse. These are «signatures» and «earmarks» – isolatable passages that are unique to a composer and sometimes a genre and to a single work or works written in rapid succession to one another. At their most generic level they could spread across the composer's œuvre. However, they are discarded in the process of identification if they are so frequent as to be ubiquitous. Signatures typically consist of 2 to 5 consecutive events. Signatures stored in lexicons offer the strongest possibility of tracing content similarity but also genre differentiation. Mozart may use one figure over and over in his piano sonatas, but an entirely different one may be characteristic in his symphonies. Those used in Beethoven's symphonies will be nothing like those used by Mozart, which implies that genre alone cannot account for most traits of musical style. Genre will be defined more readily by the grammatical details that generate a characteristic structure. Despite the strong identification in Western art music of works by their key, mode, and genre (e.g. Concerto in D Major for Violin and Orchestra), Emmy testifies that user choice – of meter, mode, et al. – contributes only to superficial details of resulting compositions.

Folksong Families in the Essen Hochschule Projects

Knowing *a priori* what features most uniquely typify a repertory is a great aid to the folksong analyst. In the extensive projects based at the Essen Hochschule für Musik, mainly under the direction of Helmut Schaffrath, «similarity» occurred in some unlikely places. Large numbers of relatively simple songs collected by the Deutsche Volksliedarchiv (established in 1914),[2] having been subjected to many quantitative measures after mainframe encoding in the 1970s, were in the 1980s processed on personal computers provided with an ever-growing number of programs that sought to produce profiles that could enable the identification of clusters of works with common melodic and/or rhythmic substance. Much of digital humanities focus in the 1960s into the 1990s leaned towards first-line indices as valid tools for identification of textual content. Folksong research had long recognized that melodic (and textual) initiations were more prone to modification in transmission than were endings. They also knew that modal content was rarely altered.

From these two analogue-era principles they easily developed new means of corralling variants on a single tune. One procedure generated a list of phrase finals by scale degree. The other gave (also by scale degree) a complete index of all the tones used in a piece. No folding of scale degree was permitted. If a piece had 17 different pitches, then it was listed as having a 17-note index of tones. If it used only six pitches, then it was classified as hexatonic. From these two procedures, many tune families could be identified in a relatively short time. The Essen researchers could employ the first procedure only because their data structure embedded phrase boundaries (generally derived from lyrics).[3] In the case of these highly diverse musical enquiries, a high degree of familiarity with the repertory being processed is fundamental to the development of appropriate techniques.

2 Though unrelated to the topic of this essay, the rich offerings of the Deutsche Volksliedarchiv are well represented by their Liederlexikon (<http://www.liederlexikon.de>), which provides in-depth histories (with graphical display of text and music variants) of individual songs.

3 The same approach has been used by John Walter Hill to trace text paraphrases in early Roman declamatory music (related to seventeenth-century opera) and to identify the retexting of opera arias in the Vivaldi repertory. His approach is based on scansion-sensitive text-search software. The Roman *seicento* works incorporate the same tendency as the traditional songs to vary beginnings but to preserve cadence patterns and phrase structure.

1B. Similarity of Timbre

Anyone who has used artificially-created sound material in controlled experiments will have noticed that some listeners foreground timbre to a degree that entirely eclipses their perceptions of other musical features – stylistic traits, melodic identity, harmonic structure, and so forth.

For respondents to the Haydn-Mozart Quartet Quiz[4] that has been served online by the Center for Computer Assisted Research in the Humanities since 2002, users are unable to select a desired timbre. They are presented with a MIDI file and are asked to judge whether the movement being presented is by Haydn or Mozart. The experiment was designed by Yi-Wen Liu to compare machine learning of musical style with user judgments. As implemented by Craig Stuart Sapp, the Haydn-Mozart Quartet Quiz presents users with a random movement from a string quartet by one of the two composers. Users rate their familiarity with this repertory on a scale of 1-5. Liu's information-theoretic analysis eventually enabled a machine-driven stylistic discriminator to come within two percentage points of the accuracy of human subjects.

Unexpectedly, a small percentage of early users objected to the fact that MIDI files were used (the criticism has persisted). They would produce higher scores, they said, if they heard recordings of real performances. According to the originators, features usually sited as useful clues to composer identity were rhythmic patterns, textural contours, tessitura, presence or absence of abrupt harmonic change, and details of melodic figuration. How such traits might be prioritized seemed to vary from piece to piece. For timbre-sensitive users, however, the notoriously unconvincing simulation of string timbres by MIDI was such a big distraction that they were unable to attend to musical features *per se*. In psychological terms, an unexpected timbre constitutes a cognitive distraction. In Oakes[5] slow tempos were correlated with higher levels of recall for associated advertising material. Patel et al.[6]

4 Liu, Yi-Wen, and Sapp, Craig Stuart, *The Haydn-Mozart Quartet Quiz*, 2002, <http://qq.themefinder.org>.

5 Oakes, Steve and North, Adrian C., «The impact of background musical tempo and timbre congruity upon ad content recall and affective response» in *Applied Cognitive Psychology* 20/4, 2006, pp. 505-520.

6 Patel, Aniruddh, L. R. Slevc, E. Federenko, D. Casasanto, J. Winawer, J. Rosenberg, and E. Gibson, «Interference between syntactic processing in music and language» in *Cognitive Neuroscience Society Annual Meeting*, San Francisco, 2008. Online: <http://web.mit.edu/evelina9/www/Downloads/Posters/Patel_CNS2008_poster.pdf>.

consider these distraction effects the result of interference between syntactic processing and musical and/or linguistic inputs. Work in this area continues vigorously at the present time.

1C. Similarity of «Mood»

Were it not for our experiences with the Haydn-Mozart Quartet Quiz, we might once have been skeptical of the work of Jean-Julien Aucouturier and François Pachet at Sony Labs in Paris, because its notion of musical similarity is so distant from music-theoretic ones. Although it is an over-simplification of their work to say that they were looking for concordances of «mood», it is not too far from the truth. Their motivation was to appraise musical works for a «recommendation service» – a commercial approach to suggesting what else users picking one recording might also like. We believe, though, that the Aucouturier-Pachet work exhibits results so striking that they raise profound questions for those pursuing definitions of musical similarity.

In the welter of music-and-social-networking initiatives that have sprung since up the first Aucouturier-Pachet publication[7], their project is notable for having rejected «collaborative labeling» (crowd-sourcing) because it is entirely divorced from musical content as we general regard it. They note that pinning down melodic similarity is an elusive goal because the change of a single note (in pitch or duration) «can dramatically impact the way it is perceived,» even though in statistical data the difference may be barely noticeable. In comparing the possible value of extracting tempo, rhythm, or melody from audio material, they note the difficulty that untrained listeners have in identifying specific musical features. They concentrate on timbral quality and place it under the rubric of «mood.» (They remark that small changes in timbre do not seem prone to distance one example from another in the responses of listeners.)

Under the auspices of the CUIDADO European IST Project they created a database of 17,075 recorded pieces. For processing timbral in-

7 Aucouturier, Jean-Julien and Pachet, François, «Finding Songs that Sound the Same» in *Proceedings of the 1st IEEE Benelux Workshop on model-based processing and coding of audio (MPCA-2002)*, Leuven, 2002.

formation, they used a Mel Frequency Cepstrum Coefficient[8]. A typical three-minute piece would be represented by 3,600 feature vectors. Every set of vectors would be compared to every other set. Clusters of «similar» candidates were culled by searching for (a) multiple recordings of the same title, (b) songs sung by the same artist, (c) songs involving the same performing medium, and (c) songs in the same genre.

What is striking about their results is the unlikely audio pairs it produces (Table 1, 2).

	Sample	*Work rated «similar»*
Same artist/piano	Franz Schubert: Op. 90, N 2 in Eb Major	Franz Schubert: Op 90, No. 4 in Ab Major
Same artist/harpsichord	JS Bach: Well-Tempered Clavier (WTC), Fugue in C Minor (BWV 847)	JS Bach: WTC, Prelude in C# Minor (BWV 849)
Same genre/piano	Mozart: Piano Sonata K. 533, movement 1	Scriabin: Piano Sonata No. 2; Weber: Piano Sonata Op 49, No. 3
Same genre/harpsichord	Bach: WTC, Prelude in C# Minor (BWV 849)	Couperin: Gavotte
Same orchestral textures	Wagner: Ride of the Valkyries	Wagner: Brunhilde

Table 1. Various pairings of performing medium and genre with sample candidate matches from different classical repertories.

Why would Beethoven's «Romance for Violin and Orchestra», Op. 50, No. 2, for example, show a high correlation with the Hollywood musical theme-song «Singing in the Rain», or the Beatles' «Eleanor Rigby»? In such cases there are no obvious matches between titles, artists, performing media, or genres. What might a recording of Gershwin's *Porgy and Bess* have in common with the first movement of Prokofiev's «Fifth Symphony», Op. 100? Or Robert Schumann's «Kreisleriana» for piano, Op. 16, No. 5 (*Sehr langsam*), played by Vladimir Horowitz, with Bill Evans' rendition of «I love you, Porgy» (again from *Porgy and Bess*)? These culls suggest that particularities of performance superimpose their own imprint on the per-

8 MFCC, following Tzanetakis, George, Essl, Georg and Cook, Perry, «Automatic Musical Genre Classification of Audio Signals» in *International Symposium on Music Information Retrieval*, Bloomington, 2001. Online: <http://*ismir2003.ismir.net/papers/McKinney.PDF*>.

ception of content. Might common elements of *expression* form the essence of what likens one piece to another in the listener's mind, even when differences of content and purpose are enormous? Does expression as provided by performers eclipse expression that inheres with the composition? These are pivotal points.

Somewhat in sympathy with Cope's musical mash-ups (such as «Mozart in Bali», in which Emmy-Mozart morphs into Emmy-gamelan music and the into a hybrid of the two), the Aucouturier-Pachet models identify specific complexes of acoustically similar features (comprising tempo, dynamic level, sonority as defined mainly by timbre, et al.) in works from diverse realms of musical experience. In some cases they pair multiple variables as controls to explore a third feature. A few unexpected results (classified as «interesting» because of their anomalies) are shown in Table 2.

Performing medium	*Genre contrast*	*Classical title*	*Other title*
Piano	Classical-contemporary	Rachmaninov: Moment Musical Op 16, No. 2	Ligeti: Concerto for Piano and Orchestra
Piano	Classical-jazz	Schumann: Kreisleriana Op 16, No. 5	Gershwin: «I loves you, Porgy» (*Porgy and Bess*)
Orchestral	Classical-jazz	Prokofiev: Symphony Op 100, No. 5, movement 1	Gershwin: Porgy and Bess
Orchestral	Classical-pop	Beethoven: Romance for Violin and Orchestra Op 50, No. 2	Beatles: «Eleanor Rigby»
	Classical-musical	Beethoven: Romance for Violin and Orchestra Op 50, No. 2	Nacio Herb Brown: «Singin' in the Rain»

Table 2. Anomalous listener-defined similarities among works of different genres in the Aucouturier-Pachet research.

The Aucouturier-Pachet work does not ignore or discard more usual notions of similarity grounded in content: different performances of the same title almost always produce a high correlation. But correlations obtained in this context do not preclude the occurrence of associations between works from radically different contexts.

In contrast also to many early projects motivated by the quest for valid methods of audio recommendation is the total irrelevance to the Aucouturier-Pachet model of parameters that can easily be clustered in metadata searches (for key, composer, date, etc.). This stands in partial contrast to Cope's work, for different pieces by the same composer or in the same genre do not necessarily produce high correlations. *Timbre* can play a central role in assessing similarity and difference. That the Beatles's songs «Helter Skelter» and «Lucy in the Sky with Diamonds» do not engender audio impressions of musical similarity is a finding that the authors attribute to differences of «orchestration»: the first involves «heavily overloaded guitars,» the second «tremolo organ.» One concludes that customary labels and content classification methods do not provide valid guidance on the aural impression of musical similarity that comparative listening seems to produce.

1D. Similarity of Musical «Intensity»

Zohar Eitan and Roni Y. Granot[9] have run a series of experiments to study ways in which the brain appears to confuse an experimental feature with a control feature when the first is intensified. The manipulated features include such variables as rising and falling pitch, increasing and decreasing volume (crescendo, diminuendo), accelerating and decelerating tempo, and so forth. Users appear to map the overall impression of change to a sense of *spatial* motion. A series of ascending pitches may be co-perceived as a spatial rise or an acceleration, even when the tempo is unvarying. In short, an increase in any of these features can be interpreted to issue from one or more of the others. They have found only small differences between trained and untrained subjects. Their findings lead them to suggest that there is interplay between musical «tension» and perceived content.

Their findings suggest that the analysis of isolatable musical features cannot reveal the dynamic processes at play in listeners' experiences. They pose the question: Do intensity and the musical feature to which it is cross-attributed enhance one another? The answer appears to be a qualified yes. If there is a greater impression of one, is there necessarily less of the other? This is less clear.[10] Eitan and Granot[11] question why human

9 Eitan, Zohar, and Granot, Roni Y., «Intensity Changes and Perceived Similarity: Inter-Parametric Analogies» in *Musicae Scientiae*, Discussion Forum 4A, 2007, pp. 99-133.

10 In his *Expectation in Music*, which delves deeply into an array of associative factors in music response, David Huron posits that many perceptions and reactions to musical phenomenon reflect animalistic interpretations of specific sound phenomena. The underlying relationships remain conjectural, because there is no accurate way to measure the totality of possible reactions to screeches, screams, hoots, and the like. Huron, David, *Expectation in Music*, Cambridge, The MIT Press, 2006.

11 Eitan, Zohar, and Granot, Roni Y., *op. cit.*

listeners should respond to one changing attribute of music (e. g. increasing loudness) as though it were another (rising pitch). Their parings cross several modalities: e. g. increasing tempo of a fix beat pattern as a crescendo; increasing dissonance in a series of chords as a crescendo. They also challenge the notion of «parametric additivity» – for example the concept of «joint-accent structure», in which accentuation in one realm is held to strength coincident accentuation in another.

In their 2008 article[12], the experimental material includes the intermingling of «true» and (at least partly) «false» compositions (inspired by Mozart) in order to evaluate whether music-theoretic ideas of thematic coherence (along the lines of Rudolf Reti's postulates) can be verified. The short answer seems to be «no,» or at least «not convincingly so.» This study thus challenges the notion of «organic unity» of large architectures of «musical form» by determining that listeners are not bothered by episodic «realizations» of sonata form in which extraneous sections are substituted in recapitulations as long as the grammar remains intact. In other words, semantic substitutions are quite tolerable provided they do not disturb the principles of the semantic architecture. Neither for trained not untrained subjects, listening to a hybrid work once or several times, did opinions vary significantly in their indifference to «coherence.» In the use of Mozart's piano sonatas K. 280 and 332 as seed material, they found that in the case of the first vs. its hybrid, the majority of subjects preferred the hybrid. (In this regard, the 2008 study confirms central elements of Cope's Emmy model.)

1E. Associative Similarity in Performance

Performance introduces its own experimental «noise» into our enquiry, because in the context of similarity studies it interjects several additional variables – among them timbre, mood, intensity, and tempo. Listeners perceive a whole. Few listeners are trained to distinguish one feature from another. This undifferentiated whole sets performed music apart from the short musical elements studied in controlled research environments. While

12 Eitan, Zohar, and Granot, Roni Y., «Growing Oranges on Mozart's Apple Tree: Inner Form and Aesthetic Judgment» in *Music Perception* 25, 2008, pp. 397-417.

in research contexts the pursuit of individual features (whether of the music itself or of its perception) is the norm, in ordinary listening one must processes whatever is present quickly. To do that efficiently, though, it is likely that features are prioritized. What cannot be determined by present reckoning is whether such feature-priorities are stable for an entire piece, genre, repertory, or cultural context. In live performance, feature-interactions (and therefore the relative dominance of any single feature) have the power to produce continuing change in relative feature-rankings.

For the present, we are left to fall back on anecdotal evidence. With respect to the kinds of features considered here, anecdotes from the artificial (computer-generated) music community are especially numerous. This abundance seems to owe primarily to the strength of opinion about computer-generated music. It is widely expected to seem «mechanical» in performance, and moral indignation is expressed when slight resemblance is noted between a known piece and an artificially composed one. Fortunately, there are two sources apart from the Haydn-Mozart Quartet Quiz (which involves only the variable of timbre) that are near to hand.

Artificial Chorale Harmonizations in Live Performance

The most extensive work involving the generation of new music on a well-known model from the eighteenth century co-existed with the first years of Emmy's development. In a master's thesis on expert systems Kemal Ebcioğlu (1986) reported the development of his efforts over several years to «discover» and implement – through extensive networks of voice-leading rules – satisfactory four-part harmonizations of Bach chorale melodies. This involved feeding the computer the chorale tune and generating three real parts. Although there had been (and continue to be) numerous research projects focused on harmonic analysis of encoded data, Ebcioğlu's was the first sustained project devoted to generating new harmonizations.

To anyone who has not attempted such a fete, it may seem a trivial undertaking that could be largely accomplished by implementing the countless rules of harmonization that can be found in tutorials and manuals, but these rule systems invariably prove to be rudimentary. All procedures affecting compositional texture (harmony, counterpoint, voicing, orchestration) require a great deal of implicit knowledge that is nowhere codified. Ebcioğlu began with a few dozen rules derived from music-theory treatises but eventually turned to additional rules derived from observation and analysis. He continued to work on the system after completing the thesis. Eventually the rules numbered in the hundreds.

The hundreds of chorale harmonizations in which these rules were implemented showed consistent progress in defining note-based features. One thing that remained absent, however, was the implicit gestural knowledge that informs the works of human composers but, for lack of formulation, is difficult to legislate in computer-generated music. For this reason, many proved difficult to perform because of awkward hand requirements. Open- and closed-positions (the difference between a roughly even distribution of parts across the total range as opposed to a clustering of soprano, alto, and tenor at least an octave above the bass) were foreign to the computer. Although chorale harmonizations are short works, the need to stretch one hand to a tenth and the other to a twelfth or thirteenth proved to be a common occurrence.

Apart from the lapse in gestural requirements that affects performers, the auditory impression of the generated music is more convincing when played live: users' perfunctory measure of «mechanical» music is inevitably a perception of metronomic precision, not compositional content. With human imprecision of the beat, the next trap for the listener seems to be timbre: if a mean-tone registration on a pipe organ is used to play an Ebcioğlu-Bach harmonization, almost no one in a live audience is likely to consider it computer-harmonized. Timbre is simply too dominant in its ranking in our perception of the musical details we are trained to perceive. Because of their brevity and overall simplicity of means, the computer-generated harmonizations that do not have obvious errors of voice-leading are unlikely to offend for lack of adherence to a template of musical style.

Artificial Compositions in Live Performance

Audiences appear to have consistent difficulty in distinguishing man-made from machine-made compositions if both are performed live. «Machine-made» is, conversely, a judgment readily applied to works heard in quantized MIDI files irrespective of the origin of the content. In 1997 a concert in which computer-generated and man-made works were performed live was given at Stanford University. The event formed part of a weekend symposium on human vs. machine creativity in music. A pianist and a violinist provided the music. No program was distributed until the end of the concert so that audience members could judge which works were which on the basis of their own perceptions. Ten pieces (mainly concentrated in styles of the nineteenth century) were performed. Half were authentic, half were generated by Emmy (see Section 1A).

Although the idioms were familiar ones to an audience accustomed to classical music, none of the genuine works was particularly familiar. No piece was rated by more than 50% of the respondents as being authentic. No piece was rated lower than 10%. What the results strictly ruled out was Douglas Hofstadter's view (the fulcrum of the symposium) that without a genuinely «human» contribution to its composition, machine-composed music could not project a sense of human inspiration. (The extensive discussion, spread over many additional contributions and complemented by a large number of Emmy scores, is reproduced in Cope 2001[13].) Cope's view was that although a computer generated the work, all of the component parts from which its works were constructed originated in the human sphere.

2. Do components of associative similarity mirror baroque *affetti*?

The Doctrine of Affects cultivated in the time of Monteverdi was not linked in any way to thoughts on musical similarity, which is a preoccupation of our own times. Yet there are some striking resonances between the musical motivations of certain associative correlates of similarity in recent studies and the musical motivations of *affetti* in the early seventeenth century. *Affetti* are usually discussed either in the context of Monteverdi's use of them or as a series of prescriptions for specific ornamental devises. There is little reflection on their underlying purpose, which was to use the ear as a vehicle to leave an imprint on the mind. Certain kinds of *affetti* were more often than not used in the realm of sacred music than secular. Although it disapproved of «self-important» music, the Counter-Reformation considered «moving the hearer» to piety one of the noble goals of de-

13 Cope, David, *Virtual Music: Computer Synthesis of Musical Style*, Cambridge, The MIT Press, 2001.

votional music. In the absence of such a goal, musical ornamentation was merely a distraction from spiritual observance. (In other precincts during the Renaissance, emotional emblems were anticipated in general in the writings of Marsilio Ficino and Vincenzo Galilei. Sixteenth-century madrigals contained many harbingers of them. Collectively, *affetti* were to have many musical progeny in the elaboration of rhetorical concepts in music and in later German repertories, particularly that of *Sturm und Drang*. Our discussion of *affetti* is confined to the Italian baroque.)

Despite their discussion in countless practical manuals of the time, we cannot know much about the actual execution of the *affetti*. There is a good chance, however, that the *stile concitato* was an instance of «intensity» along the lines pursued by Eitan-Granot. Although the formalization of the Doctrine of Affects is usually linked to the preface of the Book VIII of Monteverdi's *Madrigali*[14], some notable works containing these affects were performed earlier.

At the level of expressing emotional turmoil in ways that were not yet crystalized, Monteverdi was already hard it in Mantua in 1607. The emotional import of his Sonata sopra «Sancta Maria ora pro nobis» (composed in 1607; published in 1610) was somewhat different from what it would later become: the obsessive dotted sixteenth-32nd pairs that appears in the work's numerous instrumental parts are gradually calmed by the litany, so that with each utterance of it the number of notes per phrase declines. The dotted figure eventually disappears. The frenetic activity of the opening subsides into even half and eventually whole notes. There is much speculation as to why Monteverdi composed this unique piece.

The full-blown *stile concitato* made its grand entry (in the company of the *stile molle* and the *stile temperato*) in Monteverdi's *Combattimento di Tancredi e Clorinda* in 1624, when the work was performed at the Palazzo Mocenigo in Venice. When it was finally published fourteen years later in the *Madrigali guerrieri ed amorosi* (Book VIII of Monteverdi's madrigals), the composer sought to illustrate the three «styles» (agitated, temperate, and calm) he was rigorously exploring in the fabric of ancient ideals – notably Plato's belief that particular kinds of music had the power to affected human behavior in specific ways. The agitated style could make

14 Monteverdi, Claudio, *Madrigali guerrieri, et amorosi con alcuni opuscoli in genere rappresentativo, che saranno per brevi episodii fra in canti senza gesto*, Book VIII, Venice, Alessandro Vincenti, 1638.

warriors brave; the calm style could render them morally weak and militarily defenseless; the temperate style suited periods of peace and security. This story from the capture of Jerusalem in the twelfth century was full of passion: Tancredi and Clorinda (who was disguised as a male warrior) were from opposing sides. The conflict between love and duty permeated every measure of the work. We cannot sequester the *stile concitato* steadfastly with bravery. It provided the context for jealousy (Example 1), wrath, frustration, anxiety, and the pressure of shortening time (another instance of intensity).

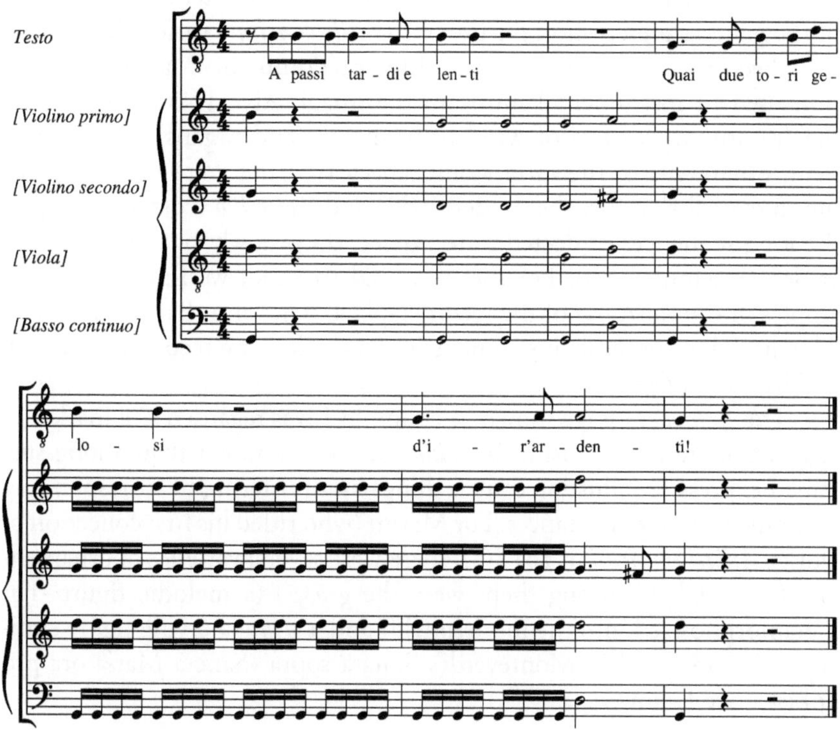

Example 1. Depiction of jealousy in Monteverdi's *Il combattimento di Tancredi e Clorinda* (composed 1624; published 1638).

In the wider world of Italian music over the first half of the seventeenth century, the *stile concitato* was much more widely employed than the other categories of affects. In many cases it rested on a long string of iterations of the same pitch in progressively shorter note values. In the all-embracing *stile rappresentativo*, in which early music dramas were conceived, each short idiom indulged the passion of the moment. Exaggeration was rampant. The elapsed time of text as metered by its musical setting was unpredictable, as a singer rushed through one word or phrase only to slow down on the next, always in the interest in highlighting the ever-changing emotional moment.

Among the works of the young instrumentalists who worked in Monteverdi's Venetian orbit (and may well have performed in *Il combattimento*) were the ensemble sonatas of Dario Castello (from Venice), Biagio Marini (from Brescia), and Carlo Farina (from Mantua). Instantiations of the general prescription for use of the *stile concitato* varied. It seems to have been the foundation for the three predominant kinds of articulation used in instrumental music in the imaginative 1620s. These were the (measured) *tremolo* of wind instruments (and organs) and the two main ornaments of the early violin repertory – the *groppo* (corresponding in overall shape to the modern trill) and the *trillo* (corresponding to the long sequences of dotted notes, descending slowly but in short note values, in Monteverdi). For the measured tremolo, we find sterling examples in the canzonas of the recorder-player Giovanni Battista Riccio.[15] The intended ensemble instruments in Example 2 are recorder (*flautino*) and bassoon (*fagotto*).

The *tremolo* passage shown in Example 2 was regarded as a marker of growing anxiety. Its cousin, the *trillo*, an incisive rather than a long-sustained expression, illustrated such things as a fluttering heart responding to momentous circumstances. For Marini (who titled his first collection of works, *Affetti musicali* in 1617/8), there were several varieties of ornamental affects. Chief among them were the *groppo* (a melodic figure that metamorphosized into the modern trill) and a *trillo* (a crying figure similar to the one used in Monteverdi's Sonata sopra «Sancta Maria ora pro nobis»). See Example 3.

15 The Counter-Reformation forbade the use of the recorder (which it claimed induced moral decadence) in sacred music, but Riccio's instrumental pieces appeared in collections of sacred music. This suggests that ordinary parish churches ignored Papal injunctions. The Venetian Republic had had a big falling out with the Papacy in 1607 and was disinclined to follow every detail of proscriptions.

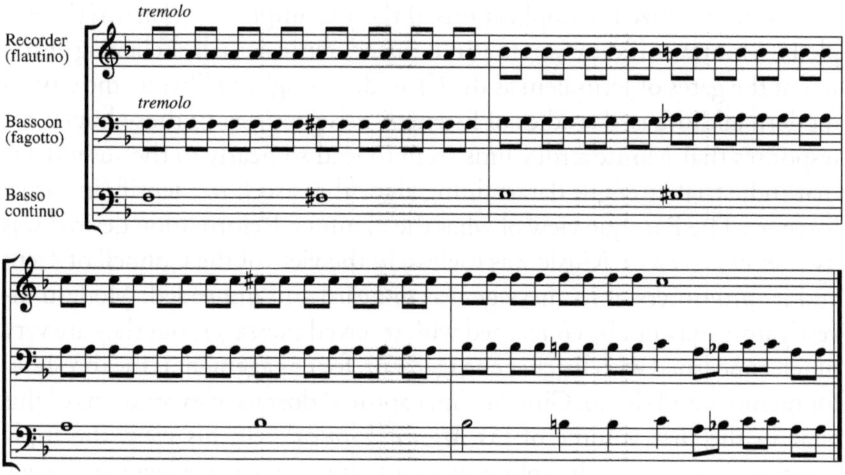

Example 2. From the «Canzona ‹La Grimaneta› with Tremolo» from Giovanni Battista Riccio's *Terzo libro delle divine lodi* (1620/21).

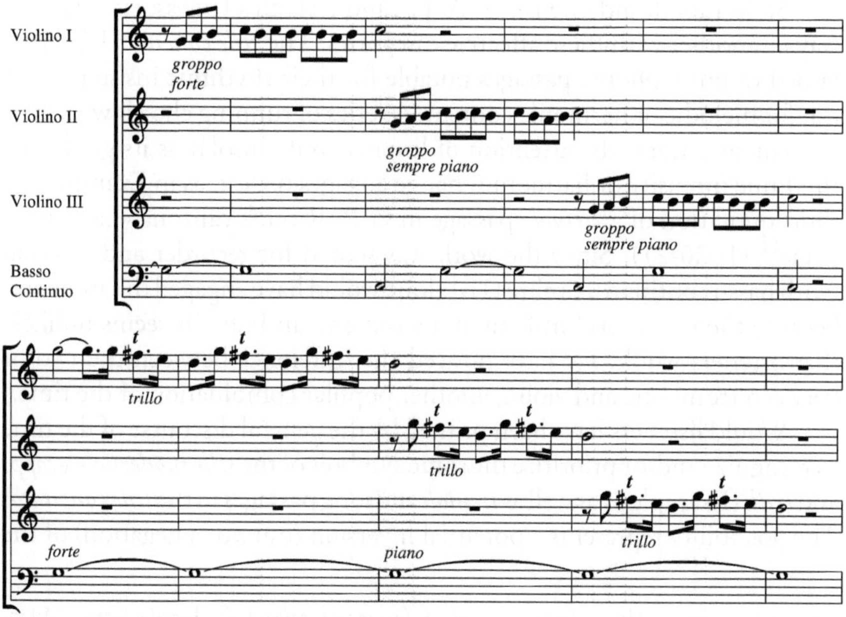

Example 3. The *groppo* and the *trillo* figures used by Biagio Marini in his «Sonata con tre violini in eco» from Op. 8 (1626/9).

To summarize the implications of these examples, in *Tancredi* (Example 1), Monteverdi's aim was to stir the listener into actually believing he too was at the gates of Jerusalem as the Crusaders sought to liberate the city. In modern audio-based studies of listeners, it is precisely in those hoped-for responses that Monteverdi's aims seem to lead so nearly to the «user data» that industrial-strength data-mining algorithms seek to identify in casual listeners. The Baroque view of what the Counter-Reformation desired was listener *engagement*. Music was useless, in the view of the Council of Trent and its promoters, if its message was unheard and unheeded. Modern investigators may not be concerned with received messages, but they are very much concerned with listener engagement, for engagement is the threshold for memory and desire. Gino Stefani captured dozens of expressions of this view in the first volume of his *Musica barocca*[16]. In his view, the triple legacies of music as a discipline, as an art, and as a science were intricately combined in the seventeenth-century belief that music could move mountains if it could first engage the spirit of its listeners. Among all the arts, music was the one on the most intimate terms with Heaven, whose choirs inspired the affective singing of the *stile moderno*.

Style, mood, and intensity (1A, 1C, and 1E) can all be associated in one way or another with these affective categories. The *stile concitato* label pertained to homophonic passages notable for their rhythmic insistence but not for melodic or harmonic content. A series of running chords with little movement attracts the attention of listeners only insofar as its graduated rhythmic intensity or harmonic change engages the ear, as in Example 2, a short quotation of a *tremolo* passage in G. B. Riccio's canzona «La Grimaneta»[17] (1620-21). Since the work was scored for recorder and bassoon (with basso continuo), timbre (1B) alone would have engaged the audience, because these were still little used instruments in Italy. (It seems unlikely that listeners would *not* have noticed the difference between the two or between trombone and violin, another popular combination of the time.)

Would listeners have been primed by the general discourse of the time to recognize and/or prioritize the sonic symbols of the *stile moderno* – *groppi* and *trilli* (Example 3) as well as *tremoli* and long passages in the *stile concitato*? The possibility represents a potential inversion (but not a negation) of the

16 Stefani, Gino, *Musica barocca*, 2 vols. *I. Poetica e ideologia; II. Angeli e Sirene,* Milan, Studi Bompiani, 1974, 1987.

17 Riccio, Giovanni Battista, *Il terzo libro delle divine lodi*, Venice, 1620-21.

unexpected Aucouturier-Pachet audio pairings, which rest on general impressions of larger sound canvases. If there were some way to confirm the point, it would suggest that none of the current methods of audio-based clusters of works are disengaged from the rich legacies of the early Baroque.

Many musicologists and music theorists continue to regard music-oriented studies in algorithmic composition, perceptual psychology, sound engineering, audio retrieval, and kindred activities as foreign to their disciplines. Those steeped in Italian repertories of Monteverdi's time are, however, well equipped to bring understanding to these lateral spheres of recent research. Gino Stefani's brilliant round-up of period descriptions to music of the seventeenth century shows a thousand times over that music had (in the collective mind of that time) no higher calling that to *move* its hearers. If it could not accomplish that, it was of no value to its sponsors (then the State, the Court, or the Church). The motives of today's Company (the largest sponsor of audio-based research) are far less noble, but unintended revelations may yet accrue. The search for shared principles of «similarity» may, in the context of musical associations, ultimately reveal no more (or less) than the fundamental means by which music engages its hearers.

Abstract

What constitutes musical similarity? The range of possible answers is a blinding array of choices, all of which make certain assumptions. They are variously founded on written notation, constructs of music theory, cognitive theory, and many other things. They favor the views of performers, scholars, or «listeners» according to the origin of the research. Here we single out one thin slice of this array – recent audio and perceptual studies – and seek parallels to musical and aesthetic precepts of the early Baroque, particularly Claudio Monteverdi's doctrine of the affects.

References

Aucouturier, Jean-Julien and Pachet, François, «Finding Songs that Sound the Same» in *Proceedings of the 1st IEEE Benelux Workshop on model-based processing and coding of audio (MPCA-2002)*, Leuven, 2002.

Aucouturier, Jean-Julien and Pachet, François, «A Scale-free Distribution of False Positives for a Large Class of Audio Similarity Measures» in *Pattern Recognition* 41/1, 2008, pp. 272-284.

Castello, Dario, *Secondo libro di sonate concertate in stil moderno*, Venice, Bartolomeo Magni, 1629.

Cope, David, *The Virtual Score: Computer Synthesis of Musical Style*, Cambridge, The MIT Press, 2001.

Cope, David, *Computers and Musical Style*, Madison, A-R Editions, 1991.

Cope, David, *Experiments in Musical Intelligence*, Madison, A-R Editions, 1996.

Cope, David, «Signatures and Earmarks: Computer Recognition of Patterns in Music» in *Melodic Similarity, Concepts, Procedures, and Applications, Computing in Musicology*, 11, ed. Hewlett, Walter B. and Selfridge-Field, Eleanor, Cambridge, MIT Press, 1998, pp. 129-138.

Cope, David, *Virtual Music: Computer Synthesis of Musical Style*, Cambridge, The MIT Press, 2001.

Cope, David, *Computer Models of Musical Creativity*, Cambridge, The MIT Press, 2006.

Eitan, Zohar, and Granot, Roni Y., «Intensity Changes and Perceived Similarity: Inter-Parametric Analogies» in *Musicae Scientiae*, Discussion Forum 4A, 2007, pp. 99-133.

Eitan, Zohar, and Granot, Roni Y., «Growing Oranges on Mozart's Apple Tree: Inner Form and Aesthetic Judgment» in *Music Perception* 25, 2008, pp. 397-417.

Huron, David, *Expectation in Music*, Cambridge, The MIT Press, 2006.

Liu, Yi-Wen, and Sapp, Craig Stuart, *The Haydn-Mozart Quartet Quiz*, 2002, <http://qq.themefinder.org>.

Marini, Biagio, *Sonate, sinfonie, canzoni, passemezzi, baletti, correnti, gagliarde, & retornelli: a 1, 2, 3, 4, 5 & 6 voci, per ogni sorte di instrumenti, un capriccio per sonar due violini quarttro parti, un eco per tre violini, & alcune sonate capricciose per sonar due e tre parti con il violino solo, con altre curiose & moderni invenzioni*, Book VIII, Venice, Bartolomeo Magni, 1629.

Monteverdi, Claudio, *Madrigali guerrieri, et amorosi con alcuni opuscoli in genere rappresentativo, che saranno per brevi episodii fra in canti senza gesto*, Book VIII, Venice, Alessandro Vincenti, 1638.

Oakes, Steve and North, Adrian C., «The impact of background musical tempo and timbre congruity upon ad content recall and affective response» in *Applied Cognitive Psychology* 20/4, 2006, pp. 505-520.

Patel, Aniruddh, L.R. Slevc, E. Federenko, D. Casasanto, J. Winawer, J. Rosenberg, and E. Gibson, «Interference between syntactic processing in music and language» in *Cognitive Neuroscience Society Annual Meeting*, San Francisco, 2008. Online: <http://web.mit.edu/evelina9/www/Downloads/Posters/Patel_CNS2008_poster.pdf>.

Riccio, Giovanni Battista, *Il terzo libro delle divine lodi*, Venice, 1620-21.

Stefani, Gino, *Musica barocca*, 2 vols. *I. Poetica e ideologia; II. Angeli e Sirene*, Milan, Studi Bompiani, 1974, 1987.

Tzanetakis, George, Essl, Georg and Cook, Perry, «Automatic Musical Genre Classification of Audio Signals» in *International Symposium on Music Information Retrieval*, Bloomington, 2001. Online: <http://*ismir2003.ismir.net/papers/McKinney.PDF*>.

Luca Zoppelli

«Une force invincible qui enlève l'âme» Les techniques d'écriture handeliennes et la catégorie esthétique du sublime

Dans l'histoire de la réception de l'œuvre de George Frideric Handel, une grande signification a été attribuée, déjà très tôt, aux catégories esthétique et poétique du sublime. Des notions-clés de ce concept comme la grandeur, la force, l'enthousiasme ou l'émotion ont toujours été mentionnées en relation avec la musique de Handel, surtout à partir des années trente du XVIIIe siècle et en lien avec les grands oratorios, dont les sujets bibliques sont ressentis comme sublimes.[1]

La catégorie du sublime doit sa place importante dans la conscience de la culture européenne à un savant, qui – ce qui peut paraître paradoxal – est considéré, de nos jours, comme le principal représentant du classicisme français: Nicholas Boileau. En 1674, cet auteur publia son *Art poétique* – peut-être LE manuel moderne du classicisme littéraire – et, en même temps, dans la première édition de ses *Œuvres diverses*, le *Traité du sublime*, la traduction d'un texte de l'Antiquité tardive attribué à un certain Longin. Selon l'historien de la littérature et de l'esthétique Carsten Zelle, Boileau suscita dans la culture européenne moderne, avec ces publications parallèles, «eine doppelte Ästhetik»: d'une part, une esthétique classique du «beau», qui se caractérise par la symétrie, le respect des règles, de l'ordre et de l'entendement, d'autre part, le génie contre la raison, «le

1 Voir Shapiro, Alexander, «‹Drama of an Infinitely Superior Nature›: Handel's Early English Oratorios and the Religious Sublime» in *Music & Letters*, 74, 2, 1993, pp. 215-245; Johnson, Claudia L., «‹Giant Handel› and the Musical Sublime» in *Eighteenth-Century Studies*, 19, 4, 1986, pp. 515-533; Gilman, Todd, «Arne, Handel, the beautiful, and the Sublime» in *Eighteenth-Century Studies*, 42, 4, 2009, pp. 529-555.

sublime» contre les règles, l'enthousiasme contre le bon sens, le «beau désordre» contre l'ordre.[2]

Dans la perception du sublime, le récepteur n'est pas le sujet actif, auquel un sentiment de plaisir classable est soumis, il est plutôt l'objet passif d'un phénomène émotionnel, qui le saisit, à cause de la grandeur, mais surtout à cause de la violence, de la force incontrôlable, des effets émotionnels déclenchés. Il s'agit d'une esthétique de l'effet: le sublime utilise le côté énergique de la langue, il déclenche des affects individuels; il a pour conséquences l'émotion, le bouleversement et la stimulation de l'imagination; il suscite l'extase, c'est-à-dire un sentiment d'être hors de soi. Les mots-clés de ce domaine esthétique correspondent: ravir, transporter, étonner, surprendre, enlever, emporter le cœur et choquer. Le sublime, selon la préface que Boileau ajoute à sa traduction, est «cet extraordinaire et ce merveilleux qui frappe dans le discours, et qui fait qu'un ouvrage enlève, ravit, transporte»[3]; le traité lui-même le définit comme quelque chose qui «donne au Discours une certaine vigueur noble, une force invincible qui enlève l'âme de quiconque nous écoute».[4]

Le potentiel du sublime à l'intérieur de l'art est comparable à la puissance d'un grand spectacle de la nature, qui provoque en nous un sentiment à la fois de peur et d'admiration. Du reste, l'aptitude à produire le sublime n'est pas le résultat de l'art ou de la connaissance d'un système, mais l'expression d'un génie naturel: c'est à cette époque que se répand le *topos* de la «noble hardiesse» typique des «esprits vigoureux», il s'agit, en fait, d'une véritable esthétique du génie. Dans ce cadre, le sublime, si l'on accepte que le beau soit le résultat de l'application d'une grammaire normative, y échappe entièrement: non seulement Boileau, mais aussi le Père Dominique Bouhours, auteur des importants *Entretiens d'Ariste et d'Eugène* (1671), recourent au concept du «Je ne sais quoi», auquel Bouhours consacre le cinquième de ses *Entretiens*. Il s'agit également de quelque chose d'inexplicable, de trompeur en ce qui concerne les règles codifiées, qui

2 Zelle, Carsten, *Die doppelte Ästhetik der Moderne. Revisionen des Schönen von Boileau bis Nietzsche*, Stuttgart, Metzler, 1995, notamment les pp. 43-104. Boileau emploie l'expression «beau désordre» par rapport au genre de l'ode (dont le «stile impétueux» qui «souvent marche au hazard» dénote une proximité avec l'esthétique du sublime) dans le chant II de l'*Art poétique*. Boileau, *Œuvres complètes*, textes établis par Françoise Escal, Paris, Gallimard, 1966 (= Bibliothèque de la Pléiade, 180) p. 164.

3 *Ibid.*, p. 338.

4 *Ibid.*, p. 342.

donne leur efficacité à certaines œuvres d'art, trahissant le fait que les moyens techniques ne sont pas classables, ni analysables. Dans ses *Réflexions critiques*, Boileau affirme, d'ailleurs, que «le Sublime n'est pas proprement une chose qui se prouve et qui se demonstre; mais [...] c'est un Merveilleux qui saisit, qui frappe, et qui se fait sentir».[5]

La diffusion du sublime s'explique par le contexte de la «Querelle des anciens et des modernes», par une attitude – celle des «anciens» – qui se positionnait contre la littérature contemporaine correcte ainsi que contre la croyance dans le progrès, l'esprit, la corruption du système absolutiste en vigueur. Cette dispute devint une polémique contre un usage gastronomique de l'art en tant que forme de divertissement d'une société, contre une sorte de *easy-listening*. Les motifs de la spontanéité de la nature, du sublime héroïque de la morale classique et du monde sauvage de l'Antiquité – tous incarnés par la Bible et les vers d'Homère, qui représentent l'incarnation du sublime littéraire – devenaient donc un moyen de critique sociale.[6] Il est important de remarquer que, dans cette phase (à la différence de ce qui s'est passé durant le Romantisme), le culte de l'Antiquité, ainsi que l'exaltation de la force d'expression et de la spontanéité, n'étaient pas ressentis comme contraires, mais comme concomitants. Il s'opposaient à un classicisme officiel, celui des manuels, dont le but était l'apprivoisement des grandes âmes du passé. A l'époque de l'absolutisme, le sublime est donc décrit, dans l'esthétique, par une référence à la dimension historique ainsi qu'à celle de la nature; la grandeur et la force héroïque des modèles antiques cohabitent avec la force sauvage de la nature et du génie individuel. En effet, la dispute entre les Anciens et les Modernes se poursuivit, au début du XVIIIe siècle, dans la «Querelle d'Homère», provoquée par des traductions nettoyées des vers homériques, en particulier celle proposée (et théorisée) par Antoine Houdar de la Motte (bien connu des musicologues en tant que librettiste et inventeur du genre ‹léger› et moderne de l'opéra-ballet).

Dans aucun autre pays d'Europe les deux querelles trouvèrent une suite aussi importante qu'en Angleterre, où la réflexion sur les fonctions éthique et sociale des beaux-arts était très fortement développée. Les

5 *Ibid.*, p. 546.

6 Incontournable, à cet égard, l'essai de Marc Fumaroli, «Les abeilles et les araignées» in *La Querelle des Anciens et des Modernes. XVIIe-XVIIIe siècles [...]*, Paris, Gallimard, 2001, pp. 7-218.

traductions anglaises de l'*Iliade* et de l'*Odyssée* par Alexander Pope devaient rendre hommage à la force originale des vers d'Homère dans le sens du sublime. En même temps, la culture anglaise était également celle dans laquelle, plus qu'ailleurs, on réfléchissait sur cette notion. La *Sublimity* en tant que catégorie esthétique particulière, qui ne doit pas être confondue avec la simple *Beauty*, la beauté, a été étudiée par beaucoup de critiques et philosophes en Angleterre, en particulier John Dennis, Joseph Addison et Edmund Burke. John Dennis plaçait, dans *The Grounds of Criticism in Poetry* (1704), la «terror» et l'«horror» au centre du sublime et entérinait ainsi la nouvelle expérience esthétique d'une peur agréable, qui stimulait les passions enthousiastes. Le livre de Burke *A philosophical Enquiry into the Origin of our Ideas of the Sublime and Beautiful* de 1757 représente la codification définitive de la notion et la base pour les œuvres suivantes sur le même sujet, qui atteignent, sans aucun doute, leur sommet avec la *Kritik der Urteilskraft* d'Immanuel Kant à la fin du XVIIIe siècle.

Aucune surprise donc que la réception de Handel en Angleterre soit caractérisée, également dans le cercle des amateurs, par une terminologie qui confirme la diffusion d'une sensibilité esthétique sublime. Charles Avison, qui pourtant n'est pas un admirateur inconditionnel de Handel (lui préférant Benedetto Marçello), écrit en 1753: «M. Handel is in Music, what his own Dryden was in Poetry; nervous, exalted and harmonious; but voluminous, and consequently, not always correct».[7] Pour John Mainwaring, qui publie sa biographie du maître en 1760, «it may be said without extravagance, that the sublime strokes they [les oratorios] abound with, look more like the effects of illumination, than of mere natural genius».[8] En effet, c'est précisément dans le cadre d'une esthétique de la spontanéité géniale non redevable aux règles d'école et développée au seuil même de la transgression qu'il faut comprendre un aspect essentiel de la réception des œuvres de Handel: sa capacité à parler aux amateurs. Dès le début, cette œuvre ne suscite pas seulement l'admiration du connaisseur concernant la maîtrise professionnelle des techniques d'écriture, mais surtout l'enthousiasme de l'auditeur naïf, parce que le sublime représente une force irrésistible, par laquelle la totalité de l'auditoire est envoûté, qu'il s'agisse d'amateurs ou de connaisseurs, sans en comprendre la raison. L'un

7 Cité dans Johnson, *op. cit.*, p. 519.

8 [John Mainwaring], *Memoirs of the Life of the Late George Frederic Handel*, London, Dodsley, 1760, p. 190.

des premiers auditeurs du *Messiah* (Dublin, 1741), l'évêque Edward Synge, trouve cette musique «so great and open, as to please all who have ears and will hear, learned & unlearned».[9] La même notion se trouve dans la biographie de Mainwaring: «it is very remarkable that some persons, on whome the finest modulations would have little or no effect, have been greatly struck with Handel's Chorusses. This is probably owing to that grandeur of conception, which predominates in them; and which, as coming purely from Nature, is the more strongly and the more generally felt».[10] La génération de Hawkins et de Burney ne fera que développer ce complexe discursif qui caractérise l'œuvre de Handel comme la sonorisation de la catégorie du sublime.

Ce complexe, nous venons de le voir, s'appuie sur des catégories esthétiques, poétiques et réceptives: spontanéité, grandeur, naturel, génie, audace, efficacité et popularité. Est-il possible de détecter, tout en s'appuyant sur le discours critique de l'époque, quelques catégories rhétoriques, syntaxiques ou d'organisation formelle dont l'écriture musicale aurait profité pour réaliser cet idéal esthétique? Peut-on décrire quelques moyens techniques, propres à l'écriture handelienne, que la sensibilité de l'époque aurait lu comme caractéristiques du «sublime»? La réponse sera forcément fragmentaire, car nous ne pouvons pas prétendre donner une description complète du langage musical de Handel. Ma stratégie consiste plutôt à s'approcher de certains aspects de ce langage musical, visibles et bien connus par la musicologie moderne, avec les mots-clés de l'importante constellation conceptuelle du sublime, afin de faire ressortir le caractère esthétique de l'œuvre en lien avec les codes interprétatifs de son époque. J'ai sélectionné des exemples musicaux de différents genres et périodes de l'œuvre de Handel, et pas seulement les oratorios tardifs anglais. Certes, la perception de la musique de Handel sous le signe du sublime est surtout liée à ces œuvres, d'un côté parce que le sujet biblique était ressenti comme sublime, de l'autre parce que la diffusion de cette esthétique dans le public, particulièrement après les années trente, avait gagné en importance. Tout de même, nous savons, comme l'a montré Ruth Smith,[11] que la soi-disant «conversion» de Handel à l'oratorio était le résultat d'un impressionnant lobby de

9 Cité par Smith, Ruth, *Handel's oratorios and eighteenth-century thought*, Cambridge, Cambridge University Press, 1995, p. 34.

10 [Mainwaring], *op. cit.*, p. 192.

11 Smith, *op. cit., passim.*

la part d'un certain cercle intellectuel en Grande-Bretagne, pour faire en sorte que notre musicien puisse se détourner de l'opéra italien, afin de se dédier à un genre plus «noble» et plus proche de l'imaginaire national; les contemporains anglais de Handel avaient donc vu en lui l'homme idéal pour la promotion d'une culture musicale britannique, probablement parce que les traits sublimes dans ses compositions étaient déjà bien reconnaissables. En effet, ces propriétés se rencontrent, comme nous allons le voir tout de suite, déjà dans les chef-d'œuvres précoces écrits à Rome par le jeune Handel.

Débutons par le premier élément qui, déjà chez les contemporains de Handel, était rapproché de la définition du sublime, qui est – comme nous l'avons vu – une force qui doit ravir l'auditeur sans que ce dernier soit conscient du processus. Il est impossible à l'écoute de saisir la logique d'enchaînement des segments, la symétrie phraséologique, la stratégie formelle: l'auditeur n'a pas le temps d'élaborer une représentation mentale synchronique des parties, il est dépassé par des nouveaux éléments qui l'agressent sans préparation. Cette forme de violence est accentuée par des techniques d'accélération qui s'appliquent à différents niveaux de la composition. Le tableau 1 présente, en forme schématique, l'enchaînement des unités motiviques qui se produit dans la partie principale de l'Allegro de l'Ouverture de la *Music for the Royal Fireworks* – il s'agit donc d'une composition instrumentale, qui montre quelques aspects importants du langage musical de Handel pour ainsi dire *in vitro*, comme des éléments non liés à un texte verbal. Je suis conscient que cette composition pourrait être analysée avec des critères complètement différents, cependant cette version purement motivique doit, dans le cadre des réflexions que nous développons, suffire, également parce que ce segment, qui se distingue par le son des trompettes naturelles et des timbales, pour des raisons de technique instrumentale est très statique du point de vue tonal. Les majuscules représentent les motifs, la longueur des segments représente le nombre de mesures qui reviennent à chaque motif.[12]

12 Afin de faciliter la lecture, j'attribue aux mesures de cette section (au-dessus des lettres symbolisant les motifs) une numérotation autonome, qui ne tient pas compte de l'introduction lente de la pièce.

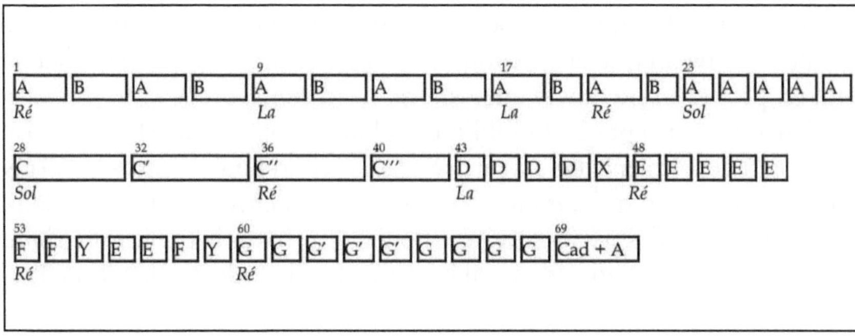

Tableau 1. *Music for the Royal Fireworks* (London 1748), Ouverture, m. 47-117.

Dans un premier temps, nous constatons une certaine régularité dans l'alternance des motifs A et B, bien que la symétrie interne ne soit pas développée de manière aussi marquée que dans les œuvres de la période dite classique (en fait il serait plus correct d'attribuer à A la longueur d'une mesure et demie, à B celle de deux mesures et demie). Une accélération métrique, obtenue par le raccourcissement du motif B, suit, puis on trouve une intensification ultérieure, obtenue par la répétition du seul motif A, réduit à une cellule d'une seule mesure: le fait que A soit présenté cinq fois déroute les attentes métriques de l'auditeur qui s'était accoutumé à des groupes pairs. À cette première montée de tension succède une série plus statique de quatre segments, caractérisés par un tétracorde descendant à la basse, comme dans un cycle de variations sur un ostinato; le raccourcissement du dernier groupe – trois mesures au lieu de quatre – annonce une nouvelle montée de tension. La phase suivante est caractérisée par une série de groupes formés d'unités motiviques d'une seule mesure – répétées en progression ou échangées entre les familles d'instruments – dans laquelle des gestes isolés de transition (X, Y), également d'une mesure, sont intercalés. Les différentes longueur et disposition des groupes entraînent pour l'auditeur une perte totale de contrôle sur les modes d'accumulation: il n'a également pas le temps d'analyser rationnellement la perception des différents segments; cette structure trépidante le mène obstinément d'un membre au suivant. Multiplicité et asymétrie caractérisent une stratégie apparemment chaotique (le «beau désordre»); à cela s'ajoutent, ce que le schéma ne peut pas montrer, une accumulation de la densité rythmique du *ductus* – notamment avec les figurations par gammes de doubles croches qui entrent en jeu à partir du motif G –, une texture de plus en plus dense et un volume sonore croissant.[13] Ce discours de type dynamique, qui ne laisse aucune marge d'évaluation technique et de contemplation esthétique détachée à l'auditeur, est propre à une œuvre qui «enlève, ravit, transporte».

Un autre concept-clé du sublime exploite la capacité de «frapper» par le recours à des éléments isolés, qui déchirent la continuité du discours. Dans une argumentation qui a exercé une énorme influence sur l'histoire de la critique littéraire des siècles suivants, Boileau cite, dans la préface au *Traité du sublime,* comme modèle du sublime un vers de l'*Horace* de Corneille:

> Alors ce vieux Romain possédé de l'amour de sa patrie sans s'amuser à pleurer la perte de ses deux Fils morts si glorieusement, ne s'afflige que de la fuite honteuse du dernier [...], et leur Sœur, qui étoit là présente lui ayant dit «Que vouliez-vous qu'il fist contre trois?», il répond brusquement «Qu'il mourût». Voilà de fort petites paroles. Cependant il n'y a personne qui ne sente la grandeur héroïque qui est renfermée dans ce mot, «Qu'il mourût», qui est d'autant plus sublime, qu'il est simple et naturel [...] Ainsi c'est la simplicité même de ce mot qui en fait la grandeur. Ce sont là de ces choses que Longin appelle sublimes.[14]

Cette caractéristique, que Boileau appelle ailleurs «petitesse énergique des paroles»[15], saisira le récepteur *tout à coup.* Carsten Zelle souligne le rapport entre la structure temporelle du sublime et la catégorie du «je ne sais quoi», de l'effet violent que l'on ressent sans pouvoir l'expliquer: cette «überfallartige Ereignisstruktur»[16] ne permet pas au récepteur d'analyser le message. Bouhours, le théoricien de cette catégorie, affirme précisément que «le plus court de tous les moments [...] c'est celuy dans lequel le je ne sçay quoy fait son effet».[17]

La tendance à déchirer la texture d'un discours musical au moyen de cellules isolées, prégnantes, énergiques et surprenantes est, sans aucun doute, une caractéristique typique de l'œuvre de Handel; dans son œuvre vocale, il se sert souvent de ce procédé, en formant des cellules dont la rythmique sera dérivée de l'accentuation d'un mot-clé du texte chanté.

13 Plusieurs contemporains de Handel ont déjà remarqué sa tendance à une agressivité amplifiée par une augmentation du volume, et ce penchant, dans lequel la musique assimile le champ sonore de certains phénomènes naturels, a également été mis en lien avec le sublime.

14 *Œuvres*, *op. cit.*, p. 340.

15 Dans la dixième des *Réflexions critiques: ibid.*, p. 550.

16 Zelle, *op. cit.*, p. 65.

17 Bouhours, Dominique, *Les entretiens d'Ariste et d'Eugène*, Paris, Mabre-Cramoisy, 1671, p. 244.

La mise en musique du psaume *Dixit Dominus*, composé à Rome en 1707, nous montre une œuvre de jeunesse de Handel, maîtrisant déjà parfaitement les techniques, qui plus tard devaient caractériser son œuvre entière, et qui correspondent déjà à cette poétique du sublime; certainement, le texte biblique aura favorisé cette attitude expressive, en particulier parce que les psaumes de David étaient considérés comme un excellent modèle d'une telle sensibilité littéraire.

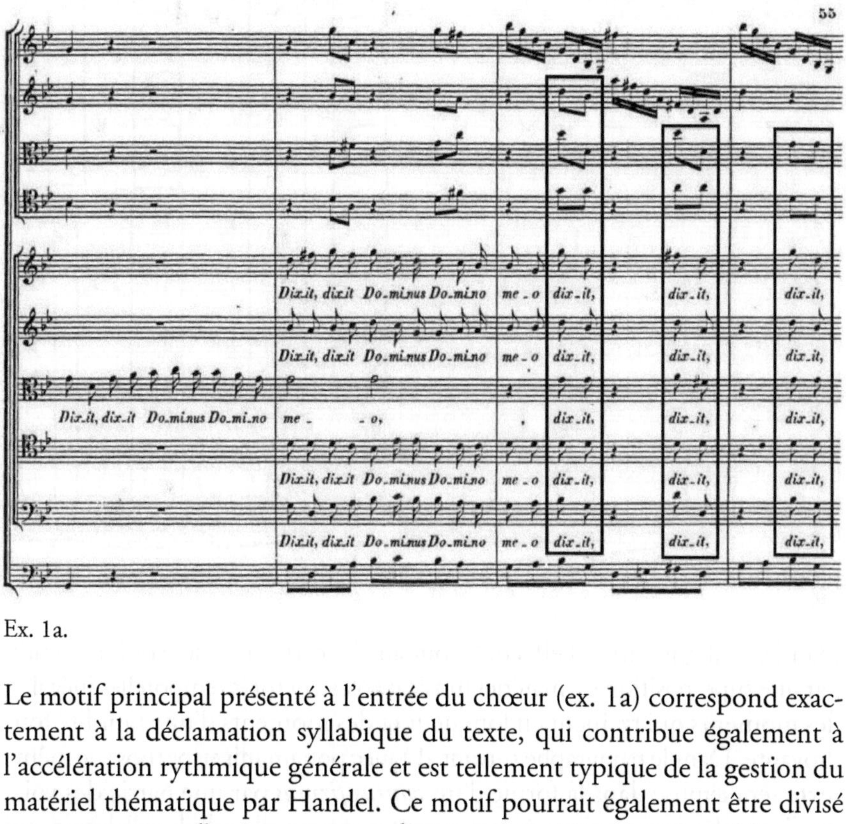

Ex. 1a.

Le motif principal présenté à l'entrée du chœur (ex. 1a) correspond exactement à la déclamation syllabique du texte, qui contribue également à l'accélération rythmique générale et est tellement typique de la gestion du matériel thématique par Handel. Ce motif pourrait également être divisé en sous-groupes d'unités internes; diverses répartitions sont possibles, mais seule celle que nous pouvons déduire de la déclamation du texte a un sens: les deux mots-clés «Di-xit» et «Do-mi-nus» portent en eux les cellules rythmiques correspondantes. C'est surtout la première cellule que Handel choisit comme impulsion rythmique autonome et isole, afin de l'utiliser ensuite comme «fort petite parole»*:* sa fonction est – grâce à son énergie laconique ainsi qu'à sa position inattendue et variable, tantôt sur les temps pairs (exx. 1a, 1b), tantôt sur les temps impairs (ex. 1b) – de frapper ou de surprendre l'auditeur. Selon Francesco Saverio Quadrio, jésuite italien auteur d'un très important traité de littérature, le sublime se caractérise par sa véhémence («veemenza»), laquelle «più dalle passioni ha origine, che da arte veruna [...] perciò ella è nimicissima dei periodi, e al contrario ama fortemente gl'incisi, che ammonta con celerità».[18]

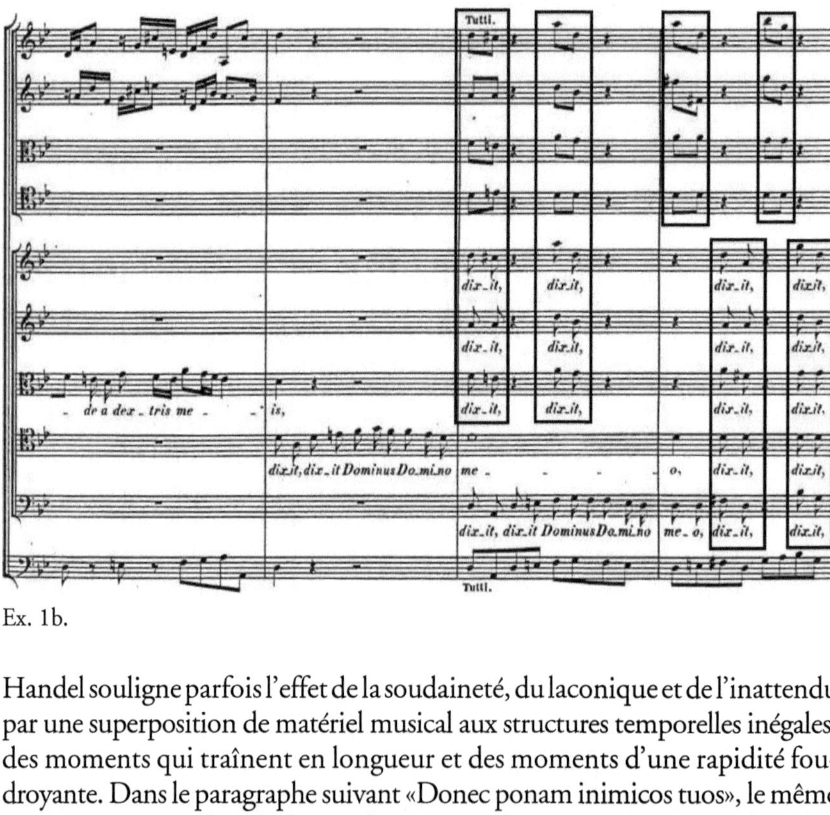

Ex. 1b.

Handel souligne parfois l'effet de la soudaineté, du laconique et de l'inattendu par une superposition de matériel musical aux structures temporelles inégales: des moments qui traînent en longueur et des moments d'une rapidité foudroyante. Dans le paragraphe suivant «Donec ponam inimicos tuos», le même texte sera exposé dans la forme d'un *cantus firmus* par une partie des voix, tandis que les autres voix nous présentent une nouvelle cellule syllabique, qui se base sur la forme métrico-rythmique des mots «do-nec **po**-nam» (en partie aussi du mot i-ni-**mi**-cos) et qui sera également reprise par les cordes (ex. 2).

18 Quadrio, Francesco Saverio, *Della storia e della ragione d'ogni poesia*, t. I., Bologna, Pisarri, 1739, p. 563.

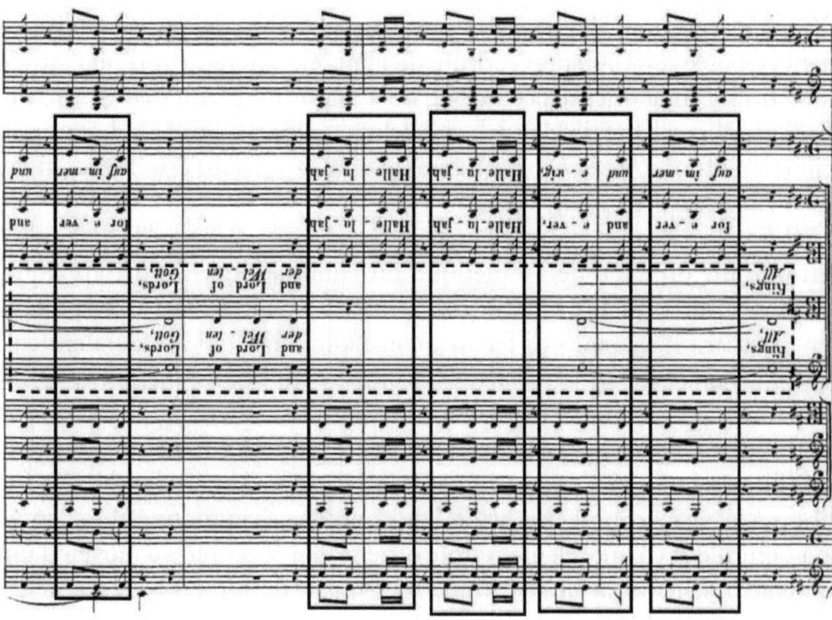

for e - ver and
auf im - mer und
Halle - lu - jah
King, of Kings,
and Lord of Lords,
der Welt - ten Gott

Ex. 2.

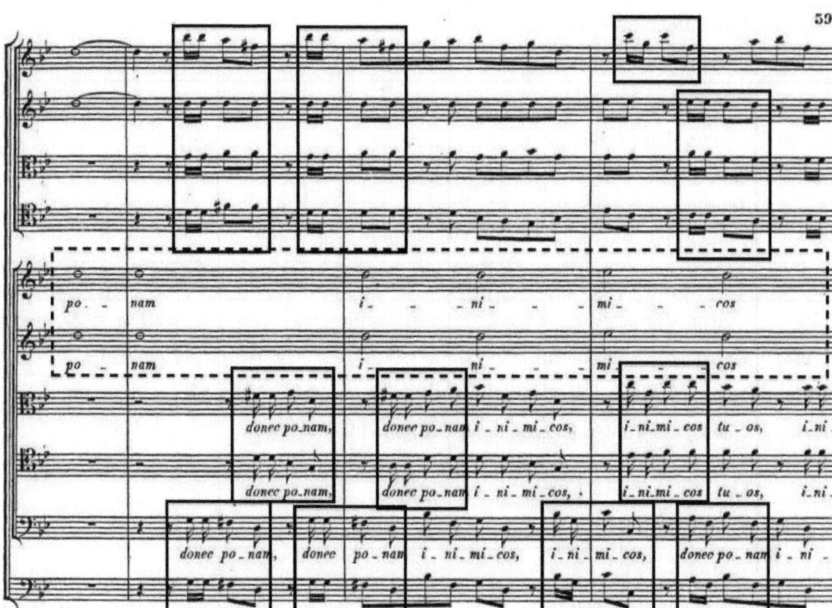

59
po - nam
i - ni - mi - cos
donec po_nam,
i - ni - mi - cos,
i_ni_mi - cos
tu - os,
donec po - nam,
donec po - nam
i - ni - mi - cos,

Ex. 3.

Cette superposition de couches ayant une structure temporelle radicalement opposée revient dans l'écriture de Handel, notamment là où l'esthétique du sublime oriente la stratégie de composition (voir l'ex. 3, tiré du chœur le plus célèbre de Handel, «Hallelujah – for the Lord God omnipotent reigneth» du *Messiah:* presque trente-cinq ans se sont écoulés depuis le *Dixit Dominus* écrit pour Rome).

La superposition de couches hétérogènes réalise dans la dimension verticale un principe de l'esthétique du sublime que Handel applique également sur le plan des stratégies formelles: celui du «beau désordre», l'entassement d'éléments différents, contradictoires, qui ne sauraient coexister les uns avec les autres dans le contexte du beau symétrique. Conformément à la poétique du sublime, la multiplicité hétérogène des objets – qui ne se laissent pas ramener à l'unité d'un projet humain – suggère une dimension qui dépasse la capacité de la raison individuelle. Le sublime est également le lieu mental du contraste, étant donné que chaque objet unique et chaque élément isolé offrent une occasion, au moyen d'un traitement sémiotique et stylistique spécifique, de surprendre l'auditeur.

mm.			
1-17	Introduction instrumentale		*Sol min.*
18-29	Chœur, «Dixit Dominus»	*terribilis*	
29-37	Soli, «Sede a dextris meis»	*amoenus*	
38-42	Chœur, «Dixit Dominus»	*terribilis*	*Ré min.*
42-51	Chœur, «Sede a dextris meis» Transition instrumentale	*stylus antiquus*	*Si bém. maj.*
52-64	Chœur, «Donec ponam»	*terribilis* + cantus firmus	*Sol min.*
64-72	Chœur, «Scabellum pedum tuorum»	[stretto]	*Sol min.* ⇒ *Si bém. maj.*
72-85	Chœur, «Donec ponam»	*terribilis* + cantus firmus	*Si bém. maj.* ⇒ *Ré min.*
85-88	Chœur, «Dixit Dominus»		
88-90	Solo, «sede a dextris meis»	*amoenus*	*Fa maj.*
91-93	Chœur, «Sede a dextris meis» *Silence général*	*terribilis* [!]	*Ré min.*
94-121	Chœur, stretto: «Donec ponam» + «Scabellum pedum tuorum»	*terribilis* + cantus firmus	*Ré min.* ⇒ *Sol min.*
121-22	«Dixit»		
122-38	Postlude instrumental		

Tableau 2. *Dixit Dominus* (Roma 1707), section initiale (m. 1-138).

Si l'on examine la première section du *Dixit Dominus*, l'on est frappé par l'entassement apparemment chaotique des segments, des types d'écriture, des registres expressifs contrastants qui se succèdent dans l'espace de quelques dizaines de mesures. Le tableau 2 propose, justement, une vue d'ensemble de cette section, avec sa série vertigineuse de contrastes.

Les manuels d'histoire de la musique ont tendance à mettre la recherche d'un rapport sémantique étroit du texte verbal et musical en lien avec le mouvement européen de réforme de la musique au milieu du XVIIIe siècle. En réalité, le mouvement intellectuel, qui vantait une «resémantisation» du rapport entre texte et musique, se manifestait déjà depuis le début du siècle, et ce sous la défense de l'«Antique», également dans le milieu intellectuel, qui se positionnait contre l'usage de la littérature *à la mode* et plaidait pour la redécouverte de sa fonction éthique. Cette argumentation implique une conception de la musique, que nous appellerions de nos jours *engagée*. Sa mission était de prendre au sérieux l'expression de concept et passion, s'appuyant sur la teneur du texte, même au prix de la perte de la continuité formelle et syntaxique. L'esthétique du sublime encourage également les artistes, aspirant à une manière vivante, directe, naturelle et imitative, même naïve, à peindre la diversité des images éveillées.[19] Les madrigalismes et les effets sonores, par lesquels Handel, par exemple, dans l'oratorio *Israel in Egypt*, décrit différents phénomènes naturels, peuvent paraître naïfs à l'auditeur actuel, mais c'était précisément la forme d'évocation vivante et directe, que les auditeurs contemporains ressentaient comme sublime.

Sur le plan des stratégies formelles, la mise en valeur sémantique de chaque image a pour conséquence une discontinuité plus importante du flux discursif, la tendance à caractériser et rendre autonomes les phrases. Le morcellement de la forme est également un aspect essentiel de l'esthétique musicale du sublime, d'un côté parce qu'il est à même de souligner la

19 «[La poésie] n'est jamais si pompeuse que lorsqu'elle anime et qu'elle fait parler toute la nature. C'est en quoi consiste le sublime du Pseaume *In exitu Israel de Egypto* et de quelques autres dont les personnes de goût sont aussi touchés que des plus beaux endroits de l'*Iliade* et de l'*Eneïde*»: [Jean-Baptiste Dubos], *Réflexions critiques sur la poésie et sur la peinture*, Première partie [1719], Paris, Mariette, 1733, p. 213. On trouve la même attitude dans Quadrio: «Magnifica naturalmente sarà [l'espressione], quando rassomiglianza espressiva si troverà fra l'immagine, che le parole formano nello spirito, e fra le cose, delle quali elle son la pittura». *Della storia*, p. 558.

sémantique musicale de chaque zone du texte, de l'autre parce que la richesse chaotique d'impressions ainsi générées parvient à saisir l'auditeur sans lui laisser le temps de structurer sa perception. La contre-épreuve se trouve dans l'œuvre du seul autre compositeur de la génération de Handel, qui, dans la réception du XVIIIe siècle, a également été obstinément mis en lien avec le concept du sublime: Benedetto Marcello. La mise en musique de Marcello des cinquante premiers psaumes de David, dans la paraphrase italienne de Girolamo Ascanio Giustinian, parue en 1724-26 sous le titre *Estro poetico-armonico*, était, jusqu'au début du XIXe siècle, peut-être l'œuvre musicale la plus célèbre et la plus respectée d'Europe, constamment classée par ses récepteurs dans la catégorie du sublime. Que cette œuvre soit aujourd'hui tombée dans l'oubli est au fond justifié: Marcello était un noble amateur, un réformateur au talent musical limité. Son œuvre nous intéresse grâce à sa signification à l'intérieur de l'histoire des idées. La mise en musique des psaumes en langue italienne favorise une religiosité humaniste, littéraire et non-confessionnelle, s'appuyant sur la vision de la franc-maçonnerie; la même vision qui, quelques années plus tard, mena le Baron Gottfried van Swieten, le préfet de la bibliothèque impériale de Vienne, à introduire les oratorios de Handel dans le cadre d'un courant anti-catholique à Vienne. Du point de vue musical, la caractéristique étonnante de ces psaumes de *L'estro poetico-armonico* est leur disposition formelle: les passages du texte sont séparés et traités presque de manière madrigaliste, afin de prêter à chaque image suggérée par le psalmiste le maximum d'évidence – ce traitement syllabique du texte et l'énergie rythmique doivent également être mentionnés. Dans le Psaume X, par exemple, on reconnaîtra pas moins de dix-sept sections clairement différenciées pour une pièce de 208 mesures, qui dure à l'exécution moins de dix minutes.

L'écriture de Marcello a en commun avec celle de Handel une alternance bien calculée, un subtil équilibre entre les passages, qui élaborent une homophonie extrêmement directe – appuyée sur le rythme déclamatoire – et les passages faisant allusion à l'écriture contrapuntique imitative, qui cependant ne vont jamais plus loin dans leur complexité. Je crois que la définition musicale du sublime doit beaucoup à cette combinaison. Contradictoire et problématique dans sa nature, comme nous l'avons vu, la catégorie du sublime regroupe deux éléments, qui ont été inlassablement soulignés par les théoriciens de la littérature, sans cependant démêler la contradiction interne qui en résulte: l'histoire et la nature. Développée dans l'esprit de la «querelle des anciens et des modernes», la poétique du sublime de cette époque ne peut éviter une touche archaïsante et un renvoi aux modèles glorieux; elle doit également cultiver une manière d'écrire dans laquelle on peut trouver la spontanéité énergique de la nature, dans les formes d'expression les plus directes et les moins élaborées. Dans notre perspective historiographique, le *stylus antiquus* semble caractérisé avant tout par le contrepoint, puis par certains détails historiquement marqués: *cantus firmi*, progressions d'accords dans une couleur modale, etc. Toutefois, l'usage d'une écriture techniquement raffinée, dont les subtilités ne peuvent être saisies que par un cercle d'initiés, tel que le contrepoint imitatif rigoureux, ne rentre pas dans le modèle esthétique du sublime. Le dilemme se résout grâce aux conditions stylistiques du langage musical contemporain, qui justement permet une articulation formelle poussée: les deux éléments, l'histoire et la nature, coexistent l'un à côté de l'autre, alternent l'un avec l'autre, sont combinés l'un avec l'autre, afin de simuler une sorte de convergence impossible de contraires. Les deux pôles sont également indispensables à la définition de la catégorie du sublime.[20] L'agressivité homophonique et rythmico-déclamatoire, la puissance de l'immédiateté, laissent la voie ouverte à des moments d'archaïsme historicisant, sans les laisser se déployer pour longtemps. La structure mise en place révèle ici ses vertus: l'arrangement contrapuntique et le déclamatoire peuvent rapidement alterner et susciter pour ainsi dire l'illusion optique d'une synthèse paradoxale; ou bien les deux techniques de composition peuvent être superposées, comme dans le procédé notoire de Handel, dans lequel un *cantus firmus* archaïque se présente combiné avec des petites cellules rythmiques répétées. La vitesse, avec laquelle cette écriture se relaie ou se superpose, génère une nouvelle image, composée et délibérément opposée, exactement comme cela se produit dans la nature du sublime.

20 On trouve une allusion à cette stratégie dans mon article «Lo ‹stile sublime› nella musica del Settecento: premesse poetiche e recettive» in *Recercare*, II, 1990, pp. 71-93.

m.	*segments*
1-3	Introduction instrumentale
4-11	Déclamation homorythmique [x 2] des cellules «Allelujah» 1 & 2
12-14	Sujet de fugue A à l'unisson: «For the Lord God [...]»
14-16	Déclamation homorythmique «Allelujah 2»
17-19	Réponse sujet A à l'unisson
19-22	Déclamation homorythmique «Allelujah 2»
22-33	3 entrées A (*Ré, La, Ré*) sans contre-sujet propre. Superposition cellules «Allelujah 2» décaléesdans les autres voix
33-41	Choral: «The Kingdom of this world»
41-51	Fugato sujet B: «and He shall reign [...]». 4 entrées. Cellule 3 «for ever [...]» utilisée comme contre-sujet
51-69	Cantus firmus «King of kings». Superposition des cellules homorythmiques «Allelujah 2» et «for ever»
69-74	Stretto sur B: «and He shall reign [...]» 2 entrées, nouveau contre-sujet
74-78	Cantus firmus «King of kings» + «for ever» et «Allelujah 2»
78-81	Sujet B aux basses, harmonisé en phrase de choral. *Aura* sonore des cordes
81-85	Marche royale
85-88	Sujet B aux basses, départ solo, puis harmonisé en phrase de choral
88-92	Marche royale + «Halleujah 2», densification orchestre. *Silence général*
92-94	Cadence plagale massive

Tableau 3. «Allelujah! For the Lord omnipotent reigneth», *Messiah* (Dublin 1741).

Ci-dessus, il était déjà question d'un passage de l'«Hallelujah» du *Messiah*. Un survol rapide de cette pièce (tableau 3) nous montre également sa forme composite, notamment l'alternance entre des passages fondés sur l'énergie laconique des cellules homorythmiques martelées et des passages qui font allusion aux *topoi* du *stylus antiquus* en contrepoint imitatif, sans que jamais un traitement de ce type ne parvienne à se développer, ou la superposition de structures temporelles opposées.[21] Tout cela se

21 Ellen T. Harris («Silence and Sound: Handel's Sublime Pauses» in *The Journal of Musicology*, 22, 4, 2005, pp. 521-558) est d'avis que la rupture inattendue de la continuité sonore, représentée par un silence général, pourrait également être mise en rapport avec l'esthétique du sublime; de toute manière, il s'agit d'une technique qui contribue à la force du langage musical de Handel. Harris attire l'attention sur le silence qui précède la cadence plagale à la fin de l'«Hallelujah» (m. 92); elle ne cite pas celui qui se trouve à la mesure 93 du *Dixit Dominus* de Rome, dont la position et la fonction rhétorique sont, si cela est possible, encore plus impressionnantes.

passe, comme chacun le sait, à une telle vitesse, que l'effet n'est pas de discontinuité, mais plutôt de fort accroissement et d'un enrichissement continuel. Par la combinaison de l'opposé, le chaos des images, la manipulation de l'horizon d'attente de l'auditeur ainsi que le jeu incompatible d'allusion topiques, une unité supérieure se constitue, rassemblée et indéfinissable, mais apparentée aux mots d'ordre du sublime: le «beau désordre» qui «frappe» et qui «ravit», le «je ne sais quoi» qui «se fait sentir mais qui ne se prouve et ne se démontre pas», sont ici le résultat d'un calcul compositif extrêmement complexe et raffiné.

Abstract

The aesthetic category of the sublime has been associated to the music of George Frideric Handel since the eighteenth-century, mainly with reference to the English oratorios based on biblical subjects. Modern scholars have explored this topic above all as a phenomenon of reception history. The purpose of the present study is to investigate definite aspects of Handel's musical style, which can be found in his output since the beginning. These fingerprints correspond to specific strategies described by theorists of the literary sublime (above all Boileau) as essential to the category. Examples are drawn from works belonging to different periods of Handel's output, like the 'Rome' *Dixit Dominus*, *Messiah* and the *Music for the Royal Fireworks*.

Jean-Jacques Nattiez

Pour un modèle d'analyse du leitmotiv wagnérien

De Fafner à Fasolt,
en témoignage d'une complicité ancienne

Il y a eu tant de livres consacrés aux leitmotive de Wagner – notamment les guides écrits pour les mélomanes et les amateurs d'opéra afin de les «aider» à mieux comprendre la signification de ses œuvres et en suivre plus facilement le déroulement – qu'on pourrait *a priori* juger superflu de les soumettre à nouveau au regard de la musicologie. Ne savons-nous pas ce qu'est un leitmotiv? Le concept lui-même est passé dans le langage courant pour désigner, à partir du sens qu'il avait chez Wagner, une phrase ou une idée qui revient à plusieurs reprises et le petit Robert a lexicalisé le mot en français en reprenant l'orthographe allemande, mais sans majuscule (*sg* leitmotiv; *pl.* leitmotive[1]).

Néanmoins, l'état actuel des recherches qui leur sont consacrées me semble loin d'être satisfaisant. Il est évident que ce qui suit ne se veut pas un bilan critique de tout ce qui a pu s'écrire sur les leitmotive de Wagner. Je veux seulement, à partir de quelques exemples significatifs, proposer un panorama des approches qui ont été ou qui, de mon point de vue, devraient être utilisées pour en rendre compte de manière aussi extensive que possible, c'est-à-dire en recourant parallèlement à des méthodes complémentaires. Mon objectif ici, selon une procédure qui m'est familière[2], est de présenter et classer les différents modes d'analyse des leitmotive illustrés dans la littérature et, à partir de là, de proposer un ensemble d'avenues aussi nombreuses que possible, mais reliées entre elles, qui traitent de l'identification, de la dénomination, de la signification et du fonctionnement

1 Dans la suite de cette étude, je respecterai l'orthographe «leitmotif» ou «leitmotivs» quand ce sera celle utilisée par les auteurs cités dans le titre de leurs travaux.

2 *Cf.* Nattiez, Jean-Jacques, *Musicologie générale et sémiologie,* Paris, Christian Bourgois éditeur, 1987, pp. 176-179.

des motifs qui répondent aux exigences et aux possibilités scientifiques de la musicologie d'aujourd'hui. Pour cela, je distinguerai entre

- le découpage et la description des leitmotive du point de vue de leurs structures immanentes;
- leur interprétation du point de vue des stratégies poïétiques dont ils sont le résultat, recherche qui peut être menée selon deux procédures:
  - en remontant de l'observation des leitmotive dans la partition aux stratégies de création (poïétique inductive);
  - en se fondant sur des documents, distincts de la partition, qui en témoignent, comme des esquisses ou des propos tenus par Wagner (poïétique externe);
- leur interprétation du point de vue des stratégies esthésiques qu'ils déclenchent, là encore en procédant de manière inductive ou à partir d'informations externes obtenues expérimentalement.

A noter que, dans ces quatre derniers cas, l'approche porte aussi bien sur la substance sonore des leitmotive que sur les associations sémantiques auxquelles ils donnent lieu, mais, dans la suite de cet examen, ces deux points de vue seront distingués comme invitent à le faire les observations de Wagner lui-même.

1. Leitmotiv ou Grundthema?

La première difficulté, par rapport à la conception courante des leitmotive, c'est de les considérer quasi-exclusivement comme des motifs porteurs de significations précises, traduisibles par des expressions du langage verbal, et dont le catalogue est relu par les wagnérolâtres les plus fidèles avant la représentation ou pendant les entractes de Bayreuth pour «être sûr de les reconnaître». Or on n'a peut-être pas mesuré les conséquences de l'observation radicale de Wagner qui, dans son article «De l'application de la musique au drame», reprochait à Hans von Wolzogen de s'être intéressé aux leitmotive, «ainsi nommés par lui», précisait-il, «plutôt au point de vue de leur importance et de leur effet dramatiques, qu'au point de vue de leur utilité pour la structure de la composition musicale (la musique comme telle étant assez étrangère à l'auteur).»[3]. On ne peut souhaiter un désaveu plus clair, de la part du compositeur lui-même, d'une conception purement sémantique des leitmotive. C'est ce que le 1er août 1881 il exprimait encore à Cosima qui rapporte ses propos dans son *Journal:* «Je joue à quatre mains avec Lusch des passages du *Crépuscule des dieux*. R. dit qu'il est heureux de son œuvre. Malheureusement, cette édition fourmille d'indications comme: thème de la joie du voyage, thème du malheur, etc. R. dit: à la fin, les gens vont croire que ces absurdités se font sur mon ordre!» [4]. Et de fait, dans l'article de 1879, Wagner propose une approche du leitmotiv beaucoup plus centrée sur la musique «elle-même» (C'est moi qui vais souligner certaines des expressions qu'il utilise): «La forme nouvelle de la musique dramatique doit présenter l'unité du *mouvement symphonique*; et elle ne peut y parvenir qu'en se développant dans une *cohésion* très intime, non seulement avec quelques petits fragments que l'on fait valoir arbitrairement, mais *avec le drame tout entier*. Cette *unité* se manifeste alors dans un tissu de *thèmes fondamentaux* [*Grundthemen*], parcourant tout l'ouvrage, qui s'opposent, se complètent, se transforment, se séparent et se réunissent comme dans le mouvement de symphonie; seulement ici, c'est l'action dramatique, exécutée et représentée, qui règle les modalités des séparations et des réunions, lesquelles [dans la symphonie] furent empruntées de tout temps aux mouvements de la danse.»[5] .

Il convient toutefois de préciser qu'il est arrivé à plusieurs reprises à Wagner de dénommer lui-même certains motifs comme John Deathridge l'a démontré. Critiquant von Westernhagen qui prend au pied de la lettre les propos de Wagner concernant von Wolzogen, Deathridge souligne que c'est Wagner, notamment dans ses esquisses, qui a été le premier, avant son «jeune ami», à avoir l'idée de les dénommer. Il leur a même donné des étiquettes contraires à celles proposées par son disciple, comme la dénomination de «l'héritage du monde» donnée par le compositeur à ce que l'on appelle généralement le motif de «l'anneau». Ce n'est pas là, écrit Deathridge, une «disparité insignifiante»[6]. Et on notera, par-dessus le

3 Wagner, Richard, «Über die Anwedung der Musik auf das Drama», 1879, trad. fr., «De l'application de la musique au drame» in *Œuvres en prose de Richard Wagner*, Paris, Les Introuvables, 1972, vol. XII, p. 284.

4 Wagner, Cosima, *Journal*, Paris, Gallimard, vol. IV (1881-1883), 1979, p. 136.

5 Wagner, Richard, *op. cit.*, p. 284.

6 Deathridge, John, *Wagner beyond Good and Evil,* Berkeley – Los Angeles – Londres, University of California Press, 2008, p. 250, n. 20.

marché, que «l'héritage du monde» est le nom qu'Albert Lavignac donne à un motif encore différent apparaissant dans la scène 1 de l'acte III de *Siegfried*...[7] Ce qui conduirait en fait à établir une typologie des usages du leitmotiv, en commençant – mais sans se limiter à cela, on s'en doute – par les deux grandes catégories que l'on peut tirer du texte de Wagner cité: «deux fonctions élémentaires caractérisent les leitmotive: la fonction dramatique et la fonction structurelle»[8].

Examinons d'abord la fonction structurelle, qui touche aussi bien à la morphologie de chaque motif que de leur insertion dans le déroulement musical de l'œuvre. Dans la perspective organiciste dérivée de *La métamorphose des plantes* de Goethe, à la base d'une grande partie de la pensée musicale du XIXe siècle, le matériau motivique et ses transformations est conçu par Wagner de manière à ce que l'œuvre forme un tout unitaire. Il est caractéristique qu'il compare ce tissu organique aux relations thématiques à la base d'un mouvement de musique instrumentale. Mais, alors que la structure des symphonies était dérivée de ses liens premiers avec la danse, l'organisation du matériau musical, dans le type d'opéra nouveau souhaité par Wagner, doit être commandée par l'action dramatique. La dimension sémantique n'en est donc pas absente, mais il faut retenir de la position de Wagner qu'on peut très bien rencontrer dans ses œuvres des relations entre motifs que seule la structure d'ensemble et la logique musicale peuvent justifier. Il convient seulement de remettre les associations sémantiques à leur juste place.

Or, l'approche courante des leitmotive a conduit à les aborder et les classer à partir des significations qu'ils sont censés véhiculer, et non à propos de leurs seules propriétés sonores. Il suffit d'examiner le plus célèbre, dans la francophonie, des «guides Michelin» de leitmotive, pourtant dû à un éminent pédagogue et professeur d'harmonie au Conservatoire de Paris, Albert Lavignac. Dans son *Voyage artistique à Bayreuth* de 1897, il fait l'inventaire, certes en suivant le déroulement de l'action, de chaque leitmotiv rencontré, mais en lui collant à chaque fois une étiquette univoque, celle qui est déduite de sa première présentation «sous des paroles fixant le sens qui lui est attaché, ou dans un moment où l'action scénique ne permet pas de se méprendre sur sa signification.»[9]. Lavignac se borne à signa-

7 Lavignac, Albert, *Le voyage artistique à Bayreuth*, Paris, Delagrave, 1951, p. 404.

8 Goffette, Marie, «La problématique des leitmotive dans *Tristan und Isolde* de Richard Wagner», in *Revue belge de musicologie*, vol. LXI, 2007, p. 128.

9 Lavignac, Albert, *op. cit.*, pp. 236-237.

ler, sans spécifications précises, qu'après sa première apparition, un leitmotiv est «modifié à l'infini, soit comme rythme, soit dans les détails de son cours mélodique ou dans son harmonisation, soit dans son instrumentation, morcelé, dénaturé, anobli ou ridiculisé, par augmentation, par diminution, renversé.»[10]. L'aspect structurel des leitmotive est donc largement laissé de côté, au profit d'une caractérisation sémantique aussi dénotative que possible et qui, de fait, dans son livre, prend toute la place.

2. L'analyse immanente des leitmotive

Le leitmotiv est donc d'abord une entité musicale de base, généralement de courte durée, dont il convient de déterminer l'identité et la morphologie spécifiques avant d'en étudier les transformations et les associations sémantiques. Or l'identité et le nombre de leitmotive varie grandement d'un musicologue à un autre: de 23, chez Édouard Lindenberg[11] à 90 chez Charles Cotard[12] dans *Tristan et Isolde.*

La raison essentielle de cette disparité tient au fait que les auteurs sont à la recherche des leitmotive souvent qualifiés par eux de «fondamentaux», caractérisation qui varie d'un musicologue à un autre, et qu'ils ne comptabilisent pas ceux qui sont considérés comme des variations ou des transformations des motifs principaux, mais auxquels un autre auteur peut accorder un statut d'autonomie.

Roger North[13], un chercheur indépendant, a sans doute proposé l'analyse musicale la plus poussée (700 pages…) de *Tristan et Isolde* sous toutes ses dimensions (motivique, harmonique, mélodique, rythmique, formelle).

10 *Ibid.*, p. 237.

11 Lindenberg, Édouard, «Analyse thématique de *Tristan et Iseult* de Richard Wagner», livret accompagnant l'enregistrement dirigé par Wilhelm Furtwaengler, EMI – La Voix de son maître, C 153-00899/903, 1974.

12 Cotard, Charles, *Tristan et Iseult. Essai d'analyse du drame et des leitmotifs,* Paris, Fischbacher, 1895. L'«essai d'analyse du drame et des leitmotifs» de Cotard contient 223 exemples musicaux. Je préciserai plus loin comment je parviens au nombre de 90 motifs en examinant ce que l'on trouve dans son livre, à bien des égards remarquable.

13 North, Roger, *Wagner's Most Subtle Art. An analytic Study of Tristan und Isolde,* Londres, The Book Factory, 1996.

Il détient cependant le record du plus petit nombre de motifs fondamentaux retenus à partir desquels il tente de dériver tout le reste de l'œuvre: il en identifie trois, présents dans les premières mesures du Prélude (*a b* et *c*) qui correspondent aux deux premiers thèmes inventoriés par Lavignac et dénommés par lui «l'aveu» et «le désir»[14]. Le motif *c* est la clausule finale de la toute première phrase aux mesures 16-17 (*sol-sol♯-si-la*). Il propose de ces trois motifs de base un éclairage historique, ce qui n'est pas si fréquent dans la littérature sur les leitmotive. Il s'attache ainsi à montrer que le motif *a* est déjà présent dans un Nocturne de Chopin, dans un Lied de Schubert, dans un des trios avec piano de Schumann[15] et dans le *Roméo et Juliette* de Berlioz. L'investigation peut également inclure les œuvres antérieures de Wagner lui-même, et North trouve déjà le motif *a* dans son *Rienzi*[16] et le motif *b* dans *La création* de Haydn ou dans *L'alchimiste* de Spohr[17]. Il en traque les transformations (modification, transposition, inversion, rétrogradation, inversion de la rétrogradation) pour lesquelles il propose des symboles permettant de désigner et caractériser les diverses versions de ces trois motifs[18]. Toutefois, au fil de l'analyse, il signale l'existence d'autres motifs qu'il dénomme souvent en utilisant certaines des étiquettes traditionnelles, mais dans lesquels il s'efforce de retrouver la présence ou les transformations de *a b* et *c*. Dans la mesure où certains motifs apparaissent comme l'arpégiation du fameux «accord de *Tristan*» (*fa-si- ré♯-sol♯*), qui termine le motif *a* et commence le motif *b* de North, il serait sans doute légitime de lui donner un statut spécial et de parler à son sujet de «Leitharmonie»[19], ainsi que Rimski-Korsakov et Stravinski l'ont dénommée à propos de leurs propres opéras[20]. Avec North, on ne pouvait sans doute pas aller beaucoup plus loin dans la tentative d'approche organiciste des leitmotive et de l'ensemble de l'œuvre à partir d'un nombre limité de racines, et dans l'étude de ce que Pierre Boulez a appelé la

14 Lavignac, Albert, *op. cit.*, pp. 280-281.

15 Malheureusement l'auteur n'identifie pas plus précisément les œuvres en question.

16 North, Roger, *op. cit.*, p. 9.

17 *Ibid.*, pp. 10-11.

18 *Ibid.*, p. iv.

19 Taruskin, Richard, *Stravinsky and the Russian Traditions. A Biuography of the Works through* Mavra, Berkeley – Los Angeles, University of California Press, 1996, 2 vol., p. 472.

20 Je suis redevable à François de Médicis de cette précieuse information.

«déduction»[21], stratégie compositionnelle soulignée par Wagner lui-même lorsqu'il écrit à Auguste Roeckel, à propos de *L'or du Rhin:* «[La partition] est devenue une unité fortement constituée: l'orchestre n'a, pour ainsi dire, pas une mesure qui ne se développe d'un motif antérieur.»[22].

Qu'il s'agisse de North ou de tous les auteurs qui, plus ou moins systématiquement, ont relevé des liens entre les différents leitmotive ou signalé certaines de leurs transformations, il est nécessaire, pour vérifier la pertinence de ces analyses, de procéder à un balayage systématique de toute l'œuvre mesure par mesure ou phrase par phrase, et non pas, comme le fait le plus souvent la pratique musicologique, en allant piocher ici et là dans la partition les exemples qui semblent pertinents au propos. La seule méthodologie empirique permettant de valider les conclusions des travaux antérieurs, ou nécessaire pour en entreprendre de nouvelles, consiste à recourir à la technique paradigmatique de Nicolas Ruwet[23] car elle donne pour consigne au musicologue, selon une méthodologie explicite, de réécrire systématiquement dans un même axe vertical toutes les occurrences d'unités dérivées d'une unité de départ, et ainsi, de les relier par des transformations. Tant qu'on ne s'astreint pas à la rigueur de cette démarche, on ne s'appuie que sur des proto-paradigmes, c'est-à-dire l'enregistrement de relations de répétition et de variations, mais sans avoir procédé à un balayage et un relevé complets. Le travail mené peut déjà être de grand valeur – le petit livre de Cotard montre qu'il s'est astreint à un examen très attentif de la partition, du début à la fin –, mais méthodologiquement, son essai s'apparente à la classique «explication de textes» des littéraires: l'auteur *pioche* ici et là les événements musicaux nécessaires pour montrer comment Wagner les utilise pour illustrer, commenter et magnifier musicalement le contenu et le déroulement du drame, lui aussi analysé avec grande attention.

Cotard ne disposait pas, à la fin du XIXe siècle, de l'outil paradigmatique qui n'apparaît, pour l'analyse empirique d'un corpus, qu'en 1928 avec *La morphologie du conte* de Vladimir Propp, sans que le mot soit employé. Mais il était certainement sur la bonne voie, car son étude fourmille

21 Pour un examen de ce concept, un des plus utilisés par Boulez, on se reportera à l'index de ses *Leçons de musique* (Boulez, Paris, Christian Bourgois éditeur, 2005, p. 725).

22 Lettre du 25 janvier 1854, in Wagner, Richard, *Lettres de Richard Wagner à Auguste Roeckel,* traduites par Maurice Kufferath, Bruxelles – Leipzig, Londres et New York, Breitkopf und Haertel, 1894, p. 60.

23 Ruwet, Nicolas, *Langage, musique, poésie,* Paris, éditions du Seuil, 1972, chap. IV.

d'observations de détail sur l'apparition de groupes de notes (en général deux) auxquelles il ne donne pas le statut de leitmotiv mais qui sont néanmoins porteurs d'affects comme la souffrance, la douleur, l'angoisse ou la passion. Souvent, il signale que telle phrase musicale est faite de la combinaison de morceaux de leitmotive déjà relevés, si bien, que, à partir de son étude, on pourrait déjà commencer à dresser un arbre des relations de dérivation entre motifs d'un bout à l'autre de la partition. Mais il est parfois ambivalent quant au concept de «phrase»: ou bien il s'agit d'énoncés musicaux qui ne font pas l'objet de reprises dans le reste de l'œuvre, comme le solo de cor anglais du 3e acte, ou bien il démontre que cette phrase, ou un fragment de phrase, revient plus loin, et alors, il le qualifie de «motif»[24]. Dans les deux cas, il est constamment soucieux de caractériser leur dimension affective et émotive, sans nécessairement leur coller une étiquette dénotative, même s'il lui arrive régulièrement de reprendre à son compte les dénominations de ses prédécesseurs, notamment celles de von Wolzogen dont il a été le traducteur[25].

Le recours à la technique paradigmatique permet d'examiner, à chaque fois qu'un lien est établi entre deux occurrences d'un même motif, si les critères de transformation utilisés ne sont pas par trop laxistes (comme c'est le cas, bien souvent, dans les analyses thématiques de Rudolph Réti[26] qui était soucieux, lui aussi, de dériver les thèmes d'une même œuvre à partir d'un petit nombre de «cellules génératrices»), et en même temps, de vérifier que les auteurs, dans leur volonté de les ramener à un petit nombre de motifs de base, n'ont pas laissé de côté des motifs qui pourraient raisonnablement prétendre à l'autonomie.

Outre la sécurité méthodologique qu'apporte le recours à une démarche paradigmatique systématique, elle permettrait de rendre compte d'une dimension essentielle de l'écriture wagnérienne. Si Cotard est amené si souvent à signaler que tel motif est constitué de fragments d'autres motifs ou de groupes spécifiques de notes déjà rencontrés, c'est parce que, au moins dans *Tristan,* le compositeur avait pratiqué ce qu'il appelait lui-même «l'art de la transition» et qu'il considérait comme son art «le plus

24 C'est en me fondant sur les unités musicales qui, à un moment ou à un autre, sont qualifiées par lui de «motifs» que je suis arrivé au nombre de 90 leitmotive donné plus haut à propos de Cotard.

25 Cotard, Charles, *op. cit.*, p. 7.

26 Réti, Rudolph, *The Thematic Process in Music,* Westport, Greenwood Press, 1951.

subtil et le plus profond»: «Mon chef d'ouvre dans l'art subtil de la gradation est sans doute la grande scène du second acte de *Tristan et Isolde.* Le début de la scène exprime la vie débordante en ses passions les plus véhémentes; la fin, le désir le plus solennel, le plus profond, de la mort. Ce sont là les piliers: voyez un peu maintenant comment je les ai reliés, comment l'on passe de l'un à l'autre! Là git le mystère de ma forme musicale, et, je l'affirme hardiment, jamais pareil accord, pareille ordonnance où se disposent clairement tous les détails, n'avait jusque là été seulement pressentie. Si vous saviez combien ce sentiment directeur m'a inspiré d'inventions musicales – pour le rythme, le développement harmonique et mélodique – qui m'étaient impossibles auparavant, vous comprendrez mieux que jamais comment, même dans les branches les plus spéciales de l'art, rien de vrai ne s'invente qui ne soit issue de telles grandes causes»[27]. L'objectif stylistique de Wagner était de construire l'enchaînement musical par un jeu de transformations continuelles à partir de thèmes fondamentaux. Il se souciait fort peu d'avoir composé des leitmotive, des phrases, des thèmes ou des cellules de notes isolées. Quelle que soit la longueur et la nature de chacun des événements musicaux constitutifs, tous les moyens lui étaient bons pour, à la fois, pratiquer l'art de la transition et pour épouser musicalement le déroulement dramatique. Pour comprendre le fonctionnement du langage propre à Wagner dans chacun de ses opéras, il est sans doute nécessaire de laisser de côté nos catégories musicologiques habituelles qui risquent de nous détourner de la subtilité de son écriture. On peut bien les utiliser à titre heuristique (comme celle de leitmotiv, et je vais continuer à le faire) mais à la condition de ne pas les essentialiser.

Une fois les motifs et leurs variations identifiés, on peut, pour chacun des opéras, envisager de comparer entre elles les «têtes de paradigme» que sont ces motifs, afin d'étudier les relations entre les motifs eux-mêmes et d'établir ce que Wittgenstein aurait appelé des «ressemblances de famille». Cotard en signale un bon nombre dans *Tristan.* Deryck Cooke a proposé pareille entreprise en classant les motifs de la Tétralogie selon leur apparition chronologique et syntagmatique dans l'œuvre et selon les liens musicaux qu'ils entretiennent entre eux mais, ayant choisi de les regrouper selon six idées sémantiques communes (la nature, le pouvoir, l'amour,

27 Lettre de Richard Wagner à Mathilde Wesendonck du 29 octobre 1859, in Wagner, Richard, *Richard Wagner à Mathilde Wesendonck*, Paris, Parution, 1986, p. 193.

l'héroïsme, le mystérieux, les personnages), il a parfois été amené à regrouper des motifs morphologiquement hétérogènes[28]. L'auteur de ces lignes a repris cette perspective sur une base purement immanente en laissant de côté dans un premier temps le classement sémantique utilisé par Cooke. J'ai pu constater, dans un travail resté inédit[29], que tous les motifs de la Tétralogie sont de caractère *diatonique* ou *chordique,* et qu'ils peuvent tous être dérivés les uns des autres à partir de l'arpège de *mi bémol* majeur figurant le fleuve au début de *L'or du Rhin* mais en formant des sous-classes à partir de divers embranchements sans qu'elles soient nécessairement homogènes sémantiquement. Une fois ce vaste regroupement établi, il en résulte un «reste» important: celui des motifs *mélodiquement chromatiques* qui s'avèrent être associés à la femme et à l'amour. Il est d'ailleurs possible d'établir, selon la perspective présentée il y a un instant, qu'ils sont eux aussi paradigmatiquement reliés entre eux, comme l'a montré Christiane Mac Kay-Stein en un tableau convainquant[30] (1978, pp. 50-51).

L'important ici, au point de vue méthodologique, c'est que c'est seulement *après* avoir inventorié et classé chacun des motifs dans son individualité musicale qu'on peut tenter de les mettre en rapport avec l'action dramatique comme Wagner nous invite à le faire dans son essai de 1879 où il donne un exemple: «Un examen attentif des répétitions du simple motif des Filles du Rhin [montre qu'on peut le suivre] avec attention à travers tous les mouvements des passions dans lesquelles ce drame en quatre actes se joue, jusqu'au chant de veille de Hagen au premier acte du *Crépuscule des dieux.*»[31]. Ici encore, une seule consigne méthodologique rigoureuse permet de s'assurer que cela est vrai, non seulement pour ce motif, mais pour tous les autres: il faut procéder à une *mise en série* systématique de toutes les manifestations d'un même motif en déterminant les critères de transformation entre les diverses manifestations d'un même motif, et les mettre en rapport avec une *mise en série,* non moins systéma-

28 Cooke, Deryck, *An Introduction to Wagner's* Der Ring des Nibelungen, texte accompagnant 3 disques vinyls d'exemples sonores, version de la Tétralogie dirigée par Georg Solti, Decca-London, RDNS-1, 1958.

29 Communication au colloque de la revue «Music Analysis», Cambridge, septembre 1987: «The Paradigmatic Analysis of the Ring Motives».

30 McKay-Stein, Christiane, «Les motifs de la femme et de l'amour dans la Tétralogie», in *Musique en jeu,* 1978, No. 31, pp. 50-51.

31 Wagner, Richard, *De l'application de la musique au drame*, p. 291.

tique, des situations dramatiques, car rien ne garantit *a priori* que chacune de ces nouvelles occurrences spécifiques correspondra à une dimension dramatique particulière de l'action: certains des motifs identifiés par Cotard ne semblent avoir, dans *Tristan,* qu'une fonction purement «symphonique». Encore une fois, il ne faut pas négliger l'aspect structurel des leitmotive qui était central pour Wagner.

3. L'étiquetage des leitmotive

L'inventaire des leitmotive soulève une autre difficulté, d'ordre sémantique cette fois. Non seulement les auteurs de catalogues ne sont pas d'accord entre eux sur l'identification et le dénombrement des leitmotive présents dans chaque opéra, mais même si l'on s'en tient à la «tête de paradigme» de ces leitmotive, ils sont loin d'être d'accord sur leur dénomination, une des raisons étant que les motifs apparaissent dans des contextes dramatiquement différents. Pour les 32 motifs musicalement identiques retenus par Goffette dans son panorama des motifs de *Tristan*, à partir des douze auteurs qu'elle a étudiés, il y en a seulement huit qui reçoivent la même étiquette: le regard, la colère, la mort, la gloire à Tristan, le jour, le chant de mort, Karéol et la mélodie joyeuse du pâtre[32]. On peut ensuite relever ceux qui reçoivent des termes différents mais qui peuvent être rattachés à une même idée générale. Il y a enfin tous ceux dont la dénomination est totalement divergente d'un auteur à l'autre[33]. La seule manière de contourner cette difficulté, est de procéder, là encore, à une mise en rapport systématique entre l'apparition de chacun de ces motifs *et de chacune de ses transformations* avec les situations dramatiques et le texte du livret qui les accompagnent, mais pour cela, il faut d'abord disposer d'une analyse immanente des motifs mis en évidence dans l'ensemble de la partition. Il n'est pas certain que les différents auteurs, avec quelques notables exceptions, se soient astreints à cette vérification systématique préliminaire. La comparaison des dénominations selon les auteurs prouve de plus l'existence de ce qu'on pourrait appeler des «écoles nationales» de dénominations de

32 Goffette, Marie, *op. cit.*, p. 145.
33 *Ibid.*, p. 147.

leitmotive! Kufferath, par exemple, soulignait l'existence d'analogies entre les «commentateurs allemands»[34]. Et il semble évident que les auteurs se recopient entre eux, en faisant parfois explicitement référence à certains de leurs prédécesseurs[35].

Il est enfin un cas de figure, sans doute extrême, chez les auteurs, mais qui n'est pas sans justification: le refus d'étiqueter les leitmotive. Donald Francis Tovey identifiait huit motifs dans le Prélude de *Tristan* mais sans leur donner de nom[36]. North, tout au long de sa monumentale analyse de *Tristan,* se refuse à dénommer les trois motifs qu'il considère comme générateurs de toute la partition, se fondant sur l'observation tout à fait exacte que ces motifs et leurs transformations apparaissent bien souvent dans des situations dramatiquement contradictoires par rapport aux étiquettes qu'on peut leur attribuer: «Nommer les motifs, même si c'est approprié, va obscurcir leur fonction musicale.»[37]. Il lui arrivera malgré tout plus d'une fois de reconnaître l'autonomie de motifs ou de mélodies pour lesquels il utilisera tout de même les étiquettes trouvées ailleurs, comme par exemple, dans le Prélude, celles qui désignent le motif du regard et celui du breuvage d'amour[38], mais c'est toujours dans l'objectif d'y retrouver la présence des trois motifs fondamentaux, dans leur entièreté ou en partie. La plupart des auteurs sont sensibles aux variantes de dénomination des leitmotive, mais ils en choisissent en général une, sans doute par commodité, comme il m'arrive de le faire ici.

Les approches portant sur la dénomination des leitmotive en tenant compte des phrases ou des situations dramatiques qu'ils accompagnent relèvent de ce que j'ai appelé la *poïétique inductive*: c'est le musicologue qui fait des hypothèses, en fonction de l'étude de leurs contextes, sur la signification qu'ils ont pu avoir pour Wagner. Mais a-t-on accès à des documents (relevant de la *poïétique externe*) qui font appel au témoignage du compositeur lui-même?

John Deathridge a souligné que l'on possédait très peu de dénominations proposées par Wagner – elles n'en sont que plus précieuses – et que,

34 Kufferath, Maurice, *Guide thématique et analyse de* Tristan et Iseut, Paris, Fischbacher, 1894, p. 31.

35 Goffette, Marie, *op. cit.*, p. 147.

36 Tovey, Donald Francis, *Essays in Musical Analysis,* Londres, Oxford University Press, vol. IV, 1956 (7e éd.), pp. 124-126.

37 North, Roger, *op. cit.*, p. 3.

38 *Ibid.*, pp. 17-24.

lorsqu'on en avait, elles étaient souvent contraires aux étiquettes des exégètes habituels. Un des exemples les plus éclatants de cette distorsion est celle qui apparaît à propos du motif dit de la Rédemption par l'amour, d'abord entendu au troisième acte de *La Walkyrie* lorsque Sieglinde s'adresse à Brünnhilde en ces termes: «O sublime prodige! Vierge pleine de gloire[39]» et qui revient à plusieurs reprises au cours de l'air qui précède l'immolation de Brünnhilde et à la toute fin du final symphonique par lequel se conclut le *Crépuscule des dieux*. Pressé par Edmund von Lippmann de préciser la signification de ce motif, Wagner fait répondre par son épouse Cosima dans une lettre du 6 septembre 1875: «Le motif que Sieglinde adresse à Brünnhilde est celui de la glorification de Brünnhilde, celui qui sera pour ainsi dire accueilli par la collectivité à la fin de l'œuvre[40].» Avant cette ultime apparition dans le *Crépuscule,* on entend d'abord ce motif au cours de l'air final de l'héroïne. Sur les mots «Brillant dans les flammes, ton maître repose là[41]», qui semble plutôt désigner Siegfried, puis sur les vers: «Sens comment ma poitrine, elle aussi, brûle; un clair incendie se déchaîne en mon cœur, pour enlacer Siegfried et, étreinte par lui d'un amour souverain, être unie à lui d'un amour souverain![42]» On l'entend encore après un motif relié à Siegfried: «Salue ton maître, Siegfried, vois! Ta femme te salue avec béatitude![43]». Il s'épanouit enfin dans les toutes dernières mesures de l'opéra, après une sorte de résumé musical de la Tétralogie: on entend d'abord le thème des filles du Rhin que l'on voit jouer avec l'anneau récupéré, puis celui du Walhalla, désormais encerclé par les flammes, suivi du thème de Siegfried dont Wotan avait escompté qu'il sauverait les dieux et peut-être le monde, pour être immédiatement enchaîné au thème

39 J'utilise les traductions de la Tétralogie par Jean d'Arièges [D'Arièges, Jean, «Traduction française avec indication des leitmotivs» de Richard Wagner, *Siegfried,* édition bilingue, Paris, Aubier-Flammarion, 1971. D'Arièges, Jean, «Traduction française avec indication des leitmotivs» de Richard Wagner, *Götterdämmerung / Crépuscule des dieux,* édition bilingue, Paris, Aubier-Flammarion, 1972]. Je donnerai à chaque fois l'original allemand des citations. Ici, *«O hehrestes Wunder! Herrlichste Maid!»*

40 Ma traduction à partir de la citation qui n'est donnée qu'en allemand par Deathridge: *«Das Motiv, welches Sieglinde der Brünnhilde zusingt, die Verherrlichung Brünnhilden's ist, welches am Schluss des Werkes gleichsam von der Gesammtheit aufgenommen wird.»* Deathridge, John, *op. cit.*, pp. 96, 258.

41 *«Im Feuer leuchtend, liegt dort dein Herr».*

42 *«Fühl meine Brust auch, wie sie entbrennt; helles Feuer das Herz mir erfasst, ihn zu umschlingen, umschlossen von ihm, in mächtigster Minne vermählt ihm zu sein!»*

43 *«Grüss deinen Herre! Siegfried! Siegfried! Sieh! Selig grüsst dich dein Weib!»*

du crépuscule (la version descendante du thème d'Erda selon certains auteurs). On peut raffiner l'exégèse de ce moment particulier: «La musique d'Erda rend présente non seulement sa prophétie du «jour noir» où les dieux disparaîtront, semblant s'engloutir au moment où apparaît le motif, mais également l'indécision de Wotan à propos de l'anneau qui, initialement, a déclenché la catastrophe[44].» Et sept mesures avant la fin, le motif qualifié par Wagner de «Glorification de Brünnhilde» envahit tout l'espace musical avant l'accord conclusif de *ré bémol* majeur: dans la perspective de Wagner, c'est Brünnhilde qui rédime le monde en redonnant l'anneau au Rhin dont l'or n'aurait jamais dû être volé.

Constatons d'abord que, si on ne disposait pas du témoignage de Wagner transmis par Cosima à son correspondant, la conjonction du motif avec un vers comme «Un clair incendie se déchaîne en mon cœur pour enlacer Siegfried» pourrait effectivement justifier le qualificatif de «rédemption par l'amour» qui a été proposé par de nombreux commentateurs. Par contre, le lien de ce motif avec les mots mêmes de Sieglinde dans *La Walkyrie* – et on remarquera que ce motif est un des rares de la Tétralogie à être chanté par un personnage (le plus souvent, ils sont confiés à l'orchestre pour accompagner et «commenter» l'action) –, justifie l'affirmation de Wagner, et on note que, dans la lettre de Cosima, le rapprochement est fait non pas entre chacune des apparitions du motif au cours de l'air final de Brünnhilde, mais entre son énoncé orchestral ultime et son introduction par Sieglinde dans *La Walkyrie.*

Mais rien n'empêche de considérer que, dans le déroulement de l'air de Brünnhilde, ce motif se charge de connotations supplémentaires en rapport avec l'amour de Brünnhilde pour Siegfried. En fait, dans les opéras de Wagner, les motifs sont d'une grande malléabilité sémantique. Il a été montré par Cooke[45] que le thème dit de Freia, dont la seconde moitié avait été qualifié depuis von Wolzogen de thème de la fuite, devient, après avoir été attaché un moment au personnage, le motif emblématique de l'amour, ce qui explique peut-être que tous les motifs de la femme et de l'amour puissent être dérivés de lui au travers de la Tétralogie, comme je l'ai signalé plus haut[46].

44 *«Erda's music makes present not only her prophecy of the dark day' that will befall the gods, now actually seeming to dawn as the motif sounds again, but also Wotan's indecision about the ring that set the whole catastrophe in motion in the first place.»* Deathridge, John, *op. cit.*, p. 99.

45 Cooke, Deryck, *op. cit.*

46 McKay-Stein, Christiane, *op. cit.*, p. 48.

4. Esthésique des leitmotive

La reconstitution du projet poïétique est donc passablement complexe et nuancée. Mais qu'en est-il du côté des spectateurs qui assistent en temps réel à la représentation en ayant la compétence de l'allemand? Peut-on vraiment souscrire à la confiance de certains des musicologues les mieux établis qui, parlant de la compréhension des leitmotive en général, ne semblent même pas imaginer qu'une cassure entre le poïétique et l'esthésique puisse exister? «Les leitmotive se présentent *toujours* à l'auditeur sans exiger d'effort d'attention ou de recherche de sa part.»[47]. «Par le fait qu'un auditeur reconnaît l'origine d'un leitmotiv, il en comprend le sens et le contenu métaphorique.»[48]. Ces positions ne tiennent plus la route si l'on tient compte de nouveaux paradigmes méthodologiques disponibles dans la musicologie d'aujourd'hui.

Que découvre-t-on, en effet, si l'on soumet la reconnaissance des leitmotive à l'épreuve de l'expérimentation (qui relève de l'esthésique externe)? C'est ce qu'a fait Irène Deliège[49] en soumettant à des tests de reconnaissance, auprès de sujets musiciens et non-musiciens, trois leitmotive de *L'or du Rhin,* ceux qui sont généralement dénommés «le Walhalla», «le contrat» et «les géants». L'expérience a consisté à proposer aux sujets de mémoriser ces trois motifs en les écoutant isolés de leurs contextes sur un ruban magnétique, *autant de fois qu'ils le voudraient.* Après quoi il leur était demandé de les reconnaître, en appuyant sur une touche d'ordinateur, au cours d'un extrait de 25 minutes, tiré du début de la scène 2 de *L'or du Rhin* jusqu'à l'apparition de Loge. L'intérêt de l'expérience vient en grande partie de ce que les motifs avaient été choisis parce que, dans ce passage, ils réapparaissent avec des variations pour les deux premiers, sous forme fragmentaire avec seulement leur fin, et avec ou sans variation pour le premier, ou encore sous la forme du seul début pour le troisième. De plus, ces leitmotive présentent des analogies avec d'autres motifs qui n'avaient pas été soumis à

47 Lavignac, Albert, *op. cit.*, p. 239. C'est moi qui souligne.

48 Dahlhaus, Carl, *Les drames musicaux de Richard Wagner,* Liège, Pierre Mardaga éditeur, 1994, p. 122.

49 Deliège, Irène, «Recognition of the Wagnerian Leitmotiv – Experimental Study based on an Excerpt from ‹Das Rheingold›», in *MusikPsychologie,* Jahrbuch der Deutschen Gesellschaft für Musikpsychologie, Wilhelmshaven, Floran Noetzel Verlag, vol. IX, pp. 25-55, 1992.

mémorisation: le thème du Walhalla, par exemple, ressemble à celui de l'anneau, entendu dans le même passage. Je ne peux que renvoyer à l'article lui-même pour ce qui est du détail du protocole suivi, mais je retiendrai de l'expérience les résultats qui me semblent les plus importants pour mon propos. *Même après avoir eu la possibilité de mémoriser ces motifs en les écoutant autant de fois qu'ils le voulaient,* ce qui ne correspond évidemment pas à l'audition de l'opéra en situation réelle, les musiciens reconnaissent sans erreur le premier motif à 70 % seulement, le second, à 90 % et le troisième, à 78 %. Le taux de reconnaissance chez les non-musiciens tombe à 52 %, 68 % et 79 % pour chacun des trois leitmotive[50]. Irène Deliège analyse avec finesse quels sont les paramètres strictement musicaux qui peuvent expliquer ces variations dans la reconnaissance des trois motifs, mais on notera que, même dans une situation expérimentale qui facilite leur reconnaissance par un processus préliminaire de mémorisation, le taux de réussite est loin de confirmer les espérances quelque peu naïves et par trop optimistes des musicologues cités plus haut.

Est-ce qu'une approche relevant de l'esthésique externe serait possible pour examiner si les auditeurs sont capables d'établir le lien, fourni par l'analyse immanente, entre l'occurrence du thème de «la glorification de Brünnhilde» dans *La Walkyrie* et son retour dans le finale symphonique du *Crépuscule*? Le protocole d'une expérience pour le vérifier serait tout simplement impossible à établir, puisqu'il faudrait, pour que l'expérience rende compte de l'audition en temps réel, que chaque sujet écoute entièrement la fin de la scène 1 du 3e acte de *La Walkyrie,* puis la scène 2 du même acte (le duo Wotan-Brünnhilde), puis qu'il se repose une journée[51] avant d'entendre *Siegfried* au complet, qu'il se repose encore une journée, pour finalement écouter le *Crépuscule des dieux* au complet jusqu'à la scène finale! Mais il n'est pas interdit au musicologue de recourir à d'autres outils, ceux de l'esthésique inductive, et tenter de répondre à la question suivante: dans l'exemple qui nous occupe, l'auditeur peut-il vraiment saisir cette logique narrative dans le détail et tout particulièrement le lien entre le motif final et l'idée de «glorification de Brünnhilde»? Pour cela, il peut s'appuyer sur la remarquable formule proposée par Leonard Meyer dans

50 *Ibid.*, p. 48.

51 Au festival de Bayreuth et dans certains théâtres, il y a une journée de relâche entre *La Walkyrie* et *Siegfried,* et une autre entre *Siegfried* et le *Crépuscule des Dieux* lorsqu'on joue la Tétralogie dans son intégralité.

Explaining Music[52] et qui permet de tenir compte des différents paramètres du problème.

Afin de déterminer si un auditeur peut reconnaître ce que Meyer appelle une «relation de conformance» (*conformant relationship*) entre deux événements musicaux, et en particulier des motifs mélodiques, il définit trois facteurs positifs et deux facteurs négatifs dont le poids respectif détermine la force (ou la faiblesse) de cette conformance perçue. Favorisent cette reconnaissance: la régularité du pattern au sein duquel se manifestent les occurrences des événements considérés; l'individualité de leur profil qui facilite leur reconnaissance; et le degré de similarité – paradigmatique, selon la terminologie que j'utilise ici – entre les diverses occurrences des événements étudiés. Constituent des entraves à la reconnaissance de cette conformance, la variété des événements qui interviennent entre chacune des occurrences concernées et la distance temporelle entre elles. Dans le cas du retour du motif de la «Glorification de Brünnhilde», il est fort probable que à la fois la durée énorme de l'intervalle de temps qui sépare son irruption dans *La Walkyrie* et son retour à la fin du *Crépuscule,* et la quantité, la variété et la complexité des événements musicaux entendus entre ces deux moments, ne favorisent pas cette reconnaissance. Ces facteurs négatifs pourraient être compensés par une individualité de profil très forte – comme celle que présente le motif de l'épée. Il n'est pas certain que ce soit le cas. Et en tout cas, même si les deux motifs sont passablement similaires, ils ne s'inscrivent pas dans une régularité de schéma qui en favoriserait le rapprochement.

Il faudrait ensuite, en admettant que l'auditeur ait établi un lien musical entre les occurrences du motif, qu'il se souvienne du texte associé à sa première apparition. En fait, l'établissement d'un lien entre le motif et l'idée de la «glorification de Brünnhilde» ne serait vraiment possible pour le spectateur que si, comme le Hollandais et Senta à la fin du *Vaisseau fantôme,* elle apparaissait en gloire au-dessus des flots, ce que les didascalies ne suggèrent à aucun moment. Au contraire, elle s'abime dans le Rhin.

La dénotation du motif et le contenu du «récit» musical qu'on peut tenter de construire du final symphonique, crayon à la main, sont inaccessibles à la conscience du spectateur. Mais est-ce qu'il restera insensible à l'un des aspects fondamentaux de la sémantique de ce passage, sa dimension

52 Meyer, Leonard, *Explaining Music,* Berkeley – Los Angeles – Londres, University of California Press, 1973, p. 49.

affective? A coup sûr, il sera saisi par le caractère somptueux, grandiose et bouleversant de ces dernières mesures. Ce qu'il percevra ici, ce sont les connotations émotives qui se dégagent des relations formelles présentes dans ce final, ce dont une analyse fidèle aux outils proposés par Meyer dans *Explaining Music* pour analyser les implications des événements permet de rendre compte.

Le motif est d'abord en *ré* majeur (sur «Im Feuer leuchtend...») puis *mi bémol* (sur «liegt dort dein Herr»); il passe plus loin à *mi* majeur (sur «Fühl meine Brust auch») puis à *fa♯* majeur (sur «fasst, ihn...»), pour monter par degrés chromatiques de *sol* à *sol♯, la, la♯, si* et atteindre provisoirement *do* majeur (sur «Gruss deinen Herren!») et finalement culminer en *mi bémol* majeur (sur «Sieh! Selig...»). Ce motif aura donc été utilisé pour créer une tension croissante qui aura parcouru par paliers successifs toute l'étendue de l'octave et même la déborder d'un demi-ton. Mais l'œuvre n'est pas finie et, après ce *mi bémol,* l'auditeur attend encore autre chose. Après l'énoncé des différents motifs de ce final, cités dans la section précédente à propos du résumé musical de la Tétralogie, le motif de la «glorification de Brünnhilde» réapparaît en *ré bémol* majeur, dominant en contrepoint celui des filles du Rhin. Puis il est réexposé un ton plus haut en *mi bémol* majeur – une nouvelle montée conjointe s'amorce ici –, et après diverses modulations, le revoilà en *ré bémol*, tonalité de ce finale, mais après un passage par le *mi bémol* sur lequel s'était terminée la longue progression précédente, c'est pour culminer sur un *la bémol*, dominante du ton principal, hauteur longtemps attendue après le *mi bémol* mais qui n'avait pas encore été entendue.

Il est nécessaire d'accorder une importance particulière à cette sémantique propre aux relations musicales entre la tension et la détente, car c'est probablement le cas de figure où les conduites perceptives des auditeurs-spectateurs peuvent rencontrer le programme poïétique du compositeur: ici, nous sommes proches des conceptions fondamentales de Wagner pour qui la musique est d'abord et avant tout «art de l'expression»[53], et le langage de l'orchestre, «la faculté d'affirmation de l'inexprimable»[54]. Et c'est sans doute parce que la musique, dans le contexte dramatique, était pour lui essentiellement un art de l'émotion, qu'il était agacé par les tentatives de réduction des leitmotive à des définitions littérales dignes de dictionnaires.

53 Wagner, Richard, *Oper und Drama,* 1852, trad. fr., *Opéra et Drame,* in *Œuvres en prose de Richard Wagner,* Paris, Les introuvables, 1976, vol. IV, p. 134.

54 *Ibid.*, vol. V, p. 194.

De plus, il est bien des cas, dans le déroulement d'un opéra de Wagner, où l'absence de tout contexte, dramatique et linguistique, fait qu'on ne peut donner aux motifs aucune signification dénotative précise, mais seulement des associations émotives. Tel est le cas des motifs du Prélude de *Tristan,* puisque, avant le lever du rideau, nous ne connaissons pas encore les contextes dramatiques et poétiques où ces motifs apparaîtront, même si des textes rédigés par Wagner au sujet du *Vorspiel* démontrent qu'il suivait un programme narratif explicite[55]. C'est ce qu'avait fort bien compris Cotard qui est le seul, à ma connaissance, à présenter l'analyse des leitmotive des préludes de *Tristan* à la toute fin de son livre, après être passé au travers du reste de la partition. «[Les préludes] ne sont que des prologues musicaux destinés à préparer l'auditeur; les motifs qu'ils renferment et qu'ils résument ne prennent de sens déterminé qu'au cours du drame, avec les paroles qui s'y rapportent.»[56].

Autre exemple: quand le motif de l'épée surgit à la fin de *L'or du Rhin,* il est certainement difficile de comprendre en quoi il désigne une épée et, bien davantage, en quoi elle incarne le plan de Wotan, à savoir rendre l'arme accessible au seul être qui, avec elle, devrait être capable de sauver le monde et les dieux. Wagner était sans doute conscient de la difficulté, voire de l'impossibilité de saisir à quel objet le motif renvoie. Alors qu'il n'avait écrit aucune didascalie précise pouvant l'éclairer, il demanda à l'acteur qui jouait Wotan, lors des répétitions de 1876 à Bayreuth, de se saisir d'une épée abandonnée par Fafner[57] et qui traînait sur la scène![58]. Quant au lien entre l'idée de l'épée et le plan de Wotan, c'est seulement au cours de la dernière scène du premier acte de *La Walkyrie* que, *très éventuellement*, le spectateur pourra le comprendre rétrospectivement. Comme, pour Wagner, les motifs musicaux étaient sans doute aussi importants, et peut-être même plus importants, du point de vue de leur coloration affective et émotive que du point de vue dénotatif, il n'est pas impossible que la seule expérience esthésique qui serait pertinente ici, serait de chercher à établir si le spectateur, par le biais de la musique, ressent à quel point Wotan

55 Bailey, Robert (dir.), *Wagner. Prelude and Transfiguration from* Tristan and Isolde, New York – Londres, Norton Critical Scores, 1985.

56 Cotard, Charles, *op. cit.*, p. 7.

57 Décidément, Fafner n'en fera jamais d'autre!

58 Porges, Heinrich, *Die Bühnenproben zu den Bayreuther Festspielen des Jahres 1876,* vol. I, «Das Rheingold», Leipzig, Ernest Schmeitzner, 1881, pp. 41-42.

apparaît «saisi sous l'empire d'un grand dessein»[59], comme le dit la didascalie. Et il faudrait ensuite étudier quels affects le spectateur relie à chaque apparition du thème de l'épée dans des contextes dramatiques profondément différents. Ce genre d'enquête serait particulièrement important dans les cas où Wagner a visiblement utilisé les leitmotive pour les charger d'une signification contraire à ce que dit le texte du livret ou que l'action ne semble pas justifier[60].

Pourquoi, par exemple, le motif que les musicologues allemands dénomment généralement le Wurm-Motiv, apparu dans la scène 3 de *L'or du Rhin* quand Alberich se transforme en dragon, est-il cité à l'orchestre quand Brünnhilde se fait menaçante dans la scène finale de *Siegfried?* «Ne deviens-tu pas aveugle quand mon regard te consume?... Quand mes bras t'enlacent, ne t'embrases-tu pas?[61]» Pour interroger valablement l'auditeur sur ce que l'apparition inattendue de ce motif signifie, en admettant qu'elle ait été repérée[62], il faudrait, au départ, qu'il se souvienne des situations auxquelles le motif a été associé. Mais l'auditeur a-t-il la possibilité de procéder à une véritable herméneutique de cette irruption qui suppose, en fait, de retourner à l'univers poïétique complexe de Wagner? Dans mon *Wagner androgyne,* j'en ai proposé une exégèse qui n'a de sens que par rapport à la conception des rapports que Wagner établissait entre la musique et la poésie, incarnées selon moi dans la Tétralogie par Brünnhilde et Siegfried[63]: avec l'entrée du motif de Fafner au moment où Brünnhilde parle d'embraser Siegfried en l'aveuglant de son regard et de l'enlacer de ses bras, «Wagner établit l'analogie avec le danger et le risque que représenterait la domination de la musique, celle qui, selon Wagner, conduit l'opéra moderne à sa ruine.»[64]. En admettant que mon interprétation soit juste, il

59 *«Wie von einem grossen Gedanken ergriffen».*

60 Bourgeois, Jacques, *Richard Wagner,* Paris, Plon, 1959, p. 113.

61 *«Wie mein Blick dich verzehrt, erblindest du nicht? Wie mein Arm dich presst, entbrennst du mir nicht?»*

62 Dans l'édition bilingue de la collection Aubier-Flammarion où l'apparition des leitmotive est signalée dans les marges du texte par des numéros qui renvoient à leur répertoire en fin de livre, le motif du dragon n'est pas signalé ici (D'Arièges, 1971, pp. 284-285).

63 On trouvera un résumé de la thèse de *Wagner androgyne* dans mon article «La Tétralogie de Wagner comme métaphore allégorique de l'œuvre d'art totale» (Nattiez, Jean-Jacques, *La musique, les images et les mots. Du bon et du moins bon usage des métaphores dans l'esthétique comparée,* Montréal, FIDES, 2010, chap. V).

64 Nattiez, Jean-Jacques, *Wagner androgyne,* Paris, Christian Bourgois éditeur, 1990, p. 105.

est évident que le spectateur ne peut avoir accès à un réseau de significations aussi complexe. Tout au plus pourrait-il établir une analogie entre l'évocation musicale ondulante des mouvements du dragon qui s'enroule autour de ses victimes (*mi-fa-mi-sol / fa♯-sol-fa♯-la*) et le geste de Brünnhilde qui prend Siegfried dans ses bras, (Ce qui, par ailleurs, conduirait à s'interroger sur l'image que Wagner se fait de la femme…, mais c'est une autre question!)

Dans une œuvre aussi dense qu'un opéra de Wagner, et a fortiori dans un ensemble de quatre opéras comme la Tétralogie, il est important de faire intervenir la notion de cycle de communication proposée par Jean Molino[65]. Selon les situations, il y a des motifs qui, quoi qu'on fasse, n'ont de pertinence que poïétique. La reconnaissance d'un motif déjà entendu dépendra – on retrouve ici les critères de Meyer – de sa prégnance morphologique et de la distance de l'occurrence perçue avec sa première apparition. Être capable d'établir un lien entre les situations dramatiques véhiculées par chacun des motifs fait intervenir un autre cycle de communication, encore plus complexe, car il suppose d'avoir retenu le lien entre la première apparition et les contextes qui lui sont attachés. Aussi est-ce probablement au niveau de la sémantique affective et expressive que le cycle de la communication entre le poïétique et l'esthésique est le plus court. C'est elle qui importait à Wagner.

5. Au-delà de Wagner

Au terme de ce parcours, on comprend pourquoi une analyse aussi étendue et exhaustive que possible des leitmotive de Wagner selon le programme de recherche proposé, n'est sans doute pas pour demain. Après avoir fait l'inventaire des diverses manières de les étudier, je ne crois pas qu'il soit possible aujourd'hui de trouver un ouvrage qui, à propos d'un de ses dix opéras entrés au répertoire, les traite selon tous les points du programme d'étude proposé ici, et en suivant pas à pas le déroulement linéaire de l'œuvre dans son entièreté.

65 Molino, Jean, *Le singe musicien*, Arles, Actes Sud, 2008, chap. XIII.

Mais si cette perspective reste éloignée, ces réflexions consacrées aux leitmotive n'a sans doute pas été inutile d'un point de vue musicologique général, car ce qui a été dit ici de leur analyse chez Wagner vaut aussi pour toutes les musiques (au cinéma, à la télévision, dans les cérémonies religieuses et dans quantité de musiques vocales) où des motifs et des thèmes récurrents peuvent être mis en relation avec un contexte dramatique, rituel et textuel. En toute rigueur méthodologique, il convient en effet:

- de commencer par procéder à l'analyse paradigmatique de toutes les occurrences d'un motif ou d'un thème et de ses transformations;
- de procéder à l'analyse paradigmatique de toutes les unités ainsi mises en évidence;
- de les mettre en relation avec les contextes dramatiques, rituels et textuels pour vérifier s'il y a concordance entre les analogies musicales relevées et les analogies de situation, en suivant pour cela la succession syntagmatique de leurs occurrences et de déterminer, si c'est pertinent, de quel réseau de significations les unités musicales sont porteuses;
- et, dans tous les cas, de procéder à une analyse du matériau musical afin de comprendre en quoi ses structures immanentes sont porteuses de connotations émotionnelles.

Si le programme que j'ai esquissé ici devait être entrepris un jour à propos de Wagner, ce ne pourrait être qu'à propos d'une seule œuvre, de dimension réduite (!). Il faudrait ensuite espérer la multiplication de ces recherches particulières pour parvenir, de proche en proche, à une nouvelle synthèse qui donne une idée plus juste de ce qu'a été pour lui … le thème fondamental.

Wagner und kein Ende, disait déjà Thomas Mann…[66]

66 Je remercie chaleureusement Marie-Hélène Benoit-Otis et François de Médicis dont les observations attentives, tant sur la lettre de ce texte que sur son contenu, ont permis d'en améliorer grandement une version initiale.

Abstract

Although it is commonplace to speak of Wagner's leitmotives, and though countless leitmotive guides have been published, are there any musicological studies in the strict sense that take stock of the difficult questions which arise from them? These include: How should they be segmented and labelled? How can the connections between them be studied? How can their successive transformations be understood? What was their significance for Wagner? Are listeners able to identify them, and, if so, what meaning to they attribute to them? After a critical survey of the literature devoted to leitmotive, the author proposes a general model for the systematic study of them.

Bibliographie

Bailey, Robert (dir.), *Wagner. Prelude and Transfiguration from* Tristan and Isolde, New York – Londres, Norton Critical Scores, 1985.

Boulez, Pierre, *Leçons de musique (Points de repère, III). Deux décennies d'enseignement au Collège de France (1976-1995),* Jean-Jacques Nattiez (dir.), Paris, Christian Bourgois éditeur, 2005.

Bourgeois, Jacques, *Richard Wagner,* Paris, Plon, 1959.

Cooke, Deryck, *An Introduction to Wagner's* Der Ring des Nibelungen, texte accompagnant 3 disques vinyls d'exemples sonores, version de la Tétralogie dirigée par Georg Solti, Decca-London, RDNS-1, 1958.

Cotard, Charles, *Tristan et Iseult. Essai d'analyse du drame et des leitmotifs,* Paris, Fischbacher, 1895.

Dahlhaus, Carl, *Les drames musicaux de Richard Wagner,* Liège, Pierre Mardaga éditeur, 1994.

Deathridge, John, *Wagner beyond Good and Evil,* Berkeley – Los Angeles – Londres, University of California Press, 2008.

Deliège, Irène, «Recognition of the Wagnerian Leitmotiv – Experimental Study based on an Excerpt from ‹Das Rheingold›», in *MusikPsychologie,* Jahrbuch der Deutschen Gesellschaft für Musikpsychologie, Wilhelmshaven, Floran Noetzel Verlag, vol. IX, pp. 25-55, 1992.

Goffette, Marie, «La problématique des leitmotive dans *Tristan und Isolde* de Richard Wagner», in *Revue belge de musicologie,* vol. LXI, 2007, pp. 127-150.

Kufferath, Maurice, *Guide thématique et analyse de* Tristan et Iseut, Paris, Fischbacher, 1894.

Lavignac, Albert, *Le voyage artistique à Bayreuth,* Paris, Delagrave, 1951.

Lindenberg, Édouard, «Analyse thématique de *Tristan et Iseult* de Richard Wagner», livret accompagnant l'enregistrement dirigé par Wilhelm Furtwaengler, EMI – La Voix de son maître, C 153-00899/903, 1974.

McKay-Stein, Christiane, «Les motifs de la femme et de l'amour dans la Tétralogie», in *Musique en jeu,* 1978, No. 31, pp. 47-51.
Meyer, Leonard, *Explaining Music,* Berkeley – Los Angeles – Londres, University of California Press, 1973.
Molino, Jean, *Le singe musicien,* Arles, Actes Sud, 2008.
Nattiez, Jean-Jacques, *Musicologie générale et sémiologie,* Paris, Christian Bourgois éditeur, 1987.
Nattiez, Jean-Jacques, *Wagner androgyne,* Paris, Christian Bourgois éditeur, 1990.
Nattiez, Jean-Jacques, *La musique, les images et les mots. Du bon et du moins bon usage des métaphores dans l'esthétique comparée,* Montréal, FIDES, 2010.
North, Roger, *Wagner's Most Subtle Art. An analytic Study of Tristan und Isolde,* Londres, The Book Factory, 1996.
Porges, Heinrich, *Die Bühnenproben zu den Bayreuther Festspielen des Jahres 1876,* vol. I, «Das Rheingold», Leipzig, Ernest Schmeitzner, 1881.
Réti, Rudolph, *The Thematic Process in Music,* Westport, Greenwood Press, 1951.
Ruwet, Nicolas, *Langage, musique, poésie,* Paris, éditions du Seuil, 1972.
Taruskin, Richard, *Stravinsky and the Russian Traditions. A Biography of the Works through* Mavra, Berkeley – Los Angeles, University of California Press, 1996, 2 vol.
Tovey, Donald Francis, *Essays in Musical Analysis,* Londres, Oxford University Press, vol. IV, 1956 (7e éd.).
Wagner, Cosima, *Journal,* Paris, Gallimard, vol. IV (1881-1883), 1979.
Wagner, Richard, *Oper und Drama,* 1852, trad. fr., *Opéra et Drame,* in *Œuvres en prose de Richard Wagner,* Paris, Les introuvables, 1976, vol. IV et V.
Wagner, Richard, «Über die Anwedung der Musik auf das Drama», 1879, trad. fr., «De l'application de la musique au drame, in *Œuvres en prose de Richard Wagner,* Paris, Les Introuvables, 1972, vol. XII, pp. 271-295.
Wagner, Richard, *Lettres de Richard Wagner à Auguste Roeckel,* traduites par Maurice Kufferath, Bruxelles – Leipzig, Londres et New York, Breitkopf und Haertel, 1894.
Wagner, Richard, *Richard Wagner à Mathilde Wesendonck. Journal et lettres (1853-1871),* Paris, Parution, 1986.
Wagner, Richard, *Siegfried,* «Traduction française avec indication des leitmotivs» par Jean d'Arièges, édition bilingue, Paris, Aubier-Flammarion, 1971.
Wagner, Richard, *Götterdämmerung / Crépuscule des dieux,* «Traduction française avec indication des leitmotivs» par Jean d'Arièges, édition bilingue, Paris, Aubier-Flammarion, 1972.

Tokumaru Yosihiko

Quotation and intertextuality from a Japanese viewpoint

I. Introduction

The recent growth of literature on quotation, borrowing, and intertextuality in music corresponds to a musicological attitude towards considering works of music in their relations rather than isolating them. Detailed and/or enormous lists of references (e.g., Burkholder 1994; 2001a; 2001b; 2001c; Gruber 1998) reveal that quotation and its related practices have a long history and a great significance in western music. In addition, research on contemporary music (e.g., Kühn 1972; Metzer 2003; Klein 2005) examines the specific importance of these practices to it. Naturally, these practices have achieved an important role in music of Asia. Consequently, I had to mention its examples in Japan and some other Asian cultures since the 1970's (for instance, Tokumaru 1977; 1991; 2000a; 2000b).

A piece named *«Ma vu»* (Horse Dance) provides a good example for Asia. It had been performed in the subgenre *dai nhac* («big music», that is, outdoor music) of Vietnamese court music (*nha nhac*, «elegant music»). Even during the period of disfavor for *nha nhac* (the latter half of the twentieth century, due to political unrest in Vietnam), this melody was continuously performed and steadily transmitted in such Vietnamese folk contexts as lion dances and *cheo* (a folk opera of Vietnam). It is clear that performers of those folk traditions have quoted this court music melody using oral transmission. Although Vietnamese court music had been transcribed in its traditional notational system using Chinese characters, folk performers after World War II had no access to it Generally speaking, examples of such oral quotations are found even in such Asian cultures possessing notation as China, Korea, and Japan.

It was Professor Etienne Darbellay who encouraged me to organize my ideas on quotations in Japanese music, and kindly supervised my dissertation (Tokumaru 1981) submitted to Université Laval. Since then, we have shared a common topic, relationship of orality and literacy in music (Darbellay 1986; 2005; 2007, Tokumaru 1986; 2005a; 2007). Between 1979 and 1981, Professor Darbellay as well as Professor Jean-Jacques Nattiez and the late Professor Charles Boilès continued to help me in formulating my ideas. In this process, they pointed out the importance of the relationship between orality and quotation in my corpus, i.e., *syamisen*[1] music. At that period, I was too strongly concerned about the phenomena of quotations, and was not able to properly connect orality to quotation. It is, however, indispensable to consider the relationship between orality and quotation in placing quotations of Asian music in the wide framework of music quotation in general.

As the following discussion deals with the music of Japan, and in particular, the music of *syamisen*, I would like to start with a short description of this instrument.

II. Notes on the *syamisen* and its genres

The *syamisen* itself is a three-stringed plucked lute. In the mid-sixteenth century, the prototype of this instrument was introduced to mainland Japan from China via the Okinawan archipelago. Already in the seventeenth century, the instrument underwent a process of «japanization» on the mainland which resulted in a larger instrument than the Okinawan one. Along with the formation of different styles in mainland Japan, the instrument, as well as the plectrum, the bridge, the skins covering the body, strings, etc., changed in certain details. In other words, each style created a *syamisen* which produces the sonority appropriate to that style and identifiable as different from the sonority of other styles. Musics of *syamisen* have been transmitted from the seventeenth century to the present and

1 In this present paper I romanize Japanese terms using the Nippon system. The two typical music instruments of Japan, for instance, are romanized as *syamisen* and *syakuhati* in the Nippon system (as well as the Kunrei system, the Government notification system), while in the Hepburn system they are romanized as *shamisen* and *shakuhachi*.

still constitute the most important part of traditional musics in Japan through their usage in *bunraku* and *kabuki* theatre, both acknowledged by UNESCO as «intangible cultural heritage».

From many genres of *syamisen* music, I would like to select the following four genres for discussion.

i) *Ziuta* (hereafter abbreviated as Genre Z): the oldest genre of *syamisen* music, played as chamber music since the seventeenth century, not as theatrical music. The minimal number of performers is one, as the performer has to sing while playing the instrument with a heavy bridge using a heavy plectrum. Performers are not required to have a big voice. Its music is characterized by sober sonority and reserved expression. Although until the late nineteenth century its professionals were blind male musicians, it was widely enjoyed and performed by sighted people, male and female. A good quantity of song text and some notations were published even before the twentieth century. They were mainly used as *aide-mémoire* for amateurs. In the twentieth century, several new notational systems were invented and now their standardized editions are published and widely used.

ii) *Nagauta* (hereafter abbreviated as Genre N): the central style for *kabuki* theatre using vocalists and *syamisen* players. The minimal number of performers is three (a singer and two *syamisen* players): there are often more than five singers and five players. Its vocal part is accompanied by the bright sonority of its *syamisen* which is produced by a light bridge, thin strings, and a light plectrum. When a piece was premiered in *kabuki*, its song text was printed and published. Although several notations were attempted among professionals, it was in the twentieth century that standardized editions in several different notational systems came to be published and widely used.

iii) *Gidayû-busi* (hereafter abbreviated as Genre G): the unique genre for *bunraku*, a puppet theatre, since its formation in the late seventieth century. The minimal number of performers is two (a vocalist and a *syamisen* player); in some repertoire, more than two are required for each part. Its narrative style is accompanied by the heavy sonority of its *syamisen* which is produced by a heavy bridge, thick strings, and heavy plectrum. Both its vocal and instrumental parts have the widest range of expression among *syamisen* music genres. Vocal texts were published when they were performed in theatres. The notational system proper to *gidayû-busi syamisen* was invented in the eighteenth century and has been utilized until now as *aide-mémoire* for performers. As the concept of standardization is alien to the performance of this genre, no standard notation is published.

iv) *Ittyû-busi* (hereafter abbreviated as Genre I): another narrative style, formed around 1700, which functioned as the matrix for producing various narrative-style *syamisen* musics. Without being abolished by its offspring, it has been transmitted to the present. Its narrative style is more reserved and less dramatic than *gidayû-busi* and the sonority of its *syamisen* lies between that of *nagauta* and that of *gidayû-busi*. The minimal number of performers is two (one vocalist and one *syamisen* player); sometimes more than two for each part. Vocal texts were written down and their printed versions were circulated. Although several notational systems were applied to this genre, they were not published.

Some common aspects of the above four genres are to be mentioned here. Notation is one of the important sources for reconstructing the music of the past in Japan. Since ca. AD 747 (the oldest extant hand-written notation for the *biwa* (lute) was written before this year), music for *gagaku* instruments as well as *gagaku* vocal music was documented. There are several attempts to reconstruct the music by deciphering that notation. *Syômyô* (Buddhist ritual vocal music) has also been documented since the twelfth century. It was in 1472 that its first printed notation was published. Therefore, it was natural that *syamisen* music was notated and published in 1664 for the first time. This collection, titled *Sitiku syosinsyû* (Methods for beginning pupils of bamboo and stringed instruments) is an anthology of musical pieces for *syamisen*, *koto* (a 13-stringed zither), and then early type of *syakuhati* (vertical bamboo flute)[2]. The music included in this book has been reconstructed and performed. Publication of notation for *syamisen* continued in the eighteenth and nineteenth centuries. A guidebook for *gidayû-busi syamisen* with notation was published in Ôsaka in 1757[3].

The apparition of music notation in hand-written or printed form does not mean that it was used in everyday lessons. Teachers taught pupils by giving them a model performance. This method is still applied in Genre G

2 A photo copy of a piece from this book is included in Tokumaru 2000b: 162.

3 Transcriptions of a pattern from this book are included in Tokumaru 2000b: 69.

and Genre I. Therefore, I had to transcribe the music examples belonging to these two genres based upon my own learning. In contrast, lessons in Genre Z and Genre N have changed from orality- to literacy-based teaching in the twentieth century, especially in the latter half of the twentieth century, as several notational systems for each genre were devised in the early twentieth century and their printed versions began to be used in music schools and private lessons as the standard. This is one of the indirect influences of western music on Japanese culture.

In almost all *syamisen* music genres, including the above four, a common method has achieved an important role in transmitting music, even in the present. This is a system for singing instrumental parts like western *solfège* which is generally called *syôga*. The *syôga* for *syamisen* has a specific name: *kuti syamisen*, i.e., «mouth» *syamisen*. The sounds for *kuti syamisen* consist of ordinary consonants and vowels of the Japanese language. When *kuti syamisen* is uttered or performed, it belongs to the realm of orality. When it is written down or printed as *aide-mémoire*, it belongs to the realm of literacy. Therefore, I categorize *kuti syamisen*, or *syôga* in general, as an intermediate method between orality and literacy.

The main purpose of *kuti syamisen* is to distinguish the *syamisen* strings, the open string versus stopped positions, and the ways of playing (e.g., playing with downward or upward movement of the plectrum, etc.), but not to memorize melodies. Even if we have memorized a certain melody, we cannot reproduce it on the *syamisen* without knowing its proper playing techniques, which are detailed through *kuti syamisen*. Notwithstanding the difference of styles and notations, almost-identical *kuti syamisen* has been utilized to the present. It is clear that this system has helped musicians to make quotations orally.

There is another important common aspect among the genres: the tonal system. Although the sonority of *syamisen* differs from genre to genre, all of the *syamisen* genres in mainland Japan share the same tonal system, i.e., the system of combining tones. When we compare the intervals, especially the half-tones of different genres, we can find minute differences among them. These differences, however, do not prevent *syamisen* genres from quoting the melodic movements of other genres[4].

4 Detailed discussions of the tonal system are included in Tokumaru 1980 and Tokumaru 2000b: chapter III «Le mouvement mélodique et le système tonal de la musique de *syamisen*».

III. An example of quotation of a specific piece

Quotation is a technique for casting plural music texts into the relationship of intertextuality. A succinct definition of quotation was given by Lissa: «utilization of pre-existing literary and musical phrases (*antefacta*) in a context which differs from the original one» (Lissa 1970: 674; and 1976: 19, translated by Tokumaru). Using this definition of quotation, I will examine one of typical example in *syamisen* music. In this case we can identify the name of the piece in which the *antefactum* was included and we can consider that the reason for the quotation was to designate a certain meaning to which the *antefactum* referred. One of the well-known *antefacta* for quotations in Japanese music is a melody for designating snow.

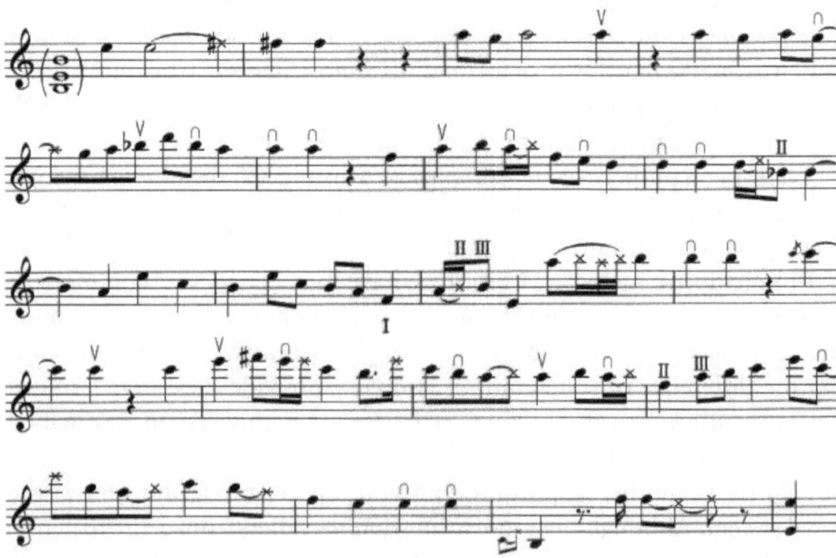

Music example 1. «*Yuki*» («snow») in Genre Z.

This melody (Music example 1) was originally the instrumental interlude in a *ziuta* (Genre Z) piece, entitled «*Yuki*» (Snow), composed by Minezaki *kôtô* (active around 1800 in Ôsaka, *kôtô* being a formal title given to blind men). If we read the lyrics just before this interlude, we understand that the composer's intention was to designate the sound of a temple bell on a snowy evening by this melody. Since the nineteenth century, this melody has been quoted for designating the sound of a bell and/or snow.

The genres that quoted this melody were not restricted to Genre Z, that is, namely, its original style. Another chamber music style, *sôkyoku* (music of the *koto*, 13-stringed zither), and almost all *syamisen* music genres including Genre N (*nagauta*) and Genre G (*gidayû-busi*), as well as later genres founded in the nineteenth and twentieth centuries frequently quoted this melody, mainly for depicting snow. The evidence for judging that this melody was used to depict snow occurs in the song texts combined with it.

One of the oldest quotations of this melody was included in a *nagauta* (Genre N) piece, in a style, that is, different from the style of the *antefactum*. Music example 2 is an excerpt from «*Tuna yakata*» (Tuna's mansion), a Genre N piece composed by Kineya Kangorô III in 1869. The following story may explain why the melody designating snow is quoted here. A brave *samurai*, Watanabe no Tuna, cuts off the arm of a demon in Kyôto. Afterwards, the demon goes to Tuna's mansion so as to retrieve it. Tuna refuses to open the gate of his mansion, and so the demon transfigures himself into Tuna's aunt and says at the gate, «Tuna, Tuna, why do not you let me enter? Have you forgotten that I warmed you with a thick quilt when it snowed?»

The piece including this *antefactum* is considered to have been composed before 1789, as its song text was published for the first time in 1789. It was only in 1809 that its notated melody was printed and published. It is rather difficult to think that the composer of the piece quoting this melody in Genre N had occasion to read this printed notation of Genre Z. He may have learned the piece personally, as Genre N musicians tended to learn Genre Z as well. Or he may have heard the *antefactum* performed in Genre Z, as the piece «*Yuki*» was popular and frequently performed. If he had listened to this piece only once, he could memorize the melody easily, by reinforcing his memory with the help of *kuti syamisen*. The reason that he quoted this melody could be understood as follows: firstly, to depict the snowy winter by using this well-known melody; and secondly, to express his respect to the composer of the *antefactum*, according to the custom of the day.

My conclusion is that this quoting process was carried out orally, without any help of written notation. In traditional lessons on this piece, teachers tend to mention that this is a quotation from Genre Z piece «*Yuki*» so that learners can recognize the melody, although it is shortened. In the twentieth century, especially in its latter half, teachers tend to use published notation of the two pieces (from Genre Z and Genre N).

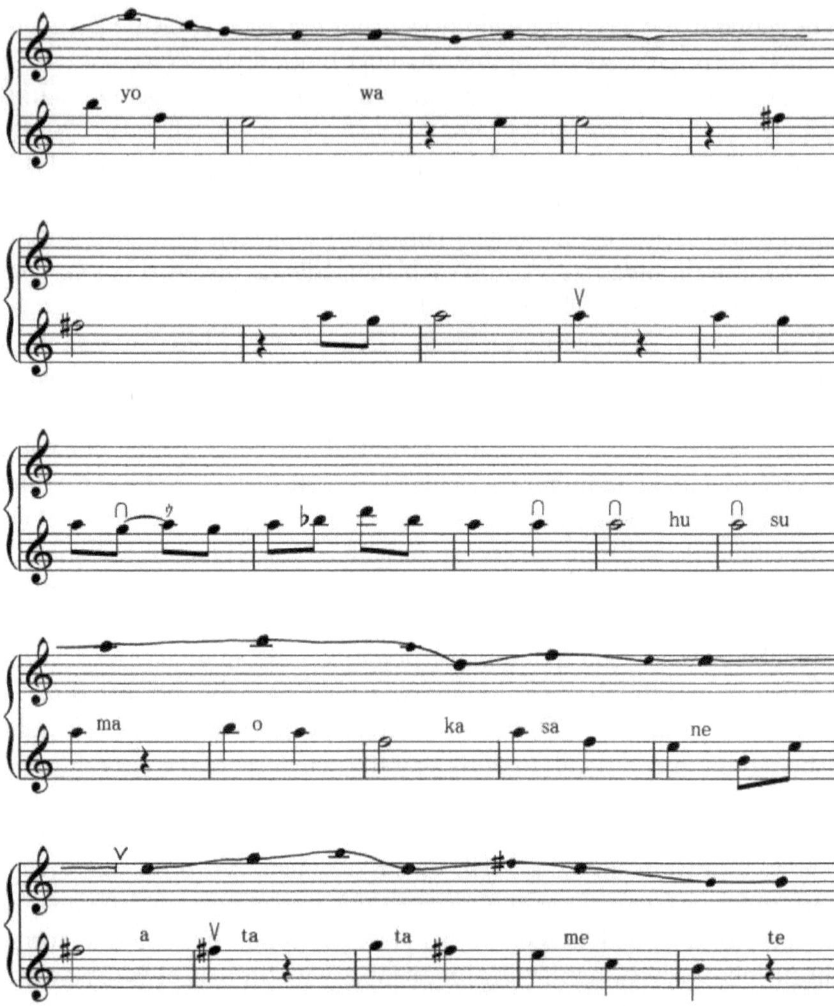

Music example 2. A quotation of Music example 1, «*Tuna yakata*» (‹Tuna's mansion›) in Genre N.

On the published versions, however, there are no descriptions showing the relationship of intertextuality. However, teachers of Genre N tend to mention the fact that it includes a quotation from Genre Z. This functions as quotation marks for learners.

It was and still is a convention for *kabuki* and *bunraku* theatres to use this melody in snowing scenes. Audiences can connect this melody to falling snow (actually a large quantity of small papers like confetti). Consequently, later generations of composers quote this snow melody from its theatrical usage without listening to it in its original style (Genre Z) and without knowing its original *antefactum*. In other words, those composers as well as young listeners do not cast the new texts quoting this snow melody and the original piece into a relationship of intertextuality.

IV. An example of quotation of melodic patterns

In western examples of quotation, the relationships tend to be found between two different works of music. That is, *antefacta* (pre-existing material) of quotations in western music tend to be identified as specific works of music. Typical examples of such relationships can be found in Telemann's *Musique de table* and Händel's concerto; Gluck and Offenbach; Offenbach and Saint-Saëns. In contrast, quotations in Japanese music tend to use melodic patterns proper to certain styles that can be found in various works of the styles in question. In this case, *antefacta* cannot be identified as specific works of music.

As pointed out in Tokumaru 2000b (especially in chapter V: «Fonctions de la citation dans la musique de *syamisen*»), a genre in Japanese music can quote melodic patterns specific to other genres. Musicians had to orally quote patterns of genres other than their own, meaning that they must have had occasions to listen to live performances of other genres. It was the co-existence of various *syamisen* genres that enabled this indispensable condition. Although some older styles were absorbed into newer styles, at least the four styles (Genres Z, G, N, and I) have been transmitted as living traditions since their appearances in the seventeenth or eighteenth century to the present.

Identity in each style is represented by its vocal style (singing or narrative), sonority of its *syamisen*, and its set of a definite number of melodic patterns. As some of those patterns can be transformed into slightly different ones, it is rather difficult to determine the exact number of patterns in each style. Therefore, I can only roughly give the following numbers: 1) less than 100 patterns for Genre N; 2) more than 200 patterns for Genre G, and 3) less than 50 patterns for Genre I[5]. In this discussion,

5 Some patterns belonging to these three styles are transcribed in staff notation in Tokumaru 2000b: chapter IV «La notion de patron».

Genre Z is excluded, as Genre Z is based upon singing melodies rather than upon a set of melodic patterns.

In genres containing melodic patterns, patterns are classified in terms of their functions (e.g., for beginning a piece, to give a cadence to a piece, etc.) and given names respectively. As far as it concerns those three styles, the sets of patterns are different from each other. Generally speaking, patterns of Genre N cannot be found in Genre G, and vice versa.

One of the well-known melodic patterns of Genre G is a pattern for opening sections of long dramas, called «*okuri*». As this is used to begin many scenes of *bunraku*, musicians of Genre G have developed this pattern into many variants according to the character of scenes in dramas. However, those variants share the basic melodic movement. Therefore, outsiders regarded this pattern, *okuri*, as a representative pattern for Genre G. I repeat: as far as *okuri* is used in many Genre G pieces, its use should not be considered as quotation. If it is used in genres other than Genre G, it should then be considered quotation.

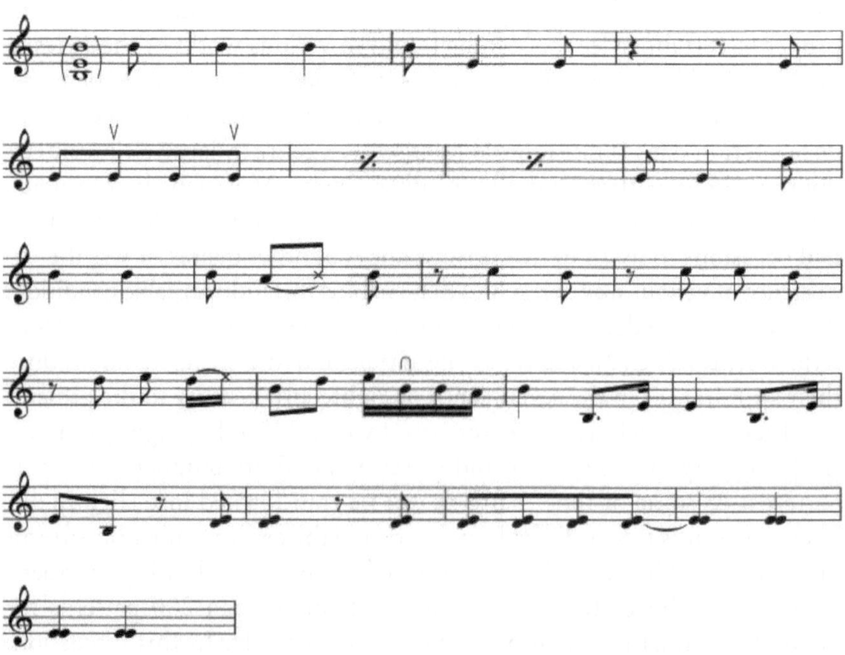

Music example 3. A quotation of a melodic pattern of Genre G in Genre N, Part II of «*Sangoku yôko monogatari*» (‹Story of a bewitching vixen in three countries›).

A composer of Genre N, Kineya Rokusirô I, quoted this pattern for his *nagauta* (Genre N) piece, Part II of «*Sangoku yôko monogatari*» (Story of a bewitching vixen in three countries) in the mid-nineteenth century. Music example 3 is a transcription of its beginning. The intention of this musician in quoting this pattern belonging to Genre G can be considered as introducing the narrative nature of Genre G into Genre N, which was characterized as a singing style rather than a narrative style. Some musicians of Genre N have asked what piece in Genre G was its *antefactum*. This is a question which we cannot answer *sui generis*.

This pattern, *okuri*, was also quoted by contemporary Japanese composer Mayuzumi Toshiro (1932-1997) in his «*Bunraku*» for solo violoncello (1964). In order to imitate the sonority of *okuri* which starts with the highest open string on the *syamisen*, he starts this melody with pizzicato on the highest open A string of the cello. Japanese cellists and critics have asked me about its *antefactum*. They expected me to identify the name of a Genre G piece, but in vain. As the pattern *okuri* is used in many *gidayû-busi* works, it is theoretically impossible to determine the name of the piece. More importantly, Mayuzumi's cello piece was connected to Genre G in terms of the *okuri* pattern.

There are many similar examples: Genre G quotes patterns of Genre N; Genre N quotes patterns of Genre G and Genre I; etc. The motivation for this can be summarized as introducing characteristics and atmospheres which other genres possess. In this connection, it should be mentioned that *syamisen* players of Genre G have tended to write the nomenclatures of patterns in their score. They write only names for frequently-used patterns of Genre G, without writing the respective notes (which are written in terms of finger positions). For patterns quoted from other styles, they have tended to write not only the names of the style from which patterns derived, but also their respective notes. In any case, they do not hesitate to disclose the fact that those melodies are quoted patterns from other styles.

Such a positive attitude towards quotations of other styles in Genre G seems to have derived from the founder of *gidayû-busi*, Takemoto Gidayû (1651-1714). When he published his collected works in 1687, he wrote the following sentence in its preface. «Of all the musical pieces that came to my ears since my childhood, I carefully collected and arranged my favorite phrases, then I developed them into my own style which I have performed as well as taught my disciples to perform (see Tokumaru 2000b: 122, translation by Tokumaru).

It goes without saying that his successors followed the founder's attitude towards quotations and augmented the number of quotations (melodic patterns) from other styles in Genre G. This resulted in the contemporary version of Genre G pieces with an enormous quantity of changes of atmosphere deriving from many quoted melodic patterns from other genres.

V. Melodic patterns making intertextuality without quotation

As stated implicitly in section IV, a set of melodic patterns belonging to Genre X can be used in two different ways. First, members of the set are combined to generate new pieces within Genre X. Second, some members of the set are used in Genres non-X, namely genres other than X. If and only if a pattern of Genre X is used in Genre non-X, can this use be judged as a quotation.

Finding the same patterns in different pieces of Genre X, some researchers of Japanese music concluded that such melodic patterns were quoted inside the style X. They were, however, not quotations. Those patterns are members of the set which can be used for generating new pieces in Genre X.

As those patterns are classified in terms of functions (e.g., a pattern for opening a piece, a pattern connecting patterns), they are used in similar contexts. As an example of such patterns, I would like to present a pattern belonging to *nagauta*, Genre N (Music example 4). The name of the pattern is *«zyo»*, meaning *opening*. It is used at the beginning of a piece or a long section of a piece. In this music example, the piece *«Tuna yakata»* (Tuna's mansion) starts with a *zyo* pattern of five measures. Then, the vocal part starts with the words, «Once upon a time, Watanabe no Tuna did xxxx». There may be a hundred *nagauta* pieces beginning with this pattern.

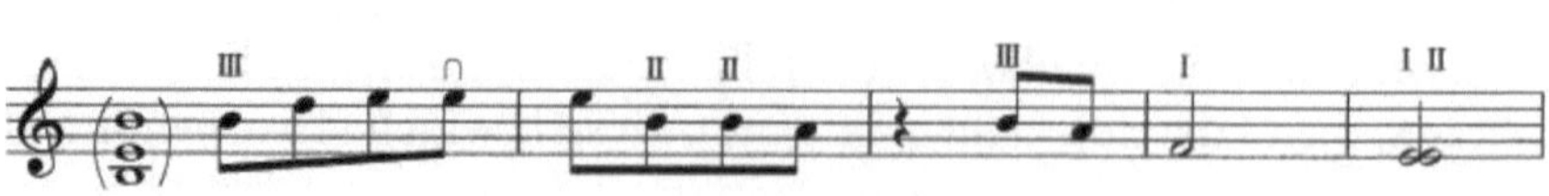

Music example 4. A melodic pattern of Genre N: *«zyo»*.

Although I estimated the number of patterns constituting the set for Genre N, I have to admit that half of them are used more frequently than the other half[6]. Genre N professionals store the set of patterns. When they want to compose new pieces, they may combine possible patterns for beginning a piece, connecting different patterns, ending a piece, etc. It happens often that more than two professionals use the same patterns in their respective compositions. In this case, it is meaningless to decide the temporal priority of a piece or to decide which work should be *antefactum*. Therefore, we cannot and should not say that a piece quotes melodic patterns from another piece inside Genre X.

When we listen to a piece starting with the *zyo* pattern, it reminds us of other pieces starting with the same pattern. It is the same for other patterns. In this way, we cast different pieces in Genre N into the relationship of intertextuality.

Regarding the use of the term «intertextuality» in music, Burkholder has already pointed out two major problems. «First, it is too broad, encompassing all the ways one piece of music is like another, including general similarities of aesthetic, style, and procedure. Second, it evades the question of priority and derivation; we may say that two works are related intertextually without deciding whether one was based on the other or both were based on a common source» (Burkholder 1994: 862).

My explanation of the *zyo* pattern corresponds to his second case. It is clear that any piece in Genre N does not borrow this pattern from other pieces. Here, different music texts are considered to be in the network of intertextuality, in the absence of processes of borrowing or quoting. This is the reason why I insist on using the term intertextuality.

The process of relating different pieces in terms of certain common patterns corresponds to the process of reading *haiku*, the shortest poetic form in Japanese literature. A *haiku* consists of 17 syllables which should be divided into 5+7+5 syllables. It was a custom of this poetic form to include a seasonal subject which can be represented by one of the common seasonal words (*kigo*). For example, cherry blossoms and cicadas are *kigo* for spring and summer, respectively. Thousands of *haiku* may contain such a well-known *kigo*. Lists or glossaries of *kigo* have been published since the Edo period (1600-1868) and are still steadily issued.

6 The more-frequently used patterns in Genre N are transcribed in staff notation in Tokumaru 2000b: 72-82.

Although some poets criticized the inclusion of *kigo* in order to reform this poetic form, they did not become the mainstream of *haiku*. Therefore, *kigo* function in an important role for composing and understanding *haiku*. The inclusion of *kigo* in such a small number of syllables may be considered as a restriction for expressing creativity. In my opinion, however, it is thanks to *kigo* that each *haiku* with a small number of words can be connected to other *haiku*. The inclusion of *kigo* is an effective method for connecting many *haiku* containing the same *kigo* into relationships of intertextuality. Similarly, the use of melodic patterns in a single genre can be evaluated from a similar viewpoint of intertextuality.

VI. Simultaneous juxtaposition of plural pieces

Traditionally, at least since the Edo period, the Japanese people have enjoyed a special performance practice: simultaneous juxtaposition of plural pieces. This could be treated as a type of *quodlibet* in western music, according to the description of it by Maniates (2001). In the Japanese practice, independent pieces which can be and generally are performed alone are performed simultaneously. This practice is called *utiawase* in Japanese, meaning etymologically «fighting together». In the seventeenth century, Yatuhasi *kengyô* (1614-1685, a formal title given to blind men) composed two instrumental pieces named «*Rokudan no sirabe*» (Piece of six sections) and «*Hatidan no sirabe*» (Piece of eight sections) for *koto* (13-stringed zither) solo. They were transposed to *syamisen* of Genre Z. All of the sections included in the two pieces have the same number of beats. Since the Edo period, they have been performed together. The following figure 1 shows the simultaneous juxtaposition of these pieces (Roman numerals refer to the section numbers in each piece).

«*Rokudan no sirabe*» performer(s):	I	II	III	IV	V	VI	I	II
«*Hatidan no sirabe*» performer(s):	I	II	III	IV	V	VI	VII	VIII

Figure 1. Simultaneous juxtaposition of two pieces, «*Rokudan no sirabe*» and «*Hatidan no sirabe*».

Yatuhasi also composed song-cycles called *kumiuta* for the *koto*. The piece «*Huki*» (Wealth and glory) is the most well-known one in this repertoire. Later, in the late eighteenth or the early nineteenth century, the piece «*Yûbe no kumo*» (Evening clouds) for voice and *syamisen* (Genre Z) was composed by either Mituzaki *kengyô* or Kikuoka *kengyô*. The intention of composition was to perform the piece with «*Huki*» in the form of *utiawase*. In this case, both melodies and song texts differ from each other.

Two other *ziuta* pieces that are performed together are «*Utiban*» (Striking board) and «*Yokozuti*» (Side hammer). The *ziuta* pieces «*Rengi*» (Pestle), «*Sekkai*» (Spatula), and «*Suribati*» (Mortar) are an example of three pieces that are performed together (see Yamaguti 1997: 107-108).

The performing practice, *utiawase*, was realized in folk traditions of Japan. One example has been handed down in Tôno City, Iwate Prefecture, North Japan. As its name «*Go iwai*» (Congratulations) indicates, this music has been and is performed on such occasions as celebrating a new house, or the birth of a grandchild. It is performed by a male group and a female group. The male group sings *utai* (the vocal part of *nô* theatre) with a solemn text in formal manner. The female group sings regional folk songs depicting everyday life. After a long simultaneous juxtaposition (perhaps seven minutes), they finish at the same time. Then they start with other pieces.

The performance of *utiawase*, both in Genre Z and as a folk tradition, cannot be understood as quotation or borrowing. Suppose there are two pieces X and Y, where X does not borrow any part of Y, and vice versa. X and Y can be and are performed independently. X and Y, however, are connected and cast into the relationship of intertextuality.

VII. Conclusion

As seen in the above examples, quotation and intertextuality have achieved a significant role in Japanese music. They were constructed mainly without notation, through oral transmission. Literacy in terms of written linguistic texts, commentaries and notation has contributed to reinforce memory.

Similar examples could be collected from other Asian countries. Such countries as China, Korea, and Vietnam, where respective notational systems (see Tokumaru 2005b; 2007) have been developed will afford examples similar to these Japanese examples.

In contrast to social contexts, music texts have mobility and can be transposed from their original place to other places. Even in Japan, which is separated from the Asian continent by sea, music texts of other Asian cultures were transposed and are still being transmitted as live traditions. In various regions on the Asian continent where direct contact is much easier, music texts may have been transposed more frequently. The relationships between Vietnam and China, or among Myanmar, Thailand, and Laos, will offer concrete examples of oral quotations as the results of transposition.

Considering those relations in terms of intertextuality will give a new perspective on music of the world: *reputare nihil insulatum* (consider nothing isolated).

Abstract

The aim of this paper is to reconsider quotation and intertextuality in music by presenting examples from Japanese music. Although quotation and its related practices play a significant role in the music of Asia including Japan, overviews and general theoriesabout them have tended to be formulated without considering examples taken from Asian music. This paper presents concrete examples of Japanese music in various genres of *syamisen* (*shamisen*, a three-stringed plucked lute) music, including *kabuki*, *bunraku*, and chamber music styles. In these styles, specific Genre X pieces are quoted not only within Genre X, but also in different Genres: Y, Z, etc. It should be emphasized that a set of melodic patterns belonging to Genre X can be used in two different ways: first, members of the set may be combined to generate new pieces inside Genre X; and second, some members of the set may be used in Genres other than X. The former connects different pieces in Genre X in terms of the common members and formulates a relationship of intertextuality, while the latter forms the relationship of a quotation. A simultaneous juxtaposition of multiple pieces in Japanese music is mentioned as one method of creating intertextuality, but not quotation.

References

Burkholder, J. Peter, «The uses of existing music: musical borrowing as a field.» *Music Library Association Notes* 50, 1994, pp. 851-70.

Burkholder, J. Peter, «Borrowing» in Sadie 2001a (4), pp. 5-41.

Burkholder, J. Peter, «Intertextuality» in Sadie 2001b (12), pp. 499-500.

Burkholder, J. Peter, «Quotation» in Sadie 2001c (20), pp. 689-691.

Chae, H. K. (ed.), *Tongyang Umak: Journal of the Asian Music Research Institute* 22. Seoul, Seoul National University Press, 2000.

Darbellay, Etienne, «Tradition and notation in baroque music» in Tokumaru; Yamaguti 1986, pp. 57-68.

Darbellay, Etienne, «Libertà nella musica occidentale scritta» in Nattiez 2005, pp. 460-481.

Darbellay, Etienne, «Liberté dans la musique occidentale savante et écrite» in Nattiez 2007, pp. 577-600.

Finscher, Ludwig (ed.), *Die Musik in Geschichte und Gegenwart Sachteil 9.* Kassel/Basel/London/New York/Prague, Bärenreiter; Stuttgart/Weimar, Metzler, 1998.

Greimas, A. L. et al. (eds.), *Sign. Language. Culture.* The Hague, Mouton, 1970.

Gruber, Gernot, «Zitat» in Finscher 1998, pp. 2401-2412.

Ikegami, Yoshihiko (ed.), *Empire of signs: semiotic essays on Japanese culture,* Amsterdam/Philadelphia, John Benjamin, 1991.

Klein, L. Michael, *Intertextuality in western art music,* Bloomington, Indiana, Indianapolis, Indiana, Indiana University Press, 2005.

Kühn, Clemens, *Das Zitat in der Musik der Gegenwart – mit Ausblicken auf bildende Kunst und Literatur,* Hamburg, Verlag der Musikalienhandl., 1972.

Lissa, Zofia, «Ästhetische Funktion des musikalischen Zitats» in Greimas, et al. 1970, pp. 674-689.

Lissa, Zofia, «Fonctions esthétiques de la citation musicale», translated by Jean-Jacques Nattiez, *Versus* 13, 1976, pp. 19-34.

Maniates, Maria Rika, and Freedman, Richard, «Quodlibet» in Sadie 2001 (20), pp. 687-689.

Metzer, David, *Quotation and cultural meaning in twentieth-century music,* Cambridge, Cambridge University Press, 2003.

Nattiez, Jean-Jacques (ed.), *Enciclopedia della musica volume quinto: L'unità della musica,* Torino, Einaudi, 2005.

Nattiez, Jean-Jacques (ed.), *Musiques, une encyclopédie pour le XXIe siècle 5: L'unité de la musique,* s. l., Actes sud/Cité de la musique, 2007.

Sadie, Stanley (ed.), *The new Grove dictionary of music and musicians 2nd edition*, London, Macmillan, 2001.

Tokumaru, Yosihiko, «Some remarks on the *shamisen* and its music» in Koizumi; Tokumaru; Yamaguchi 1977, pp. 90-99. Reprinted in Tokumaru 2005, pp. 13-25.

Tokumaru, Yosihiko, «Le mouvement mélodique et le système tonal de la musique de syamisen». *Revue de musique des universités canadiennes/ Canadian University Music Review* 1, 1980, pp. 66-105.

Tokumaru, Yosihiko, *L'aspect mélodique de la musique de syamisen,* Dissertation, Québec, Université Laval, 1981.

Tokumaru, Yosihiko, «Intertextuality in Japanese music», Ikegami 1991, pp. 139-155, reprinted in Tokumaru 2005, pp. 121-155.

Tokumaru, Yosihiko, «The interaction of orality and literacy in structuring syamisen music» in Tokumaru; Yamaguti 1986, pp. 110-129, reprinted in Tokumaru 2005, pp. 53-74.

Tokumaru, Yosihiko, «Importance of intertextuality in East Asian musics», Chae 2000a, pp. 35-45, reprinted in Tokumaru 2005: 217-224.

Tokumaru, Yosihiko, *L'aspect mélodique de la musique de syamisen,* Paris, Peeters, 2000b.

Tokumaru, Yosihiko, *Musics, signs, and intertextuality: collected papers,* Tôkyô, Academia Music, 2005.

Tokumaru, Yosihiko, «Il ruolo della notazione musicale nel mondo non occidentale: il caso dell'Estremo Oriente» in Nattiez 2005, pp. 482-498.

Tokumaru, Yosihiko, «Le rôle de la notation musicale dans le monde non occidental: l'exemple de l'Asie orientale» in Nattiez 2007, pp. 601-625.

Tokumaru, Yosihiko, and Yamaguti, Osamu (eds.), *The oral and the literate in music,* Tôkyô, Academia Music, 1986.

Yamaguti, Osamu (ed.), *A history of Japanese koto music and ziuta (with two CDs) by KIKKAWA Eisi* (translated and supplemented by Leonard C. Holvik), Tôkyô/Ôsaka, Mita Press, 1997.

Ervin Laszlo

A greater role for music in our common future

To Etienne, a great musician and a great friend

We live in fascinating times: in the midst of the fastest and most profound transition in the history of humanity. The current transition is more profound than that which led from the Middle Ages to the modern industrial age, and it is occurring in a matter of decades rather than centuries. It takes us from a world of classical national states with separate centers of power, locally based industry, and a relatively livable environment to an interlinked and interdependent yet highly conflict-prone techno-industrial system on the verge of a variety of financial, social, and ecological breakdowns. Today's conditions are as different from those of the Modern Age as that age was different from the Middle Ages.

Living in these times calls for radically different ways of thinking and acting. As Einstein said, one cannot solve a problem with the same kind of thinking that gave rise to that problem. This is a problem in itself, because the speed with which the post-modern age is breaking on us has not given us time to evolve the required ideas and practices. For the most part, we attempt to cope with the conditions of the 21st century with the thinking of the 20th. This, however, is like attempting to live in today's globalized post-industrial societies with the mind-set of medieval villages. It is ineffective and, because of the vulnerability of our economic, social and ecological systems, dangerous. This is of concern to everyone. Due to the growing links and dependencies forged by global markets, technologies, and information, lagging perceptions and practices in one segment of society are a threat to all others.

To meet the challenges of our times we need new thinking, new values, different perceptions and priorities. We need a veritable «cultural revolution» – not dictated from above, but penetrating from below, inspired by the thinking and values of the widest layers of society. Here music has a major role to play: it can help people evolve their thinking and enlarge their vision. In great music we possess a deep source of inspiration for living in harmony with nature.

Great music is not limited to concert halls. In its truest and finest form it enters our feelings and our dreams; it is creativity in its highest form. Despite its different modes of expression and its own criteria of excellence, it is nourished by the same fundamental source as science: insight into the nature of human experience. The musician, rather than penetrating the microcosmos of the atom and the macrocosmos of interstellar space, penetrates the deep regions of his own psyche to find links with other people, and with all of nature.

Great works of music transcend the geographical place and historical time of their creators; they attain universality. They socialize us into the human community, giving us insight into the relations that bind us to each other, and to the cosmos. They manifest deep and perennial intuitions of our oneness with all of creation.

In his poem «The Eolian Harp,» Coleridge wrote,

> And what if all of animated nature
> Be but organic Harps diversely fram'd
> That tremble into thought, as o'er them sweeps
> Plastic and vast, one intellectual Breeze
> At once the Soul of each, and God of all?

This is the poetry of music; the expression in words of the sense music communicates without words. The experience of music makes us feel one with our fellow humans, and with all of creation. Music is a momentous, and for the present vastly underutilized force for nourishing the great cultural revolution needed in our time.

Biographie des auteurs

BOCCADORO BRENNO. Musicologue tessinois formé à l'université et au Conservatoire de musique de Genève (piano et cours théoriques), professeur ordinaire depuis 2004 au département de musicologie de l'université de Genève et à l'Ecole Polytechnique fédérale de Lausanne (Collège des Humanités, programme SHS, sciences humaines et sociales), Brenno Boccadoro a consacré son activité de chercheur à l'histoire de la théorie et à celle des idées. Après ses travaux sur la théorie de la musique de l'Antiquité grecque, dont des articles sur les pythagorismes et Ethos e Varietas. Trasformazione qualitativa e metabole nella teoria musicale dell'Antichità greca, il s'est spécialisé dans l'étude des lectures humanistes sur le pouvoir psychique de la musique, et notamment celles de Ficin, dont il s'est servi pour établir une typologie des affects mélancoliques dans la musique de la Renaissance italienne. En 1995 son intérêt pour la théorie musicale le conduit à participer à l'édition des écrits musicaux de J.-J. Rousseau dans le vol V. des Œuvres complètes à la Bibliothèque de la Pléiade, et, en 2012, à la publication de l'édition critique du Dictionnaire de Musique et des Ecrits musicaux parus dans l' Edition du Tricentenaire de la naissance du même J.-J. Rousseau aux éditions Champion-Slatkine.

BACCIAGALUPPI CLAUDIO è assistente di ricerca presso l'Università di Friburgo (Svizzera) e collaboratore dell'ufficio svizzero del RISM. I suoi campi d'indagine sono la musica sacra napoletana del XVIII secolo e la circolazione della musica in Svizzera nel XVII secolo. Con Luigi Collarile ha redatto il catalogo tematico di Carlo Donato Cossoni, 1623-1700 (Berna, 2009). La sua tesi di dottorato è stata pubblicata col titolo *Rom, Prag, Dresden: Pergolesi und die Neapolitanische Messe in Europa* (Kassel, 2010).
<claudio.bacciagaluppi@unifr.ch>

COLLARILE LUIGI si è laureato in Lettere presso l'Università di Padova (Italia) e ha conseguito il dottorato di musicologia presso l'Università di Friburgo (Svizzera), sotto la direzione del prof. Luca Zoppelli. Dal 2009 è assistente di ricerca presso l'istituto di musicologia dell'Università di

Friburgo. Si occupa in particolare di musica sacra in epoca moderna, del repertorio rinascimentale per strumento da tasto, di editoria musicale. <luigi.collarile@unifr.ch>

Fabris Dinko. Musicologue italien, Dinko Fabris a poursuivi ses études au Conservatoire de Vérone ainsi qu'aux universités de Bari et Bologne, avant d'accéder au doctorat en musicologie à l'Université de Londres. Professeur d'histoire de la musique au Conservatoire de Bari depuis 1984 et à l'Université della Basilicata de Potenza depuis 2001, il est également professeur invité aux universités de Paris (Ecole Normale Superieure et Ecole Pratique des Hautes Etudes), de Melbourne, de Lubljana, de Lecce, de Tours et de Toulouse. Il est en outre Principal Honorary Fellow de l'Université de Melbourne en Australie, professeur associé dans le cadre du Doctorals DocArtes de l'Université de Leiden et du Conservatoire de La Aje. Membre du Directorium de la Société Internationale de Musicologie depuis 2002, il a été de 2012 à 2017 le premier italien à en être nommé président. Il a publié quelques 120 articles, livres et éditions critiques sur la musique du XVIe au XXe siècle, principalement dans le domaine des notations anciennes et du mécénat en musique, de la musique napolitaine. Il s'est également intéressé à la l'œuvre du compositeur Nino Rota auquel il est en train de consacrer un livre. Le livre en anglais plus récent est *Music in Seventeenth-century Naples* (Ashgate 2007).

Fournier Yves obtient une maitrise universitaire ès lettres en 2009, à l'université de Genève. Ses domaines d'intérêt sont la théorie musicale à la Renaissance, et plus particulièrement la pratique du *tactus,* ainsi que l'épistémologie musicale. Depuis 2009, il est assistant du professeur Etienne Darbellay et prépare une thèse de doctorat sur la notation rythmique dans les œuvres sacrées de Luca Marenzio.

Frei Constance a étudié la musicologie à l'Université de Genève où elle a soutenu en 2008 une thèse de doctorat sur l'articulation, l'ornementation et les différentes pratiques d'exécution dans la littérature pour violon en Italie au XVIIe siècle. Elle a été assistante du Professeur Etienne Darbellay et a enseigné la musicologie durant 10 ans (2001-2011) à l'Université de Genève en tant qu'assistante puis comme chargée de cours. Elle a collaboré à la réalisation de plusieurs éditions critiques publiées par Suvini Zerboni, publié plusieurs articles et un livre *L'arco sonoro. Articulation et ornementation: les différentes pratiques d'exécution pour violon en Italie au XVIIe siècle* (Lucca, LIM 2011, 658 pages). Elle a également étudié le violon (avec Liliane Romano et Corrado Romano), a obtenu son diplôme à la Société Suisse de Pédagogie Musicale et a enregistré pour la maison discographique Tactus. Actuellement elle prépare une nouvelle publication *La typographie musicale à Bologne au XVIIe siècle* grâce à une bourse d'étude du *Fonds National Suisse de la recherche scientifique* (2010-2013).

GIARDINA ADRIANO a effectué ses études de musicologie aux Universités de Fribourg et Genève. En 2009, il a soutenu une thèse de doctorat sur l'organisation et le style du premier livre de motets de Tomás Luis de Victoria sous la direction du Professeur Etienne Darbellay à l'Université de Genève. Actuellement, il est premier assistant à l'Université de Lausanne. A ce titre, il enseigne à l'Ecole Polytechnique Fédérale dans le cadre du programme Sciences humaines et sociales. Il a également été chargé de cours à l'Université de Fribourg entre 2009 et 2011. Ses recherches portent sur la polyphonie de la seconde moitié du XVIe siècle. Adriano Giardina dirige également l'Ensemble La Sestina, spécialisé dans l'interprétation de la musique de la Renaissance.

HAMMOND FREDERICK is a scholar harpsichordist. His books include *Girolamo Frescobaldi* (1983, revised Italian translation 2002). *Music and Spectacle in Baroque Rome* (1994) and *The Ruined Bridge: Studies in Barberini Patronage of Music and Spectacle* (2010). He is Irma Brandeis Professor of Romance Studies Emeritus at Bard College, Annandale, New York.

LASZLO ERVIN spent his childhood in Budapest. His life was darkened by the invasion by Germany and the siege by the Soviets in World War Two. He was a celebrated child prodigy, with public appearances from the age of nine. Receiving a Grand Prize at the international music competition in Geneva, he was allowed to cross the Iron Curtain and begin an international concert career, first in Europe and then in America. At the request of Senator Claude Pepper of Florida, he was awarded U.S.citizenship prior to his 21st birthday by an Act of Congress.

Laszlo received the Sorbonne's highest degree, the Doctorat ès Lettres et Sciences Humaines in 1970. Shifting to the life of a scientist and humanist, he lectured at various U.S. Universities including Yale, Princeton, Northwestern, the University of Houston, and the State University of

New York. Following his work on modeling the future evolution of world order at Princeton, he was asked to produce a report for the Club of Rome, of which he was a member. In the late 70s and early 80s, Laszlo ran global projects at the United Nations Institute for Training and Research at the request of the Secretary-General. In the 1990s his research led him to the discovery of the Akashic Field, which he has continued to study and expound ever since.

The author, co-author or editor of 89 books that have appeared in a total of 23 languages, Ervin Laszlo has also written several hundred papers and articles in scientific journals and popular magazines. He is a member of numerous scientific bodies, including the International Academy of Science, the World Academy of Arts and Science, the International Academy of Philosophy of Science, and the International Medici Academy. He was elected member of the Hungarian Academy of Science in 2010.

Laszlo's autobiography was published in June 2011 under the title *«Simply Genius! And Other Tales from my Life.»* Currently he appears in several documentary films, including one based on his theory of the Akashic field. The script for a full-length theatre-showing film based on his autobiography is in development. The recipient of various honors and awards, including Honorary Ph.D.s from the United States, Canada, Finland, and Hungary, Laszlo received the Goi Award, the Japan Peace Prize in 2001, the Assisi Mandir of Peace Prize in 2006, and was nominated for the Nobel Peace Prize in 2004 and 2005.

Ervin Laszlo is founder and president of the global think-tank The Club of Budapest and Chancellor of the world online university, Earth University.

MACINANTI ANDREA. Nato a Bologna nel 1958, si è diplomato in Organo, Clavicembalo e Canto ai Conservatori di Bologna e di Parma perfezionandosi poi con Klemens Schnorr a Monaco di Baviera. Si è laureato cum laude alla Facoltà di Lettere e Filosofia dell'Università di Bologna. È docente di Organo al Conservatorio «G.B. Martini» di Bologna. Tra le sue numerose registrazioni si segnalano le opere complete per organo di Ottorino Respighi e di Goffredo Giarda per Tactus (casa discografica con la quale è ora impegnato nella registrazione dell'opera omnia organistica di Marco Enrico Bossi) e di Guido Alberto Fano e Giovanni Tebaldini per Elegia. Ha curato numerose revisioni critiche, tra le quali i Fiori Musicali di G. Frescobaldi, l'opera integrale per tastiera di A. Scarlatti e di G.B.

Martini (Ut Orpheus), un'antologia in nove volumi di musica italiana per organo, l'Opera Omnia Organistica di M. E. Bossi e uno studio sull'analisi e l'interpretazione dei *Trois Chorals* di C. Franck (Carrara). Dal 1994 è co-direttore editoriale della rivista «Arte Organaria e Organistica». È membro dell'Accademia Filarmonica di Bologna e dal 1988 direttore artistico della rassegna concertistica internazionale «Organi antichi, un patrimonio da ascoltare». Alla pratica della musica unisce quella del Karate (cintura nera 4° DAN). Nel 2005 è stato insignito dal Presidente Ciampi del titolo di Cavaliere dell'Ordine «Al Merito della Repubblica Italiana».
<www.andreamacinanti.com>

MORELLI ARNALDO è professore associato di Musicologia e Storia della musica all'Università di L'Aquila. Dal 2002 dirige la rivista *Recercare*.

Dopo aver conseguito il dottorato di ricerca in musicologia all'Università di Bologna (1989), è stato borsista presso l'Università di Napoli Federico II (1991-1993), poi *fellow* (1994-1995) e *research associate* (1996-2003) dello Harvard University Center for Italian Renaissance Studies Villa I Tatti, Firenze. Ha insegnato in diversi conservatori statali e all'Università della Calabria (1996-2002). È stato redattore per la sezione Musica del *Dizionario Biografico degli Italiani* (2004-2010). Insieme a Étienne Darbellay, ha fatto parte del comitato scientifico per l'edizione delle opere complete di G. Frescobaldi.

Ha pubblicato la monografia *Il tempio armonico. Musica nell'oratorio dei Filippini in Roma (1575-1705)* e le edizioni moderne di musiche oratoriali di G.F. Anerio, M. Marazzoli e B. Pasquini, oltre a numerosi articoli apparsi in riviste e atti di convegni. Ha curato i volumi *La musica a Roma attraverso le fonti d'archivio* (Lucca, 1994); *Storia e musica: fonti, consumi e committenze* (Bologna, 1997), *Schumann e i suoi rapporti con lo spazio letterario* (Lucca, 2007).

NATTIEZ JEAN-JACQUES est professeur émérite de musicologie à l'Université de Montréal, est considéré comme un des pionniers de la sémiologie musicale. Il en a développé un modèle (*Musicologie générale et sémiologie*) dont il a appliqué les principes aux œuvres de Wagner, Debussy, Varèse et Boulez et aux musiques traditionnelles des Inuit du Canada et des Baganda de l'Ouganda. Il a été l'éditeur des écrits de Pierre Boulez. Il s'est également penché sur les rapports entre musique, littérature et arts plastiques (*Proust musicien; Lévi-Strauss musicien; La musique, les images et les mots*).

Il a dirigé une encyclopédie musicale en 5 volumes publiée en Italie chez Einaudi et en France chez Actes Sud. Il a supervisé et préfacé l'édition française du grand livre de Leonard Meyer, *Émotion et signification en musique.* Il termine actuellement un *Traité de musicologie générale.*

PEARLMANN MARTIN, American conductor, composer and harpsichordist, is the founder and Music Director of Boston Baroque, the oldest period-instrument orchestra in North America. He conducts that ensemble in its Boston series, as well as on tour, and has made numerous recordings of operas, choral works and orchestral works for Telarc International and, more recently, for Linn Records. As a composer, his work includes a commissioned performance of music for three plays of Samuel Beckett for a Beckett centennial program in New York. He is a professor in the Historical Performance Department at Boston University's School of Music. <www.martinpearlman.com>

PUGIN LAURENT has in recent years mainly been working in the field of optical music recognition for early music, in connection with fields such as Renaissance music philology, music printing history, music encoding, digitization and machine learning and image processing applied to music. Upon completion of his PhD at Geneva University, he was a Postdoctoral Research Fellow at McGill University, Canada, from 2006 to 2008. In Fall 2008 he was a Visiting Research Fellow at Stanford University, USA, and Faculty Lecturer in Music Technology at McGill University in 2009. His research has been conducted in conjunction with the development of an open source project, Aruspix, for which he is the lead developer, and connected to an edition project of the secular works of Luca Marenzio. Since September 2009, Laurent Pugin is Co-Director of the RISM Swiss Office in Bern for which he was awarded as Co-PI a research infrastructure grant.

RIEBEN NANCY. Née à Genève, Nancy Rieben est diplômée du Conservatoire de Musique de Genève et de la Faculté des Lettres de l'Université de Genève, où elle a étudié la musicologie et la germanistique. En tant que musicologue, Nancy Rieben enseigne dans différentes institutions romandes. Assistante du Professeur Etienne Darbellay, puis chargée d'enseignement au Département de Musicologie, elle se spécialise dans les domaines de l'édition musicale et de l'histoire de la notation musicale. Elle est également, depuis 2006, professeur d'histoire de la musique à la Haute Ecole de Musique de Genève, après avoir enseigné la matière pendant deux ans en tant que professeur suppléante. Durant l'année académique 2007-2008, Nancy Rieben est assistante du Professeur Georges Starobinski pour les filières de sciences humaines de l'Ecole Polytechnique Fédérale de Lausanne. En 2008, elle est chargée de l'enseignement de l'histoire de la musique de l'antiquité à nos jours à la Haute Ecole de Musique de Neuchâtel. Ces postes l'amènent à collaborer étroitement avec la direction de ces différentes institutions pour l'établissement de nouveaux cursus académiques. Elle crée un Bachelor «Musique et Musicologie» réunissant dans une même formation académique l'étude de la théorie et de la pratique musicale.

SELFRIDGE-FIELD ELEANOR, Consulting Professor of Music, Stanford University, has been extensively involved in both historical musicology and in the development of digital applications. She is the author of five books in the first and the editor of 16 books in the second. She is current writing a biography of Antonio Vivaldi.

SILBIGER ALEXANDER is Professor Emeritus at Duke University and Editor-in-Chief of the Web Library of Seventeenth-Century Music. His many publications include *Italian Manuscript Sources of Seventeenth-Century Keyboard Music* (1980); articles «Chaconne,» «Passacaglia,» Matthias Weckmann, and (with Frederick Hammond) «Frescobaldi,» in *The New Grove* (2001); and «Fantasy and Craft: The Solo Instrumentalist,» in *The Cambridge History of Seventeenth-Century Music* (2005). He served as Editor and Contributor to *Frescobaldi Studies* (1987), *Keyboard Music Before 1700* (Routledge 2003), and to a 28-volume facsimile set of seventeenth-century keyboard music published by Garland (1987-1989). In 2009 he received a fellowship from the Mellon Foundation for the creation of the *Frescobaldi Thematic Catalogue Online*, and in 2010, on occasion of his 75th birthday, he was honored with a festschrift, *Fiori Musicali: Liber Amicorum Alexander Silbiger*, edited by Claire Fontijn.

STAROBINSKI GEORGES est musicologue et pianiste. Formé aux Hautes Ecoles de Musique de Genève et de Munich ainsi qu'à l'Université de Genève, il est successivement chef de chant au Théâtre de Bâle, puis assistant du prof. Jean-Jacques Eigeldinger à Genève, où il soutient une thèse sur Alban Berg. Il est nommé professeur ordinaire à l'Université de Lausanne en 2004, et enseigne à ce titre également au Collège des Humanités de l'Ecole Polytechnique Fédérale de Lausanne (EPFL), à la Haute Ecole de Musique de Lausanne (HEMU), ainsi qu'à l'Université de Genève. Depuis 2013, il est directeur de la Haute école de musique de Bâle (FHNW) sur le campus de la *Musik Akademie*.

Ses publications portent sur des questions de théorie musicale, d'esthétique et de pratiques d'exécution aux 19e et 20e siècles, avec un accent particulier sur le répertoire du lied et de la mélodie, qu'il pratique régulièrement au piano en concert. Il est l'auteur d'une monographie sur Berg (Peter Lang, 2000) et a édité les *Chroniques musicales* de Wolf (Contrechamps, 2004) ainsi que les écrits de Webern (Contrechamps, 2008). Il a par ailleurs publié une série d'études sur les représentations musicales de l'enfance, un volume de la collection Sources aux PUF consacré à Ramuz et Stravinsky (*Noces et autres histoires russes*, 2007), et de nombreux textes de présentation pour les opéras de Genève et de Paris.

TAGLIAVINI LUIGI FERDINANDO, né à Bologne, a étudié aux Conservatoires de musique de sa ville natale et de Paris ainsi qu'à l'Université de Padoue.

Après avoir été successivement titulaire des chaires d'orgue aux Conservatoires de Bolzano, Parme et Bologne, il a été à partir de 1965 professeur ordinaire de musicologie à l'Université de Fribourg en Suisse, où il est depuis 2000 professeur émérite. Il donne également des cours de maître à de nombreuses écoles et académies d'orgue en Europe et en Amérique.

Il exerce sur le plan international une activité intense de concertiste d'orgue et de clavecin. On lui doit de nombreux enregistrements sur disque, consacrés particulièrement à l'ancienne musique italienne, pour lesquels il a reçu plusieurs prix. Le Musée «San Colombano» à Bologne accueille dès 2010 son importante collection d'instruments anciens.

Italian organist, harpsichordist, musicologist, teacher, and composer LUIGI FERDINANDO TAGLIAVINI was born in Bologna in 1929. Professor of organ at the conservatories in Bolzano, Parma, and Bologna, and during 35 years director of the Institute of Musicology at the University of Fribourg, he was also a visiting professor at various universities in the U.S., Europe, and Japan. For years he taught with Marie-Claire Alain, Gustav Leonhardt, and Anton Heiller at the International Organ Academy in Haarlem, as well as at Academies in Innsbruck and Pistoia. He teaches now regularly at the Organ Academy San Martino in Bologna and at the Summer Organ

Courses in Romainmôtier (Switzerland). As an organist and harpsichordist, he has been invited to perform worldwide.

Tagliavini's musicological works include critical editions of Mozart and numerous studies of 16th and 17th century keyboard music, performance practice, history, technique, and the restoration of old musical instruments. Since 1960 he and the late Oscar Mischiati have edited the periodical *L'Organo* (Bologna). Serving on commissions in both Italy and Switzerland for the protection of historic organs, he supervised the restorations of important instruments such as those in the church of San Petronio in Bologna.

His recordings include two editions of Frescobaldi's *Fiori Musicali*, Antonio Soler's concerti for two organs, Bernardo Pasquini's sonatas for two keyboard instruments (with Marie-Claire Alain), and works by Andrea and Giovanni Gabrieli (with Liuwe Tamminga). He has created one of the most significant collections of antique keyboard instruments (now in the Museum San Colombano in Bologna). Two large catalogues and one of his CDs features his own collection of music instruments.

Tagliavini has been awarded the gold medal of the Italian Ministry of Public Education, the gold medal of the Government of Tyrol, Austria, and the prize "Massimo Mila" of the Italian music critics. In 1985 he was named *International Performer of the Year* by the New York City Chapter of the American Guild of Organists. A member of the *Accademia di Santa Cecilia* of Rome, he has been awarded honorary degrees by the University of Edinburgh, the Royal College of Organists, London, the University of Bologna, the Pontifical Institute of Sacred Music of Rome, and was made an honorary citizen of the cities of Fribourg, Switzerland, and of Dallas, Texas. For his 65th birthday he was honored with the "Festschrift" *Musicus Perfectus* and for his 70th, the "Festschrift" *Fiori musicologici.*

TOKUMARU YOSIHIKO. Born in 1936, in Tokyo he studied aesthetics and musicology at the University of Tokyo and later obtained his doctorate from the Université Laval, Canada, under the guidance of Prof. Etienne Darbellay, in 1982. He taught at the Kunitachi College of Music, Ochanomizu University (a state university in Tokyo), and the Open University of Japan as a professor of musicology. He also served as visiting professor at the Université de Montréal (1979-1981) and at the University of California at Los Angeles (1986-1987). His main fields of research are the semiology of music and "behavioristic" musicology. From 1994 to

2000, he directed a project for the revitalization of Vietnamese court music, and in 1994, succeeded in inaugurating a teaching course at the State University of Hue. In addition to his academic research, he was active in the introduction of the traditional music of Japan to domestic and international audiences through a series of concerts. A list of his works was published in *Otyanomizu Ongaku Ronsyû (Journal of the musicological society of Ochanomizu University)* no. 5 (2003) and no. 6 (2004); a Festschrift for Dr. TOKUMARU Yosihiko on his seventieth birthday was published in December 2006 as a special issue of that journal.

ZEHNDER JEAN-CLAUDE unterrichtete 1972 bis 2006 die Orgelklasse der Schola Cantorum Basiliensis (Hochschule für alte Musik an der Musik-Akademie der Stadt Basel), aus der zahlreiche, mittlerweile bekannte Musiker hervorgingen. Seine Aktivitäten umfassen Konzerte und CD's, Unterricht an Orgelakademien und Publikationen mit Schwerpunkten bei der Stilentwicklung Johann Sebastian Bachs und bei der Interpretationsforschung. Jean-Claude Zehnder erhielt den Doktor h. c. der Universität Dortmund.

Sein Buch über die frühen Werke Johann Sebastian Bachs erschien 2009 im Schwabe-Verlag, Basel. Es etabliert erstmals eine chronologische Ordnung von etwa 120 Stücken, die im Zeitraum von 1695 bis 1708 entstanden sind. Die Erfassung von stilistischen Parametern dient darüber hinaus der Darstellung von Bachs Werdegang, seiner jugendlichen Experimente und der allmählichen Herausbildung einer "Tonsprache", die unser abendländisches Musikverständnis stark geprägt hat.

Jean-Claude ZEHNDER was professor of organ from 1972-2006 at the Schola Cantorum Basiliensis, where numerous prominent musicians were among his predecessors. His many activities include recitals and recordings, teaching at organ academies, and writings focusing on performance practice and the stylistic development of Johann Sebastian Bach. He received an honorary doctorate from the University of Dortmund.

Jean-Claude Zehnder's study of the early works of J.S. Bach was published by Schwabe (Basel) in 2009. It establishes for the first time a chronological order of some 120 works composed between 1695-1708. Stylistic parameters serve to form a picture of Bach's development, his youthful experiment and the gradual crystalisation of his musical language, which left such a strong mark on our understanding of western music.

ZOPPELLI LUCA. Après ses études à l'Université de Venise «Ca' Foscari», Luca Zoppelli a enseigné l'histoire de la musique aux Conservatoires de Padoue et Vicence, ensuite à l'Université de Lecce, en tant que chargé des cours et professeur associé. Depuis octobre 2000 il est professeur ordinaire de Musicologie à l'Université de Fribourg.

Ses principaux domaines de recherche sont l'esthétique musicale de l'Europe d'ancien régime, la dramaturgie et la phénoménologie du théâtre musical en général, l'opéra au XIXe siècle, vue en perspective comparée et au moyen d'outils narratologiques (*L'opera come racconto*, Venezia 1994). Il a publié des nombreuses études sur Verdi et sur Wagner.

Luca Zoppelli co-dirige *l'Edizione Critica delle Opere di Vincenzo Bellini*, en cours de parution chez Ricordi, Milan, et dirige la série *Musik aus Schweizer Klöstern*. Il a établi l'édition critique de *Maria di Rohan* de Donizetti et celle de *La sonnambula* de Bellini.

Rédacteur en chef des *Annales Suisses de Musicologie*, il est membre des comités scientifiques des revues *Recercare* (Roma) et *Il saggiatore musicale* (Bologna).

Principales publications d'Etienne Darbellay

Logiciel

WOLFGANG, logiciel professionnel d'édition musicale, version 5.5 pour Windows, Genève 1990-2013. (Programme pour IBM PC et compatibles) Version 6.5 (pour Windows professional et suivant).

Editions critiques musicales

C. P. E. BACH, Sechs Sonaten mit veränderten Reprisen für Clavier (1760), Winterthur 1976, Amadeus Verlag.

G. FRESCOBALDI, Il Primo Libro di Toccate d'Intavolatura di Cembalo e Organo, Milano 1977, Suvini Zerboni (Frescobaldi, Opere complete II; Monumenti musicali italiani vol. IV).

G. FRESCOBALDI, Il Secondo Libro di Toccate d'Intavolatura di Cembalo e Organo, Milano 1979, Suvini Zerboni (Frescobaldi, Opere complete III; Monumenti musicali italiani vol. V).

G. FRESCOBALDI, Il Primo Libro di Capricci, Milano 1984, Suvini Zerboni (Frescobaldi, Opere complete IV; Monumenti musicali italiani vol. VIII), en deux volumes: partition et tablature.

Le Toccate e i Capricci di Girolamo Frescobaldi. Genesi delle edizioni e apparato critico, Milano 1988, Suvini Zerboni (Supplément aux vol. II, III et IV des Opere complete de Frescobaldi, respectivement vol. IV, V and VIII des Monumenti musicali italiani). 178 pp.

G. FRESCOBALDI, *Fioretti e Sonate*. Canzoni, Toccate, Partite, Capricci e Ricercari per Cembalo e Organo (Londres, MS Add. 40080 – Rome, MS Chigi Q.IV.25), en attente (réalisée avec le logiciel WOLFGANG).

G. FRESCOBALDI, Il Primo Libro delle Canzoni a una, due, tre e quattro voci nelle edizioni di Roma 1628 e Venezia 1635 con l'aggiunta delle tre canzoni pubblicate nella raccolta Raverij 1608. Prima e Seconda Parte, Milano 2002, Suvini Zerboni (Frescobaldi, Opere complete VIII; Monumenti musicali italiani vol. XXII), en 2 volumes, + un volume de parties séparées. (Réalisée avec le logiciel WOLFGANG).

G. FRESCOBALDI, *Canzoni alla francese in partitura. Libro quarto (1645)*. A cura di Etienne Darbellay. Milano 2006, Suvini Zerboni, (Frescobaldi, Opere complete Vol. X;

Monumenti musicali italiani vol. XXV), en deux volumes, partition et tablature. (Réalisée avec le logiciel WOLFGANG).

En préparation: G. FRESCOBALDI, l'héritage manuscrit, en plusieurs volumes.

Collaboration: G. FRESCOBALDI, *Recercari e Canzoni Franzese fatte sopra diversi obligbi in partitura. Libro Primo (1615).* A cura di Gustav Leonhardt con il contributo di Etienne Darbellay e Christine Jeanneret. Milano 2004, Suvini Zerboni (Monumenti musicali italiani XXIV) (Girolamo Frescobaldi: Opere complete IX) [réalisation de la tablature avec le logiciel WOLFGANG.]

Collaboration: G. FRESCOBALDI, *Fiori musicali di diverse composizioni Toccata, Kyrie, Canzoni, Capricci e Recercari in partitura a quattro (1635).* A cura di Luigi Ferdinando Tagliavini. Milano 2009, Suvini Zerboni (Frescobaldi, Opere complete Vol. XI; Monumenti musicali italiani vol. XXVI), en deux volumes, partition et tablature. (Réalisée avec le logiciel WOLFGANG).

Collaboration scientifique à plusieurs éditions des *Monumenti italiani* (Suvini Zerboni): B. Marini (2 volumes: O. Beretta 1996, M. Zoni 2004), G.B. Fontana (M. Zoni, 2007), G. Frescobaldi

Livres

Nouveau Dictionnaire Historico-biographique des musiciens suisses (nouvelle édition du Historisch-biographisches Musiker-Lexikon der Schweiz d'Edgar Refardt, 1928), projet de recherche pour le Fonds National Suisse de la Recherche Scientifique 1972-79; env. 8000 nouveaux articles. Inédit.

Composition et perception [Actes du Symposium International de Genève 19-23 mars 1987], éd. par E. Darbellay et P. Albéra, *Contrechamps* no. 10, Genève 1988, Editions L'Age d'Homme, 232 pp.

Le temps et la forme. Pour une épistémologie de la connaissance musicale, textes présentés et publiés par E. Darbellay, Genève 1998, Droz (*Recherches et rencontres. Publ. de la Fac. des Lettres de Genève 10)* [= Actes du Colloques de 1995; préface de présentation pp. 11-33]

Articles principaux

«Peut-on découvrir des indications d'articulation musicale dans la graphie des tablatures de clavier de Merulo, Frescobaldi et M.-A. Rossi?», *International Musicological Society – Congress Report 1972*, Copenhagen 1974, 342-350.

«Un manuscrit frescobaldien à Genève», *L'Organo* XIII (1975), 49-69.

«Liberté, variété et affetti cantabili chez G. Frescobaldi», *Revue de Musicologie* LIX (1975), 197-243. (Traduction abrégée en Japonais in Liliko Fukai, «Affetti chez Frescobaldi – Une étude sur la préface de Frescobaldi se basant sur l'article de E. Darbellay», *Organ-Kenkyu* [Etude de l'Orgue – périodique de la Société japonaise de l'Orgue], VI (1978), 1-14).

«J. C. Bach: Aria a-moll mit 15 Variationen für Clavier», *Schweizerische Musikzeitung* CXV (1975), 326-328.

«Un compositeur suisse au tournant des XVIIe et XVIIIe siècles: Giovanni Henrico Albicastro», *Schweizerische Musikzeitung* CXVI (1976), 1-11 and 448-449.

«La musique à la cour de Maximilien I», *Schweizerische Musikzeitung* CXVIII (1978), 1-10.

«Originalité ou épigonalité: les 15 Sonates pour pianoforte de Ferdinand Ries (1784-1838)», *Schweizer Beiträge zur Musikwissenschaft*, Bd. IV, Bern 1980, P. Haupt, 51-101.

«L'énigme de la 1e édition (1624) des Capricci de G. Frescobaldi», *Canadian University Music Review* III (1982), 123-157.

«New Light Upon the Chigi Manuscripts Through an Investigation of the Aggiunta (1637) to the First Book of Toccate by G. Frescobaldi», 1985, resté inédit. Le contenu figure in *Le Toccate e i Capricci di Girolamo Frescobaldi*... cf. plus haut Editions musicales.

«I manoscritti Chigi Q.IV.24 e Q.VIII.205/206 come fonti frescobaldiane: criteri filologici di autenticità», in *Frescobaldi e il suo tempo – Girolamo Frescobaldi nel IV Centenario della nascita – Atti del convegno internazionale di studi (Ferrara 9-14 settembre 1983)*, éd. par Sergio Durante et Dinko Fabris, Florence 1986, Olschki («Quaderni della Rivista Italiana di Musicologia a cura della Società Italiana di Musicologia, n. 10»), pp. 107-124.

«Le *Cento Partite* di Frescobaldi: metro, tempo e processo di_composizione 1627-1637», in *Frescobaldi e il suo tempo – Girolamo Frescobaldi nel IV Centenario della nascita – Atti del convegno internazionale di studi (Ferrara 9-14 settembre 1983)*, éd. par Sergio Durante et Dinko Fabris, Florence 1986, Olschki («Quaderni della Rivista Italiana di Musicologia a cura della Società Italiana di Musicologia, n. 10»), pp. 361-374.

«*L'Esemplare* du Padre Martini: une exégèse musicologique moderne du *stile osservato*?», *Padre Martini, musica e cultura nel settecento europeo – Atti del Convegno G.B. Martini (Bologna 1985)*, éd. par Angelo Pompilio, Florence 1987, Olschki («Quaderni della Rivista Italiana di Musicologia a cura della Società Italiana di Musicologia, n. 12»), pp. 137-171.

Art. «G. Frescobaldi», in *Dictionnaire de la Musique – Les hommes et leurs oeuvres*, par Marc Honegger, Paris 1986, Bordas (2e édition éd.), vol. I, pp. 242-247.

«Tradition and Notation in Baroque Music», in *The Oral and the Literate in Music* [Proceedings of the Third ICTM Colloquium 1985 – Tokyo], ed. by Tokumaru Yoshihiko and Yamaguti Osamu, Tokyo 1986, Academia Music, pp. 57-68.

«Tempo Relationships in Frescobaldi's Primo Libro di Capricci», in *Frescobaldi Studies*, ed. by Alexander Silbiger Madison, Durham 1987, Duke University Press (Sources of Music and Their Interpretation – Duke Studies in Music), pp. 301-326.

«C. P. E. Bach's Aesthetic as Reflected in his Notation», in *C. P. E. Bach Studies*, éd. par Stephen L. Clark, Oxford 1988, Oxford University Press (Clarendon Press), pp. 43-63. Réédition Paperbacks 1991.

«Une lecture de ‹...wie die Zeit vergeht...› de Stockhausen», in *Contrechamps* no. 9, Genève 1988, Editions L'Age d'Homme, pp. 143-168.

«La question musicale du XXe siècle», in *Composition et perception*, éd. par E. Darbellay et P. Albéra, *Contrechamps* no. 10, Genève 1988, Editions L'Age d'Homme, pp. 5-11.

«Remarques sur le mètre et le tempo», in *Analyse Musicale – Actes du 1e congrès Européen d'Analyse musicale – Colmar 1989*, Paris 1992.

«Continuité, cohérence et *formes de temps*: à propos des *NIGHT FANTASIES* d'Elliot Carter», in *Il Saggiatore Musicale* II (1995), pp. 297-327.

«Forme, temps et mémoire. L'intrigue comme modèle d'unité chez Girolamo Frescobaldi», in *Musicus Perfectus. Studi in onore di L. F. Tagliavini, «prattico e specolativo» nella ricorrenza del LXV° compleanno, raccolti da Pio Pellizzari*, Bologne 1995, Patron, pp. 201-236.

«Bruits et tautologies. Réflexions sur l'analyse musicale», in *Equinoxe* 14 (1995), pp. 67-79.

«‹Mesure› et démesure du tempo dans le *stile fantastico* frescobaldien», in *Le mouvement en musique à l'époque baroque [Actes du Colloque de Metz]*, Metz 1996, Editions Serpenoise, pp. 198-208.

«L'espace des perspectives chez Domenico Scarlatti et Giambattista Tiepolo», in *Echos de France et d'Italie. Liber amicorum Yves Gérard*, Paris 1997, Buchet et Chastel et Soc. Française de Musicologie), pp. 329-347.

«Les masques du temps», in *Le temps et la forme. Pour une épistémologie de la connaissance musicale*, textes présentés et publiés par E. Darbellay, Genève 1998, Droz (*Recherches et rencontres. Publ. de la Fac. des Lettres de Genève 10*), pp. 191-219.

«*Stile fantastico, passi, affetti:* des *imprese musicali?* Le temps comme interprète de l'espace et la forme comme histoire», in *FIORI MUSICOLOGICI. Studi in onore di Luigi Ferdinando Tagliavini nella ricorrenza del suo LXX compleanno raccolti da François Seydoux con la collaborazione di Giuliano Castellani e Axel Leuthold*, Bologna 2001, Pàtron Editore, pp. 175-217.

«Émotion, arbitre de l'ordre – musique, exorciste du chaos», in *Il Saggiatore musicale,* X (2004), pp. 23-52.

«Libertà nella musica occidentale scritta», in *Enciclopedia della musica*, vol. V: *L'unità della musica*, Turin 2005, G. Einaudi, pp. 460-481.

«Libertés dans la musique occidentale savante et écrite», in *Musiques. Une encyclopédie pour le XXIe siècle*, vol. 5: *L'unité de la musique*, direction J.-J. Nattiez, Arles 2007, *Actes Sud*, pp. 577-600.

«Expérience musicale et intuition mythique», [pour un colloque *Chronos et Kairos. Les multiples dimensions du temps en médecine, sciences et philosophie*, Université de Genève, Faculté des Lettres (Philosophie et Musicologie) et Faculté de Médecine (Institut d'Histoire de la Médecine), les 5-6 juin 2001], in *Il Saggiatore musicale* XIII (2006), pp. 111-122.

«Why Do We Need a New Edition of Marenzio's Music?», in Actes du colloque *Music, Poetry and Patronage in Late Renaissance Italy: Luca Marenzio and the Madrigal,* 7-9 avril 2006, Harvard University, à paraître aux editions Brepols.

«Le papa du coucou. Sur la question de la paternité frescobaldienne du ms Chigi Q.iv.25 de la Biblioteca Vaticana», in *In Organo pleno. Festschrift für Jena-Claude Zehnder zum 65. Geburtstag*, hrsg v. Luigi Collarile & Alexandra Nigito, Berne 2007, Peter Lang, pp. 141-155.

«Les habitudes de Frescobaldi compositeur révélées par l'étude des sources manuscrites pour clavier et par ses pratiques de publication», in actes du colloque international *Arte organaria e musica per organo nell'età moderna. L'Umbria nel quadro europeo,* Convegno internazionale Amelia, Collescipoli, Foligno, Trevi, Gubbio 14-18 settembre 2007, Perugia 2008, Deputazione di Storia Patria per l'Umbria, pp. 253-268.

«The Manuscript Chigi Q.IV.24 of the Biblioteca Apostolica Vaticana as Frescobaldian Source: New Criteria for Authenticity», in *Fiori Musicali. Liber amicorum Alexander Silbiger*, ed. by Claire Fontijn, Susan Parisi, Sterling Heights Mich. 2010, Harmonie Park Press (Detroit Monographs in Musicology/Studies in Music, No. 55), pp. 23-37.

«Le manuscrit Chigi Q.IV.24 de la Biblioteca Apostolica Vaticana comme source frescobaldienne: nouveaux critères d'authenticité», in *L'organo XLII* (2012), pp. 65-84.

«*L'organo* et la recherche frescobaldienne», in *Contributi per la storia dell'arte organaria e organistica in italia* a cura di Faola Dessì, Venezia 2012, Edizioni Fondazione Levi, pp. 11-23.

En préparation:

«Frescobaldi, les imprimés et les manuscrits», contribution à une journée d'étude à Bologne le 14 mai 2013. Publication prévue chez Brepols en 2014.

«Les responsabilités de l'éditeur scientifique de musique ancienne», commande de la SIdM pour un volume commémoratif du 50ᵉ anniversaire de la *Rivista Italiana di Musicologia* en 2014.

Contributions diverses

Plusieurs recensions d'ouvrages scientifiques ou thèses pour *Saggiatore musicale* et *Ricercare.*

10 articles biographiques sur des personnalités suisses in *The New Grove Dictionary of Music and Musicians*, London 1980, MacMillan.

«WOLFGANG, un logiciel d'édition musicale», in *Revue de l'Association EPI – [Enseignement Public & Informatique] – Informatique et technologies modernes dans l'enseignement et la formation*, no. 72, (Paris, Décembre 1993), pp. 225-235.

«Ce tempo d'où nous viennent tous les vertiges...», in *Campus* 26 (1994/1995), pp. 16-17.

Diverses notices/études d'accompagnement d'enregistrements de musique italienne des 16ᵉ et 17ᵉ s.

